BERND HARTUNG

Entschädigung für Straßenverkehrslärmimmissionen in der Rechtsprechung des Bundesgerichtshofs

Schriften zum Öffentlichen Recht

Band 513

Entschädigung für Straßenverkehrslärmimmissionen in der Rechtsprechung des Bundesgerichtshofs

Fragen der Abgrenzung zwischen entschädigungsfreien und entschädigungspflichtigen Verkehrslärmimmissionsbeeinträchtigungen des Anliegereigentums an öffentlichen Straßen

Von

Dr. Bernd Hartung

DUNCKER & HUMBLOT / BERLIN

CIP-Kurztitelaufnahme der Deutschen Bibliothek

Hartung, Bernd:
Entschädigung für Strassenverkehrslärmimmissionen in der Rechtsprechung des Bundesgerichtshofs: Fragen d. Abgrenzung zwischen entschädigungsfreien u. entschädigungspflichtigen Verkehrslärmimmissionsbeeinträchtigungen d. Anliegereigentums an öffentl. Strassen / von Bernd Hartung. — Berlin: Duncker und Humblot, 1987.
(Schriften zum Öffentlichen Recht; Bd. 513)
ISBN 3-428-06163-2

NE: GT

Gedruckt 1987 bei Berliner Buchdruckerei Union GmbH, Berlin 61
Printed in Germany

ISBN 3-428-06163-2

Meinen Eltern

Inhaltsverzeichnis

Viertes Kapitel

Entschädigung für Verkehrslärmimmissionen von öffentlichen Straßen nach Enteignungsgrundsätzen unter Einfluß des Bundesimmissionsschutzgesetzes 105

Abkürzungsverzeichnis

A.	=	Auflage
a. A.	=	anderer Ansicht
a.a.O.	=	am angegebenem Ort
a. F.	=	alter Fassung
AgrarR	=	Agrarrecht (Zeitschrift)
allgem.	=	allgemeines
ALR	=	Allgemeines Landrecht für die preußischen Straßen
and.	=	anderer
Anm.	=	Anmerkung
Anl.	=	Anlage
AÖR	=	Archiv des öffentlichen Rechts (Zeitschrift)
Art.	=	Artikel
AtomG	=	Gesetz über die friedliche Verwendung der Kernenergie und den Schutz gegen ihre Gefahren (Atomgesetz, Sartorius Nr. 835)
Az.	=	Aktenzeichen
BA	=	Bundesanstalt
BauNVO	=	Verordnung über die bauliche Nutzung der Grundstücke (Baunutzungsverordnung, Sartorius Nr. 311)
BauR	=	Baurecht (Zeitschrift)
bay.	=	bayerisch
BayVBl.	=	Bayerische Verwaltungsblätter (Zeitschrift)
BB	=	Der Betriebsberater (Zeitschrift)
Bd.	=	Band
betreff.	=	betreffend
BGB	=	Bürgerliches Gesetzbuch (Schönfelder Nr. 20)
BGBl. I	=	Bundesgesetzblatt, Teil I
BGH	=	Bundesgerichtshof
BGHZ	=	Entscheidungen des Bundesgerichtshofs in Zivilsachen
BImSchG	=	Gesetz zum Schutz vor schädlichen Umwelteinwirkungen durch Luftverunreinigungen, Geräusche, Erschütterungen und ähnliche Vorgänge (Bundes-Immissionsschutzgesetz, Sartorius Nr. 296)
Bl.	=	Blatt
BBauG	=	Bundesbaugesetz
BMI	=	Bundesinnenminister
BMS	=	Bundesminister für Raumordnung, Bauwesen, Städtebau
BMV	=	Bundesverkehrsminister
BR	=	Bundesrat
BR-Drucks.	=	Bundesrats-Drucksache
BReg.	=	Bundesregierung
BT	=	Bundestag
BT-Drucks.	=	Bundestags-Drucksache
BVerfG	=	Bundesverfassungsgericht
BVerfGE	=	Entscheidungen des Bundesverfassungsgerichts
BVerwG	=	Bundesverwaltungsgericht
BVerwGE	=	Entscheidungen des Bundesverwaltungsgerichts

bzgl.	=	bezüglich
bzw.	=	beziehungsweise
DB	=	Der Betrieb (Zeitschrift)
dB	=	Dezibel
dB (A)	=	Dezibel, A bewertet
ders.	=	derselbe
d.h.	=	das heißt
diesbzgl.	=	diesbezüglich
DIN	=	Deutsches Institut für Normung
DJT	=	Deutscher Juristentag
DM	=	Deutsche Mark
DMW	=	Deutsche Medizinische Wochenschrift (Zeitschrift)
DÖV	=	Die öffentliche Verwaltung (Zeitschrift)
DR	=	Deutsches Recht (Zeitschrift)
DVBl.	=	Deutsches Verwaltungsblatt (Zeitschrift)
E.	=	Entwurf
Einl. ALR	=	Einleitung zum Allgemeinen Landrecht für die preußischen Straßen
E. v.	=	Entscheidung vom
f.	=	folgende
ff.	=	fortlaufend folgende
FSchr.	=	Festschrift
FlugLG	=	Gesetz zum Schutz gegen Fluglärm (Fluglärmgesetz v. 30. 3. 1971, BGBl. I, S. 282)
Fn.	=	Fußnote
FStrÄndG	=	Fernstraßenänderungsgesetz
FStrG	=	Bundesfernstraßengesetz (Sartorius Nr. 932)
gem.	=	gemäß
GemT	=	Der Gemeindetag (Zeitschrift)
GewO	=	Gewerbeordnung (Sartorius Nr. 800)
GG	=	Grundgesetz für die Bundesrepublik Deutschland (Sartorius Nr. 1)
GVBl.	=	Gesetz- und Verordnungsblatt
Gruchot	=	Beiträge zur Erläuterung des (bis 1871 preußischen) Deutschen Rechts, begründet v. Gruchot
hamb.	=	hamburgisch
h.M.		herrschende Meinung
HRR	=	Höchstrichterliche Rechtsprechung (Zeitschrift)
i.d.R.	=	in der Regel
i.E.	=	im Ergebnis
i.R.v.	=	im Rahmen von
i.S.	=	im Sinne
insbes.	=	insbesondere
i.V.m.	=	in Verbindung mit
JR	=	Juristische Rundschau (Zeitschrift)
JuS	=	Juristische Schulung (Zeitschrift)
JW	=	Juristische Wochenschrift (Zeitschrift)
JZ	=	Juristenzeitung (Zeitschrift)
Kap.	=	Kapitel
KdL	=	Kampf dem Lärm, seit dem 1.1.1980 Zeitschrift für Lärmbekämpfung
LBauO	=	Landesbauordnung
LM	=	Lindenmaier / Möhring, Nachschlagewerk des Bundesgerichtshofs
Log	=	Logarithmus

LuftVG	=	Luftverkehrsgesetz (Schönfelder Nr. 34)
MBl. NW	=	Ministerialblatt Nordrhein-Westfalen
m.H.a.	=	mit Hinweis auf
m.E.	=	meines Erachtens
MDR	=	Monatsschrift für Deutsches Recht (Zeitschrift)
Mio.	=	Million
Mrd.	=	Milliarde
m.u.N.	=	mit umfangreichen Nachweisen
m.w.N.	=	mit weiteren Nachweisen
NJW	=	Neue Juristische Wochenschrift (Zeitschrift)
n.F.	=	neue Fassung
Nr.	=	Nummer
NVwZ	=	Neue Zeitschrift für Verwaltungsrecht
o.ä.	=	oder ähnlich
OLG	=	Oberlandesgericht
OLGZ	=	Entscheidungen der Oberlandesgerichte in Zivilsachen
PrOVG	=	Preußisches Oberverwaltungsgericht
PrOVGE	=	Entscheidungen des Preußischen Oberverwaltungsgerichtes
RABG	=	Reichsautobahngesetz
Rdnr.	=	Randnummer
RdSchr.	=	Rundschreiben
RG	=	Reichsgericht
RGBl. II	=	Reichsgesetzblatt, Teil II
RG Warn.	=	Rechtsprechung des Reichsgerichts, soweit sie nicht in der amtlichen Sammlung der Entscheidungen des Reichsgerichts abgedruckt ist, herausgegeben von Warneyer
RLS	=	Richtlinien für den Lärmschutz an Straßen
RGZ	=	Entscheidungen des Reichsgerichts in Zivilsachen
S.	=	Seite
Sartorius	=	Verfassungs- und Verwaltungsgesetze in der Bundesrepublik, Band I.
Schönfelder	=	Deutsche Gesetze, Sammlung des Zivil-, Straf- und Verfahrensrechts
sog.	=	sogenannt
stellvertr.	=	stellvertretend
stenogr.	=	stenografisch
StHG	=	Staatshaftungsgesetz
StruA	=	Straße und Autobahn (Zeitschrift)
StVG	=	Straßenverkehrsgesetz (Schönfelder Nr. 35)
StVO	=	Straßenverkehrs-Ordnung (Schönfelder Nr. 35 a)
TA Lärm	=	Technische Anleitung zum Schutz gegen Lärm v. 16. 7. 1968, Bundesanzeiger Nr. 137
TA Luft	=	Technische Anleitung zur Reinerhaltung der Luft
u.	=	und
u.a.	=	unter anderem
UA	=	Unterausschuß
v.	=	von
VDI	=	Verein Deutscher Ingenieure
vgl.	=	vergleiche
VerkehrsA	=	Verkehrsausschuß
VkBl.	=	Verkehrsblatt, Amtsblatt des BMV
VLärmSchG	=	Gesetz zum Schutz vor Verkehrslärm von Straßen und Schienenwegen (Verkehrslärmschutzgesetz in der vom Bundestag am 6.3.1980 beschlossenen Fassung, BR-Drucks. 126/80)

VerkR	=	Verkehrsrecht
VersR	=	Versicherungsrecht (Zeitschrift)
VerwArch.	=	Verwaltungsarchiv
VwGO	=	Verwaltungsgerichtsordnung
VerwR	=	Verwaltungsrecht
Vorbem.	=	Vorbemerkung
Vorschr.	=	Vorschrift
WHO	=	Weltgesundheitsorganisation
WM	=	Wertpapier-Mitteilungen (Zeitschrift)
WRV	=	Weimarer Reichsverfassung
z.B.	=	zum Beispiel
Ziff.	=	Ziffer

Erstes Kapitel

Einleitung und Problemstellung

I. Straßenverkehrslärmimmissionen, Lärmschutz und Entschädigung

Parallel zu einer stetigen Steigerung des Verkehrsaufkommens auf bundesdeutschen Straßen nahmen in den vergangenen Jahren auch die Verkehrslärmimmissionen unaufhaltsam zu. Als Indikator für diese Entwicklung können nicht nur die Kraftfahrzeugzulassungszahlen angesehen werden – am 1. 8. 1968 belief sich die Zahl der Fahrzeuge in der Bundesrepublik Deutschland auf 14 336 700 Einheiten, 15 Jahre später, Mitte 1983, hatte sich der Fahrzeugbestand mit 29 122 300 Einheiten mehr als verdoppelt[1] – sondern auch demoskopische Studien, die die Ermittlung der Verkehrslärmbelästigung der Bevölkerung zum Ziel haben. So fühlten sich 1960 nur 8% der Befragten im Wohnbereich stark lärmbelästigt, als zentrale Geräuschquelle wurde in etwa 60% aller Fälle Straßenverkehrslärm angegeben[2]. 1969 waren es bereits 11%, 1976 ermittelte das Umweltbundesamt, daß sich die Belästigungsrate durch Verkehrslärm in Wohngebieten auf 28% erhöht hatte[3]. Die jüngsten Zahlen wurden im November 1984 durch den ADAC veröffentlicht, danach fühlen sich mittlerweile über 40% der Bevölkerung in ihrem Wohnbereich durch Verkehrslärmimmissionen dauernd oder stark belästigt[4]. Bemerkenswert ist auch die Statistik des Petitionsausschusses des Landtags von Nordrhein-Westfalen. Von 948 Bittschriften, die dem Petitionsausschuß zum Thema Umweltschutz 1983/84 vorgelegt wurden, betrafen 215 Gesuche Beeinträchtigungen durch Straßenverkehrslärmimmissionen im Wohnbereich[5]. Diese Zahlen belegen eindrucksvoll die Folgen der ausgeprägten Mobilität und technischen Dynamik unserer heutigen Gesellschaft. Sie sind Ausdruck gestiegener Lärmimmissionsbeeinträchtigungen, aber auch zunehmender Intoleranz der Bevölkerung gegenüber den Folgeerscheinungen dieses technischen und sozialen Fortschritts.

---

[1] Städtetag, Statistisches Jahrbuch 1969, S. 109; Statistisches Bundesamt, Statistisches Jahrbuch 1984, S. 293.

[2] Kirschhofer, KdL 1970, 91 (91).

[3] Stenogr. Protokoll der 39. Sitzung des BT VerkehrsA vom 8. 11. 1978, Frage A 3, S. 31.

[4] Goblirsch, Motorwelt, Heft 11/1984, 19 (19).

[5] Associated Press Meldung vom 6. 11. 1984.

Die bis Mitte der sechziger Jahre vorherrschende und insbesondere von der Rechtsprechung geförderte Bereitschaft, Verkehrslärmimmissionen als notwendige Folge der infrastrukturellen und damit auch gesellschaftlichen Weiterentwicklung hinzunehmen, änderte sich im Zuge wachsender „Verlärmung" der Städte und zunehmend sensibilisierten Umweltbewußtseins. Die Ursachen für diese Entwicklung waren vielfältiger Natur, ständig wachsendes Verkehrsaufkommen im Bereich vorhandener Straßen[6], überproportionaler Anstieg des Schwerlastverkehrs[7], extensiver Ausbau der Ortsdurchfahrten von Fernstraßen unter Mißachtung von aktivem[8] und passivem[9] Schallschutz, aber auch zunehmendes Wissen der Verkehrslärmimmissionsbetroffenen um die Vermeidbarkeit dieser Beeinträchtigungen sowie die geänderte Erwartungshaltung der Bevölkerung im Hinblick auf die Beschaffenheit der Umwelt, die bereits das unmittelbare Grundeigentums- bzw. Wohnungsumfeld erfaßte.

Ihren Niederschlag fand diese „ökologische Wende" schließlich im BImSchG von 1974, das als Wertentscheidung für eine gesunde, von schädlichen Einwirkungen möglichst frei zu haltende Umwelt zu verstehen ist. Mit den verkehrslärmspezifischen Vorschriften dieses Gesetzes wurde erstmals der Versuch unternommen, ein ineinander verzahntes Regelungswerk zum Schutz der Straßenanlieger vor Verkehrslärmimmissionen zu schaffen, das nicht nur das Fahrzeug und dessen Betrieb im Straßenverkehr[10], sondern insbesondere Planung und Bau neuer oder wesentlich zu ändernder Verkehrsanlagen vom Planungsgrundsatz bis hin zum passiven Schallschutz in Form einer zweckgebundenen Enteignungsentschädigung erfaßte. Allerdings gelang es bisher weder, diese Vorschriften in ihrer Gesamtheit vollzugsfähig zu machen, noch sie durch ein eigenständiges Verkehrslärmschutzgesetz zu ersetzen. Dennoch müssen die verkehrslärmspezifischen Normen des BImSchG aus heutiger Sicht als wichtiger Impuls für einen

---

[6] Siehe Anm. 1.

[7] Der Bestand an Lastkraftwagen und Zugmaschinen steigerte sich von 1 390 000 Einheiten im Jahre 1959 auf 2 260 000 Fahrzeuge im Jahre 1968. 1979 belief sich der Bestand auf 3 540 000 Einheiten. Lastkraftwagen und Zugmaschinen müssen als die Hauptlärmverursacher bezeichnet werden, sie erzeugen Lärmspitzenpegel, die vom Betroffenen mehr als doppelt so laut empfunden werden wie normaler PKW-Lärm, vgl. Cramer / Soell / Lamarque-Cramer, S. 16.

[8] Im wesentlichen schonende Trassenführung oder bauliche Maßnahmen am Verkehrsweg.

[9] D.h. Schallschutzmaßnahmen an dem betroffenen Gebäude, meist in Form von Lärmschutzfenstern, im weitesten Sinne aber auch Entschädigungsleistungen, unabhängig davon, ob sie zweckgebunden für Lärmschutzmaßnahmen oder zur freien Disposition gewährt werden.

[10] Gemäß § 38 BImSchG. Von der Möglichkeit, nach Satz 3 eine Rechtsverordnung zu erlassen, die entsprechende Emissionswerte enthält, wurde bisher abgesehen. Im wesentlichen wird dieser Bereich durch das Straßenverkehrsrecht erfaßt. Mit Zulassungsvorschriften und Regelungen für das Fahrverhalten, aber auch durch normative Grundlagen für verkehrslenkende und verkehrsordnende Maßnahmen soll ein Lärmschutz sichergestellt werden.

umfassenden Verkehrslärmschutz verstanden werden. Hier manifestierte sich erstmals die Erkenntnis, daß sich der Schutz der Straßenanlieger vor Verkehrslärmbeeinträchtigungen nicht nur im Grundsatz des „Dulde und Liquidiere" erschöpfen kann, sondern durch Schutzvorkehrungen auch tatsächlich sicherzustellen ist.

Diesem Ansatzpunkt konnte sich auch die Verkehrslärmentschädigungsrechtsprechung des BGH nicht verschließen. Unter dem Einfluß der Wertentscheidung des BImSchG für die Schaffung gesunder Wohnverhältnisse im Einwirkungsbereich von Infrastrukturanlagen wandelte das Gericht seine Rechtsprechung in Anlehnung an § 42 I, II BImSchG nicht nur hinsichtlich der Art und Weise der Entschädigungsleistung, indem es eine der bisherigen Verkehrslärmimmissionsrechtsprechung fremde Bemessung der Entschädigung nach dem Aufwand der an dem lärmbeeinträchtigten Wohngebäude anzubringenden Schallschutzmaßnahmen unter dem Gesichtspunkt einer Sicherstellung des Lärmschutzes vornahm. Insbesondere sah sich der BGH dazu veranlaßt, die Grenze zwischen entschädigungsfreien und entschädigungspflichtigen Verkehrslärmbeeinträchtigungen des zu Wohnzwecken genutzten Eigentums deutlich abzusenken.

Bis zu diesem Zeitpunkt hatte die Rechtsprechung generell die Pflicht der Grundstückseigentümer, Verkehrslärmimmissionen entschädigungslos hinzunehmen, sehr weit gespannt. Nach der grundlegenden Ansicht des RG stellten auch außergewöhnlich starke Verkehrsimmissionen eine entschädigungslos zu duldende Benutzung der Verkehrsanlage dar. In der Praxis bedeutete dies eine Doppelbelastung des Straßenanliegers, neben der umfassenden Duldungspflicht wurden ihm auch eine an sich gebotene Entschädigung für die Wertminderung bzw. für Schutzvorkehrungen verweigert. Diese Rechtsprechung des RG bestätigte der BGH zunächst. Erste Ansätze zu einem Wandel zeigten sich Ende der sechziger Jahre, als der BGH dazu überging, bei der Abgrenzung zwischen entschädigungsfreien und entschädigungspflichtigen Verkehrslärmimmissionen den Gesichtspunkt der Gesundheitsbeeinträchtigung zu berücksichtigen. Dennoch blieb die Gewährung von Entschädigungsleistungen bis zu den durch die Wertentscheidungen des BImSchG geprägten Entscheidungen eine seltene Ausnahme.

Alle Versuche des Gesetzgebers, die Verkehrslärmimmissionsproblematik und damit auch die Entschädigungsfrage einer umfassenden normativen Regelung zuzuführen, sind über rudimentäre Ansätze nicht hinausgekommen. Zu unüberbrückbar scheinen die Gegensätze zwischen fiskal- bzw. verkehrspolitischen Interessen und dem wirksamen Schutz der Straßenanlieger sei es durch aktive oder passive entschädigungsrechtliche Lärmschutzmaßnahmen vor Verkehrslärmimmissionen zu sein. Die Entschädigungsvorschrift des § 42 BImSchG ist infolge der fehlenden Rechtsverordnung gem. § 43 I 1 Nr. 1 BImSchG, in der die für diese Vorschrift unabdingbaren Immissionsgrenzwerte geregelt werden sollten, nicht vollziehbar[11], das VLärmSchG mit seinen Entschädigungs- und Ausgleichsvorschriften scheiterte ebenfalls an der Immissionsgrenzwertfrage, über ihre Höhe konnte keine Einigung erzielt werden. Für Entschädigungsansprüche der Anlieger wegen Verkehrslärmimmissionsbeeinträchtigungen des Grundeigentums, die eine der Enteignung vergleichbare Intensität aufweisen, ist daher nach wie vor nur auf von der Rechtsprechung des BGH richterrechtlich geschaffene Rechtsinstitute zurückzugreifen.

Die vorliegende Arbeit wendet sich diesem Problemkreis zu.

II. Gegenstand und Ablauf der Untersuchung

Die Rechtsprechung des BGH zur Entschädigung der Eigentumsbeeinträchtigung durch Verkehrslärmimmissionen von öffentlichen Straßen läßt sich als eine von tiefgreifenden Wandlungen und Modifikationen geprägte Entwicklung charakterisieren.

Dies betrifft einmal die Wahl der Anspruchsgrundlage. Hier reichen die Ansätze u.a. vom privatrechtlichen Aufopferungsanspruch wegen Versagung der Abwehrklage über den Ausgleichsanspruch des § 906 II 2 BGB und einem als „öffentlich-rechtlichen Entschädigungsanspruch" titulierten Rechtsinstitut bis hin zu dem, bis vor kurzem noch als Enteignungsentschädigungsanspruch klassifizierten, nun als Ausfluß des allgemeinen Aufopferungsgedankens verstandenen richterrechtlichen Haftungsinstituts des enteignenden Eingriffs. Zum anderen gilt dies für den Bereich der Grenzziehung zwischen entschädigungsfreien und entschädigungspflichtigen Verkehrslärmbeeinträchtigungen. Zwar hielt der BGH stets an den Abgrenzungskriterien des § 906 BGB fest, mit denen er die entschädigungsrechtliche Grenzziehung sowohl in der Periode der privatrechtlichen Qualifizierung der Verkehrslärmimmissionsproblematik als auch in der sich daran anschließenden Phase der öffentlichrechtlichen Einordnung dieses Immissionsverhältnisses vornahm.

Der Wandel zeigt sich jedoch in der Interpretation der Tatbestandsmerkmale dieser Vorschrift. Der Bogen spannt sich dabei von einer geradezu „rechtsverweigernden" Haltung[12] bis hin zur entschädigungsfreundlichen

---

[11] Hier bietet sich ein Rückgriff auf das Planfeststellungsrecht an. Zwar gilt § 42 BImSchG als lex specialis zu § 17 IV 2, VI 4 FStrG, infolge der Nichtvollziehbarkeit des § 42 BImSchG kann jedoch auf diese planfeststellungsrechtlichen Entschädigungsvorschriften zurückgegriffen werden, die an den Auflagenvorbehalt des § 17 IV 1, VI 2, 3 FStrG anknüpfen. Zum Rechtscharakter der planfeststellungsrechtlichen Entschädigungsansprüche Korbmacher, DÖV 76, 1 (8).

[12] Begriff von Schneider, MDR 65, 440 (442).

Grenzziehung unter dem Einfluß der Wertentscheidung des BImSchG für gesunde, von schädlichen Umwelteinwirkungen möglichst frei zu haltende Wohnverhältnisse; von der Absicht, die Grenzziehung abstrakt mit Hilfe eines einzigen Immissionsgrenzwertes vorzunehmen bis hin zu dem Postulat, die Abgrenzung könne nur unter Berücksichtigung aller Umstände des Einzelfalls erfolgen.

Die vorliegende Arbeit hat es sich zur Aufgabe gemacht, diese Entwicklung aufzuzeigen, zu systematisieren und zu analysieren; den roten Faden bildet dabei die für Rechtsanwender und Betroffene zentrale Frage der Abgrenzung zwischen entschädigungsfreien und entschädigungspflichtigen Verkehrslärmimmissionsbeeinträchtigungen des Anliegereigentums. Nicht zuletzt angesichts einer, trotz wiederholter Ansätze noch immer fehlenden umfassenden normativen Regelung wurde den von der Rechtsprechung des BGH herausgearbeiteten Abgrenzungskriterien und Beurteilungsmaßstäben ein breiter Raum zugewiesen.

Diese Arbeit ist in fünf Kapitel untergliedert.

Das auf die *Einleitung* folgende *zweite Kapitel* „Entschädigung für Verkehrslärmimmissionen von öffentlichen Straßen nach privatrechtlichen Aufopferungs- und Ausgleichsgrundsätzen" setzt sich mit der Phase der privatnachbarrechtlichen Interpretation des Verkehrslärmimmissionsverhältnisses auseinander, die bis Ende der sechziger Jahre reichte. Hier finden sich hinsichtlich Anspruchssystematik und Abgrenzungstechnik zentrale Entscheidungen, die wesentliche Bereiche der Verkehrslärmentschädigungsrechtsprechung bis in jüngste Urteile geprägt haben. Unumgänglich war es dabei, zwei Verkehrslärmimmissionsentscheidungen des RG vorzuschalten, die neben einer Schrittmacherfunktion für die Entwicklung der Anspruchssystematik insbesondere auf die Interpretation des Abgrenzungskriteriums der Ortsüblichkeit nachhaltigen Einfluß ausübten.

Das *dritte Kapitel* wendet sich dem Fragenkomplex zu, der im Zuge der öffentlich-rechtlichen Qualifizierung der Verkehrslärmimmissionsproblematik mit der Wahl des in Art. 14 GG verorteten richterrechtlichen Haftungsinstituts des enteignenden Eingriffs als Grundlage für den Entschädigungsanspruch des beeinträchtigten Straßenanliegers aufgeworfen wurde. Der Bestimmung der anspruchsauslösenden Grenze, die der BGH unter Verzicht auf die sonst übliche Sonderopferlehre i. R. einer mehr typologisch, nachbarrechtlich ausgerichteten Methode auf der Grundlage einer Parallelisierung privatrechtlicher und öffentlich-rechtlicher Duldungs- und Entschädigungsschwellen unter Einbeziehung der Abgrenzungskriterien des § 906 BGB vornahm, ist in diesem Zusammenhang breiter Raum gewidmet.

Mit der Neubestimmung der Enteignungsentschädigungsschwelle unter dem Einfluß des BImSchG vom 1. 4. 1974 befaßt sich das *vierte Kapitel*. Diskutiert wird insbesondere die Übertragung der Wertentscheidung dieses Gesetzes auf die Immissionssituation der seit altersher bestehenden Straßen, die von dem Geltungsbereich der verkehrslärmspezifischen Vorschriften dieses Gesetzes nicht unmittelbar mitumfaßt wird, sowie die Problematik einer abstrakten enteignungsrechtlichen Grenzziehung mit Hilfe eines einzelnen Immissionsgrenzwertes. Im Zuge der Rückbesinnung des BGH auf eine am konkreten Einzelfall orientierte Entscheidung wird u. a. der Frage nachgegangen, welchen Umständen des Einzelfalls eine abgrenzungserhebliche Bedeutung zukommt und insbesondere, welche Aussagekraft den hilfsweise herangezogenen privaten technischen Normungswerken sowie der Verwaltungsrichtlinie der TA Lärm für die Frage der entschädigungsrechtlichen Grenzziehung zugewiesen werden kann.

Das mit „Zukünftiger Entwicklung der Verkehrslärmentschädigungsrechtsprechung des BGH" betitelte *fünfte Kapitel* wendet sich zunächst der Fragestellung zu, welchen Weg die Immissionsentschädigungsrechtsprechung unter dem Einfluß der durch das BVerfG eingeleiteten Eingrenzung des Rechtsinstituts der Enteignung und damit der Enteignungsentschädigung nehmen wird. Das Kapitel wird mit einer Diskussion möglicher neuer Ansatzpunkte für die künftige entschädigungsrechtliche Grenzziehung im Verkehrslärmimmissionsbereich abgeschlossen. Besondere Berücksichtigung finden dabei die Immissionsgrenzwerte der zumindest teilweise auf den im Gesetzgebungsverfahren für ein Verkehrslärmschutzgesetz gewonnenen Erkenntnissen beruhenden „Verwaltungsrichtlinen für den Verkehrslärmschutz an Bundesfernstraßen in der Baulast des Bundes" vom 6. 7. 1983.

Zweites Kapitel

Entschädigung für Verkehrslärmimmissionen von öffentlichen Straßen nach privatrechtlichen Aufopferungs- und Ausgleichsansprüchen

I. Methodische Vorüberlegung

In den Jahren 1931 und 1939 befaßte sich das RG grundlegend mit dem Problembereich der Beeinträchtigung des Grundeigentums durch Kraftfahrzeugimmissionen von öffentlichen Straßen[1].

Am 8. 7. 1931 hatte das Gericht über die Unterlassungsklage eines Grundstückseigentümers in Berlin-Dahlem zu befinden, der sich gegen den polizeilich genehmigten Omnibusbetrieb auf einer an seinem Haus vorbeiführenden öffentlichen Straße wandte. Im zweiten Fall, aus dem Jahre 1939, machte ein Grundstückseigentümer Entschädigungsansprüche wegen Beeinträchtigungen durch Kraftfahrzeugimmissionen von der unmittelbar an seinem Hause verlaufenden Reichsautobahn geltend. Die diesen Entscheidungen zugrundeliegende Entschädigungsystematik sowie die speziell für die Grenzziehung zwischen entschädigungslos zu duldenden und entschädigungspflichtigen Kraftfahrzeugimmissionen entwickelte Abgrenzungstechnik hat die Verkehrslärmrechtsprechung des BGH entscheidend beeinflußt. Das zeigt sich nicht nur bei den bereits in diesem Kapitel zu untersuchenden Urteilen aus der Phase der privatrechtlichen Qualifizierung des Verkehrslärmimmissionsverhältnisses, sondern setzt sich bis in neuere Entscheidungen fort.

II. Rechtliche Einordnung der Verkehrslärmimmissionsproblematik in das System des privaten Nachbarrechts

Die rechtliche Qualifizierung des Streits um Lärmimmissionen von öffentlichen Verkehrsanlagen bereitete bereits in der Vergangenheit häufig Schwierigkeiten; insbesondere wurde die rechtliche Einordnung dieser Immissionsstreitigkeiten mit der öffentlichen Hand von erheblichen Meinungsverschiedenheiten zwischen Rechtsprechung und Teilen des Schrift-

[1] RGZ 133, 152, E. v. 8. 7. 1931; RGZ 159, 129, E. v. 9. 1. 1939.

tums begleitet[2]. Es ist hier nicht der Ort, alle damit zusammenhängenden Fragen im einzelnen darzustellen. Da die privatrechtliche Qualifizierung der Verkehrslärmimmissionen von öffentlichen Straßen heute als überwunden angesehen werden kann, soll eine kurze Darstellung der Rechtssituation genügen.

Als Ursache für diese Meinungsverschiedenheiten galt neben dem Schweigen der Verwaltungsgesetze zu der in § 906 a.F. BGB geregelten Immissionsproblematik der im Vergleich zum Zivilrecht fehlende voll ausgebildete verwaltungsgerichtliche Rechtsschutz, sei es nun in der Form von Abwehrrechten[3] oder einer allgemeinen öffentlich-rechtlichen Entschädigungsregelung wegen unmittelbarer rechtmäßiger oder rechtswidriger Beeinträchtigungen vermögenswerter Rechtspositionen unter dem verfassungsrechtlichen Schutz der Eigentumsgarantie[4]. Neben der fehlenden Parallelität in der gerichtlichen Durchsetzbarkeit entschädigungsrechtlicher und auch negatorischer Ansprüche machten die Immissionen als ursprünglich neutrale Realvorgänge[5] weitere zusätzliche Abgrenzungsansätze erforderlich, um sie dem öffentlichen oder privaten Recht zuzuordnen. Erschwerend kam und kommt gerade im Bereich des öffentlichen Straßenverkehrs hinzu, daß dieser durch private Teilnahme erfolgt.

1. Rechtsprechung des Reichsgerichts

Bei der Frage der rechtlichen Qualifizierung straßenbedingter Lärmimmissionen entschied sich das RG für eine privatrechtliche Betrachtungsweise. Das Gericht löste die Immissionskonflikte zwischen Privaten und der öffentlichen Hand nach den nachbarrechtlichen Vorschriften des bürgerlichen Rechts. Den maßgeblichen Ansatzpunkt sah das RG darin, daß „auch juristische Personen des öffentlichen Rechts mit ihrem Grundbesitz im Bereich des privatrechtlichen Eigentums ... und der nachbarlichen Gemeinschaft stehen“[6]. Den Straßengrundstücken kam damit keine öffentlich-rechtliche Sonderstellung zu, sie wurden grundsätzlich den Regeln des bürgerlichen Rechts, insbesondere denen des Nachbarrechts, unterworfen[7]. Das

---

[2] Dazu umfassend Abée, S. 14ff.; Sommer, S. 85ff.; Schapp, S. 100.

[3] Siehe hierzu das Umweltprogramm der Bundesregierung, BT-Drucksache VI/2710; sowie BT-Drucksache 7/179 zu dem Entwurf des BImSchG.

[4] So Breuer, Bodennutzung, S. 338; vgl. auch Abée, S. 14; Martens, Festschrift Schack, S. 85f.; und neuerdings etwa Lorentz, S. 12ff. m.u.N.; Schapp, S. 100.

[5] Schmidt-Aßmann, Lärmschutz, S. 3.

[6] RGZ 159, 129 (131); so auch RG JW 38, 2969 (2969f.), E. v. 2. 9. 1938; RGZ 170, 40 (44), E. v. 28. 9. 1942.

[7] Dazu grundlegend RGZ 58, 130 (134), E. v. 11. 5. 1904; das in der französischen Rechtslehre entwickelte Institut des „öffentlichen Eigentums“ (domaine publique), von Otto Mayer für das deutsche Verwaltungsrecht fortentwickelt, hatte sich in Deutschland nicht durchgesetzt; Mayer II, S. 39ff.; dazu Wolff / Bachof, Verwaltungsrecht I, § 57 I b.

Gericht maß weder der öffentlich-rechtlichen Organisationsform des Straßenbaulastträgers[8] und dessen Tätigwerden in Erfüllung einer öffentlichen Aufgabe, noch der zugrundeliegenden Planfeststellung eine Bedeutung für die rechtliche Qualifizierung der von der Verkehrsanlage ausgehenden Immissionen zu. Zwar wurde die Planfeststellung zutreffend als öffentlich-rechtlicher Hoheitsakt beurteilt, in Anlehnung an die Richtlinien des „Reichsverkehrsministers"[9] sollte hiervon jedoch die herkömmliche privatrechtliche Auseinandersetzung zwischen dem Betreiber und den durch die Verkehrsanlage Beeinträchtigten nicht berührt werden[10].

Ausnahmen galten lediglich in den Fällen, in denen Sonderbestimmungen eingriffen oder die privatrechtliche Einordnung mit hoheitlichen Aufgaben kollidierte[11], insbesondere dort, wo die unmittelbare Ausübung der Hoheitsgewalt bzw. die Erfüllung der öffentlich-rechtlichen Aufgaben beeinträchtigt oder vereitelt worden wäre. Bei Klagen wegen Verkehrslärmbeeinträchtigungen war der Zivilrechtsweg nach Ansicht des RG beispielsweise dann unzulässig, wenn Schutzmaßnahmen oder Unterlassungen begehrt wurden, mit denen eine wesentliche vom Straßenbaulastträger nicht gewünschte Änderung der Verkehrsanlage oder des Betriebs eingetreten wäre[12].

2. Frühe Rechtsprechung des Bundesgerichtshofs

An dieser privatrechtlichen Einordnung hielt der BGH in seinen frühen Entscheidungen zu straßenverkehrsbedingten Lärmimmissionen fest[13]. Ohne sich im einzelnen mit der reichsgerichtlichen Argumentation auseinanderzusetzen, stellte der BGH darauf ab, ob die Beeinträchtigung im Rahmen privatwirtschaftlicher Grundstücksnutzung oder durch unmittelbare Eingriffe von hoher Hand, also infolge hoheitlicher Betätigung, erfolgte. Nur bei unmittelbaren Eingriffen von hoher Hand, insbesondere im Rahmen der Schaffung und Unterhaltung des öffentlichen Straßennetzes, sollte eine öffentlich-rechtliche Beurteilung Platz greifen. In den übrigen Fällen wurden die Entschädigungsansprüche dem privaten Nachbarrecht zugeordnet[14].

---

[8] Das Unternehmen „Reichsautobahnen", das auf dem Gesetz über die Errichtung eines Unternehmens „Reichsautobahnen" vom 27. 6. 1933, RGBl. II, S. 509, RABG, beruhte, stellte eine juristische Person des öffentlichen Rechts dar.

[9] RGZ 159, 129 (133) m.w.N.

[10] RGZ 159, 129 (133).

[11] RGZ 159, 129 (132); 59, 70 (74f.), E. v. 12. 10. 1904; 73, 270 (271), E. v. 16. 4. 1910.

[12] RGZ 159, 129 (131); dieser Grundsatz galt und gilt auch heute noch für Klagen gegen öffentliche Veranstaltungen (Straßenfeste, Bolzplätze, Jahrmärkte etc.).

[13] BGHZ 29, 314, E. v. 18. 2. 1959; 49, 148, E. v. 22. 12. 1967; BGH NJW 68, 1133, E. v. 22. 3. 1968.

[14] BGHZ 49, 148 (150), unter Verweis auf BGHZ 48, 98 (102).

An diesem unmittelbaren hoheitlichen Eingriff sollte es nach Ansicht des V. Zivilsenats des BGH bei Verkehrslärmimmissionen fehlen, daher wurde in der Entscheidung vom 22. 12. 1967[15] die infolge Lärmbeeinträchtigung geltend gemachten Entschädigungsansprüche dem privaten Nachbarrecht unterstellt[16]. Eine weitere Begründung gab der BGH nicht, er verwies im wesentlichen auf die Ausführungen des RG in der „Reichsautobahnentscheidung" von 1939[17].

Die Überlegungen des BGH waren zwar in der privatrechtlichen Phase letztlich von dem Bestreben gekennzeichnet, das bis dahin ungeklärte Verhältnis zwischen dem privaten Aufopferungsanspruch, wie ihn das RG entwickelt hatte, und öffentlich-rechtlichen Entschädigungsansprüchen zu klären und eine griffigere Abgrenzung zu schaffen. Das Begründungsdefizit in den vorstehend zitierten Entscheidungen zeigt jedoch, daß nur mit Hilfe der Großformel des unmittelbaren Eingriffs von hoher Hand und ohne die Hilfe zusätzlicher Anknüpfungspunkte für die Qualifizierung des straßenlärmbedingten Immissionskonfliktes nicht allzuviel gewonnen worden war. Die teilweise heftige Kritik in der Literatur[18] an der privatrechtlichen Beurteilung scheint schon aus diesem Grund verständlich.

III. Analyse des privatrechtlichen Aufopferungs- und Ausgleichssystems bei Beeinträchtigungen durch Verkehrslärmimmissionen in der Rechtsprechung

1. Einleitung

Die Rechtslage bei Beeinträchtigung durch Verkehrslärmimmissionen von öffentlichen Straßen läßt sich bereits in der privatrechtlichen Phase durch einen umfassenden Ausschluß negatorischer Rechte charakterisieren. Zum Ausgleich der von den Betroffenen zu duldenden Verkehrsimmissionsbeeinträchtigungen griff das RG auf ein für Immissionen von privaten Betrieben entwickeltes Entschädigungssystem zurück.

---

[15] BGHZ 49, 148.

[16] Diese Entscheidung wurde im Schrifttum kritisch aufgenommen. Menger / Erichsen, VerwArch. 59, 366 (385 ff.) verweisen darauf, daß die allgemeinen Straßenverkehrsimmissionen die unzweifelhaft hoheitliche Maßnahme der Widmung voraussetzen; daher sei, unabhängig von der Rechtskonstruktion des modifizierten Privateigentums, wonach auch die öffentlichen Sachen der Privatrechtsordnung unterliegen, ein öffentlich-rechtlicher Entschädigungsanspruch zu prüfen gewesen; weiter dazu Martens, Festschrift Schack, S. 88 ff.; Janssen, S. 123 ff., Konow, S. 70 ff.; Westermann, Sachenrecht, § 28 III 2 b; H. J. Wolff, AÖR 76, 205 (209).

[17] BGHZ 49, 148 (150).

[18] Siehe Fn. 16.

Mit dem „Aufopferungsanspruch wegen Versagung der Abwehrklage" wurden Einwirkungen sogenannter lebenswichtiger Betriebe entschädigt, die zwar den Duldungsrahmen des § 906 a.F. BGB überstiegen, an sich mit der Folge einer Unterlassungs- oder Beseitigungsklage gem. § 1004 I BGB, die der Betroffene aber nach Ansicht des RG aus Gründen des öffentlichen Interesses hinzunehmen hatte. Allerdings führte die reichsgerichtliche Interpretation der Tatbestandsmerkmale des § 906 a.F. BGB, insbesondere hinsichtlich der Ortsüblichkeit der störenden Nutzung im Bereich der Verkehrslärmimmissionsproblematik dazu, daß sich auch schwerste Lärmimmissionen im Bereich des Ortsüblichen und damit entschädigungslos zu Duldenden hielten.

Mit dem „Ausgleichsanspruch aus dem nachbarlichen Gemeinschaftsverhältnis", später als Ausgleichsanspruch im § 906 II 2 BGB normiert, suchten RG und BGH die Folgen dieser restriktiven Haltung zumindest teilweise auszugleichen und gewährten einen Ausgleichsanspruch bei unzumutbaren, d.h. den Betroffenen in seiner wirtschaftlichen Existenz gefährdenden Immissionsbeeinträchtigungen.

2. Aufopferungsanspruch wegen Versagung der Abwehrklage

Der Aufopferungsanspruch wegen Versagung der Abwehrklage stellte eine Rechtsschöpfung des RG dar. Die Bezeichnung „Aufopferungsanspruch" wurde erstmals in Entscheidungen der Jahre 1938/39 gewählt[19], die Wurzel des Anspruchs läßt sich jedoch über die Entscheidungsreihe zum nachbarlichen Ausgleichsanspruch wegen Versagung der Abwehrklage bis in das Jahr 1882 zurückverfolgen[20].

Entwickelt wurde dieser Anspruch in Analogie zu privatrechtlichen und öffentlich-rechtlichen Vorschriften, das RG zog hierzu die in § 75 Einl. ALR[21] sowie § 26 a.F. GewO[22] enthaltenen Rechtsgedanken heran[23], ohne allerdings auf die einzelnen Voraussetzungen dieser Vorschrift näher einzugehen. Das Gericht ordnete den Aufopferungsanspruch in die Kategorie

---

[19] RGZ 159, 68 (72), E. v. 15. 11. 1938; 159, 129 (135), E. v. 9. 1. 1939.

[20] RGZ 7, 265, E. v. 20. 9. 1882; vgl. dazu Konzen, S. 33ff., m.u.N.

[21] Darin heißt es: Dagegen ist der Staat demjenigen, der seine besonderen Rechte und Vorteile dem Wohle des gemeinen Wesens aufzuopfern genötigt wird, zu entschädigen gehalten.

[22] Die lautete: Soweit die bestehenden Rechte zur Abwehr benachteiligender Einwirkungen, welche von einem Grundstück aus auf ein benachbartes Grundstück geübt werden, dem Eigentümer oder Besitzer des letzteren eine Privatklage gewähren, kann diese Klage einer mit obrigkeitlicher Genehmigung errichteten gewerblichen Anlage gegenüber niemals auf Einstellung des Gewerbebetriebs, sondern nur auf Herstellung von Einrichtungen, welche die benachteiligende Wirkung ausschließen oder, wo solche Einwirkungen untunlich oder mit einem gehörigen Betriebe des Gewerbes unvereinbar sind, auf Schadloshaltung gerichtet werden.

[23] RGZ 113, 301 (306), E. v. 29. 4. 1926.

des bürgerlichen Rechts ein, obwohl er auch bei hoheitlichen Eingriffen Anwendung fand[24], und die Versagung der Abwehrklage im wesentlichen auf behördliche Genehmigungen und insbesondere das öffentliche Interesse gestützt wurde. Den vom Verschulden unabhängigen Aufopferungsanspruch wegen Versagung der Abwehrklage billigte das RG in Immissionsfällen dem Betroffenen dann zu, wenn rechtswidrige Beeinträchtigungen vorlagen, die das nach der nachbarrechtlichen Regelung des § 906 a.F. BGB[25] zulässige Maß überschritten und nicht mit der Abwehrklage aus § 1004 I BGB beseitigt werden konnten.

Als wesentliches Tatbestandsmerkmal setzte der Aufopferungsanspruch damit zunächst eine rechtswidrige Einwirkung voraus, gegen die die an sich gegebene Beseitigungs- oder Unterlassungsklage nach § 1004 I BGB ausgeschlossen sein mußte[26]. Dieses Erfordernis der rechtswidrigen Einwirkung war dahin zu verstehen, daß das RG „durch § 906 BGB nicht gerechtfertigte Immissionen"[27] meinte, denn sonst wäre es unverständlich gewesen, die vorgebrachten Ersatzansprüche nicht nach §§ 823ff. BGB zu beurteilen[28].

Nach §§ 1004 I i.V.m. § 906 a.F. BGB war der Grundstückseigentümer grundsätzlich befugt, Immissionen zu unterbinden, die ihn nicht nur unwesentlich beeinträchtigten, und die über das ortsübliche Maß hinausreichten, es sei denn, die Beseitigungs- oder Unterlassungsklage war gesetzlich beschränkt oder ausgeschlossen. Eine derartige Abwehrklage versagte das RG darüber hinaus auch gegenüber Einwirkungen von Betrieben mit besonderer Bedeutung für die Allgemeinheit[29], da dem Emittenten wegen des besonderen öffentlichen Interesses eine privilegierte Stellung zukommen sollte. Die Existenz eines derartigen Unternehmens mit allen seinen beeinträchtigenden Auswirkungen mußte im öffentlichen Interesse geduldet werden[30]. An die Stelle des versagten Abwehranspruchs setzte das RG den bürgerlichrechtlichen Aufopferungsanspruch, der auf Teilersatz des Schadens

---

[24] So in RG Gruchot, 45, 1016 (1017), E. v. 11. 5. 1901.

[25] Die Vorschrift des § 906 a.F. BGB galt bis zum 31. 5. 1960. Sie hatte folgenden Wortlaut: Der Eigentümer eines Grundstücks kann die Zuführung von Gasen, Dämpfen, Gerüchen, Ruß, Wärme, Geräusch, Erschütterungen und ähnliche von einem anderen Grundstück ausgehende Einwirkungen insoweit nicht verbieten, als die Einwirkung die Benutzung seines Grundstücks nicht oder nur unwesentlich beeinträchtigt oder durch eine Benutzung des anderen Grundstücks herbeigeführt wird, die nach den örtlichen Verhältnissen bei Grundstücken dieser Lage gewöhnlich ist. Die Zuführung durch eine besondere Leitung ist unzulässig.

[26] RGZ 78, 202 (206), E. v. 26. 1. 1912; 101, 102 (105), E. v. 15. 12. 1920; 102, 134 (137), E. v. 23. 4. 1921; 154, 161 (166), E. v. 10. 3. 1937; RGZ 100, 69 (74), E. v. 1. 7. 1920; 159, 129 (135).

[27] Kleindienst, S. 33.

[28] Zu dieser Problematik umfassend Kleindienst, S. 32ff.; Konsen, S. 12f.; Michaelis, Festschrift Siber II, S. 295.

[29] Von RGZ 159, 129 (135) als lebenswichtige Betriebe bezeichnet.

[30] Eine genaue Auflistung der Entscheidungen findet sich bei Hemsen, S. 13 - 19.

zielte, der durch die gezwungenermaßen hinzunehmenden Immissionen verursacht worden war. Der Ausgleich betraf jedoch nur die Immissionen, die den Rahmen des Unwesentlichen und Ortsüblichen i.S. des § 906 a.F. BGB überstiegen[31].

Diese Anspruchsvoraussetzungen wurden auch in der Reichsautobahn-Entscheidung herausgestellt. Das RG verlangte Einwirkungen von der Verkehrsanlage auf das Grundstück des Klägers, die das nach § 906 a.F. BGB zulässige Maß überschritten und prüfte, ausgehend von den Tatbestandsmerkmalen dieser Vorschrift, ob die Verkehrslärmimmissionen eine Benutzung des Grundstücks wesentlich beeinträchtigten, und ob die Benutzung des beeinträchtigenden Grundstücks nach den örtlichen Verhältnissen üblich und damit hinzunehmen war. Verkehrslärmimmissionen, die dieses Maß überschritten, erklärte das RG als „allgemein rechtswidrig", gegen die jedoch angesichts der öffentlich-rechtlichen Stellung des Unternehmens „Reichsautobahnen" und ihrer besonderen Bedeutung für das allgemeine Wohl anstelle der Abwehrklage nur der Aufopferungsanspruch auf Ersatz des Schadens treten könne[32].

Der reichsgerichtlich geformte Aufopferungsanspruch wegen Versagung der Abwehrklage wurde vom BGH in frühen Entscheidungen bestätigt und fortgebildet. Es erfolgte jedoch eine Differenzierung zwischen dem bürgerlichrechtlichen Aufopferungsanspruch und einem ungenau als „echten öffentlich-rechtlichen Aufopferungsanspruch" bezeichneten Rechtsinstitut, das neben Eingriffen in immaterielle Rechte auch Fälle der Enteignung mit umfaßte[33].

Die zentrale Verkehrslärmentscheidung des BGH in der privatrechtlichen Phase[34] erfolgte zwar bereits vor dem Hintergrund einer Trennung zwischen dem reichsgerichtlich entwickelten bürgerlichrechtlichen Aufopferungsanspruch und Entschädigungsansprüchen aus enteignendem oder enteignungsgleichen Eingriffen. Da die Verkehrslärmbeeinträchtigungen nach Ansicht des V. Zivilsenats aber nicht durch unmittelbare Eingriffe von hoher Hand ausgelöst wurden, sondern im Rahmen einer privatrechtlichen Benutzung des störenden Grundstücks erfolgt waren, sollten die Entschädigungsansprüche weiterhin dem privaten Nachbarrecht unterstellt bleiben. Es konnte also weiterhin der Aufopferungsanspruch wegen Versagung der Abwehrklage zum Tragen kommen[35].

---

[31] Seit RGZ 139, 29 (32), E. v. 26. 11. 1932; vgl. bei Konzen, S. 45ff.

[32] RGZ 159, 129 (135, 138).

[33] BGHZ 9, 209 (220), E. v. 9. 4. 1953, in der der BGH den zivilrechtlichen Charakter des Aufopferungsanspruchs wegen Versagung der Abwehrklage betonte; 13, 88 (91), E. v. 12. 4. 1954; 16, 366 (374, 375), E. v. 28. 2. 1955.

[34] BGHZ 49, 148, E. v. 22. 12. 1967.

[35] BGHZ 49, 148 (150).

3. Ausgleichsanspruch aus dem nachbarlichen Gemeinschaftsverhältnis

Mit dem Ausgleichsanspruch aus dem nachbarlichen Gemeinschaftsverhältnis suchte das RG in Einzelfällen ortsübliche Immissionen auszugleichen, die nach dem Wortlaut des § 906 a.F. BGB vom Betroffenen entschädigungslos zu dulden gewesen wären[36]. Der Gesetzgeber hatte sich bei der alten Fassung des § 906 BGB von der Vorstellung leiten lassen, daß sich die Vor- und Nachteile der in § 906 BGB zugelassenen Immissionen für die betroffenen Grundstückseigentümer von selbst ausgleichen würden. Einmal, weil sie ihrerseits selbst emittieren durften. Zum anderen, weil Industrieansiedlungen im nachbarschaftlichen Raum mit den ihnen anhaftenden nachteiligen Immissionen über die Steigerung der Nachfrage nach Grund und Boden auch den Vorteil der Bodenwertsteigerung und über das Ansteigen der Bevölkerungsdichte den landwirtschaftlich orientierten Nachbargrundstücken vermehrte Absatzchancen bringen würden[37].

Im Zuge der rasanten industriellen und infrastrukturellen Entwicklung erwiesen sich derartige Überlegungen bald als Fehleinschätzung, die das RG zu korrigieren suchte. Insbesondere dort, wo sich infolge einer kontinuierlichen wirtschaftlichen Entwicklung auch schwerste Immissionen im Rahmen der Ortsüblichkeit hielten und eine sinnvolle Nutzung des Nachbargrundstücks unmöglich machten, griff das RG ein[38]. Übten die ortsüblichen Immissionen eine existenzvernichtende Wirkung auf das Nachbargrundstück aus, erklärte sie das Gericht innerhalb einer dem Grundgedanken des nachbarlichen Gemeinschaftsverhältnisses entspringenden erweiterten Auslegung des § 906 a.F. BGB als nicht rechtmäßig[39] i.S. dieser Vorschrift[40], an sich mit der Folge der Abwehrklage aus § 1004 I BGB. Gegen die Immissionsbeeinträchtigungen der im öffentlichen Interesse stehenden privilegierten Betriebe[41] war

---

[36] RGZ 154, 161, E. v. 10. 3. 1937; 155, 154, E. v. 16. 6. 1937; 159, 129; 167, 14, E. v. 21. 4. 1941.

[37] So Aicher, S. 205, Fn. 265; Kleindienst, S. 26f.

[38] Vgl. RGZ 154, 161 (165ff.).

[39] An sich mißverständliche Wendung des RG, das damit beim Ausgleichsanspruch aus dem nachbarlichen Gemeinschaftsverhältnis lediglich deutlich zu machen suchte, daß diese Immissionen trotz ihrer Ortsüblichkeit über die in § 906 a.F. BGB normierte Inhaltsbestimmung des Grundeigentums hinausreichten (Konzen, S. 55; Pleyer, JZ 59, 305 (305f.)) und die Grenze des für die Betroffenen Zumutbaren überschritten. Die dann auch als Begründung vorgetragenen Argumente wie: Zerstörung der wirtschaftlichen Lebensbedingungen oder Hemmung der Verkehrsentwicklung haben sachlich wenig mit der Ortsüblichkeit i.S.d. § 906 a.F. BGB zu tun, sie stecken vielmehr einen Zumutbarkeitsrahmen ab, innerhalb dessen die Frage nach Hinnahme der Beeinträchtigung oder Billigkeitsentschädigung beantwortet werden muß; i.E. ebenso Schneider, NJW 65, 440 (442).

[40] RGZ 154, 161 (165); RGZ 159, 129 (139).

[41] So auch die „Reichsautobahn“ als sog. „lebenswichtiger Betrieb“.

die Abwehrklage jedoch ebenso wie gegen die Immissionen ortsunüblicher Nutzungen versagt, so daß auch hier nur der Geldausgleich Platz griff.

Auf der Grundlage dieser Anspruchssystematik prüfte das RG in den Verkehrslärmimmissionsfällen zunächst das Vorliegen des Aufopferungsanspruchs wegen Versagung der Abwehrklage. Lagen dessen Voraussetzungen nicht vor, handelte es sich also um ortsübliche, innerhalb der Grenzen des § 906 a.F. BGB liegende Beeinträchtigungen, folgte die Erörterung des Ausgleichsanspruchs aus dem nachbarlichen Gemeinschaftsverhältnis. Über diesen Umweg konnte das Gericht dann dennoch zu einer Verneinung der Rechtmäßigkeit der Verkehrslärmimmissionen gelangen mit der Folge eines vom Richter zu bestimmenden Ausgleichs in Geld oder, wie sich das RG ausdrückte, einer Teilentschädigung nach Billigkeit[42].

Auch die reichsgerichtliche Rechtsschöpfung des Aufopferungsanspruchs hat der BGH in frühen Entscheidungen aufgenommen und fortentwikkelt[43]. Er sah die Rechtsgrundlage des Anspruchs im nachbarlichen Gemeinschaftsverhältnis und den daraus entspringenden Pflichten zur Rücksichtnahme und gewährte bei ortsüblichen, aber das wirtschaftliche Fortkommen schwer treffenden Immissionsbeeinträchtigungen einen Billigkeitsanspruch auf Teilentschädigung[44].

4. Anspruch aus § 906 II 2 BGB

Mit der Abänderung des § 906 BGB in seine derzeitige Fassung schuf der Gesetzgeber in Abs. 2, Satz 2, einen eigenständigen gesetzlichen Ausgleichstatbestand[45]. Dieser Ausgleichstatbestand gewährt einen angemessenen Ausgleich in Geld für erlittene Beeinträchtigung[46] und bemißt sich in der Regel nach der Wertminderung und dem Ertragsverlust des betroffenen Grundstücks[47].

Der Anspruch beruht im wesentlichen auf dem von der Judikatur entwikkelten Haftungsgrund[48], wonach bei ortsüblichen, nach § 906 a.F. BGB entschädigungslos zu duldenden Immissionen in Fällen der durch sie hervorge-

[42] RGZ 159, 129 (140).
[43] Vgl. BGHZ 30, 273, E. v. 15. 4. 1959.
[44] BGHZ 30, 273 (280).
[45] Die Neufassung des § 906 BGB wurde durch das Gesetz zur Änderung der Gewerbeordnung und Ergänzung des BGB vom 22. 12. 1959, BGBl. I 781, eingefügt, in Kraft seit 1. 1. 1960.
[46] Soergel / Siebert / Baur, § 906 BGB Rdnr. 74; Staudinger / Seufert, § 906 BGB Rdnr. 17.
[47] BGH NJW 59, 2156, E. v. 25. 6. 1959.
[48] Anspruch aus dem nachbarlichen Gemeinschaftsverhältnis, BGH NJW 62, 1342 (1342f.), E. v. 30. 5. 1962; so auch Aicher, S. 205; Mühl, NJW 60, 1133 (1136); Schmidt-Aßmann, Lärmschutz, S. 13; Wehr, JuS 71, 207 (207).

rufenen Existenzzerstörung[49] oder schweren Beeinträchtigung des wirtschaftlichen Fortkommens Geldausgleich gewährt werden konnte[50]. Während der BGH den Ausgleichsanspruch dogmatisch unmittelbar aus dem nachbarlichen Gemeinschaftsverhältnis herleitete[51], war und ist die dogmatische Begründung im Schrifttum umstritten. Teilweise wird der Anspruch des § 906 II 2 BGB als Entwicklung aus dem nachbarlichen Gemeinschaftsverhältnis klassifiziert[52], nach anderer Ansicht besteht die Grundlage in einem bürgerlichrechtlichen Aufopferungsanspruch[53].

Seine höchstrichterliche Anwendung hinsichtlich Verkehrslärmimmissionen fand § 906 II 2 BGB erstmals in der Bergnase-Entscheidung vom 22. 12. 1967[54]. In dem zugrundeliegenden Fall verlangte der von Verkehrslärmimmissionen betroffene Hauseigentümer einen Teil der Aufwendungen ersetzt, die er für die Schaffung von rückwärtigen bisher wegen einer vorspringenden Bergnase nicht ausgebauten verkehrsabgewandten Aufenthaltsräumen hatte aufbringen müssen. Der BGH erörterte instruktiv die Voraussetzungen des neugeschaffenen Ausgleichsanspruchs bezogen auf Beeinträchtigungen durch Verkehrslärm. Ein angemessener Ausgleich in Geld konnte von dem betroffenen Grundstückseigentümer nur verlangt werden, wenn von dem störenden Grundstück, das ortsüblich genutzt sein mußte, unvermeidbare Geräusche zugeführt wurden, die eine wesentliche Beeinträchtigung des Grundstücks des Betroffenen bewirkten. Die Beeinträchtigung mußte darüber hinaus unzumutbar sein, d. h. entweder die ortsübliche Benutzung oder den Ertrag des betroffenen Grundstücks über das zumutbare Maß hinaus übersteigen. Lagen diese Voraussetzungen vor, war der Teil der gemachten Gesamtaufwendungen des Klägers zu ersetzen, der das nach Abwägung aller Umstände zumutbare Maß überstieg[55].

Mit dieser Neuregelung verschob sich die Interessenabwägung des § 906 BGB im Bereich des Immissionsschutzes nur in der entschädigungsrechtlichen Dimension. Wie bisher waren gemäß § 906 I BGB Einwirkungen, die

---

[49] RGZ 154, 161 (165); 159, 129 (139).

[50] BGHZ 30, 273 (280); zu diesem Problemkreis Baur, Sachenrecht § 25 IV 2 e cc; Schulte, Eigentum und öffentliches Interesse, S. 129; siehe Kap. III 3.

[51] BGHZ 38, 61 (64); in diesem Zusammenhang ist unbeachtlich, daß der BGH den bürgerlichrechtlichen Aufopferungsanspruch in BGHZ 48, 98 (100) als „nachbarlichen Ausgleichsanspruch" bezeichnet, da die Entscheidung noch auf der alten Fassung des § 906 BGH beruhte, die keinen Ausgleichsanspruch vorsah, vgl. Aicher, S. 208. Nach der Neufassung wird auch seitens des BGH nur der bei wesentlichen ortsunüblichen Immissionen eingreifende Ersatzanspruch als bürgerlichrechtlicher Aufopferungsanspruch (wegen Versagung der Abwehrklage) bezeichnet, BGHZ 54, 384 (388, 389), E. v. 30. 10. 1970; BGHZ 60, 119 (122 f.), E. v. 25. 1. 1973.

[52] Aicher, S. 206, Fn. 265; Ganschezian-Finck, NJW 61, 1846 (1847); Glaser / Dröschel, 3. A., S. 184.

[53] Siehe die Nachweise aus dem älteren Schrifttum bei Konzen, S. 58, Fn. 320, 321; Dehner, S. 382 ff.; Schwabe, S. 206 ff.

[54] BGHZ 49, 148.

[55] BGHZ 49, 148 (155).

die Grundstücksnutzung nicht oder nur unwesentlich beeinträchtigen, vom Eigentümer hinzunehmen. Auch wesentliche, aber ortsübliche Immissionen mußten weiter geduldet werden, soweit sie nicht durch wirtschaftlich vertretbare Maßnahmen verhindert werden konnten, § 906 II 1 BGB. Auf dieser Stufe griff jedoch jetzt der kompensierende Ausgleichsanspruch des § 906 II 2 BGB ein, wenn die Immissionen zu einer über das zumutbare Maß hinausreichenden Beeinträchtigung führten. Unberührt blieb die Rechtslage auch bei Immissionsbeeinträchtigungen, die über den Duldungsrahmen des § 906 I BGB hinausreichten; also ortsunübliche wesentliche Immissionen, die von einem privilegierten Betrieb[56] oder einwirkungsbefugten Hoheitsträgern[57] ausgingen. Hier kam für den Betroffenen wie bisher der bürgerlichrechtliche Aufopferungsanspruch wegen Versagung der Abwehrklage in Frage.

IV. Bestimmung der anspruchsauslösenden Grenze beim Aufopferungsanspruch wegen Versagung der Abwehrklage

Die Festlegung der Nutzungsgrenze und damit die Grenzziehung zwischen entschädigungslos hinzunehmenden Immissionen und zwar ebenfalls zu duldenden, aber entschädigungspflichtigen Beeinträchtigungen erfolgte anhand der in § 906 a.F. BGB normierten zentralen Tatbestandsmerkmalen der Wesentlichkeit und der „nach den örtlichen Verhältnissen gewöhnlichen“, kurz ortsüblichen Benutzung des störenden Grundstücks. Danach waren Lärmbeeinträchtigungen zu entschädigen, die den Rahmen des Unwesentlichen und Ortsüblichen überschritten.

Bei der folgenden Untersuchung ist das Hauptaugenmerk dem Tatbestandsmerkmal der Ortsüblichkeit gewidmet, denn die reichsgerichtliche Interpretation dieses Merkmals erwies sich bis in neueste Entscheidungen des BGH weit in die enteignungsrechtliche Phase hinein als richtungsweisend.

1. Das Kriterium der Wesentlichkeit der Beeinträchtigung

Um den zuvor erörterten Anspruchsrahmen auszulösen, mußten die Lärmimmissionen die Benutzung des betroffenen Grundstücks zunächst wesentlich beeinträchtigen. Dabei legte das RG seit seinen frühesten Entscheidungen in ständiger Rechtsprechung einen objektiven Maßstab an[58], orientiert am Empfinden eines normalen Durchschnittsmenschen[59]. Im

[56] Beispielsweise aufgrund der Regelung des § 26 GewO.
[57] Dazu oben 2. Kap. III 2.
[58] Vgl. die Nachweise bei Meisner / Stern / Hodes, 3. A., S. 207.
[59] RG JW 32, 399, E. v. 2. 4. 1932; dazu Meisner / Stern / Hodes, 4. A., S. 210.

Bereich der Lärmimmissionen genügte es grundsätzlich, wenn das Wohnen an Annehmlichkeit verlor, und dadurch der Wert des betroffenen Grundstücks herabgemindert wurde[60]. Zur wesentlichen Beeinträchtigung sollte aber eine stärkere Lärmintensität als nur die Belästigung i. S. einer Beeinträchtigung des sozialen Wohlbefindens gehören[61]. Bei der Ermittlung der Lärmintensität wurde die Gesamtwirkung der Geräusche erfaßt, ein Abstellen auf einzelne, besonders unangenehme oder störende Lärmquellen erfolgte nicht[62].

In den beiden richtungsweisenden Verkehrsimmissionsentscheidungen von 1931 und 1939[63] wurde auf eine Erörterung des Kriteriums der Wesentlichkeit weitgehend verzichtet. Im Reichsautobahn-Urteil von 1939[64] unterstellte das Gericht schlicht das Vorhandensein einer wesentlichen Beeinträchtigung zu Gunsten der Klägerin; nicht weiter erstaunlich, da die Autobahn nur etwa 5 m von ihrem Wohnhaus entfernt verlief. In der Dahlem-Entscheidung[65] erfolgte die Zurückverweisung an das Kammergericht Berlin lediglich unter dem Gesichtspunkt der Ortsüblichkeit.

Die Rechtsprechung des BGH knüpfte an die eingangs erwähnte reichsgerichtliche Interpretation des Kriteriums der Wesentlichkeit an. In der Entscheidung vom 16. 6. 1959[66] führte das Gericht aus, daß zur Feststellung einer wesentlichen Beeinträchtigung das Empfinden des normalen Durchschnittsmenschen zugrundezulegen sei, ebenso aber die Zweckbestimmung des beeinträchtigten Grundstücks. Der BGH bekannte sich damit zu einem mehr objektiv differenzierenden Maßstab, der auch in der, gerade im Bereich der Lärmimmissionen bedeutsamen Frage nach der Berücksichtigung von Zusammensetzung, Frequenz und Art des Verkehrslärms seinen Niederschlag fand[67]. Danach war die Wesentlichkeit eines Geräusches nicht allein von der gemessenen Lautstärke abhängig. Die gemessenen Zahlenwerte gaben, so das Gericht, für das Maß und die Eigenart der Empfindung und die Frage der Lästigkeit der Geräusche nur gewisse Anhaltspunkte oder Richtwerte[68], die durch Ermittlung der Zusammensetzung des Geräusches, der emittierten Frequenzen und der Zweckbestimmung des beeinträchtigten Grundstücks ergänzt zu werden hatten[69]. Letztlich maßgebend blieb jedoch, unter Heranziehung obiger Gesichtspunkte, die Bewertung des Tatrichters,

[60] Meisner / Stern / Hodes, 4. A., S. 210, Fn. 78.
[61] Fickert, BauR 73, 1 (9).
[62] RG JW 1909, 50 (50), E. v. 9. 12. 1908.
[63] RGZ 133, 152; 159, 129.
[64] RGZ 159, 129 (137).
[65] RGZ 133, 152 (156).
[66] BGH BB 59, 761 (761).
[67] BGH NJW 68, 1133 (1133), E. v. 22. 8. 1968.
[68] BGHZ 46, 35 (38), E. v. 22. 6. 1966.
[69] BGH NJW 68, 1133 (1133).

der, so der BHG, unter Berücksichtigung seiner eigenen Empfindungen zu entscheiden hatte[70].

Bemerkenswert bleibt, wie problemlos der BGH, ähnlich dem Reichsgericht, zu einer Bejahung der Wesentlichkeit von Lärmimmissionen gelangte, wie niedrig die Schwelle zwischen unwesentlichen und wesentlichen Beeinträchtigungen gezogen war. Gerade die Verwandtschaft zwischen dem Kriterium der Wesentlichkeit und dem der Zumutbarkeit hätte die von diesem Wertungskriterium gewohnte restriktive Handhabung erwarten lassen. Der Unterschied ist nur darauf zurückzuführen, daß bei der Bewertung der Wesentlichkeit der Lärmbeeinträchtigung keine fiskalischen und verkehrspolitischen Überlegungen mit einflossen; es wurde ausschließlich über die Intensität der Lärmeinwirkung befunden.

2. Das Kriterium der Ortsüblichkeit der störenden Nutzung

Bei der Prüfung, ob die straßenverkehrsbedingten Immissionen den Rahmen der ortsüblichen Nutzung des Straßengrundstücks überschritten, orientierte sich das RG zunächst an den Maßstäben, die es im Industrieimmissionsbereich entwickelt hatte und die, seit der Eisenhütte Thale-Entscheidung[71] von dem Bemühen geprägt waren, den Begriff der Ortsüblichkeit i. S. einer schnellen und großzügigen Industrialisierung möglichst extensiv zu fassen.

Daneben entwickelte das Gericht in den Verkehrsimmissionsentscheidungen vom 8. 7. 1931 und 9. 1. 1939[72] aber auch Ansatzpunkte für eine neuartige Bestimmung der Ortsüblichkeit. Dabei entfernte es sich zunehmend von der ursprünglichen Bedeutung dieses Tatbestandsmerkmals. Indem die Grenzziehung mehr in eine abstrakte Dimension verlagert wurde, ging der an der kleinen überschaubaren Gemeinschaft ausgerichtete Charakter der Ortsüblichkeit verloren.

a) Ortsüblichkeit aus semantischer Sicht

Begrifflich bedeutet „Ortsüblichkeit" ein häufigeres tatsächliches Vorkommen in einem zum Vergleich heranzuziehenden Bereich[73]. Ihre Beurteilung, die eine Gegenüberstellung der Nutzung des durch seine Emissionen störenden Grundstücks mit derjenigen anderer Grundstücke in der

---

70 BGH NJW 68, 1133 (1134).

71 RG Gruchot, 55, 105, E. v. 6. 7. 1910.

72 RGZ 133, 152; 159, 129.

73 Vgl. dazu Aust / Jacobs, Entschädigungsrecht, 2. A., S. 131; Dehner, S. 372 f.; Erman / Hagen, § 906 BGB Rdnr. 11, 13; Schapp, S. 65 ff.; Schmidt-Aßmann, Festschrift Pikalo, S. 278; Wiethaup, S. 99.

Umgebung[74] erfordert, verlangt schon dem Wortsinn nach ein zweistufiges Vorgehen.

Zunächst hat eine räumliche Eingrenzung des Bezirks der Grundstücke, der für die Gegenüberstellung und den Nutzungsvergleich in Betracht kommt, zu erfolgen. Dieser Festlegung des Vergleichsgebietes folgt der Nutzungsvergleich, die Beurteilung, ob das störende Grundstück in einer von Art und Ausmaß her einigermaßen gleich beeinträchtigenden Weise wie die Mehrheit der übrigen Grundstücke genutzt wird.

Bei der Festlegung des Vergleichsgebietes soll grundsätzlich die nächste Umgebung des störenden Grundstücks maßgebend sein, weiter entfernte Gebiete oder etwa die Verhältnisse in anderen Städten sind dabei regelmäßig nicht zu berücksichtigen[75]. Dies folgt nicht nur begrifflich aus der Ortsüblichkeit, sondern auch aus dem Bezug der störenden Anlage zur näheren Umgebung. Bauvorhaben richten sich in erster Linie nach den tatsächlichen Standortqualitäten, also den konkreten Eigenschaften und insbesondere den Vorteilen des näheren Raums. Sie sind dadurch mit ihrer Umgebung verbunden, was sich gerade bei der Festlegung des Vergleichsgebietes eingrenzend auswirkt[76]. Als Ansatzpunkt gilt daher das konkrete Gebiet der betroffenen Gemeinde, der enge überschaubare Raumbezirk. Gerade der Rückgriff auf den konkreten „kleinnachbarlichen Raum“[77] gewährleistet eine genaue Feststellung des Störpegels, anhand dessen sich Nutzungsexzesse sicher erfassen lassen und widerstreitende Nutzungsinteressen der Nachbarn dem jeweiligen faktischen Raumcharakter angepaßt werden können.

Die Nutzung eines störenden Grundstücks ist regelmäßig dann ortsüblich, wenn die Mehrzahl der Grundstücke im festgesetzten Vergleichsgebiet zur gleichen Zeit zumindest ähnlich ge- oder benutzt wird[78]. Dem liegt der Gedanke zugrunde, daß Beeinträchtigungen, die innerhalb einer derartig vergleichbaren Nutzung das Nachbargrundstück treffen, dem Nachbarn zuzumuten sind[79]. Das Grundstück des beeinträchtigten Nachbarn ist eingegliedert in die räumliche Gemeinschaft der Grundstücke; es teilt das Schicksal des Raumes, dem es angehört. Nur neue emissionsintensivere Nut-

---

[74] So Soergel / Baur, § 906 BGB, Rdnr. 40; Staudinger / Seuffert, § 906 BGB, Rdnr. 30.

[75] Dehner, S. 372; Glaser / Dröschel, S. 176ff.; Leisner, NJW 75, 233 (236); Schapp, S. 68; Wiethaup, S. 69.

[76] Vgl. dazu Schulte, Eigentum und öffentliches Interesse, S. 173f.

[77] Ausdruck von Schapp, S. 68.

[78] So z.B. RG JW 35, 3221 (3221), E. v. 8. 5. 1935; RGZ 139, 29 (31); BGHZ 15, 146 (148, 149), E. v. 29. 10. 1954; 54, 384 (309), E. v. 30. 10. 1970; ferner in der Literatur Erman / Hagen, § 906 BGB, Rdnr. 11; Glaser / Dröschel, S. 176; Habscheid, S. 262; Lorentz, S. 273; Schapp, S. 127; Wiethaup, S. 100.

[79] So BGHZ 54, 384 (386).

zungen sprengen diesen Rahmen des Ortsüblichen und sind daher dem Nachbarn nicht mehr zuzumuten[80]. Der Ausgleich der widerstreitenden nachbarlichen Interessen kann deshalb nicht unter einseitiger Berücksichtigung des emittierenden Grundstücks erfolgen, sondern ist aus der gerechten Würdigung und Abwägung innerhalb des zuvor festgelegten Raumverhältnisses zu ermitteln[81].

Damit zielt die Ortsüblichkeit in ihrer ursprünglichen Fassung auf die Erhaltung des einmal entstandenen und eingespielten status quo[82]. Sie kann so als ursprünglich emissionsbegrenzendes Kriterium bezeichnet werden. Ein umfassender Wandel dieser, von statischem Denken geprägter Ortsüblichkeit kann so grundsätzlich nur unter der Hand eintreten, wenn die betroffenen Nachbarn die Abwehr neuartiger emittierender Nutzungen unterlassen, und diese zum Bestandteil des status quo werden[83].

b) Bestimmung der Ortsüblichkeit in den Immissionsentscheidungen des Reichsgerichts

Diese am Wortsinn orientierten Ansatzpunkte ließ das RG in mehreren Immissionsentscheidungen anklingen[84]. In den zitierten Entscheidungen zeigte das RG bei der Festlegung des Vergleichsgebietes die Tendenz, zu jedem einzelnen Fall Unterschiede fein herauszuarbeiten und gerade bei der Prüfung der Ortsüblichkeit in Industriestädten zwischen einzelnen Stadtbezirken zu unterscheiden[85]. Maßgebliches Vergleichsobjekt war nicht die gesamte politische Gemeinde, vielmehr kamen einzelnen abgegrenzten Bezirken einer Ortschaft, also auch den einzelnen Wohngebieten oder bestimmten Industrievierteln eine selbständige Bedeutung zu, wenn diese,

---

[80] RGZ 139, 29 (32); in der Literatur Lorentz, S. 277; Klausing, JW 37, 68 (70); Schulte, NJW 54, 495 (496f.).

[81] Vgl. Schulte, NJW 54, 495 (496f.); Lorentz, S. 277.

[82] So i.E. Breuer, Bodennutzung, S. 341; Schapp, S. 68; Westermann, Festschrift Ernst, S. 512.

[83] Breuer, Bodennutzung, S. 342; Friauf, DVBl. 71, 713 (719); Palandt / Degenhardt, § 906 BGB 3 b aa. Problematisch blieb und bleibt dabei die Frage der summierten Immissionen. Hinsichtlich der Ortsüblichkeit der Beeinträchtigung gilt es zwischen gleichartigen und ungleichartigen summierten Immissionen zu unterscheiden. Während erstere stets als ortsüblich gelten, eben weil auch andere Störer von vergleichbaren Grundstücken in etwa gleichem Umfang emittieren, kann bei der ungleichartigen Immission die besonders schädliche Kombinationswirkung einer Bejahung der Ortsüblichkeit entgegenstehen. Dazu Kleindienst, S. 60ff.; zur Frage der Wesentlichkeit der Beeinträchtigung bei summierten Immissionen umfassend Soergel / Baur, § 906 BGB, Rdnr. 53; Westermann, Festschrift Larenz, S. 1011.

[84] RG Warn. 1915, 285, E. v. 12. 6. 1915; 1919, 64, E. v. 20. 2. 1919; RG JW 1919, 312, E. v. 15. 1. 1919; RG Gruchot, 55, 105; RGZ 105, 213, E. v. 4. 10. 1922; RG JW 30, 2934, E. v. 16. 6. 1930.

[85] RG JW 1919, 312 (312); RGZ 105, 213 (217, 219); 156, 314 (316), E. v. 15. 12. 1937; RG JW 1930, 2934 (2935).

wie etwa durch die Art ihrer Bebauung, ein besonderes, von anderen Stadtteilen erkennbar unterschiedliches Gepräge trugen[86].

Parallel dazu entwickelte das RG frühzeitig ein gewisses Flächendenken[87], in dem die Beziehung zu den örtlichen Verhältnissen aufgelöst wurde. In der Eisenhüttenwerk Thale-Entscheidung[88] wurde versucht, diese Entwicklung abzumildern. Das Gericht machte sich Gedanken über die Entfernung, die allenfalls noch für Vergleichsobjekte zu akzeptieren war. Die Anknüpfung an die nächste Umgebung, an das Gebiet der betroffenen Gemeinde war jedoch damit aufgegeben, und der Weg zu einer einseitig die Industrialisierung begünstigenden Auslegung geebnet[89], die Bildung von großräumigen Belastungszonen vorprogrammiert. In der gleichen Entscheidung prägte das RG auch den Grundsatz, daß schon ein einzelner Betrieb das Gesamtbild der Landschaft bestimmen kann[90], so daß die seiner Nutzung entspringenden Emissionen als ortsüblich eingestuft werden konnten.

Daneben begann das RG, vor dem Hintergrund zunehmender Industrialisierung auch die Veränderbarkeit des Begriffs der Ortsüblichkeit zu betonen[91]. Die Ortsüblichkeit sollte danach nicht als starres Abgrenzungskriterium gelten, sondern war vielmehr wandel- und veränderbar und insbesondere von den Zeit- und Umweltverhältnissen, dem Wandel der Anschauungen und der technischen Entwicklung beeinflußbar.

c) Ortsüblichkeit straßenbedingter Immissionen

Bei der Bestimmung der Ortsüblichkeit straßenverkehrsbedingter Immissionsbeeinträchtigungen sah sich das RG mit Problemen konfrontiert, die sich nur bedingt mit den bisher üblichen Entscheidungsmustern bewältigen ließen.

Bei der Festlegung des maßgeblichen Vergleichsgebietes war die Frage aufgeworfen, ob und inwieweit der langgestreckte, häufig verschiedene geographische Orte durchschneidende Charakter des Straßenzuges Berücksichtigung finden sollte. Im Falle einer Berücksichtigung konnte sich die Prüfung der Ortsüblichkeit dann schwierig gestalten, wenn die verschiedenen Gebiete unterschiedliche Immissionsverhältnisse aufwiesen. Insgesamt zeichnete sich die Kollision des ursprünglich statisch geprägten Kriteriums

---

86 RG JW 1908, 11 (12), E. v. 30. 10. 1907; 1919, 312 (312); RGZ 105, 213 (217); 139, 29 (32).

87 RG 1910, 149 (149), E. v. 22. 12. 1909; RG Recht 1911, Nr. 2733, E. v. 5. 4. 1911; RG Gruchot 55, 105 (109f.); RG HRR 1940, Nr. 295, E. v. 27. 10. 1939.

88 RG Gruchot, 55, 105.

89 Ebenso Diederichsen, Festschrift Schmidt, S. 5; i.E. auch Schapp, S. 66.

90 RG Gruchot, 55, 105 (110).

91 RG JW 1936, 3453, E. v. 29. 7. 1936; RGZ 154, 161 (164); 159, 129 (138); 162, 349 (457), E. v. 4. 1. 1940; dem zustimmend in der Literatur Lehmann, JW 36, 3454 (3454).

der Ortsüblichkeit mit der auf Dynamik und Expansion ausgelegten Verkehrsanlage ab.

aa) Festlegung des Vergleichsgebietes

Die Festlegung des maßgeblichen Vergleichsgebietes bei der Prüfung der Ortsüblichkeit straßenverkehrsbedingter Immissionen war von Anfang an durch die Aufgabe der differenzierten, auf den kleinnachbarlichen Raum bezogenen Betrachtungsweise gekennzeichnet[92].

In der Entscheidung vom 8.2.1939[93] stellte das RG hinsichtlich der Abgrenzung des Vergleichsgebietes fest, daß nicht ein einzelner Teil der im Gesamtverlauf benutzten Straße herausgeschnitten und für sich behandelt werden dürfe. Es müssen die gesamte Linienführung, also die Orts- und Verkehrsverhältnisse des Straßenzuges insgesamt berücksichtigt werden[94]. Unerheblich sei dabei, daß die durchschnittenen Ortsteile, bei denen es sich um Industrie- und Villenviertel handelte, hinsichtlich Ruhe, d.h. Lärmpegel und Abgeschlossenheit, erheblich voneinander abwichen. Dem Stadtteil Berlin-Dahlem, in dem sich das klägerische Grundstück befand, bescheinigte das RG zwar eine besondere Ruhe und Abschlossenheit. Kriterien also, die nach bisheriger Rechtsprechung[95] ein von den anderen Stadtteilen getrenntes Vergleichsgebiet Berlin-Dahlem zur Folge gehabt hätten, hier jedoch nach Ansicht des RG bedeutungslos waren. Als ausschlaggebendes Argument für eine derartig großräumige Betrachtungsweise wurden die Bedürfnisse des Straßenverkehrs angeführt. Es müsse, so das RG, verhindert werden, daß sich bestimmte Gegenden, um sich die ursprüngliche Eigenart zu erhalten, als Hindernis für die notwendige Verkehrsentwicklung einschöben. Bisher ruhige Stadtteile sollten sich ihrem Schicksal nicht entziehen können, im Rahmen der großstädtischen infrastrukturellen Entwicklung in den Allgemeinverkehr hineinzuwachsen[96]. Dabei war sich das RG der Problematik dieser Abgrenzung des Vergleichsgebietes im Gegensatz zu späteren Entscheidungen voll bewußt. Insbesondere verkannte das Gericht nicht die mit einer derartigen Ausdehnung für die Bewohner ruhiger Stadtteile verbundenen Belastungen. Es schob diese Bedenken jedoch zu Gunsten der, so das Gericht, „notwendigen Verkehrsentwicklung" beiseite. Versteckt wurde jedoch in der Dahlem-Entscheidung noch versucht, zu einer, wenn auch nur mittelbaren Berücksichtigung des kleinnachbarlichen Raums zurückzukehren. Denn das RG sprach gegenüber dem Leiter des störenden

---

[92] RGZ 133, 152 (154); 159, 129 (137).

[93] RGZ 133, 152.

[94] RGZ 133, 152 (154).

[95] RGZ 105, 213 (217); JW 1930, 2934, E. v. 11. 6. 1930; vgl. dazu oben 2. Kap. IV 2 b.

[96] RGZ 133, 152 (155).

Verkehrsunternehmens die Verpflichtung aus, auf die Straßenbewohner Rücksicht zu nehmen und dabei die „örtlichen Besonderheiten" zu beachten[97].

Die neue Bestimmung des Vergleichsgebietes fand ihre Fortsetzung in der Reichsautobahn-Entscheidung von 1939[98]. Auch hier stellte das Gericht auf den Verkehrsweg in seiner gesamten Linienführung ab, wieder mit dem Argument der notwendigen Ausgestaltung des Straßennetzes. Eine differenzierte Beurteilung nach der Besonderheit der örtlichen Verhältnisse sollte nur dann in Betracht kommen, wenn es sich um einen ungewöhnlich zusammengesetzten Betrieb an einer einzelnen Stelle handelte, so z.B. Wagenhallen[99].

Mit dem Rückgriff auf den langgestreckten Charakter des Straßensystems und der Zusammenfassung größerer Gebiete mit Hilfe überörtlicher Straßen gelang es dem RG, Anhaltspunkte für eine insgesamt neue Bestimmung der Ortsüblichkeit zu schaffen. Während bei emittierenden Großanlagen die Schwierigkeit darin lag, ein Vergleichsobjekt für das betreffende Industriewerk am Ort zu finden, eröffnete sich das RG mit dem Rückgriff auf die gesamte Linienführung des Verkehrswegs für die eigentliche Beurteilung der Ortsüblichkeit einen erheblichen Bewertungs- und Argumentationsfreiraum. Eine punktuell in Ballungs- und Belastungsgebieten, z.B. Industrieregionen, vorliegende Ortsüblichkeit des Verkehrsweges sollte so auch lärmimmissionsarmen Gebieten ihren Stempel aufdrücken[100]. Mit der großräumigen Umfassung verschiedenartigster Gebiete zeichnete sich die Tendenz des RG ab, die ruhige Lage einzelner Stadtteile oder ganzer Ortschaften bedeutungslos werden zu lassen. Denn die Möglichkeit, daß eine Straße ausschließlich lärmimmissionsarme Gebiete durchschnitt, konnte als unwahrscheinlich angesehen werden. Trat ein derartiger Fall jedoch ein, etwa wenn eine neuerrichtete Verkehrsanlage ein bisher infrastrukturell nur gering entwickeltes Gebiet abseits städtischer Bereiche erschloß, konnte auch der Rückgriff auf den langgestreckten Charakter des Straßenzuges nicht die Grundlage einer Anerkennung der Benutzung des Straßengrundstücks als ortsüblich schaffen. In einem derartigen Fall wäre der Kunstgriff, über die Ausdehnung des Vergleichsgebietes zur ortsüblichen Benutzung zu gelangen, ad absurdum geführt worden.

Überlegungen, ob das Kriterium der Ortsüblichkeit und damit letztlich § 906 BGB überhaupt geeignet war, einen Verkehrslärmimmissionskonflikt zwischen Privaten und der öffentlichen Hand zu lösen, wurden seitens des

97 RGZ 133, 152 (155).

98 RGZ 159, 129.

99 RGZ 159, 129 (137, 138).

100 So die Ansicht des RG in RGZ 133, 152 (154), wobei jedoch versäumt wurde, für diese These eine Begründung zu liefern.

RG nicht angestellt, obwohl bereits die Schwierigkeiten bei der Festlegung des Vergleichsgebietes dies herausforderten. So ignorierte das Gericht beispielsweise, daß öffentliche Infrastrukturanlagen, insbesondere die Fernverkehrswege, häufig keinen Bezug[101] zu den Besonderheiten der Örtlichkeit, die sie durchziehen, besitzen[102], sieht man einmal von den „verbindenden" Lärmbeeinträchtigungen ab. Ihre Einfügung in die Umgebung verdanken sie nicht der Gunst eines Standortes, sondern dem Erfordernis, zwei geographisch voneinander getrennte Punkte, um deren Verkehrserschließung es geht, zu verbinden[103]. Damit leistete dieser fehlende Standortbezug der großzügigen Ausdehnung des Vergleichsgebietes Vorschub.

bb) Beurteilung der Ortsüblichkeit

Bei der anschließenden Beurteilung der Ortsüblichkeit innerhalb des abgesteckten Vergleichsgebietes legte das RG zunächst die durchschnittliche Beschaffenheit der Gesamtheit der vom Vergleichsgebiet umfaßten Stadtteile zugrunde[104]. Die Ortsüblichkeit wurde so zu einer Durchschnittsgröße für die verschiedenartigen Räume. Der Bezug zu den Besonderheiten des kleinnachbarlichen Raums war damit aufgegeben.

In der Entscheidung vom 9. 1. 1939[105] ging das Gericht noch einen Schritt weiter. Überzogen formuliert läßt sich die Ansicht des RG so fassen, daß der Verkehr auf Straßen automatisch auch ortsübliche Nutzung von Straßen sei[106]. Das RG stellte fest, daß es bei der Entscheidung der Frage der Ortsüblichkeit nur auf die Art der Benutzung des schädigenden Grundstückes ankomme[107]. Auf der Grundlage dieser Überlegung sah das Gericht die Heranziehung von Gelände zur Anlage eines notwendigen Verkehrsweges und weiter die spätere Benutzung durch den regelgerechten Verkehr, insbesondere auch in Gegenden mit starker Verkehrsentwicklung, als ortsüblich an. Dies sollte auch dann gelten, wenn der Verkehr zu besonderen Gelegenheiten oder Veranstaltungen außergewöhnlich stark und geräuschvoll auftrat. Der Straßenverkehr als Folge des Zusammenlebens von Menschen und des Fortschritts in der Technik der Verkehrsmittel sei daher die ortsübliche Benutzung des schädigenden Grundstücks[108].

---

[101] Sieht man einmal von Autobahnauffahrten oder -ausfahrten ab.

[102] Vgl. dazu 2. Kap. IV 2 a.

[103] So auch Schulte, Eigentum und öffentliches Interesse, S. 174.

[104] RGZ 133, 152 (154).

[105] RGZ 159, 129.

[106] Schapp, S. 127; eingeleitet wurde diese Entwicklung mit der Entscheidung RG JW 1935, 3221, E. v. 19. 7. 1935, in der das Gericht die von einer großen Verkehrsanlage ausgehenden Erschütterungen durch den Kraftfahrzeugverkehr generell als ortsüblich bezeichnete (3222); zustimmend Schneider, MDR 68, 339 (441), Ganschezian-Finck, NJW 61, 1846 (1847); Kleindienst, NJW 68, 1953 (1953).

[107] RGZ 159, 129 (138).

Mit seiner ausschließlich auf die Benutzung des schädigenden Grundstücks abzielenden Begründung entfernte sich das RG von der sonst üblichen Praxis, wonach gemäß § 906 a.F. BGB die Nutzung des störenden Grundstücks nur dann als ortsüblich galt, wenn eine Mehrzahl von Grundstücken im festgesetzten Vergleichsgebiet zur gleichen Zeit nach Art und Maß zumindest ähnlich ge- oder benutzt wurde[109]. Erst aus dem Vergleich mit der Nutzung anderer Grundstücke des Vergleichsgebietes wurde üblicherweise die Ortsüblichkeit der Nutzung festgestellt, erst die ähnliche Nutzung vergleichbarer Grundstücke erlaubte eine Bejahung der Ortsüblichkeit. Die Bestimmung der Ortsüblichkeit außerhalb des Maßstabes, der sich aus dem die beteiligten und betroffenen Grundstücke umfassenden Raum ergab, kam einer Aufgabe dieses ursprünglich immissionsbegrenzenden, auf eine annähernd einheitliche Nutzung des nachbarlichen Raumes gerichteten Abgrenzungsmerkmals gleich. Zu einseitig wurden bei der hier vorliegenden mehr heterogenen Raumnutzung die Verhältnisse des emittierenden Grundstücks gewürdigt und damit begünstigt, zu weit entfernt sich das Gericht von einer konkreten Erfassung und Abwägung der Raumverhältnisse.

Auch unter dem Gesichtspunkt des von der Autobahn als infrastruktureller Großanlage charakterisierten und geprägten Raumes kann der Rechtsprechung des RG nicht zugestimmt werden. Eine derartige Betrachtungsweise wäre zwar in Anklang an die Industrieimmissionsrechtsprechung ausnahmsweise unter engen Voraussetzungen zulässig[110]. Sie rechtfertigt es jedoch nur, bei der Heranziehung des Vergleichsobjektes über den Ort des betreffenden Unternehmens hinauszugehen und Vergleichsobjekte im näheren oder weiteren Umfeld heranzuziehen. Keinesfalls erlaubt es diese Betrachtungsweise, überhaupt von einem Vergleich der Nutzung des schädigenden Grundstücks mit der anderer Grundstücke abzusehen[111].

---

108 RGZ 159, 129 (139); die daraus für den betroffenen Anlieger resultierenden erheblichen Beeinträchtigungen konnte auch das RG nicht übersehen. Über den Umweg der erweiterten Auslegung des § 906 a.F. BGB erklärte das Gericht in Anlehnung an die Entscheidung vom 10. 3. 1937, RGZ 154, 161, solche Beeinträchtigung durch den Straßenverkehr für „nicht mehr ortsüblich" und damit „rechtswidrig" i.S. des § 906 BGB, die zur Zerstörung der wirtschaftlichen Lebensbedingungen des Anliegers führten, mit der Folge einer Entschädigung, siehe oben 2. Kap. III 3.

109 RG JW 1935, 3221 (3221); so auch RGZ 139, 29 (31f.), zwar betont das RG auch hier, es müsse auf die Art der Benutzung des schädigenden Grundstücks abgestellt werden, macht aber im folgenden deutlich, daß sich die Ortsüblichkeit der Immissionen aus dem Nutzungsvergleich bestimmt. Ortsüblich ist die Nutzung des Grundstücks als Industrieanlage dann, wenn sich in der gleichen Gegend zahlreiche große Bergwerks- und Fabrikbetriebe befinden (32); siehe auch BGHZ 15, 146 (148, 149) für Industrieimmissionen, in dem das Gericht unter ausdrücklichem Bezug auf die Rechtsprechung des RG für die Ortsüblichkeit eine gleichartige Benutzung einer Mehrheit von Grundstücken in der gleichen örtlichen Lage verlangt (148), es könne nicht von jeder Vergleichung mit der Benutzungsweise anderer Grundstücke abgesehen werden (149); Dehner, S. 375; Erman / Hagen, § 906 BGB Rdnr. 11, Glaser / Dröschel, S. 176; Schapp, S. 127.

110 BGHZ 15, 146 (149); zustimmend Glaser / Dröschel, S. 177; Meisner / Stern / Hodes, 4. A., S. 299f., Fn. 86, 87.

Mit dem Wandel der Ortsüblichkeit zu einer mehr abstrakten, von der tatsächlichen Nutzungssituation abgehobenen Größe weitete das RG seinen Abgrenzungsspielraum aus. Der Verzicht auf den konkreten Nutzungsvergleich zwischen der Art der Benutzung des störenden Grundstücks und der von Vergleichsobjekten der Umgebung schuf Freiraum für fiskalische und verkehrspolitisch-ideologische Überlegungen, mit denen das Gericht die Ortsüblichkeit der Verkehrsanlage zu begründen suchte. Parallel zu diesem Bestreben, die Duldungsgrenze gegenüber der störenden Nutzung immer weiter auszudehnen, um damit den nachbarlichen Abwehranspruch zu begrenzen, büßte das Kriterium der Ortsüblichkeit Kontur und, bedeutsam für die dieser Untersuchung zugrundeliegende Fragestellung, auch ein erhebliches Maß seiner Abgrenzungsbedeutung ein. Den hier diskutierten Entschädigungsanspruch hatte das RG damit entscheidend verwässert. Dies ergab sich einmal aus der vom ursprünglich deskriptiven Maßstab losgelösten abstrakten Betrachtungsweise, wie sie in der Festlegung des Vergleichsgebiets zum Ausdruck kam, und die zu einer Durchschnittsgröße für die verschiedenartigen Räume führte, zum anderen aus der einseitigen Bestimmung der Nutzungs- und damit Anspruchsgrenze ohne Nutzungsvergleich nur nach der Art der Benutzung des störenden Grundstücks. So konnte das Gericht mit dem die Reichsautobahn-Entscheidung beherrschenden Argument der Notwendigkeit einer infrastrukturellen Fortentwicklung die Nutzungsgrenze einseitig zu Lasten des betroffenen Straßenanliegers verschieben. Bereits hier zeichnete sich ab, daß eine Überschreitung der ortsüblichen Nutzung bei Verkehrsanlagen praktisch unmöglich geworden war.

d) Bestätigung der reichsgerichtlichen Interpretation der Ortsüblichkeit durch den Bundesgerichtshof

Der BGH bestätigte in seinen frühen Verkehrslärmimmissionsentscheidungen diese Linie, in dem er ohne weiteres die durch die Untergerichte vorgenommene Qualifizierung auch stark frequentierter Verkehrsanlagen als ortsüblich anerkannte[112]. Einschränkend ist allerdings zu bemerken, daß dieser Befund nur für die Verkehrslärmimmission von öffentlichen Straßen Gültigkeit hat, andere private Nutzungen, die ebenfalls zu Verkehrslärmbeeinträchtigungen der Nachbarschaft führen, beispielsweise eine Garagenanlage auf einem Privatgrundstück, beurteilte der BGH dagegen in Anlehnung an die ursprünglich immissionsbegrenzende Bedeutung dieses Kriteriums. Über die Ortsüblichkeit, so das Gericht, könnten in einem abgrenzbaren Gebiet nicht Maßstäbe eingeführt werden, die zwar öffentlichen

---

111 BGHZ 15, 146 (149).

112 BGHZ 49, 148 (151).

Interessen weitgehend entgegenkommen, in der tatsächlichen Benutzung der Bewohner und Eigentümer jedoch keine Grundlage finden[113].

Insgesamt ist diese durch das RG vorgezeichnete und später durch den BGH bestätigte und fortgeführte Interpretation der Ortsüblichkeit im Verkehrslärmimmissionsbereich ein gutes Beispiel dafür, wie ein vorhandenes ursprünglich immissionsbegrenzenden Tatbestandsmerkmal zu einem in Sachen Umweltschutz einseitig untauglichen Instrument „fortgebildet", ja geradezu verdrängt wurde[114]. Als bezeichnend muß auch die damalige Haltung weiter Teile des Schrifttums angesehen werden. Die vom RG vorgenommene einseitige Berücksichtigung der Interessen des Emittenten, letztlich des Straßenbaulastträgers, wurde nicht nur bejaht und in die Kommentarliteratur übernommen, sondern geradezu überboten[115]. So wurde es beispielsweise als „kaum je zweifelhaft" angesehen, daß „selbst der stärkste Verkehr" auf einer Straße sich noch im Rahmen ortsüblicher Benutzung des Straßengrundstücks halte[116]. Vielmehr sollte beispielsweise bei der Bergnase-Entscheidung BGHZ 49, 148 nicht die Ortsüblichkeit des Straßenverkehrs in Frage gestellt werden[117], sondern im Gegenteil die seit alters her bestehende Wohnnutzung auf dem verkehrslärmbetroffenen Grundstück[118], da infolge einer vorspringenden Bergnase auf der verkehrsabgewandten rückwärtigen Seite des Hauses nur mit erheblichem finanziellen Aufwand Aufenthaltsräume zu schaffen gewesen wären. Im übrigen beschränkte sich das Schrifttum auf eine Nachzeichnung[119] der von der Rechtsprechung vorgenommenen einseitigen Interpretation der Ortsüblichkeit, was erheblich zu einer Verfestigung des unbefriedigenden Rechtszustandes beitrug.

V. Bestimmung der anspruchsauslösenden Grenze beim Ausgleichsanspruch aus dem nachbarlichen Gemeinschaftsverhältnis und dem Ausgleichsanspruch gemäß § 906 II 2 BGB

Während die entschädigungsrechtliche Grenzziehung beim Ausgleichsanspruch aus dem nachbarlichen Gemeinschaftsverhältnis seitens des RG und

113 BGH BB 59, 761 (761), E. v. 16. 6. 1959.

114 Zu dem Zusammenhang zwischen Umweltbelastung und stellenweise „umweltschutzfremder, erstaunlich unreflektierter Rechtsprechung" z.B. hinsichtlich der Handhabung des Ortsüblichkeitskriteriums vgl. Rupp, JZ 71, 401 (403), insbesondere Fn. 9.

115 Vgl. beispielsweise Ganschezian-Finck, NJW 61, 1846 (1847f.); Hubmann, JZ 68, 271 (271); Kleindienst, NJW 68, 1953 (1953); Schneider, MDR 65, 440 (441).

116 Kleindienst, NJW 68, 1953 (1953); dagegen kritisch i.S. der hier vertretenen Ansicht Bullinger, VersR 72, 599 (604), Fn. 30.

117 Im Rahmen der Prüfung des Ausgleichsanspruchs gem. § 906 II 2 BGB.

118 Kleindienst, NJW 68, 1953 (1954).

119 Bender, Staatshaftungsrecht, 2. A., Rdnr. 163, S. 63; Glaser / Dröschel, 3. A., S. 144; Meisner / Stern / Hodes, 5. A., S. 346, Fn. 125c.

des BGH noch ausschließlich mit Hilfe von Zumutbarkeitsüberlegungen vollzogen worden war, erforderte der 1960 neu geschaffene Ausgleichsanspruch gemäß § 906 II 2 BGB neben einer ortsüblichen Benutzung des störenden Grundstücks[120] die wesentliche[121] und unvermeidbare Beeinträchtigung des gestörten Grundstücks über das zumutbare Maß hinaus. Dennoch behielt auch im Rahmen des neuen Ausgleichsanspruchs das Tatbestandsmerkmal der Zumutbarkeit eine zentrale Bedeutung, nicht zuletzt begünstigt durch die Tendenz der Rechtsprechung, dem Merkmal der Ortsüblichkeit infolge der weiten Ausdehnung des Vergleichsgebietes bei Verkehrslärmimmissionen seine Abgrenzungsqualität zu nehmen[122]. Das Tatbestandsmerkmal der Zumutbarkeit ist nicht nur bereits in der privatrechtlichen Phase das für die Bestimmung der Entschädigungsschwelle maßgebliche Abgrenzungskriterium. Hier ist auch der dogmatische Ort für die Berücksichtigung neuartiger medizinischer Erkenntnisse und gesellschaftspolitischer Wertentscheidungen. Aufgrund der bisherigen Ausführungen kann bei der Erörterung der Tatbestandsmerkmale des Ausgleichsanspruchs gemäß § 906 II 2 BGB auf das Erfordernis der Wesentlichkeit der Beeinträchtigung und Ortsüblichkeit der störenden Nutzung verzichtet werden. Sie sind mit denen des Aufopferungsanspruchs wegen Versagung der Abwehrklage identisch.

1. Die Unvermeidbarkeit der Immissionsbeeinträchtigung

Weiteres Tatbestandsmerkmal[123] des Ausgleichsanspruchs gemäß § 906 II 2 BGB ist die Unvermeidbarkeit der Beeinträchtigung. Sie liegt vor, wenn die Lärmbeeinträchtigung nicht durch Abhilfemaßnahmen verhindert oder zumindest unter die Schwelle des Wesentlichen, die Benutzern dieser Art wirtschaftlich zumutbar sind, gesenkt werden kann[124].

---

[120] Siehe oben 2. Kap. IV 2 c, d.

[121] Siehe oben 2. Kap. IV 2 a.

[122] Dazu 2. Kap. IV 2 c aa.

[123] Die Eigenschaft als Tatbestandsmerkmal wurde in Rechtsprechung und Literatur teilweise geleugnet, vgl. BGHZ 38, 61 (62), E. v. 28. 9. 1962; Kleindienst, S. 28; Lorentz, S. 267; die Unvermeidbarkeit wurde hier als normative Schranke der Ortsüblichkeit aufgefaßt, die schwerste Immissionen begrenzen sollte. Immissionen, die durch zumutbare Abwehrmaßnahmen eingeschränkt werden konnten, galten danach nicht als ortsüblich; dagegen aber zumindest für den Bereich der Verkehrslärmimmissionen, BGHZ 49, 148 (151).

[124] BGHZ 49, 148 (157), E. v. 22. 12. 1967; BGH NJW 62, 2341 (2343), E. v. 28. 9. 1962; NJW 77, 146 (146), E. v. 22. 10. 1976; hat der Betreiber der emittierenden Anlage ihm wirtschaftlich zumutbare, immissionsbegrenzende Maßnahmen unterlassen, steht dem Beeinträchtigten gegen die von dieser Anlage ausgehenden Beeinträchtigungen im Regelfall der Abwehranspruch aus § 1004 I BGB zu, so Jauernig / Jauernig, § 906 BGB Rdnr. 4b, 5; Palandt / Bassenge, § 906 BGB Rdnr. 3b bb. Dieser Abwehranspruch ist jedoch bei Beeinträchtigungen von öffentlichen Straßen ausgeschlossen, siehe 2. Kap. III 2; 3. Kap. II 1 a. An seiner Stelle soll nach der Rechtsprechung und Teilen der Literatur ein Anspruch auf Unterlassung der durch Schutzmaß-

Diesem Tatbestandsmerkmal wurde in der Verkehrslärmrechtsprechung des BGH kaum Beachtung geschenkt. Das galt nicht nur für die Zeit der privatrechtlichen Qualifizierung des Verkehrslärmimmissionsverhältnisses, hiervon ist auch die im folgenden Kapitel zu behandelnde öffentlich-rechtliche Phase betroffen[125]. Regelmäßig wurden die Voraussetzungen der Unvermeidbarkeit von Vorinstanzen und BGH als gegeben angesehen[126]. Damit war der BGH der Ansicht, daß bei Straßenverkehrsanlagen sämtliche technisch durchführbaren und finanziell zumutbaren Abwendungsmöglichkeiten erschöpfend genutzt worden seien. Ein Vergleich zwischen den von Wissenschaft und Industrie seit Mitte der sechziger Jahre angebotenen emissionsbegrenzenden Instrumentarien[127] und der konkreten Anwendung auf Verwaltungsseite widerlegt diese Ansicht jedoch. So unterblieben Schallschutzmaßnahmen tatsächlich wohl weniger deswegen, weil sie im konkreten Einzelfall die Grenze des wirtschaftlich Zumutbaren überschritten hätten[128]. Die mangelnde Anwendungsbereitschaft der öffentlichen Hand hing vielmehr einmal mit dem nicht entwickelten Problembewußtsein gegenüber Umweltbeeinträchtigungen zusammen; sie konnte aber auch wohl auf die Überlegung zurückgeführt werden, daß derartige aktive Lärmschutzmaßnahmen als Eingeständnis der Unzumutbarkeit von Verkehrslärmimmissionen aufgefaßt worden wären mit der Folge zahlreicher Forderungen nach Schallschutzmaßnahmen und der verstärkten Geltendmachung von Entschädigungsansprüchen.

Als wesentliches Wertungskriterium bei der Beurteilung der Zumutbarkeit von Abhilfemaßnahmen sollte bei Verkehrsanlagen neben technisch-wirtschaftlichen Gesichtspunkten die Betreibung der Anlage als öffentliche Aufgabe Berücksichtigung finden[129]. Die Grenze des wirtschaftlich Zumutbaren wurde dabei unter überwiegender Berücksichtigung von Allgemeininteressen gezogen. Der BGH ließ sogar das Fehlen von Haushaltsmitteln als ausreichenden Grund gegen Schutzmaßnahmen zu[130]. Dies führte im Ergebnis dazu, daß die Rechtsprechung an eine technisch und finanziell mögliche

---

nahmen zu verhindernden Lärmimmissionen treten, wenn damit keine wesentliche Änderung oder Beeinträchtigung des Betriebs der Verkehrsanlage verbunden ist, RGZ 170, 40 (43), E. v. 28. 9. 1942; 167, 14 (25), E. v. 21. 4. 1941; Hering, S. 153; Kleindienst, NJW 68, 1953 (1954); Wiethaup, S. 107.

125 BGHZ 49, 148 (151); 54, 384 (389), E. v. 30. 10. 1970; 64, 220 (223), E. v. 20. 3. 1975.

126 Siehe Anm. 125.

127 Für den Bereich des aktiven Schallschutzes Lärmschutzwände, -wälle, aber auch Oberflächenbeschaffenheit der Straße; dazu Anl. 2 zum Schreiben des BMV v. 1. 2. 1971 – Maßnahmen zum Schutz gegen Verkehrslärm zusammengestellt von der BA für Straßenwesen – abgedruckt in GemT 71, 168 (168ff); ebenso Bericht der Sachverständigenkommission, BT-Drucks. IV/2661, S. 194.

128 Zur finanziellen Seite von Lärmschutzmaßnahmen vgl. 5. Kap. II 3 b.

129 Glaser / Dröschel, S. 181 m.w.N.

130 BGH MDR 65, 196 (196), E. v. 13. 11. 1964; dazu Erman / Westermann, § 906 BGB, Rdnr. 19.

Immissionsverhinderung geringe Anforderungen stellte, mithin dem Tatbestandsmerkmal der Unvermeidbarkeit im Verkehrslärmimmissionsbereich mehr deklaratorische Bedeutung zumaß.

2. Die Unzumutbarkeit der Beeinträchtigung

a) Methodische Vorüberlegung

Ist die Lärmbeeinträchtigung von dem Betroffenen gemäß § 906 II 1 BGB zu dulden, kann er von dem Emittenten einen Ausgleich in Geld verlangen, wenn die Einwirkungen die ortsübliche Benutzung seines Grundstücks oder dessen Ertrag über das zumutbare Maß hinaus beeinträchtigen. Das erstmals im Rahmen des § 906 II 2 BGB als Tatbestandsmerkmal des Ausgleichsanspruchs normierte Kriterium der Zumutbarkeit stellt jedoch keine Neuschöpfung des Gesetzgebers dar. Es ist vielmehr wie der gesamte Anspruch aus der Rechtsprechung des RG und BGH zum Ausgleichsanspruch beim nachbarlichen Gemeinschaftsverhältnis entwickelt worden[131]. Das Kriterium der Zumutbarkeit kann für das hier interessierende Abgrenzungsproblem nur erschlossen werden, wenn man die dazu ergangenen Verkehrslärmimmissionsentscheidungen des RG[132] und des BGH bereits in der privatrechtlichen Phase untersucht.

b) Struktur des Zumutbarkeitskriteriums

Auf den ersten Blick vermittelt der Begriff „Zumutbarkeit" den Anschein, einen selbständigen und allgemein gültigen Maßstab zu enthalten. Dieser Eindruck wird insbesondere von dem Umstand getragen, daß jedes Abstraktum als Zusammenfassung eines Dauerhaften, Wesentlichen und Feststehenden erscheint. Das gilt gerade für die mit dem Suffix „keit" gebildeten Substantive. Diese Endsilbe bezeichnet Verbindliches, Allgemeines, nicht aber Einzelnes[133]. Bei der Zumutbarkeit stimmen jedoch sprachliche Formen und wörtlicher Inhalt nicht überein, da dieser Begriff nur das zusammenfaßt, was in der konkreten Situation jeweils von einem Beteiligten als zumutbar empfunden wird[134]. Damit könnte die Zumutbarkeit nur dann einen gesicherten von den konkreten Verhältnissen unabhängigen Maßstab beinhalten, wenn das „Zumutbare" selbst einen derartigen fixierbaren

---

[131] BGH NJW 62, 1342 (1343f.), E. v. 30. 5. 1962; ebenso wie hier Schneider, NJW 65, 440 (442).

[132] Auch wenn sich das RG nicht expressis verbis mit der Frage der Zumutbarkeit, sondern mit der erweiterten Auslegung des § 906 a.F. befaßte; siehe oben 2. Kap. III 3.

[133] Brinkmann, S. 32ff.; Gussek, S. 14f.; Porzig, S. 66.

[134] Brinkmann, S. 37; Gussek, S. 15.

Maßstab bezeichnen würde. Dem läuft jedoch der unbestimmte und ausfüllungsbedürftige Charakter dieses Begriffes zuwider.

Schon zivilrechtliche Begriffsbestimmungen zeigen, daß die Beurteilung des „Zumutbaren" weder von den konkreten Personen- und Situationsbeziehungen gelöst werden, noch ohne Zuhilfenahme außerhalb liegender Wertungsgesichtspunkte erfolgen kann. „Zumutbar" wird so ausgelegt, daß von einer bestimmten Person eine Leistung oder ein Verhalten verlangt werden kann, das in jeder Hinsicht tragbar ist[135]. Speziell bezogen auf das Nachbarrecht wird dieser Begriff als Umschreibung eines vom Betroffenen hinzunehmenden bestimmten Maß an Belastungen verstanden, das den Bereich absteckt, in dem der Betroffene Immissionen ohne Geldausgleich zu dulden hat[136]. In diesen Definitionsversuchen spiegelt sich die zentrale Problematik des Zumutbarkeitskriteriums wider. Der Begriff des „Zumutbaren" ist zu unbestimmt und flüchtig, als daß er ohne Zuhilfenahme zusätzlicher Wertungsgesichtspunkte begrifflich fixiert und zu der rechtlichen Beurteilung herangezogen werden kann, welches Maß an Beeinträchtigung von den Betroffenen hinzunehmen ist. Anders als bei der Ortsüblichkeit, die schon begrifflich Anhaltspunkte für eine Bestimmung enthält, eben das „am Ort übliche" Vorkommen, fehlt hier jegliche Hilfestellung. Mit Umschreibungen wie „tragbar" kann die Wertausfüllungsbedürftigkeit nicht aufgehoben werden, da hier nur ein unbestimmter Begriff durch einen zweiten ersetzt wird. Auch die Orientierung an der Person des Betroffenen[137], die die Berücksichtigung spezifischer Besonderheiten der konkreten Situation[138], des Einzelfalles, unverzichtbar macht, läuft der Klassifizierung als allgemeingültiger Maßstab zuwider.

Das dem Gericht bei der Entscheidung der Zumutbarkeitsfrage abverlangte Urteil kann daher ohne Zuhilfenahme zusätzlicher allgemeingültiger Wertungskriterien und verbindlicher Abwägungsgesichtspunkte nicht gefällt werden[139]. Erst der Einbau dieser zusätzlichen Hilfen erhebt das Zumutbarkeitskriterium zu einem tauglichen Abgrenzungskriterium, das in einer Vielzahl von vergleichbaren Einzelfällen eine im Interesse der Rechtstaatlichkeit gebotene gleiche Behandlung und Bewertung des Sachverhaltes gewährleistet. Damit wird sichergestellt, daß ein Richter nicht über den ihm bei unbestimmten Rechtsbegriffen zustehenden Spielraum des Urteils-

---

[135] Henkel, Festschrift Mezger, S. 305; Staudinger / Weber, § 242 BGB, Rdnr. B 6.

[136] Schmidt-Aßmann, Festschrift Pikalo, S. 279.

[137] Was nicht heißen soll, daß sich die Zumutbarkeit ausschließlich nach dem Empfinden des Betroffenen beurteilt, hier ist auf den durchschnittlich Reagierenden abzustellen, so bereits Pr. OVGE 72, 380 (382), E. v. 22. 3. 1917.

[138] Henkel, Festschrift Mezger, S. 305.

[139] In diesem Sinne auch Bethge / Meurers, TA Lärm, S. 106, Rdnr. 7; Fickert, BauR 73, 1 (1); Larenz, Methodenlehre, S. 264; Walter, NJW 78, 1158 (1158); Westermann, Festschrift Ernst, S. 517; ebenso in Festschrift Larenz, S. 1025.

ermessens hinaus ausschließlich nach seiner eigenen höchstpersönlichen Wertansicht, sondern auch nach Maßstäben urteilt, die sich in der Rechtsgemeinschaft als deren Organ er Recht spricht, herausgebildet haben und als verbindlich angesehen werden können[140].

Daher war auch die Rechtsprechung des RG und des BGH von dem Bemühen geprägt, für die Beurteilung der Zumutbarkeit einer Immissionsbeeinträchtigung aus vergleichbaren Immissionsentscheidungen Wertungskriterien zu gewinnen und für die Lärmimmissionsproblematik aufzubereiten, bzw. eigenständige Kriterien herauszuarbeiten, an denen dann der konkrete Sachverhalt beurteilt wurde.

Obwohl es sich bei der Zumutbarkeitsbewertung von Verkehrslärmimmissionen neben außerphysikalischen Beurteilungsmomenten, insbesondere in der Sphäre des Betroffenen, um die Erfassung eines physikalischen-physiologischen Beeinträchtigungsvorgangs handelte, konnten die Gerichte bei der Frage nach dem Maß des Zumutbaren zunächst nicht auf allgemeingültige Maßstäbe – z.B. in Form technischer Regeln oder medizinischer Beurteilungsrahmen zurückgreifen, die dem richterlichen Werturteil einen Anspruch auf Objektivität[141] und Sachgerechtigkeit eröffnet hätten. Die herausgearbeiteten Wertungskriterien gewährleisteten schon aus diesem Grund keine kontinuierliche Rechtsprechung. Die Objektivität der richterlichen Entscheidung litt darüber hinaus im Verkehrslärmimmissionsbereich unter einer einseitigen Interessenbewertung zugunsten des Straßenbaulastträgers. So scheuten sich die Gerichte nicht, beispielsweise zwischen der Zumutbarkeit von Industrieimmissionsbeeinträchtigungen und Straßenlärm im Hinblick auf die Kostspieligkeit des öffentlichen Straßenbaues deutlich zum Nachteil der Straßenanlieger zu differenzieren, obwohl Art und Ausmaß der Beeinträchtigungen eine gleiche Bewertung gerechtfertigt hätten. Mit der sich durch die Schaffung von Wertungskriterien zwangsläufig herausschälenden groben Kasuistik ging keine Vernachlässigung des Einzelfalles einher. Die einzelnen Wertungskriterien wurden stets den situationsspezifischen Besonderheiten angepaßt, auch wenn sich, bedingt durch die einseitige Interessenabwägung, gegenüber den Entschädigungsansprüchen der Betroffenen am Ergebnis nichts änderte.

---

[140] Larenz, Methodenlehre, S. 260f.

[141] Diese Forderung gilt trotz der Überlegung, daß sich die Objektivität eines Werturteils nicht in dem Umfang nachprüfen läßt, wie ein Wahrnehmungsurteil oder ein Urteil der reinen Logik, denn „ohne Objektivität kann die Rechtsprechung ihre soziale Aufgabe nicht erfüllen", Larenz, Methodenlehre, S. 262.

c) Rechtsprechung des Reichsgerichts

Die Rechtsprechung des RG war von einer rein wirtschaftlichen Betrachtungsweise gekennzeichnet, die den Schutz der wirtschaftlichen Existenz des Betroffenen bezweckte. Das Gericht sah Verkehrslärmimmissionen, die sich im Rahmen der Ortsüblichkeit des § 906 BGB a.F. hielten, dann als nicht mehr rechtmäßig i.S. dieser Vorschrift an, wenn ihnen eine existenzzerstörende Wirkung auf das Nachbargrundstück zukam[142]. Derartig wirtschaftlich einschneidende Beeinträchtigungen sollten in Ansehung eines nachbarlichen Gemeinschaftsverhältnisses[143] dem betroffenen Straßenanlieger nicht zugemutet werden.

Mit dem Erfordernis der existenzzerstörenden Wirkung von Immissionen griff das Gericht auf ein Kriterium zurück, das primär für die durch Industrieimmissionen geschädigte Landwirtschaft herausgearbeitet worden war[144]. Insbesondere in der zweiten Gutehoffnungshütten-Entscheidung[145], in der das Gericht über Rauch-, Ruß- und Staubeinwirkung auf ein landwirtschaftlich genutztes Grundstück zu befinden hatte, wurde darauf abgestellt, ob ein an sich wirtschaftlich arbeitender landwirtschaftlicher Betrieb durch die von der Industrieanlage ausgehenden Emissionen in einer daseinsgefährdenden Weise getroffen wurde. Durch die Heranziehung des Erfordernisses der existenzzerstörenden Beeinträchtigung konkretisierte das RG den Wertungsmaßstab der Zumutbarkeit auch für die Fälle der Verkehrslärmimmissionen und steckte so die Entschädigungsschwelle ab.

Diese Schwelle war bewußt sehr hoch angesetzt. Fälle der Existenzzerstörung stellten herausragende Ausnahmen dar. In der Reichsautobahn-Entscheidung sah das Gericht eine 50%ige Wertminderung des Wohnhauses als nicht schwerwiegend genug an, um eine Existenzvernichtung anzunehmen. Erst eine weitergehende Beseitigung der Nutzungsmöglichkeit oder die Beraubung der Standfestigkeit des Wohnhauses hätte nach Ansicht des Gerichtes eine Ausgleichspflicht ausgelöst[146]. Die reichsgerichtliche Argumentation bei der Abwägung der gegenläufigen nachbarlichen Interessen machte deutlich, daß die Bestimmung der Zumutbarkeit und damit letztlich die Frage einer Entschädigung oder eines Ausgleichs von dem Stellenwert der infrastrukturellen Entwicklung bestimmt wurde. Nichts schien das RG mehr zu fürchten als die Ingangsetzung einer unabsehbaren Lawine von Entschädigungsansprüchen, die sich nach Ansicht des Gerichtes zu einem unerträglichen Hemmnis der Verkehrsentwicklung entwickelt hätten.

---

[142] RGZ 159, 129 (139).

[143] RGZ 159, 129 (139).

[144] RGZ 139, 29 (32), E. v. 26. 11. 1932; 154, 161 (165) m.w.N.

[145] RGZ 154, 161, E. v. 10. 3. 1937.

[146] RGZ 159, 129 (140).

Daher mußte die Zubilligung von Entschädigungsansprüchen eine seltene Ausnahme bleiben. Das Gericht führte dazu in der Reichsautobahn-Entscheidung aus, daß der betroffene Hauseigentümer mit dem ständig zunehmenden Straßenverkehr und den damit verbundenen Lärmbeeinträchtigungen zu rechnen habe, und die Einwirkungen, die von den Verkehrswegen als Folge des regelmäßig laufenden Verkehrs ausgingen, hinnehmen müsse. Die Zubilligung einer Entschädigung müsse eine seltene Ausnahme bleiben, da es eine unerträgliche Hemmung der Verkehrsentwicklung bedeute, wenn eine derart fortschrittliche Neuerung[147] von vorneherein mit unabsehbaren Entschädigungsansprüchen belastet würde[148].

Konsequent konkretisierte das Gericht den Wertungsmaßstab in einer Weise, die die Unzumutbarkeit einer Lärmbeeinträchtigung in den Bereich des Hypothetischen verwies. Zugegebenermaßen spiegelte sich in dieser Beurteilung das allgemeine Rechtsbewußtsein jener Zeit wider. Ein Umweltschutzbewußtsein existierte praktisch nicht. Allerdings war die seitens des Gerichtes zur Fallvergleichung herangezogene zweite Gutehoffnungshütten-Entscheidung[149] von keiner derart restriktiven Haltung gegenüber den Ansprüchen des Beeinträchtigten gekennzeichnet. Dort wurde der Industrie gegenüber dem Betroffenen keine so einschneidende Priorität eingeräumt. Denn es war weder von einer seltenen Ausnahme der Entschädigungsgewährung noch einer unerträglichen Hemmung der Industrieentwicklung die Rede. Vielmehr hieß es lediglich, es müsse Bedacht darauf genommen werden, die Entwicklung der Industrie nicht unbillig zu hemmen[150]. Industrie und Landwirtschaft standen letztlich gleichberechtigt gegenüber. Nun mögen sich zwar bei der zweiten Gutehoffnungshütten-Entscheidung ideologische Strömungen ausgewirkt haben, die der Landwirtschaft einen besonderen Stellenwert zuerkannten. Der Vergleich zeigt dennoch, daß bei Entschädigungsansprüchen wegen Verkehrslärmimmissionen neben dem konkretisierenden Merkmal der Existenzvernichtung dem Abgrenzungsgesichtspunkt der ungehinderten Verkehrsentwicklung wesentliche Bedeutung zukam. Insgesamt läßt sich die Bestimmung der Zumutbarkeit in der reichsgerichtlichen Rechtsprechung mit der umfassenden, geradezu rechtsverweigernden Ablehnung des Entschädigungsanspruchs wegen Verkehrslärmimmissionen gleichsetzen.

---

147 Gemeint war die Reichsautobahn.
148 RGZ 159, 129 (141).
149 RGZ 154, 161.
150 RGZ 154, 161 (166).

d) Rechtsprechung des Bundesgerichtshofs

Der BGH hat in seinen frühen Entscheidungen den durch das RG geformten Gedanken der ausnahmsweisen Unzumutbarkeit bestätigt[151] und fortgebildet. Dabei wurden neben dem reichsgerichtlichen Wertungspaar der Existenzvernichtung und ungehinderter Infrastrukturentwicklung weitere Wertungs- bzw. Differenzierungskriterien herausgearbeitet, um die Grenze der zumutbaren Beeinträchtigung abzustecken[152].

Richtungsweisend für den Bereich der Verkehrslärmimmissionsrechtsprechung ist die Bergnase-Entscheidung vom 22. 12. 1967[153]. Darin erkennt das Gericht erstmals an, daß das zumutbare Maß der Beeinträchtigung überschritten sein könnte, wenn durch den Verkehrslärm die Benutzung von Wohnräumen in einem besonders starken zur Herbeiführung von Gesundheitsstörungen geeigneten Maße beeinträchtigt werde[154]. Der BGH gab mit dieser Begründung die ausschließliche Bindung an das Merkmal der Existenzvernichtung und damit den rein wirtschaftlichen Bezug auf. Mit dem Merkmal der Gesundheitsstörung wurde ein neues Wertungskriterium anerkannt, dem formal gesehen die gleiche Abgrenzungsqualität wie den Kriterien der wirtschaftlichen Existenz zugewiesen wurde. Ob der BGH mit diesem Differenzierungskriterium aber gleichzeitig bereits in der Bergnase-Entscheidung ein neues Schutzgut anerkannte[155], eben das der Gesundheit i. S. v. Art. 2 II GG, erscheint fraglich. Einmal aus der Überlegung heraus, daß das Merkmal der Gesundheitsstörung nur ergänzend herangezogen wurde, um Intensität und Umfang der Beeinträchtigung einer Eigentumsposition, hier der Nutzung zu Wohnzwecken, zu bestimmen. Dagegen spricht jedoch insbesondere die beibehaltene sehr restriktive Handhabung des Zumutbarkeitskriteriums.

Wer angesichts dieses neuen Differenzierungskriteriums eine geänderte Zumutbarkeitsbeurteilung erwartet hatte, sah sich getäuscht. Die Bergnase-Entscheidung bedeutete im Ergebnis keine Absenkung der Zumutbarkeitsschwelle. Ohne weitere Überprüfung wurde die reichsgerichtliche These vom Ausnahmecharakter des Ausgleichsanspruchs übernommen. Wie bisher sollten nur ausnahmsweise unzumutbare Immissionsbeeinträchtigungen den Ausgleichsanspruch des § 906 II 2 BGB auslösen[156]. Es galt nach Ansicht des BGH, an diesen Ausnahmetatbestand strenge Anforderungen zu stellen. So sollten Gesundheitsstörungen nur dann Berücksichtigung finden, wenn sie

---

[151] So ausdrücklich in BGHZ 49, 148 (151) zu § 906 BGB n. F.

[152] BGHZ 30, 273 (280, 281), E. v. 15. 4. 1959; BGHZ 38, 61 (64), E. v. 28. 9. 1962.

[153] BGHZ 49, 148.

[154] BGHZ 49, 148 (152).

[155] So aber Schapp, S. 142.

[156] Zu § 906 II 2 BGB siehe 2. Kap. III 4.

über das hinausgingen, was Bewohnern moderner Staaten durch die Auswirkungen des Straßenverkehrs unvermeidbar auferlegt wurde[157]. Danach war es also unerheblich, ob die allgemein in den Industriestaaten üblichen Verkehrsimmissionen, auch wenn sie noch so intensiv auftraten, Gesundheitsstörungen hervorriefen. Erst die durch unübliche, extrem intensive Beeinträchtigungen ausgelösten oder verstärkten Gesundheitsstörungen hätten nach dieser Rechtsprechung bei der Bestimmung der Zumutbarkeitsschwelle ihren Niederschlag gefunden. Streng genommen war damit das Vorliegen von „Gesundheitsstörungen" für die Grenzziehung unbedeutend, erst in Kombination mit übermäßig starken, unüblichen Verkehrsbeeinträchtigungen kam diesem Merkmal eine Abgrenzungseigenschaft zu. Das, was nun als technischer Fortschritt oder technische Entwicklung bezeichnet wurde[158], rangierte weiterhin an erster Stelle, vor der menschlichen Gesundheit[159]. Hier setzte sich das Gedankengut des RG fort, der Entwicklung der Infrastrukturanlagen keine Hindernisse in den Weg zu stellen. Gerade die Hinweise des BGH auf die technische Entwicklung und den technischen Fortschritt müssen verwundern, da das Gericht in anderen, nicht den Immissionsbereich betreffenden Entscheidungen mit dem technischen Fortschritt die Erwartung verband, daß in seinem Namen die Betroffenen nicht mehr, sondern weniger stark belastet werden[160]. Verglichen mit dem Bereich der Verkehrslärmimmissionen schien so mit zweierlei Maß gemessen zu werden. Unter dem Deckmantel der Sozialbindung des Eigentums wurde der Betroffene im Namen des Fortschritts nicht nur in seiner wirtschaftlich-eigentumsrechtlichen, sondern mittelbar auch in seiner gesundheitlichen Position benachteiligt[161]. Weiter sollten Beeinträchtigungen durch Straßenverkehr im Hinblick auf die zugrundeliegende kostspielige öffentliche Aufgabe in einem höheren Maß ausgleichslos zumutbar sein als Industrieimmissionen[162]. Gerade diese These spiegelt die reichsgerichtlichen Überlegungen wider. Bei Industrieimmissionen zeigte sich das RG wesentlich entschädigungsfreudiger. Der Industrie wurden gegenüber den Betroffenen keine so erdrückende Priorität eingeräumt wie den öffentlichen Verkehrswegen[163].

Das neue Wertungskriterium der Gesundheitsstörung konnte angesichts dieser Einschränkungen ganz im Sinne des BGH tatsächlich nur in Ausnahmefällen Bedeutung gewinnen. Nach wie vor räumte man letztlich verkehrspolitischen und damit auch fiskalischen Wertungskriterien den maßgeb-

[157] BGHZ 49, 148 (152).
[158] BGHZ 49, 148 (151).
[159] Dieser Problembereich wird noch im vierten und fünften Kapitel eingehend behandelt.
[160] BGH BB 64, 1235 (1235), E. v. 8. 7. 1964 m.w.N.
[161] Leisner, NJW 75, 233 (237).
[162] BGHZ 49, 148 (153).
[163] Vgl. oben 2. Kap. V 2 c.

lichen Stellenwert ein, auch wenn dies in der Argumentation des BGH nicht mehr so offen zutage trat.

Zusätzlich zu diesen neuen Wertungskriterien billigte der BGH der Frage Bedeutung zu, ob die der Beeinträchtigung zugrunde liegenden Besonderheiten in die Sphäre des Störers oder des Betroffenen gehören. Mit dieser „Sphärentheorie"[164] sollten Fälle wie die Errichtung eines Wohnhauses in Kenntnis der Verkehrslärmimmissionen oder die Wahl eines ungünstig gelegenen Grundstücks erfaßt und damit letztlich den besonderen Umständen des Einzelfalles Rechnung getragen werden. Dazu hätte es jedoch keiner besonderen Hervorhebung durch den BGH bedurft. Die Tatbestandsmerkmale des § 906 BGB, insbesondere aber die Zumutbarkeit, setzen eine derartige Erfassung und Abwägung aller Umstände voraus[165].

VI. Rechtsfolgen des Aufopferungsanspruchs wegen Versagung der Abwehrklage und des Ausgleichsanspruchs aus dem nachbarlichen Gemeinschaftsverhältnis

Da das RG in seinen Verkehrsimmissionsentscheidungen als Folge der Verneinung der Voraussetzungen des Aufopferungsanspruchs wegen Versagung der Abwehrklage dessen Rechtsfolge außeracht lassen konnte, ist, um die Frage der Bemessung kurz zu beantworten, auf andere Immissionsentschädigungen zurückzugreifen. Hier schwankte das Gericht zwischen Entschädigung[166] und vollem Schadensersatz[167], wobei auch in den Fällen der Totalreparation so verfahren wurde, daß nur die Beeinträchtigungen auszugleichen waren, die den Rahmen des Wesentlichen und Ortsüblichen überschritten, mithin also eine Beschränkung der Ersatzpflicht erfolgte[168]. Der BGH ließ in der Entscheidung BGHZ 48, 98 diese Frage letztlich offen[169], das Gericht tendierte jedoch zu einer „angemessenen Entschädigung, wie sie sich aus dem rechtlichen Gesichtspunkt einer Entschädigung aus enteignendem Eingriff ergeben würde"[170].

Als Rechtsfolge des Ausgleichsanspruchs aus dem nachbarlichen Gemeinschaftsverhältnis bzw. des Anspruchs aus § 906 II 2 BGB kam sowohl in der

---

164 Begriff von Kleindienst, NJW 68, 1953 (1954).

165 Im Ergebnis ebenso Hubmann, JZ 66, 271 (272).

166 RGZ 167, 14 (26), E. v. 21. 4. 1941; zustimmend Schack, BB 65, 341 (343); Hemsen, S. 31ff., 158.

167 So RGZ 100, 69 (75), E. v. 1. 7. 1920; vgl. Soergel / Baur, 11. A., vor § 903 BGB, Rdnr. 77.

168 RGZ 70, 150 (152), E. v. 21. 12. 1908; RGZ 139, 29 (33), E. v. 26. 11. 1932; vgl. Kleindienst, S. 32; Konzen, S. 45ff.

169 BGHZ 48, 98 (105), E. v. 15. 6. 1967, da der Kläger das Urteil des Berufungsgerichts nicht angefochten hatte.

170 BGHZ 48, 98 (105).

Rechtsprechung des RG als auch des BGH nur eine Entschädigungspflicht in Betracht. Dabei sprach das RG bei unzumutbaren Verkehrslärmimmissionen von einer nach Billigkeit zu bemessenden Teilentschädigung[171], während der BGH die Bemessung der Entschädigung unter Berücksichtigung aller Umstände des Einzelfalles anhand der Grundsätze der Enteignungsentschädigung vornahm[172]. Bei dieser Bemessung der Entschädigung erfolgte keine Differenzierung zwischen Aufwendungen des Betroffenen für passive Schallschutzmaßnahmen und dem aus der Immissionsbeeinträchtigung resultierenden Minderwert des Grundstücks. Zu unrecht, denn Gegenstand des Ausgleichs war nicht die gesamte Beeinträchtigung, sondern nur der Substanzverlust infolge der die Zumutbarkeitsschwelle übersteigenden Immissionen, der nicht unbedingt mit der Höhe der passiven Schallschutzmaßnahmen gleichzusetzen war[173]. Die Ersatzpflicht traf in allen Fällen den Träger der Straßenbaulast.

VII. Zusammenfassung des zweiten Kapitels

Das RG und ihm folgend zunächst der BGH beurteilten Ansprüche auf Entschädigung wegen Verkehrslärmimmissionen nach den Regeln des privaten Nachbarrechts. Dabei suchten sie den Verkehrslärmimmissionskonflikt einseitig zu Lasten des betroffenen Grundstückseigentümers zu lösen. Den besonderen Anforderungen des öffentlichen Straßenverkehrs wurde stets auf Kosten des Immissionsbetroffenen Rechnung getragen. Das RG wandelte auch im Bereich der Verkehrslärmimmissionen den dem Betroffenen an sich zustehenden Abwehranspruch gemäß § 1004 I BGB getreu dem Grundsatz des „Dulde und Liquidiere" in einen bürgerlichrechtlichen Aufopferungsanspruch um.

Bei der Bestimmung der anspruchsauslösenden Grenze nahmen RG und ihm folgend der BGH dem Tatbestandsmerkmal der Ortsüblichkeit neben seiner ursprünglich deskriptiven und immissionsbegrenzten Funktion auch die Abgrenzungseigenschaften. Mit einer großräumigen Festlegung des Vergleichsgebietes und dem weitgehenden Verzicht auf einen Vergleich der störenden Nutzung mit der Nutzung anderer Grundstücke gelangten die Gerichte mühelos zu dem verkehrs- und finanzpolitisch gewünschten Ergebnis, daß der Verkehr auf Straßen auch stets deren ortsübliche Benutzung sei. Bei den Voraussetzungen des Ausgleichsanspruchs aus dem nachbarlichen Gemeinschaftsverhältnis, mit dem das RG die Folgen dieser restriktiven Haltung scheinbar zu mildern suchte, verfuhr man ähnlich.

---

171 RGZ 159, 129 (140), E. v. 9. 1. 1939.

172 BGHZ 49, 148 (153), E. v. 22. 12. 1967; zustimmend Soergel / Baur, 11. A., § 906 BGB, Rdnr. 73.

173 So auch Mattern, LM Nr. 26 zu § 906 BGB; Meyer, S. 241.

Eine unzumutbare Beeinträchtigung wurde nur ausnahmsweise bei drohender oder bereits eingetretener Existenzvernichtung anerkannt. Als maßgebliche Abwägungsgesichtspunkte galten auch hier verkehrs- und finanzpolitische Interessen, insbesondere die Förderung der infrastrukturellen Entwicklung, die das RG durch die Zubilligung einer Entschädigung unerträglich behindert sah. Vergleichbare Immissionskonflikte, so zwischen Industrie und Landwirtschaft, waren dagegen von keiner derartig einseitigen Zumutbarkeitsbestimmung gekennzeichnet. Zwar gab der BGH die ausschließliche Bindung an wirtschaftliche Kriterien auf, indem er dem Schutzgut Gesundheit zumindest formell den gleichen Stellenwert bei der Zumutbarkeitsbestimmung einräumte. Gesundheitsstörungen fanden jedoch, und hier zeigt sich die tiefe Verwurzelung reichsgerichtlichen Denkens, nur ausnahmsweise dann Berücksichtigung, wenn sie über das hinausgingen, was Bewohnern moderner Staaten durch die Auswirkungen des Straßenverkehrs unvermeidbar auferlegt wurde.

Drittes Kapitel

Entschädigung für Verkehrslärmimmissionen von öffentlichen Straßen nach Enteignungsgrundsätzen

I. Die öffentlich-rechtliche Qualifizierung der Verkehrslärmimmissionen von öffentlichen Straßen durch den Bundesgerichtshof

Mit der Entscheidung vom 30. 10. 1970[1] vollzog der BGH die Wende von der privatrechtlichen hin zur öffentlich-rechtlichen Einordnung des nachbarlichen Verkehrslärmimmissionsverhältnisses. Zunächst geschah dies jedoch nur für den Bereich neuangelegter Straßen.

In dem zu entscheidenden Fall begehrte die Anliegerin an einer im Außenbereich neu errichteten vierspurigen Bundesstraße die Feststellung, daß die Bundesrepublik Deutschland zur Zahlung eines angemessenen Ausgleichs in Geld für zu erduldende Beeinträchtigungen durch Bau- und in der Folgezeit Verkehrslärmimmissionen im Rahmen des Betriebs der Straße verpflichtet sei. Abweichend von seiner bisherigen Auffassung erkannte das Gericht den hoheitlichen Akten der Planfeststellung, Widmung und Eröffnung der Straße für den Verkehr die maßgebliche Bedeutung für die öffentlich-rechtliche Qualifizierung der bei Straßenbau und Betrieb auftretenden Immissionen zu. Während der Planfeststellungsbeschluß die Bauimmissionen nach sich ziehen sollte, wurden die beim Betrieb der Straße auftretenden Verkehrslärmimmissionen als Folge der Widmung aufgefaßt, da sie notwendig in deren Gefolge mit der Eröffnung der Straße für den Verkehr, der Freigabe zur Benutzung entstanden[2]. Damit verband der BGH den Verwaltungsakt

---

[1] BGHZ 54, 384.

[2] BGHZ 54, 384 (388); auf dieser Grundüberlegung fußen auch die folgenden Verkehrslärmentscheidungen: BGH NJW 74, 53, E. v. 11. 10. 1973; BGHZ 64, 220, E. v. 20. 3. 1975; BGH WM 76, 1064, E. v. 12. 2. 1976; BGH NJW 77, 894, E. v. 13. 1. 1977; BGH NJW 78, 318, E. v. 14. 7. 1977; BGH DVBl. 78, 110, E. v. 10. 11. 1977; BGH NJW 80, 582, E. v. 25. 10. 1979.

Zustimmend in der Literatur Aicher, S. 212; Aust, NJW 72, 1462 (1463); desgl. Aust / Jacobs, Entschädigungsrecht, 2. A., S. 130f.; Bender, Staatshaftungsrecht, 2. A., S. 63, Rdnr. 163; Breuer, Bodennutzung, S. 338ff., 345; Kimminich, NJW 73, 1479 (1480); Maunz / Dürig / Herzog / Papier, Art. 14 GG, Rdnr. 395; Papier, Recht der öffentlichen Sachen, S. 136ff.; Peine, DÖV 79, 812 (815); Schmidt-Aßmann, Festschrift Pikalo, S. 275ff.; Schwabe, DVBl. 73, 103 (109); einschränkend Speiser, NJW 75, 1101 (1102), nur für Immissionen von neu erbauten Straßen, nicht für Altstraßen; ablehnend in der Literatur Faber, NJW 68, 47 (47ff.); Kleindienst, NJW 68,

der Widmung und die beim Straßenbetrieb auftretenden an sich rechtsneutralen Verkehrslärmimmissionen zu einem öffentlich-rechtlichen Komplex[3].

Eine nähere Erläuterung für diese Meinungsänderung gab das Gericht nicht. Ohne auf die zuerst in der Literatur geäußerten Überlegungen einzugehen, den Akten der Widmung[4] und Planfeststellung[5] größere Bedeutung beizumessen, ließen die Urteilsgründe nicht erkennen, warum sich das Gericht zu diesem doch erheblichen Meinungsumschwung entschloß. Der Gedankengang erscheint noch unklarer, wenn man bedenkt, daß auch die das Immissionsverhältnis zivilrechtlich beurteilenden Entscheidungen ausdrücklich genannt wurden.

Mit der Verknüpfung von faktisch-rechtsneutralen Lärmimmissionen und der hoheitlichen Verfügung der Widmung, letztlich dem auslösenden Rechtsakt, trug der BGH einmal dem Realzusammenhang beider Vorgänge Rechnung. Denn Widmung und ihr folgend die Eröffnung der Straße für den Verkehr müssen als die wesentlichen Voraussetzungen für eine legale Benutzung seitens der Verkehrsteilnehmer und die infolge der Benutzung auftretenden Lärmimmissionen angesehen werden. Zum anderen berücksichtigte der BGH, daß für die Frage der rechtlichen Qualifizierung die spezielleren Vorschriften des öffentlichen Straßenrechts dem durch § 906 BGB charakterisierten allgemeinen nachbarlichen Verhältnisses vorgehen, da sie spezifischer und letztlich sachverhaltsnäher den sich aus der planerischen Situation ergebenden Funktionszusammenhang erfassen und prägen[6]. Damit bewegte sich der BGH auf der Linie des Bundesverwaltungsgerichts, das mit Hilfe des Funktions- oder Sachzusammenhangs an sich rechtsneutrale Vorgänge rechtlich einordnet[7]. Dieser Umschwung wurde nicht zuletzt auch dadurch beeinflußt, daß die für die privatrechtliche Einordnung[8] mitverantwortlichen Hemmnisse des fehlenden umfassenden Verwaltungsrechtsschutzes sowie eines öffentlich-rechtlichen Entschädigungsanspruchs

---

1953 (1953 ff.), der für eine direkte Anwendung des § 906 BGB auf Verkehrslärmimmissionen von öffentlichen Straßen eintrat; Schneider, MDR 65, 439 (440 ff.).

Zu Inhalt und Wirkung der Widmung siehe Kodal, S. 146 ff.; Marschall / Schroeter / Kastner / Schroeter, S. 61 ff.; zum Realakt der Freigabe für den Verkehr, auch „Indienststellung" genannt, Kodal, S. 153.

[3] Vgl. Aicher, S. 211, Anm. 271; Schmidt-Aßmann, Lärmschutz, S. 3; so i. E. auch Schwabe, DVBl. 73, 103 (106), der zwar dem BGH eine privatrechtliche Bewertung der Lärmimmissionen unterstellte, diese jedoch zusammen mit den erlaubenden Hoheitsakten von Widmung und Planfeststellung ebenfalls zu einer öffentlich-rechtlichen Einheit verschmolzen sah.

[4] Menger / Erichsen, VerwArch. 59, 367 (386).

[5] Ule / Fittschen, JZ 65, 315 (316 f.).

[6] Schmidt-Aßmann, Festschrift Pikalo, S. 276.

[7] BVerwG NJW 74, 817 (818), E. v. 2. 11. 1973; NJW 75, 841 (845), E. v. 1. 11. 1974; i. E. auch in NJW 76, 1987 (1987), E. v. 26. 3. 1976; dazu Schmidt-Aßmann, Lärmschutz, S. 5.

[8] Siehe oben 2. Kap. II.

wegen unmittelbarer rechtswidriger oder rechtmäßiger Beeinträchtigungen verfassungsrechtlich geschützter Eigentumspositionen als beseitigt gelten konnten[9]. Damit war der Notwendigkeit eines Rückgriffs auf zivilrechtliche Regelungen der Boden entzogen. Unabhängig von der rechtlichen Qualifizierung des Immissionsverhältnisses ist die Frage zu sehen, in welchem Rechtsakt der BGH den unmittelbaren Eingriff in das Eigentum des Straßenanliegers erblickte. Etwa bereits in der durch den Hoheitsakt der Widmung dem Betroffenen zugleich auferlegten Verpflichtung, den von der Straße ausgehenden Verkehrslärm generell hinzunehmen oder in der realen Beeinträchtigung, also den Verkehrslärmimmissionen selbst, oder in dem Mixtum aus Duldungspflicht infolge der Widmung und der konkreten Beeinträchtigung. Dies wird an anderer Stelle zu untersuchen sein[10].

Eingeleitet wurde die Entwicklung hin zur öffentlich-rechtlichen Einordnung durch das Urteil vom 15. 6. 1967[11], in dem der BGH neben der privatrechtlichen Klassifizierung auch eine mögliche öffentlich-rechtliche Natur des Immissionsrechtsverhältnisses erörterte, ohne jedoch dabei auf die hoheitlichen Akte der Planfeststellung und Widmung und dem darin enthaltenen staatlichen Duldungsbefehl abzustellen. Unter Verzicht auf zusätzliche Differenzierungskriterien prüfte das Gericht, ob die Einwirkungen auf das Nachbargrundstück durch privatwirtschaftliche Benutzung einschließlich nicht hoheitlicher Tätigkeit der öffentlichen Hand oder durch Eingriffe unmittelbar von hoher Hand durch hoheitliche Tätigkeit bewirkt wurden[12]. Eine endgültige Entscheidung traf der BGH nicht, da er von einer Parallelität der Voraussetzungen des zivilrechtlichen Aufopferungsanspruchs[13] und des öffentlich-rechtlichen Anspruchs auf Enteignungsentschädigung insbesondere hinsichtlich der beiden Zumutbarkeitsschwellen ausging. Diesen Ansatz gab der BGH in der Entscheidung vom 22. 12. 1967[14] vorübergehend wieder auf[15]. Zwar stellte das Gericht auch hier darauf ab, ob die Lärmbeeinträchtigung im Rahmen privatrechtlicher Grundstücksbenutzung oder durch Eingriffe unmittelbar von hoher Hand herbeigeführt wurde, sah sich an der öffentlich-rechtlichen Qualifizierung jedoch durch eine fehlende Unmittelbarkeit des Eingriffs gehindert[16].

---

9 Gewährleistung des allgemeinen Verwaltungsrechtsschutzes durch die Generalklausel des § 40 I VwGO, vor dem Hintergrund der Rechtsgarantie des Art. 19 IV GG; sowie die richterrechtliche Schaffung bzw. Erweiterung der Tatbestände der Entschädigung aus enteignungsgleichem und enteignendem Eingriff, in diesem Zusammenhang ist auch der Verzicht auf das Tatbestandserfordernis des zielgerichteten Eingriffs von Bedeutung.

10 Vgl. 3. Kap. II 3 c.

11 BGHZ 48, 98.

12 BGHZ ebenda (102, 103).

13 Bezogen auf § 906 a.F.

14 BGHZ 49, 148 (150), Entscheidung des V. Zivilsenats.

15 Siehe oben 2. Kap. II 2.

II. Entschädigungsanspruch für Beeinträchtigungen durch Verkehrslärmimmissionen aus enteignendem Eingriff

1. Entwicklung der Anspruchsgrundlage

Mit der öffentlich-rechtlichen Qualifizierung des Verkehrslärmimmissionsverhältnisses wurde die Möglichkeit versperrt, Entschädigungsansprüche wie bisher in direkter Anwendung dem privaten Nachbarrecht zu entnehmen. In seinem Urteil vom 30.10.1970[17] legte sich der BGH auf den Grundsatz fest, daß als Entschädigungsanspruch für die durch wesentliche ortsunübliche Verkehrslärmimmissionen hervorgerufene Eigentumsbeeinträchtigungen nur ein öffentlich-rechtlicher Anspruch auf Enteignungsentschädigung in Betracht komme.

Bereits in den Vorentscheidungen hatte das Gericht geprüft, ob ein öffentlich-rechtlicher Enteignungsentschädigungsanspruch anstelle des bürgerlichrechtlichen Aufopferungsanspruchs vorliege. Es gelangte dabei zu unterschiedlichen Ergebnissen[18]. Während der III. Zivilsenat in der Entscheidung vom 15.6.1967[19] letztlich glaubte, die Frage des Anspruchstyps offenlassen zu können, da er von der Parallelität sowohl der Voraussetzungen als auch der Rechtsfolgen ausging, lehnte der V. Zivilsenat in der Bergnase-Entscheidung[20] den öffentlich-rechtlichen Anspruch auf Enteignungsentschädigung als Anspruchsgrundlage mangels Unmittelbarkeit des Eingriffs ab. Auch in der Frage der Wahl des enteignungsrechtlichen Tatbestandes bestand zwischen beiden Senaten keine Einigkeit. Der III. Senat prüfte das Vorliegen eines enteignenden Eingriffs[21], während für den V. Zivilsenat nur ein Anspruch aus enteignungsgleichem Eingriff infrage kam. Diese Differenzen wurden erst durch die Entscheidung des V. Zivilsenats vom 30.10.1970[22] beigelegt, der sich dabei die vom III. Senat vorgezeichnete Linie zu eigen machte.

---

[16] Die Reaktion hierauf im Schrifttum war insgesamt ablehnend; siehe oben 2. Kap. II 2.

[17] BGHZ 54, 384 (388, 389).

[18] BGHZ 48, 98 (101), die hier im Rahmen des § 906 BGB a.F. erfolgte verwirrende Gleichsetzung von nachbarrechtlichem Ausgleichsanspruch und bürgerlichrechtlichem Aufopferungsanspruch hat der BGH in den späteren Entscheidungen nicht beibehalten; vgl. BGHZ 49, 148 (150).

[19] BGHZ 48, 98.

[20] BGHZ 49, 148.

[21] BGHZ 48, 98 (106).

[22] BGHZ 54, 384.

a) Stadium der Anlehnung an die Anspruchssystematik des § 906 BGB

Im Bereich der Anspruchsgrundlage fiel es dem BGH zunächst schwer, sich aus den nachbarrechtlichen Kategorien des bürgerlichen Rechts zu lösen. Er lehnte sich in der Entscheidung vom 30. 10. 1970[22] eng an den Duldungsrahmen und die Anspruchskonzeption des § 906 BGB an und prüfte parallel zu dem bürgerlichrechtlichen Aufopferungsanspruch wegen Versagung der Abwehrklage[23] und dem Ausgleichsanspruch nach § 906 II 2 BGB[24] zwei unterschiedliche öffentlich-rechtliche Anspruchstypen. Einmal den Anspruch auf Entschädigung wegen enteignendem Eingriffs, zum anderen ein als „öffentlich-rechtlicher Entschädigungsanspruch" bezeichnetes Rechtsinstitut[25].

Der erstgenannte Anspruch griff, das wurde bereits in den Leitsätzen herausgestellt, bei der Überschreitung der in § 906 I, II 1 BGB gezogenen Duldungsgrenze ein. Damit stellte der Anspruch auf Entschädigung wegen enteignendem Eingriffs das öffentlich-rechtliche Pendant zum bürgerlichrechtlichen Aufopferungsanspruch wegen Versagung der Abwehrklage dar[26]. Das die Enteignung kennzeichnende Sonderopfer erblickte das Gericht in der Duldungspflicht wesentlicher ortsunüblicher Verkehrslärmimmissionen. Konsequent übernahm der BGH die für den Bereich des privaten Nachbarrechts entwickelte Prüfungsreihenfolge, die Anspruchsvoraussetzungen wurden dabei allerdings teilweise in eine enteignungsrechtliche Terminologie gekleidet[27]. Zunächst wurde gefragt, ob sich aus dem Bau der Straße oder dem auf ihr eröffneten öffentlichen Verkehr wesentliche, durch eine nichtortsübliche Nutzung hervorgerufene Beeinträchtigungen ergeben hätten. Sollte eine derartige Beeinträchtigung vorliegen, sah das Gericht den daraus an sich resultierenden Unterlassungsanspruch durch den in den hoheitlichen Akten der Planfeststellung und Widmung enthaltenen staatlichen Duldungsbefehl ausgeschlossen. Damit wäre an sich die Voraussetzung für den bei nicht hoheitlichen Immissionen eingreifenden Aufopferungsanspruch wegen Versagung der Abwehrklage gegeben gewesen. Da der BGH die Hinnahme der Immissionen[28] jedoch als einen unmittelbaren Eingriff von hoher Hand auffaßte, kam als Grundlage für einen Entschädigungsanspruch nur der öffentlich-rechtliche Anspruch auf Enteignungsentschädigung in Betracht[29]. In der üblichen enteignungsrecht-

[23] Siehe oben 2. Kap. III 2.
[24] Siehe oben 2. Kap. III 4.
[25] BGHZ 54, 384 (391) und (389).
[26] So auch Aicher, S. 212 f.
[27] BGHZ 54, 384 (388).
[28] Zur Frage des Eingriffs siehe 3. Kap. II 3 b.

lichen Terminologie ausgedrückt, setzte dieser Anspruch für den Betroffenen ein besonderes anderen nicht zugemutetes Opfer für die Allgemeinheit voraus.

Gegenüber ortsüblichen Immissionen billigte das Gericht dem Betroffenen dagegen keinen Anspruch auf Enteignungsentschädigung zu. Der BGH prüfte jedoch anhand der Voraussetzung des Ausgleichsanspruchs gemäß § 906 II 2 BGB, ob die ortsüblichen wesentlichen und unvermeidbaren Einwirkungen das Eigentum des Betroffenen über das zumutbare Maß hinaus beeinträchtigten. Lagen diese Voraussetzungen vor, so sollte bei dem hier zur Rede stehenden öffentlich-rechtlichen Immissionsverhältnis ein dem nachbarrechtlichen Ausgleichsanspruch entsprechender „öffentlich-rechtlicher Entschädigungsanspruch" begründet sein[30]. Dieses öffentlich-rechtliche Pendant[31] zum zivilrechtlichen Ausgleichsanspruch gemäß § 906 II 2 BGB siedelte der BGH, ohne dies allerdings expressis verbis auszusprechen, im Vorfeld dessen an, was seiner Ansicht nach der Eigentumsschutz nach Art. 14 GG unter enteignungsrechtlichen Gesichtspunkten forderte, mithin eine der Enteignung vorgelagerte verfassungsrechtlich nicht gebotene öffentlich-rechtliche Billigkeitsentschädigung.

b) Entwicklung einer eigenständigen Anspruchskonzeption

Bereits in dem thematisch außerhalb liegenden Urteil vom 5. 7. 1971[32], das sich mit dem Ersatzanspruch eines Kaufhauseigentümers wegen Verschmutzung der Ware infolge der Errichtung einer Fußgängerpassage befaßte, gab der BGH erstmals die Differenzierung zwischen beiden öffentlich-rechtlichen Anspruchstypen und damit die strikte Anlehnung an die Anspruchssystematik des § 906 BGB auf. Diese Linie sollte sich jedoch im Bereich der Verkehrslärmimmissionen erst mit dem Reuterstraßen-Urteil[33] endgültig bestätigen. Ohne Erläuterung und ohne sich mit der, allerdings zitierten, abweichenden Vorentscheidung vom 30. 10. 1970[34] auseinanderzu-

---

[29] BGHZ 54, 384 (388, 392); im Ergebnis bejahte das Gericht lediglich die Ortsunüblichkeit der umstrittenen Baulärmimmissionen und kam zu dem Ergebnis, daß ein Anspruch auf Enteignungsentschädigung nicht ausgeschlossen sei.

[30] BGHZ 54, 384 (391).

[31] Wie hier, Aicher, S. 214; Bender, Staatshaftungsrecht, 2. A., Rdnr. 158, S. 61, der diesen Anspruch als nachbarrechtlichen Ausgleichsanspruch des öffentlichen Rechts bezeichnete; Wehr, JuS 71, 207 (207); a. A. Mattern, LM Nr. 37 zu § 906 BGB, der trotz der öffentlich-rechtlichen Qualifizierung des straßenrechtlichen Immissionsverhältnisses und des eindeutigen Wortlauts nur von einem Ausgleichsanspruch gemäß § 906 II 2 BGB ausging.

[32] BGH DVBl. 72, 115, E. v. 5. 7. 1971.

[33] BGHZ 64, 220.

[34] BGHZ 54, 384.

setzen[35], stellte der BGH fest, daß auch dem nachbarrechtlichen Ausgleichsanspruch nach § 906 II 2 BGB als öffentlich-rechtliches Pendant der Anspruch auf Enteignungsentschädigung entspreche, wenn die durch hoheitliche Maßnahmen ausgelösten Immissionen die Benutzung des Nachbargrundstücks oder dessen Ertrag über das zumutbare Maß hinaus beeinträchtigten und als Eingriff in das Eigentum zu beurteilen seien[36]. Damit erklärte das Gericht, daß bei Immissionen von öffentlich-rechtlichen Einrichtungen die Duldungsebene des § 906 II 2 BGB bereits jenseits der Grenze liegt, von der ab Eingriffe enteignend und damit entschädigungsauslösend wirkten, also bereits unzumutbare Immissionen ein besonderes, anderen nicht zugemutetes Opfer und damit eine Enteignung darstellten.

Abweichend hiervon lehnte sich der BGH in den Urteilen vom 4. 10. 1973[37] und 11. 10. 1973[38] erneut an die von der Entscheidung BGHZ 54, 384 bekannte Terminologie und damit Anspruchszweiteilung an, indem er von Ausgleichs- und Entschädigungsansprüchen bei Straßenverkehrslärmbeeinträchtigungen sprach[39] bzw. bei ortsüblicher Benutzung des Grundstücks eine öffentlich-rechtliche Entschädigung in entsprechender Anwendung des § 906 II 2 BGB in Erwägung zog[40].

Den Schlußpunkt dieser Entwicklungsreihe setzte der BGH erst mit der Entscheidung vom 20. 3. 1975[41]. Das Gericht bediente sich hier erstmals einer in späteren Urteilen[42] stereotyp wiederkehrenden Standardformel, die deutlich zum Ausdruck bringt, daß der Enteignungsentschädigungsanspruch nicht nur den Bereich des Aufopferungsanspruchs wegen Versagung der Abwehrklage umfaßte, sondern auch den nachbarlichen Ausgleichsanspruch des § 906 II 2 BGB. Danach stand dem Betroffenen ein öffentlich-rechtlicher Anspruch auf Enteignungsentschädigung zu, wenn die Einwirkungen von hoher Hand erfolgten, sich als unmittelbarer Eingriff in nach-

---

[35] Die ausdrückliche Bezugnahme auf die Entscheidung BGHZ 54, 384 interpretierte Aicher, S. 214, Fn. 276, zutreffend dahin, daß der BGH die dort vertretene öffentlich-rechtliche Anspruchszweiteilung nicht aufrechterhalten wolle. Denn mit diesen Verweisen verfolgte das Gericht m.E. den Zweck einer mehr retrospektiven Auflistung der verschiedenen rechtlichen Entwicklungsstufen, um die Wandlung von der privatrechtlichen Qualifikation des straßenrechtlichen Immissionsverhältnisses hin zur öffentlich-rechtlichen Zuordnung und zum Enteignungsentschädigungsanspruch aufzuzeigen. Der BGH selbst sprach im darauffolgenden Abschnitt daher auch von einer „Herausarbeitung", BGH DVBl. 72, 115 (116) und machte damit deutlich, daß auch die Entscheidung BGHZ 54, 384 nur als Entwicklungsschritt aufzufassen war.

[36] BGH DVBl. 72, 115 (116); ebenso betr. Fluglärmimmissionen von einem Militärflugplatz, BGHZ 59, 378 (386).

[37] BGH WM 73, 1338.

[38] BGH NJW 74, 53.

[39] BGH WM 73, 1338 (1339).

[40] BGH NJW 74, 53 (54).

[41] BGHZ 64, 220, vgl. 4. Kap.

[42] Siehe dazu die in Anm. 2 aufgeführten Entscheidungen.

barliches Eigentum darstellten und die Grenze dessen überschritten, was der Nachbar nach § 906 BGB entschädigungslos hinnehmen muß[43]. Dieser Enteignungsentschädigungsanspruch sollte nicht nur bei Verkehrslärmimmissionen von neuangelegten Straßen greifen, sondern auch bei Immissionen von Verkehrsanlagen, die entweder seit altersher bestehen oder neu ausgebaut oder umgewidmet worden waren. Trotz weiterer Verschiebungen im Bereich der Anspruchsvoraussetzungen blieb der BGH in der Folgezeit dieser mühevoll und nicht immer zielsicher herausgearbeiteten Anspruchsgrundlage bis in jüngste Entscheidungen treu. Erst angesichts der dogmatischen Neuorientierung des Bundesverfassungsgerichts in den Bereichen Enteignung und Enteignungsentschädigung sind hier weitere Änderungen eingetreten[44].

2. Einordnung in die Typologie der enteignungsrechtlichen Tatbestände des Richterrechts

a) Enteignungsrechtliche Konzeption des Bundesgerichtshofs

Bis zur dogmatischen Neuorientierung des Bundesverfassungsgerichts[45] im Bereich des Enteignungsrechts war die Enteignungsrechtsprechung des BGH von einer Differenzierung zwischen den drei verschiedenen Haftungsinstituten, der Enteignung, dem enteignungsgleichen und dem enteignenden Eingriff gekennzeichnet, die in ihren Tatbestandsmerkmalen unterschiedliches Gepräge trugen.

Enteignung im Sinne des Art. 14 III GG begriff und begreift der BGH als einen durch verfassungsgemäßes, förmliches Gesetz zugelassenen rechtmäßigen zwangsweisen Eingriff in das Eigentum, der dem Betroffenen ein besonderes Opfer auferlegt. Die Enteignung betrifft nach diesem Verständnis also normativ statuierte und inhaltlich fest umrissene Eingriffe[46].

---

[43] BGHZ 64, 220 (222); dem Wortlaut nach fand sich die Formel auch in der Entscheidung vom 16. 3. 1972, WM 72, 620 (622), dort sprach der BGH jedoch lediglich von dem Maß dessen, was der Eigentümer nach § 906 BGB hinnehmen mußte, es fehlte die Formulierung „entschädigungslos" hinnehmen mußte. Ob nun, so offensichtlich Aicher, S. 216, Fn. 284, lediglich von einem versehentlichen Unterlassen bzw. einer Ungenauigkeit des BGH auszugehen ist, erscheint bedenklich, da diese Entscheidung zeitlich in die Phase der Rückbesinnung auf die Anspruchszweiteilung fiel. Insoweit muß davon ausgegangen werden, daß hier bewußt, wie auch in den folgenden Entscheidungen, wieder der Gedanke des eigenständigen „öffentlich-rechtlichen Entschädigungsanspruchs" in den Vordergrund trat.

[44] Vgl. dazu 5. Kap. I 2.

[45] BVerfGE 58, 300, Beschluß v. 15. 7. 1981; BVerfGE 58, 137, Beschluß v. 14. 7. 1981; BVerfGE 52, 1, Beschluß v. 12. 6. 1979.

[46] Grundlegend BGHZ 6, 270 (278 ff.), E. v. 10. 6. 1952; vgl. auch BGHZ 57, 359 (363), E. v. 20. 12. 1971; zuletzt BGH DVBl. 84, 624 (625), E. v. 29. 3. 1984; siehe dazu stellvertretend Maunz / Dürig / Herzog / Papier, Art. 14 GG, Rdnr. 352 f.; Schulte, Dogmatik von Art. 14 GG, S. 30; Ossenbühl, Staatshaftungsrecht, S. 149; Weber, Festschrift Michaelis, S. 321.

Ein Anspruch aus enteignungsgleichem Eingriff kam dagegen in Betracht, wenn Eigentum i. S. v. Art. 14 GG durch einen rechtswidrigen hoheitlichen Eingriff beeinträchtigt wurde[47]. Er umfaßte also solche Opfer, die, wären sie rechtmäßig gewesen, als Enteignung gegolten hätten. Der BGH stützte den Enteignungsentschädigungsanspruch auf eine Analogie zu Art. 14 III GG[48].

Demgegenüber schuf der BGH 1960 das Haftungsinstitut des enteignenden Eingriffs[49], auch Entschädigung nach Enteignungsgrundsätzen[50] genannt. Mit diesem Rechtsinstitut sollten atypische, aber rechtmäßige und zu duldende Eigentumsbeeinträchtigungen durch Hoheitsakte mit dem Charakter unvorhergesehener Nebenfolgen erfaßt werden, die gesetzeskonform auf der Grundlage eines Gesetzes, das für diesen Fall keine Entschädigungsregel vorsah, ergingen. Damit unterscheidet sich der enteignende Eingriff von der Enteignung durch die Modalität des Eingriffs und das Fehlen einer spezialgesetzlichen, den Erfordernissen des Art. 14 III 2 GG genügenden Entschädigungsregel. Den von diesem Eingriff ausgelösten Enteignungsentschädigungsanspruch leitete der BGH bis zur Entscheidung vom 29. 3. 1984[51] unmittelbar aus Art. 14 III GG ab[52]. Diese dritte Gruppe umfaßte somit diejenigen Tatbestände, bei denen in Verfolgung öffentlicher Aufgaben ungewollt und unvermeidbar den einzelnen Bürgern gleichsam im Sinne eines „Betriebsunfalls" des Staatshandelns Schäden an ihren Vermö-

---

[47] Seit BGHZ 6, 270 (290); 13, 88 (90f.), E. v. 12. 4. 1954; 23, 157 (160f.), E. v. 28. 1. 1957; 37, 44 (47), E. v. 15. 3. 1962; 48, 46 (49), E. v. 22. 5. 1967; 48, 98 (111), E. v. 15. 6. 1967; BGH WM 75, 1059 (1060), E. v. 23. 6. 1975; BGH WM 76, 568 (570), E. v. 26. 2. 1976; dazu im Schrifttum statt vieler Aust / Jacobs, Entschädigungsrecht, 2. A., S. 56f.; Breuer, Bodennutzung, S. 76f.; Kimminich, Art. 14 GG, Rdnr. 39f.; Krohn, Enteignung und Enteignungsentschädigung, S. 73f.; Maunz / Dürig / Herzog / Papier, Art. 14 GG, Rdnr. 597f.; Ossenbühl, Staatshaftungsrecht, S. 149; ebenso NJW 83, 1 (1f.); Rüfner, BB 68, 881 (882); Schneider, Enteignung und Aufopferung, S. 7ff.; Weber, Festschrift Michaelis, S. 322.

[48] So grundlegend BGHZ 6, 270 (290), E. v. 10. 6. 1952; 7, 296 (298), E. v. 16. 10. 1952; 11, 248 (249f.), E. v. 28. 9. 1953; 23, 157 (160), E. v. 28. 1. 1957; vgl. etwa Breuer, Bodennutzung, S. 85f.; Götz, AgrarR, 84, 1 (2); Kessler, DRiZ 1968, 258 (260f.); Kreft, WM Sonderbeilage 1977, Nr. 2, S. 8; Krohn, S. 73f.; Kröner, S. 11f.; Schulte, Dogmatik von Art. 14 GG, S. 31; jeweils m. w. N.; siehe dazu auch 5. Kap. I 2 a, b.

[49] BGHZ 32, 208 (211), E. v. 25. 4. 1960; 45, 150 (154), E. v. 31. 1. 1966; 48, 98 (102), E. v. 15. 6. 1967; 54, 384 (389), E. v. 30. 10. 1970; 57, 359 (366), E. v. 20. 12. 1971; 57, 370 (370), E. v. 20. 12. 1971; 64, 220 (228), E. v. 20. 3. 1975; 70, 212 (217), E. v. 10. 11. 1977; BGH NJW 80, 582 (582), E. v. 25. 10. 1979.

[50] BGHZ 28, 310 (313), E. v. 10. 11. 1958; 30, 241 (241), E. v. 2. 7. 1959.

[51] BGH DVBl. 84, 624.

[52] BGHZ 64 220 (228, 230); vgl. etwa Aust / Jacobs, Entschädigungsrecht, 2. A., S. 59f.; Bender, Staatshaftungsrecht, 2. A., Rdnr. 48f.; ebenso in BauR 83, 1 (7); Büchs, § 5, Nr. 2. 1. 1; Maunz / Dürig / Herzog / Papier, Art. 14 GG, Rdnr. 597f.; Ossenbühl, Staatshaftungsrecht, S. 149; zur Kritik im Schrifttum, insbesondere mit Blick auf die Junktimklausel des Art. 14 III 2 GG; vgl. Breuer, Bodennutzung, S. 95f.; Döbereiner, NJW 68, 1916 (1917), der den enteignenden Eingriff als allgemeinen Aufopferungsanspruch verstanden haben wollte, da dieser mit der Enteignung im verfassungsrechtlichen Sinne nur das Sonderopfer gemeinsam habe; i. E. ebenso Kimminich, Art. 14 GG, Rdnr. 39; zu diesem Problemkreis siehe auch 5. Kap. I 2 b, c.

gensrechten erwuchsen, die sich im Ergebnis als Sonderopfer des Einzelnen zugunsten der durchgeführten Staatsaufgabe erwiesen[53]. Die so entstandene Enteignungslage forderte nach Ansicht des BGH einen gesetzlich nicht vorgesehenen Ausgleich in Form einer Enteignungsentschädigung. In den Fällen des enteignenden Eingriffs ließ es der BGH dabei bewenden, das Sonderopfer und damit die Enteignung festzustellen. Obwohl nach Art. 14 III 2 GG eine Enteignung nur durch Gesetz oder aufgrund eines Gesetzes erfolgen darf, wurde die Rechtmäßigkeit des Eingriffs unter diesem Gesichtspunkt nicht geprüft.

Ob sich diese BGH-Trias angesichts der neuen Rechtsprechung des Bundesverfassungsgerichts[54] im Bereich von Art. 14 GG noch aufrechterhalten läßt, bedarf an anderer Stelle einer Untersuchung[55].

b) Konkrete Einordnung

Als Grundlage des Entschädigungsanspruchs wegen Beeinträchtigungen durch Verkehrslärm zog der BGH nach anfänglichem Schwanken das Rechtsinstitut des enteignenden Eingriffs heran[56]. Enteignende Lärmimmissionen waren somit nach Ansicht der Rechtsprechung punktuelle Erscheinungen mit der Folge der Unvorhersehbarkeit für die öffentliche Hand und daher weder mit einer den Erfordernissen des Art. 14 III 2 GG genügenden gesetzlichen Entschädigungsregel aufzufangen, noch im Fall des Fehlens der gesetzlichen Regelung als rechtswidriger Eingriff zu bezeichnen.

Diese Einordnung war, vom Standpunkt des BGH aus gesehen, konsequent. Denn bereits in der privatrechtlichen, aber auch in der frühen enteignungsrechtlichen Phase liefen die Überlegungen des Gerichts darauf hinaus, daß die Benutzung der öffentlichen Straßen durch den Verkehr grundsätzlich keine entschädigungsauslösenden Lärmimmissionen erwarten bzw. vorhersehen ließ. Im allgemeinen, so das Gericht, seien Verkehrslärmbeeinträchtigungen des Straßenanliegereigentums auch in unmittelbarer Nähe von Autostraßen entschädigungslos hinzunehmen[57]. Es erstaunt im Nachhinein, wie problemlos der BGH zu dem Ergebnis der Unvorhersehbarkeit enteignend wirkender Verkehrslärmimmissionsbeeinträchtigungen gelangte. Zumindest für die Verkehrssituation in den Ballungsgebieten und im Be-

---

[53] Krohn, S. 78f.; Weber, Festschrift Michaelis, S. 322.

[54] Vgl. Anm. 45.

[55] Vgl. 5. Kap. I 2 a, c.

[56] BGHZ 48, 98 (102, 106); 54, 384 (389); 64, 220 (228); dagegen BGHZ 49, 148 (150); hiernach kam ein Entschädigungsanspruch wegen enteignungsgleichem Eingriff in Betracht.

[57] BGHZ 54, 384 (391).

reich der Ortsdurchfahrten von Bundesfernstraßen hätte dies angesichts einer sich sprunghaft entwickelnden Massenmotorisierung seit Mitte der sechziger Jahre und der damit einhergehenden ständig steigenden Immissionsbelastung nachdrücklicher in Frage gestellt werden müssen.

Obwohl der BGH die Verkehrslärmimmissionen und damit den Eingriff in das Eigentum der Straßenanlieger[58] als unmittelbare Folge des Hoheitsakts der Widmung[59] und der damit verbundenen Eröffnung der Straße für den Verkehr[60] auffaßte, war es seiner Ansicht nach unerheblich, daß die zugrunde liegenden Straßen- und Wegegesetze des Bundes und der Länder für den Fall enteignend wirkender Verkehrsimmissionsbeeinträchtigungen keine der Junktimklausel des Art. 14 III 2 GG genügende Entschädigungsregeln aufwiesen. Mit Hilfe der Konstruktion des enteignenden Eingriffs vermied der BGH auch im Verkehrslärmimmissionsbereich die an sich drohende Konsequenz, komplexe hoheitliche Maßnahmen mit punktueller Enteignungswirkung kategorisch als rechtswidrig zu bezeichnen, wenn eine gesetzliche Entschädigungsregelung fehlte[61].

3. Wesentliche Voraussetzungen des Entschädigungsanspruchs aus enteignendem Eingriff bei Beeinträchtigungen durch Verkehrslärmimmissionen

a) Allgemeines

Rein von der äußeren Erscheinungsform hatte der BGH bereits früh zu seiner noch heute verwendeten Standardformel gefunden, mit der er die Voraussetzungen des Entschädigungsanspruchs aus enteignendem Eingriff bei Verkehrslärmimmissionen umschreibt[62]. Diese Formel findet sich schon in der Entscheidung BGHZ 48, 98, in der der III. Zivilsenat, noch von der Parallelität[63] der öffentlich-rechtlichen sowie privatrechtlichen Haftungsinstitute ausgehend, für den Enteignungsentschädigungsanspruch eine Einwirkung von hoher Hand verlangte, die sich als unmittelbarer Eingriff in

[58] Zu dem Problemkreis des unmittelbaren Eingriffs siehe 3. Kap. II 3 c.

[59] BGHZ 54, 384 (388); 64, 220 (222), die Widmung begründete generell die Pflicht der Anlieger, die beeinträchtigenden Verkehrslärmimmissionen zu dulden.

[60] BGHZ 64, 220 (222). In der Eröffnung der Straße für den Verkehr sah der BGH den unmittelbaren Auslöser für die Verkehrslärmimmissionen.

[61] So auch Breuer, Bodennutzung, S. 96, der das richterrechtliche Haftungsinstitut des enteignenden Eingriffs insgesamt als überflüssig bezeichnete und empfahl, auf den enteignungsgleichen Eingriff zurückzugreifen; i.E. so auch Konow, S. 41f.

[62] BGHZ 54, 384; BGH DVBl. 72, 115, E. v. 5. 7. 1971; BGH WM 72, 620, E. v. 16. 3. 1972; BGH WM 73, 1338, E. v. 4. 10. 1973; BGHZ 64, 220; BGH NJW 77, 894, E. v. 13. 1. 1977; BGH NJW 78, 318, E. v. 14. 7. 1977; BGH DVBl. 78, 110, E. v. 10. 11. 1977; BGH NJW 80, 582, E. v. 25. 10. 1979.

[63] Siehe 3. Kap. II 1 a.

nachbarliches Eigentum darzustellen und die Grenze dessen zu überschreiten habe, was der Nachbar nach § 906 BGB entschädigungslos hinnehmen müsse[64].

Ein präjudizieller Charakter konnte ihr für die nachfolgenden Verkehrslärmimmissionsentscheidungen[65] allerdings nicht zugesprochen werden. Dafür verbargen sich hinter dieser Formel zu erhebliche Modifikationen und auch Wandlungen. Dies galt vor allem für den Bereich jener Grenzlinie, von der ab der Eingriff enteignend wirkte und die Entschädigungspflicht auslöste. Die Bestimmung der anspruchsauslösenden Grenze und die Suche geeigneter Abgrenzungskriterien entwickelten sich, nachdem das Problem der rechtlichen Qualifizierung von Verkehrslärmimmissionen entschärft und auch im Bereich der Anspruchsgrundlage eine klare Marke gesetzt worden war, zu den beherrschenden Schwerpunkten der Verkehrslärmentschädigungsrechtsprechung.

b) Das Erfordernis der enteignungsfähigen Rechtsposition

Ein Entschädigungsanspruch aus enteignendem Eingriff setzte zunächst auf Seiten der Straßenanlieger eine enteignungsfähige, d.h. im Schutzbereich von Art. 14 GG liegende Rechtsposition voraus[66].

Von dem Schutzbereich des Art. 14 GG ist nicht nur das Eigentumssubstrat, die Sache selbst umfaßt, sondern im Zuge eines weit verstandenen Eigentumsbegriffs auch die unterschiedlichsten Beherrschungs-, Verfügungs-, Verwertungs- und Nutzungsmöglichkeiten, die dem Eigentümer an der Sache rechtlich zustehen[67]. Damit unterfällt auch die Nutzbarkeit des Grundeigentums zu Wohn- und Arbeitszwecken dem Schutzbereich des Art. 14 GG. Gerade diese Bereiche werden durch Verkehrslärmimmissionen wesentlich berührt. Hingegen treffen Verkehrslärmbeeinträchtigungen den Verfügungsbereich und die betroffene Sache selbst nicht, der gegenständliche Rahmen des Grundeigentums wird von ihnen nicht angetastet. Der Schutzbereich von Art. 14 GG umfaßt sowohl die Eigennutzung durch den

---

[64] BGHZ 48, 98 (101), diese Ausführungen bezogen sich noch auf § 906 a.F. BGB, „entschädigungslos" war hier nur auf die Situation des Aufopferungsanspruchs wegen Versagung der Abwehrklage bezogen, betraf also wesentliche, aber ortsübliche Immissionen, BGHZ 48, 98 (102, 103).

[65] Siehe die Rechtsprechungsnachweise in Anm. 2.

[66] Vom BGH schlicht als „Anliegereigentum" bezeichnet, BGHZ 54, 384 (388); 64, 220 (222).

[67] Ständige Rechtsprechung seit BGHZ 6, 270 (278), E. v. 10. 6. 1952; 62, 96 (98), E. v. 28. 1. 1974; 64, 382 (390), E. v. 12. 6. 1975; so auch das BVerfG, BVerfGE 1, 264, (277), Urteil v. 30. 4. 1952; 13, 225 (229), Urteil v. 29. 11. 1961; 14, 263 (276f.), Urteil v. 7. 8. 1962; 45, 63 (81), Beschluß v. 7. 6. 1977; dazu stellvertr. in der Literatur Bielenberg, DVBl. 71, 441 (443); Breuer, S. 14f.; v. Mangoldt / Klein, Art. 14 GG, Anm. V; Leisner, Sozialbindung, S. 46ff.

Eigentümer als auch die mittelbare Nutzung durch Vermietung, also die Weitergabe an Dritte[68]. Er gilt aber auch für die mit der Wohnnutzung in Funktionszusammenhang stehenden Außennutzungen, also beispielsweise Balkone[69]. Um als enteignungsfähige Rechtsposition anerkannt zu sein, müssen diese Nutzungen und Nutzungsmöglichkeiten dem Eigentümer von Rechts wegen zustehen, d.h. zum rechtlichen Inhalt des Eigentums gehören. Dies beantwortet sich in erster Linie nach dem öffentlichen Bauordnungs- und Bauplanungsrecht, setzt also grundsätzlich materielle und formelle Legalität voraus[70]. Illegale Nutzungen oder bloße Nutzungschancen sind dagegen keine verfassungsrechtlich geschützten und damit enteignungsfähigen Rechtspositionen. So ist für die Verkehrslärmbeeinträchtigung eines nach Bauplanungsrecht illegal im Außenbereich errichteten Wochenendhauses keine Entschädigung aus enteignendem Eingriff zu leisten, gleichgültig[71], ob hier die Schwelle des nach § 906 BGB entschädigungslos zu Duldenden überschritten wird oder nicht.

c) Das Erfordernis des unmittelbaren Eingriffs von hoher Hand

Entsprechend der klassischen Enteignungslehre verlangte der BGH zwar von Beginn an einen unmittelbaren Eingriff in das Eigentum des Straßenanliegers, der dann bejaht wurde, wenn der hoheitlichen Maßnahme unmittelbare und nicht nur mittelbare Auswirkungen auf das Eigentum zukamen, schwankte jedoch bei der Frage, in welcher konkreten hoheitlichen Maßnahme der die Enteignung auslösende unmittelbare Eingriff zu sehen war. Das Gericht zog zur Ausfüllung dieses Tatbestandsmerkmals wiederholt unterschiedliche Sachverhalte heran[72].

In dem thematisch am Rande liegenden Urteil BGHZ 48, 98 sah das Gericht ausschließlich in den Bauarbeiten an der Bundesautobahn den unmittelbaren Eingriff im enteignungsrechtlichen Sinne, da von diesen Maßnahmen die beeinträchtigenden Auswirkungen auf das Grundeigentum des Klägers ausgingen[73]. Damit erkannt der BGH nur den direkt emissionsauslösenden Realsachverhalt der Bauarbeiten als unmittelbaren Eingriff an.

---

68 BVerfGE 37, 132 (140), Beschluß v. 23. 4. 1974.

69 Eine andere Frage ist allerdings, ob diese Außennutzungen den gleichen Schutzgehalt aufweisen wie der Wohnbereich oder ob hier die Lärmimmissionsbelastung deutlich höher veranschlagt werden kann, beispielsweise mit Blick auf die kurze Nutzungsdauer; vgl. dazu Klosterkötter, KdL 74, 103 (109); Schmidt-Aßmann, Lärmschutz, S. 37.

70 So i.E. Breuer, Bodennutzung, S. 158f.; Schmidt-Aßmann, Lärmschutz, S. 37.

71 Schmidt-Aßmann, Lärmschutz, S. 37.

72 Dazu allgemein Bender, Staatshaftungsrecht, 2. A., S. 40, Rdnr. 100, der das Erfordernis des unmittelbaren Eingriffs als „Begriffshülse" bezeichnete, hinter der sich verschiedenartige Momente der Zurechenbarkeit verbergen.

73 BGHZ 48, 98 (104).

Der faktische Eingriff, die Belastung des Anliegers mit Staubimmissionen und der zugrunde liegende Hoheitsakt der Planfeststellung gemäß § 17 I 3 FStrG blieben unberücksichtigt.

Anders die darauf folgende Entscheidung BGHZ 54, 384. Hier wurde der Eingriff anstelle des emissionsauslösenden Realsachverhalts zunächst in einem rechtlichen Kriterium gesehen, dem in der Widmung der Straße für den Verkehr liegenden, den Grundstückseigentümer treffenden staatlichen Duldungsbefehl, die Verkehrslärmimmissionen hinzunehmen[74]. Es hieß dort, „soweit dieser Rahmen[75] überschritten wird, wird durch ... die Widmung (Duldungspflicht der Verkehrsimmissionen) unmittelbar in das Eigentum eingegriffen". Im folgenden stellte der BGH allerdings dann einen Zusammenhang mit dem faktischen Eingriff in Form der Verkehrslärmimmissionen her. Durch die Eröffnung der Straßen zum Verkehr, so das Gericht, werde unmittelbar die Benutzung des Straßengrundstücks herbeigeführt, die ihrerseits die Beeinträchtigung des Grundstücks bewirkt. Der Klarheit dienten diese Ausführungen allerdings nicht. Offen blieb damit, ob der BGH den Eingriff nun ausschließlich in dem durch die Widmung statuierten Duldungsbefehl sah[76], oder ob Duldungsbefehl und faktischer Eingriff den Eingriff im enteignungsrechtlichen Sinne darstellen, also Duldungsbefehl und Immissionen zu einem unmittelbaren Eingriffskomplex verschmolzen sind[77].

Von einem neuen Ansatzpunkt ging der BGH zumindest verbal in der Reuterstraßen-Entscheidung[78] aus, indem er ausdrücklich in dem faktischen Eingriff, also der Belastung der Anlieger mit Verkehrslärmimmissionen, das Tatbestandsmerkmal des unmittelbaren Eingriffs erblickte. Die Lärmimmissionen, so das Gericht, stellen sich als unmittelbarer Eingriff in das Eigentum dar[79]. Aber auch hier fehlte nicht die Bezugnahme auf den hoheitlichen Akt der Widmung und den ihr immanenten Duldungsbefehl gegenüber Verkehrslärmimmissionen. In Übereinstimmung mit BGHZ 54, 384 sah der BGH die Lärmeinwirkung zwar als notwendige Folge von Widmung bzw. Eröffnung der Straße für den durchfließenden Verkehr und der

---

[74] BGHZ 54, 384 (388); Schwabe, DVBl. 73, 103 (109) verwies zu Recht darauf, daß die Formulierungen des BGH an dieser Stelle unscharf sind. Denn die Duldungspflicht folgte nicht ausschließlich aus der Widmung, sondern auch aus ungeschriebenem Verwaltungsrecht, das den Rechtsakt der Widmung nur als Geltungsbedingung voraussetzte; zum Problemkreis der Duldungspflicht Dritter im Gefolge von Planfeststellung und Widmung bei öffentlichen Infrastrukturanlagen vgl. Breuer, Bodennutzung, S. 334ff.

[75] Der des § 906 BGB.

[76] So Aust, NJW 72, 1462; auch Aust / Jacobs, Entschädigungsrecht, 2. A., S. 130; Büchs, S. 700, § 17, Rdnr. 83; Erman / Hagen, § 906, Rdnr. 21; Schwabe, DVBl. 72, 103 (107); Krohn, S. 69; Schulte, Eigentum und öffentliches Interesse, S. 172, Fn. 46.

[77] So Aicher, S. 210, Fn. 10.

[78] BGHZ 64, 220.

[79] BGHZ 64, 220 (222).

daraus resultierenden Duldungspflicht an, doch sollte mit dieser Argumentation, so scheint es, nur die Begründung für den hoheitlichen Charakter des Eingriffs in das Eigentum geliefert werden. Denn mit Hilfe des Hoheitsaktes der Widmung ließ sich der an sich rechtsneutrale Vorgang der Lärmimmission plausibel in den öffentlich-rechtlichen Bereich einordnen[80]. Diese Betrachtungsweise fand sich in späteren Urteilen formelhaft wieder[81]. In seiner jüngsten Verkehrslärmimmissionsentscheidung[82] vollzog das Gericht eine erneute Wendung, indem es den enteignenden Eingriff nun bereits in der Widmung der Straße zur Bundesstraße erblickte, da bereits damit die Pflicht der Anwohner zur Duldung statuiert werde. Hiermit erfuhr jene Literatur eine Bestätigung[83], die bereits die Entscheidung BGHZ 54, 384 in diese Richtung gedeutet hatte[84].

Die Bejahung eines unmittelbaren Eingriffs bereits durch hoheitliche Auferlegung einer Duldungspflicht ist nicht ohne Vorbild in der Rechtsprechung des BGH. So sah das Gericht bereits im Wannsee-Urteil[85] in der Umwidmung den unmittelbaren Eingriff, obwohl der faktische Eingriff erst durch die Lärmimmission erfolgte; im Ergebnis wurde der Enteignungsentschädigungsanspruch nur verneint, weil es an einer schutzwürdigen Eigentumssubstanz fehlte[86]. Dennoch erscheinen Bedenken angebracht. Die Auferlegung einer Duldungspflicht stellt sicher eine ernste Belastung des nachbarlichen Grundeigentums dar, doch lassen sich ausschließlich in diesem Belastungsstadium keine Anhaltspunkte für eine Bestimmung der Belastungsintensität und damit der entschädigungsrelevanten Grenzbelastung finden. Einmal war der Eingriff mit der Eröffnung der Straße für den Verkehr noch nicht abgeschlossen. Erst in der tatsächlichen Beeinträchtigung durch Lärm wirkte sich die hoheitlich auferlegte Duldungspflicht negativ aus, erst jetzt wurde der Straßenanlieger im Verhältnis zu anderen Grundstückseigentümern ungleich getroffen. Somit schaffte erst die Immissionsbeeinträchtigung die Enteignungsgrundlage. Das ausschließliche Abstellen auf die Widmung und den ihr immanenten Duldungsbefehl riß den Eingriffskomplex auf unzulässige Weise auseinander. Zum anderen konnte nur

---

80 Siehe oben 3. Kap. I.

81 So in BGH NJW 77, 894 (895), NJW 78, 318 (319).

82 BGH NJW 80, 582, E. v. 25. 10. 1979.

83 Siehe 3. Kap., Anm. 64.

84 Obwohl die Entscheidung v. 25. 10. 1979 keinerlei Bezugnahme auf BGHZ 54, 384 enthält.

85 BGHZ 48, 46, E. v. 22. 5. 1967, in der es sich um den Entschädigungsanspruch eines Grundstückseigentümers wegen Umwidmung eines allgemeinen Wohngebietes zu einem Mischgebiet mit Anlagen für den Wassersport und in der Folgezeit starken Lärmbeeinträchtigungen handelte.

86 BGHZ 48, 46 (49); ähnlich auch das BVerwG, es erkannte bereits dem Dispens gegenüber nachbarschützenden Normen enteignenden Charakter zu, obwohl das Grundeigentum tatsächlich noch nicht beeinträchtigt war, BVerwG DVBl. 69, 213 (213), E. v. 14. 6. 1968.

von der realen, d. h. wahrnehmbaren und damit meßbaren Beeinträchtigung her die Eingriffsintensität bestimmt werden[87]. Auch kann erst vom Zeitpunkt des Schadenseintritts die Schadenshöhe bestimmt werden. Erst von diesem Augenblick an läßt sich der Wert des entzogenen Abwehrrechts feststellen, das, wäre es dem Grundstückseigentümer nicht durch die Auferlegung der Duldungspflicht genommen worden, zur Schadensvermeidung herangezogen worden wäre.

Letztlich gelangte auch der BGH zu diesem Ergebnis, denn wer den Enteignungsentschädigungsanspruch davon abhängig macht, daß die Immissionen die Grenze dessen überschreiten, was der Nachbar nach § 906 BGB entschädigungslos hinzunehmen hat[88], bezieht zumindest stillschweigend die Lärmimmissionen mit in den Bereich des hoheitlichen Eingriffs i. S. des Enteignungsrechts ein.

d) Materielle Abgrenzung zwischen Sozialbindung und enteignendem Eingriff bei Verkehrslärmimmissionsbeeinträchtigungen unter Rückgriff auf § 906 BGB

Der Anspruch auf Enteignungsentschädigung setzte weiter voraus, daß der unmittelbare Eingriff von hoher Hand die nach § 906 BGB gezogenen Grenzen der Grundstücksnutzung überschreiten mußte[89]. Damit vollzog der BGH die konkrete Grenzziehung zwischen entschädigungsfreien Lärmimmissionen, die sich im Bereich der Sozialbindung des Grundeigentums hielten, und enteignend wirkenden Lärmbeeinträchtigungen wie in der privatrechtlichen Phase mit Hilfe der Maßstäbe des § 906 BGB. Die Enteignungsschwelle galt dort als überschritten, wo die zu duldende Immissionsbelastung nach § 906 I, II 1 BGB endete. Mithin wurde also den Tatbestandsmerkmalen dieser Vorschrift die zentrale Rolle bei der enteignungsrechtlichen Grenzziehung zugewiesen. Betraf dies in der Anspruchszweiteilung[90] zunächst nur die Kriterien der Ortsüblichkeit, Wesentlichkeit und Unvermeidbarkeit, so wurde mit der Aufgabe dieser Differenzierung und der damit einhergehenden Ausdehnung des Haftungsinstituts des enteignenden Eingriffs auf die unzumutbare Immissionsbeeinträchtigung i. S. des § 906 II 2 BGB auch dem Merkmal der Zumutbarkeit seine Abgrenzungsfunktion zugewiesen.

---

[87] Daher erkannte auch Schwabe, DVBl. 73, 103 (109), eine „gewisse Einheit" zwischen staatlichem Duldungsbefehl und tatsächlicher Beeinträchtigung an bzw. eine „Verschmelzung" zwischen Lärmimmissionen und erlaubenden Hoheitsakten (107, 108).

[88] So die ständige Rechtsprechung des BGH, zuletzt BGH NJW 80, 852 (852) m. w. N.

[89] BGHZ 54, 384 (389).

[90] Vgl. 3. Kap. II 1.

Der in diesem Zusammenhang in die Enteignungsrechtsprechung des BGH eingeführte Zumutbarkeitsbegriff des bürgerlichen Nachbarrechts war nicht nur von dem allgemeinen enteignungsrechtlichen Zumutbarkeitsbegriff[91] zu unterscheiden, sondern auch von einem gerade in Immissionsrechtsentscheidungen des BVerwG auftauchenden „verwaltungsgerichtlichen" Zumutbarkeitsbegriffs[92]. Letzterer dient keiner enteignungsrechtlichen Grenzziehung, sondern soll vielmehr in den planerisch noch offenen Situationen Immissionsbeeinträchtigen im Vorfeld dessen kennzeichnen, was der Eigentumsschutz nach Art. 14 GG unter enteignungsrechtlichen Gesichtspunkten fordert; mithin also Beeinträchtigungen, die dem Betroffenen „billigerweise" nicht mehr zuzumuten sind[93]. Dagegen zog der BGH in den Folgeentscheidungen zu BGHZ 54, 384 das nachbarrechtliche Zumutbarkeitskriterium des § 906 II 2 BGB als Abgrenzungskriterium zu dem Zweck heran, die Grenze dessen zu bestimmen, von der ab die Verkehrslärmimmissionen enteignende Wirkung entfalten. Zwar kam dem nachbarrechtlichen Zumutbarkeitskriterium bei dieser Grenzziehung formal gesehen keine alleinige eigenständige Abgrenzungsfunktion zu, sondern den Tatbestandsmerkmalen des § 906 II 2 BGB in ihrer Gesamtheit. Faktisch jedoch bildete infolge der weitgehenden Konturlosigkeit der übrigen Tatbestandsmerkmale dieser Vorschrift das Zumutbarkeitskriterium den Abgrenzungsschwerpunkt.

Die Parallelisierung der Toleranzschwellen im privaten wie im öffentlichen Nachbarrecht, die der BGH in der These zum Ausdruck brachte, daß von einem Sonderopfer dann nicht gesprochen werden könne, wenn der Betroffene nach Art und Maß gleiche Immissionsbeeinträchtigungen von einer privaten Grundstücksnutzung nach § 906 BGB entschädigungslos zu dulden hätte[94], wies allerdings im Verkehrsimmissionsbereich auf eine materielle Wertgleichheit zwischen dem enteignungsrechtlichen und nachbarrechtlichen Zumutbarkeitsbegriff. Auf die dem nachbarrechtlichen Lösungsschritt des BGH zugrundeliegenden Überlegungen und die damit verbundenen Einzelfragen soll in den folgenden Abschnitten eingegangen werden.

---

[91] BGHZ 57, 359 (366), E. v. 20. 12. 1971; siehe auch BVerwGE 32, 173 (178f.), E. v. 13. 6. 1969; 44, 244 (246), E. v. 14. 12. 1973; BGH DB 77, 1359 (1360), E. v. 3. 3. 1977.

[92] BVerwGE 47, 144 (154), E. v. 1. 11. 1974; 51, 15 (29), E. v. 21. 5. 1976; zur Kritik an dieser dreifachen Verwendung des Zumutbarkeitsbegriffes siehe Heinze, BayVBl. 81, 649 (649); Korbmacher in Aktuelle Probleme des Enteignungsentschädigungsrechts, S. 15f., ebenso in DÖV 82, 517 (522).

[93] BVerwGE 51, 15 (29f.).

[94] BGHZ 48, 98 (101); vgl. 3. Kap. III 3 a.

III. Die Bestimmung der Enteignungsschwelle bei Beeinträchtigungen durch Verkehrslärmimmissionen

1. Methodische Vorüberlegung

Mit der Verortung des Entschädigungsanspruchs für Beeinträchtigungen durch Verkehrslärmimmissionen in das öffentliche Recht und insbesondere in den Geltungsbereich von Art. 14 GG rückte der BGH zwangsläufig auch die Abgrenzungsfrage in das Spannungsfeld zwischen Eigentumsgarantie, Sozialbindung und Eigentumsbeschränkung im Rahmen der Erfüllung öffentlicher Aufgaben im Interesse der Allgemeinheit. Denn die grundlegende Abgrenzungsüberlegung formulierte das Gericht auf der Basis seiner Sonderopfertheorie, verlangte also für den enteignenden Eingriff das besondere, anderen nicht zugemutete Opfer für die Allgemeinheit[95], auch wenn die konkrete Grenzziehung dann mit Hilfe der Tatbestandsmerkmale des § 906 BGB vorgenommen wurde. Noch deutlicher wurde das Gericht in der Entscheidung BGHZ 64, 220, indem es fragte, ob die Verkehrslärmbeeinträchtigungen noch durch die Sozialbindung des Eigentums (Art. 14 2 GG) gerechtfertigt seien oder bereits jenseits der Enteignungsschwelle lägen[96].

Das zentrale Abgrenzungsproblem zwischen entschädigungsfreien Beeinträchtigungen des Grundeigentums und den entschädigungspflichtigen enteignend wirkenden Eingriffen wird von Art. 14 GG als der für das Eigentums- und Enteignungsrecht grundlegenden Verfassungsnorm nicht beantwortet. So läßt Art. 14 GG offen, wie weit der Gesetzgeber im Spannungsfeld zwischen Sozialbindung und Enteignung zu gehen berechtigt ist, wie weit angesichts des Sozialvorbehalts das legislative Ermessen zur Eigentumsbeschränkung bei Inhalts- und Schrankenbestimmungen reicht. Festgeschrieben wurde nur, daß der gesetzgeberische Handlungsspielraum nicht unbegrenzt gilt. Denn es existiert neben der Eigentumsgarantie und der grundsätzlichen Wesensgehaltsgarantie des Art. 19 II GG, die auch das Eigentum als Grundrecht mit umfaßt, die Schranke der Enteignung, die in Art. 14 III GG zwar als zulässiger, aber zur Entschädigung verpflichtender Eingriff in das Eigentum geregelt ist. Auch in den Fallkonstellationen, die im Zuge eines weit verstandenen Enteignungsbegriffs ebenfalls der verfassungsrechtlichen Eigentums- und Enteignungsproblematik unterfielen, und die bis zum Naßauskiesungsbeschluß des BVerfG[97] mit Hilfe des in Art. 14 GG verorteten Haftungsinstituts des enteignenden Eingriffs entschieden wurden, gab das verfassungsrechtliche Begriffspaar Sozialbindung – Enteignung keine tragfähigen Abgrenzungskriterien an die Hand. Bei der not-

---

[95] BGHZ 48, 98 (111); 54, 384 (388).
[96] BGHZ 64, 220 (223).
[97] BVerfGE 58, 300, Beschluß v. 15. 7. 1981.

wendigen Grenzziehung konnte der BGH auch nicht auf eine Hilfestellung des Gesetzgebers zurückgreifen. Enteignungsrechtliche Regelungen vergleichbarer nachbarschaftlicher Immissionskonflikte existierten nicht. Die Enteignungsvorschriften in Sondergesetzen[98] erlaubten keine Berücksichtigung, da sie ihren Regelungsgehalt lediglich in eng begrenzten Fallgruppen entfalteten oder ihrerseits an die von der Judikatur herausgearbeiteten Abgrenzungskriterien angelehnt waren[99].

Somit fiel die Bestimmung der Enteigungsschwelle allein dem BGH zu. Dabei versuchte das Gericht, darauf zu verzichten, die Enteignungsschwelle wie bisher ausschließlich mit Hilfe einer „Großformel"[100] wie der Sonderopferlehre zu bestimmen. Die Sonderopfertheorie klang jedoch auch in den Verkehrslärmentscheidungen an, obwohl sich, betrachtet man den Rückgriff auf § 906 BGB, die Erkenntnis[101] bereits durchgesetzt haben mochte, daß die Abgrenzungsfrage nicht ausschließlich mit derartigen Enteignungstheorien zu lösen war[102]. Mit der Anknüpfung an die Kriterien des § 906 BGB im Rahmen einer materiell verstandenen Abgrenzung ließ sich nicht nur die enteignungsrechtliche Phase der Verkehrslärmimmissionsrechtsprechung des BGH kennzeichnen. Sie ist bisher auch unverrückbarer Bestandteil der sich ansonsten gegenwärtig im Zuge der Reaktion auf den Naßauskiesungsbeschluß[103] des BVerfG im Fluß befindlichen Immissionsentschädigungsrechtsprechung geblieben[104].

Zunächst ist es jedoch erforderlich, die Sonderopferlehre des BGH vor dem Hintergrund der Verkehrslärmimmissionsproblematik näher zu beleuchten. Weniger, um die Mängel jener Großformel in Bezug auf einen konkreten Sachverhalt festzustellen, sondern vielmehr um aufzuzeigen, daß die enteignungsrechtliche Grenzziehung mit Hilfe der Maßstäbe des § 906 BGB im Verkehrslärmimmissionsbereich keine derartig bedeutende Neuorientierung des BGH darstellte, wie vielfach angenommen. Sie war im Licht einer generellen Abkehr von der Sonderopferlehre und dem Bestreben zu verstehen, mehr auf die Intensität der Beeinträchtigung, also die Schwere des Eingriffs abzustellen.

---

[98] Etwa § 18 BBauG, § 19 I FStrG.

[99] So beispielsweise im öffentlichen Bauplanungsrecht, vgl. etwa §§ 40 - 44 BBauG.

[100] Begriff von Leisner, Sozialbindung, S. 191.

[101] Dazu m.w.N. Leisner, Sozialbindung, S. 90ff.; Schulte, Dogmatik von Art. 14 GG, S. 11ff., 47; Breuer, Bodennutzung, S. 47ff.; Krumbiegel, S. 17.

[102] Das schien auch der BGH bereits 1952 vorhergesehen zu haben: „Es läßt sich keine logisch zwingende alle Abgrenzungsfragen von vorneherein klar entscheidende Formel zu ihrer Abgrenzung (Anm. der Sozialbindung von der Enteignung) finden", BGHZ 6, 270 (280).

[103] BVerfGE 58, 300, Beschluß v. 15. 7. 1981.

[104] Dazu BGH DVBl. 84, 391 (392), E. v. 26. 1. 1984; DVBl. 84, 624 (624f.), E. v. 29. 3. 1984; vgl. dazu 5. Kap. I 1 b, 2.

2. Der theoretische Lösungsansatz des Bundesgerichtshofs

a) Die Sonderopferlehre

Der BGH vertritt seit seinem Plenarbeschluß vom 10. 6. 1952[105] eine als Sonderopfertheorie bezeichnete Abgrenzungslehre, die er bis in neuere immissionsrechtliche Entscheidungen aufrechterhalten hat[106]. Richtungsweisend führte er in diesem Beschluß aus: „Bei der Enteignung ... handelt es sich um einen gesetzlich zulässigen, zwangsweisen staatlichen Eingriff in das Eigentum, sei es in der Gestalt der Entziehung oder Belastung, der die betroffenen Einzelnen oder Gruppen im Vergleich zu anderen ungleich besonders trifft und sie zu einem besonderen den übrigen nicht zugemuteten Opfer für die Allgemeinheit zwingt ... Der Verstoß gegen den Gleichheitssatz kennzeichnet die Enteignung[107]." Damit waren die zentralen Kriterien, mit denen die Sonderopfertheorie die in Frage stehende Abgrenzung zu treffen suchte, einmal der Gleichheitssatz, der den Kernbereich dieser Theorie ausmachte[108]. Zum anderen, hier lehnte sich der BGH an die seitens des RG vertretene Einzelakttheorie[109] an, berücksichtigte sie den von der beeinträchtigenden Maßnahme betroffenen Adressatenkreis. Eine Grenzziehung konnte danach einmal nach der Höhe oder dem Umfang des Opfers vorgenommen werden; zu fragen war, wieviel dem Betroffenen im Vergleich zu Nichtbetroffenen genommen worden ist. Ein Sonderopfer konnte aber auch dann vorliegen, wenn nur einzelne Eigentümer oder Eigentümergruppen getroffen wurden, andere aber, trotz vergleichender Rechtsposition nicht. Zu denken war auch an eine Kombination beider Abgrenzungskomponenten[110].

Der BGH, und hierin mußte der Fortschritt gegenüber der Einzelaktstheorie gesehen werden, orientierte sich in erster Linie am Gleichheitssatz. Der Satz: „Der Verstoß gegen den Gleichheitssatz kennzeichnet die Enteignung" wurde zu einer sich bis Mitte der Sechziger Jahre stereotyp wiederholenden

[105] BGHZ 6, 270.

[106] BGHZ 48, 98 (101); 54, 384 (388); 59, 378 (380); 64, 220 (229).

[107] BGHZ 6, 270 (280).

[108] Dazu Aicher, S. 167; Bender, Staatshaftungsrecht, 2. A., S. 7; Breuer, Bodennutzung, S. 52; Kimminich, JuS 69, 349 (356); Kreft, Aufopferung und Enteignung, S. 21f.; Leisner, Sozialbindung, S. 134ff.

[109] Nach der eine Enteignung dann vorlag, wenn staatliche Eingriffe den Charakter von Einzeleingriffen durch Verwaltungsakt oder Legislativakt hatten, indem sie bestimmte Personen oder eine eng begrenzte Personengruppe zu Opfern zugunsten der Allgemeinheit heranzogen. Eine staatliche Maßnahme, die alle Bürger betraf, galt so als entschädigungsfreie Eigentumsbeschränkung; RGZ 128, 165 (177), E. v. 3. 12. 1929; 129, 146 (149), E. v. 27. 5. 1930; 150, 9 (13), E. v. 17. 12. 1935; siehe Anschütz, Art. 153 WRV, Rdnr. 7.

[110] So Anschütz, Art. 153 WRV, Rdnr. 9; dazu Breuer, Bodennutzung, S. 51f.; Leisner, Sozialbindung, S. 134, 135; Maunz / Dürig / Herzog / Papier, Art. 14 GG, Rdnr. 288f.; Stödter, Öffentlich-rechtliche Entschädigung, S. 185f.

Standardformel[111]. Die Umschreibung der Enteignung und damit die negative Abgrenzung zur Sozialbindung als nicht allgemeine und ungleich wirkende Maßnahme erwies sich in der Praxis allerdings als nur eingeschränkt tauglich. Unmittelbar aus dem Gleichheitssatz konnte nicht abgeleitet werden, warum im Einzelfall eine ungleiche Belastung des Betroffenen gegeben war, nicht zuletzt, weil die Auffassungen über Inhalt und Tragweite des allgemeinen Gleichheitssatzes erheblich auseinanderlagen[112]. Selbst wenn man sich auf eine Definition des Gleichheitssatzes als Willkür- und Diskriminierungsverbot geeinigt hätte[113], wäre man der Lösung des Abgrenzungsproblems nicht nähergekommen, denn auch sachlich gerechtfertigte Eigentumsbeeinträchtigungen können zu einem besonderen Opfer führen. Deutlicher zeigen sich noch die Mängel der Theorie bei dem Problemkreis der Beschränkung von Gruppeneigentum[114], an sich der Regelfall der Legislativenteignung. Die Sonderopfertheorie lieferte keine Kriterien an die Hand, wie die Gruppe, also eine Vielzahl von Rechtsträgern, von der Allgemeinheit abzugrenzen war. Der BGH stellte denn auch auf den Zweck der Maßnahme als Abgrenzungskriterium ab[115].

b) Abkehr von der Sonderopferlehre

Diese Unzulänglichkeiten veranlaßten das Gericht, unter verbaler Aufrechterhaltung der Sonderopfertheorie die Orientierung am Gleichheitssatz und der Anzahl der Betroffenen schrittweise aufzugeben und, um sachgerechter Ergebnisse willen, auf die Intensität des Eingriffs[116] und dessen Zumutbarkeit[117] als Abgrenzungskriterien zurückzugreifen[118].

---

[111] So in BGHZ 8, 256, E. v. 22. 12. 1952; 23, 235, E. v. 4. 2. 1957; BGH NJW 58, 380, E. v. 10. 12. 1957; BGH MDR 62, 307, E. v. 11. 12. 1961; BGH NJW 65, 2101, E. v. 14. 7. 1965; vgl. dazu Pagendarm, WM 58, 1350 (1351).

[112] Darauf weisen Aicher, S. 170; Battis, Erwerbsschutz, S. 47; Breuer, Bodennutzung, S. 52f.; Leisner, Sozialbindung, S. 134f.; Maunz / Dürig / Herzog / Papier, Art. 14 GG, Rdnr. 300; grundlegend bereits Stödter, DÖV 53, 97 (99) hin.

[113] Aicher, S. 170.

[114] Erstmals in BGHZ 15, 268, E. v. 26. 11. 1954, dazu ausführlich Leisner, Sozialbindung, S. 136f.; Bender, Staatshaftungsrecht, Fn. 98; Ossenbühl, Staatshaftungsrecht, § 15, S. 121.

[115] Und näherte sich damit der Privatnützigkeitslehre von Reinhardt an, die auf der Vorstellung beruht, daß unserer Verfassungs- und Gesellschaftsordnung als Agens die private Initiative zugrundeliegt. Dieses Prinzip der Privatnützigkeit gebe einen Anhaltspunkt für die Abgrenzung zwischen Sozialbindung und Enteignung. Als enteignend müssen danach die Beschränkungen des Eigentums aufgefaßt werden, die die konkrete Basis des Privatnützigkeitsprinzips zerstören. Dagegen sind Beeinträchtigungen, die lediglich eine Sicherstellung der funktionsgerechten privaten Nutzung zum Inhalt haben, als Sozialbindung entschädigungslos hinzunehmen, Reinhardt, Grenzen gem. Art. 14 GG, S. 10ff.

[116] Aicher, S. 174; Bender, NJW 65, 1297 (1299).

[117] Aicher, S. 174.

[118] Die Abgrenzung nach Intensität und Zumutbarkeit wurde zuerst von Stödter, Öffentlich-rechtliche Entschädigung, S. 208; DÖV 53, 97 (136) und AÖR 57 (1930),

Der BGH hatte sich zunächst entschieden gegen eine Abgrenzung mit Hilfe dieser Kriterien gewandt. Er glaubte, insbesondere in der Zumutbarkeit einen farblosen und dehnbaren Begriff zu erkennen, der infolge der differenzierten Wertvorstellungen über Enteignung und Eigentumsschutz keinerlei greifbaren und einheitlich zu handhabenden materiellen Wertmaßstab zum Inhalt haben könnte und damit das rechtsstaatliche Gebot einer klaren und scharfen Abgrenzung durch ein unvertretbares Maß an völlig ungewissem Ermessen unterlaufen hätte[119]. Zwar bestätigte das Gericht in weiteren Entscheidungen seine ablehnende Haltung gegenüber der auf den Schweregedanken hinzielenden Zumutbarkeitstheorie, ohne sich den Kriterien der Zumutbarkeit und Schwere ganz zu verschließen.

Unter dem Etikett einer wirtschaftlichen Betrachtungsweise stellte der BGH in seiner Entscheidung vom 30. 5. 1960[120] fest, daß auch bei der Enteignung eine „gewisse" Opfergrenze bestehe, die überschritten werden müßte, bevor bei wirtschaftlicher Betrachtungsweise die Folgen der behördlichen Maßnahme als Sonderopfer, nämlich als fühlbare Beeinträchtigung von Vermögenswerten bezeichnet werden könnten[121]. Hier wurde das Sonderopfer als fühlbare Beeinträchtigung aufgefaßt und gefragt, ob der Eingriff gemessen an seiner Schwere dem Eigentümer zuzumuten war. In einer anderen Entscheidung wurde unter dem Blickwinkel des enteignungsgleichen Eingriffs das durch den rechtswidrigen Eingriff unter Verstoß gegen den Gleichheitssatz dem Betroffenen abverlangte Opfer offen als zumutbar bezeichnet[122]. Auch die drei sogenannten Niveauänderungsurteile[123] stellten im Rahmen einer wirtschaftlichen Betrachtungsweise erneut auf die Schwere des Eingriffs als maßgebliches Abgrenzungskriterium ab. In einer weiteren Fallgruppe, die mit dem Stichwort Situationsgebundenheit oder Pflichtigkeit des Eigentums dogmatisch umschrieben worden ist, erfolgte die Grenzziehung ebenfalls unter Heranziehung des Schwerekriteriums als Abgrenzungsmaßstab[124]. Zunächst dienten Situationsgebundenheit und Pflichtigkeit nur zur Konkretisierung und Ausfüllung des Gleichheitssatzes; die folgenden Entscheidungen ließen aber erkennen, daß letztlich auf die Schwere und damit die Zumutbarkeit des Eingriffs rekurriert wurde, da das Gericht fragte, ob die Nutzung durch die hoheitliche Maßnahme in einer ins

---

321 (350) vorgeschlagen. Seine Zumutbarkeitstheorie sieht als ausschlaggebende Kriterien Schwere, Tragweite, Wesentlichkeit und Intensität des hoheitlichen Eingriffs an.

[119] BGHZ 6, 270 (290).

[120] BGHZ MDR 60, 1000.

[121] BGH MDR 60, 1000 (1001).

[122] BGHZ 32, 200 (213), E. v. 24. 5. 1960.

[123] BGHZ 30, 241, E. v. 2. 7. 1959; BGH LM 22 zu Art. 14 GG, E. v. 11. 10. 1973; BGH LM 33 zu Art. 14 GG, E. v. 14. 7. 1977.

[124] BGHZ 60, 126 (130f.), m. u. N., E. v. 25. 1. 1973; siehe dazu Aicher, S. 193f.; Bender, NJW 65, 1297 (1300).

Gewicht fallenden Weise erschwert worden sei[125]. In neueren Entscheidungen des BGH flossen ganz offen Zumutbarkeitserwägungen ein. Das galt namentlich für die Fallgruppe der durch Straßenarbeiten beeinträchtigten gewerblichen Straßenanlieger. In der Entscheidung vom 20. 12. 1971[126] sprach das Gericht aus, daß „eine Entschädigung nach Enteignungsgrundsätzen zu leisten sei, wenn die Folgen des Eingriffs für den Anlieger nach Dauer, Art, Intensität und Auswirkung so erheblich sind, daß eine entschädigungslose Hinnahme ihm (dem Betroffenen) nicht mehr zuzumuten sei"[127]. Und gerade das ist die Zumutbarkeitstheorie in ihrer reinsten Form.

In der Verkehrslärmrechtsprechung beschritt der BGH einen ähnlichen Lösungsweg. Auch hier mußte die Absage an die Sonderopfertheorie als charakteristisch bezeichnet werden. Dieser Bereich war zu Beginn der enteignungsrechtlichen Phase dadurch gekennzeichnet, daß das Gericht die Abgrenzung zwischen den enteignend wirkenden Lärmimmissionen und solchen Lärmbeeinträchtigungen, die sich im Rahmen der Sozialbindung des Grundeigentums bewegten, streckenweise im verbalen Gewand der Sonderopferlehre vornahm[128]. Dabei verzichtete das Gericht jedoch darauf, die dogmatischen Grundlagen der Theorie, den Gleichheitssatz und die Anzahl der Betroffenen zur Entscheidung heranzuziehen. Vielmehr erfolgte die konkrete Abgrenzung stets unter Rückgriff auf die Tatbestandsmerkmale und damit Wertungskriterien der zivilen Nachbarrechtsvorschrift des § 906 BGB. Aber auch § 906 BGB wurde nur herangezogen, um die Intensität und Schwere der Verkehrslärmbeeinträchtigung und damit des Eingriffs zu bestimmen. Dies galt gerade im Hinblick auf die Tatbestandsmerkmale der Wesentlichkeit und Zumutbarkeit der Beeinträchtigung.

3. Der nachbarrechtliche Lösungsansatz des Bundesgerichtshofs im Bereich der Verkehrslärmimmissionen von öffentlichen Straßen

a) Heranziehung von Maßstäben und Systematik des § 906 BGB

Die zentrale Bedeutung bei der Bestimmung der enteignungsrechtlichen Grenzlinie zwischen entschädigungspflichtigem enteignenden Eingriff und entschädigungsloser Lärmbeeinträchtigung wies der BGH den Maßstäben des § 906 BGB zu[129]. Zwar hatte diese Vorschrift ihre Bedeutung als Anspruchsgrundlage sowohl in direkter als auch in analoger Anwendung verloren; dies hinderte den BGH jedoch nicht daran, ihre Abgrenzungsmaß-

125 BGH NJW 58, 380 (380).
126 BGHZ 57, 359.
127 BGHZ 57, 359 (366); siehe auch BGH DB 77, 1959, E. v. 3. 3. 1977.
128 Vgl. insbes. BGHZ 48, 98 (101); 54, 384 (388) und sogar noch 64, 220 (229).
129 Siehe oben 3. Kap. II 3 d.

stäbe auch als Tatbestandsmerkmale des Entschädigungsanspruchs wegen enteignendem Eingriffs zu verwenden[130].

Bereits in der thematisch am Rande liegenden Entscheidung BGHZ 48, 98 schlug das Gericht die Brücke hin zu dieser Norm des bürgerlichen Nachbarrechts, indem es als Anspruchsgrundlage für den Enteignungsentschädigungsanspruch forderte, daß die Immissionen nach Art und Maß über die Grenzen dessen hinauszugehen hätten, was dem Eigentümer nach § 906 BGB entschädigungslos zugemutet werden könnte[131]. Die vom BGH herausgearbeiteten Anspruchsvoraussetzungen wurden zwar in eine enteignungsrechtliche Terminologie gefaßt, da das Gericht, ganz auf dem Boden der Sonderopferlehre stehend, forderte, daß dem Betroffenen ein besonderes, anderen nicht zugemutetes Opfer für die Allgemeinheit abverlangt worden sein müsse[132]. Die entscheidende Frage, wann das Sonderopfer vorliege, sollte jedoch, dies machte der Nachsatz deutlich, im Rückgriff auf die Maßstäbe des § 906 BGB beantwortet werden.

Von einem Sonderopfer konnte danach erst dann gesprochen werden, wenn die Immissionen über das hinausgingen, was der Eigentümer im privaten Nachbarrecht entschädigungslos hinzunehmen hatte. Die Sonderopfer- und Enteignungsschwelle sollte also dort überschritten werden, wo die entschädigungslos hinzunehmende Immissionsbelastung nach § 906 BGB endete. In den Tatbestandsmerkmalen dieser Vorschrift ausgedrückt, lag das Sonderopfer zunächst in der Duldungspflicht wesentlicher ortsunüblicher Immissionen, da die Entscheidung BGHZ 48, 98 noch auf der Grundlage der alten Fassung des § 906 BGB erging, und der Sachverhalt dem BGH keine Gelegenheit bot, weitergehende Überlegungen hinsichtlich eines Sonderopfers auch bei ortsüblichen, aber unzumutbaren Immissionen anzustellen[133]. Das Gericht ordnete hier dem bürgerlichrechtlichen Aufopferungsanspruch als öffentlich-rechtliches Gegenstück den Enteignungsentschädigungsanspruch zu mit der Folge, daß nur die Abgrenzungsmaßstäbe des Aufopferungsanspruchs, die Kriterien der Wesentlichkeit und Ortsunüblichkeit zu Tatbestandsmerkmalen erhoben wurden.

Eine Begründung, warum im öffentlichen Recht die Grenze zwischen entschädigungslos hinzunehmenden Verkehrslärmimmissionen und entschädigungspflichtigen Beeinträchtigungen genauso wie im privaten Recht verlaufen sollte, lieferte der BGH weder in BGHZ 48, 98, noch in den darauf fol-

---

130 Nach Kloepfer, JuS 76, 436 (441) letztlich deswegen, um sich so den großen Vorrat an Abgrenzungen des Zivilrechts für die Bestimmung der Enteignungsschwelle zu erschließen; siehe dazu 3. Kap. III 3 d bb.

131 Der Entscheidung lag noch die alte bis zum 31. 5. 1960 gültige Fassung des § 906 BGB zugrunde.

132 BGHZ 48, 98 (101).

133 Das Gericht qualifizierte die Immissionen als wesentlich und ortsunüblich und bejahte den Klageanspruch.

genden Entscheidungen[134]. Denn die Argumentation des Gerichts unter Berufung auf den Kirschfruchtfliegenfall[135], wonach von einem besonderen Opfer bei Eingriffen von hoher Hand nicht gesprochen werden könne, wenn der Betroffene die nach Art und Maß gleiche „Beeinträchtigung", die von privater Grundstücksnutzung ausgeht, nach § 906 BGB ohne Entschädigung dulden müsse[136], stellt in dieser Kürze letztlich nichts anderes als eine Umformulierung der zuvor aufgestellten Rechtsthese dar. Auch der zitierte Kirschfruchtfliegenfall gibt keine Hilfestellung, er enthält ebenfalls nur die Aussage, daß ein Sonderopfer dann nicht vorliege, wenn die Maßnahme in gleicher Weise und mit gleicher Wirkung von Privatpersonen hätte rechtmäßig getroffen werden können[137]. Aussagekräftiger ist dagegen die, allerdings nicht zitierte, Entscheidung BGHZ 48, 46[138]; die dort vorgefundene mögliche Erklärung zielt zwar in erster Linie auf die rechtssystematische Legitimierung der These eines einheitlichen nachbarlichen Eigentumsinhalts im privaten wie im öffentlichen Recht ab. Von dort bis zu einer einheitlichen Grenzziehung ist es jedoch nur noch ein kleiner Schritt. Nach Auffassung des BGH ist § 906 BGB eine Inhalts- und Schrankenbestimmung i.S. des Art. 14 I 2 GG, die „den verfassungsmäßig als Eigentum geschützten Rechtskreis des Einzelnen absteckt"[139], also mithin ebenso wie öffentlich-rechtliche Normen eine Ausprägung der Sozialbindung des individuellen Grundstückseigentumsrechts i.S. von Art. 14 II GG darstellt. Da es letztlich so stets der Staat ist, der aufgrund seiner Gesetzgebungshoheit in das Grundstückseigentum eingreift, sei es hoheitlich durch und aufgrund verwaltungsrechtlicher Normen oder, auf dem Gebiet des privaten Rechts, indem er Bürgern Eingriffe in fremdes Eigentum gestattet, muß das Schutzgut Eigentum, so kann diese Argumentation zu Ende gedacht werden, auch stets diesen Eingriffen gegenüber den gleichen Inhalt bzw. die gleiche Festigkeit aufweisen[140].

Bedenken gegen diese materielle Gleichsetzung konnte der BGH in zweierlei Hinsicht nicht zerstreuen. Einmal erscheint es problematisch, den Schutzgehalt der grundgesetzlichen Eigentumsgarantie mit dem Inhalt der privatrechtlichen Eigentumsordnung gleichzuschalten. Zum anderen kann § 906 BGB die Frage nicht beantworten, warum nach der Rechtsprechung Straßenanlieger Verkehrslärmimmissionen in höherem Maße entschädigungslos hinzunehmen haben als beispielsweise industrielle Lärmimmissio-

---

[134] Zu den Begründungsversuchen der Literatur 3. Kap. III 3 b bb.

[135] BGHZ 16, 366, E. v. 28. 2. 1955.

[136] BGHZ 48, 98 (101).

[137] BGHZ 16, 366 (374).

[138] E. v. 22. 5. 1967, in der es um den Entschädigungsanspruch einer Grundstückseigentümerin wegen Lärmbeeinträchtigungen durch den Betrieb von Wassersportanlagen ging.

[139] BGHZ 48, 46 (50).

[140] So Leisner, NJW 75, 233 (235).

nen. Letztlich also, ob und inwieweit einer öffentlichen Infrastrukturanlage tatsächlich unter Berücksichtigung der speziellen Belange des öffentlichen Straßenverkehrs, im wesentlichen also fiskalische Interessen, ein höherer Stellenwert eingeräumt werden kann und darf als privaten Einzelnutzungen. Denn von ihrer Grundkonzeption her ist die Norm des § 906 BGB nur dazu angelegt, die nachbarlichen Interessenkonflikte zweier gleichberechtigter Nutzungen zu lösen. Auch aus der These einheitlicher Eigentumsinhalte im privaten wie im öffentlichen Recht kann gefolgert werden, daß die Duldungspflicht gegenüber dem Staat nicht weiter als gegenüber Privaten im Bereich des zivilen Nachbarrechts reichen darf[141].

Die in der Entscheidung vom 15. 6. 1967[142] aufgestellten Anspruchsvoraussetzungen hielt das Gericht auch in BGHZ 54, 384 aufrecht. Zwar diffenrenzierte der BGH hier erstmals zwischen zwei öffentlich-rechtlichen Entschädigungstypen[143], die Tatbestandsvoraussetzungen des Anspruchs auf Entschädigung wegen enteignendem Eingriffs, insbesondere die Bezugnahme auf den Wertungsrahmen des § 906 BGB, blieben jedoch gleich. Das die Enteignung charakterisierende Sonderopfer erblickte das Gericht wie bisher in der Hinnahme wesentlicher ortsunüblicher Immissionen[144]. Demgegenüber wurde der zweite Entschädigungstyp, der sog. öffentlich-rechtliche Entschädigungsanspruch, also das öffentlich-rechtliche Pendant des in § 906 II 2 BGB normierten Ausgleichsanspruchs, der das Vorliegen wesentlicher, ortsüblicher, unvermeidbarer und unzumutbarer Immissionen zur Voraussetzung hatte, unterhalb der enteignenden Schwelle angesiedelt. Damit erklärte sich auch die unglückliche Bezeichnung des Anspruchs als „öffentlich-rechtlicher Entschädigungsanspruch", der BGH wollte hier eine deutliche Grenze zum Enteignungsentschädigungsanspruch ziehen. Mit der Preisgabe der Differenzierung zwischen beiden Entschädigungstypen verschob sich auch die Enteignungsschwelle gegenüber Beeinträchtigungen durch Verkehrslärmimissionen[145]. In der enteignungsrechtlichen Terminologie ausgedrückt bedeutete dies, daß auch die Wertungsgrundlage des Ausgleichsanspruchs gemäß § 906 II 2 BGB mit dem Enteignungscharakteristikum des besonderen Opfers in Einklang zu bringen war, oder, wie es der BGH formulierte, daß der Enteignungsentschädigungsanspruch auszuscheiden hätte, soweit ein Eigentümer Einwirkungen in den Grenzen des § 906 BGB entschädigungslos hinnehmen müsse, da dem Eigentümer eben ein besonderes anderen nicht zugemutetes Opfer nicht abverlangt werde[146].

---

[141] Zu diesen Problemkreisen siehe 3. Kap. III 3 d.

[142] BGHZ 48, 98.

[143] Siehe oben 3. Kap. II 1.

[144] BGHZ 54, 384 (388, 389).

[145] Vgl. 3. Kap. I b.

[146] BGH DVBl. 72, 115 (116); so auch BGHZ 59, 378 (378, 386), E. v. 10. 11. 1972 hinsichtlich Fluglärmimmissionen von einem Militärflugplatz.

Damit erkannte das Gericht auch Immissionen, die im Rahmen einer ortsüblichen Nutzung des emittierenden Grundstücks unvermeidbar entstanden, dann enteignende Wirkung zu, wenn sie das Nachbargrundstück in unzumutbarer Weise beeinträchtigten[147].

Abweichend hiervon schwenkte der BGH noch einmal in den Folgeentscheidungen[148] auf seine alte Linie ein und erhob nur die Kriterien der Ortsüblichkeit und Wesentlichkeit zu Abgrenzungsmaßstäben eines „selbständigen Entschädigungsanspruchs". Mit der bewußten Außerachtlassung des Kriteriums der Zumutbarkeit, obwohl vom Berufungsgericht angesprochen, zeigte der BGH, daß er die Wertungsgrundlage des Ausleichsanspruchs nicht mit dem Enteignungscharakteristikum des Sonderopfers in Einklang zu bringen gedachte. Den endgültigen Umschwung im Verkehrslärmimmissionsbereich brachte erst die Reuterstraßen-Entscheidung von 1975[149]. Dort stellte der BGH den privatrechtlichen Ausgleichsanspruch des § 906 II 2 BGB dem öffentlich-rechtlichen Anspruch auf Enteignungsentschädigung gegenüber, er erhob das Kriterium der Zumutbarkeit des § 906 II 2 BGB zum zentralen Abgrenzungsmaßstab des Enteignungsentschädigungsanspruchs.

Den Entschädigungsanspruch aus enteignendem Eingriff wegen Beeinträchtigungen durch Verkehrslärmimmissionen, so läßt sich zusammenfassen, leitete der BGH zwar aus Art. 14 III GG ab, die Abgrenzungskriterien zwischen entschädigungspflichtiger Enteignung und entschädigungsloser

---

[147] Diese Entwicklung wurde, streng genommen, bereits in BGHZ 49, 148 angedeutet. Zwar unterstellte der V. Zivilsenat von einer Autobahn ausgehende Immissionen dem privaten Nachbarrecht, wies jedoch, wenn auch auf mehr theoretischer Basis, wohl um die Kluft zum III. Senat in BGHZ 48, 98 nicht zu groß werden zu lassen, darauf hin, daß dem Ausgleichsanspruch des § 906 II 2 BGB ein öffentlicher Ausgleichsanspruch wegen enteignungsgleichem Eingriff entsprechen könnte, BGHZ 49, 148 (150). Unbeachtlich ist dabei, daß der BGH vom Rechtsinstitut des enteignungsgleichen Eingriffs ausging, da letztlich die Enteignungsschwelle, also die Opfergrenze, sowohl bei dem in späteren Entscheidungen als einschlägig angesehenen Haftungsinstitut des enteignenden Eingriffs als auch dem enteignungsgleichen Eingriff im Falle der Lärmimmissionen gleich anzusetzen war. Hier wie dort war das Überschreiten der Grenzen des § 906 BGB erforderlich. Zwar galt für den enteignungsgleichen Eingriff seit BGHZ 32, 208 der Grundsatz, daß bereits die Rechtswidrigkeit das Sonderopfer indiziert, also jede rechtswidrige Beeinträchtigung schon wegen ihrer Rechtswidrigkeit ein Sonderopfer bedeutete. In der Entscheidung BGHZ 49, 148 lehnte sich das Gericht noch an die Rechtsprechung des RG an (Verweis auf RGZ 159, 129), die Beeinträchtigungen durch Lärmimmissionen dann als rechtswidrig ansah, wenn sie das nach § 906 BGB zulässige Maß überschritten hatten, RGZ 159, 129 (135), so daß das Sonderopfer ebenfalls ab dieser Grenze vorlag; zum Problemkreis der rechtswidrigen Einwirkung von privaten Emittenten in der Rechtsprechung des RG siehe Kleindienst, S. 33; Konzen, S. 42f.; Michaelis, Festschrift für Siber II, S. 295. Seitdem die Verkehrslärmimmissionen von öffentlichen Straßen auch dann als rechtmäßig angesehen wurden, wenn sie die Grenze des nach § 906 BGB entschädigungslos zu Duldenden überschritten, war die Anwendung des Haftungsinstituts des enteignungsgleichen Eingriffs ausgeschlossen, vgl. 3. Kap. I, II 2 b, BGHZ 54, 384 (388).

[148] BGH WM 73, 1338, E. v. 4. 10. 1973; WM 73, 1421, E. v. 11. 10. 1973.

[149] BGHZ 64, 220.

Sozialbindung lieferte dagegen das private Nachbarrecht. Die Enteignungsschwelle galt dort als überschritten, wo die entschädigungslos hinzunehmende Immissionsbelastung nach § 906 BGB endete.

b) Dogmatische Begründungsversuche in der Literatur

aa) Vorüberlegung

Ausschließlich mit Hilfe der von Rechtsprechung und Lehre entwickelten Abgrenzungstheorien, das hat spätestens die Untersuchung von Leisner gezeigt[150], kann die Abgrenzung zwischen Enteignung und Sozialbindung nicht erfolgen. Unterschiedliche Sachverhalte sind kaum durch eine einzige Großformel zu erfassen, geschweige denn einer sachgerechten Lösung zuzuführen. Daher war das Bestreben des BGH grundsätzlich begrüßenswert, dem Problem der Bestimmung der Enteignungsschwelle im Verkehrslärmimmissionsbereich, also einer klar umrissenen Fallgruppe, mit einer speziellen, immissionsspezifischen Abgrenzungsformel, den zivilrechtlichen Maßstäben des § 906 BGB, zu begegnen.

Der so beschrittene Weg ließ jedoch sowohl dogmatische als auch argumentative Lücken erkennen, denn warum gerade das von gleichgeordneten Interessen geprägte private Nachbarrecht zur Bestimmung der Enteignungsschwelle im öffentlich-rechtlichen Über- Unterordnungsverhältnis von Staat und Bürger heranzuziehen war, wurde seitens des BGH nicht herausgearbeitet. Ohne sich näher mit dem zu diesem Problembereich heterogenen Meinungsstand im Schrifttum auseinanderzusetzen oder diesen auch nur zu streifen, schien sich das Gericht neben rechtssystematischen Überlegungen[151] im wesentlichen von pragmatischen Erwägungen leiten zu lassen. Einmal bot das öffentliche Recht zum damaligen Entscheidungszeitpunkt keine derartig leicht zu handhabenden Abgrenzungsbestimmungen an, zum anderen erleichterte die Übernahme zivilrechtlicher Abgrenzungen in das öfentliche Recht den Rückgriff auf die restriktive Verkehrslärmrechtsprechung der privatrechtlichen Phase. Damit ging der BGH im Bereich des öffentlichen Nachbarrechts von einem einheitlichen Eigentumsinhalt aus. Eine Unterscheidung zwischen öffentlich-rechtlichem und privatrechtlichem Eigentumsinhalt sollte sich nur im Bereich des Eigentumsschutzes auf der Rechtsfolgenseite auswirken. Vom Staat konnte nicht, wie grundsätzlich gegenüber privaten Emittenten[152], die Unterlassung der beeinträchtigenden Einwirkungen verlangt werden, sondern nur eine Entschädigung in Geld.

---

[150] Leisner, Sozialbindung, S. 192 ff.

[151] Siehe oben 3. Kap. III 2 a.

[152] Zu den Ausnahmen beispielsweise im Gewerberecht §§ 16, 26 a.F. GewO bzw. § 14 BImSchG; siehe auch § 7 VI AtomG; § 11 LuftVG.

Ergänzend dazu, wohl um dem Begründungsdefizit des BGH abzuhelfen, waren im Schrifttum verstärkte Bemühungen erkennbar, die enteignungsrechtliche Grenzziehung mit Hilfe des privaten Nachbarrechts dogmatisch abzusichern.

bb) Meinungsstand

Papier[153] bejaht die Geltung des § 906 BGB im Bereich der verwaltungsrechtlichen Beziehungen im Hinblick auf fehlende vergleichbare nachbarrechtliche Vorschriften im öffentlichen Recht. Er erkennt zwar an, daß das Eigentum gegenüber der öffentlichen Gewalt anders ausgeformt und umgrenzt sein kann als im zivilrechtlichen Bereich[154]. Nicht nur das Zivilrecht, auch und insbesondere im Verhältnis Staat – Bürger könne der Verwaltungsrechtssatz eine zulässige Inhalts- und Schrankenbestimmung i. S. von Art. 14 I 2 GG vornehmen. Dies gelte jedoch dann nicht, wenn, wie im Bereich des Nachbarrechts, eine spezielle verwaltungsrechtliche Eigentumsausformung und Begrenzung fehle. In diesem Fall sollten auch in der öffentlich-rechtlichen Sphäre privatrechtliche Konkretisierungen und Begrenzungen maßgeblich bleiben. Denn, und hier kommt Papier zum Kern seiner Aussage, Art. 14 GG knüpfe die öffentlichen Abwehransprüche in erster Linie an privatrechtlich konstituierte und geprägte Rechte[155]. Mit anderen Worten soll Art. 14 GG das Eigentum so schützen, wie es vom bürgerlichen Recht geformt worden ist.

Leisner[156] weist auf eine durch die Verfassung geschaffene Einheit des Eigentumsinhalts im privaten wie im öffentlichen Recht hin, die ohne Rücksicht auf Unterschiede zwischen Gleichordnungs- und Überordnungsverhältnissen bestehe und auch zur Berücksichtigung im Enteignungsrecht verpflichten solle. Nach Leisners Ansicht fixiert Art. 14 GG verfassungsrechtliche Elemente des Eigentumsinhalts und entzieht sie der Disposition des einfachen Gesetzgebers. Dies gelte vor allem für die verfassungsrechtliche Festlegung auf die privatrechtlichen Wesenselemente des Eigentumsrechts. Art. 14 GG schützt auch nach Leisner das Eigentum damit so, wie es vom bürgerlichen Recht geformt worden ist[157]. Daher müßten privatrechtliche Eigentumselemente auch bei der Bestimmung der Entschädigungs- bzw. Enteignungsschwelle im öffentlichen Recht beachtet werden und zwar nicht nur soweit Verwaltungsgesetze nichts anderes bestimmen, sondern auch

---

153 NJW 74, 1797 ff.

154 So Papier, a.a.O., S. 1799, mit Hinweis auf Jellinek, VerwR 3. A., S. 412.

155 Papier, a.a.O., S. 1799.

156 Leisner, NJW 75, 233 ff.

157 Leisner, a.a.O., S. 234, unter Hinweis auf BVerfGE 1, 264 (278); Leisner argumentiert mit der umgekehrten Drittwirkung, wonach die eigentumsrechtlichen Inhalte des Privatrechts in ihren Grundstrukturen vom öffentlichen Recht rezipiert wurden.

darüber hinaus, da diese Eigentumselemente der verwaltungsgesetzlichen Disposition schlechthin entzogen seien. Weiter ergebe sich aus der Allmacht des Staates und der daraus folgenden Schutzbedürftigkeit des Bürgers, so Leisner, daß dem Staat gegenüber mindestens so viel Recht erhalten bleiben müsse, wie gegenüber Dritten. Daher stellten auch im Bereich des Eigentumsrechts die bürgerlichrechtlichen Wesensmerkmale des Eigentumsbegriffs den Mindeststandard dieses Rechts gegenüber der Staatsgewalt dar[158]. Die Verfassung sichert diese Einheit des „Eigentumsbegriffs nach bürgerlichen Recht" jedoch nur in den Grundstrukturen des Eigentumsinhalts. Einschränkend fordert Leisner daher für die Orientierung des Enteignungsrechts, insbesondere der Enteignungsschwelle am Privatrecht, daß die bürgerlichrechtlichen Norminhalte auf Staat – Bürgerbeziehungen überhaupt anwendbar sind, den Eigentumsinhalt treffen und ihnen ein hohes Maß an Allgemeinheit und Rechtsgrundsätzlichkeit zukommt. Die vom BGH gewählte Abgrenzungsformel mit Hilfe des § 906 BGB erfüllt nach Ansicht Leisners sämtliche dieser Forderungen. Damit werde die Einheitlichkeit des Eigentums im privaten wie im öffentlichen Recht auch rechtssystematisch legitimiert, da § 906 BGB eine Ausprägung der Sozialbindung, eine Inhaltsbestimmung des Eigentumsrechts ebenso wie öffentlich-rechtliche Normen sei[159].

Aicher[160] hat vor allem die Sicherstellung der Berechenbarkeit des Rechts vor Augen. Sie sei durch eine Heranziehung von Konkretisierungs- und Systematisierungsgesichtspunkten gewährleistet, die das positive Recht für vergleichbare Konfliktfälle vorgegeben hat. Gerade den Wertentscheidungen des vorkonstitutionellen, aber auch dem auf dieser Basis fortentwickelten nachkonstitutionellen Rechts, komme entscheidende Bedeutung zu, da die Verfassung, die die Begriffe Eigentum, Enteignung und den Gestaltungsauftrag gemäß Art. 14 I 2 GG enthält, ohne eine Abgrenzung an die Hand zu geben, auf den Begriffsinhalten aufbaue, die das einfache Gesetzesrecht mit all seinen Wertungen geprägt habe[161]. Gegen die Ansicht, § 906 BGB diene nur dem Ausgleich gleichgeordneter Interessen, führt Aicher aus, daß der Gesetzgeber gewissen Einwirkungsbefugnissen, z. B. aus ortsüblicher Nutzung, höheren Wert zugemessen habe als der ungestörten Grundstücksnutzung und insofern auch hier eine Überordnung des privilegierten Einwirkungsberechtigten gegenüber dem duldungsverpflichteten Grundstückseigentümer statuiert habe[162].

---

158 Leisner, a.a.O., S. 234.
159 Leisner, a.a.O., S. 235.
160 Aicher, Grundfragen der Staatshaftung, S. 238 ff.
161 Aicher, a.a.O., S. 237.
162 Aicher, a.a.O., S. 242.

c) Gegenpositionen

Im Schrifttum stieß der Einbau der materiellen Maßstäbe des § 906 BGB in den Enteignungsentschädigungsanspruch und damit in das öffentliche Recht auch auf Bedenken überwiegend dogmatischer Natur. Generell zielte die Kritik auf die Frage ab, ob die Anwendung privatrechtlicher Regeln im öffentlichen Recht überhaupt gerechtfertigt sei.

Der grundlegende Einwand von Rupp[163] weist auf unterschiedlich geformte Eigentumsinhalte im privaten wie im öffentlichen Recht hin. Staatsgerichtetes Eigentum werde mangels Identität mit dem zivilistischen Eigentumsbegriff allein durch Normen des öffentlichen Rechts konstituiert, umgrenzt und eingeschränkt[164]. Den Bestimmungen der §§ 903f. BGB könne daher, so Rupp, für die Rechtsbeziehung Staat – Bürger keine unmittelbare oder mittelbare Geltung zukommen. Denn „wie es keine Drittwirkung öffentlicher Rechte gibt, genauso wenig existiert eine Drittwirkung der Privatrechte“[165]. Schon die Erstreckung des Eigentumsbegriffs in Art. 14 GG auf Vermögenspositionen, die kein Eigentum im zivilrechtlichen Sinne sind, läßt nach dieser Ansicht erkennen, daß die Bestimmung des Verfassungseigentums nicht vom Zivilrecht her erfolgen kann. In der ganz anders dimensionierten Dynamik des öffentlichen Rechts erweisen sich, so Rupp, übernommene dynamische Rechtsrelationen des Privatrechts als letztlich funktionsuntaugliche „erstarrte Rechtsblöcke“[166]. Andererseits erkennt auch Rupp an, daß in ein derart staatsgerichtetes Eigentum bestimmte, im Zivilrecht vorgefundene individuelle Interessenbereiche einbezogen werden können[167].

Als spezielle Ausformung dieser Gedanken vertritt auch Martens[168] die Auffassung, daß das dem Ausgleich gleichgeordneter privater Interessen dienende bürgerliche Nachbarrecht, insbesondere § 906 BGB, ungeeignet sei, den Immissionskonflikt zwischen privaten Nutzungsinteressen der Nachbarn und den Belangen der öffentlichen Hand sachgerecht zu lösen, da das von diesen gleichgeordneten Interessen geprägte Nachbarrecht nicht zugleich als ein den Inhalt des staatsgerichteten Verfassungseigentums formender und ausgestaltender Normenkomplex verstanden werden könne. Anstelle der Normen des BGB spricht sich Martens für eine Heranziehung der rechtsstaatlichen Verfassungsprinzipien der Erforderlichkeit und Verhältnismäßigkeit aus, die eine sachgerechte Beurteilung der Immissionsproblematik erlauben würden[169].

---

[163] Rupp, Grundfragen der heutigen Verwaltungsrechtslehre, S. 232ff.
[164] Rupp, a.a.O., S. 237, 240.
[165] Rupp, a.a.O., S. 238.
[166] Rupp, a.a.O., S. 233.
[167] Rupp, a.a.O., S. 243.
[168] Martens, Festschrift für Schack, S. 93ff.

Auch Frantz[170] meldet gegen die Rezeption von Inhalt, Wesen und Begriff des Zivileigentums und zivilrechtlicher Regeln in das öffentliche Recht Bedenken an. Als zentrale Begründung wird eine dem Zivilrecht fehlende, das Eigentum eingrenzende Sozialbindung angeführt, weshalb dem Verfassungseigentum nicht die Qualität zivilrechtlichem Herrschaftseigentums zukomme. Das private Eigentum diene nur privaten Zwecken und sei somit ausschließlich privatnützig, während das Eigentum in der staatsgerichteten Dimension sowohl private als auch sozialnützige Zwecke erfülle[171].

Speziell auf die Eignung der zivilrechtlichen Vorschrift des § 906 BGB im öffentlich-rechtlichen Verkehrslärmimmissionskonflikt bezieht sich die Untersuchung von Breuer[172]. Er kommt zu dem Ergebnis, daß § 906 BGB, insbesondere aber das in seiner Grundstruktur statische Kriterium der Ortsüblichkeit dem funktionalen Verhältnis der auf Dynamik und Expansion ausgelegten öffentlichen Kommunikationsanlagen nicht gerecht werde[173]. Daher müsse die Beurteilung von Immissionen, die von öffentlichen Verkehrsanlagen ausgehen, insgesamt von den Kriterien des § 906 BGB gelöst werden. Der sachgerechte Abgrenzungsansatz für eine enteignungsrechtliche Grenzziehung sei in den einfach gesetzlichen, planungsrechtlichen Normierungen der §§ 30, 34 und 35 BBauG zu finden[174]. Als weitere Voraussetzung des Enteignungstatbestandes sei der Grundsatz der wesentlichen Beeinträchtigung einer verwirklichten Nutzung oder sonst verfestigten Bodennutzungsbefugnis heranzuziehen. Für die Grenzziehung zwischen unwesentlichen und wesentlichen Beeinträchtigungen empfiehlt Breuer, auf die Immissionsgrenzwerte der im Rahmen des § 43 BImSchG zu erlassenden Rechtsverordnungen zurückzugreifen[175].

Im Ergebnis laufen diese Ansichten also auf die Forderung hinaus, dem Immissionskonflikt mit der öffentlichen Hand einen von § 906 BGB unabhängigen öffentlich-rechtlichen Bewertungsmaßstab zugrunde zu legen.

d) Stellungnahme

aa) Dogmatischer Ansatz

Festzustellen ist zunächst, daß es keinen allgemeinen Grundsatz, weder im geschriebenen noch im ungeschriebenen Recht gibt, daß öffentlich-recht-

---

169 Martens, a.a.O., S. 94.

170 Frantz, Verfassungseigentum aus der Sicht der Zivilrechtswissenschaft, S. 85 ff.

171 Frantz, a.a.O., S. 95, 97.

172 Breuer, Bodennutzung im Konflikt zwischen Städtebau und Eigentumsgarantie, S. 304 ff.

173 Breuer, a.a.O., S. 342.

174 Breuer, a.a.O., S. 345.

175 Breuer, a.a.O., S. 351.

liche Eingriffe in das Eigentum immer schon dann entschädigungsfrei zulässig sind, wenn ein Privater sie entschädigungsfrei vornehmen dürfte. Diese Parallelisierung läßt sich auch nicht mit einem einheitlichen verfassungsrechtlichen Eigentumsinhalt begründen, der im wesentlichen auf der Rezeption eigentumsrelevanter Inhalte des Privatrechts beruhen soll. Zwar bildet nach der Rechtsprechung des BVerfG nur das durch die Gesetze ausgeformte Eigentum den Gegenstand des verfassungsrechtlichen Eigentumsbegriffs[176]. Es darf jedoch nicht übersehen werden, daß bürgerliches Recht und öffentlich-rechtliche Gesetze gleichrangig bei der Konkretisierung dieses Eigentumsinhalts zusammenwirken[177]. Daraus folgt, daß das Eigentum nicht ausschließlich durch den Zivilrechtssatz geformt und begrenzt sein kann, Inhalts- und Schrankenbestimmungen können, auch speziell für das Verhältnis Bürger–Staat, durch Verwaltungsrechtsätze erfolgen. Aus diesen unterschiedlichen Normsetzungsbereichen ist zu schließen, daß das Eigentum auch unterschiedlich geformt und begrenzt sein kann, je nachdem, ob es auf das Verhältnis Staat–Bürger oder auf das der Zivilrechtspersonen untereinander ausgerichtet ist. Damit ist grundsätzlich die Möglichkeit versperrt, für die Frage der Enteignungs- oder Entschädigungsqualifikation hoheitlicher Eigentumseingriffe privatrechtliche Normen heranzuziehen bzw. die Grenze zwischen entschädigungsfreien und entschädigungspflichtigen Beeinträchtigungen im öffentlichen sowie im privaten Recht zu parallelisieren. Dies kann m.E. jedoch nicht schrankenlos aufrechterhalten werden. An eine Rezeption zivilrechtlicher Abgrenzungsvorschriften in das öffentliche Recht ist in den Fällen zu denken, in denen der Gesetzgeber eine spezielle öffentlich-rechtliche Eigentumsausformung bzw. Begrenzung ganz unterlassen hat oder die Grenzen des staatsgerichteten Eigentums nur schwach ausgeprägt erscheinen. Fehlt, wie im Bereich der Verkehrslärmimmissionsproblematik, eine dem privaten Nachbarrecht vergleichbare rechtliche Wertung im Verwaltungsrecht zur Regelung des öffentlich-rechtlichen Immissionsverhältnisses[177a], so sollte es dem entscheidenden Richter grundsätzlich nicht verwehrt werden, zur Ausfüllung dieser Lücke, Geeignetheit vorausgesetzt, Maßstäbe und Verhaltensmuster des Zivilrechts ergänzend heranzuziehen. Angesichts spezialgesetzlich freier Rechtsräume, die die

---

[176] BVerfGE 24, 367 (396), Urteil v. 18. 12. 1968; 20, 351 (356), Beschluß v. 17. 11. 1966.

[177] So erst jüngst das BVerfG in NJW 82, 745 (749), Beschluß v. 15. 7. 1981, das sich damit von seiner Standardformel, Art. 14 GG schütze das Eigentum, wie das bürgerliche Recht und die gesellschaftlichen Anschauungen es geformt haben, siehe BVerfGE 1, 264, (278), Urteil v. 22. 1. 1952; 26, 215 (222), Beschluß v. 19. 6. 1969; 28, 119 (142), Beschluß v. 18. 3. 1970; 37, 132 (140ff.), Beschluß v. 23. 4. 1974, zumindest verbal entfernte; zu diesem Problemkreis Leisner, DVBl. 83, 61 (63).

[177a] Zwar drängt sich hier der Gedanke an einen Rückgriff auf Regelungen des BImSchG auf, doch gerade im Bereich der Verkehrslärmimmissionsproblematik gibt dieses Gesetz nur eine ungefähre Hilfestellung.

schöpferische Kraft vor allem der letztinstanzlichen Richter fordern und gleichzeitig mit erheblicher Verantwortung belasten, sichert ein solches Vorgehen die Berechenbarkeit der zu treffenden Entscheidung. Im Zusammenhang mit der vorliegenden Untersuchung bleibt zu ergänzen, daß der Rückgriff des BGH auf privatrechtliche Abgrenzungskriterien des § 906 BGB in materieller Hinsicht schwerlich als Parallelisierung zwischen öffentlich-rechtlicher und privatrechtlicher Eigentumsgrenze zu verstehen ist. Denn das Gericht hat die Tatbestandsmerkmale dieser nachbarrechtlichen Vorschrift im Zuge seiner restriktiven Haltung gegenüber den Entschädigungsansprüchen der Verkehrslärmbetroffenen derart modifiziert, daß damit eine eigenständige staatsgerichtete Ausformung des Eigentums der Straßenanlieger herbeigeführt wurde.

bb) Eignung des § 906 BGB zur Abgrenzung zwischen entschädigungsfreien und entschädigungspflichtigen Beeinträchtigungen durch Verkehrslärmimmissionen

Eine andere Frage ist, ob sich § 906 BGB überhaupt dazu eignet, im öffentlichen Recht die Grenze zwischen entschädigungslos zu duldenden Verkehrslärmimmissionen und solchen Beeinträchtigungen, die sich als entschädigungspflichtige enteignende Eingriffe darstellen, abzustecken. Dabei sind insbesondere die zentralen Tatbestandsmerkmale dieser Vorschrift mit Blick auf die konkrete Handhabung durch die Rechtsprechung zu untersuchen.

§ 906 BGB zielt als Norm des privaten Nachbarrechts grundsätzlich auf die Regelung solcher Nutzungskonflikte, die unabhängig von der Person des Eigentümers auftreten können[178]. Denn dem privaten Nachbarrecht ist der Gedanke einer gleichen Nutzungsmöglichkeit der verschiedensten Grundstücke immanent. Hier liegt ein wesentlicher Unterschied zum Problemkreis der Nutzungskonflikte zwischen öffentlicher Hand und Privaten. Undenkbar ist beispielsweise, daß ein Privater eine Autobahn oder Fernstraße errichtet oder betreibt, mit der Folge, daß der Verkehrslärmimmissionskonflikt im privaten Nachbarrecht keine direkte Parallele finden kann. Damit ist die zentrale These des BGH, nach der von einem Sonderopfer dann nicht mehr gesprochen werden kann, wenn der Betroffene die nach Art und Ausmaß gleichen Beeinträchtigungen, die von einer privaten Grundstücksnutzung ausgehen, entschädigungslos hinzunehmen hat[179], auch unter diesem Blickwinkel zweifelhaft. Im privaten Nachbarrecht mögen sich zwar gleiche Grundstücksnutzungen hinsichtlich der Art der Emissionsquelle, eben Kraftfahrzeugbetrieb, finden[180], jedoch keine, bei denen derartige Kraft-

---

[178] Peine, DÖV 79, 812 (815); Schulte, Eigentum und öffentliches Interesse, S. 175.
[179] BGHZ 48, 98 (101).

fahrzeuglärmimmissionen auch in einem vergleichbaren Ausmaß entstehen können; der BGH rekurriert hier zumindest teilweise auf einen fiktiven Nutzungskonflikt[181]. Das breite Spektrum sonstiger privater Lärmemittenten liefert eben nur ähnliche, nicht aber gleiche Beeinträchtigungsprofile[182]. Daraus allein folgt m.E. jedoch nicht die Untauglichkeit des § 906 BGB in der anstehenden Abgrenzungsproblematik. Das Dilemma dieser Norm ist in der privatrechtlichen und frühen enteignungsrechtlichen Phase vielmehr darin zu finden, daß sie mehr als Abwehrvorschrift denn als Abgrenzungsvorschrift aufgefaßt wurde. Die Entscheidungen lassen sich im Verkehrslärmimmissionsbereich in der Regel weniger von dem Ringen um tragfähige Abgrenzungen kennzeichnen als vielmehr von dem Bestreben, die zentralen Tatbestandsmerkmale des § 906 BGB i.S. einer Förderung der infrastrukturellen Entwicklung zu nutzen[183].

Dieser generelle Befund bestätigt sich vor allem bei der Analyse des Ortsüblichkeitskriteriums; gerade dieses Merkmal läßt sich mit einer Sperrfunktion gegenüber den geltend gemachten Entschädigungsansprüchen charakterisieren. Zwar mochte das Kriterium der Ortsüblichkeit von seiner Grundstruktur her für eine enteignungsrechtliche Grenzziehung geeignet sein, da sich in ihm Gedanken der Situationsgebundenheit sowie Bezüge zur Einzelfallentscheidung vereinigen[184]. Betrachtet man jedoch die konkrete Handhabung der Ortsüblichkeit durch die Rechtsprechung, so zeichnete sich bereits in der privatrechtlichen Phase eine diesem Kriterium fremde und aus der Sicht des Lärmbetroffenen willkürliche Anwendung ab. Die Absicht, das Ortsüblichkeitskriterium in eine Sperre gegenüber Entschädigungsansprüchen der Straßenanlieger umzuinterpretieren, sei es durch die vom deskriptiven Maßstab losgelöste, abstrakte Betrachtungsweise, wie sie in der Festlegung des Vergleichsgebiets zum Ausdruck kommt, oder die einseitige Bestimmung der Nutzungs- und damit Anspruchsgrenze ohne tatsächlichen Nutzungsvergleich ausschließlich nach der Art der Benutzung des störenden Grundstücks, zog zwangsläufig ein Leerlaufen dieses Abgrenzungskriteriums nach sich.

Ein Abgrenzungsmaßstab verlangt nicht nur, daß er auf alle von ihm zu messenden Fälle in gleicher Weise anzuwenden ist[185], also etwa, daß das Vergleichsgebiet bei sämtlichen Fallkonstellationen ähnlich abgesteckt und

---

[180] So beispielsweise Garagengrundstücke, vgl. BGH BB 59, 761 (761), E. v. 16. 6. 1959.

[181] So auch Peine, DÖV 79, 812 (815).

[182] Zur Vergleichbarkeit unterschiedlicher Lärmquellen siehe Kap. 4, III 2 d dd.

[183] Kritisch dazu auch Meyer, S. 240f.; Roth, NJW 72, 921 (923f.).

[184] Dazu Leisner, NJW 75, 233 (236).

[185] Larenz, Methodenlehre, S. 191, die Ausdehnung des Vergleichsgebiets im Gefolge einer neuen Fallkonstellation macht einen gleichen Maßstab als Grundelement der Gerechtigkeit illusorisch.

nicht jeweils gesondert bestimmt wird. Ein Abgrenzungsmaßstab verlangt insbesondere, daß er auch als solcher verstanden wird und nicht als dogmatischer Einstieg oder schlicht als Hilfsmittel, um dem Betroffenen nachbarrechtliche Abwehransprüche vorzuenthalten oder an deren Stelle die in den Fällen zu duldender Beeinträchtigungen gegebenen Entschädigungsansprüche. Die Ausdehnung des Vergleichsgebiets auf den gesamten Straßenzug[186] führte nicht nur hin zu einer normativ allgemeingültigen Betrachtungsweise, die das Kriterium der Ortsüblichkeit zu einer Durchschnittsgröße für die verschiedensten Räume verwandelte. Die Gerichte schufen sich damit auch einen umfassenden Entscheidungsfreiraum, der es ermöglichte, die ruhige Lage einzelner Wohngebiete als unbeachtlich einzustufen[187].

Auch die Bewertung der Ortsüblichkeit innerhalb des festgelegten Vergleichsgebiets ließ eine einseitige und diesem Kriterium fremde Handhabung zu Lasten des Verkehrslärmimmissionsbetroffenen erkennen. Dies zeigt insbesondere ein Vergleich zwischen der Bewertung von Straßenverkehrslärmimmissionen und Kraftfahrzeuglärm, der im Rahmen der privaten Nutzung entsteht. Während das Ergebnis der Ortsüblichkeitsprüfung bei Immissionen von öffentlichen Infrastrukturanlagen unter Verzicht auf einen Nutzungsvergleich überzogen so gefaßt werden konnte, daß der Verkehr auf Straßen automatisch auch die ortsübliche Nutzung von Straßen sei, wurde die Bewertung der Ortsüblichkeit der privaten Nutzung streng nach der in der Umgebung vorherrschenden Nutzungssituation vorgenommen[188], mit der Folge der Ortsunüblichkeit beispielsweise in einem reinen Wohngebiet.

Im Gefolge dieser einseitigen Handhabung im Verkehrslärmimmissionsbereich wurde die Ortsüblichkeit nicht nur ihrer ursprünglich immissionsbegrenzenden- sondern auch ihrer Abgrenzungsfunktion beraubt. Mit dem seit der Entscheidung BGHZ 54, 384 praktizierten mehr planerischen Verständnis der Ortsüblichkeit bestätigte der BGH dann auch, daß die Entscheidung über das vom Straßenanlieger hinzunehmende Maß an Immissionen außerhalb der Ortsüblichkeit im herkömmlichen Sinne fällt. Denn das Gericht löste sich hier völlig von der tatsächlich vorhandenen Nutzungssituation und beurteilte die Ortsüblichkeit nach den Leitsätzen der planerischen Raumgestaltung[189]. Angesichts dieser dem privaten Nachbarrecht fremden Interpretation des Ortsüblichkeitskriteriums wird auch die Überlegung widerlegt, der BGH habe das Überschreiten der Grenzen des § 906 BGB nur deswegen zur Voraussetzung des Entschädigungsanspruchs aus

---

186 BGHZ 49, 148 (151), 54, 384 (390).

187 Siehe oben 2. Kap. IV 2 c aa, bb.

188 So etwa BGH BB 59, 761 (761), betreff. Kraftfahrzeuglärmimmissionen einer privaten Garagenanlage.

189 Vgl. 3. Kap. IV 2 b.

enteignendem Eingriff gemacht, um sich damit den reichen Vorrat an zivilrechtlichen Abgrenzungen zu erschließen[190].

Hinsichtlich der Zumutbarkeit gilt es, was die frühe enteignungsrechtliche Phase anbetrifft, zu differenzieren. Die restriktive Konkretisierung des Zumutbarkeitskriteriums, in deren Gefolge der „öffentlich-rechtliche Entschädigungsanspruch" den Charakter einer Ausnahmevorschrift erhielt, war auf eine zu einseitige fiskal- und verkehrspolitische Wertung zurückzuführen. Die Abgrenzung zwischen entschädigungsfreien und entschädigungspflichtigen Beeinträchtigungen wurde, vergleichbar mit der Handhabung des Kriteriums der Ortsüblichkeit, in erster Linie danach vorgenommen, Entschädigungslasten, die den zügigen Ausbau des Verkehrsnetzes möglicherweise gehindert hätten, von der öffentlichen Hand fernzuhalten. Diese Bevorzugung öffentlicher Belange zog nicht nur eine, verglichen mit der Situation anderer Grundstückseigentümer abseits der großen Verkehrsanlagen, zusätzliche Benachteiligung des lärmbetroffenen Anliegers nach sich, sie machte insbesondere deutlich, daß das Gericht damit den der Zumutbarkeit als unbestimmten Rechtsbegriff immanenten richterlichen Wertungsspielraum zu Lasten der Abgrenzungsqualität dieses Merkmals überdehnte.

Läßt man die konkrete Handhabung des Zumutbarkeitskriteriums durch die Rechtsprechung außer Acht, so zeigt sich, daß dieses Kriterium von seiner Struktur her auf eine Abgrenzung zwischen entschädigungsfreien und entschädigungspflichtigen Verkehrslärmbeeinträchtigungen zugeschnitten ist. Die Abgrenzung mit Hilfe der Zumutbarkeit fordert ein Anknüpfen an die materielle Beeinträchtigung; die Tatgerichte werden dazu angehalten, exakt den Störpegel und die Auswirkungen des Lärms auf das betroffene Anliegergrundstück zu bestimmen; dies schiebt pauschalen Überlegungen, wie sie gerade für die Beurteilung der Ortsüblichkeit gebräuchlich sind, einen Riegel vor. Gerade das Zumutbarkeitskriterium zielt auf die Berücksichtigung sowohl der personen- als auch der sachbezogenen Umstände des Einzelfalls. Die damit verbundene Einzelfallgerechtigkeit, der gerade bei der gerichtlichen Entscheidung große Bedeutung zukommt, wiegt Unschärfen, die ein wertausfüllungsbedürftiges Tatbestandsmerkmal zwangsläufig herausfordert, auf.

Speziell für die vom BGH in der enteignungsrechtlichen Phase vorgenommene Bestimmung der Enteignungsschwelle mit Hilfe der nachbarrechtlichen Kriterien erscheint im Nachhinein ein letzter Gesichtspunkt bemerkenswert. Von der Überlegung ausgehend, daß bei einer Differenzierung zwischen staatsgerichteten und zivilrechtlichem Eigentum der Schutzinhalt des staatsgerichteten Eigentums in der Regel weiterreicht als der des zivil-

190 So aber Kloepfer, JuS 76, 436 (441).

rechtlichen Eigentums, eben weil innerhalb des zivilrechtlichen Gleichordnungsverhältnisses der Eigentumsinhalt in einem erheblich größerem Umfang aufgrund der Privatautonomie einer freieren Disposition anheimfällt als im Über-Unterordnungsverhältnis Staat–Bürger, wird gefolgert, daß eine über die im privaten Nachbarrecht konkretisierte Sozialbindung hinausgehende Beeinträchtigung in jedem Fall dem Staat gegenüber als Enteignung anzusehen ist[191], mithin sich also die Bestimmung der enteignenden Grenze an den zivilrechtlichen Wertungskriterien zu orientieren hat. Gerade dieser Überlegung gegenüber hat sich die Rechtsprechung jedoch stets verschlossen gezeigt. Die Analyse der einzelnen Wertungskriterien, insbesondere unter Berücksichtigung der Ortsüblichkeit, hat offengelegt, daß die Duldungsgrenze gegenüber hoheitlichen Immissionen weit jenseits der im privaten Nachbarrecht, z.B. bei Industrieimmissionen, gezogenen Grenzlinie verläuft. Mit der Ausdehnung des Vergleichsgebiets und der planerischen Interpretation dieses Merkmals haben die Gerichte nicht nur im öffentlichen Recht neue Maßstäbe gesetzt und die privatrechtliche Schwelle weit hinter sich gelassen, sondern damit auch einen Rechtfertigungsgrund für die Übernahme der Kriterien des § 906 BGB verloren.

Aus dogmatischer Sicht wäre es zu begrüßen gewesen, bei der entschädigungsrechtlichen Grenzziehung gerade in der enteignungsrechtlichen Phase auf Verfassungsprinzipien der Erforderlichkeit oder Verhältnismäßigkeit zurückzugreifen[192], doch hätte dies zu einem anderen Ergebnis geführt? Da das materielle Problem, die Festlegung der enteignungsentschädigungsauslösenden Grenzlinie gleichgeblieben wäre, hätte sich am Ergebnis, insbesondere an der Benachteiligung des lärmbetroffenen Straßenanliegers, kaum etwas geändert. Die gleichen Überlegungen, die zu einer für den Anlieger nachteiligen Bestimmung der Ortsüblichkeit der Straßenbenutzung und zunächst auch der Zumutbarkeit der Beeinträchtigung geführt hatten, eben besonders die Absicht, weitgehend Ersatzleistungen von der öffentlichen Hand abzuwenden, wären möglicherweise dann bei der Konkretisierung dieser Verfassungsprinzipien eingeflossen. Auch hier hat sich erst spät der Gedanke durchgesetzt, daß es dem Grundsatz der Verhältnismäßigkeit nicht entspreche, den Verkehrsbedürfnissen auch dann stets den Vorzug zu geben, wenn durch die damit beispielsweise verbundenen Lärmbelästigungen Dritte erheblich beeinträchtigt werden, und diese Beeinträchtigungen in vertretbarer Weise gemildert werden könnten[193].

Abschließend ist zu berücksichtigen, daß sich auch der BGH der Problematik einer Übernahme nachbarrechtlicher Wertungskriterien bewußt

---

191 So Aicher, S. 240.

192 Martens, Festschrift Schack, S. 93.

193 So das BVerfG in KdL 81, 156 (160), Beschluß v. 14. 1. 1981, betreff. Fluglärmimmissionen.

geworden ist. Nachdem auf gesetzlicher Basis eine umfassende und zeitgemäße Regelung des öffentlichen Immissionsschutzrechts, die in Teilbereichen auch die Verkehrslärmimmissionsproblematik mit umfaßte, erfolgt war, griff der BGH, obwohl es an einer direkten Anwendungsmöglichkeit fehlte, auf die Wertentscheidung dieses Gesetzes zurück und gab seine bisher geübte restriktive Entschädigungspraxis in erheblichem Umfang auf[194]. Damit machte das Gericht zugleich deutlich, daß eine Heranziehung der Wertungskriterien des § 906 BGB, obwohl weiterhin Tatbestandsmerkmale des Entschädigungsanspruchs aus enteignendem Eingriff, nur noch formaler Charakter zukommt; dahinter zeigt sich eine neu entwickelte, eigenständige, auf den Bereich des öffentlichen Rechts zugeschnittene Abgrenzung[195].

IV. Die zentralen Abgrenzungskriterien in der Phase der Entschädigung für Verkehrslärmimmissionen nach Enteignungsgrundsätzen

1. Vorüberlegung

Die veränderte rechtliche Qualifizierung der Lärmimmissionen von öffentlichen Straßen und das damit verbundene Auswechseln der Anspruchsgrundlage brachte, verglichen mit der Immissionsrechtsprechung der privatrechtlichen Phase im Bereich der zentralen Abgrenzungskriterien zwar Wandlungen, aber zunächst keine einschneidenden Veränderungen. Die bisher für das privatrechtliche Immissionsverhältnis maßgebenden Abgrenzungskriterien der Ortsüblichkeit und Zumutbarkeit behielten ihre maßgebliche Stellung. Zunächst zog der BGH systembedingt allerdings nur die Kriterien der Wesentlichkeit, Unvermeidbarkeit sowie Ortsüblichkeit der beeinträchtigenden Grundstücksnutzung zur Bestimmung der enteignungsrechtlichen Grenzschwelle heran[196]; nach Aufgabe der Differenzierung zwischen dem Anspruch auf Entschädigung wegen enteignenden Eingriffs und dem „öffentlich-rechtlichen Entschädigungsanspruch"[197] markierte das Gericht insbesondere mit Hilfe des Kriteriums der Zumutbarkeit der Beeinträchtigung jene Grenze, von der ab der Eingriff enteignend wirkte. Dagegen sollen die Kriterien der Wesentlichkeit[198] und Unvermeidbarkeit[199] in der folgenden Untersuchung vernachlässigt werden, hier bestätigen sich die Befunde aus der privatrechtlichen Phase. Die Schwelle zwi-

194 So das im 4. Kap. behandelte Reuterstraßen-Urteil, BGHZ 64, 220.

195 Siehe 4. Kap.

196 BGHZ 54, 384 (388, 389).

197 Siehe 3. Kap. II 1 a, b.

198 Siehe dazu oben 2. Kap. IV 1.

199 Siehe dazu oben 2. Kap. V 2.

schen unwesentlichen und wesentlichen Verkehrslärmbeeinträchtigungen blieb auch in der enteignungsrechtlichen Phase sehr niedrig angesetzt. In sämtlichen Verkehrslärmimmissionsentscheidungen sah der BGH die Voraussetzung der Wesentlichkeit der Beeinträchtigung als gegeben an. Gleiches gilt für das Merkmal der Unvermeidbarkeit. Der BGH schloß sich stets den Entscheidungen der Berufungsgerichte an, die die Unvermeidbarkeit der Verkehrslärmimmissionen bejaht hatten.

2. Das Kriterium der Ortsüblichkeit der Nutzung

a) Abgrenzung des Vergleichsgebiets

Zur Beurteilung der Ortsüblichkeit von Straßenverkehrslärmimmissionen hatte das RG einen eigenständigen großräumigen Beurteilungsrahmen entwickelt, der für den ursprünglich auf den kleinnachbarlichen Bereich bezogenen Maßstab der Ortsüblichkeit eine erhebliche räumliche Ausweitung mit sich brachte[200]. Jene großzügige Abgrenzung des Vergleichsgebiets wurde seitens des BGH nicht nur unter ausdrücklicher Bezugnahme auf das RG aufgegriffen und bestätigt, sondern auch in einem so intensiven Maße fortentwickelt, daß eine ortsunübliche Nutzung des Straßengrundstücks praktisch nicht mehr in Betracht kommen konnte. Dieser Schritt vollzog sich im wesentlichen in der Entscheidung BGHZ 54, 384.

Zwar wies das Gericht zunächst zutreffend darauf hin, daß die nachbarliche Eigentumsbegrenzung nach Maßgabe der Ortsüblichkeit der Nutzung auf dem Gedanken einer in etwa einheitlichen Nutzung benachbarter Grundstücke derselben örtlichen Lage beruhe, und daher etwaige Immissionsbeeinträchtigungen dem Nachbarn zuzumuten seien[201]. Aus diesen Ausführungen sprach noch das Bekenntnis zu einer engen Abgrenzung des für den Charakter der „Lage“ maßgebenden Vergleichsgebiets, denn mit den Begriffen wie der „benachbarten Grundstücke“ und „Grundstücken in derselben örtlichen Lage“ wird der überschaubare kleinnachbarliche Bereich umschrieben; damit befand sich der BGH im Einklang mit dem Teil der Literatur[202], der sich für eine dem Wortsinn gemäße generelle Einbeziehung der engeren Umgebung aussprach sowie der diesen Gesichtspunkt wesentlich stärker berücksichtigenden Industrieimmissionsrechtsprechung[203].

---

[200] Vgl. 2. Kap. IV 2 c, aa, d.

[201] BGHZ 54, 384 (389) unter Bezugnahme auf BGH BB 59, 761 (761), E. v. 16. 6. 1959.

[202] Diederichsen, BB 73, 485 (486); Leisner, NJW 75, 233 (237); Dehner, Nachbarrecht, 6. Auflage, S. 372; Schapp, S. 65 f., 125 ff.

[203] Beispielsweise BGH MDR 67, 913 (913), E. v. 28. 4. 1967, Moselstaustufe; BGH BB 66, 880 (881), E. v. 29. 6. 1966, Spanplattenfabrik; BGH NJW 55, 19 (19), E. v. 29. 10. 1954, Schwefeldioxydimmissionen v. Hüttengelände.

Eine derartige räumlich eng begrenzte Nutzungskontrolle sollte jedoch bei Verkehrsanlagen ausgeschlossen sein, die Abgrenzung des Vergleichsgebiets bei Verkehrsanlagen weise, wie sich der BGH zunächst noch vorsichtig ausdrückte, gewisse Besonderheiten auf. Denn der durchfließende Verkehr, so das Gericht, und hier zeigt sich die tiefe Verwurzelung reichsgerichtlichen Denkens, fasse mehr oder weniger umgreifende Gebiete zusammen, je nachdem, ob ihm örtlicher oder überörtlicher Charakter zukomme, er unterliege darüber hinaus im Hinblick auf die notwendige Planung größerer Räume seiner eigenen Gesetzlichkeit. Daher könne weder beim örtlichen noch beim überörtlichen Verkehr nur ein einzelner Teilabschnitt der Straße in Zusammenhang mit einem Gebiet von bestimmtem Charakter beurteilt werden, vielmehr müsse das zusammenhängende Ganze in Verbindung mit dem verkehrsmäßig zu erschließenden Raum gewürdigt werden. Für die Beurteilung der Ortsüblichkeit einer Fernverkehrsstraße müßten daher die Verhältnisse in dem gesamten Gebiet, durch das sie führt, zum Vergleich herangezogen werden[204]. Mit einem derartigen Flächendenken unterband der BGH, ebenso wie das RG, bereits im Ansatz jede mögliche Bezugsnahme auf die örtlichen Verhältnisse; je mehr er sich aber davon entfernte, desto abstraktere Dimensionen gewann das herausgearbeitete Vergleichsgebiet. Dieses Vergleichsgebiet entzog sich schon vom Umfang her der Gewinnung anschaulichen, für den Nutzungsvergleich verwertbaren Datenmaterials. Der aus der Bestimmung des Vergleichsgebiets resultierende Umfang zwang dazu, daß aus einer Vielzahl unterschiedlicher Nutzungen entlang des Verkehrswegs folgende Datenkonglomerat zu generalisieren, zu verallgemeinern und damit zu einem Abstraktum zu transformieren. Der dem Wesen der Ortsüblichkeit immanente Gedanke des empirisch prüfbaren räumlichen Bereichs wurde im Ansatz bereits bei der Festlegung des Vergleichsgebiets zu Gunsten einer normativ allgemeingültigen Betrachtungsweise aufgegeben. Bemerkenswert ist auch, daß der BGH diese Bestimmung der Ortsüblichkeit innerhalb einer zumindest verbal aufrechterhaltenen Sonderopfertheorie, die ja von einem Vergleich mit den Belastungen anderer Eigentümer ausgeht, vornahm[205]. Der Vergleich nach dem Gleichheitssatz verbietet eine allzu weite räumliche Bemessung des Vergleichsgebiets, nur im überschaubaren Bereich ist eine tatsächliche von abstrakten zentralistischen Erwägungen freie Einzelfallentscheidung gewährleistet. Damit bestätigt sich schon bei der Festlegung des Vergleichsgebiets eine zunehmend abstrakte Dimension des Ortsüblichkeitskriteriums, die nicht nur den Verlust der immissionsbegrenzenden Funktion dieses Merkmals bedeutete, sondern auch die Preisgabe der Abgrenzungsfunktion für den Einzelfall.

---

204 BGHZ 54, 384 (390).
205 Vgl. Leisner, NJW 75, 233 (237).

b) *Bewertung der Ortsüblichkeit*

Bei der Prüfung der Ortsüblichkeit der störenden Straßennutzung innerhalb des zuvor festgelegten Vergleichsgebiets entfernte sich der BGH völlig von den bisher üblichen Beurteilungsmustern. Nicht mehr die Bedürfnisse des Verkehrs[206] oder die Art der Benutzung des schädigenden Grundstücks[207], d.h. der Straßenverkehr auf dem Straßengrundstück, sollten die Ortsüblichkeit der Straße rechtfertigen, der BGH zog Kriterien heran, die von der tatsächlichen Nutzung getrennt, ja ihr vorgelagert waren.

Die Ortsüblichkeit der Nutzung, also des fließenden Fernverkehrs, sollte sich nach Ansicht des Gerichts daraus ergeben, daß der Verkehr üblicherweise unter Schonung des Charakters der Landschaft außerhalb der Siedlungsgebiete, insbesondere der Wohngebiete, in den Außenbereichen eingerichtet und geführt werde, soweit es sich nicht um Strecken handele, die unmittelbar an Ballungsgebiete heran oder dicht um ihre Zentren herumführten[208]. Damit bestimmte der BGH die Ortsüblichkeit der Straßennutzung unter Mißachtung ihres auf Tatsachen bezogenen Charakters nunmehr nach Planungsgesichtspunkten, er zog Grundsätze in seine Überlegungen ein, die im Planfeststellungsverfahren bzw. bei der Aufstellung eines Bebauungsplanes zu beachten sind[209]. Das Erfordernis einer Trassierung unter Schonung des Charakters der Landschaft, die Trassierung grundsätzlich außerhalb von Siedlungs- und Wohngebieten, das sind Leitsätze der planerischen Raumgestaltung[210], die nichts mehr mit der tatsächlichen geübten Nutzung, deren Ortsüblichkeit ja in Frage stand, gemeinsam hatten[211]. Mit dieser Argumentation vermied der BGH zwar die entlarvende Floskel, daß der Verkehr auf Straßen ohne weiteres auch deren ortsübliche Benutzung sei, erreichte aber das gleiche Ergebnis. Zumindest bei neuangelegten Straßen gelangte das Gericht im Zuge dieser Interpretationen praktisch stets zu einer Ortsüblichkeit der Straßenbenutzung, denn die Beachtung jener Pla-

---

[206] RGZ 133, 152 (155).

[207] RGZ 159, 129 (138); siehe 2. Kap. IV 2 c bb.

[208] BGHZ 54, 384 (390).

[209] Breuer, Bodennutzung, S. 344; Schapp, S. 128; Schmidt-Aßmann, Festschrift Pikalo, S. 279.

[210] Beispielsweise § 1 VI i.V.m. § 9 I Nr. 11 BBauG.

[211] Mit dieser planerischen Interpretation der Ortsüblichkeit vertiefte der BGH den Graben zwischen der Beurteilung privater und öffentlicher Nutzungen. So erklärte das Gericht in der Entscheidung BGH MDR 71, 286 v. 15. 1. 1971, in der es um die Ortsüblichkeit von Staubeinwirkungen eines privat betriebenen Splittwerks ging, § 906 BGB stelle auf die tatsächliche Nutzung ab. Wenn nach den gegebenen Nutzungsverhältnissen Wohnhäuser und Verwaltungsgebäude vorherrschend seien, müsse die Ortsüblichkeit der Staubimmissionen verneint werden, unabhängig davon, ob nach Planungsgesichtspunkten für das betroffene Gebiet nur noch gewerbliche und industrielle Betriebe zugelassen werden sollen, BGH MDR 71, 286 (286); ebenso BGH NJW 58, 1776 (1777), E. v. 30. 4. 1958; Wohl auch BGHZ 38, 61 (62), E. v. 28. 9. 1962.

nungsleitsätze und des Abwägungserfordernisses im Rahmen von Planung und Bau der Anlage, also bei Aufstellung des Bebauungsplanes oder innerhalb des Planfeststellungsverfahrens bei Fernstraßen wird durch die einschlägigen Vorschriften des BBauG und des FStrG sichergestellt[212]. Bezogen auf die Anspruchssystematik, die der Entscheidung BGHZ 54, 384 zugrundelag[213], bedeutete diese restriktive Handhabung des Kriteriums der Ortsüblichkeit auch das völlige Leerlaufen des Anspruchs aus enteignendem Eingriff, der ja in der frühen enteignungsrechtlichen Phase neben der Wesentlichkeit und Unvermeidbarkeit nur die Ortsunüblichkeit der Nutzung zur Voraussetzung hatte.

Das zusätzlich vorgebrachte Argument, dem zufolge die Verkehrsbeeinträchtigungen als Teil der gesamtwirtschaftlichen Lasten zu gelten hätten, deren sich die Anlieger an Verkehrswegen nicht entziehen können, war dagegen innerhalb der Prüfung der Ortsüblichkeit der Nutzung fehl am Platz. Was hier formuliert wurde, waren Fragen der Zumutbarkeit der Beeinträchtigung; bei der hier vorliegenden Systematik hätte dieser Beurteilungsgesichtspunkt im Rahmen der Prüfung des „öffentlich-rechtlichen Entschädigungsanspruchs“, also des öffentlich-rechtlichen Pendants zum Ausgleichsanspruch gemäß § 906 II 2 BGB erörtert werden müssen. Weder die klassische Auslegung der Ortsüblichkeit, die die Bewertung der Ortsüblichkeit der Nutzung ausschließlich im Nutzungsvergleich der Grundstücke erblickte, noch die jetzige planerische Interpretation ließen für derartige Überlegungen Raum[214]. Die Abhandlung einer Zumutbarkeitsfrage im Rahmen des Enteignungsentschädigungsanspruchs war vielmehr als Hilfsbegründung auszulegen, um die Versagung des Enteignungsentschädigungsanspruchs zu unterstreichen. Wohl nicht zuletzt aus der Überlegung heraus, daß die praktizierte Abgrenzung der entschädigungslosen Lärmbeeinträchtigung vom entschädigungspflichtigen enteignenden Eingriff bei Verkehrslärmimmissionen mit dem infolge der planerischen Interpretation seiner Abgrenzungsfunktion beraubtem Merkmal der Ortsüblichkeit nicht trug[215].

---

212 Dazu Marschall / Schroeter / Kastner / Schroeter, S. 485ff., 898; Kodal, 3. A., S. 751ff., 866ff.; Schapp, S. 128.

213 Siehe 5. Kap. II 1 a.

214 Zudem erscheint es bedenklich, Sozialbindung und Enteignung, und darum ging es letztlich bei der Beurteilung der Ortsüblichkeit, mit dem Bestimmungskriterium der gesamtwirtschaftlichen Lasten, also letztlich Gemeinschaftsinteressen abzugrenzen. Leisner hat in seiner Untersuchung „Sozialbindung des Eigentums“ aufgezeigt, daß sich derartige Bestimmungskriterien nicht für eine Grenzziehung zwischen Sozialbindung und Enteignung eignen, da diese Gemeinschaftsinteressen sowohl Voraussetzung der Sozialbindung als auch der Enteignung seien. Gemeinschaftsinteressen legitimieren also die Eigentumsbeschränkung bzw. den Eingriff. Sie sind aber kein Kriterium für die Abgrenzung, Leisner, Sozialbindung, S. 87f., 91.

215 So zutreffend Schapp, S. 129.

3. Das Kriterium der Zumutbarkeit

a) Vorüberlegung

Das Kriterium der Zumutbarkeit erfordert in der frühen enteignungsrechtlichen Phase eine differenzierte Betrachtungsweise, die ihren Grund in der schrittweisen Entwicklung des Enteignungsentschädigungsanspruchs bei Verkehrslärmimmissionen findet. Zunächst zog der BGH die Zumutbarkeit nur zur Grenzziehung i. R. des „öffentlich-rechtlichen Entschädigungsanspruchs" heran, also im Vorfeld dessen, was seiner Ansicht nach der Eigentumsschutz nach Art. 14 GG unter enteignungsrechtlichen Gesichtspunkten fordert[216]. Mit der Preisgabe der Differenzierung zwischen obigem öffentlich-rechtlichen Billigkeitsentschädigungsanspruch und dem Entschädigungsanspruch aus enteignendem Eingriff wurde nicht nur die Enteignungsgrenze vorverlagert, sondern auch gleichzeitig das Zumutbarkeitskriterium in den Mittelpunkt der enteignungsrechtlichen Grenzziehung gerückt[217].

b) Erfordernis der besonderen Schwere der Beeinträchtigung

In den Entscheidungen vom 30. 10. 1970[218] und 11. 10. 1973[219] behielt der BGH seine bisherige restriktive Linie bei. Beeinträchtigungen über das zumutbare Maß hinaus lagen nur dann vor, wenn sich die Verkehrslärmimmissionen im Einzelfall als besonders schwer darstellten. Im allgemeinen, so das Gericht weiter, müsse auch auf Wohngrundstücken in unmittelbarer Nähe von Autostraßen der davon ausgehende Verkehrslärm hingenommen werden[220]. Auf den ersten Blick schien der BGH zwar mit dem Erfordernis der besonderen Schwere der Beeinträchtigung darauf verzichtet zu haben, in Anlehnung an die Vorentscheidungen[221] nur ausnahmsweise unter Zugrundelegung strengster Anforderungen eine Unzumutbarkeit der Lärmbeeinträchtigung anzunehmen. Mit dem Nachsatz machte das Gericht jedoch deutlich, daß auch dem „öffentlich-rechtlichen Entschädigungsanspruch" nur Ausnahmecharakter zukomme, da auch bei in unmittelbarer Nähe von Verkehrsanlagen gelegenen Wohngrundstücken der Verkehrslärm von den Betroffenen im allgemeinen, so das Gericht, hinzunehmen sei[222]. Hier wirkte sich augenscheinlich wieder die fiskalpolitische Vorstellung

---

[216] Siehe oben 3. Kap. II 1 a, b, 3 c.
[217] Hierzu 4. Kap. III 2, 3.
[218] BGHZ 54, 384.
[219] BGHZ WM 73, 1421.
[220] BGHZ 54, 384 (391); BGH WM 73, 1421 (1422).
[221] BGHZ 49, 148 (151) m.w.N.
[222] BGHZ 54, 384 (391).

aus, die öffentliche Hand nicht durch Zubilligung größerer Entschädigungsleistungen über Gebühr zu belasten mit der Folge einer Hemmung der infrastrukturellen Entwicklung.

Die Entscheidung über die Zumutbarkeit der Verkehrslärmimmissionen fällte der BGH in der Entscheidung vom 30. 10. 1970 außerhalb seiner bisher üblichen typologischen Überlegungen. Weder das Merkmal der Existenzzerstörung noch das Schutzgut Gesundheit fanden Berücksichtigung. Hatte die bisher geübte Praxis typologisch, von engen Fallgruppen her, dem wertausfüllungsbedürftigen Tatbestandsmerkmal der Zumutbarkeit Kontur zu geben, zumindest ansatzweise für eine griffigere Handhabung dieses Kriteriums gesorgt, schuf der BGH mit der Billigung der vom OLG angewandten Formel der besonderen Schwere neben neuerlichen Abgrenzungsproblemen auch erhebliche Rechtsunsicherheit auf seiten der Lärmbetroffenen. Der Versuch, einem wertausfüllungsbedürftigen Tatbestandsmerkmal mit unbestimmten Rechtsbegriffen wie der „besonderen Schwere“ Kontur zu verleihen, muß schon im Ansatz als verfehlt bezeichnet werden, zumal es sich der BGH in der Entscheidung BGHZ 54, 384 mit der Qualifizierung des „öffentlich-rechtlichen Entschädigungsanspruchs“ als öffentlich-rechtliche Billigkeitsentschädigung unterhalb der enteignend wirkenden Beeinträchtigungsschwelle selbst verwehrt hatte, die Abgrenzung nach Gesichtspunkten der Schweretheorie, der er sich ja im Verkehrslärmimmissionsbereich angenähert hatte[223], vorzunehmen. Derart ungriffige und inhaltlich weite Konkretisierungsversuche des Zumutbarkeitskriteriums forderten die Einbeziehung von quantitativen Kriterien, etwa Lärmimmissionsgrenzwerte, in den Abgrenzungsvorgang geradezu heraus[224]. Diesen Ansatz gab der BGH dann auch in der Entscheidung vom 11. 10. 1973 auf[225]. Anstelle der besonderen Schwere zog der III. Zivilsenat zur Konkretisierung des Zumutbarkeitskriteriums wieder das bereits in der privatrechtlichen Phase herausgearbeitete Merkmal der Gesundheitsstörung heran. Eine Verschiebung der Zumutbarkeitsgrenze erfolgte jedoch nicht. Ebenso wie in den Vorentscheidungen wurden die strengen Voraussetzungen hervorgehoben, die an die Unzumutbarkeit der Verkehrslärmimmissionen und damit an den Entschädigungsanspruch des Straßenanliegers gestellt sind[226]. An unzutreffender Stelle[227], bei der Prüfung der Ortsüblichkeit der störenden Nutzung, machte das Gericht in der Entscheidung BGHZ 54, 384 weitere Ausführungen zur Zumutbarkeitsfrage. Der Straßenanlieger, so das Gericht, habe die lästigen Auswirkungen auch des überörtlichen Verkehrs als Teil der gesamtwirtschaftlichen

---

223 Siehe oben 3. Kap. III 2 b.

224 So auch Fickert, BauR 73, 1 (3f.); Leisner, NJW 75, 233 (236); Klosterkötter, KdL 74, 29 (30); Peine, DÖV 79, 812 (817).

225 BGH WM 73, 1421.

226 BGH WM 73, 1421 (1422).

227 Dazu oben 3. Kap. III 2 b.

Lasten zu tragen[228]. Eine zutreffende Begründung hierzu wurde jedoch nicht geliefert. Denn das Standardargument, den lärmgeschädigten Nachbarn erwüchsen durch die beeinträchtigende Infrastrukturanlage auch beträchtliche Vorteile[229], verschlägt gerade angesichts besonders lärmintensiver Straßen mit hohem überörtlichem Verkehrsaufkommen[230]. In Wahrheit wurde der betroffene Straßenanlieger neben der zu duldenden Immissionsbelastung auch entschädigungsrechtlich benachteiligt, ohne daß ein anderer Grund als die zufällige Lage des Grundstücks an dem Verkehrsweg ersichtlich war[231]. Es ist nicht einzusehen, daß den etwas weiter entfernt stehenden und durch Nebenstraßen mit der beeinträchtigenden Anlage verbundenen, aber nicht mehr immissionsbelasteten Grundstücken kein oder nur ein geringer Nutzen an dem emittierenden Verkehrsweg zukommt. Der Hauptnutzen aus einer überörtlichen Straße, und diesen Befund versuchte der BGH zu verschleiern, kommt im wesentlichen der Allgemeinheit zugute[232].

Mit der Bestimmung der Zumutbarkeit der Verkehrslärmbeeinträchtigung einseitig nach den Notwendigkeiten des Verkehrs und unter Zugrundelegung fiskalischer Überlegungen hatte der BGH die Zumutbarkeitsschwelle weiterhin sehr hoch angesetzt. Für seine Haltung fand das Gericht im Ausgleichsanspruch nach § 906 II 2 BGB, der ja das zivilrechtliche Pendant zum „öffentlich-rechtlichen Entschädigungsanspruch" darstellen sollte[233], keinen Rückhalt, der Gesetzgeber hatte den Ausgleichsanspruch nicht als Ausnahmetatbestand mit hoher Zumutbarkeitsschwelle normiert[234]. Dies hätte zumindest in der Phase der strengen Parallelisierung zwischen privatrechtlichen und öffentlich-rechtlichen Duldungspflichten bzw. Entschädigungsansprüchen berücksichtigt werden müssen. Statt dessen erfolgt die Bewertung der Zumutbarkeit wie bisher einseitig zu Lasten des Betroffenen mit der Folge der nur ausnahmsweisen Entschädigungsgewährung.

V. Umfang der Entschädigungsansprüche

Hinsichtlich der Entschädigungsbemessung wurde sowohl beim Enteignungsentschädigungsanspruch wie auch beim „öffentlich-rechtlichen Entschädigungsanspruch" nicht zwischen Aufwendungen des Nachbarn für

[228] BGHZ 54, 384 (390).

[229] BGHZ 49, 148 (150).

[230] Bullinger, VersR 72, 599 (604), Anm. 30; Meyer, S. 241; Westermann, Festschrift für Larenz, S. 1015f.

[231] Westermann, a.a.O., S. 1016.

[232] Zu dieser Erkenntnis gelangte der BGH erst in späteren Verkehrslärmentscheidungen, so in der Entscheidung vom 20. 3. 1975, BGHZ 64, 220 (229).

[233] Vgl. oben 3. Kap. II 1 a.

[234] Dehner, § 16 V 2, S. 382; Erman / Hagen, § 906 BGB, Rdnr. 16; Palandt / Bassenge, § 906 BGB 5 b, dd.

Lärmschutzmaßnahmen und dem aus den Lärmbeeinträchtigungen resultierenden Minderwert des Grundstücks unterschieden[235]. Die Bemessung der Enteignungsentschädigung sollte nach der erlittenen Wertminderung erfolgen[236], d.h. voller Wertausgleich des erlittenen Substanzverlustes. Die Höhe möglicher Schallschutzaufwendungen, nicht identisch mit dem Substanzverlust, blieb unberücksichtigt. Beim „öffentlich-rechtlichen Entschädigungsanspruch" gewährte das Gericht Geldausgleich in Anlehnung an die Grundsätze der Enteignungsentschädigung[237].

VI. Zusammenfassung des dritten Kapitels

Die ausschließlich privatrechtliche Behandlung des Verkehrslärmimmissionskonflikts bei öffentlichen Straßen und damit die privatrechtliche Qualifizierung der Entschädigungs- und Ausgleichsansprüche wurde mit der Entscheidung BGHZ 54, 384 durch eine öffentlich-rechtliche Einordnung abgelöst. Die an sich rechtsneutralen Verkehrslärmimmissionen wurden als Annexe den Hoheitsakten der Planfeststellung und Widmung zugeordnet und zu einer öffentlich-rechtlichen Einheit verschmolzen. Als Entschädigungsansprüche wegen hinzunehmender Verkehrslärmimmissionen zog der BGH zunächst noch in strenger Anlehnung an die Anspruchs- und Duldungssystematik des privaten Nachbarrechts den Anspruch wegen enteignendem Eingriffs und ein als „öffentlich-rechtlicher Entschädigungsanspruch" tituliertes, dem § 906 II 2 BGB entsprechendes Rechtsinstitut heran. Diese Differenzierung gab das Gericht in den Folgeentscheidungen auf und charakterisierte auch Entschädigungsansprüche für die Duldung ortsüblicher aber unzumutbarer Lärmimmissionen als Anspruch aus enteignendem Eingriff.

Um die entschädigungsfreien, im Bereich der Sozialbindung des Grundeigentums verorteten Lärmbeeinträchtigungen vom enteignenden Eingriff abzugrenzen, versuchte der BGH, auf die Verwendung der üblichen Abgrenzungsgroßformeln zu verzichten. In Anlehnung an das private Nachbarrecht verlangte das Gericht als Voraussetzung für den enteignenden Eingriff eine Beeinträchtigung von hoher Hand, die die Grenzen dessen zu überschreiten habe, was der Nachbar nach § 906 BGB entschädigungslos hinnehmen müsse, mit der Folge, daß die Tatbestandsmerkmale des § 906 BGB auch als Abgrenzungskriterien für den Enteignungsentschädigungsanspruch herangezogen wurden. Dabei gelang es dem BGH nicht, die gegen eine Grenzzie-

---

235 Dazu Meyer, S. 241.

236 BGHZ 48, 98 (105); 54, 384 (387); BGH WM 73, 1338 (1339); BGH MDR 74, 29 (29), E. v. 4. 10. 1973.

237 Meyer, S. 241.

hung im öffentlichen Recht mit Hilfe privatrechtlicher Maßstäbe gerichteten dogmatischen Bedenken zu zerstreuen.

Die veränderte rechtliche Einordnung brachte, verglichen mit der Lärmimmissionsrechtsprechung der privatrechtlichen Phase, im Bereich der zentralen Abgrenzungskriterien zwar Wandlungen, aber doch keine einschneidenden Veränderungen. Das Tatbestandsmerkmal der Ortsüblichkeit, zunächst noch der zentrale Maßstab für den Entschädigungsanspruch aus enteignendem Eingriff, wurde in den Bereich des Normativplanerischen transformiert. Mit der großzügigen Interpretation, sowohl im Rahmen der Abgrenzung des Vergleichsgebiets, hier in Anlehnung an die Rechtsprechung der privatrechtlichen Phase, als auch bei der Bewertung der Ortsüblichkeit der störenden Nutzung nach Maßstäben, die im Planfeststellungsverfahren bzw. bei der Aufstellung von Bebauungsplänen zu beachten sind, verlor das Kriterium der Ortsüblichkeit jeglichen Rest an Sperrfunktion gegenüber störenden Nutzungen und, was schwerer wog, auch seine Griffigkeit und Abgrenzungsqualität.

Hinsichtlich des Abgrenzungsmaßstabes der Zumutbarkeit der Beeinträchtigung, zunächst nur maßgebend im Rahmen des „öffentlich-rechtlichen Entschädigungsanspruchs", hielt der BGH die zu Lasten des Betroffenen gehende These der ausnahmsweisen Unzumutbarkeit von Verkehrslärmimmissionen mit der Folge der ausnahmsweisen Entschädigungsgewährung aufrecht, ohne daß dieser Ausnahmecharakter des Anspruchs im zivilrechtlichen Pendant des Ausgleichsanspruchs gemäß § 906 II 2 BGB eine Stütze gefunden hätte.

Abschließend ist zu der Entschädigungsrechtsprechung bis zum Erlaß des Bundesimmissionsschutzgesetzes zu bemerken, daß ein erheblicher Teil der Unsicherheiten und Unzulänglichkeiten auf das Fehlen einer klaren gesetzgeberischen Lösung für den Verkehrslärmimmissionsbereich zurückzuführen war.

Viertes Kapitel

Entschädigung für Verkehrslärmimmissionen von öffentlichen Straßen nach Enteignungsgrundsätzen unter Einfluß des Bundesimmissionsschutzgesetzes

I. Einleitung

Das Bundesimmissionsschutzgesetz von 1974[1] veranlaßte den BGH zu einer differenzierten Änderung seiner Rechtsprechung, die erstmals in der Entscheidung vom 20. 3. 1975[2] zum Ausdruck kam und sich im wesentlichen im Bereich der Bestimmung der enteignungsrechtlichen Grenzlinie vollzog.

In dem der Entscheidung vom 20. 3. 1975 zugrunde liegenden Fall begehrte der Eigentümer eines an der zur vierspurigen Ortsdurchfahrt einer Ersatzbundesstraße 1964 ausgebauten Gemeindestraße gelegenen, 1938 erbauten Miethauses einen Geldausgleich für Nachteile, die er durch Verkehrslärmimmissionen erlitten hatte. Die Straße nahm einen erheblichen Teil des Nord/Süd Durchgangsverkehrs durch das Stadtgebiet von Bonn auf, einschließlich des Schwerlastverkehrs. Während die Vorinstanzen die Klage abgewiesen hatten, führte die Revision des Klägers zur Aufhebung des Berufungsurteils und zur Zurückverweisung.

In Übereinstimmung mit der Entscheidung vom 30. 10. 1970[3] hielt der BGH an der öffentlich-rechtlichen Einordnung des Nachbarrechts der öffentlichen Straßen und der enteignungsrechtlichen Betrachtungsweise fest. Wiederum wurden die beim Betrieb der Verkehrsanlage auftretenden an sich rechtsneutralen Lärmimmissionen mit dem hoheitlichen Akt der Widmung der Straße für den Verkehr und der Eröffnung der Straße zu einer öffentlich-rechtlichen Einheit verknüpft. Die Lärmimmission, so der BGH, stellten sich als unmittelbarer hoheitlicher Eingriff in das Anliegereigentum dar[4]. Auch im Bereich der Anspruchsgrundlage führte der BGH den mit den Entscheidungen vom 5. 7. 1971[5] und 10. 11. 1972[6] beschrittenen Weg fort[7]. Er

---

[1] BImSchG v. 15. 3. 1974, BGBl. I 721.

[2] BGHZ 64, 220.

[3] BGHZ 54, 384, siehe 3. Kap. I.

[4] BGHZ 64, 220 (222).

[5] BGH DVBl. 72, 115.

[6] BGHZ 59, 378.

[7] Siehe dazu 3. Kap. II 1 b.

verzichtete auf die Differenzierung zwischen zwei öffentlich-rechtlichen Anspruchstypen, indem er auch dem nachbarrechtlichen Ausgleichsanspruch nach § 906 II 2 BGB als öffentlich-rechtliches Pendant den Anspruch auf Enteignungsentschädigung zuordnete[8].

Danach stand dem Betroffenen ein öffentlich-rechtlicher Anspruch auf Enteignungsentschädigung zu, wenn die Einwirkungen von hoher Hand erfolgten, sich als unmittelbarer Eingriff in nachbarliches Eigentum darstellten und die Grenze dessen überschritten, was der Nachbar nach § 906 BGB entschädigungslos hinzunehmen hat[9], also in der überkommenen enteignungsrechtlichen Terminologie des BGH ausgedrückt, wenn dem Anlieger in diesen Fällen einseitig eine Last durch die von dem Verkehrsweg ausgehenden Umweltbeeinträchtigungen aufgebürdet wurde, die sich als Sonderopfer darstellte[10]. Die enteignungsrechtliche Betrachtungsweise stützte der BGH zusätzlich mit dem Hinweis auf den nunmehr in § 42 BImSchG geregelten Fall einer Enteignungsentschädigung[11] für Lärmimmissionen von neuangelegten oder wesentlich geänderten Straßen. Das Gericht sah darin eine Grundsatzentscheidung des Gesetzgebers, der auch Bedeutung für die Lärmimmissionen von alten Verkehrswegen zukommen sollte und daneben eine Bestätigung für seinen bisherigen dogmatischen Ansatzpunkt in Form der Rechtsfigur des enteignenden Eingriffs[12]. Weiter war die Entscheidung vom 20. 3. 1975 durch eine neuartige Aufspaltung des bisher einheitlichen Enteignungsentschädigungsanspruchs in zwei nach Voraussetzung sowie Art und Weise der Entschädigungsleistung unterschiedliche Enteignungsentschädigungsansprüche gekennzeichnet, die sich bis in die neuesten Entscheidungen findet.

Im folgenden wird der Enteignungsentschädigungsanspruch bei Beeinträchtigung der Wohnfunktion des Eigentums untersucht.

II. Die Bestimmung der Enteignungsschwelle bei Beeinträchtigung der Wohnfunktion des Eigentums

Die Grenzziehung zwischen entschädigungsloser Hinnahmepflicht der Verkehrslärmimmissionen im Rahmen der Sozialbindung des Grundeigentums und enteignend wirkenden und damit entschädigungspflichtigen Eingriffen vollzog der BGH in Übereinstimmung mit den Vorentscheidungen[13] mit Hilfe der nachbarrechtlichen Immissionsregelung des § 906 BGB.

---

[8] BGHZ 64, 220 (222).

[9] BGHZ 64, 220 (222).

[10] BGHZ 64, 220 (229).

[11] Zu dem daraus folgenden Meinungsstreit vgl. 4. Kap. III 2 d bb.

[12] BGHZ 64, 220 (226).

[13] BGHZ 48, 98 (101); 54, 384 (389); 59, 378 (379), für Militärfluglärm; BGH WM 73, 1338 (1339) E. v. 4. 10. 1973; BGH WM 73, 1421 (1422), E. v. 11. 10. 1973.

§ 906 BGB, so das Gericht in seiner Standardformel, beschreibt die Grenze dessen, was der Anlieger gegenüber hoheitlich verursachten Immissionen entschädigungslos hinnehmen müsse[14]. Dieser Rückgriff auf den Toleranzrahmen des § 906 BGB war seit der Entscheidung vom 5. 7. 1971[15] dahin zu verstehen, daß der Entschädigungsanspruch aus enteignendem Eingriff auch die Maßstäbe des § 906 II 2 BGB mitumfaßte[16]. Entschädigungslos hinzunehmen sind nach dem Wortlaut des § 906 II 1, 2 BGB nur die wesentlichen, unvermeidbaren sowie ortsüblichen Immissionen, die in ihrer Intensität den Nachbarn weder in der ortsüblichen Nutzung seines Grundstücks, noch dessen Ertrag über das zumutbare Maß hinaus beeinträchtigen. In Folge der planerisch-normativen Interpretation des Merkmals der Ortsüblichkeit bildete diese Zumutbarkeit in den neueren Entscheidungen des BGH das eigentlich beherrschende Abgrenzungskriterium. Im Rahmen der Zumutbarkeitsprüfung fand die Wertentscheidung des BImSchG für die Gewährleistung gesunder Wohnverhältnisse Berücksichtigung, die, so der BGH, nun die Grenze dessen bestimme, von der ab der betroffene Eigentümer die Verkehrslärmimmissionen nicht mehr im Rahmen der Sozialbindung des Eigentums entschädigungslos hinzunehmen habe[17].

III. Die zentralen Abgrenzungskriterien

1. Das Kriterium der Ortsüblichkeit der störenden Nutzung

Mit der Transformierung der ursprünglich auf den engen überschaubaren Raum gerichteten Ortsüblichkeit zu einem abstrakte Gebiete umfassenden Abgrenzungsmaßstab und der immissionsbegünstigenden, von Planungsgesichtspunkten geprägten Betrachtungsweise, die den Verkehr auf Straßen als deren ortsübliche Nutzung auffaßte, wurde dem Kriterium der Ortsüblichkeit, wie bereits aufgezeigt, seine Abgrenzungsfunktion entzogen. Hier setzte dann der BGH auch nicht den rechtlichen Hebel an, mit dem er einem gewandelten Umweltbewußtsein in der Bevölkerung, als dessen äußerer Ausdruck das Bundesimmissionsschutzgesetz zu verstehen ist, Rechnung zu tragen versuchte. Denn einmal sperrt sich die Ortsüblichkeit als ein von, zumindest ursprünglich, räumlich gegenständlichen Realfaktoren bestimmtes Abgrenzungskriterium gegenüber derartigen Bestrebungen. Auch ist sie nicht der Ort, um gesellschaftliche Strömungen und Entwicklungen widerzuspiegeln. Zwar interpretierten RG und BGH den Begriff der Ortsüblichkeit als anpassungsfähig, dies jedoch in erster Linie im Hinblick auf die

---

[14] BGHZ 64, 220 (222).
[15] BGH DVBl. 72, 115; siehe dazu 3. Kap. II 1 b.
[16] BGHZ 64, 220 (223).
[17] BGHZ 64, 220 (226, 227).

technisch-wirtschaftliche Entwicklung[18]. Die Ortsüblichkeit von Straßenlärmimmissionen wurde auch in der Entscheidung vom 20. 3. 1975 als selbstverständlich vorausgesetzt, ebenso in den folgenden Urteilen[19], immer unter Berufung auf die Ausführungen in der Entscheidung vom 30. 10. 1970[20].

Gleiches gilt, das sei kurz anzumerken, für die Kriterien der Wesentlichkeit und Unvermeidbarkeit der Lärmbeeinträchtigung, hier wurde die bisherige Linie kontinuierlich fortgeführt, und die Feststellungen der Berufungsgerichte, die diese Kriterien als erfüllt ansahen, stets bejaht.

2. Das Kriterium der Zumutbarkeit in der Entscheidung BGHZ 64, 220

a) Bestimmung der Zumutbarkeitsschwelle unter Berücksichtigung der Wertentscheidung des Bundesimmissionsschutzgesetzes

Für die Frage der Zumutbarkeit von Verkehrslärmimmissionen markierte die Entscheidung vom 20. 3. 1975 einen bedeutenden Wendepunkt. Das Gericht schränkte unter Einfluß des BImSchG seine bisherige Rechtsprechung ein, die die Zumutbarkeitsschwelle sehr hoch veranschlagt hatte und die Unzumutbarkeit der Lärmbeeinträchtigung erst bei besonders schweren wirtschaftlichen Opfern oder bei Gesundheitsbeeinträchtigungen gegeben sah[21]. Ein ausschließliches Abstellen auf das untragbare Opfer, so der BGH einleitend, überspanne den Maßstab der Zumutbarkeit in einer Weise, die durch die Sozialbindung des Eigentums gemäß Art. 14 II GG nicht mehr zu rechtfertigen sei[22]. Daher bedürfe seine bisherige Rechtsprechung[23] unter dem Einfluß der Wertentscheidung des BImSchG für gesunde, von schädlichen Umwelteinflüssen möglichst freizuhaltende Wohnverhältnisse der Einschränkung[24].

In seinen folgenden Ausführungen setzte sich das Gericht zunächst umfassend mit den Leitmotiven des vorstehend genannten Gesetzes auseinander. Zweck des BImSchG sei es unter anderem, die Menschen vor schädlichen Umwelteinwirkungen zu schützen. Also vor Immissionen, die nach Art, Ausmaß und Dauer geeignet sind, Gefahren, erhebliche Nachteile oder erhebliche Belästigungen für die Allgemeinheit oder die Nachbarschaft herbeizuführen, § 3 I BImSchG[25]. Diese neue Regelung, so der BGH, erstrebe

---

[18] RGZ 154, 161 (164); BGH NJW 62, 1342 (1343), E. v. 30. 5. 1962.

[19] BGH WM 76, 1064, E. v. 12. 2. 1976; BGH NJW 77, 894, E. v. 13. 1. 1977; NJW 78, 318, E. v. 14. 7. 1977; BGH DVBl. 78, 110, E. v. 10. 11. 1977; BGH NJW 80, 582, E. v. 25. 10. 1979.

[20] BGHZ 54, 384 (389)

[21] Siehe oben 2. Kap. V 2 d, 3. Kap. IV 3 b.

[22] BGHZ 64, 220 (223).

[23] BGHZ 49, 148 (153); 54, 384 (391).

[24] BGHZ 64, 220 (223).

eine Verbesserung des Umweltschutzes. Freisein von Krankheit und körperliches, seelisches und soziales Wohlbefinden[26] setzten neben anderem bestimmte, dem Menschen gemäße Lebensbedingungen voraus. Hierzu gehörten auch die den Lebensraum prägenden Umweltbedingungen. Zwar vermöge der menschliche Organismus infolge seiner außerordentlichen Anpassungsfähigkeit störende Umwelteinflüsse, eine Erscheinung der heutigen Zivilisation, bis zu einem gewissen Grad auszugleichen, eine allzu starke Verfremdung der adäquaten äußeren Lebensbedingungen erzeuge jedoch, offen oder versteckt, Krankheiten, körperliche, seelische oder soziale Störungen oder begünstige sie[27].

Mit dieser einleitenden Analyse versuchte der BGH, ein gewandeltes Umweltbewußtsein zu erfassen und zur Konkretisierung des wertausfüllungsbedürftigen Tatbestandsmerkmals der Zumutbarkeit aufzuarbeiten. Denn das Kriterium der Zumutbarkeit ist ein wertausfüllungsbedürftiges Tatbestandsmerkmal, das auch dem Wandel der gesellschaftlichen Auffassung unterliegt[28]. Das gewandelte Umweltverständnis in weiten Teilen der Bevölkerung zu Beginn der siebziger Jahre, das Anzweifeln der bis dahin vorherrschenden Wachstumsvorstellungen auf Kosten der Umwelt konnte und mußte daher innerhalb der Zumutbarkeitsfrage Berücksichtigung finden. Gleichzeitig eröffnete sich das Gericht argumentativ den Weg zu einer tiefgreifenden Neuorientierung der Zumutbarkeitsgrenze im Bereich der Immissionsbelastungen. Bezogen auf die Lärmsituation an öffentlichen Verkehrsanlagen wurde eine deutliche Beschränkung dessen signalisiert, was der Anlieger bisher an Lärmbeeinträchtigungen entschädigungslos hinzunehmen hatte.

Nach Ansicht des BGH fand dieser grundlegende Wertmaßstab in den speziell auf den Bereich der verkehrsbedingten Immissionsbeeinträchtigungen zugeschnittenen §§ 41 - 43, 50 BImSchG seine besondere, die spezifischen Belange des nachbarrechtlichen Immissionsverhältnisses erfassende Ausformung und Konkretisierung. Mit Hilfe dieser Normen suchte das Gericht die eingangs herausgearbeitete Grundwertung zu einer konkreten Verminderung der entschädigungslosen Immissionsbelastung zu verdichten. Die §§ 41 - 43, 50 BImSchG beinhalten eine umfassende Regelung des verkehrsbezogenen Immissionsschutzes für neu angelegte oder wesentlich geänderte Straßen[29]. Die Vorschriften sehen einen lückenlosen, drei Stufen

---

25 In Anlehnung an die amtliche Begründung zu § 1 des Regierungsentwurfs zum BImSchG, BT-Drucks. 7/179.

26 Dies entspricht der Gesundheitsdefinition der WHO.

27 BGHZ 64, 220 (224).

28 Vgl. 2. Kap. V 2 b.

29 Vgl. dazu Engelhard, BImSchG, § 41, Rdnr. 2 ff.; Jarass, BImSchG, Vorbem. vor §§ 41 - 43, Rdnr. 1 ff.; Stich / Porger, BImSchG, § 41, Rdnr. 1 ff.; Ule / Laubinger, BImSchG, § 41, Rdnr. 1 ff.

umfassenden Schutz vor Immissionen vor, der bereits bei der Planung der Verkehrsflächen einsetzt[30]. Sofern durch eine umweltfreundliche Trassierung der Straße i.S. des § 50 BImSchG kein ausreichender Lärmschutz erzielt werden kann, sind gemäß § 41 I BImSchG notwendige Lärmschutzmaßnahmen beim Bau der Verkehrswege zu treffen, die die nach dem Stand der Technik vermeidbaren Verkehrsgeräusche ausschalten. Sind derartige bauliche Schutzmaßnahmen[31] im Straßenbereich nach dem Stand der Technik nicht möglich oder würden die Kosten außer Verhältnis zum angestrebten Schutzzweck stehen, kann von Lärmschutzmaßnahmen an den Verkehrswegen abgesehen werden. Dennoch verschiebt sich in diesen Fällen nicht die Zumutbarkeitsgrenze zu Lasten der Anlieger, ihr Schutz wird auf andere Weise sichergestellt. Denn nach der dritten und letzten Stufe ist bei Lärmbeeinträchtigungen, die bestimmte Immissionsgrenzwerte[32] überschreiten oder zu überschreiten drohen, ein finanzieller Ersatz in Form einer Enteignungsentschädigung[33] für den Betroffenen vorgesehen, §§ 41 II, 42 I BImSchG, die für Schallschutzmaßnahmen an der baulichen Anlage[34] in Höhe der gemachten notwendigen Aufwendungen zu erbringen ist. Die Enteignungsentschädigung kommt demnach erst in Betracht, wenn auf den vorangegangenen Stufen kein Schutz vor Verkehrslärm erreicht werden konnte.

Zwar stand einer unmittelbaren Anwendung dieser Vorschriften bzw. den darin enthaltenen Rechtsgedanken, wie auch des BImSchG insgesamt entgegen, daß es sich im zu entscheidenden Fall um eine Verkehrsanlage handelte, die vor dem 1.4.1974, also vor Inkrafttreten des BImSchG fertiggestellt worden war, und der BGH über Immissionen zu entscheiden hatte, die vor und nach diesem Zeitpunkt entstanden waren. Ebenso mußte eine analoge Anwendung entfallen, weil durch diese eine Rückwirkung auf alte Tatbestände nicht erreicht werden kann[35].

Das Gericht löste dieses Problem, rechtstechnisch gesehen, mit Hilfe einer Rückberücksichtigung des BImSchG bei der Altrechtsauslegung[36]. Hinsichtlich des § 43 I 1 Nr. 1 BImSchG und der dazu bis heute nicht erlassenen Rechtsverordnung[37] machte der BGH von einer Vorberücksichtigung

---

30 Vgl. Protokoll über die 74. Sitzung des Deutschen Bundestages am 18. 1. 1975, S. 4685, 4688 und Bericht des Innenausschusses, BT-Drucks. 7/1513, S. 3.

31 z.B. Lärmschutzwälle, -wände, -zäune, Bepflanzungen, Tunnel.

32 Auf den Erlaß der hierfür maßgebenden Rechtsverordnung wurde endgültig verzichtet. Das BImSchG spricht in §§ 42 I und 43 I 1 Nr. 1 zwar von Grenzwerten, meint damit aber nur je einen unterschiedlichen Wert für Eisenbahnstrecken und öffentliche Straßen, keinesfalls verschiedene Grenzwerte für unterschiedliche Gebietsarten.

33 So BGHZ 64, 220 (225); zu den heterogenen Stellungnahmen des Schrifttums siehe 4. Kap. III 3 d bb.

34 Einbau von Schallschutzfenstern etc.

35 Larenz, Methodenlehre, S. 366ff.

36 Hierzu ausführlich Kloepfer, JuS 76, 436 (436f.).

37 In den Beratungen als Straßenschallschutzverordnung bezeichnet.

Gebrauch, die das Altrecht im Hinblick auf künftiges Neurecht interpretierte[38]. Die Wertentscheidung des BImSchG für eine Verstärkung des Umweltschutzes, speziell im Bereich der Verkehrslärmimmissionen, wirke sich, so der BGH, auf den Maßstab aus, an dem der Inhalt und die sozialen Schranken des Wohnungseigentums auszurichten sind. Das dem Eigentümer zumutbare Maß von Einwirkungen (§ 906 II 2 BGB) verringere sich in dem Umfang, in dem die Wohnfunktion des Eigentums rechtliche Anerkennung erfahre. Eine derartige Aussage, so der BGH, könne gemacht werden, bevor die Rechtsverordnung über die Immissionsgrenzwerte, § 43 I 1 Nr. 1 BImSchG, vorliege. Mit der Anerkennung des hohen Ranges gesunden Wohnens durch den Gesetzgeber sei es nicht mehr zu vereinbaren, enteignende Eingriffe nur ganz ausnahmsweise, d.h. bei besonders schwerer Beeinträchtigung zuzuerkennen[39].

b) Bestimmung der Zumutbarkeitsschwelle unter Berücksichtigung eines abstrakten Immissionsgrenzwertes

Zusätzlich zu der Absenkung der Zumutbarkeitsschwelle ging der BGH noch einen Schritt weiter. Anders als bisher[40] sollte nicht mehr der besonders liegende Einzelfall für die Bewertung der Zumutbarkeit der Verkehrslärmimmissionen ausschlaggebend sein, das Gericht machte deutlich, seinen Entscheidungsprozeß künftig auf quantitativ-abstrakte Kriterien stützen zu wollen. Der BGH ließ erkennen, daß er die Abgrenzung zwischen entschädigungsloser Sozialbindung des Eigentums und Enteignung im Verkehrslärmimmissionsbereich mit Hilfe eines Immissionsgrenzwertes vorgenommen hätte, wenn die diesbzgl. Rechtsverordnung gemäß §§ 42 I, 43 I 1 Nr. 1 BImSchG zum damaligen Zeitpunkt vorgelegen hätte[41].

Der Rechtsbegriff des Immissionsgrenzwertes war vom Gesetzgeber für den Bereich des Immissionsschutzes geschaffen worden. Immissionsgrenzwerte, ihnen entsprechen grundsätzlich die Begriffe der Immissionswerte[42] und Immissionsrichtwerte[43], sind allgemein als Konkretisierung des Begriffs der schädlichen Umwelteinwirkung zu verstehen und kennzeichnen die Grenze zwischen schädlichen und unschädlichen Umwelteinwirkungen[44]. Während den Immissionswerten jedoch nur indikatorische Bedeutung zukommt – im Einzelfall kann ein Überschreiten zulässig sein, es müssen

---

[38] Kloepfer, a.a.O., S. 439, 441.
[39] BGHZ 64, 220 (224, 227).
[40] Grundlegend dazu BGHZ 6, 270 (278); für den Bereich der Verkehrslärmrechtsprechung insbes. BGHZ 49, 148 (152); 54, 384 (391).
[41] BGHZ 64, 220 (227).
[42] Vgl. § 48 I BImSchG.
[43] Vgl. die TA Lärm.
[44] Vgl. § 43 I 1 Nr. 1 BImSchG; dazu Baltes, BB 78, 130 (132).

nur die besonderen Umstände aufgeführt werden[45], so Nr. 2213 der TA Lärm[46] – sollten die Immissionsgrenzwerte gemäß §§ 43 I 1 Nr. 1, 41, 42 I BImSchG zwingende Grenzen darstellen, bei deren Überschreiten in jedem Fall von seiten des Gesetzes eine schädliche Umwelteinwirkung angenommen und eine dem Schutz des Betroffenen dienende Rechtsfolge auszusprechen war. Der Begriff „Immissionsgrenzwert" macht dies auch sprachlich deutlich. Im allgemeinen Sprachgebrauch ist ein „Grenzwert" wesentlich limitierender als ein „Richtwert", der mehr als Ausdruck des Wünschbaren und Angemessenen anzusehen ist[47]. Ein Immissionsgrenzwert kann daher auch nicht die individuelle Lärmempfindlichkeit und die unterschiedliche Einstellung des einzelnen Betroffenen zu Geräuschimmissionen berücksichtigen, er stellt auf den durchschnittlich Lärmempfindlichen ab[48]. Für die Rechtsverordnung gemäß § 43 I 1 Nr. 1 BImSchG war ein einzelner[49] auf einem Mittelungspegel basierender Grenzwert vorgesehen, in dB (A)[50] ausgedrückt. Die Wahl eines Mittelungspegels sollte sicherstellen, mit einer einzigen Zahl trotz des bei Verkehrslärm schwankenden Pegelverlaufs ein annähernd richtiges Maß für die Störwirkung der Geräusche anzugeben[51].

Nun wies der Bundesgesetzgeber gerade den Immissionsgrenzwerten des § 42 BImSchG noch eine ungleich bedeutendere Aufgabe zu. Innerhalb des Anwendungsbereichs dieser Norm sollte der Immissionsgrenzwert Inhalt

---

[45] Feldhaus, BImSchG, § 5, Rdnr. 5, § 48, Rdnr. 5; für Sonderfälle wird ein Überschreiten der Immissionswerte ausdrücklich zugelassen, vgl. Nr. 2.24 der TA Lärm.

[46] Technische Anleitung zum Schutz gegen Lärm v. 16. 7. 1968, Beilage zum Bundesanzeiger Nr. 137 v. 26. 7. 1968.

[47] Klosterkötter, KdL 1976, 1 (3).

[48] Vgl. Fickert, BauR 76, 1 (11).

[49] Fickert, BauR 76, 1 (10); Korbmacher, DÖV 76, 1 (3f.); Schroeter, DVBl. 76, 759 (760).

[50] Da das menschliche Ohr unterschiedlich hohe Töne bei demselben Schalldruckpegel verschieden laut empfindet, ist also auch die Frequenz, die die Tonhöhe bestimmt, mit zu berücksichtigen, und zwar durch eine Bewertung des Schallpegels.

Um im gesamten Hörbereich die gleiche Lautstärke zu erzielen, muß der Schallpegel je nach Tonhöhe verschieden stark bewertet werden. Diese Bewertung erfolgt anhand der sog. Bewertungskurve A. Der A-bewertete Schalldruckpegel dB (A) (definiert als

$$L = 20 \times 10 \text{ Log } 10 \frac{P}{PO} \text{ (dB)}$$

dabei ist der Bezugsschalldruck *PO* so gewählt, daß ein Ton von 1000 HZ, also Schwingungen pro Sekunde, mit diesem Schalldruck gerade wahrgenommen wird, es handelt sich um die sog. Höhrschwelle, $L = 0$ dB) unterscheidet sich von dem physikalischen Maß dB durch die geringere Berücksichtigung tieffrequenter Geräusche, für die das menschliche Ohr weniger empfänglich ist.

Gerade bei breitbandigen Verkehrsgeräuschen korreliert der A-bewertete Schallpegel auch besser mit der tatsächlichen Störwirkung als andere Filter, vgl. Cramer / Lamarque / Soell, Schutz gegen Fluglärm, S. 48; Schmidt / Thews, S. 306f.; Silbernagl, S. 296.

[51] Fickert, BauR 73, 1 (2); stenogr. Protokoll der 39. Sitzung BT-Ausschuß für Verkehr vom 8. 11. 1978, Frage A. 2, S. 25.

und Schranken des den Verkehrswegen benachbarten bebauten Grundeigentums festlegen, also mithin den Bereich der entschädigungslosen Sozialbindung des Grundeigentums generell abstecken[52]. Diese gesetzgeberische Vorstellung mache sich der BGH nun bei seinen Überlegungen für eine künftige Bewertung der Zumutbarkeit von Verkehrslärmimmissionen zu eigen. Er sprach dem damals wie heute nicht bezifferten Immissionsgrenzwert die Funktion zu, künftig die zu duldende, also zumutbare Verkehrslärmbeeinträchtigung und damit den Bereich der entschädigungslosen Sozialbindung des Eigentums zu bestimmen. Der BGH hätte also mit Hilfe eines quantitativen Kriteriums, dem gemäß § 43 I 1 Nr. 1 BImSchG noch zu beziffernden Immissionsgrenzwert die enteignungsrechtliche Grenzziehung sowohl für Immissionsfälle von bereits existierenden als auch von neu angelegten Straßen vorgenommen[53].

Zur Begründung deutete der BGH zunächst auf das vom BImSchG vorgegebene „Programm", also jene Wertentscheidung für eine Verstärkung des Umweltschutzes, der das Gericht mit eine Maßstabsfunktion für die Ausrichtung von Inhalt und Schranken des Wohneigentums zuwies, und die sich nach Ansicht des Gerichts auch auf den durch Rechtsverordnung gemäß § 43 I 1 Nr. 1 BImSchG zu beziffernden Immissionsgrenzwert auswirken müßte[54]. Der BGH unterstrich seine Ausführungen insbesondere mit dem Hinweis auf die Entscheidung des Gesetzgebers, § 42 BImSchG als Enteignungsentschädigungsregel auszugestalten. Diese Vorschrift verlange die Überschreitung einer durch den Immissionsgrenzwert definierten Lärmschwelle, somit bestimme dieser Grenzwert neben dem Schutz der Nachbarschaft vor schädlichen Umwelteinwirkungen durch Geräusche allgemein den Bereich der entschädigungslosen Sozialbindung des Eigentums[55]. Eine Enteignung kam also, in der entsprechenden Terminologie des BGH zu Ende gedacht, nur in Frage, wenn die Verkehrslärmimmissionen über den durch die Immissionsgrenzwerte abgesteckten Bereich hinaus das Wohnungeigentum des Straßenanliegers beeinträchtigten.

Allerdings wurde auf die Erörterung der entscheidenden Frage verzichtet, ab welchem Grenzwert eine unzumutbare Beeinträchtigung, der materiell

---

[52] So BGHZ 64, 220 (227); zustimmend in der Literatur Battis, NJW 76, 936 (936); Engelhard, BImSchG § 42, Rdnr. 2; Meyer, S. 252 f.; wohl auch Korbmacher, DÖV 76, 1 (1); Peine, DÖV 79, 812 (814); Stich / Porger, BImSchG § 42, Rdnr. 2 ff.; Ule, BImSchG § 42, Rdnr. 1 f.

[53] BGHZ 64, 220 (228, 229); dazu Aicher, S. 217; Battis, NJW 76, 936 (936); v. Heyl, DÖV 75, 603 (604); Kastner, NJW 75, 2319 (2320, 2321); Kersten, BayVBl. 75, 625 (626); Meyer, S. 243; Peine, DÖV 79, 812 (815); Schroeter, DVBl. 76, 759 (761, 762), ders., Aktuelle Probleme des Straßenrechts, S. 97 f.; Schmidt-Aßmann, Lärmschutz, S. 20; Speiser, NJW 75, 1101 (1101 f.); a. A. Westermann, Festschrift Ernst, S. 515, der keinen Bezug zwischen Zumutbarkeitsgrenze und Grenzwert erkennt, insbesondere, da die Rechtsverordnung zum Entscheidungszeitraum noch gar nicht bestand.

[54] BGHZ 64, 220 (227).

[55] BGHZ 64, 220 (227).

die Qualität eines enteignenden Eingriffs zukommt, gegeben sein sollte; jedoch schien das Gericht zu einer oberen Grenze bei einem Dauerschallpegel von mehr als 75 dB (A) zu tendieren. Ohne weitere Begründung wurde einmal mit dem Hinweis auf §§ 2 II, 9 II 1 FlugLG[56] argumentiert, worin jener Dauerschallpegel von 75 dB (A) die enteignungsrechtliche Grenze markiert. Daneben zitierte der BGH eine Stellungnahme des Innenausschusses des Bundesrates[57], wonach für eine Grenzwertregelung bei straßenverkehrsbedingten Lärmimmissionen die Mindestanforderungen des Gesetzes zum Schutz gegen Fluglärm nicht mehr unterschritten werden dürfen, ohne jedoch die besonderen medizinisch-technischen und politisch-fiskalischen Gesichtspunkte, denen bei der Grenzwertbestimmung eine Rolle zukommt, im entferntesten zu würdigen.

Auch nahm der BGH keine Stellung zu dem Problem der Grenzziehung anhand abstrakter Immissionsgrenzwerte anstelle einer am konkreten Einzelfall ausgerichteten Zumutbarkeitsprüfung. Weiter blieb unbeantwortet, ob einheitliche oder differenzierte Grenzwerte[58] zugrunde zu legen sind und letztlich, ob es nicht Aufgabe des Bundesgesetzgebers sei, anstelle des Verordnungsgebers derartig weitreichende Entscheidungen, wie die Abgrenzung der Sozialbindung von der Enteignung, selbst zu treffen.

Zwar kann die richterliche Zurückhaltung im Hinblick auf die Grenzwertbestimmung und die damit verknüpften Fragen mit der Schaffung von Handlungsfreiräumen für künftige Urteile erklärt werden[59]. So ist zumindest die Aussage zu deuten, wonach das Anliegen des BImSchG teilweise auch über das hinausgehe, was der Eigentumsschutz nach Art. 14 GG fordere[60]. Hier wollte es sich der BGH möglicherweise vorbehalten, die Grenze der Sozialbindung von Fall zu Fall über einen festen Grenzwert hinauszuschieben[61]. Auch spricht der Schlußsatz des Urteils, in dem zwischen Stadtinnern und Stadtrand hinsichtlich nachteiliger Umwelteinwirkungen unterschieden wurde[62], für eine differenzierte Betrachtung der Verkehrslärmimmissionen, letztlich für eine mögliche künftige Loslösung von der zuvor aufgestellten These der an einem abstrakten Grenzwert ausgerichteten Enteignungsentschädigung. Wahrscheinlicher ist jedoch, daß der BGH einmal den Vorgriff auf eine künftige Regelung scheute, zu Recht im Hinblick auf die der Judikative gesetzten Grenzen. Zum anderen dürfte sich sicher auch die

---

[56] Gesetz zum Schutz gegen Fluglärm v. 30. 3. 1971, BGBl. I, 282.

[57] Niederschrift über die 374. Sitzung des Innenausschusses des Bundesrates – In 0141 (374) Nr. 18/73, S. 11f.

[58] Zweiwert-Angabe Tag/Nacht; differenzierte Grenzwerte für unterschiedliche bauliche Nutzungen.

[59] So Kersten, BayVBl. 76, 625 (626).

[60] BGHZ 64, 220 (227).

[61] So Kersten, a.a.O., S. 626.

[62] BGHZ 64, 220 (232).

Komplexität dieses Problemkreises, das Erfordernis, eine Fülle von politischen und fiskalischen sowie medizinischen Fakten und Überlegungen zu verarbeiten, hemmend ausgewirkt haben. Die allein auf das vom BImSchG vorgegebene Programm gestützte Argumentation des Gerichts offenbarte angesichts des unbezifferten Immissionsgrenzwertes und des damit zusammenhängenden Problemkomplexes den thesenhaften Charakter der propagierten enteignungsrechtlichen Grenzziehung durch Immissionsgrenzwerte; die Entscheidungsgründe des BGH sind denn wohl zum damaligen Zeitpunkt mehr als eine Mahnung an den Verordnungsgeber zu verstehen, die Straßenschallschutzverordnung zu erlassen.

Davon unberührt kann die Kernaussage der Entscheidung vom 20. 3. 1975 aufrechterhalten werden, die die dem Anliegereigentum gegenüber Verkehrslärmimmissionen immanente Sozialbindung, also die Zumutbarkeit der Beeinträchtigung, nicht mehr so hoch wie bisher veranschlagte[63]. Denn insoweit hat die Analyse der grundlegenden Wertentscheidung des BImSchG für gesunde Wohnverhältnisse und die spezifische Ausformung und Konkretisierung dieses Gedankens im Bereich des verkehrsbezogenen Immissionsschutzes der §§ 41 - 43, 50 BImSchG eine einschneidende Veränderung gegenüber dem früheren Rechtszustand aufgezeigt. Dem Wohnungseigentum des Straßenanliegers, insbesondere dessen ungestörter Nutzbarkeit, wurde in der neuen gesetzlichen Regelung ein wesentlich höherer Stellenwert eingeräumt, der nicht durch eine zu hoch angesetzte Zumutbarkeitsschwelle unterlaufen werden durfte. Es blieb aber weiter tatrichterlichem Ermessen vorbehalten, wenn auch innerhalb des vom BGH abgesteckten Rahmens, die konkrete Grenzziehung vorzunehmen. Unterschiedliche Beurteilungen gleicher und ähnlicher Sachverhalte waren dabei infolge der nach wie vor bestehenden Wertungsfreiräume nicht auszuschließen. Auf den zu entscheidenden Fall bezogen konnte der BGH dem Berufungsgericht für die Prüfung, welche Verkehrsimmissionen dem Kläger entschädigungslos zugemutet werden konnten, letztlich nur den Hinweis geben, daß es dem Eigentümer eines städtischen Wohnhauses zwar grundsätzlich zuzumuten sei, nachteilige Auswirkungen des städtischen Verkehrs selbst aufzufangen, der Anlieger sich jedoch nicht darauf einzustellen habe, daß die Anliegerstraße zu einer innerstädtischen Schnellstraße mit autobahnähnlichem Zuschnitt umgewidmet werde. Hier sei für den Fall, daß aktive Schallschutzmaßnahmen unmöglich seien, die Entschädigung zuzusprechen. Ausnahmen sollten nur dort gelten, wo das Grundstück nicht in einer mit heutigen baurechtlichen Vorschriften zu vereinbarenden Weise bebaut ist oder selbst Lärm verursacht.

---

[63] BGHZ 64, 220 (229).

c) Bestimmung der Zumutbarkeitsschwelle mit Hilfe des immateriellen Rechtsguts Gesundheit

Mit der Absenkung der Zumutbarkeitsschwelle unter Einfluß der Wertentscheidung des BImSchG gab der BGH die noch aus der privatrechtlichen Phase stammende einseitig zu Lasten des Betroffenen gehende Zumutbarkeitsbestimmung auf. Bemerkenswert bleibt dabei, daß dieser Wandel im Bereich des Eigentumsrechts durch eine gesetzgeberische Entscheidung auf dem Immissionsrechtssektor ausgelöst wurde, die eigentumsrechtliche Belange des Immissionsbeeinträchtigten im Sinne von Art. 14 I GG nicht direkt berührt, sondern in erster Linie eine gesundheits- und sozialpolitische Zielsetzung hat, den Schutz der Bevölkerung vor Umweltgefahren durch verunreinigte Luft, Lärm und ähnlichen Störeinwirkungen[64]. Die Wertentscheidung des BImSchG zielt damit auf die Sicherung des immateriellen Schutzguts Gesundheit und war für eine umfassende Neubestimmung der Enteignungsschwelle mangels eigentumsrelevanter Aussagen auf den ersten Blick ungeeignet.

Allerdings ist dieses Gesetz kein ausschließlich auf die nichtvermögenswerten Rechtsgüter Leben und Gesundheit ausgerichtetes Regelwerk, die zahlreichen anlagen- und damit sachbezogenen Normen, die den Bereich der Emittentenseite reglementieren, unterstreichen auch den eigentumsrechtlichen Bezug. Unmittelbar in ihren Eigentumsrechten wird jedoch hiervon nur die Emittentenseite betroffen, eben um den Schutz der Immissionsbeeinträchtigten sicherzustellen. Deren eigentumsrechtliche Belange werden durch das BImSchG nur in Verbindung mit der Anerkennung und Sicherung des Rechtsguts Gesundheit erfaßt; nur die Eigentumsbereiche erfahren eine Aufwertung, in denen sich die Rechtsgutträger nicht nur vorübergehend aufhalten, mithin also insbesondere der Bereich der Wohnnutzung und die damit verbundenen Außennutzungen[65]. Dieser Befund wurde für den Verkehrslärmimmissionsbereich insbesondere durch § 42 BImSchG unterstrichen. Darin hatte der Gesetzgeber die Trennlinie zwischen den Rechtsgütern Gesundheit i. S. der Art. 2 II GG und Eigentum i. S. v. Art. 14 I GG durch Art und Umfang der Entschädigungsleistung aufgehoben. Indem er in § 42 II BImSchG bestimmte, daß nur eine zweckgebundene Entschädigung für Schallschutzmaßnahmen zu leisten sei und nicht, wie im sonstigen Enteignungsrecht üblich, in Form eines bloßen Ausgleichs für den durch den hoheitlichen Eingriff entstandenen Substanzverlust, wurden die Schutzgüter Eigentum und Gesundheit miteinander verknüpft. Mit dieser Art der Entschädigung sollte sichergestellt werden, daß der nachteilige hoheitliche Immissionseingriff im Rahmen der technischen Möglichkeiten durch passive

---

[64] So die Begründung des Regierungsentwurfs, BT-Drucks. 7/179, S. 21 f.

[65] Beispielsweise Balkone, Terrassen etc.

Schallschutzmaßnahmen entschärft wird, um dadurch gesunde Wohnverhältnisse zu schaffen. Der Wohnwert der betroffenen baulichen Anlagen sollte nach diesem Willen des Gesetzgebers wiederhergestellt werden.

Der grundsätzlichen Inkongruenz zwischen der immateriellen personenbezogenen Zielsetzung des BImSchG und der Heranziehung seiner Wertentscheidung im Zuge einer objektbezogenen eigentumsrechtlichen Fragestellung, der Konkretisierung der Enteignungsschwelle, konnte der BGH nur dadurch entgehen, daß er zu Recht streng zwischen Eigentumsbeeinträchtigungen der Wohnnutzung und den eigentumsrelevanten Beeinträchtigungen differenzierte, die sich im Minderwert des betroffenen Eigentums ausdrückten. Nur die erstgenannte Fallgruppe erlaubte es, die Bestimmung der Enteignungsschwelle mit Hilfe der Wertentscheidung des BImSchG vorzunehmen. Folgerichtig vollzog das Gericht diesen Wandel innerhalb des Tatbestandsmerkmals der Zumutbarkeit. Denn die Zumutbarkeit als unbestimmter Rechtsbegriff bedarf zu ihrer Handhabung als Abgrenzungsmerkmal zusätzlicher Konkretisierungen, da ihr selbst, wie gezeigt, ein eigener Maßstab fehlt. Dieses Kriterium ist damit für neue Wertmaßstäbe und Wertentscheidungen offen.

d) Stellungnahmen

aa) Vorbemerkung

Die Reaktionen im Schrifttum[66] auf die Konkretisierung des Zumutbarkeitskriteriums mit Hilfe der Wertentscheidung des BImSchG und insbesondere der §§ 41 - 43 BImSchG fielen unterschiedlich aus. Dabei richtete sich die Kritik weniger auf die Übernahme der grundlegenden Wertentscheidung des BImSchG[67] als vielmehr auf die Heranziehung der §§ 41 - 43 BImSchG zur Bestimmung der Enteignungsschwelle bei Immissionen von Altstraßen, verbunden mit der rechtlichen Qualifizierung des § 42 BImSchG als Enteignungsentschädigungsregel.

bb) Der Einwand gegen die rechtliche Qualifizierung des § 42 BImSchG als Enteignungsentschädigungsanspruch

Grundlegend wurde vertreten, § 42 BImSchG stelle überhaupt keine Enteignungsentschädigungsregel dar, sondern sei wegen seines Vorsorgecharakters ein öffentlich-rechtlicher Erstattungsanspruch eigener Art[68].

---

[66] Siehe Anm. 53; ferner Hering, S. 161f.; Schapp, S. 131f.

[67] So nur v. Heyl, DÖV 75, 603 (604).

[68] Fickert, BauR 76, 1 (16); Heinze, BayVBl. 81, 649 (650); Kastner, NJW 75, 2319 (2321f.); Schmidt-Aßmann, Lärmschutz, S. 24; Westermann, Festschrift Ernst, S. 510.

Die Richtigkeit dieser Ansicht vorausgesetzt wäre zumindest ein Teil der höchstrichterlichen Argumentation in sich zusammengefallen. Denn wäre § 42 BImSchG keine Enteignungsentschädigungsregel, hätten die Vorschriften der §§ 41 ff. BImSchG auch nicht zur Konkretisierung der Zumutbarkeitsschwelle herangezogen werden können. Der diesen Vorschriften immanente Gedanke einer verstärkten rechtlichen Anerkennung der Wohnfunktion des Eigentums und natürlich eines umfassenden aktiven sowie passiven Lärmschutzes hätte dann nur im Vorfeld der Enteignung konkretisierende Wirkung entfaltet, für die Bestimmung der Enteignungsschwelle wären sie und mit ihnen die erwartete Grenzwertverordnung ungeeignet gewesen.

Dieser Ansicht kann jedoch nicht gefolgt werden. Leider offenbaren die Gesetzesmaterialien zum BImSchG nicht eindeutig den gesetzgeberischen Willen, so daß nur anhand von Indizien ein Rückschluß auf den Gesetzeszweck und Willen des Gesetzgebers möglich ist. Bereits der Wortlaut des § 42 BImSchG zeigt signifikante Bezüge zu den auch sonst bei nachkonstitutionellen Gesetzen üblichen enteignungsrechtlichen Terminologien. Formulierungen wie „angemessene Entschädigung, Zumutbarkeit“ sowie der Verfahrensverweis auf die Bestimmungen der Landesenteignungsgesetze lassen den Charakter als Enteignungsentschädigungsregel deutlich werden[69]. Auch der Vorsorgecharakter dieser Regelung steht dem nicht entgegen. Denn Vorsorgezahlungen nach Enteignungsgrundsätzen sind innerhalb der Sonderopferlehre des BGH nicht schlechthin ausgeschlossen[70]. So hatte der BGH eine dem Sonderopferbegriff wie auch dem Enteignungsrecht immanente Beschränkung auf den Ausgleich bereits entstandener Beeinträchtigungen dadurch aufgehoben, daß er den in Art. 14 III GG verorteten Sonderopferbegriff mit dem verfassungsrechtlichen Grundsatz der Verhältnismäßigkeit verband und Enteignungsentschädigungen bereits dann für möglich und geboten erachtete, wenn das durch hoheitlichen Eingriff ausgelöste Sonderopfer unmittelbar bevorstand, die Entschädigung aber dazu dienen konnte, gerade dieses Sonderopfer abzuwehren[71]. Diese Gedanken liegen im Bereich der Gesetzgebung auch den Regeln der §§ 39 II hamb. Wegegesetz[72] und 8 a V FStrG zugrunde. Letztlich kann auch die seitens des Gesetzgebers gewählte Art und Weise der Entschädigung in Form einer Kostenerstattung für erbrachte notwendige Schallschutzmaßnahmen eine Einordnung als Enteignungsentschädigung nicht verhindern, da der Legislative bei der Festlegung der Entschädigungsmodalitäten ein weiter, im wesentlichen nur vom Gebot der Sachgerechtigkeit begrenzter Spielraum zur Verfügung steht[73]. Die Zweckbindung der Entschädigungsleistung

---

[69] Vgl. dazu die ausführliche Darstellung bei Meyer, S. 244 ff.

[70] Vgl. Battis, NJW 76, 936 (936), ebenso bereits in JuS 71, 519 (522).

[71] Battis, NJW 76, 936 (936) mit Hinweis auf BGHZ 57, 359 (359), E. v. 20. 12. 1971.

[72] GVBl. 1974, S. 41.

mußte angesichts der Zielrichtung des BImSchG, also der Schaffung den Menschen gemäßer Lebensbedingungen, die gerade den Wohnbereich erfaßt, als sachgerecht angesehen werden. Nur so ist sichergestellt, daß die Entschädigungsleistung tatsächlich und ausschließlich zum Schutz gegen Verkehrslärmimmissionen verwendet wird. Im übrigen sind einige nachkonstitutionelle Enteignungsentschädigungsregeln als Aufwendungserstattungen ausgestaltet, so §§ 39j BBauG und 8 I 2 FlugLG.

cc) Der Einwand gegen eine Gleichbehandlung von Alt- und Neustraßen

Weiter mußte sich der BGH vorhalten lassen, die differenziert auf nicht abgeschlossene neue, also planerisch offene Straßenbauvorhaben bezogene Regelung der §§ 41 - 43, 50 BImSchG fehlinterpretiert zu haben[74], indem er von einer Übertragung des für neu errichtete Verkehrsanlagen gültigen Schutzsystems auf Altstraßen[75], hier eine vor dem 1. 4. 1974 fertiggestellte Straße, ausging[76]. Vom allgemeinen Schutzzweck des BImSchG wurde, so der Vorwurf, zu schnell auf die Heranziehung der konkreten Vorschriften des BImSchG geschlossen. Der Gesetzgeber habe sich gerade nicht zu einer gleichen Behandlung der Altstraßen entschlossen[77]. Der BGH habe mit der Parallelisierung der Maßstäbe von Alt- und Neustraßen die der Judikative gesetzten Grenzen überschritten und so das Gewaltenteilungsprinzip verletzt[78].

Diesen Bedenken ist insbesondere Kloepfer mit dem Hinweis entgegengetreten, daß der BGH die Wertentscheidung des BImSchG und ihrer speziellen normativen Ausprägungen nur im Rahmen der Auslegung des Art. 14 GG berücksichtigt habe, auf deren Fortbestand aber grundsätzlich kein Anspruch bestehe[79]. Das Gericht habe sich bei seiner modifizierten Bestimmung der Enteignungsschwelle juristisch-methodisch zulässiger Interpre-

---

[73] Meyer, S. 252; Maunz / Dürig / Herzog / Papier, Art. 14 GG, Rdnr. 525.

[74] D.h. neuangelegte oder wesentlich geänderte öffentliche Verkehrswege, vgl. die Definition in § 41 BImSchG.

[75] Straßen, die bereits vor Inkrafttreten des BImSchG ihrer Bestimmung übergeben worden waren, also die von altersher bestehenden Anlagen.

[76] So v. Heyl, DÖV 75, 603 (604); Kastner, NJW 75, 2319 (2321); Kersten, BayVBl. 75, 625 (626); Schmidt-Aßmann, Lärmschutz, S. 20.

[77] Kastner, NJW 75, 2319 (2320f.) m.H.a. die Gesetzesmaterialien; Schmidt-Aßmann, Lärmschutz, S. 20.

[78] Darauf weisen v. Heyl, DÖV 75, 603 (604); Kersten, BayVBl. 75, 625 (626) hin.

[79] Kloepfer, JuS 76, 436 (439); zudem hatte der BGH wiederholt betont, daß die Grenze der sozialen Bindung und damit die Grenze zwischen enteignend wirkenden Eingriffen und solchen, die lediglich Beschränkungen des Eigentums bedeuten, nicht unveränderlich festliegt, sondern entsprechend der wirtschaftlichen und wissenschaftlich technischen Entwicklung Änderungen unterliege, so etwa BGHZ 60, 145 (149), E. v. 25. 1. 1973.

tationsverfahren bedient, deren Ziel die kontinuitätsschonende Auslegung von auslegungsbedürftigem Altrecht im Hinblick auf zwischenzeitlich inkraftgetretenes bzw. künftiges, sich bereits abzeichnendes Neurecht ist. Zwar sei nach Inkrafttreten neuer gesetzlicher Regelungen auf vor diesem Zeitpunkt entstandene Sachverhalte grundsätzlich das alte Recht anzuwenden, das neue Recht könne aber im Rahmen des Altrechts berücksichtigt werden, das Altrecht, im vorliegenden Fall Art. 14 GG in Verbindung mit den daraus unmittelbar abgeleiteten Entschädigungsansprüchen, bleibe maßgebliche Rechtsgrundlage. Mit dieser Rückberücksichtigung habe sich der BGH den Weg zu einer interpretatorischen Nachzeichnung eines gewandelten Rechtsbewußtseins eröffnet und so die ausschließliche Anwendung einer bereits rechtspolitisch in Zweifel gezogenen Auslegung i. S. einer verstärkten Übergangsgerechtigkeit gemildert[80].

Dem weiteren Anwendungshindernis, der fehlenden Immissionsgrenzwertverordnung, ohne die über einen Anspruch nach § 42 I BImSchG nicht entschieden werden kann, trat der BGH, so Kloepfer, mit einer Vorberücksichtigung entgegen, einer Methode, die sich von der Rückberücksichtigung nur dadurch abhebe, daß das Neurecht noch im Entstehen sei. Der BGH habe hier eine Normprognose abgegeben, wie die Rechtsverordnung in dem von der Wertentscheidung des BImSchG gesteckten Rahmens aussehen müßte. Denn das vom Gesetz vorgezeichnete Programm eines verstärkten Umweltschutzes könne nicht bei einer zukünftigen Festlegung des Immissionsgrenzwertes außer Kraft gesetzt werden. Die Vorberücksichtigung der Rechtsverordnung durch den BGH zeige, ausgerichtet an der seitens des Gesetzes anerkannten zentralen Bedeutung gesunden Wohnens, lediglich die Konsequenz auf, daß auch die Entschädigung bei Straßenlärm nun nicht mehr wie bisher nur ganz ausnahmsweise zuzuerkennen sei[81].

Diese Ausführungen schließen m. E. zumindest im vorliegenden Fall den Graben in der rechtlichen Behandlung von Neu- und Altstraßen, denn das in Kraft getretene bzw. zum damaligen Zeitpunkt noch erwartete Neurecht bezog sich eben hier nur aufgrund der zeitlichen Komponente nicht auf den zu entscheidenden Sachverhalt. Es handelte sich um eine 1964 wesentlich geänderte Straße, auf die die spezifisch verkehrslärmbezogenen Vorschriften des BImSchG, die §§ 41 - 43, 50 BImSchG, losgelöst vom Zeitpunkt des Inkrafttretens Anwendung gefunden hätten. Diese zeitliche Differenz ist mit der Methode der Rückberücksichtigung aufgehoben worden. Daneben handelte es sich nicht um einen in der Vergangenheit abgeschlossenen Vorgang, der BGH hatte sowohl über Altimmissionen, d. h. Lärmimmissionen, vor Inkrafttreten des BImSchG, als auch über Neuimmissionen nach

[80] So Kloepfer, JuS 76, 436 (438, 439).
[81] Kloepfer, a.a.O., S. 440f.

Inkrafttreten des Gesetzes zu entscheiden. Mit der Interpretationsmethode der Rückberücksichtigung schuf sich der BGH einen dogmatischen Hebel, den zutreffend erkannten Wandel des Umweltbewußtseins, insbesondere hinsichtlich der Unzumutbarkeitsgrenze von Immissionsbeeinträchtigungen, so wie er im BImSchG seinen Ausdruck gefunden hatte, in das wertausfüllungsbedürftige Tatbestandsmerkmal der Zumutbarkeit einzubeziehen.

Dem Gericht in diesem Zusammenhang vorzuwerfen, es habe die der Judikative gesetzten Grenzen überschritten, ist m. E. überzogen. Es ist zwar richtig, daß die verkehrslärmspezifischen Regelungen der BImSchG nur einen Teilausschnitt des gewandelten Umweltbewußtseins, eben den Schutz vor Lärmimmissionen von neu angelegten oder wesentlich geänderten Straßen dokumentieren. Aus dieser gesetzgeberischen Zurückhaltung kann jedoch keine Perpetuierung der Rechtssituation an Altstraßen gefolgert werden. In derartigen normativ nicht erfaßten, gleichwohl aber konfliktreichen Rechtsbereichen ist die Judikative angesichts erkennbar gewandelter Wertauffassungen zur richterlichen Rechtsfortbildung geradezu berufen. Die Rechtssicherheit wird davon schwerlich beeinträchtigt werden, denn auf die Fortführung einer einseitig zu Lasten des Betroffenen gehenden Konkretisierung eines wertausfüllungsbedürftigen Tatbestandsmerkmals des zum Entscheidungszeitpunkt noch richterrechtlich aus Art. 14 GG abgeleiteten Rechtsinstituts, des enteignenden Eingriffs, besteht keinerlei Anspruch. Dies muß auch für diejenigen Fälle gelten, in denen eine kontinuierliche, nicht auf Um- oder Ausbaumaßnahmen beruhende Verkehrssteigerung schließlich zu einer, der Reuterstraßen-Entscheidung BGHZ 64, 200 vergleichbaren Lärmimmissionsbeeinträchtigung führt. Als zusätzlicher Anknüpfungspunkt bietet sich hier an, daß die Immissionslage zwischen Infrastrukturanlage und Anliegergrundstück nicht als ein in der Vergangenheit abgeschlossener Vorgang, sondern vielmehr als Immissionsdauerrechtsverhältnis aufzufassen ist, für das das anzuwendende Recht, Wertausfüllungsbedürftigkeit vorausgesetzt, auch neue Wertungsgesichtspunkte in sich aufnehmen kann[82].

dd) Der Einwand gegen die Bestimmung der Zumutbarkeitsgrenze durch einen Immissionsgrenzwert

Die beabsichtigte Ersetzung der am konkreten Sachverhalt ausgerichteten Zumutbarkeitsbestimmung durch eine Grenzziehung mit Hilfe eines Immissionsgrenzwertes konnte nur so verstanden werden, daß das Gericht zwischen der Einzelfallentscheidung und einer schematischen Bestimmung

---

[82] Auf diesen Gesichtspunkt verwies der BGH zutreffend in seiner Entscheidung v. 10. 11. 1977, DVBl. 78, 110 (111); dazu Kloepfer, JuS 76, 436 (438); Schmidt-Aßmann, Lärmschutz, S. 19.

der Zumutbarkeits- und damit der Enteignungsschwelle keine wesentlichen Unterschiede erblickte. Zielsicherheit der Grenzziehung und damit Sachgerechtigkeit des Urteils sollte also gleichermaßen gewährleistet sein, obwohl, auch darauf ist hier einzugehen, nicht nur die Einzelfallbezogenheit aufgegeben, sondern auch ein Grenzwert herangezogen werden sollte, der nicht für eine generelle enteignungsrechtliche Beurteilung der Verkehrslärmimmissionsproblematik geeignet gewesen wäre. Denn hier hätte sich, trotz der umfassenden Wertentscheidung des BImSchG für eine den Bedürfnissen des Menschen entsprechende Umwelt und der spezifischen Ausformung dieser Gedanken für den Bereich der öffentlichen Infrastrukturanlagen eine Gleichsetzung von Alt- und Neustraßen nicht aufrecht erhalten lassen. Die planerische Zielsetzung der §§ 41 - 43, 50 BImSchG hätte sich bei der Festsetzung des Grenzwerts schon deswegen ausgewirkt, weil dieser einzelne Wert sowohl planungsbezogen, gemäß § 41 BImSchG als auch entschädigungsbezogen nach § 42 BImSchG gedacht gewesen war. Insbesondere aber die Unterschiede zwischen Alt- und Neustraßen, so die gewachsene, durch planerische Maßnahmen und aktive Schallschutzbauten nicht mehr zu korrigierende Situation der Altstraßen, wären bei der Festlegung des Grenzwertes dergestalt mit eingeflossen, daß der planerisch vorsorgende Grenzwert niedriger angesetzt worden wäre als ein Grenzwert für die gewachsene Altstraßensituation[83]. Gegen eine derartige Differenzierung wäre auch von verfassungsrechtlicher Seite kein Einwand zu erheben gewesen[84]. Art. 14 I GG sperrt nicht gegen eine unterschiedliche Bewertung der Schutzwürdigkeit des Eigentums, vorausgesetzt, die Differenzierung erfolgt willkürfrei und sachgerecht. Von einem allgemeinen Abstecken des Bereichs bei Verkehrslärmimmissionen durch den Immissionsgrenzwert, so der BGH, konnte demnach keine Rede sein.

Unabhängig von dieser Überlegung lassen die Ausführungen des BGH den Schluß zu, daß er die Leistungsfähigkeit eines einzigen Immissionsgrenzwertes deutlich überschätzt hatte. Ein einzelner Grenzwert ist kaum in der Lage, eine der Einzelfallbestimmung vergleichbare Abgrenzungsschärfe zu entwickeln, mit ihm ist es weder möglich, an die bauliche sowie planerisch vorgegebene Situation anzuknüpfen, also die jeweilige Gebietsart zu berücksichtigen, noch Geräuschvorbelastungen oder Besonderheiten in der Sphäre des Betroffenen zu erfassen.

Diese Differenzierungskriterien fanden bisher bei der Zumutbarkeitsbestimmung Berücksichtigung[85]. Unabhängig davon, daß sie infolge der Über-

---

[83] Der Entwurf einer Straßenschallschutzverordnung gemäß § 43 I Nr. 1 BImSchG, Stand November 1975, sah einen Grenzwert für Neustraßen von etwa 67 dB (A) vor, für den zeitlich späteren Entwurf zum VLärmSchG wurde zunächst ein „Lärmsanierungsgrenzwert" für Altstraßen von 75 dB (A) diskutiert.

[84] So auch Hoppe, Stenogr. Protokoll des Ausschusses für Verkehr, 40. Sitzung v. 15. 11. 1978, S. 48, 124 f.; Schmidt-Aßmann, ebenda S. 49, 129, Fragen I 1, L 1.

lagerung von fiskalischen Überlegungen[86] selten Entscheidungserheblichkeit erlangten, gewährleisten diese Kriterien eine sehr präzise und bei konsequenter Anwendung auch in einer Vielzahl von Fällen nachvollziehbare und berechenbare Grenzziehung. Natürlich erscheint es für den Rechtsanwender verlockend, wenn ihm von Seiten der Legislative oder wie hier der Exekutive ein einzelnes quantitatives Kriterium an die Hand gegeben wird, mit dessen Hilfe er eine Vielzahl von Sachverhalten schematisch, d.h. ohne zusätzliche Differenzierungen einer Entscheidung zuführen kann. Selbst für den Betroffenen ist ein solches Kriterium auf den ersten Blick vorteilhaft, läßt sich doch daran die Erfolgsaussicht eines Antrags auf Gewährung von Lärmentschädigung beim Träger der Straßenbaulast bzw. einer zivilgerichtlichen Klage einfach ablesen. Diese Rechtsstaatlichkeit eines einzelnen Immissionsgrenzwertes ist jedoch nur scheinbar, dahinter verbirgt sich die willkürliche Zusammenfassung von Ungleichem, das seiner Eigenart entsprechend nur verschieden behandelt werden kann. Ein einzelner Immissionsgrenzwert hätte kaum dem Gebot des Art. 3 I GG an Legislative und Exekutive in ihrer Rolle als Verordnungsgeber genügt, Regelungen zu schaffen, die sachgerecht differenzieren[87]. Es ist nur schwer vertretbar, eine Differenzierung beispielsweise zwischen Außenbereich und innerstädtischen Wohngebieten zu unterlassen. Der Außenbereich ist eine von innerstädtischen Gebieten erkennbar abgesetzte Region. Neben Erholungszwecken dient er insbesondere zur Aufnahme solcher Nutzungen, die wegen ihrer für die Umgebung beeinträchtigenden Wirkung nur dort störungsfrei auszuüben sind. So wurden und werden gerade in den Ballungsgebiete umgebenden Außenbereichen Verkehrsanlagen errichtet, deren Aufgabe darin besteht, wesentliche Teile des durch die Innenstädte geführten Fernverkehrs aufzunehmen. Demgegenüber ist der Außenbereich Wohnnutzungen gegenüber nur bedingt offen, sie werden in der Regel nur dort hingenommen, wo sie in Verbindung mit einer privilegierten Nutzung auftreten, sind also im Vergleich zu städtischen Wohngebieten einem bedeutend größeren Risiko ausgesetzt, von beeinträchtigenden Immissionen getroffen zu werden.

Auch unter Berücksichtigung allgemeiner Enteignungsgrundsätze wäre in diesem Zusammenhang eine allzu schematische Festlegung der Enteignungsschwelle durch einen einzigen Grenzwert nicht haltbar gewesen. Gerade die Berücksichtigung des jeweiligen Gebietscharakters bei der enteignungsrechtlichen Grenzziehung hat über den richterrechtlich ausgeprägten und inzwischen anerkannten Gedanken der Pflichtigkeit des Eigentums

---

[85] So in BGHZ 49, 148 (153), Besonderheiten aus der Sphäre des Betroffenen; 54, 384 (391), Lage des gestörten Wohnhauses im Außenbereich; 59, 378 (386), die den Beeinträchtigten bei Fluglärm treffenden Abhilfepflichten.

[86] Zur Unzulässigkeit dieser Praxis vgl. 3. Kap. IV 3 a.

[87] Hesse, Verfassungsrecht, S. 179; Maunz / Dürig / Herzog / Scholz, Art. 3 GG, Rdnr. 278.

kraft seiner Situationsgebundenheit Eingang in die Enteignungsdogmatik, namentlich im Bereich der Sonderopferlehre, gefunden[88]. Die Grenze der Sozialbindung des Grundeigentums ist dabei auch bei Nutzungsbeschränkungen unter wesentlicher Berücksichtigung der Situationsgebundenheit des Grundstücks, d.h. unter Berücksichtigung von Gegebenheiten der örtlichen Lage und Beschaffenheit des Grundstücks differenziert und sachgerecht zu bestimmen. Eine entschädigungsfreie Beeinträchtigung liegt vor, wenn nur eine solche Nutzung beschränkt oder verhindert wird, die der vernünftige Eigentümer von sich aus nach den Gegebenheiten der örtlichen Lage nicht ins Auge fassen würde[89]. Grenzwerte allerdings, die unter differenzierter Berücksichtigung der Belange der Betroffenen und der Allgemeinheit auf legislativer Ebene[90] zustandekommen, könnten m.E. eine rechtsstaatlichen Anforderungen gerecht werdende Beantwortung der Frage gewährleisten, welchen Lärmimmissionsbeeinträchtigungen materiell die Qualität eines enteignend wirkenden Eingriffs zukommt[91].

Ein weiteres Kennzeichen für die Abgrenzungsuntauglichkeit eines einzelnen Immissionsgrenzwertes mußte in der beabsichtigten Einwert-Angabe erblickt werden. Dieser einzelne Immissionsgrenzwert sollte zwei völlig unterschiedlichen Zwecken dienen: für § 41 BImSchG hätte er die Ergänzung des planerischen Leitsatzes bedeutet, für § 42 I, II BImSchG wäre er dagegen Tatbestandsmerkmal des Entschädigungsanspruchs, also ein Entschädigungsgrenzwert gewesen. Auch eine angemessene Differenzierung zwischen Tag- und Nachtwert war sowohl seitens des Gesetzgebers als auch im Verlauf der Beratungen für die Straßenschallschutzverordnung in Anlehnung an §§ 2 II, 9 II 1 des FlugLG und § 8a VIII des Entwurfs des 2. FStrÄndG[92] nicht vorgesehen. Zwar sollte der geplante Bewertungspegel drei Teilwerte für die verschiedenen Tagesabschnitte enthalten, was jedoch zwangsläufig zu einer Mittelung geführt hätte[93]. Bei einem derartigen

---

[88] BGHZ 23, 30 (33), E. v. 20. 12. 1956; BGH LM Art. 14 GG, Nr. 60, E. v. 16. 3. 1972; BGH MDR 58, 220 (220), E. v. 2. 12. 1957; BGHZ 60, 126 (130f.), E. v. 12. 1. 1973; vgl. dazu Maunz / Dürig / Herzog / Papier, Art. 14 GG, Rdnr. 304ff.; Schmidt-Aßmann, DVBl. 73, 633 (633f.), die zutreffend den der Situationsgebundenheit immanenten Bezug zu deskriptiven Realfaktoren herausstellen; ebenso Sendler, DÖV 74, 73 (81).

[89] Maunz / Dürig / Herzog / Papier, Art. 14 GG, Rdnr. 304.

[90] Denn zur Regelung einer derart bedeutsamen Frage, wie hier der Abgrenzung zwischen Sozialbindung und Enteignung für eine unbestimmte Zahl von Fällen, von der der Bürger unmittelbar betroffen ist, kann nur der Gesetzgeber berufen sein, so das BVerfG in BVerfGE 34, 165 (192f.), Urteil v. 6. 12. 1972; 40, 237 (249f.), Beschluß v. 28. 11. 1975; 47, 45 (78ff.), Beschluß v. 21. 12. 1977; einschränkend in BVerfGE 49, 89 (124ff.), Beschluß v. 8. 8. 1978, wo betont wird, die Wesentlichkeitsrechtsprechung sei allerdings nicht als umfassender Parlamentsvorbehalt zu verstehen.

[91] So i.E. auch Leisner, NJW 75, 232 (236).

[92] Gesetz zum Schutz gegen Fluglärm, vgl. 4. Kap., Anm. 56; 2. Gesetz zur Änderung des Bundesfernstraßengesetzes, § 8 a VIII wurde nicht in das FStrG übernommen.

Bewertungsverfahren werden gerade Lärmpegelspitzen, die sich vor allem zur Nachtzeit als besonders beeinträchtigend erweisen[94], nicht ihrer Störwirkung entsprechend erfaßt. Die §§ 41 - 43, 50 BImSchG haben den Schutz von Räumen zum Ziel, die nicht nur vorübergehend dem Aufenthalt von Menschen dienen, in erster Linie also den Bereich der Wohnnutzung[95]. Gerade bei der Wohnnutzung ist die Enteignungsschwelle aber auch mit Blick auf das Schutzgut Gesundheit zu bestimmen. Die Opfergrenze zur Eigentumsbindung ist in der Regel dort überschritten, wo die Nutzung der Wohnung infolge der Verkehrslärmimmissionen zu Gesundheitsschäden führt. Ein einziger Immissionsgrenzwert ist mit dem Schutzgut Gesundheit dann unvereinbar, wenn er das für den menschlichen Organismus unerläßliche Erfordernis der Nachtruhe außeracht läßt oder nicht angemessen berücksichtigt. Lärmpegelspitzen, die den Betroffenen tagsüber ohne Gesundheitsbeeinträchtigungen zuzumuten sind, können für die Nachtzeit unerträgliche Belastungen bedeuten und zu Gesundheitsbeeinträchtigungen führen[96]. Dies gilt insbesondere für Wohnungen an Bundesfernstraßen, da dort der Lärm auch während der Nachtzeit gegenüber Tagwerten kaum abnimmt[97]. So wurde beispielsweise in der Sachverständigenbefragung zum Entwurf des VLärmSchG vom 8. 11. 1978 für den nächtlichen Schlafraum ein Schwellenwert von maximal 38 dB (A) gefordert, gemessen am Ohr des Schläfers[98]. Berücksichtigt man die Dämmwirkung von Mauerwerk und Fenstern, so entspricht dies einem Außenwert von etwa 58 dB (A)[99], der in jedem Fall mit der in der Straßenschallschutzverordnung vorgesehenen gemittelten Einwert-Angabe überschritten worden wäre.

Dagegen kann es m. E. als unerheblich bezeichnet werden, wenn im Zuge der Abgrenzung mit Hilfe eines Immissionsgrenzwertes eine mögliche Mitverursachung des Betroffenen außer Acht geblieben wäre. Hier ist insbeson-

---

[93] So auch Reinhold, KdL 74, 7 (10).

[94] Klosterkötter, KdL 74, 29 (34); Studie Belastbarkeit durch Geräusche, S. 34f.

[95] Vgl. 4. Kap. III 3 a c.

[96] Aus nächtlichen Dauergeräuschen für den Schlafraum von über 35 dB (A) bzw. Lärmspitzen, die etwa 10 dB (A) über dem Grundpegel liegen, folgen Einschlafstörungen, Weckwirkungen und qualitative Veränderungen des Schlafverhaltens. Gerade bei Menschen mit limitierter Schlafzeit führt dies zu einem Schlafdefizit, das auf die Dauer als gesundheitsgefährdend angesehen werden muß; Klosterkötter, KdL 74, 29 (34); Spreng, Stenogr. Protokoll der 39. Sitzung des BT-VerkehrsA v. 8. 11. 1978, Frage A. 2, S. 25f.

[97] Dazu Reinhold, KdL 74, 7 (7).

[98] Stenogr. Protokoll der 39. Sitzung des Ausschusses für Verkehr vom 8. 11. 1978, Frage A. 5, S. 45; vgl. auch Klosterkötter, KdL 76, 1 (2), ebenso in KdL 72, 113 (118), der sich für Innenwerte zwischen 30 und 35 dB (A) aussprach; die Studie Belastbarkeit durch Geräusche kommt zu einem Innengrenzwert von 35 dB (A), vgl. S. 34f.

[99] Die Dämmwirkung der Gebäudeaußenwand, bei geschlossenen Normalfenstern, ist im günstigsten Fall mit 20 dB (A) anzusetzen, wird ein Fenster zum Zweck der Lüftung spaltbreit geöffnet, liegt der Dämmwert nur noch bei 15 dB (A), vgl. Klosterkötter, KdL 76, 1 (2); Studie Belastbarkeit durch Geräusche, S. 32.

dere an die Errichtung eines Wohnhauses oder sonstiger nicht nur zum vorübergehenden Aufenthalt von Menschen geeigneten Räume in Kenntnis der beeinträchtigenden Verkehrsanlagen zu denken. Die Frage einer möglichen Mitverursachung stellt sich nach gefestigter Enteignungsdogmatik erst bei der Bemessung der für die Folgen des Eingriffs zu leistenden Entschädigung[100]. Der pauschalen Zurechnung einer Mitverursachung, unabhängig von der konkreten Vorhersehbarkeit zukünftiger Lärmimmissionen, sind zudem derart enge Grenzen gesetzt, daß sie auch bei abgestuften Immissionsgrenzwerten nicht berücksichtigt werden könnte. Zwar kennt gerade das Baurecht die generelle Zurechnung einer Mitverursachung[101], beispielsweise § 95 II Nr. 4 und 5 BBauG; der Eintritt der Enteignungslage ist jedoch deutlich erkennbar und durch hoheitliche Akte wie Veränderungssperren o. ä. bereits angekündigt. Bei Verkehrsanlagen zeichnet sich ein enteignender Eingriff dagegen wesentlich unschärfer ab, der Anlieger kann bei Nutzungsbeginn Verkehrsentwicklung und Lärmintensität nur schwer voraussehen. Es wäre befremdlich, wenn der Staat für sich in Anspruch nehmen dürfte, die punktuell enteignende Wirkung der im Gefolge von Widmung und Eröffnung der Straße für den Verkehr auftretenden Verkehrslärmimmissionen nicht vorhersehen zu können, mit der Wahl der Anspruchsgrundlage des enteignenden Eingriffs erkennt der BGH dies ausdrücklich an, während auf seiten der Anlieger eine derartige Enteignungsprognose erwartet würde.

Die Absichtserklärung des BGH, die Zumutbarkeitsbestimmung und damit die Grenze zwischen entschädigungslosen Beeinträchtigungen und entschädigungspflichtigen enteignenden Verkehrslärmimmissionen künftig mit Hilfe eines Grenzwertes vorzunehmen, erscheint zuletzt auch mit Blick auf die Struktur des Zumutbarkeitskriteriums problematisch. Es muß in Frage gestellt werden, ob das Zumutbarkeitskriterium des § 906 II 2 BGB überhaupt den geeigneten dogmatischen Ort für eine derartige Neuorientierung abgegeben hätte. Zwar setzt dieses Kriterium, so hat die Analyse gezeigt[102], objektivierte Feststellungen voraus. Diese sind jedoch infolge der Struktur des Zumutbarkeitskriteriums zwangsläufig aus dem konkreten Einzelfall zu gewinnen. Mit der Übernahme der Tatbestandsmerkmale des § 906 BGB in das öffentliche Recht ging beim Zumutbarkeitskriterium keine Modifikation seiner Struktur einher, auch als Tatbestandsmerkmal des Anspruchs aus enteignendem Eingriff blieb die Zumutbarkeit einzelfallorientiert. Eine schematische für sämtliche Sachverhalte einheitliche

---

[100] Gelzer / Busse, Rdnr. 217f.; Kreft, WM 7, Sonderbeilage II, S. 13; Schmidt-Aßmann in Stenogr. Protokolle der 40. Sitzung des Ausschusses für Verkehr vom 15. 11. 1978, S. 132; ebenso in Ernst / Zinkhahn / Bielenberg / Schmidt-Aßmann, § 93 BBauG, Rdnr. 63f.

[101] Vgl. dazu Schmidt-Aßmann, Lärmschutz, S. 43.

[102] Vgl. 2. Kap. V 2 b.

Grenzziehung hätte auch dem Zumutbarkeitskriterium neben seiner Abgrenzungsqualität die Abgrenzungsfunktion genommen, mithin die Heranziehung der Tatbestandsmerkmale des § 906 BGB zur Grenzziehung zwischen Sozialbindung und enteignendem Eingriff überflüssig gemacht.

Insgesamt kann das Bestreben des BGH, in einer derartigen normativ nicht unmittelbar erfaßten Situation, in der er selbst gewissermaßen rechtsetzend tätig werden mußte, auf eine gesetzgeberische Wertentscheidung und in deren Konkretisierung auf quantitative Kriterien, die einen ähnlichen Konfliktbereich erfassen, zurückzugreifen, als legitim bezeichnet werden. Nicht nur die große Verantwortung, die jedes letztinstanzliche Gericht bei seiner Rechtsfindung trifft, auch die Komplexität der Verkehrslärmimmissionsproblematik, deren rechtliche, soziale, fiskalische, politische und medizinische Komponenten nur schwer faßbar sind, hätten es m. E. sogar für geboten erscheinen lassen, diesen Grenzwert bei der Ausfüllung des unbestimmten Rechtsbegriffs der Zumutbarkeit mitheranzuziehen. Falsch wäre es allerdings gewesen, ihn zum ausschließlichen Abgrenzungskriterium zwischen Sozialbindung und enteignendem Eingriff zu bestimmen. Dazu ist ein einzelner Immissionsgrenzwert aus oben genannten Gründen nicht geeignet.

3. Das Kriterium der Zumutbarkeit in den neueren Verkehrslärmimmissionsentscheidungen

a) Rückkehr zu einer konkreten Bestimmung der Zumutbarkeitsschwelle

Die auf die Entscheidung vom 20. 3. 1975[103] folgende neuere Rechtsprechung des BGH[104] ist durch die Rückkehr zu einer auf den Einzelfall bezogenen Bestimmung der Zumutbarkeitsschwelle gekennzeichnet.

Eingeleitet wurde dies bereits in der im amtlichen Leitsatz als Ergänzung zu BGHZ 64, 220 bezeichneten Entscheidung vom 13. 1. 1977[105], in der das Gericht über den Entschädigungsanspruch einer Anliegerin zu urteilen

---

[103] BGHZ 64, 220.

[104] BGH WM 76, 1064, E. v. 12. 2. 1976; BGH NJW 77, 895, E. v. 13. 1. 1977; BGH DVBl. 78, 110, E. v. 10. 11. 1977; BGH NJW 80, 582, E. v. 25. 10. 1979.

[105] BGH NJW 77, 895; die Entscheidung vom 12. 2. 1976, WM 76, 1064 kann dagegen lediglich als ein erstes schwaches Indiz für die skizzierte Entwicklung gewertet werden. Der BGH beschäftigte sich dort nur am Rande mit einem öffentlich-rechtlichen Entschädigungsanspruch wegen Verkehrslärmimmissionen und führte formelhaft aus, daß es sich bei dem Entschädigungsanspruch aus § 906 II 2 BGB um einen Anspruch handele, bei dem alle Umstände des Einzelfalls zu berücksichtigen seien. Dies gelte auch für den öffentlich-rechtlichen Entschädigungsanspruch. Gemeint war damit die Enteignungsentschädigung wegen Beeinträchtigung durch Verkehrslärmimmissionen als öffentlich-rechtliches Pendant zum Ausgleichsanspruch des § 906 II 2 BGB.

hatte, an deren im Außenbereich gelegenen Wohnhaus mit Nutzgebäuden eine 1967 auf einem Fahrdamm errichtete Bundesautobahn in etwa 10 m Entfernung vorbeiführte. Auch hier rekurrierte der BGH wieder innerhalb der Frage, in welchem Maß Verkehrslärmimmissionen der Klägerin entschädigungslos zugemutet werden können, auf die Wertentscheidung des BImSchG für gesunde, von schädlichen Umwelteinwirkungen freizuhaltende Wohnverhältnisse, die eine unzumutbare Beeinträchtigung nicht nur ganz ausnahmsweise bei besonders schweren Einwirkungen anerkenne[106]. Einschränkend führte das Gericht zu dieser umfassenden Betrachtungsweise dann aber aus, daß der für Wohngebiete geltende Grundsatz jedoch nicht uneingeschränkt auf Hausgrundstücke im Außenbereich übertragen werden könne. Es sei vielmehr, so die erste Kernaussage dieser Entscheidung, von einer nach den Gebietsarten abgestuften Zumutbarkeit von Lärmbelästigungen auszugehen[107]. Das dem Eigentümer zumutbare Maß von Einwirkungen sei um so größer, je geringer die rechtliche Anerkennung der Wohnfunktion des Eigentums sei, im Außenbereich könnten dem Gebietscharakter entsprechend an die Wohnqualität unter immissionsschutzrechtlichen Gesichtspunkten nicht dieselben hohen Ansprüche gestellt werden wie im Innenbereich. Mit dieser Argumentation relativierte das Gericht zwei wesentliche Aussagen der Reuterstraßen-Entscheidung BGHZ 64, 220. Einmal unterband der III. Zivilsenat eine Parallelisierung der Zumutbarkeitsschwellen von Verkehrslärmbeeinträchtigungen der Wohnnutzung im Innen- sowie Außenbereich mit dem konkreten Ergebnis einer Anhebung der erst in der Entscheidung vom 20. 3. 1975 deutlich herabgesetzten Zumutbarkeitsschwelle für die Wohnnutzung im Außenbereich. Daran vermochte auch die verbale Aufrechterhaltung der Schutzrichtung dieses Urteils nichts zu ändern. Zum anderen rückte das Gericht damit, ohne es zunächst auszusprechen, von seiner These eines Immissionsgrenzwertes ab, da bei einer nach Gebietsarten abgestuften Zumutbarkeit, um in der Terminologie der Reuterstraßen-Entscheidung zu bleiben, der Bereich der entschädigungslosen Sozialbindung des Eigentums durch mehrere, an der Anzahl der verschiedenen Gebietsarten orientierten Immissionsgrenzwerte abgesteckt werden müßte. Folgerichtig zog das Gericht denn auch im folgenden den Schlußstrich unter seine Immissionsgrenzwertthese von 1975. So hieß es, und das muß als die zweite Kernaussage des Urteils gewertet werden, die Grenze der noch entschädigungslos hinzunehmenden Geräuschbelastung ließe sich für den Fall der vorliegenden Art nicht in einem bestimmten Geräuschpegel ausdrücken. Vielmehr sei auf alle Umstände des Einzelfalls abzustellen[108]. Als individualisierende Faktoren für die enteig-

[106] BGHZ NJW 77, 895 (896).

[107] BGH NJW 77, 895 (896) unter Berufung auf die Entscheidung des BVerwG vom 21. 5. 1976, DVBl. 76, 779 (782); so auch BGH DVBl. 78, 110, E. v. 11. 10. 1977.

[108] BGH NJW 77, 894 (895).

nungsrechtliche Grenzziehung nannte das Gericht die Lage des Grundstücks im Außenbereich und den Gesichtspunkt der Mitverursachung, hier, daß sich der Betroffene in Kenntnis des geplanten Straßenvorhabens, d.h. erst nach Durchführung des Planfeststellungsverfahrens, zu einer Aufgabe der gewerblichen Nutzung und für die Vermietung der bisherigen Werkswohnung entschlossen hatte.

Damit gab der BGH wieder der tatrichterlichen Beurteilung den Vorzug, also der Vorstellung des einzelnen Richters von dem, was dem Betroffenen an Beeinträchtigung zumutbar ist, auch wenn er im Nachsatz als Orientierungshilfe Verwaltungsvorschriften oder die seitens des einschlägigen Schrifttums befürworteten Immissionsrichtwerte vorschlug. Denn Wertungsfaktoren wie Mitverursachung oder der Gedanke der immissionsrisikobelasteten Wohnnutzung im Außenbereich machen deutlich, daß zunächst außerhalb bezifferter Grenzwerte Anhaltspunkte für eine differenzierte Bestimmung der Zumutbarkeit gesucht wurden. Die generelle Berücksichtigung einer Mitverursachung der Eigentumsbeeinträchtigung bei der Abgrenzung zwischen Sozialbindung und enteignendem Eingriff erscheint hier m.E. problematisch. Nicht nur, daß der Gesichtspunkt der Mitverursachung im Enteignungsrecht üblicherweise erst bei der Frage der Bemessung der Entschädigung eine Rolle spielt[109], sondern auch aus der Überlegung heraus, daß eine derartige Zurechnung auszuscheiden hat, weil die Verkehrsentwicklung und Verkehrslärmintensität für den Grundstückseigentümer nicht einschätzbar waren und sind. Der Anlieger an einer seit altersher bestehenden Verkehrsanlage konnte zum Zeitpunkt der Errichtung des Hauses die exponentielle Steigerung des Verkehrsaufkommens während des letzten Jahrzehnts und die damit einhergehenden enteignenden Auswirkungen dieser Entwicklung nicht vorhersehen. Ebenso wie der BGH der öffentlichen Hand zugesteht, die enteignenden Wirkungen von Widmung und Eröffnung der Straße für den Verkehr nicht vorhersehen zu können, wie es das Gericht in der Wahl des Haftungsinstituts des enteignenden Eingriffs zum Ausdruck bringt[110], muß das Gericht auch den betroffenen Straßenanliegern diese Konzession machen, mit der Folge, daß eine Anrechnung zu Lasten des Betroffenen mangels konkreter Vorwerfbarkeit nicht begründet werden kann.

Zwar erscheint es verfehlt, die Entscheidung vom 13. 1. 1977 als generelle Trendwende gegenüber dem Reuterstraßen-Urteil zu interpretieren, hatte der BGH doch bereits in dieser Entscheidung die unterschiedliche Behandlung von Innen- und Außenbereich angedeutet[111]. Das Gericht, auf optische

[109] Vgl. dazu oben 4. Kap. III 2 d dd.

[110] Vgl. 3. Kap. II 2 b.

[111] Siehe oben 4. Kap. 3 b bb; BGHZ 64, 220 (232).

Kontinuität bedacht, zitierte zunächst auch die Passagen der Entscheidung vom 20. 3. 1975, die sich mit der Wertentscheidung des BImSchG für den Schutz von Wohngebieten und der darin liegenden größeren rechtlichen Anerkennung der Wohnfunktion des Hauseigentums befaßten. Daran sollte also nicht gerüttelt werden. Um was es dem BGH in der Ergänzung zu BGHZ 64, 220 vielmehr ging, war die Rückkehr zur Einzelfallentscheidung, losgelöst von abstrakten Grenzwerten. Diese Entwicklung gestattet nicht den Schluß auf eine neuerliche generelle Absenkung der Zumutbarkeitsschwelle gegenüber Verkehrslärmimmissionen, der BGH versuchte dies gerade auch mit Hilfe der Bezugnahme auf die Wertentscheidung des BImSchG abzufangen. Mit ihrer Wiederholung sollte angesichts des nunmehr wieder umfangreicheren richterlichen Beurteilungsspielraums der äußere Rahmen des noch Zumutbaren für eine Vielzahl von Einzelfällen abgesteckt werden, mit der Folge, daß die zukünftigen tatrichterlichen Beurteilungen konkreter Verkehrslärmimmissionsstreitigkeiten insbesondere am Erfordernis der Sicherstellung gesunder Wohnverhältnisse zu messen sind.

Die Entscheidung vom 13. 1. 1977 ist auch im Licht der sich zum damaligen Zeitpunkt immer stärker als lex imperfecta Regelung herauskristallisierenden Entschädigungsvorschrift des § 42 BImSchG zu sehen[112]. Der BGH erkannte zu Recht, daß die Festlegung auf eine wie auch immer geartete schematische Zumutbarkeitsschwelle mit Hilfe abstrakter Grenzwerte den Rahmen der der Judikative gesetzten verfassungsrechtlichen Grenzen gesprengt hätte. Zumal sich zum damaligen Zeitpunkt, Anfang 1977, eine gesetzgeberische Initiative auf dem Gebiet des Verkehrslärmschutzes abzeichnete, die auch eine Entscheidung in der Grenzwertfrage zum Gegenstand hatte.

b) Herausarbeitung zusätzlicher individualisierender Wertungsfaktoren

In den Folgeentscheidungen[113] fand die Rückkehr zur differenzierten Betrachtungsweise der Zumutbarkeitsschwelle ihre Bestätigung. Insbesondere in der Entscheidung vom 10. 11. 1977[114] umriß das Gericht noch einmal den methodischen Weg zur Rechtsfindung, indem es dem Tatrichter zunächst die Feststellung des Ausmaßes der Lärmbeeinträchtigung und

[112] Vgl. 5. Kap. II 2 a.

[113] BGH DVBl. 78, 110, E. v. 10. 11. 1977; BGH NJW 80, 582, E. v. 25. 10. 1979.

[114] BGH DVBl. 78, 110, in der das Gericht über den Entschädigungsanspruch einer Grundstückseigentümerin zu befinden hatte, den diese wegen Verkehrslärmbeeinträchtigungen von einer in 8,5 m Entfernung vom Grundstück verlaufenden Straße, die bis zu ihrer Aufstufung zur durchgehenden Bundesstraße im Jahre 1967 als Sackgasse endete, geltend gemacht hatte.

anschließend die Feststellung der individuellen Zumutbarkeitsschwelle auferlegte. Nachdrücklich wurde wieder auf die Notwendigkeit hingewiesen, die Umstände des Einzelfalles zur Bestimmung der Grenze der noch entschädigungslos zumutbaren Geräuschbelastung heranzuziehen[115].

Dabei erweiterte das Gericht den Katalog der für die Frage der Zumutbarkeit wesentlichen Gesichtspunkte um den Aspekt der Art des Verkehrslärms[116], hier die Geräuschunterschiede, die durch das wechselnde Fahrverhalten infolge Umschaltung einer Ampel vor dem Haus der Klägerin hervorgerufen wurden, sowie den Gesichtspunkt der Geräuschvorbelastung[117], also der Geräuschbelastung des beeinträchtigten Grundstücks vor der Aufstufung der Sackgasse zur Bundesstraße. Danach sollte also auch die zeitliche Aufeinanderfolge der störenden und der beeinträchtigten Grundstücksnutzung eine Rolle spielen[118]. Trotz der damit befürworteten immer weitergehenden Auflösung des Zumutbarkeitskriteriums in ein Bündel von Einzelkriterien hatte sich der III. Senat nicht so weit von seiner erst eineinhalb Jahre zurückliegenden Reuterstraßen-Entscheidung abgewandt, wie es zunächst scheinen mag. Denn abgesehen davon, daß der BGH wieder innerhalb der Frage, in welchem Maß Verkehrslärmimmissionen der Klägerin zugemutet werden können, auf die Wertentscheidung des BImSchG für die Gewährleistung gesunder Wohnverhältnisse rekurrierte, setzte sich das Gericht auch ausführlich mit in Verwaltungsvorschriften bzw. privaten technischen Normungswerken aufgeführten Lärmrichtwerten auseinander[119]. Zwar geschah dies nur im Hinblick auf Orientierungshilfen bei der tatrichterlichen Würdigung und nicht wie in der Entscheidung BGHZ 64, 220 unter dem Blickwinkel eines ausschließlich maßgebenden Abgrenzungskriteriums, zeigte aber doch, daß derartigen quantitativen Kriterien in

---

115 BGH DVBl. 78, 110 (112).

116 So auch bereits BGH NJW 68, 1133, E. v. 22. 3. 1968, in der das Gericht bei der Beurteilung der Ortsüblichkeit von Geräuschen einer Straßenbahnkehre die Zusammensetzung des Geräuschs und die Frequenz, mithin die Eigenart des Lärms, berücksichtigte.

117 Unter Bezugnahme auf die Rechtsprechung des BVerwG, BVerwGE 51, 15 (31f.), E. v. 21. 5. 1976, die den Gedanken der Geräuschvorbelastung für den planerischen, verwaltungsgerichtlichen Zumutbarkeitsbegriff entwickelt hatte. Angesichts der rechtlichen Unterschiede, der verwaltungsgerichtliche Zumutbarkeitsbegriff dient zur Abgrenzung im Vorfeld der Enteignung bei planerisch noch offenen Situationen, während der BGH bei Verkehrslärmimmissionen mit Hilfe des nachbarrechtlichen Zumutbarkeitskriteriums Beeinträchtigungen i. R. der Sozialbindung von enteignend wirkenden Lärmimmissionen zu trennen versucht, vgl. 3. Kap. II 3 c, verzichtete das Gericht zu Recht darauf, unter diesem Wertungsfaktor eine materielle Gleichsetzung der Belastungsgrenzen vorzunehmen.

118 So auch Kodal, Straßenrecht, S. 952; in diesem Zusammenhang ist auf den Unterschied zur Frage der Ortsüblichkeit der störenden Nutzung hinzuweisen, dort spielt die zeitliche Aufeinanderfolge keine Rolle, maßgeblich ist dort nur die gegenwärtige Lage, so RGZ 154, 161 (165), E. v. 10. 3. 1937; BGHZ 49, 148 (152), E. v. 22. 12. 1967.

119 BGH DVBl. 78, 110 (111).

Ermangelung normativer Regelungen eine Bedeutung bei der Abgrenzung zukam.

Anläßlich der Entscheidung vom 10. 11. 1977 äußert sich der BGH, soweit ersichtlich, zum zweiten Male[120] zu der Frage, bei welchen konkreten Schallpegeln die Zumutbarkeitsgrenze überschritten sein könnte. Einschränkend muß aber noch einmal betont werden, daß das Gericht an seiner Prämisse, die Grenze der noch entschädigungslos hinzunehmenden Geräuschbelastung könne nicht in einem bestimmten Geräuschpegel ausgedrückt werden, festhielt[121]. Der Sachverständige hatte ermittelt, daß der Verkehrslärm am Tage überwiegend im Bereich von 75 - 76 dB (A) lag, mit Spitzenwerten von mehr als 90 dB (A), in der Nacht zeitweise auf 78 - 84 dB (A) anstieg, aber nie unter 67 dB (A) absank. Diese Werte sah das Gericht, wenn auch nicht expressis verbis, als jenseits der Zumutbarkeitsgrenze befindlich an. Denn es billigte die Ansicht des Berufungsgerichts, hier die Unzumutbarkeit der Beeinträchtigung zu bejahen mit dem Hinweis auf die im einschlägigen Schrifttum bzw. in VDI-Richtlinien und Verwaltungsvorschriften festgelegten Lärmrichtwerte, die zum Teil weit unter den gemessenen Tag/Nachtwerten angesetzt sind. Dabei argumentierte der BGH zunächst mit der Vornorm DIN 18 005 und der VDI-Richtlinie 2058[122], die Richtwerte von 55 dB (A) am Tage und 40 dB (A) bei Nacht vorsehen. Ausdrücklich wurde die Auffassung des Berufungsgerichts bejaht, nicht schon bei diesen Werten eine unzumutbare Beeinträchtigung und damit im Ergebnis eine Enteignung anzunehmen, sondern eine erhebliche Überschreitung zu verlangen[123]. Demgegenüber setzt der BGH als Höchstwert jenen Grenzwert an, der im Gesetz zum Schutz gegen Fluglärm die obere Grenze bildet[124], und der damals in § 8 a VIII des Entwurfs eines 2. Gesetzes zur Änderung des Bundesfernstraßengesetzes[125] vorgesehen war, nämlich 75 dB (A). Eher tendierte das Gericht jedoch zu einem niedrigeren Höchstwert[126], denn es wies besonders auf die Werte hin, die für den damals noch aktuellen Entwurf einer Straßenschallschutzverordnung gemäß § 43 BImSchG in der Diskussion waren. So für reine und allgemeine Wohngebiete gemäß §§ 3, 4

[120] Erstmals in der Entscheidung vom 20. 3. 1975, BGHZ 64, 220 (228).

[121] BGH DVBl. 78, 110 (111).

[122] DIN 18 005, Schallschutz im Städtebau, siehe im folgenden 4. Kap. III 3 c dd; VDI-Richtlinie 2058, Bl. 1, Beurteilung von Arbeitslärm in der Nachbarschaft, siehe unter 4. Kap. III 3 c cc.

[123] BGH DVBl. 78, 110 (111).

[124] Gesetz zum Schutz gegen Fluglärm v. 30. 3. 1971, BGBl. I, S. 282, §§ 2 II, 9 I.

[125] BT-Drucks. 7/1265.

[126] Dieser Befund wurde auch durch eine Fluglärmentscheidung aus dem Jahre 1977, DB 77, 1692, E. v. 15. 6 .1977, bestätigt. Die Frage, ob das klägerische Grundstück über das zumutbare Maß i. S. des § 906 II 2 BGB hinaus beeinträchtigt worden sei, könne, so der BGH, nicht schon dann verneint werden, wenn die Lärmbelastung unter dem im FlugLG für die Schutzzone I festgesetzten Mindestmaß von 75 dB (A) bleibe, vgl. S. 1692.

BauNVO Tagwerte von 60 dB (A) und Nachtwerte von 50 dB (A). Innerhalb dieser Bannbreite, also erheblich über 55/40 dB (A) und unter 75 dB (A) hätten demnach also, wäre es nach der damaligen Rechtsprechung des BGH gegangen, Lärmgrenzwerte, untergliedert nach Gebietsart und Tag- oder Nachtzeit, angesiedelt werden können.

Anzumerken ist an dieser Stelle, daß der Grenzwert des Gesetzes zum Schutz gegen Fluglärm von 75 dB (A) mit den Richtwerten der DIN 18 005 und VDI 2058 nicht unmittelbar vergleichbar ist. Die verschiedenen Lärmarten werden subjektiv vom Betroffenen anders empfunden[127]. So ergaben Untersuchungen, daß die Unbehaglichkeitsschwelle bei Flugzeuglärm um 3 dB (A) höher liegt als beispielsweise bei Straßenverkehrslärm. Die Differenz zwischen Arbeits- bzw. Baulärm und Verkehrslärm liegt bei 9 dB (A), was fast einer Verdoppelung des Lärms[128] gleichkommt, d.h. die Bevölkerung ist gegenüber Straßenverkehrslärm besonders empfindlich. Diese Unterschiede können wohl darauf zurückgeführt werden, daß einzelne kurzzeitige Geräuschspitzen von den Betroffenen weniger beeinträchtigend empfunden werden. Gerade Fluglärm läßt sich dadurch kennzeichnen, daß nur ab und zu sehr laute Geräusche auftreten, sei es beim Start oder der Landung, oder wenn das Flugzeug den jeweiligen Standort des Betroffenen überfliegt. Zwischen den Flugbewegungen treten dann aber keine Lärmimmissionen auf. Anders bei Verkehrslärm. Hier stellt sich die Beeinträchtigung als dauernde Einwirkung ohne wesentliche Lärmpausen dar[129]. Dabei zeigt sich auch das Problem der Lärmbewertung durch einen äquivalenten Dauerschallpegel, in den jedes einzelne Schallereignis nach Art und Dauer zwar eingeht, aber keine Unterscheidung möglich wird, ob der Lärmwert sich aus einzelnen kurzzeitigen Geräuschspitzen oder dauernden Lärmeinwirkungen zusammensetzt[130].

---

[127] Stenogr. Protokoll Nr. 39 des VerkehrsA vom 8. 11. 1978, Frage A 3, S. 35f.

[128] 10 dB (A) bedeuten eine Verdoppelung des Lärms.

[129] Stenogr. Protokoll v. 8. 11. 1978, a.a.O., Frage A 2, S. 2.

[130] Gossrau / Stephany / Conrad / Dürre, Lärmschutz Bd. III, 48037, S. 2f.; dieses Problem scheint auch der BGH, zumindest für den Bereich der Fluglärmimmissionen, erkannt zu haben. In der Entscheidung vom 15. 6. 1977, DB 77, 1962, führte das Gericht aus, es sei auch zu prüfen, inwieweit oder unter welchen Voraussetzungen die für die Erfassung des Fluglärms entwickelten Mittelungspegel den Zusammenhang zwischen meßbaren Schallgrößen und ihrer physiologischen und psychischen Auswirkungen beim Menschen gerecht werden, es müsse auch die Bedeutung der Spitzenschallpegel beachtet werden, DB 77, 1692 (1694).

c) Die Bedeutung der TA Lärm sowie überbetrieblicher technischer Normen für die Zumutbarkeitsbestimmung

aa) Vorbemerkung

Mit dem zur Beurteilung des festgestellten Schallpegels befürworteten Rückgriffs auf Verwaltungsrichtlinien bzw. auf vom einschlägigen Schrifttum anerkannten Richtwerten zielte der BGH vor allem auf die TA Lärm sowie die VDI-Richtlinie 2058[131] und die Vornorm DIN 18005[132]. Dieses Ausweichen auf Lärmrichtlinien und private technische Normungswerte, die, das ist bereits an dieser Stelle anzumerken, für die Beantwortung der Frage der Zumutbarkeit von Verkehrslärmimmissionen nicht einschlägig sind, spiegelte das normative Defizit auf dem Gebiet des Verkehrslärmimmissionsrechts wider und konnte letztlich auch als Ausdruck der Nichtvollziehbarkeit des § 42 BImSchG verstanden werden. Ein Defizit, das nicht nur auf das immissionsrechttypische Verhalten des Gesetz- oder Verordnungsgebers zurückzuführen war oder ist, seine Verlegenheit, technische Fragen mehr oder weniger auffällig auf die administrative und judikative Ebene abzuwälzen[133], sondern wohl insbesondere auf die Tatsache, daß Legislative und noch stärker der Verordnungsgeber den Verkehrslärmimmissionsschutz als primär fiskalisches Problem mit nur einem unmittelbar Betroffenen, eben dem Staat, auffassen und Regelungen dementsprechend problematisieren und damit verzögern.

bb) TA Lärm

Durch die TA Lärm[134], noch auf der Grundlage des inzwischen durch § 68 I Nr. I BImSchG aufgehobenen § 16 III 2 GewO erlassen, werden die immissionsrechtlichen Anforderungen konkretisiert, die zur Gewährleistung eines ausreichenden Lärmschutzes an Errichtung und Betrieb genehmigungsbedürftiger Anlagen zu stellen sind. Die TA Lärm enthält die für den Lärmschutz bei genehmigungsbedürftigen Anlagen maßgeblichen materiellen Grundsätze[135].

Bedeutung für die Bewertung von Lärmimmissionen kommt insbesondere dem zweiten und dritten Teil dieser Verwaltungsvorschrift zu. Der zweite Teil definiert in Nr. 2.11 Lärm als negativ bewerteten Schall, der Nachbarn

---

[131] Siehe Anm. 146.

[132] Siehe Anm. 155.

[133] So zutreffend Breuer, AÖR 101, 46 (67).

[134] Technische Anleitung zum Schutz gegen Lärm, TA Lärm v. 16. 7. 1968, Beilage zum Bundesanzeiger Nr. 137 v. 26. 7. 1968; sie wurde gemäß § 66 II BImSchG übergeleitet.

[135] Dazu Bethge / Meurers, TA Lärm, 2. A., S. 132 f.; Hanning, Umweltschutz, S. 42 f.; Lorentz, S. 198 ff.; Marburger, Technische Regeln, S. 92 f.

oder Dritte stören, d.h. gefährden, erheblich benachteiligen oder erheblich belästigen kann, konkretisiert in Nr. 2.31 den „Stand der Lärmbekämpfungstechnik" und nennt in Nr. 2.32 feste, nach Art der Nutzung der betroffenen Gebiete gestaffelte Immissionsrichtwerte[136], ohne sich dabei an die Baugebiete der BauNVO anzulehnen[137]. Obwohl sich die TA Lärm als allgemeine Verwaltungsvorschrift zwecks Konkretisierung und Ausfüllung der unbestimmten Rechtsbegriffe des BImSchG im Interesse eines gleichmäßigen Gesetzesvollzugs ausschließlich an die zuständigen Genehmigungsbehörden richtet, entfalten die Richtwerte zusätzlich eine mittelbare Außenwirkung. Einmal gegenüber dem Antragsteller im Verwaltungsverfahren, da bei Überschreiten der Werte Genehmigungen grundsätzlich nicht erteilt werden dürfen[138]. Zum anderen in der Gerichtspraxis, für den Regelfall der Bewertung von Industrie- und Gewerbeimmissionen hat insbesondere die Rechtsprechung des BVerwG der TA Lärm eine indikatorische Bedeutung im Prozeß zugesprochen. Entweder als allgemeiner Erfahrungssatz oder als eine Art antizipiertes Sachverständigengutachten wurden und werden diese

[136] Nr. 2.321 der TA Lärm

Die Immissionsrichtwerte werden festgesetzt für

a) Gebiete, in denen nur gewerbliche oder industrielle Anlagen und Wohnungen für Inhaber und Leiter der Betriebe sowie für Aufsichts- und Bereitschaftspersonen untergebracht sind, auf		70 dB (A)
b) Gebiete, in denen vorwiegend gewerbliche Anlagen untergebracht sind, auf	tagsüber	65 dB (A)
	nachts	50 dB (A)
c) Gebiete mit gewerblichen Anlagen und Wohnungen, in denen weder vorwiegend gewerbliche Anlagen noch vorwiegend Wohnungen untergebracht sind, auf	tagsüber	60 dB (A)
	nachts	45 dB (A)
d) Gebiete, in denen vorwiegend Wohnungen untergebracht sind, auf	tagsüber	55 dB (A)
	nachts	40 dB (A)
e) Gebiete, in denen ausschließlich Wohnungen untergebracht sind, auf	tagsüber	50 dB (A)
	nachts	35 dB (A)
f) Kurgebiete, Krankenhäuser und Pflegeanstalten auf	tagsüber	45 dB (A)
	nachts	35 dB (A)
g) Wohnungen, die mit der Anlage baulich verbunden sind, auf	tagsüber	40 dB (A)
	nachts	30 dB (A)

[137] Ernst / Zinkahn / Bielenberg / Bielenberg, BBauG III, Anhang BauNVO, Rdnr. 93.

[138] Dazu speziell für die TA Lärm Marburger, Technische Regeln, S. 96ff., 417f.; allgemein zur Frage der Außenwirkung von Verwaltungsvorschriften im Verhältnis Staat – Bürger Ossenbühl, in Erichsen / Martens, Allgem. Verwaltungsr., 6. A., S. 88ff. Kritisch zu dieser Frage Rupp, JuS 75, 609 (615ff.); Scheffler, DÖV 80, 236 (238); siehe auch 5. Kap. II 2 c.

technischen Regeln herangezogen[139]. Lediglich bei einigen atypischen Ausnahmefällen ist nach dieser Rechtsprechung eine andere Betrachtungsweise geboten. Werden die in der TA Lärm genannten Werte überschritten, so muß im Regelfall davon ausgegangen werden, daß die Immissionsbelastung eine schädliche Umwelteinwirkung darstellt[140]. Eine rechtliche Bindung der Gerichte bei der Anwendung des BImSchG kann die TA Lärm dagegen nicht herbeiführen[141]. Die besondere Stellung der TA Lärm wird allgemein mit der Tatsache begründet, daß sie in einem speziellen Verfahren erst nach Anhörung der gesetzlich näher umschriebenen „beteiligten Kreise" §§ 48, 51 BImSchG zustandegekommen ist. Eine Bedeutung über den qualifizierten Beweis hinaus muß mangels einer unabhängigen und nicht repräsentativen Beteiligung aller Betroffenen und der Tatsache, daß die Exekutive letztlich in eigener Sache tätig geworden ist, jedoch verneint werden[142].

Die Anwendung der TA Lärm auf Verkehrslärmimmissionen entspricht nicht dem oben genannten Regelfall[143]. Zum einen wurde die TA Lärm nicht für die Bewertung von Verkehrslärmimmissionen konzipiert. Zum anderen hätte vorher geklärt werden müssen, ob die schädliche Umwelteinwirkung i. S. des BImSchG von ihrer Belastungsintensität mit derjenigen von Verkehrslärmimmissionen identisch ist, die die Grenze der Sozialbindung des Eigentums überschreiten. Erst bei einer Parallelität beider Schwellen wäre eine Heranziehung der TA Lärm zur Bestimmung der anspruchsauslösenden Grenze bei Verkehrslärmimmissionen angezeigt gewesen. Ob allerdings die auf Industrie- und Gewerbelärmimmissionen ausgerichtete TA Lärm den erhöhten Anforderungen einer Beurteilung von breitbandigen Verkehrslärmgeräuschen, die sich durch unterschiedlichste Frequenzzusammensetzung, vom hochtourigen Zweitaktmotorengeräusch bis zu dem von LKW Dieselmotoren, durch unterschiedliche Reifenrollgeräusche auf den verschiedenen Straßenbelägen, Reflektionen etc. auszeichnen, gerecht wird, muß bezweifelt werden. Insbesondere repräsentiert die TA Lärm nicht den neuesten Stand der wissenschaftlichen Erkenntnisse einer Lärmeinwirkung auf den menschlichen Organismus[144]. Zwar spiegelt auch die TA Lärm allge-

---

139 BVerwG NJW 79, 772 (773), E. v. 12. 4. 1978, betreff. TA Lärm; BVerwG NJW 1978, 1450 (1452), E. v.17. 2. 1978, betreff. TA Luft; dazu grundlegend Breuer, AÖR 101, 45 (83), ders., DVBl. 78, 28 (34); zur Typologie der Verwaltungsvorschriften Ossenbühl, in Erichsen / Martens, Allgem. Verwaltungsr., 6. A., S. 85 f. m. w. N.; siehe auch 5. Kap. II 2 c.

140 Siehe Breuer, AÖR 101, 46 (79 f.); Leisner, Waldsterben, S. 34; Feldhaus, BImSchG, § 5 Rdnr. 5.

141 Dazu BVerwG NJW 78, 1450 (1452).

142 So auch Breuer, DVBl. 78, 28 (34); Marburger, Technische Regeln, S. 423 f., insbes. Anm. 51.

143 So i. E. Bethge / Meurers, TA Lärm, 2. A., S. 44; Jarass, NJW 81, 721 (726).

144 So liegen die grundlegenden physiologischen Untersuchungen erst seit Anfang/ Mitte der siebziger Jahre vor; vgl. Studie Belastbarkeit von Menschen durch Geräusche, S. 33 ff.; siehe auch Anm. 149 betreffend den Runderlaß des nordrhein-west-

mein den Versuch wider, Richtwerte unter Zugrundelegung der Erkenntnis, daß der Gefährlichkeits- bzw. Belästigungsgrad von Geräuscheinwirkungen nicht nur von der physikalischen, als Schalldruck meßbaren Lautstärke abhängig ist, sondern auch von Kriterien, die sich einer meßtechnischen Erfassung weitgehend entziehen, beispielsweise dem Gebietscharakter des Einwirkungsbereichs, also den konkreten örtlichen Verhältnissen, zu bestimmen. Zwar gewährleistet auch die gewählte (A) Bewertung des Schallpegels für den Normalfall, z.B. PKW Verkehr auf einer asphaltierten Straße ohne Ampelanlagen etc. eine zufriedenstellende Korrelation mit der Störwirkung[145], obwohl dies von der Zielsetzung der auf Industrie- und Gewerbelärm ausgerichteten Vorschrift ja nicht unbedingt angestrebt wurde.

Eine schematische Heranziehung der Richtwerte der TA Lärm zur Bewertung der Verkehrslärmimmissionen verbietet sich daher schon infolge der aufgeführten Nachteile dieser Verwaltungsvorschrift. Die Zurückhaltung, die sich der BGH hier auferlegt, ist in jedem Fall gerechtfertigt.

cc) VDI-Richtlinie 2058

Bei der VDI-Richtlinie 2058[146] handelt es sich um ein privates technisches Normungswerk des Vereins Deutscher Ingenieure[147]. Die erste Fassung der VDI 2058 erschien im Juli 1960 unter dem Titel „Beurteilung und Abwehr von Arbeitslärm“ und galt sowohl für die Beurteilung von Arbeitslärm am Arbeitsplatz als auch in der Nachbarschaft. Seit 1973 liegt diese Richtlinie in einer stark veränderten Neuauflage unter dem Titel „Beurteilung von Arbeitslärm in der Nachbarschaft“[148] vor.

Die Richtlinie sieht ihren Zweck darin, Lärmeinwirkungen auf die Nachbarschaft zu beurteilen, um eine Gefährdung, erhebliche Benachteiligung oder erhebliche Belästigung zu erkennen. Sie versteht sich als Ergänzung gesetzlicher und verwaltungsrechtlicher Bestimmungen[149]. Zur Einführung

---

fälischen Ministers für Arbeit, Gesundheit und Soziales; Jarass, NJW 81, 721 (725); Marburger, Technische Regeln, S. 93f.; vgl. 5. Kap. II 3 a.

[145] Vgl. Lorentz, S. 198; Wiethaup, S. 49ff.

[146] VDI-Richtlinie 2058 – Blatt 1 – Beurteilung von Arbeitslärm in der Nachbarschaft, v. Juni 1973.

[147] Hanning, Umweltschutz, S. 88f.; Marburger, Technische Regeln, S. 222.

[148] VDI 2058, Bl. I; Gossrau / Stephany / Conrad / Dürre, Lärmschutz, Bd. III, 48, 225, S. 17; Marburger, Technische Regeln, S. 93f.

[149] Interessant in diesem Zusammenhang ist der Runderlaß des nordrhein-westfälischen Ministers für Arbeit, Gesundheit und Soziales, III B 2 – 8850.2 und des Innenministers V A 4 – 270312 v. 6. 2. 1975, betreffend die TA Lärm. In Ziffer 2.1 wird festgelegt, daß zwar die TA Lärm als allgemeine Verwaltungsvorschrift für die Behörden verbindlich ist, in einigen einzeln aufgelisteten Fällen jedoch infolge Veralterung dieser Vorschrift auf andere Erkenntnisquellen, so insbesondere die VDI-Richtlinie 2058, zurückgegriffen werden muß.

weist die VDI 2058 darauf hin, daß die Belastung des Menschen durch Lärm nicht nur von der Lautstärke, sondern auch von Dauer, Häufigkeit und Tageszeit des Auftretens, der Frequenzzusammensetzung und Art der Geräuschquelle sowie der physischen und psychischen Situation des Betroffenen abhängig ist. Sämtliche Faktoren versucht das in dieser Richtlinie gewählte Beurteilungsverfahren zu berücksichtigen. Der Beurteilungspegel wird dabei zwar nur aus Stärke und Dauer des Geräuschs bestimmt, durch besondere Zuschläge und spezielle Meßverfahren werden jedoch die belastenden Impulse und Töne sowie das Auftreten zu bestimmten Zeiten zusätzlich erfaßt. Wesentlich für die vorliegende Untersuchung ist, daß die VDI-Richtlinie 2058 auf die Festlegung allgemein gültiger Grenzwerte für die Lärmeinwirkung auf die Nachbarschaft verzichtet und sich ausschließlich auf die Aufstellung von Richtwerten beschränkt, von denen abgewichen werden kann[150]. Erst bei wesentlichen Überschreitungen ist dabei mit Gefährdung, erheblicher Benachteiligung oder Belästigung der Nachbarschaft zu rechnen[151]. Die Neufassung der VDI 2058 stellte das zum damaligen Zeitpunkt auf den modernsten medizinischen, sozialen und physikalischen Erkenntnissen basierende private technische Normungswerk im Lärmimmissionsbereich dar, so daß ihr, ausschließlich von diesem Standpunkt aus betrachtet, die größte Aussagekraft bei der Beurteilung von Lärmimmissionen hätte zuerkannt werden müssen.

---

[150] Nr. 3.3.1 der VDI-Richtlinie 2058

Immissionswerte „Außen“

a) für Einwirkungsorte, in deren Umgebung nur gewerbliche Anlagen und ggf. ausnahmsweise Wohnungen für Inhaber und Leiter der Betriebe sowie für Aufsichts- und Bereitschaftspersonen untergebracht sind (vgl. Industriegebiete § 9 BauNVO)		70 dB (A)
b) für Einwirkungsorte, in deren Umgebung vorwiegend gewerbliche Anlagen untergebracht sind (vgl. Gewerbegebiete § 8 BauNVO)	tags nachts	65 dB (A) 50 dB (A)
c) für Einwirkungsorte, in deren Umgebung weder vorwiegend gewerbliche Anlagen noch vorwiegend Wohnungen untergebracht sind (vgl. Kerngebiete § 7 BauNVO, Mischgebiete § 6 BauNVO, Dorfgebiete § 5 BauNVO)	tags nachts	60 dB (A) 45 dB (A)
d) für Einwirkungsorte, in deren Umgebung vorwiegend Wohnungen untergebracht sind (vgl. allg. Wohngebiete § 4 BauNVO, Kleinsiedlungsgebiete § 2 BauNVO)	tags nachts	55 dB (A) 40 dB (A)
e) für Einwirkungsorte, in deren Umgebung ausschließlich Wohnungen untergebracht sind (vgl. reines Wohngebiet § 3 BauNVO)	tags nachts	50 dB (A) 35 dB (A)
f) für Kurgebiete, Krankenhäuser, Pflegeanstalten, soweit sie als solche durch Orts- oder Straßenbeschilderung ausgewiesen sind	tags nachts	45 dB (A) 35 dB (A)

[151] Vgl. Gossrau / Stephany / Conrad / Dürre, Lärmschutz, Bd. III, 48.225, S. 2.

Es darf allerdings nicht übersehen werden, daß sich diese technische Norm nur mit beeinträchtigendem Arbeitslärm auf die Nachbarschaft befaßt, einer Lärmart, die mit Verkehrslärmimmissionen grundsätzlich nicht vergleichbar ist[152]. So wurde von medizinischer Seite übereinstimmend festgestellt, daß verschiedene Lärmarten, etwa Bau-, Verkehrs- und Fluglärm vom Betroffenen subjektiv unterschiedlich empfunden werden[153], was neben unterschiedlichen Lärmspitzen und einer mehr oder minder großen Disharmonie der Geräusche auch darauf zurückzuführen ist, daß z.B. Arbeitslärm nur periodisch, meistens am Tage auftritt, während Verkehrslärm zumindest an stark frequentierten Straßen eine Dauererscheinung mit mehr oder weniger hohen Schalldruckpegeln ist. Zum anderen liegen die Richtwerte der VDI 2058 teilweise deutlich unter den Immissionsgrenzwerten des gescheiterten VLärmSchG, sie sind also bedeutend schutzfreundlicher als die angestrebten verkehrslärmspezifischen Grenzwerte. Die VDI 2058 läßt jedoch von diesen, nicht umsonst nur als Richtwerte bezeichneten Lärmwerten derart erhebliche Abweichungen zu, daß an deren Aussagekraft und Qualität Zweifel angebracht sind, und eine schematische Beachtung der Richtwerte nicht angezeigt ist. Die zulässige Grenze dieser Abweichung ist erst bei einer Gefährdung oder erheblichen Belästigung der Nachbarschaft erreicht. Da die VDI 2058 jedoch offen läßt, bei welchen Grenzwerten jene Schwelle anzusetzen ist, muß auch aus diesem Grund die Aussagekraft der Richtlinie für die in Frage stehende Grenzziehung niedrig angesetzt werden. Auch berücksichtigen die für Industrielärmimmissionen konzipierten Richtwerte nicht die besondere Problematik der Emissionssituation öffentlicher Verkehrsanlagen, sie sind davon geprägt, daß stationäre Industrieemissionsquellen meist mit einfachen, kostengünstigen Mitteln wirksam eingedämmt werden können.

Den Lärmrichtwerten der VDI 2058 kommt daher im Verkehrslärmimmissionsbereich nur die Bedeutung von ungefähren Anhaltspunkten zu, die durch weitere verkehrslärmspezifische Feststellungen zu ergänzen sind[154].

dd) Vornorm DIN 18 005

Bei der Vornorm DIN 18 005[155] handelt es sich um ein technisches Regelwerk des Deutschen Instituts für Normung e.V.[156]. Die im Mai 1971 ver-

---

[152] So auch Jarass, NJW 81, 721 (726).

[153] Dies trat deutlich bei der Sachverständigenanhörung zum Entwurf des Verkehrslärmschutzgesetzes durch den BT-Ausschuß für Verkehr und für das Post- und Fernmeldewesen (VerkehrsA) am 8. 11. 1978 hervor, siehe Stenogr. Protokoll Nr. 39 dieses Ausschusses, Frage A 4, S. 34f., es zeigte sich, daß die Unbehaglichkeitsschwelle für Verkehrslärmimmissionen besonders niedrig liegt; so auch Jarass, DVBl. 83, 727 (729); siehe dazu 4. Kap. III 3 b.

[154] Hanning, Umweltschutz, S. 105; Jarass, DVBl. 83, 727 (731).

öffentlichte Vornorm[157] DIN 18 005 enthält Regeln für die angemessene Berücksichtigung des Schallschutzes sowohl bei der Bauleitplanung als auch anderen raumbezogenen Planungen. Sie befaßt sich mit dem Schutz von Gebieten verschiedener Nutzung[158] vor Geräuschen, insbesondere in Bezug auf die Bestimmung von Schallimmissionen, Schallausbreitung sowie der Bewertung von Schallimmissionen, ohne jedoch eine Beurteilung von Schallimmissionen im Einzelfall vorzunehmen. Hierzu wird auf die TA Lärm und die VDI-Richtlinie 2058 verwiesen[159].

Wesentlicher Bestandteil der Vornorm DIN 18 005 ist unter Ziffer 5 der Tabelle die Aufstellung eines Planungsrichtpegels, der differenziert nach Gebietsart und Tag/Nachtwerten Dauerschallpegel zwischen 35 dB (A) und 70 dB (A) als obere Grenze empfiehlt[160]. Für Gebiete, die von Verkehrswegen durchschnitten werden, sollen jedoch Überschreitungen bis zu 10 dB (A),

---

155 DIN 18 005, Bl. 1, Schallschutz im Städtebau, Hinweise für die Planung, Berechnungs- und Bewertungsgrundlagen, Vornorm, v. Mai 1971, MBl. NW 1971, S. 2129.

156 Dazu Gossrau / Stephany / Conrad / Dürre, Lärmschutz, Bd. III, 48 037, S. 1; Marburger, Technische Regeln, S. 197 f.

157 Die Form einer „Vornorm" wurde seitens des Arbeitsausschusses „Schallschutz im Städtebau" gewählt, weil zum damaligen Zeitpunkt noch Vorbehalte hinsichtlich der Anwendung bestanden, eine endgültige Klärung dieser Fragen aber angesichts der Dringlichkeit des Schallschutzes im Städtebau nicht mehr abgewartet werden sollte. Bis heute liegt noch keine endgültige Fassung vor, sondern nur ein Normentwurf von April 1982, der sich im wesentlichen, insbesondere hinsichtlich der schalltechnischen Orientierungswerte an die Vornorm von 1971 anlehnt, Krane, KdL 82, 161 (161, 162).

158 Bezogen auf die BauNVO.

159 Vgl. hierzu die Erläuterung zur Vornorm 18 005. MBl. NW 1971, 2129, abgedruckt bei Gossrau / Stephany / Conrad / Dürre, Lärmschutz, Bd. III, 48 037.

160 Planungsrichtpegel für Baugebiete:

Nr.	Baugebiet[a)]	Planungsrichtpegel äquivalenter Dauerschallpegel in dB (A) Tag/Nacht		Planungsrichtpegel äquivalenter Dauerschallpegel in dB (A) Tag/Nacht		Baugebiet[a)]	Nr.
1	Reines Wohngebiet Wochenendhausgebiet	50	35	65	50	Kerngebiet Gewerbegebiet	4
2	Allgemeines Wohngebiet Kleinsiedlungsgebiet	55	40	70	70	Industriegebiet	5
3	Dorfgebiet[b)] Mischgebiet	60	45	45 bis 70	35 bis 70	Sondergebiet je nach Nutzungsart u. Wohnungsanteil	6

a) Die Baugebiete entsprechen der Verordnung über bauliche Nutzung der Grundstücke (Baunutzungsverordnung – BauNVO –) vom 26. 11. 1968 (BGBl. I S. 1237 und 1969 S. 11).

b) Die Dorfgebiete einer Gemeinde oder Teile eines Dorfgebietes können im Bebauungsplan nach der Art der zulässigen Nutzung gegliedert und ihnen entsprechende Planungsrichtpegel zugeordnet werden (siehe BauNVO § 5 Abs. 3).

das entspricht einer Verdoppelung des Lärms, in besonders begründeten Ausnahmefällen sogar höhere Werte zulässig sein.

Die Richtpegelwerte der DIN 18 005 können ebenso wie die der VDI 2058 nur als ungefähre Anhaltspunkte verstanden werden. Nicht nur angesichts der gewählten Form einer Vornorm und der Rechtsprechungspraxis, die im Immissionsbereich derartigen von privatrechtlich organisierten Normungsverbänden geschaffenen überbetrieblichen technischen Normen höchstens die Bedeutung eines antizipierten Sachverständigengutachtens beimißt, das den Richter aber nicht von der Ermittlung sämtlicher Umstände des Einzelfalles und einer Feststellung der Zumutbarkeitsschwelle entbindet[161]. Auch ist die generelle Tauglichkeit der DIN 18 005 im Bezug auf Verkehrslärmbeurteilungen zu bezweifeln. Die in unmittelbarer Nähe von öffentlichen Infrastrukturanlagen für zulässig erklärte Richtwertüberschreitung von bis zum 10 dB (A), was einer Verdoppelung des Verkehrslärms gleichkommt, muß sich bei der konkreten Einzelfallentscheidung, angesichts einer derart großen Beurteilungsbreite, als Hemmnis einer sachgerechten Verkehrslärmbewertung auswirken. Diese für zulässig erklärten Richtwertüberschreitungen sind wohl nicht zuletzt auf den Einfluß gewerblicher Interessen, verbunden mit ausgeprägtem ökonomischen Denken bei der Normungsarbeit zurückzuführen. So sind nach DIN 820, Blatt 2, Ziffer 4, bei der Aufstellung einer Norm „wirtschaftliche Gesichtspunkte" zu berücksichtigen[162]. Auch läuft der Anwendungsbereich der DIN 18 005 einer direkten Heranziehung zur Bestimmung der Zumutbarkeitsschwelle in dem hier interessierenden Zusammenhang zuwider. Denn diese Vornorm enthält ausschließlich Planungsrichtwerte, erfaßt also nicht die gewachsene, planerisch nicht mehr zu korrigierende Situation der bereits bestehenden Verkehrswege, sondern nur den noch planerisch offenen Bereich zukünftiger Anlagen.

4. Methodischer Weg zur Bestimmung der Zumutbarkeitsschwelle bei Verkehrslärmimmissionsbeeinträchtigungen

Im Rahmen der richterlichen Bestimmung der Zumutbarkeitsschwelle hatte der BGH mit den Entscheidungen vom 13. 1. 1977 und 10. 11. 1977 eine auch in späteren Entscheidungen beibehaltene Konzeption herausgearbeitet, die sich als durch Heranziehung individualisierender Wertungsfaktoren einzelfallbezogene Sachverhaltswürdigung darstellen läßt, objektiviert durch die Feststellung und Beurteilung des Schallpegels, dem das betroffene Anliegergrundstück ausgesetzt ist.

---

[161] BGH DVBl. 77, 523 (525); 78, 110 (111); vgl. Breuer, DVBl. 78, 28 (34), wohl auch Marburger, S. 424, Fn. 51.

[162] So auch Hanning, Umweltschutz, S. 118.

Der richterliche Entscheidungsprozeß vollzieht sich danach im wesentlichen auf zwei Ebenen. Je nachdem, in welcher Gebietsart sich das beeinträchtigte Grundstück befindet, ist es mit einem mehr oder weniger großen Lärmimmissionsrisiko vorbelastet, das sich im Falle der konkreten Beeinträchtigung zu einer differenzierten, mehr oder weniger hoch zu veranschlagenden Zumutbarkeitsschwelle gegenüber den Lärmimmissionen manifestiert[163]. Zusätzliche persönliche, also der Sphäre des betroffenen Grundstückseigentümers zuzurechnende Kriterien sind ebenfalls zu berücksichtigen, auch sie können eine Erhöhung oder Senkung der Zumutbarkeitsschwelle zum Ergebnis haben[164]. Dann hat die Beurteilung des festgestellten Schallpegels[165] zu erfolgen. Als Orientierungshilfe kann hierbei auf die in den Verwaltungsvorschriften angegebenen oder seitens des Schrifttums befürworteten Richtwerte zurückgegriffen werden. Diese stellen jedoch nur Anhaltspunkte für die Bestimmung der Grenze des noch entschädigungslos Zumutbaren dar, in keinem Fall können sie eine Bindung des Gerichts bewirken. Bei dieser Beurteilung ist auch die Art des Verkehrslärms zu berücksichtigen, also beispielsweise Geräuschunterschiede, die durch wechselndes Fahrverhalten infolge Umschaltung einer Ampel auftreten oder starke Veränderungen der Lautstärke zur Nachtzeit[166]. Die endgültige Bestimmung der Zumutbarkeitsschwelle erfolgt dann unter Berücksichtigung sämtlicher herausgearbeiteter Umstände des Einzelfalls.

IV. Bemessung der Entschädigung

Die Wertentscheidung des BImSchG veranlaßte den BGH auch zu einer Änderung hinsichtlich der Art und Weise der zu leistenden Entschädigung. Während der Zweck der Enteignungsentschädigung grundsätzlich darin besteht, dem Betroffenen einen Ausgleich für die durch eine hoheitliche Maßnahme bewirkte Eigentumsbeeinträchtigung, also für das von ihm geforderte „Opfer" zu gewähren[167], sprach der BGH bei Beeinträchtigung der Wohnnutzung durch Verkehrslärmimmissionen in konsequenter Anlehnung an § 42 II BImSchG einen Geldausgleich für notwendige Schallschutzmaßnahmen auf dem betroffenen Grundstück zu, unabhängig davon, ob der betroffene Anlieger einen Teil seines Grundstücks hat abtreten müssen oder nicht[168]. Es sei, so das Gericht, sowohl im öffentlichen als auch im Interesse

[163] BGH NJW 77, 895 (896); aber auch bereits BGHZ 54, 384 (391).

[164] So zieht der Nutzungsbeginn in Kenntnis der Verkehrslärmimmissionen eine Erhöhung der Zumutbarkeitsschwelle nach sich, vgl. BGH NJW 77, 895 (896).

[165] Es ist ein äquivalenter Dauerschallpegel zu ermitteln; nur so ist die Vergleichbarkeit mit der VDI-Richtlinie 2058 sowie der TA Lärm und der DIN 18005 gegeben, die sämtlich von diesem äquivalenten Dauerschallpegel ausgehen.

[166] So BGH DVBl. 78, 110 (112).

[167] Statt vieler, Kreft, WM 77, Sonderbeilage II, S. 4; Gelzer / Busse, S. 5f.

des Betroffenen, die beeinträchtigte Sache in einen Zustand zu versetzen, der den fortdauernden hoheitlichen Eingriff im Rahmen der bestehenden technischen Möglichkeiten von ihr abwehrt[169]. Infolge seiner enteignungsrechtlichen Interpretation des Verkehrslärmimmissionsverhältnisses erklärte das Gericht mit Blick auf Art. 14 GG, daß dem schutzwürdigen Interesse des Eigentümers an der Erhaltung seines Eigentums mit einer Entschädigung in Geld, die es ihm ermöglicht, die notwendigen passiven Schallschutzanlagen anzubringen, in einer mit Art. 14 III 3 GG zu vereinbarenden Weise Rechnung getragen werde. Erst diese Art der Entschädigung gewährleiste, daß der mit der gesteigerten Anerkennung des zum Wohnen bestimmten Eigentums verfolgte Zweck der Schaffung angemessener Lebensbedingungen auch tatsächlich erfüllt werde[169].

Mit der Wahl dieser Art der Entschädigung, die bis in die neuesten Verkehrslärmentscheidungen ihre Gültigkeit behalten hat, führte das Gericht den Umdenkungsprozeß unter dem Einfluß der Wertentscheidung des BImSchG und der verkehrslärmspezifischen Ausprägung dieses Gesetzes konsequent zu Ende. Erst hiermit wurde sichergestellt, daß der Schutz des Menschen vor schädlichen Umwelteinwirkungen auch tatsächlich verwirklicht wird. Entschädigungspflichtig war wie bisher der Träger der Straßenbaulast als unmittelbarer Begünstigter[170]. Dieser bestimmt sich nach den Straßen- und Wegegesetzen des Bundes und der Länder[171].

V. Bestimmung der Enteignungsschwelle bei Verkehrslärmbeeinträchtigungen, die sich im Minderwert des Grundstücks ausdrücken

1. Erfassung weiterreichender Schäden bei der Wohnnutzung sowie Schäden an anderen Nutzungen

Zusätzlich zum Enteignungsentschädigungsanspruch auf Ersatz der Kosten von Schallschutzmaßnahmen prüfte der BGH einen weiteren nach Voraussetzung sowie Art und Weise der Entschädigungsleistung anders gearteten Enteignungsentschädigungsanspruch.

Bringen, so das Gericht, aktive und insbesondere passive Lärmschutzmaßnahmen auf dem betroffenen Grundstück keine wirksame Abhilfe oder erfordern sie unverhältnismäßig hohe Aufwendungen, kommt für den beein-

---

[168] Grundlegend BGHZ 64, 220 (229 f.); dem folgend BGH DVBl. 77, 523 (525), E. v. 13. 1. 1977; BGH NJW 78, 318 (319), E. v. 14. 7. 1977; BGH DVBl. 78, 110 (112), E. v. 11. 10. 1978; BGH NJW 80, 582 (582), E. v. 25. 10. 1979.

[169] BGHZ 64, 220 (228 f.).

[170] So zuletzt BGH NJW 80, 582 (582).

[171] So beispielsweise § 5 FStrG.

trächtigten Anlieger eine Enteignungsentschädigung in Betracht, die sich am Minderwert des betroffenen Grundstücks ausrichtet[172]. Mit dieser seit der Entscheidung BGHZ 64, 220 verwendeten Standardformel suchte der BGH überschießende Schäden, insbesondere bei dem zu Wohnzwecken genutzten Eigentum, aber auch bei anderen ausgeübten Nutzungen, entschädigungsrechtlich zu erfassen. Sie zeigte auf, daß das Gericht im Bereich der Enteignungsentschädigung für Beeinträchtigungen des zu Wohnzwecken genutzten Eigentums von einem entschädigungsrechtlichen Subsidiaritätsverhältnis ausging, da es den Betroffenen verwehrte, zugleich neben dem Enteignungsentschädigungsanspruch für Schallschutzmaßnahmen Ansprüche wegen Wertminderung geltend zu machen[173]. Zunächst hatte der Betroffene eine Entschädigung in Geld zu verlangen, die ihn in den Stand versetzen sollte, im Rahmen der bestehenden technischen Möglichkeiten die notwendigen Lärmschutzanlagen an seinem Wohnungseigentum anzubringen. Erst die bereits vorab oder nach Anbringung erkannte Unwirksamkeit dieser Lärmschutzmaßnahmen war Voraussetzung für eine Enteignungsentschädigung, die die Wertminderung, also den bleibenden Substanzverlust infolge der Lärmbeeinträchtigung oder den völligen Wertverlust bei Lärmbeeinträchtigungen, die eine bestimmungsgemäße Nutzung des Grundstücks vereitelten, auszugleichen hatte.

Mit dieser am Minderwert orientierten Entschädigung konkretisierte der BGH in BGHZ 64, 220 eine vierte Stufe innerhalb der zuvor herausgearbeiteten Stufenfolge des Lärmschutzes bei öffentlichen Verkehrswegen[174]. Damit sollten die überschießenden enteignend wirkenden Beeinträchtigungen aufgefangen werden, die trotz schonender Trassierung[175] sowie aktiven und passiven Schallschutzmaßnahmen an der Straße bzw. am Wohnhaus selbst entstanden. Auch hier lehnte sich das Gericht wieder eng an die Systematik des § 42 BImSchG an. Art und Umfang der Entschädigung sind bei § 42 BImSchG nur hinsichtlich der dritten Stufe, nämlich des Ersatzes der Aufwendungen für passive Schallschutzmaßnahmen, festgelegt. Für Vorschriften, die eine weitergehende Entschädigung gewähren, läßt § 42 II 2 BImSchG ausdrücklich Raum. Für anders gelagerte Nutzungen außerhalb der Wohnnutzung greift der Entschädigungsanspruch erst auf dieser vierten Stufe.

---

172 BGHZ 64, 220 (230, 231); ferner BGH WM 76, 1064 (1067); BGH NJW 77, 895 (896); BGH DVBl. 78, 110 (112); BGH NJW 80, 528 (528).

173 So BGHZ 64, 220 (230), BGH DVBl. 78, 110 (112).

174 Siehe oben 4. Kap. III 2 a.

175 Bei neuerrichteten Verkehrsanlagen.

2. Heranziehung von Maßstäben des § 906 BGB

Parallel zu dem vorgeschalteten Enteignungsentschädigungsanspruch auf Ersatz der Kosten von Schallschutzmaßnahmen markierte der BGH auch beim Enteignungsentschädigungsanspruch auf Ersatz des Minderwerts die Enteignungsschwelle mit Hilfe der Tatbestandsmerkmale des § 906 BGB, ohne jedoch zu einem Gleichstand beider Grenzschwellen zu gelangen. Zwar verzichtete das Gericht darauf, die Übernahme der Tatbestandsmerkmale des § 906 BGB ausdrücklich wie beim Enteignungsentschädigungsanspruch auf Ersatz der Kosten von Schallschutzmaßnahmen zu erklären, mit der Verwendung des Zumutbarkeitskriteriums[176] wurde jedoch klargestellt, daß auch bei der am Minderwert orientierten Entschädigung die Abgrenzung mit Hilfe der Kriterien des § 906 BGB beibehalten werden sollte[177]. Zur Ausfüllung des Zumutbarkeitskriteriums griff der BGH beim vorliegenden Anspruch jedoch nicht auf die Wertentscheidung des BImSchG zurück, sondern zog das Merkmal der Schwere und Unerträglichkeit der Beeinträchtigung heran.

3. Das zentrale Wertungskriterium der besonderen Schwere und Unerträglichkeit der Beeinträchtigung

Die Bestimmung der Enteignungsschwelle beim Entschädigungsanspruch wegen Minderwert war von einer einschneidenden Restriktion gegenüber dem Anspruch auf Entschädigung von Schallschutzmaßnahmen gekennzeichnet. Der BGH unterließ es zu Recht, die zuvor herausgearbeitete Wertentscheidung des BImSchG zur Konkretisierung der Zumutbarkeit heranzuziehen. Die Überschreitung der Enteignungsschwelle setzte, so das Gericht, voraus, daß „die zugelassene Nutzung des Straßengrundstücks die vorgegebene Grundstückssituation nachhaltig verändert und dadurch das benachbarte Eigentum schwer und unerträglich trifft“[178].

Der BGH stützte sich hierbei, das machen die nachfolgenden Verweise deutlich, auf Entscheidungen des BVerwG[179], die subjektive öffentliche

---

[176] BGHZ 64, 220 (230).

[177] Für diese Interpretation sprechen sich auch Aicher, S. 261; v. Heyl, DÖV 75, 603 (604); Schapp, S. 144f.; H. Westermann, Festschrift Ernst, S. 516, aus. Schmidt-Aßmann, Lärmschutz, S. 22, 23 sieht darin nur die allgemeine enteignungsrechtliche Zumutbarkeit.

[178] BGHZ 64, 220 (230); dagegen kritisch Schmidt-Aßmann, Lärmschutz, S. 23, der für die Fallgruppe der Beeinträchtigung der Wohnnutzung einen einheitlichen Zumutbarkeitsmaßstab fordert. Der BGH könne sich nicht an die Systematik des § 42 BImSchG anlehnen, da diese Vorschrift kein Enteignungsentschädigungstatbestand sei. So i.E. auch Schapp, S. 145, der im Entschädigungsanspruch auf Erstattung der Kosten von Schallschutzmaßnahmen und dem wegen Wertminderung einen einheitlichen Anspruch, abgeleitet aus § 906 II 2 BGB erblickt, der nur durch unterschiedliche Schadensbemessungsposten gekennzeichnet ist.

Nachbarrechte auf geänderte Straßenplanung und Streckenführung infolge schwerer unerträglicher Beeinträchtigungen der Anlieger betreffen, beispielsweise im Gefolge von Planfehlern. Diese Entscheidungen stellten für die Frage der Abgrenzung zwischen Eigentumsbeeinträchtigungen i. R. der Sozialbindung des Grundeigentums und der Enteignung auf die Schwere und Tragweite des Eingriffs ab. „Lassen sich nämlich", so das Gericht, „die nachbarschädlichen Auswirkungen des Verkehrs auf dem Straßengrundstück nicht auf ein zumutbares Maß vermindern, so hätten schon bei der Aufstellung des Bebauungsplanes für die öffentliche Verkehrsfläche die betroffenen Grundstücke durch Aufhebung oder Änderung ihrer bisher zulässigen Nutzung ausdrücklich in Anspruch genommen werden müssen, wodurch die Voraussetzungen für eine Entschädigung der Eigentümer nach den §§ 40ff. BBauG geschaffen worden wären. Es erscheint gerechtfertigt, nach diesen Entschädigungsgrundsätzen auch dann zu verfahren, wenn im Einzelfall die wegen der Schwere der Verkehrsimmissionen gebotene rechtssatzmäßige Aufhebung oder Änderung der zulässigen Nutzung der betroffenen Grundstücke unterblieben ist"[180]. Der BGH bejahte den Anspruch somit erst dann, wenn bei rechtmäßiger Straßenplanung eine Inanspruchnahme des betroffenen Grundstücks nach Maßgabe des § 40 I 5 BBauG als Verkehrsfläche oder gemäß § 44 BBauG eine Herabzonung hätte erfolgen müssen. Mit anderen Worten sind die in diesen Vorschriften enthaltenen Enteignungsvoraussetzungen auch für die Frage der enteignungsrechtlichen Grenzziehung im Bereich der Verkehrslärmimmissionen maßgebend. Danach ist eine schwere und unerträgliche Beeinträchtigung und damit eine Enteignung erst dann gegeben, wenn die Nutzung des Grundstücks zu Wohnzwecken durch die Verkehrslärmbeeinträchtigungen entweder völlig vereitelt oder zumindest erheblich erschwert wird, mithin also die Voraussetzungen für eine Vollenteignung vorliegen. Die lediglich eingeschränkte Nutzungsmöglichkeit fand in der Entscheidung BGHZ 64, 220 dagegen keine entschädigungsrechtliche Berücksichtigung, sie sollte dem Eigentümer, selbst wenn durch aktive und passsive Schallschutzmaßnahmen nicht voll kompensierbar, entschädigungslos zugemutet werden[181].

Mit dieser restriktiven Haltung lehnte sich der BGH an seine früheren Entscheidungen an, die eine Entschädigung für Verkehrslärmimmissionen nur, um in der damaligen Standardformel zu sprechen, bei besonders schweren Beeinträchtigungen zusprachen[182]. Zwar fehlte es in der neuen Abgrenzungsformel am Merkmal der „besonderen" Schwere, an deren Stelle ist jedoch die Unerträglichkeit getreten. Natürlich ist es eine fragwür-

[179] BVerwG DÖV 72, 825, E. v. 3. 3. 1972, DÖV 74, 301, E. v. 14. 12. 1973; DÖV 75, 92, E. v. 5. 7. 1974; BVerwG NJW 75, 841, E. v. 1. 11. 1974.

[180] BGHZ 64, 220 (230, 231).

[181] So auch Schapp, S. 143ff.; Schmidt-Aßmann, Lärmschutz, S. 22.

[182] BGHZ 49, 148 (152); 54, 384 (391); BGH WM 73, 1421 (1422).

dige Methode, anhand derartiger Formulierungsunterschiede Aussagen über die aktuelle Enteignungsschwelle machen zu wollen, derartigen Kriterien kann jedoch eine Indizwirkung zuerkannt werden. Für eine Beibehaltung der bisherigen Enteignungsschwelle spricht weiter, daß es der BGH beim Entschädigungsanspruch auf Ersatz der Wertminderung zu Recht unterließ, die zuvor herausgearbeitete und als zentrales Argument für die Absenkung der Enteignungsschwelle verwendete Wertentscheidung des BImSchG aufzugreifen. Denn die Schutzrichtung der Wertentscheidung dieses Gesetzes in seiner speziellen verkehrslärmorientierten Auslegung und Konkretisierung zielte in erster Linie auf die Wohnnutzung des Grundeigentums und die Abschirmung dieser Nutzung durch aktive und passive Schallschutzmaßnahmen vor beeinträchtigenden Verkehrslärmimmissionen. Zwar spricht § 42 BImSchG vom Schutz „baulicher Anlagen", einem Begriff, der sich in den Landesbauordnungen sämtlicher Bundesländer findet[183], und als wesentliches Kennzeichen die Verwendung von Baustoffen und Bauteilen sowie deren Verbindung mit dem Erdboden zum Inhalt hat. Der Schutzbereich des § 42 BImSchG ist jedoch wesentlich enger. Dies folgt insbesondere aus der personenbezogenen Struktur der nach § 43 I 1 Nr. 1 BImSchG vorgesehenen Immissionsgrenzwertverordnung, aber auch aus der Versagung des Entschädigungsanspruchs dort, wo die besondere Benutzung der baulichen Anlage durch den Verkehrslärm nicht oder nur in einem so geringen Umfange beeinträchtigt wird, daß von einer Unvereinbarkeit mit dem Ziel des BImSchG, die Immissionsbelastung zu reduzieren, nicht gesprochen werden kann[184]. Nur um den Schutz der Wohnnutzung sicherzustellen, hatte der Gesetzgeber in §§ 42, 43 I 1 BImSchG die Grenzen der Sozialbindung neu abgesteckt, eine über diese Wertentscheidung hinausgehende Herabsetzung der Enteignungsschwelle signalisierte das BImSchG nicht. Und nur diese Wertentscheidung konnte als kausal für die richterliche Absenkung der enteignungsentschädigungsauslösenden Grenze bei Beeinträchtigungen durch Verkehrslärmimmissionen angesehen werden.

Die Entscheidung des Gerichts für eine differenzierte Enteignungsschwelle sowie die unterschiedliche Entschädigungsbemessung war damit aus diesen Gesichtspunkten heraus folgerichtig und für den Bereich der Verkehrslärmimmissionen von der Wertentscheidung BImSchG gedeckt.

4. Bemessung der Entschädigung

Die Bemessung des am Minderwert orientierten Entschädigungsanspruchs richtete der BGH an der Minderung des Verkehrswerts des Haus-

[183] So beispielsweise § 2 rh. pf. LBauO v. 27. 2. 1974, GVBl. 74, S. 53.

[184] Vgl. Meyer, S. 260; Stich / Porger, Immissionsschutzrecht, § 42, Rdnr. 7; Speiser, NJW 75, 1101 (1103).

grundstücks aus[185]. Dieser Verkehrswert richtet sich nach der Qualität des enteigneten Rechts, d.h. nach den im Enteignungsobjekt selbst liegenden Bewertungsumständen, er braucht mit dem Substanzverlust des betroffenen Geländes nicht identisch zu sein[186].

VI. Zusammenfassung des vierten Kapitels

Durch das BImSchG von 1974 sah sich der BGH zu einer differenzierten Neubestimmung der Entschädigungsschwelle bei Beeinträchtigungen durch Verkehrslärmimmissionen veranlaßt, die auch den Bereich der alten Straßen umfaßte. In Übereinstimmung mit den Entscheidungen der frühen enteignungsrechtlichen Phase vollzog das Gericht die enteignungsrechtliche Grenzziehung mit Hilfe der Tatbestandsmerkmale des § 906 BGB. Der Rückgriff auf diese nachbarrechtliche Vorschrift war spätestens seit der Reuterstraßen-Entscheidung BGHZ 64, 220 dahin zu verstehen, daß auch dem Ausgleichsanspruch gemäß § 906 II 2 BGB als öffentlich-rechtliches Pendant ein Enteignungsentschädigungsanspruch entsprach. Hinsichtlich der Ortsüblichkeit der beeinträchtigenden Nutzung behielt der BGH seine großzügige Interpretation bei, die dem Kriterium der Ortsüblichkeit Kontur- und Abgrenzungsqualität genommen hatte.

Die bisher restriktive Bestimmung der Zumutbarkeit der Beeinträchtigung wurde dagegen bei Beeinträchtigungen der Wohnnutzung unter Berücksichtigung der Wertentscheidung des BImSchG für gesunde Wohnverhältnisse und der gerade für den Bereich der verkehrslärmbedingten Immissionsbeeinträchtigungen spezifischen Ausprägung und Konkretisierung dieser Gedanken in §§ 41 - 43, 50 BImSchG deutlich eingeschränkt. Der BGH hatte erkannt, daß die frühere Anspruchsvoraussetzung des untragbaren existenzzerstörenden Opfers den Maßstab der Zumutbarkeit in einer Weise überdehnt hatte, die durch die Sozialbindung des Eigentums gemäß Art. 14 II GG nicht mehr gerechtfertigt werden konnte. Weiter sollte die Bestimmung der Zumutbarkeitsschwelle und damit die Abgrenzung zwischen entschädigungsloser Sozialbindung und enteignendem Eingriff künftig nicht mehr einzelfallbezogen erfolgen, sondern abstrakt mit Hilfe quantitativer Kriterien, der in §§ 42 I, 43 I 1 Nr. 1 BImSchG vorgesehenen Immissionsgrenzwerte. Dabei tendierte das Gericht in Anlehnung an das FlugLG zu einem Immissionsgrenzwert von 75 dB (A), ohne sich jedoch mit den rechtlichen, politisch-fiskalischen und medizinischen Fragen eines derartigen Abgrenzungsverfahrens auseinanderzusetzen.

---

185 BGHZ 64, 220 (230); BGH NJW 77, 895 (896).

186 BGHZ 67, 190 (192), E. v. 30. 9. 1976; 59, 250 (258),E. v. 28. 9. 1972; zur Berechnung umfassend Gelzer / Busse, S. 30ff.; Kreft, WM 77, Sonderbeilage II, S. 6f.; ders., WM 82, Sonderbeilage VII, S. 4.

Auch die Folgeentscheidungen waren durch die schutzfreundliche Tendenz der Entscheidung BGHZ 64, 220 gekennzeichnet. Mit dem Verzicht auf eine Bestimmung der Zumutbarkeitsschwelle mit Hilfe eines bestimmten Geräuschpegels markierte der BGH jedoch in diesen Folgeentscheidungen die Abkehr vom Versuch der abstrakten Grenzziehung. Zusätzlich individualisierende Wertungsfaktoren führten zu einer Auflösung des Zumutbarkeitskriteriums in ein Bündel von Einzelkriterien. Verwaltungsvorschriften und privaten technischen Normungswerken, die Immissionsrichtwerte beinhalten, billigte der BGH zu Recht nur den Charakter von Orientierungshilfen zu, da sie entweder nicht spezifisch auf die straßenverkehrslärmbedingten Besonderheiten zugeschnitten oder von letztlich interessengebundenen Organisationen erarbeitet worden waren. Als Entschädigung sprach der BGH einen Geldausgleich für notwendige Schallschutzmaßnahmen auf dem Grundstück zu.

Zusätzlich zum Enteignungsentschädigungsanspruch auf Ersatz der Kosten von Schallschutzmaßnahmen prüfte das Gericht, hatten die Lärmschutzmaßnahmen keine wirksame Hilfe erbracht oder waren andere Nutzungen als die Wohnnutzung betroffen, seit der Entscheidung BGHZ 64, 220 einen weiteren am Minderwert des beeinträchtigten Grundstücks orientierten Enteignungsentschädigungsanspruch. Bei diesem Anspruch behielt das Gericht seine bisherige restriktive Linie bei, indem es die Entschädigung erst zusprach, wenn das Eigentum von den Verkehrslärmbeeinträchtigungen schwer und unerträglich getroffen worden war.

Fünftes Kapitel

Zukünftige Entwicklung der Verkehrslärmentschädigungsrechtsprechung des Bundesgerichtshofs

I. Auswirkungen der Rechtsprechung des Bundesverfassungsgerichts auf die Enteignungsentschädigungsrechtsprechung des Bundesgerichtshofs bei Verkehrslärmimmissionen

1. Darstellung der bundesverfassungsgerichtlichen Enteignungskonzeption

a) Einleitung

Die Rechtsprechung des BGH ist durch die neueren Urteile und Beschlüsse des BVerfG[1] zum Eigentums- und Enteignungsrecht in Bewegung geraten. Das BVerfG hat in jüngster Zeit eine rechtsdogmatische Klarstellung im Bereich des Enteignungsbegriffs sowie der Entschädigungssystematik von Art. 14 GG vorgenommen, mit der das zentrale enteignungsrechtliche Dogma „entweder entschädigungslose Sozialbindung oder entschädigungspflichtige Enteignung" des BGH in Frage gestellt wird.

Zunächst stimmt das BVerfG mit dem BGH grundsätzlich darin überein, daß sich der Anwendungsbereich der Eigentumsgewährleistung nicht auf das zivilrechtlich umgrenzte Sacheigentum an körperlichen Gegenständen beschränkt, sondern auch andere vermögenswerte Rechte erfaßt. Das Gericht machte in seinem Beschluß vom 15. 7. 1981[2] aber auch deutlich, daß die konkrete Rechtsstellung des Eigentümers durch bürgerliches und öffentliches Recht bestimmt wird, also das Eigentum im Rechtssinne nur die einem Eigentümer in einem bestimmten Zeitpunkt gesetzlich zustehenden Befugnisse umfaßt[3].

---

1 BVerfGE 58, 300, Beschluß v. 15. 7. 1981; BVerfGE 58, 137, Beschluß v. 14. 7. 1981; BVerfGE 56, 249, Urteil v. 10. 3. 1981; BVerfGE 52, 1, Beschluß v. 12. 6. 1979.

2 BVerfGE 58, 300.

3 BVerfGE 58, 300 (335, 336); ferner dazu Rittstieg, NJW 82, 721 (722), siehe dazu 3. Kap. III 3 d aa.

b) Restriktive Fassung des Enteignungsbegriffs

Im Gegensatz zur bisherigen Rechtsprechung des BGH, der alle hoheitlichen Eingriffe in die rechtlich geschützte Vermögenssphäre des Eigentümers, die den Bereich der entschädigungslosen Sozialbindung des Eigentums überschritten, als „Sonderopfer" des Betroffenen und damit als Enteignung ansah, definierte das BVerfG bereits im Kleingartenbeschluß[4] Enteignung i.S. des Art. 14 GG als staatlichen Zugriff auf das Eigentum des Einzelnen, ihrem Zweck nach auf die vollständige oder teilweise Entziehung konkreter subjektiver, durch Art. 14 I GG gewährleisteter Rechtspositionen gerichtet. Eine verfassungsrechtliche Grenzen überschreitende Inhalts- oder Schrankenbestimmung gemäß Art. 14 I 2 GG kann nicht in eine Enteignung umgedeutet werden, sondern ist als rechtswidrig zu verstehen[5].

Der Naßauskiesungsbeschluß des 1. Senats vom 15. 7. 1981[6] vervollständigte diesen Befund. Eine inhaltsbestimmende Vorschrift behält auch bei Verfassungswidrigkeit ihren Rechtscharakter als Regelung i.S. von Art. 14 I 2 GG und wandelt sich nicht in eine den Anforderungen des Art. 14 III GG unterliegende Enteignungsnorm[7] um. Weiter stellte das BVerfG fest, eine Enteignungsentschädigung könne von den Zivilgerichten nur zugesprochen werden, wenn eine Enteignung im verfassungsrechtlichen Sinne vorläge. Fehle es an einer vom Gesetzgeber zu schaffenden Anspruchsgrundlage, könnten diese Gerichte keine Enteignungsentschädigung gewähren[8]. Besitzt ein Hoheitsakt enteignende Wirkung, ohne daß das zugrundeliegende Gesetz den Anforderungen des Art. 14 III 2 GG genügt, besteht nach Ansicht des BVerfG die vom Grundgesetz vorgesehene Folge einer derartigen verfassungswidrigen Enteignung in der Aufhebung des Eingriffsakts[9]. Mit der Eröffnung des Rechtswegs zu den Verwaltungsgerichten habe das Grundgesetz den dergestalt Betroffenen die Möglichkeit gegeben, den Verwaltungsakt selbst zu Fall zu bringen, wenn das zugrundeliegende Gesetz wegen Fehlens einer Entschädigungsregel oder aus anderem Grund nichtig sei. Sieht der Bürger also in einer gegen ihn gerichteten Maßnahme eine Enteignung, so kann er nach Ansicht des BVerfG nur dann eine Enteignungsentschädigung einklagen, wenn hierfür eine gesetzliche Anspruchsgrundlage vorhanden ist. Beim Fehlen einer Entschädigungsregel muß der Betroffene die Aufhebung des Eingriffsakts bei den Verwaltungsgerichten geltendmachen. Ein Wahlrecht, ob er sich wegen Fehlens der Entschädigungsregel zur Wehr setze oder unmittelbar die Entschädigung ver-

---

[4] BVerfGE 52, 1 (27); wiederholt in BVerfGE 56, 249 (260), Urteil v. 10. 3. 1981.
[5] So i.E. BVerfGE 56, 249 (260, 261).
[6] BVerfGE 58, 300.
[7] BVerfGE 58, 300 (320).
[8] BVerfGE 58, 300 (319).
[9] BVerfGE 58, 300 (323); ebenso BVerfGE 56, 249 (266), Urteil v. 10. 3. 1981.

lange, hat der Betroffene nach Aussage des BVerfG nicht. Läßt er den Eingriffsakt unanfechtbar werden, so verfällt seine Entschädigungsklage der Abweisung[10].

Seine Auffassung entwickelte das Gericht systematisch aus der konkreten Struktur des Art. 14 GG[11]. Danach ist bei eigentumsrechtlich relevanten Gesetzen zwischen drei Fällen zu differenzieren:

Art. 14 I 2 GG ermöglicht es der Legislative, per Gesetz Inhalt und Schranken des Eigentums positiv rechtlich auszugestalten.

Nach Art. 14 III 2 GG hat der Gesetzgeber die Möglichkeit, durch ein Gesetz selbst, d.h. ohne weiteren Vollzugsakt, eine Enteignung zu verfügen (Legalenteignung) oder die Enteignung durch eine behördliche Vollzugsmaßnahme zuzulassen (Administrativenteignung).

In die dritte Kategorie sind Gesetze einzuordnen, die den Rahmen einer zulässigen Inhalts- und Schrankenbestimmung gemäß Art. 14 I 2 GG überschreiten, aber keine Enteignung vorsehen und mithin auch keine Enteignungsentschädigungsregel enthalten. Diese Gesetze sind verfassungswidrig[12]. Der betroffene Eigentümer muß gegen den sich daraus ergebenden oder verfügten Eingriffsakt die Verwaltungsgerichte anrufen und etwaige Vollzugsfolgen mit dem Folgenbeseitigungsanspruch angreifen. Bleiben gleichwohl Vermögensbeeinträchtigungen zurück, kann nicht auf Art. 14 III GG zurückgegriffen werden. Ob sich in einem derartigen Fall Entschädigungsansprüche aus anderen Rechtsfolgen, wie etwa dem Aufopferungsgedanken, herleiten lassen, hat das BVerfG nicht angesprochen[13].

2. Auswirkungen auf die Wahl der Anspruchsgrundlage

a) Zur Frage der Abkehr vom enteignenden Eingriff

Vor dem Hintergrund dieser Entscheidungen des BVerfG stellt sich zunächst die Frage, ob das vom BGH geschaffene und bei Verkehrslärmimmissionsbeeinträchtigungen des Anliegereigentums bisher zum Tragen gekommene Haftungsinstitut des enteignenden Eingriffs[14], mit dem das Gericht die Sonderopferlagen zu erfassen sucht, die auf atypische, aber rechtmäßige hoheitliche Eigentumsbeeinträchtigungen mit dem Charakter unvorhergesehener Nebenfolgen zurückzuführen waren, noch zu halten ist.

---

[10] BVerfGE 58, 300 (323 ff.).

[11] Dazu Ossenbühl, NJW 83, 1 (2).

[12] Zu dieser Systematik umfassend Böhmer, AgrarR 84, Beilage I, S. 12 ff., 15.

[13] Dazu Bender, BauR 83, 1 (7 f.); Hendler, DVBl. 83, 873 (875); Maunz / Dürig / Herzog / Papier, Art. 14 GG, Rdnr. 632 ff., siehe 5. Kap. I 2 a, b.

[14] Vgl. 3. Kap. II 2 a, b.

Die neuen bundesverfassungsgerichtlichen Entscheidungen enthalten zwar keine Aussage zum Rechtsinstitut des enteignenden Eingriffs, und man sollte in diese Entscheidungen nichts hineinlesen, was nicht von ihnen angesprochen wurde. Die von dem Gericht in Anlehnung an die konkrete Struktur des Art. 14 GG herausgearbeitete Enteignungssystematik scheint jedoch weder für den enteignenden noch für den enteignungsgleichen Eingriff mehr Raum zu belassen[15]. Wesentlicher Anknüpfungspunkt ist einmal die im Vergleich zur überkommenen Lehre und Rechtsprechung engere Fassung des Enteignungsbegriffs. Schon mit der Beschränkung des Enteignungsbegriffs auf den gezielten hoheitlichen Zugriff durch oder aufgrund eines Gesetzes auf eine von der Bestandsgarantie des Art. 14 I 1 GG geschützte Rechtsposition, wird das bisherige Dogma des BGH, alle Eingriffe mit Sonderopfercharakter seien als entschädigungspflichtige Enteignung zu qualifizieren, erschüttert. Aber auch die deutliche Stellungnahme des 1. Senats im Naßauskiesungsbeschluß[16] gegen die bisher übliche Praxis der Zivilgerichte, nicht nur darüber zu befinden, ob eine den gesetzlichen Vorschriften entsprechende Enteignungsentschädigung gewährt worden ist, sondern auch Enteignungsentschädigungen zuzusprechen, für die es an einer vom Gesetzgeber geschaffenen Anspruchsgrundlage fehlt, sowie die Absage an ein Wahlrecht des Betroffenen, entweder den rechtswidrigen Hoheitsakt vor dem Verwaltungsgericht anzufechten oder den Rechtsverlust hinzunehmen und eine Entschädigung zu verlangen, machen ein Umdenken notwendig. Unmittelbar betroffen von der bundesverfassungsgerichtlichen Neuorientierung ist das richterrechtliche Haftungsinstitut des enteignenden Eingriffs zunächst dort, wo es auf Eigentumsverletzungen angewandt wurde, die gezielt „durch oder aufgrund eines Gesetzes" erfolgten. Dem BGH wird gerade mit dem Naßauskiesungsbeschluß verwehrt, hier wie bisher eine Enteignungsentschädigung zuzusprechen. Das BVerfG hat die Zivilgerichte zumindest in dem oben angesprochenen Rahmen deutlich in die durch Art. 14 III 2, 4 GG gezogenen Schranken verwiesen. Sie haben bei hoheitlichen Eingriffen in das Eigentum des Bürgers durch oder aufgrund eines Gesetzes nur darüber zu befinden, ob im Einzelfall dem Enteigneten eine den gesetzlichen Vorschriften entsprechende Entschädigung gewährt worden ist[17].

Bei Eigentumsbeeinträchtigungen durch Verkehrslärmimmissionen findet sich dagegen eine andere Sachlage. Hier erfolgt der Eingriff nicht ausschließlich durch oder aufgrund eines Gesetzes, die konkrete Beeinträchti-

[15] Dafür in der Literatur: Berkemann, JR 82, 229 (232); Dolde, NJW 82, 1785 (1797); Kreft, NJW 82, 1577 (1578); Rupp, NJW 82, 1731 (1733); Scholz, NVwZ 82, 337 (347); Schwerdtfeger, JuS 82, 1 (6); Weber, JuS 82, 552 (555).

[16] BVerfGE 58, 300 (324), hierbei muß das Problem, inwieweit diese in der Zulässigkeitsprüfung gemachten Aussagen gemäß § 31 I BVerfGG Bindungswirkung für die Zivilgerichte auslösen, außer acht gelassen werden.

[17] Dazu Hendler, DVBl. 83, 873 (882); Ossenbühl, NJW 83, 1 (3).

gung der Nutzbarkeit des Eigentums wird in erster Linie von dem an sich rechtsneutralen Realvorgang der Lärmimmissionen bewirkt, der rechtlich gesehen als Annex der Eröffnung der Straße für den Verkehr zuzuordnen ist[18], und den der Betroffene aufgrund des Hoheitsaktes der Widmung zu dulden hat[19]. Die bundes- bzw. landesrechtlichen Normen, die das staatliche Handeln, also die Widmung einer Straße gestatten, können nicht als Enteignungsnormen qualifiziert werden. Es fehlt die Normierung eines gezielten, auf Entziehung konkreter Rechtspositionen gerichteten Zugriffs auf das Eigentum des Einzelnen und in dessen Gefolge die Enteignungsentschädigungsregelung. Der Gesetzgeber ging, als er das staatliche Handeln, also den Vorgang der Widmung der Straße für den Verkehr normativ ermöglichte, davon aus, daß es in Folge dieses Hoheitsakts nicht zu Eigentumsbeeinträchtigungen kommen werde.

Einige Stimmen in der Literatur[20] vertreten nun die Auffassung, die rechtliche Bewertung derartiger hoheitlicher Eingriffskomplexe, denen die Zugriffsfinalität fehlt, bleibe vom Naßauskiesungsbeschluß im Ergebnis unberührt, die bundesverfassungsgerichtliche Neuorientierung erfasse eben nur die vorhersehbaren und deshalb auch regelbaren Sonderopferlagen. In der Tat, gerade auf die Verkehrslärmimmissionsproblematik bezogen, kann die Forderung des BVerfG Bedenken erwecken, der Betroffene habe sich zunächst im Rahmen des Primärrechtsschutzes gegen den Angriffsakt zur Wehr zu setzen. Muß also der von Verkehrslärm betroffene Eigentümer tatsächlich trotz geringer Erfolgsaussichten gemäß des Prinzips der Subsidiarität der Entschädigung zuerst mit einer Anfechtungsklage gegen den die Duldungspflicht begründenden Hoheitsakt der Widmung bzw. einer Unterlassungsklage gegen die auf der Widmung beruhende Nutzung des Straßengrundstücks durch den Verkehr die Verwaltungsgerichte anrufen[21]? Das Ergebnis seiner Bemühungen wäre letztlich doch nur eine Entschädigung in Geld[22]. So sind nach den anerkannten Grundsätzen des öffentlichen Sachenrechts privatrechtliche Ansprüche auf Beseitigung oder wesentliche Änderung einer öffentlichen Anlage ausgeschlossen[23]. Zugelassen werden

---

[18] So BGHZ 64, 220 (222), vgl. 3. Kap. I.

[19] BGHZ 54, 384 (388), E. v. 30. 10. 1970; 64, 220 (222), E. v. 20. 3. 1975, im Schrifttum Soergel / Baur, § 906 BGB, Rdnr. 66ff.; Palandt / Degenhard, § 906 BGB, 5 a bb; dazu 3. Kap. I.

[20] Aust / Jacobs, Entschädigungsrecht, 2. A., S. 65f.; Baur, NJW 82, 1734 (1736); Bender, BauR 83, 1 (7, 11); Götz, AgrarR 84, 1 (4f.); Hendler, DVBl. 83, 873 (881); Papier, NVwZ 83, 258 (259); ders., in Maunz / Dürig / Herzog / Papier, Art. 14 GG, Rdnr. 633f.

[21] Um hier die Vereinbarkeit der Beeinträchtigung mit Art. 14 I GG prüfen zu lassen; Dolde, NJW 82, 1705 (1706, 1707).

[22] Darauf weisen insbesondere Baur, NJW 82, 1734 (1736) und Ossenbühl, NJW 1 (3); ders., Neuere Entwicklungen im Staatshaftungsrecht, S. 27; ebenso Bender, BauR 83, 1 (4), Anm. 24; Maunz / Dürig / Herzog / Papier, Art. 14 GG, Rdnr. 634 hin.

[23] Dazu Breuer, Bodennutzung, S. 336f. m. u. N.; Stich, S. 95ff.

nur Ansprüche auf Schutzvorkehrungen, die weder zu einer Änderung noch zu einer wesentlichen Beeinträchtigung der gewidmeten Anlage führen. Auch öffentlich-rechtliche Unterlassungs- oder Beseitigungsklagen greifen nicht, weil dies zu einer unvertretbaren Stillegung einer gemeinwichtigen Anlage führen würde[24], wiederum ist nur die Klage auf Anbringung von Schutzmaßnahmen, die keine wesentliche Änderung der Anlage zur Folge hat, anerkannt[25]. Damit fehlt dem Betroffenen bei Beeinträchtigungen durch Verkehrslärmimmissionen die Möglichkeit, sie gerichtlich zu unterbinden. Ansprüche auf Anbringung von Schutzmaßnahmen als Anfechtung des Eingriffs zu interpretieren, erscheint m. E. zweifelhaft, da derartige Ansprüche vom Weiterbestehen des beeinträchtigenden Eingriffsakts ausgehen. Zudem wird das angestrebte Ergebnis, die Anbringung von Schallschutzmaßnahmen im Verkehrslärmbereich, mit dem Entschädigungsanspruch aus enteignendem Eingriff ebenso erreicht[26].

Dennoch kann an der restriktiven Interpretation sowohl des Enteignungsbegriffs als auch der Aufgabenzuweisung des Art. 14 III 4 GG durch das BVerfG nicht ohne weiteres vorbeigegangen werden. Gerade die Herausarbeitung der einzelnen Strukturelemente des Enteignungsbegriffs in enger Anlehnung an den Wortlaut der Grundrechtsnorm des Art. 14 GG zeigt die dogmatische Genauigkeit des Naßauskiesungsbeschlusses. Fehlt es also an einem zielgerichteten gesetzlichen Eingriff in das Eigentum des Einzelnen, sei es als Administrativ- oder Legalenteignung, muß nach dieser strengen Systematik eine enteignungsentschädigungsrechtliche Lösung ausscheiden[27]. Davon unberührt bleibt jedoch ein möglicher Rückgriff auf einfachgesetzliche Entschädigungstypen oder eine Verortung des enteignenden Eingriffs in Rechtssätze des Gewohnheitsrechts. Jedenfalls ist die Maxime des BGH, alle Beeinträchtigungen des verfassungsrechtlich geschützten Eigentums der Straßenanlieger durch Verkehrslärmimmissionen, die die Grenze der enteignungsrechtlichen Zumutbarkeit überschreiten, als Enteignung und damit entschädigungsrechtlich nach Art. 14 III GG zu beurteilen, mit Blick auf Art. 14 III 2 GG nicht mehr haltbar.

b) *Entschädigung nach allgemeinen Aufopferungsgrundsätzen*

Es ist jedoch in Frage zu stellen, ob die dogmatische Neuorientierung des BVerfG tatsächlich eine generelle Negation des enteignenden Eingriffs

---

[24] So BGH NJW 84, 1876 (1876), E. v. 29. 3. 1984; im Schrifttum Bender / Dohle, Nachbarschutz, Rdnr. 113, 124; Soergel / Baur, § 906 BGB, Rdnr. 66; a. A. Münchener Kommentar / Säcker, § 906 BGB, Rdnr. 116, 117.

[25] BGH NJW 84, 1876 (1876).

[26] Grundlegend BGHZ 64, 220 (229, 230); dazu 4. Kap. IV.

[27] So auch Hendler, DVBl. 83, 873 (881); Aust / Jacobs, Entschädigungsrecht, 2. A., S. 65 f.; Bender, BauR 83, 1 (7 f., 11).

bewirken wird. Zwar ist die entschädigungsrechtliche Situation auch von der Seite des Staatshaftungsgesetzes[28] her offen. Die §§ 14 II und 14 III i.V.m. 2 II StHG, die die Haftung für enteignungsgleiche und enteignende Eingriffe geregelt hatten, können infolge der Verfassungswidrigkeit des Gesetzes[29] keine Hilfestellung gewähren.

In § 14 III StHG war die Kodifizierung des bis dahin richterrechtlichen Haftungsinstituts des Entschädigungsanspruchs aus enteignendem Eingriff erfolgt. Von dieser Vorschrift wäre auch, mangels spezialgesetzlicher Regelung, der Verkehrslärmimmissionsbereich erfaßt worden. Der Gesetzgeber machte sich in dieser Vorschrift die dogmatischen Überlegungen des BGH zu eigen und sah hoheitliches Handeln trotz „enteignender Wirkung" als rechtmäßig an, für das der Staat daher nur „wie" für einen rechtswidrigen Grundrechtseingriff haften sollte. Der Umfang dieses Entschädigungsanspruchs wurde allerdings rechtstechnisch gesehen durch § 2 II StHG, d.h. durch Verweis auf die Rechtsfolgen eines Schadensersatzanspruchs bestimmt[30]. Mit der Normierung des Rechtsinstituts des enteignenden Eingriffs bestätigte der Gesetzgeber die Enteignungsdogmatik des BGH, übernahm insbesondere dessen weiten Enteignungsbegriff, aber auch die auf materiellen Kriterien beruhende Abgrenzungssystematik, obwohl mit der Kleingartenentscheidung[31] des BVerfG bereits die Kollision des weiten Enteignungsbegriffs des BGH mit dem verfassungsrechtlichen Institut der Enteignung i.S. des Art. 14 III GG vorprogrammiert war. Insgesamt ist die Normierung des enteignenden Eingriffs als Indiz für die Notwendigkeit dieses Rechtsinstituts zu werten.

An diesem Befund kann auch der Naßauskiesungsbeschluß des BVerfG nichts ändern, der m.E. nur dahin zu verstehen ist, daß es dem BGH für die Zukunft verwehrt ist, als Rechtsfolge des enteignenden Eingriffs trotz fehlender gesetzlicher Regelung eine Enteignungsentschädigung zuzusprechen. Dies widerstreitet der „Junktim-Klausel" des Art. 14 III 2 GG und muß als verfassungswidrig angesehen werden. Aus dem Naßauskiesungsbeschluß folgt mithin die Notwendigkeit, das richterrechtliche Haftungsinstitut des enteignenden Eingriffs aus der Einbindung in Art. 14 III GG herauszulö-

---

[28] Staatshaftungsgesetz v. 2. 7. 1981, StGH BGBl. I, S. 533; parallel zu der Ausfertigung des Gesetzes am 26. 6. 1981 machte der Bundespräsident in einem Begleitbrief an den Bundeskanzler, den Präsidenten des Deutschen Bundestages und den Bundesratspräsidenten erhebliche Zweifel an der Gesetzgebungskompetenz des Bundes geltend, er sah sich jedoch wegen Fehlens der Offenkundigkeit dieses Mangels nicht an der Ausfertigung des Gesetzes gehindert, vgl. Bulletin der Bundesregierung, Nr. 64, S. 545 v. 2. 7. 1981; dazu Ossenbühl, Staatshaftungsrecht, 3. A., S. 256f.

[29] BVerfGE 61, 149, Urteil v. 19. 10. 1982, auf Antrag der Landesregierungen von Baden-Württemberg, Bayern, Niedersachsen, Rheinland-Pfalz gemäß Art. 93 I, Nr. 2 GG, §§ 13, Nr. 6 und 76, Nr. 1 BVerfG.

[30] Schwerdtfeger, JuS 82, 1 (6).

[31] BVerfGE 52, 1.

sen[32]. So wurde bereits im Schrifttum vorgeschlagen, in den Fällen des enteignenden Eingriffs Entschädigungen nach allgemeinen Aufopferungsgrundsätzen in Anlehnung an §§ 74, 75 Einl. ALR zu gewähren[33]. Dazu ist der Anwendungsrahmen des allgemeinen Aufopferungsgrundsatzes[34] über den Bereich der immateriellen Rechtsgüter hinaus auf im Schutzbereich des Art. 14 I GG angesiedelte Rechtspositionen auszudehnen, die durch nicht zielgerichtete atypische und rechtmäßige Hoheitsakte beeinträchtigt werden. Gegen die Anlehnung des enteignenden Eingriffs an den allgemeinen Aufopferungsgrundsatz können keine wesentlichen Vorbehalte gemacht werden[35]. Mit Blick auf einen umfassenden Schutz verkehrslärmimmissionsbetroffener Grundstückseigentümer ist im Gegenzug der Einengung des verfassungsrechtlichen Enteignungsbegriffs die Auffangfähigkeit des allgemeinen Aufopferungsgrundsatzes zu vergrößern[36]. Im übrigen ist die Einbeziehung von eigentumsrechtlichen Positionen in diesen Grundsatz nicht ohne Vorbild. Bereits das RG hatte versucht, die Haftungsdefizite, die der Amtshaftungsanspruch aufwarf, durch einen Rückgriff auf § 75 Einl. ALR, also den allgemeinen Aufopferungsgrundsatz, zu kompensieren[37].

c) Reaktion des Bundesgerichtshofs

Diese Konsequenz hat der BGH mittlerweile sowohl für den enteignungsgleichen als auch den enteignenden Eingriff gezogen[38].

---

[32] Für den enteignungsgleichen Eingriff hat dies der BGH bereits in der Entscheidung v. 28. 2. 1980 angedeutet, BGH NJW 80, 1567 (1569).

[33] Bender, BauR 83, 1 (11); Hendler, DVBl. 83, 873 (881); auch Ossenbühl, NJW 83, 1 (6) schlägt eine allmähliche Entfernung sowohl des enteignenden als auch des enteignungsgleichen Eingriffs aus dem Bereich des Art. 14 III GG vor; ebenso Maunz / Dürig / Herzog / Papier, Art. 14 GG, Rdnr. 633ff.

[34] Zum rechtlichen Rang des Aufopferungsgedankens siehe Maunz / Dürig / Herzog / Scholz, Art. 3 GG, Rdnr. 58; Ossenbühl, Staatshaftungsrecht, S. 79, 80; Wolff / Bachof, Verwaltungsrecht, § 61 I b; insbesondere ist kontrovers, ob es sich bei diesem Grundsatz um ein rechtsstaatliches Verfassungsprinzip handelt oder um ein Institut des Gewohnheitsrechts bzw. einen allgemeinen Rechtsgrundsatz.

[35] Anders beim Haftungsinstitut des enteignungsgleichen Eingriffs; zu den dogmatischen Problemen umf. Ossenbühl, Neuere Entwicklungen im Staatshaftungsrecht, S. 17ff.

[36] So auch Bender, BauR 83, 1 (11).

[37] Zur historischen Entwicklung des Aufopferungsgrundsatzes Ossenbühl, Staatshaftungsrecht, S. 74ff.; ders., Neuere Entwicklung im Staatshaftungsrecht, S. 15f.

[38] BGH DVBl. 84, 524, E. v. 29. 3. 1984; BGH NJW 84, 1169, E. v. 26. 1. 1984; vgl. dazu die Besprechung von Schröer, NJW 84, 1864, der sich, abgesehen von Ansprüchen gemäß § 839 BGB i. V. m. Art. 34 GG vehement für ein „nulla pecunia sine lege" ausspricht, und zwar solange, bis der Gesetzgeber im Geltungsbereich dieser richterrechtlichen Haftungsinstitute aktiv wird. Hier wird einseitig aus der Sicht der Verwaltung zu Lasten des von hoheitlichen Eingriffen betroffenen Bürgers argumentiert. Gerade im Verkehrslärmimmissionsbereich, wo es in fast sämtlichen Fällen an einem Verschulden i. S. d. § 839 BGB i. V. m. Art. 14 GG fehlt, würde der Betroffene nach dieser Ansicht entschädigungsrechtlich leer ausgehen. Ob an die Stelle der für die Verwaltung häufig „lästigen" weil kostspieligen zivilgerichtlichen Entschädigungs-

In der Entscheidung vom 29. 3. 1984, in der sich das Gericht mit Entschädigungsansprüchen wegen der Gebrauchsbeeinträchtigung eines Grundstücks infolge Geruchsbelästigungen von seiten einer hoheitlich betriebenen Kläranlage zu befassen hatte, machte es zwar im Leitsatz deutlich, daß für hoheitliche Eingriffe in das Eigentum weiter nach den für das Haftungsinstitut des enteignenden Eingriffs entwickelten Grundsätzen Entschädigung zu leisten ist, leitete diesen Entschädigungsanspruch aber unter Berufung auf den Naßauskiesungsbeschluß nicht mehr unmittelbar aus Art. 14 III GG ab[39]. Der Ausspruch des BVerfG betreffe, so der BGH, nur die Enteignung im engeren Sinne des Art. 14 III GG, darum gehe es beim enteignenden Eingriff nicht. Hier handele es sich um eine an sich rechtmäßige hoheitliche Maßnahme, die bei einzelnen Betroffenen zu atypischen und unvorhergesehenen Nachteilen führe, die die Schwelle des enteignungsrechtlich Zumutbaren überschreite. Für den Ausgleich solcher Folgewirkungen gelte nicht der Grundsatz der Gesetzmäßigkeit der Entschädigung. Auch habe der Betroffene in den Fällen des enteignenden Eingriffs in der Regel nicht das vom BVerfG beanstandete Wahlrecht, den Eingriff vor den Verwaltungsgerichten anzufechten oder die Beeinträchtigung seines Eigentums hinzunehmen, da er die unvorhersehbaren Nebenfolgen des an sich rechtmäßigen hoheitlichen Handelns grundsätzlich nicht mit dem Mittel des verwaltungsgerichtlichen Rechtsschutzes wirksam abwenden könne[40]. In diesem Zusammenhang unterließ es der BGH, auf den Gesichtspunkt des Mitverschuldens analog § 254 BGB zu verweisen, der beim Haftungsinstitut des enteignungsgleichen Eingriffs neuerdings dann zum Verlust des Entschädigungsanspruchs führen soll, wenn der Betroffene es versäumt hat, mit einer verwaltungsgerichtlichen Klage auf Unterlassung bzw. Abwehr der Immissionsbeeinträchtigung vorzugehen oder zumindest, angesichts der häufig nicht zu vertretenen Stillegung gemeinwichtiger Anlagen, auf Anbringung von Schutzeinrichtungen zu klagen[41]. Dies ist an sich folgerichtig, denn wenn das Gericht davon ausgeht, daß sich der Betroffene in der Regel nicht gegen derartige Nebenfolgen wenden kann, so kann ihm auch nicht eine unterlassene Klageerhebung vorgehalten werden[42].

---

rechtsprechung dann tatsächlich die Legislative mit, so Schröer, entsprechenden Normierungen treten würde, erscheint beispielsweise mit Blick auf das ausschließlich an der Kostenfrage gescheiterte VLärmSchG fraglich.

[39] BGH DVBl. 84, 524 (525); vgl. zum Fortbestand des enteignungsgleichen Eingriffs BGH NJW 84, 1169, E. v. 26. 1. 1984.

[40] BGH DVBl. 84, 524 (525).

[41] BGH DVBl. 84, 524 (525).

[42] Mit Blick auf die seitens des BGH vertretene Parallelisierung der Duldungsschwellen bei Immissionsbeeinträchtigungen im öffentlichen wie im privaten Recht muß dies m. E. dann in Frage gestellt werden, wenn Immissionen von ortsüblichen Nutzungen nicht unvermeidbar i. S. des § 906 II 1 BGB sind. Das daraus an sich folgende Abwehrrecht, vgl. Jauernig, § 906 BGB, Rdnr. 5a, ist bei gemeinwichtigen Betrieben, hier der öffentlichen Kläranlage, zwar nach Ansicht des BGH ebenfalls aus Gründen des öffentlichen Interesses ausgeschlossen, nicht jedoch eine verwaltungsge-

Die deutlichste Reaktion auf den Naßauskiesungsbeschluß war jedoch, daß der BGH darauf verzichtete, die Rechtsgrundlage für das Haftungsinstitut des enteignenden Eingriffs weiterhin unmittelbar in Art. 14 GG zu verorten, insbesondere die Rechtsfolge, den Entschädigungsanspruch, wie bisher aus Art. 14 III GG abzuleiten[43]. Nach Ansicht des BGH bietet der allgemeine Aufopferungsgrundsatz der §§ 74, 75 ALR in seiner richterrechtlich geprägten Ausformung eine hinreichende Grundlage für die Haftungsinstitute des enteignenden sowie enteignungsgleichen Eingriffs. Auf dieser Basis könne auch die Zuständigkeit der ordentlichen Gerichte zur Entscheidung über Entschädigungsansprüche aus enteignendem Eingriff gemäß § 40 II 1 VwGO nicht in Zweifel gezogen werden[44].

Wie in den vorangegangenen Entscheidungen orientiert sich der BGH bei der Frage der Entschädigung für Immissionsbeeinträchtigungen an Duldungspflichten und Anspruchssystematik des privaten Nachbarrechts. Im Vergleich zu früheren Verkehrslärmentscheidungen fällt jedoch hier eine Verschiebung auf. Hatte das Gericht seit den Entscheidungen BGHZ 54, 384 und BGHZ 64, 220 sowohl dem Aufopferungsanspruch wegen Versagung der Abwehrklage, der bei wesentlichen ortunsüblichen Lärmbeeinträchtigungen eingriff, und dem Ausgleichsanspruch gemäß § 906 II 2 BGB, der tatbestandlich ortsübliche, unvermeidbare sowie unzumutbare Immissionen voraussetzte, als öffentlich-rechtliches Pendant den Entschädigungsanspruch aus enteignendem Eingriff zugeordnet[45], soll dieses Haftungsinstitut nun nur noch das öffentlich-rechtliche Gegenstück zum Ausgleichsanspruch gemäß § 906 II 2 BGB darstellen[46]. Entschädigungsansprüche für Immissionsbeeinträchtigungen, die von einer ortsunüblichen Benutzung des störenden Grundstücks ausgehen, und die damit nach Ansicht des Gerichts rechtswidrig sind, sollen dagegen unter dem Gesichtspunkt des enteignungsglei-

---

richtliche Klage auf Anbringung von Schutzmaßnahmen, die keine wesentliche Änderung des störenden Betriebs mit sich bringt, vgl. dazu Soergel / Baur, § 906 BGB, Rdnr. 66. Liegt eine derartige Situation vor, sind hoheitliche Immissionen einer ortsüblichen Nutzung also nicht unvermeidbar, unterläßt der Betroffene aber die Geltendmachung daraus folgender Rechte, hier die verwaltungsgerichtliche Klage auf Anbringung von Schutzvorkehrungen, so müßte dies auch im Rahmen des Entschädigungsanspruchs aus enteignendem Einfluß analog des § 254 BGB zu einer Minderung oder gar dem Ausschluß der Entschädigung führen.

Sieht man derartige vermeidbare Immissionen allerdings als rechtswidrig an, so ist die Frage des Wegfalls oder einer Minderung des Entschädigungsanspruchs nach der neuen Anspruchssystematik des BGH, vgl. 5. Kap. I 2 c, im Rahmen des Anspruchs aus enteignungsgleichem Eingriff zu prüfen.

[43] Vgl. 3. Kap. II 2 a. Für den enteignenden Eingriff hatte das Gericht bereits in der Entscheidung v. 28. 2. 1980, BGHZ 76, 374 (384) betont, daß dieses Rechtsinstitut seine Tatbestandsvoraussetzungen und Rechtsfolgen im einfachen Recht und nicht in Art. 14 GG finde.

[44] BGH NJW 84, 1169 (1171); BGH DVBl. 84, 512 (516).

[45] Vgl. 3. Kap. II 1 b.

[46] BGH DVBl. 84, 524 (525).

chen Eingriffs geprüft werden[47]. Bei künftigen Verkehrslärmentscheidungen wird sich diese Differenzierung jedoch nicht auswirken, da hier die planerisch-normative Interpretation des Ortsüblichkeitskriteriums keinen Raum für eine Qualifizierung der Benutzung des störenden Grundstücks und damit der Verkehrslärmimmissionen als ortsunüblich läßt, so daß im Verkehrslärmimmissionsbereich weiterhin nur der enteignende Eingriff zum Tragen kommen wird.

d) Stellungnahme

Damit hat der BGH seine Rechtsprechung zum enteignenden Eingriff der neuen Enteignungsrechtsprechung des BVerfG angepaßt, ohne sich aber von diesem Haftungsinstitut völlig zu lösen. Die höchstrichterliche Reaktion geschah allerdings m. E. verspätet. Denn schon die mit der Kleingartenentscheidung[48] formulierte engere Fassung des Enteignungsbegriffs hätte den BGH dazu bewegen müssen, seinen weiten Enteignungsbegriff und damit die enteignungsentschädigungsrechtliche Betrachtungsweise gesetzlich nicht geregelter hoheitlicher Eingriffe in das Eigentum neu zu überdenken. Dessen ungeachtet schrieb das Gericht beispielsweise noch in der Verkehrslärmentscheidung vom 25. 1. 1979[49] fest, daß den verkehrslärmimmissionsgeschädigten Grundstückseigentümern ein Enteignungsentschädigungsanspruch wegen enteignenden Eingriffs zustehe[50]. Bedenklich erscheint, daß der BGH das Haftungsinstitut des enteignenden Eingriffs weiterhin in eine enteignungsrechtliche Terminologie einkleidet – so spricht das Gericht von der Grenze des „enteignungsrechtlich Zumutbaren"[51] – und damit die klare Trennlinie, die das BVerfG um den verfassungsrechtlichen Enteignungsbegriff des Art. 14 GG gezogen hat, zu verwischen droht. Obwohl der BGH an anderer Stelle betont, dieses Haftungsinstitut habe seine Grundlage im einfachen Recht, kann man sich des Eindrucks nicht erwehren, der BGH versuche trotz aller verbaler Beteuerungen, dem enteignenden Eingriff weiterhin eine verfassungsrechtliche, enteignungsrechtliche Legitimation zu verleihen, die das Überleben dieses Rechtsinstituts des Richterrechts für die Zukunft sichern soll. Hier fehlt es noch an der erforderlichen klaren Grenzziehung, die die Abkoppelung des enteignenden Eingriffs von Art. 14 GG auch terminologisch deutlich macht.

---

47 BGH DVBl. 84, 524 (524).
48 BVerfGE 52, 1, Beschluß v. 12. 6. 1979.
49 BGH NJW 80, 582.
50 BGH NJW 80, 582 (582).
51 BGH DVBl. 84, 624 (626).

3. Auswirkungen der Rechtsprechung des Bundesverfassungsgerichts auf die Grenzziehung zwischen entschädigungsfreien und entschädigungspflichtigen Verkehrslärmbeeinträchtigungen

a) Bestimmung der Entschädigungsschwelle mit Hilfe der Tatbestandsmerkmale des § 906 BGB

Der BGH wird künftig auch im Verkehrslärmimmissionsbereich darauf verzichten müssen, Lärmimmissionen von öffentlichen Straßen als enteignend im verfassungsrechtlichen Sinn mit der Rechtsfolge der Enteignungsentschädigung gemäß Art. 14 III 2 GG zu beurteilen. Die Abkehr vom zentralen Dogma „Sozialbindung oder Enteignungsentschädigung" kann jedoch nicht darüber hinweghelfen, daß Eigentumspositionen i. S. des Art. 14 I GG von beeinträchtigenden Verkehrslärmimmissionen im gleichen Umfang wie bisher betroffen, geschädigt und eingeschränkt werden. Derartige Beeinträchtigungen müssen daher weiter im dualistischen Spannungsfeld entschädigungsloser Sozialbindung und entschädigungspflichtigen, das Eigentum treffenden Eingriffsakten betrachtet werden. Nur in diesem Rahmen kann eine Entscheidung über mögliche Entschädigungen als Ausgleich für unzumutbare Immissionsbeeinträchtigungen getroffen werden. Auch bei Entschädigungsansprüchen auf der Grundlage des allgemeinen Aufopferungsanspruchs wird das zentrale Problem der Bestimmung der anspruchsauslösenden Grenze weiter Bestand haben. Das gleiche gilt für die Wahl derjenigen Abgrenzungskriterien, die eine verläßliche Grenzziehung zwischen entschädigungsfreien und entschädigungspflichtigen Eingriffen durch Verkehrslärmimmissionen ermöglichen.

Zwar liegt eine Stellungnahme des BGH, ob die Kette der aktuellen Urteile zum Problemkreis der Verkehrslärmbeeinträchtigungen, in denen die entschädigungsrechtliche Grenzziehung mit Hilfe der Abgrenzungen des § 906 BGB vorgenommen wurde, fortgesetzt wird, noch nicht vor. In inzwischen ergangenen annähernd vergleichbaren Immissionsentscheidungen[52] mußte das Gericht jedoch zu Entschädigungsfragen und der damit verbundenen Abgrenzungsproblematik Stellung nehmen, die einen Rückschluß auf das künftige Vorgehen bei Fragen der Verkehrslärmimmissionsentschädigung erlaubt und auch hier einen kurzen Exkurs rechtfertigt. Besondere Bedeutung kommt dabei wiederum der Entscheidung vom 29. 3. 1984[53] zu. Bereits in der Eingangsformel machte das Gericht deutlich, daß an der bisherigen Abgrenzungsmethode mit Hilfe der Tatbestandsmerkmale des § 906 BGB festgehalten wird. Bei Geruchsimmissionen werde, so der BGH, ein Entschädigungsanspruch wegen eines enteignenden Eingriffs dann ausge-

---

52 BGH NJW 84, 1169; BGH DVBl. 84, 524.

53 BGH DVBl. 84, 524.

löst, wenn die Zuführung der Immissionen nicht untersagt werden kann, die Einwirkungen sich als unmittelbarer Eingriff in nachbarliches Eigentum darstellen und die Grenze dessen überschreiten, was unter privaten Nachbarn ohne Ausgleich nach § 906 BGB hingenommen werden muß[54]. Hierbei bezog sich das Gericht ausdrücklich, so der Klammerverweis, auf die Reuterstraßen-Entscheidung vom 20.3.1975[55]. Ein Vergleich mit der Abgrenzungsstandardformel dieses Urteils zeigt, daß das Gericht im wesentlichen nur die Anspruchsgrundlage modifiziert hat. An Stelle des „öffentlichrechtlichen Anspruchs auf Enteignungsentschädigung"[56] tritt nun der „Entschädigungsanspruch wegen eines enteignenden Eingriffs". Die besondere Betonung der Duldungspflicht gegenüber den beeinträchtigenden Immissionen, eben das „nicht untersagen können" als Tatbestandsvoraussetzung, ist zwar in der Formel der Reuterstraßen-Entscheidung nicht enthalten, findet sich aber bereits in identischer Formulierung in den als Ergänzung zu BGHZ 64, 220 bezeichneten Urteilen vom 13.1.1977 und 10.11.1977[57]. Damit kann diese Hervorhebung nicht als Reaktion auf das vom BVerfG beanstandete Wahlrecht zwischen Anfechtung des Eingriffs und Klage auf Entschädigung verstanden werden.

Die Beibehaltung der Grenzziehung mit Hilfe der Maßstäbe des § 906 BGB bedeutet für künftige Verkehrslärmimmissionsentscheidungen, daß das Kriterium der Zumutbarkeit seine bisherige zentrale Stellung beibehalten wird. Auch die Bestimmung der Zumutbarkeitsschwelle[58] in der Entscheidung vom 29.3.1984 läßt gegenüber den neueren Verkehrslärmentscheidungen keine Abweichung erkennen. Im Rahmen der Zumutbarkeitsprüfung befürwortete der BGH im Kläranlagen-Fall die Berücksichtigung von Häufigkeit, Art, Intensität sowie Wirkung der Geruchsimmissionen auf die Gesundheit der von den Immissionen betroffenen Personen. Insgesamt zeigte sich also hier wiederum eine stark einzelfallbezogene, differenzierte und von objektivierbaren Feststellungen durchsetzte Konzeption des Gerichts.

b) Stellungnahme

Das Festhalten an Abgrenzungsmethode und Abgrenzungskriterien ist folgerichtig. Aus der bundesverfassungsgerichtlich eingeleiteten Rückbe-

---

[54] BGH DVBl. 84, 524 (524).

[55] BGHZ 64, 220.

[56] BGHZ 64, 220 (222).

[57] BGH NJW 77, 894 (894) sowie BGH DVBl. 78, 110 (110); im übrigen ist die aus der Widmung abgeleitete Duldungspflicht gegenüber Verkehrslärmimmissionen Bestandteil sämtlicher Verkehrslärmentscheidungen, vgl. BGHZ 54, 384 (388), E. v. 30. 10. 1970 m.w.N.; dazu 3. Kap. I, II 3 c.

[58] Insoweit in BGH DVBl. 84, 524 (525) nicht abgedruckt, siehe BGH NJW 84, 1876 (1877).

sinnung auf einen eng umgrenzten Enteignungsbegriff und der damit verbundenen Abkoppelung des enteignenden Eingriffs von Art. 14 III GG folgt weder, daß sich die Grenze zwischen entschädigungsfreien und entschädigungspflichtigen hoheitlichen Einwirkungen auf das Eigentum des Einzelnen insgesamt verschoben hat, noch, daß die einzelnen Abgrenzungskriterien selbst, die der BGH in langjähriger Enteignungsrechtsprechung herausgearbeitet hat, für eine entschädigungsrechtliche Grenzziehung außerhalb von Art. 14 III GG zu verwerfen sind[59]. Es muß als sicher angesehen werden, daß der BGH auch im Bereich der Verkehrslärmentschädigungsrechtsprechung an seiner traditionellen Abgrenzungsmethode festhalten wird, also weiterhin entschädigungspflichtige von entschädigungsfreien Verkehrslärmimmissionsbeeinträchtigungen des Anliegereigentums mit Hilfe der Tatbestandsmerkmale des § 906 BGB trennen wird. Wie bisher wird sich die Abgrenzungsfrage auf das Problem der Zumutbarkeit der Beeinträchtigung konzentrieren. Hier ist der dogmatische Ort, wo neben Wertentscheidungen aus dem Bereich der Immissionsschutzgesetzgebung[60] insbesondere quantitative Kriterien in Form von Immissionsricht- bzw. Immissionsgrenzwerten berücksichtigt werden können. Gerade auf letztgenanntem Feld hat sich in jüngster Zeit ein Entwicklungsschritt vollzogen, dessen mögliche Auswirkungen auf die künftige Verkehrslärmrechtsprechung im folgenden zu erörtern sind.

II. Neue Anknüpfungspunkte für die Bestimmung der entschädigungsauslösenden Grenze bei Beeinträchtigungen durch Verkehrslärmimmissionen

1. Überblick

Am 6. 7. 1983 erließ der Bundesverkehrsminister die „Verwaltungsrichtlinien für den Verkehrslärmschutz an Bundesfernstraßen in der Baulast des Bundes“[61], die Straßenneubauvorhaben des Bundes betreffen, aber auch die Lärmsanierung an bereits bestehenden Bundesfernstraßen regeln. Diese Richtlinien sind, sieht man vom Entwurf des VLärmSchG[62] ab, ein erstes umfassendes Regelungswerk mit bezifferten Immissionsgrenzwerten, das speziell für den Bereich der Verkehrslärmimmissionen von öffentlichen Straßen geschaffen wurde. Die Richtlinien müssen als Übergangsregelung[63] verstanden werden und sollen nach Ansicht des Bundesministers für Ver-

[59] Ebenso Hendler, DVBl. 83, 873 (883).

[60] In Ermangelung spezialgesetzlicher Regelungen.

[61] Veröffentlicht im VkBl., Amtsblatt des BMV, 1983, S. 306ff.

[62] Verkehrslärmschutzgesetz in der vom BT am 6. 3. 1980 beschlossenen Form, BR-Drucks. 126/80.

[63] Siehe dazu 5. Kap. II 2 c.

kehr sowie der Straßenbauverwaltungen der Länder als anerkannte Regeln der Technik eine bundeseinheitliche Handhabung des Lärmschutzes an öffentlichen Straßen bis zu einer verbindlichen rechtlichen Regelung sicherstellen[64]. Sie fassen auf der Grundlage des Entwurfs zum Verkehrslärmschutzgesetz die Überlegungen zusammen, die in den letzten vier bis fünf Jahren von rechtlicher, medizinischer, sozialer und politisch-fiskalischer Seite entwickelt und vorgebracht worden sind.

Die bisher von Gesetz- und Verordnungsgebern im Stich gelassene Verkehrslärmentschädigungsrechtsprechung kann an diesem Regelungswerk, insbesondere den bezifferten Immissionsgrenzwerten, nicht vorbeigehen. Zwar wird der Richter auch durch die Richtlinien vom 6. 7. 1983 nicht von der eigenverantwortlichen Feststellung des Ausmaßes der Lärmbeeinträchtigung und der Zumutbarkeitsschwelle unter Berücksichtigung der konkreten Umstände des Einzelfalls enthoben[65], für die Beurteilung der Zumutbarkeit des festgestellten Schallpegels kann jedoch ein maßgeblicher Einfluß der Richtlinie vom 6. 7. 1983 ausgehen. Denn die Bedenken, die sowohl von der Rechtsprechung als auch von Teilen der Literatur gegen eine Einbeziehung von privaten Normungswerten oder der TA Lärm geäußert wurden[66], sind angesichts einer speziell auf die Lärmimmissionssituation an öffentlichen Straßen zugeschnittenen Regelung gegenstandslos geworden.

Im folgenden wird zunächst ein Überblick über die Entstehung der Richtlinien vom 6. 7. 1983 unter Einbeziehung des Entwurfs zum VLärmSchG gegeben. Daran anschließend folgt nach einer Bestandsaufnahme der für die Festsetzung der Immissionsgrenzwerte maßgeblichen Ansatzpunkte eine abschließende Auseinandersetzung mit diesen bezifferten Werten im Hinblick auf die konkrete Abgrenzungsqualität in der Verkehrslärmentschädigungsrechtsprechung.

2. Entwurf des Verkehrslärmschutzgesetzes und die Richtlinien für den Verkehrslärmschutz an Bundesfernstraßen in der Baulast des Bundes vom 6. 7. 1983

a) Vorgeschichte

Die mit §§ 41 ff. des BImSchG von 1974 erstmals geschaffenen Vorschriften zum Schutz gegen von Straßen und Schienenwegen ausgehende schädliche Umwelteinwirkungen in Form von Lärmimmissionen sind bis heute eine lex imperfecta geblieben. In den Jahren nach Erlaß des BImSchG ergab sich,

---

64 Allgemeines Rundschreiben Straßenbau 8/1983; VkBl. 83, 306.

65 Dazu grundlegend BGH NJW 77, 894 (895), E. v. 13. 1. 1977; BGH DVBl. 78, 110 (111), E. v. 10. 11. 1977; siehe 4. Kap. III 3 b, d; im folgenden 5. Kap. II.

66 Vgl. 4. Kap. 3 c bb.

daß der Verordnungsgeber mit der ihm von der Legislative in § 43 I 1 BImSchG zugewiesenen Aufgabe, die für die Durchführung der §§ 41 ff. BImSchG unerläßlichen Einzelheiten, insbesondere die Immissionsgrenzwerte zu bestimmen, überfordert war. Dies zeigte sich schon bei den Verhandlungen über die sog. Schienenschallschutzverordnung[67], trat aber mit voller Schärfe erst beim Entwurf für die Straßenschallschutzverordnung hervor. Vor allem über die Höhe der Immissionsgrenzwerte ließ sich keine Einigung erzielen. Die dabei vor allem von den Finanzministern des Bundes und der Länder gewünschte Heraufsetzung der Grenzwerte war in einer Verordnung auf der Grundlage des BImSchG nicht möglich, da das BImSchG keine Abwägung von Lärmschutz mit Finanzierungsfragen zuläßt und von einem einheitlichen Begriff der schädlichen Umwelteinwirkung ausgeht, der bereits bei erheblichen Belästigungen einsetzt[68]. Auch die Erkenntnis, daß der Gesetzgeber derart weitreichende Entscheidungen, wie die Bestimmung der Immissionsgrenzwerte, denen im Rahmen des Enteignungsentschädigungsanspruchs gemäß § 42 I 1 BImSchG die Abgrenzungsfunktion zwischen Sozialbindung und Enteignung zukommt, selbst zu treffen habe[69], gewann immer mehr Raum. Angesichts dieser, durch den Regelungsgegenstand bedingten sachlichen Schwierigkeiten enthielt sich der Verordnungsgeber zu Recht der ihm zugewiesenen Aufgabe. Denn gerade die Festlegung bestimmter Immissionsgrenzwerte stellte keine lediglich technische Einzelheit der Gesetzesregelung dar. Einmal handelte es sich um eine fundamentale Grundentscheidung des Immissionsschutzrechts, den wahren Stellenwert des Immissionsschutzes im Vergleich zu anderen öffentlichen Belangen festzulegen, zum anderen ging es auch nach damaliger Interpretation um die enteignungsrechtlichen Auswirkungen einer derartigen Regelung im Bereich des Grundeigentums[70].

---

[67] Über den als Arbeitspapier erstellten Entwurf einer Verordnung zur Durchführung des BImSchG (Verordnung über Maßnahmen zum Schutz gegen Schienengeräusche von Schienenwegen) gelangte auch dieses Vorhaben nie hinaus.

[68] So Heigl, BayVBl. 79, 527 (528); Nedden, DVBl. 78, 389 (389).

[69] Grundlegend BVerfGE 34, 165 (192 f.), Urteil v. 6. 12. 1972; ebenso BVerfGE 40, 237 (249 f.), Beschluß v. 28. 11. 1975; 46, 45 (78 ff.), Beschluß v. 21. 12. 1977; danach obliegt die Entscheidung aller wesentlichen Fragen, die den Bürger unmittelbar betreffen, dem Gesetzgeber. „Wesentlich" heißt dabei wesentlich für die Verwirklichung der Grundrechte. Auf einen umfassenden Parlamentsvorbehalt zielte das BVerfG aber nicht ab, BVerfGE 49, 89 (124 ff.), Beschluß v. 8. 8. 1978; zu diesem Problemkomplex bezogen auf die Verkehrslärmimmissionssituationen bei Neustraßen, BVerwGE 51, 15 (34 ff.), E. v. 21. 5. 1976; ebenso Korbmacher, DÖV 76, 1 (6); Nedden, DVBl. 78, 389 (389).

[70] Um so befremdlicher ist die Absicht des BMI, diese Rechtsverordnung nun doch zu erstellen; vgl. BMI Zimmermann, Rede v. 20. 1. 1983, Bonn, abgedruckt in KdL 83, 123 (124).

b) Der Entwurf eines Verkehrslärmschutzgesetzes

Die Bundesregierung legte deshalb im Herbst 1977 den ersten Entwurf eines Gesetzes zum Schutz gegen Verkehrslärm an Straßen und Schienenwegen vor[71], das die in §§ 41 - 43 BImSchG getroffenen bzw. vorgesehenen Regelungen ersetzen bzw. erweitern sollte.

Im Vergleich zu dem bisherigen Rechtszustand brachte der Gesetzentwurf zwei entscheidende Änderungen. Einmal, daß das Gesetz jetzt selbst die Immissionsgrenzwerte enthielt, zum anderen, daß auch bereits bestehende Bundesfernstraßen erfaßt wurden. Im übrigen wurde die Konzeption der §§ 41 - 43, 50 BImSchG beibehalten. Konnten Verkehrslärmbeeinträchtigungen der zulässigen Grundstücksnutzung durch Immissionen von neu zu errichtenden oder wesentlich zu ändernden Straßen nicht im Rahmen der Planung verhindert werden, traf den Träger der Straßenbaulast die Pflicht, i.R. einer Lärmvorsorge durch Maßnahmen an den Verkehrswegen sicherzustellen, daß die Lärmimmissionen bestimmte Immissionsgrenzwerte nicht überschreiten. Standen dem öffentliche oder private Belange entgegen, hatte nach dem Entwurf der Eigentümer der betroffenen baulichen Anlage einen Aufwendungserstattungsanspruch hinsichtlich der gemachten Aufwendungen für notwendige Lärmschutzmaßnahmen an der Anlage selbst. An bestehenden Bundesfernstraßen in der Baulast des Bundes sollte ein Lärmschutz erfolgen, wenn 75 dB (A) am Tage und 65 dB (A) in der Nacht überschritten werden. In den anschließenden Beratungen[72] erwies sich wiederum die Höhe der Immissionsgrenzwerte als neuralgischer Punkt. Daneben gewann aber auch die Frage nach einer Hereinnahme aller bestehenden, also nicht nur neu erbauten oder wesentlich geänderten Verkehrswege bzw. der bestehenden Bundesfernstraßen in der Baulast des Bundes an Bedeutung[73]. Innerhalb dieser Phase des Gesetzgebungsverfahrens verdiente die vom federführenden Ausschuß für Verkehr und für das Post- und Fernmeldewesen (VerkehrsA) sowie des Innenausschusses durchgeführte Anhörung vom 8. und 15. 11. 1978 besondere Beachtung[74]. Die Anhörung der Sachverständigen zeigte, daß die im Entwurf vorgesehenen Immissionsgrenzwerte sowohl i.R. der Lärmvorsorge bei neu zu errichtenden bzw. wesentlich zu ändernden Straßen[75] als auch bei den bereits vorhandenen Bundesfernstra-

---

[71] EVLärmSchG, BT-Drucks. 8/1671.

[72] Vgl. dazu den detaillierten Abriß des Gesetzgebungsverfahrens bei Fickert, DVBl. 79, 645 (645, 646); Nedden, DVBl. 78, 389 (389f.).

[73] Im Interesse einer „gerichtsfesten Lösung" des Schallschutzes an Straßen schlug der BR vor, in § 6 EVLärmSchG alle bestehenden Straßen aufzunehmen, BR-Drucks. 3/79, S. 17.

[74] Stenogr. Protokolle der 39. und 40. Sitzung des Ausschusses für Verkehr und für das Post- und Fernmeldewesen.

[75] In § 1 II EVLärmSchG, BT-Drucks. 8/1671, waren beispielsweise für Wohngebiete 65 dB (A) am Tag und 55 dB (A) nachts vorgesehen.

ßen in der Baulast des Bundes[76] gemessen an der Gesundheitsdefinition der WHO bereits schädigend wirken können[77]. Daher wurde eine Herabsetzung der Grenzwerte für dringend erforderlich gehalten[78]. Übereinstimmend forderten die Sachverständigen, im Bereich der Lärmsanierung alle öffentlichen Straßen in das Gesetz mit einzubeziehen. Dabei sollten auch hier unterschiedliche Gebietskategorien mit verschiedenen Immissionsgrenzwerten geschaffen werden, um dem erhöhten Schutzbedürfnis der Wohnbevölkerung Rechnung tragen zu können[79].

Als Ergebnis der Sachverständigenanhörung wurde der ursprüngliche Gesetzentwurf differenziert und erweitert[80]; im Bereich der Lärmvorsorge erfolgte eine generelle Absenkung der Grenzwerte um 3 dB (A), für die Lärmsanierung an bestehenden Straßen sollte die Grenze nunmehr in reinen und allgemeinen Wohngebieten bei 70 dB (A) am Tag und 60 dB (A) in der Nacht, sowie in Kern-, Misch- und Industriegebieten bei 75/65 dB (A) liegen. Die Lärmschutzmaßnahmen an den Verkehrswegen sollten unterlassen werden können, wenn überwiegende öffentliche oder private Belange entgegenständen, insbesondere wenn ihre Kosten außer Verhältnis zum angestrebten Schutzzweck zu geraten drohten. Dafür räumte der Gesetzgeber dem betroffenen Eigentümer einen Aufwendungserstattungsanspruch für erbrachte notwendige Schallschutzmaßnahmen an der baulichen Anlage ein, die Aufwendungen wurden bei der Lärmvorsorge zu 100%, im Bereich der Lärmsanierung zu 75% berücksichtigt[81]. Für die Beeinträchtigung der Nutzung von Grundstücken durch Verkehrslärm, die weder durch Maßnahmen an den Verkehrswegen noch an der baulichen Anlage vermieden oder beseitigt werden konnte, sah der Entwurf, wenn es sich um einen schweren und unerträglichen Eingriff in das Eigentum handelte, einen Enteignungsentschädigungsanspruch vor.

Dieser Gesetzesentwurf passierte am 6. 3. 1980 den Bundestag[82], der Bundesrat verweigerte jedoch letztlich unter Hinweis auf die seiner Ansicht nach zu niedrigen Immissionsgrenzwerte und die daraus besonders im Lärmsanierungsbereich anfallenden Kosten am 18. 7. 1980 seine erforderliche Zustimmung[83]. Damit wurde es still um das VLärmSchG. Die Straßen-

---

[76] § 6 EVLärmSchG sah Immissionsgrenzwerte von 75/65 dB (A) vor.

[77] Stenogr. Protokoll des VerkehrsA v. 8. 11. 1978, Frage A 5, S. 45 ff.; dazu 5. Kap. II 3 b.

[78] Daraufhin forderte der Ausschuß für Jugend, Familie und Gesundheit eine Absenkung um 5 - 10 dB (A) und den besonderen Schutz für Krankenhäuser, Schulen, Altersheime und Kindergärten, BT-Drucks. 8/3730, S. 25 f.

[79] Hoppe, Stenogr. Protokoll d. VerkehrsA v. 15. 11. 1978, S. 115 ff.; Schmidt-Aßmann, ebenda, S. 122 ff.

[80] VLärmSchG, BR-Drucks. 126/80, S. 1 ff.

[81] § 10 I Nr. 1 u. 2 VLärmSchG, BR-Drucks. 126/80, S. 3.

[82] BR-Drucks. 126/80 v. 28. 3. 1980.

[83] Stenogr. Bericht der 491. Sitzung des BR v. 18. 7. 1980, S. 346. Zuvor hatte der BT das durch den Einspruch des BR, BR-Drucks. 8/3926 v. 21. 4. 1980, notwendig

bauverwaltungen der Länder, die gemäß Art. 90 II GG die Bundesfernstraßen im Auftrag des Bundes verwalten, begannen sich in der Folgezeit an den im VLärmSchG vorgesehenen Immissionsgrenzwerten, mit Ausnahme der Lärmsanierungswerte, zu orientieren[84].

c) *Die Verwaltungsrichtlinien vom 6. 7. 1983*

Am 6. 7. 1983 setzte der Bundesverkehrsminister mit Erlaß der Richtlinien für den „Verkehrslärmschutz an Bundesfernstraßen in der Baulast des Bundes“[85] den vorläufigen Schlußpunkt. Die Richtlinien dienen als anerkannte Regeln der Technik der Ausfüllung der §§ 41 - 43, 50 BImSchG und des § 17 IV FStrG. Vom Regelungsumfang sowie der Regelungssystematik her entsprechen sie im wesentlichen dem gescheiterten VLärmSchG in der vom Deutschen Bundestag am 6. März 1980 angenommenen Fassung[86], betreffen jedoch nur die Verkehrswege in der Baulast des Bundes, mithin also die Bundesfernstraßen[87]. Erfaßt wird sowohl der Bereich der Lärmvorsorge bei neu zu errichtenden oder wesentlich zu ändernden, als auch die Lärmsanierung an bestehenden Bundesfernstraßen. Die bei der Lärmvorsorge nach vier Gebietsarten differenzierten Immissionsgrenzwerte sind mit denen des VLärmSchG[88] identisch[89], auffällig ist lediglich die besondere Hervorhebung des Rechtscharakters der Lärmimmissionen, die diese Grenzwerte übersteigen. Hierbei soll es sich um „billigerweise unzumutbare

---

gewordene Vermittlungsverfahren mit der Ablehnung des Vorschlags des Vermittlungsausschusses am 4. 7. 1980 scheitern lassen, Vgl. BR-Drucks. 418/80 v. 4. 7. 1980.

84 So legt beispielsweise das Land Rheinland-Pfalz folgende Immissionsgrenzwerte (Tag/Nacht) bei der Lärmvorsorge an Bundes- und auch Landesstraßen zugrunde:
60/50 dB (A) bei Krankenhäusern, Schulen, Kurheimen etc.
62/52 dB (A) bei reinen und allgemeinen Wohngebieten
67/57 dB (A) bei Kern-, Dorf- und Mischgebieten
72/62 dB (A) bei Gewerbegebieten
bei Lärmsanierung an bestehenden Bundes- und Landesstraßen für alle Gebietsarten 75/65 dB (A).

Eine Ausnahme von dieser Praxis macht lediglich das Land Hessen, hier sind im Bereich der Landesstraßen sowohl bei der Lärmvorsorge als auch bei der Lärmsanierung niedrigere Grenzwere maßgebend, z.B. für die Lärmsanierung in reinen und allgemeinen Wohngebieten 70/60 dB (A).

85 VkBl. 83, 307ff.

86 BR-Drucks. 126/80.

87 In den allgemeinen Rundschreiben, Straßenbau, Nr. 8/1983, v. 6. 7. 1983, VkBl. 83, S. 306, werden die obersten Straßenbaubehörden der Länder gebeten, zu prüfen, ob die Richtlinien übergangsweise auch für Landesstraßen Anwendung finden können.

88 Jeweils in der vom BT am 6. 3. 1980 beschlossenen Fassung, BR-Drucks. 126/80.

89 Nr. I 3 Ziff. 1 - 4 sehen als Tag/Nachtwerte vor:
60/50 dB (A) bei Krankenhäusern, Schulen, Kurheimen etc.
62/52 dB (A) bei reinen und allgemeinen Wohngebieten
67/57 dB (A) bei Kern-, Dorf- und Mischgebieten
72/62 dB (A) bei Gewerbegebieten.

Beeinträchtigungen" handeln, Nr. I 1 und 3 der Richtlinien. Darin kann m.E. ein angesichts der neueren Enteignungsrechtsprechung des BVerfG[90] überflüssiger Versuch gesehen werden, den Gerichten den Einbau dieser Grenzwerte in einen Enteignungsentschädigungsanspruch zu verwehren[91]. Der Bundesverkehrsminister machte, ebenso wie bereits zuvor der Bundestag[92], deutlich, daß diese Werte eine im Vorfeld des Eigentumsschutzes nach Art. 14 GG angesiedelte Grenze markieren sollen.

Im Bereich der Lärmsanierung zeigen sich Unterschiede. Entgegen den differenzierten Grenzwerten des VLärmSchG[88], die von 70/60 dB (A) in reinen und allgemeinen Wohngebieten bis zu 75/65 dB (A) bei sonstigen Gebietsarten reichten, gehen die Richtlinien von einem einheitlichen Tag/ Nachtwert von 75/65 dB (A) aus. Allerdings wurde hier, anders als in § 1 I 1 VLärmSchG[88], auf die Einordnung der Immissionen als erheblich belästigende, billigerweise unzumutbare Beeinträchtigungen verzichtet.

Kann die Lärmvorsorge bzw. Lärmsanierung nicht durch Maßnahmen an der Straße sichergestellt werden, so hat der Träger der Straßenbaulast dem Eigentümer der zu schützenden baulichen Anlage Aufwendungen für notwendige Schallschutzmaßnahmen zu erstatten; bei der Lärmvorsorge in voller Höhe, bei der Lärmsanierung in Höhe von 75 %, es sei denn, und hier liegt ein Unterschied zum VLärmSchG[88], die Verkehrslärmbeeinträchtigung der baulichen Anlage kann auf zurechenbares Verhalten zurückgeführt werden. Entsprechend der primär innerdienstlichen Wirkung[93] dieser im Rahmen von Art. 90 II, 85 III GG erlassenen Richtlinien[94] wurde darauf verzichtet,

---

[90] Siehe 5. Kap. I 1 b.

[91] Diese Interpretation der Grenzwerte entfaltet auch bei der Planung ihre Wirkung, beispielsweise wenn es um die Frage der Aufhebung oder Änderung einer bereits vor der Errichtung der Straße vorhandenen künftig verkehrslärmbeeinträchtigten Nutzung durch Enteignung geht, vgl. Meyer, S. 69 ff.

[92] § 1 I 1 VLärmSchG, BR-Drucks. 126/80; dazu 5. Kap. II 3 c.

[93] Zur Frage der Außenwirkung von Verwaltungsvorschriften im Verhältnis Staat – Bürger siehe Ossenbühl, in Erichsen / Martens, Allgem. Verwaltungsr., 6. A., S. 88 f.; kritisch Rupp, JuS 75, 609 (615 ff.); Scheffler, DÖV 80, 236 (238); siehe auch Marburger, Technische Regeln, S. 417 ff.

[94] Bei den Richtlinien vom 6. 7. 1983 handelt es sich nicht um allgemeine Verwaltungsvorschriften nach Art. 90 II, 85 II GG, die die Bundesregierung als intersubjektive Regelungen innerhalb der Bundesauftragsverwaltung mit Zustimmung des BR erlassen kann, dazu allgemein Maunz / Dürig / Herzog / Maunz, Art. 84 GG, Rdnr. 32 ff., Art. 90 GG, Rdnr. 6; Ossenbühl, Verwaltungsvorschriften und Grundgesetz, S. 362 ff., sondern um eine fachliche Weisung der zuständigen obersten Bundesbehörde an die jeweiligen Landesbehörden. Zwar ist in einem solchen Weisungsfall keine Zustimmung des BR erforderlich, die Praxis geht aber dahin, derartige Richtlinien erst nach Beratungen mit den Straßenbauverwaltungen der Länder zu erlassen.
Im Zuge ihres verhaltenslenkenden Charakters wurde den Richtlinien vom 6. 7. 1983 einmal die Aufgabe zugewiesen, anerkannte Regeln der Technik für Verwaltungsbehörden verbindlich zu machen. Daneben regeln sie im Bereich der Lärmsanierung an bestehenden Bundesfernstraßen in der Baulast des Bundes eine Mittelvergabe an private Dritte. In diesem Zusammenhang kommt den Richtlinien mehr die Funktion von Vergaberichtlinien i. R. sozialstaatlicher Leistungsgewährung von Bun-

die Erstattungen, so wie im VLärmSchG[88], als konkrete Ansprüche auszugestalten[95]. Die Berechnung der auf das Grundstück einwirkenden Straßenverkehrslärmimmissionen erfolgt nach den „Richtlinien für den Lärmschutz an Straßen" von 1981[96], diese Schallimmissionen sind bei Gebäuden durch einen Mittelungspegel 0,5 m außen von der Mitte des geöffneten Fensters gekennzeichnet[97].

Nach dem Willen des Bundesministers für Verkehr stellen die Richtlinien vom 6. 7. 1983 nur eine vorläufige Regelung dar. Auf die große Anfrage der SPD Fraktion[98], ob beabsichtigt sei, den Schutz vor Verkehrslärm durch Gesetz und Verordnung zu regeln, antwortete der Bundesminister des Innern namens der Bundesregierung am 3. 11. 1983 u. a.: „Die Bundesregierung hält es für richtig, den Schutz vor Verkehrslärm durch normative Regelung zu verbessern. Nach ihrer Auffassung sind sowohl Vorschriften für die Lärmvorsorge beim Bau und wesentlicher Änderung von Straßen und Schienenwegen als auch die Regelung für die Lärmsanierung erforderlich[99].

3. Maßgebliche Überlegungen für die Festsetzung der Immissionsgrenzwerte im Entwurf des Verkehrslärmschutzgesetzes[100] und den Richtlinien vom 6. 7. 1983

a) Bestimmung der Immissionsgrenzwerte aus medizinischer Sicht

Ausgangspunkt einer Bestimmung der Immissionsgrenzwerte aus medizinischer Sicht ist die Koppelung der Rechtsgüter Gesundheit und Eigentum. Sie basiert auf der Überlegung, daß mit Straßenverkehrsimmissionen, die geeignet sind, Gesundheitsbeeinträchtigungen oder Gesundheitsschäden[101]

---

desmitteln außerhalb bestehender gesetzlicher Regelungen zu; zu dem Problembereich siehe Rupp, JuS 75, 609 (615ff.); Ossenbühl, Verwaltungsvorschriften und Grundgesetz, S. 376ff.

[95] Zu der für Dritte grundsätzlich nur „reflektierenden" Wirkung Wolff / Bachof, Verwaltungsr. I, 9. A., § 24 II d, S. 118ff.; Maunz / Dürig / Herzog / Maunz, Art. 85 GG, Rdnr. 19.

[96] RLS-81, Anlage zum allgemeinen Rundschreiben Straßenbau, Nr. 5/81; dazu Ullrich, KdL 83, 166 (168).

[97] Zur Berechnung des Mittelungspegels siehe Nr. 4 der RLS-81.

[98] BT-Drucks. 10/233.

[99] BT-Drucks. 10/566, S. 17; der BMI hat am 20. 1. 1983 eine Rechtsverordnung gemäß § 43 I 1 Nr. 1 BImSchG angekündigt, siehe Anm. 70.

[100] In der vom BT am 6. März 1980 angenommenen Fassung, BR-Drucks. 126/80.

[101] Die medizinischen Erkenntnisse über die Wirkung von Verkehrslärm und die darauf beruhende Grenzziehung wirken sich natürlich auch dann aus, wenn nur über die Frage von Gesundheitsschäden, verursacht durch Verkehrslärmimmissionen, zu entscheiden ist. In derartigen Fällen verpflichtet nach der Rechtsprechung des BGH der Rechtsgrundsatz der Aufopferung gemäß §§ 74, 75 Einl. ALR zu einem finanziellen Ausgleich der durch den Gesundheitsschaden entstandenen Vermögensschäden;

herbeizuführen, gleichzeitig die Nutzungsmöglichkeit[102] eines zu Wohnzwecken errichteten Gebäudes, also der Gebrauch des Eigentums, erheblich eingeschränkt oder sogar unmöglich gemacht wird[103].

Bei einer Bestimmung der Lärmschwelle aus medizinischer Sicht ist zunächst zu bedenken, daß die für die Grenzziehung unerläßlichen Begriffe „Gesundheit und Krankheit" unterschiedlich interpretiert werden. Stützt man sich auf die Gesundheitsdefinition der Weltgesundheitsorganisation WHO, nach der Gesundheit nicht nur die Abwesenheit von Krankheit und Schwäche bedingt, sondern auch physisches, psychisches und soziales Wohlbefinden mit umfaßt[104], wird man Lärmtoleranzgrenzen so niedrig ansetzen müssen, daß das Wohlbefinden nicht unausweichlich beeinträchtigt wird. Demgegenüber verzichtet der klassische Gesundheitsbegriff auf eine Einbeziehung des Wohlbefindens, negativ abgegrenzt wird die Gesundheitsschwelle erst dort überschritten, wo objektivierbare Befunde den Eintritt von Krankheiten mehr oder weniger wahrscheinlich machen[105]. Als Lärmkrankheiten haben insbesondere die Lärmschwerhörigkeit, Schädigungen des vegetativen Nervensystems und psychosomatische Störungen zu gelten[106]. Nach derzeitigen Erkenntnissen deutet der klassische Gesundheitsbegriff darauf hin, höhere Grenzwerte bei Verkehrslärmimmissionen als tolerabel zu betrachten.

Bei der Schaffung des BImSchG entschied sich der Bundesgesetzgeber für einen Mittelweg, der insbesondere in § 3 BImSchG zum Ausdruck kommt. Die Wahl des Terminus der „erheblichen Belästigung" bedeutet für den Bereich der Verkehrslärmimmissionen, daß weder die allgemeine Lästigkeit zum Maßstab erhoben worden ist, noch die nachweislichen bzw. sehr wahrscheinlichen Lärmkrankheiten i. S. der klassischen Gesundheitsdefinition.

Aus medizinischer Sicht werden, bei einzelnen Abweichungen, drei Beeinträchtigungsstufen durch Lärm unterschieden[107]. Die beiden ersten

---

dazu Ossenbühl, Staatshaftungsrecht, S. 81. Gerade das schwierige Kausalitätsproblem zwischen Beeinträchtigung und Schaden wird durch diese Aussagen wesentlich entschärft. Hinsichtlich der Zulässigkeit derartiger gesundheitsschädigender Verkehrsimmissionsbeeinträchtigungen hat der Emittent in diesem Zusammenhang die verfassungsrechtliche Sperre des Art. 2 II 1 GG zu beachten. Eingriffe in das Schutzgut Gesundheit sind zwar möglich, unterliegen aber dem Erfordernis eines förmlichen Gesetzes unter Beachtung des Art. 19 I 2 GG; dazu Schmidt-Aßmann, Lärmschutz, S. 28.

[102] Von einem Entzug der Nutzungsrechte kann nicht gesprochen werden, da die rechtlichen Befugnisse zur Nutzung unverändert bleiben.

[103] Vgl. 4. Kap. III 2 c.

[104] Gesundheitsdefinitionen der WHO in der Satzung vom 22. 7. 1946.

[105] Studie Belastbarkeit durch Geräusche, S. 7; Fickert, BauR 76, 1 (10).

[106] Studie Belastbarkeit durch Geräusche, S. 33; Peine, DÖV 79, 812 (818), Fn. 47.

[107] Siehe Richtlinien des BMV für straßenverkehrsrechtliche Maßnahmen zum Schutz der Nachtruhe v. 29. 5. 1974, VkBl. 74, S. 363, Anlage Lärmschutz im Straßenbau, Abt. Straßenbau, StB 4 – 14.86 12/4035 I, Tabelle 1.

Stufen sind dadurch zu charakterisieren, daß sich mögliche gesundheitliche Folgen von Lärmimmissionen nur schwer in exakt faßbaren Krankheitsbildern beschreiben lassen. Insbesondere die pathologische Auswirkung einer Geräuschbeschallung auf den Organismus kann nicht mit der Genauigkeit angegeben werden, wie etwa bei Beeinträchtigungen durch Luftverunreinigungen, wo in der Regel die Aufstellung einer Dosis - Wirkungsbeziehung möglich ist[108]. Hinsichtlich der Aussagekraft dieses, auf Untersuchungen von Lehmann[109] in den fünfziger Jahren beruhenden Lärmstufenkonzeptes ist zunächst wesentlich, daß es nicht für die Bewertung nächtlicher Lärmimmissionen gedacht war und daher in diesem Bereich nicht verwendbar ist. Weiter wurden fast ausschließlich die Reaktionen junger, gesunder Versuchspersonen unter Verwendung neutraler Laboratoriumsgeräusche untersucht[110]. Insgesamt erlaubt das Lärmstufenkonzept nur ungefähre Anhaltspunkte, die durch verkehrslärmspezifische Untersuchungen zu ergänzen sind. Auf der ersten Stufe, deren Grenze zwischen Innenpegeln von 50 und 60 dB (A) verläuft, liegt eine Lärmbelästigung mit psychischen Auswirkungen vor, die bei besonders lärmempfindlichen Menschen[111] u. U. zu Blutdruckanstieg, aber auch zu organischen Veränderungen des Kreislauf- und Gefäßsystems, Magenschmerzen sowie Zwölffingerdarmgeschwüren führen können[112]. Im zweiten Lärmbereich, dessen obere Grenze zwischen 80 und 90 dB (A) verläuft, verstärken sich die Befunde, die bereits für die erste Stufe galten. Je lauter und regelmäßiger der Lärm, um so gravierender sind die Gesundheitsbelastungen, die im Normalfall zu Störungen des vegetativen Nervensystems führen[113]. Die somatischen Auswirkungen,

---

[108] Gossrau / Stephany / Conrad / Dürre, Lärmschutz, Bd. IV, 65 120, S. 7 f.; Lorenz, S. 193.

[109] Lehmann, Einwirkung von Lärm auf den Menschen, S. 2 f., ders., DMW 55, S. 29 ff., zusammenfassend dazu Klosterkötter, KdL 74, 29 (30); Wiethaup, S. 66 f.

[110] So Klosterkötter, KdL 74, 29 (34); siehe auch Studie Belastbarkeit durch Geräusche, S. 13.

[111] Im Rahmen einer Allensbacher demoskopischen Studie bezeichneten sich 1969 22% der befragten Bundesbürger als stark lärmempfindlich; vgl. Kirchhofer, KdL 1970, 91 (91 f.); 1977 waren es nach Erhebungen des Umweltbundesamtes bereits 28%, vgl. Stenogr. Protokoll des VerkehrsA v. 8. 11. 1978, Frage A 3, S. 31; 1984 ermittelte eine ADAC-Studie, daß sich bereits mehr als 40% der Bundesbürger in ihrem Wohnbereich durch Verkehrslärm dauernd oder stark belästigt fühlen. Motorwelt 84, Heft 11, S. 8.

[112] Cramer / Lamarque / Soell / Cramer, S. 13; Griefahn, KdL 82, 131 (131); Heinecker, DMW 65, 1105 (1107); Richtlinien des BMV, a.a.O., I, Tabelle 1; Wiethaup, S. 66 ff.; eine vom Umweltbundesamt 1980 geförderte Untersuchung legte offen, daß in Gebieten mit höherer Dauerbelastung durch Verkehrslärm, etwa im Bereich von 65 - 73 dB (A), die Anzahl der Hypertoniekranken gegenüber Gebieten mit geringer Verkehrsbelastung um 50% zunimmt; vgl. Kürer, KdL 82, 161 (164).

[113] Unbewußt reagiert der moderne Lärmbetroffene auf Lärm noch wie seine Steinzeitvorfahren. Damals war ein lautes Geräusch fast immer mit Gefahr gleichzusetzen. Um zu überleben, mußten unsere Vorfahren schnell reagieren und sich in Kampfbereitschaft versetzen. Adrenalin wurde ausgeschüttet, Energie eingespart, der ganze Organismus wartete darauf, daß etwas passiert. Diese psycho-physiologische Defensivreaktion ist auch die heutige Antwort des Lärmbetroffenen auf Lärm. Infolge der

die im Lärmbereich I nur den besonders Empfindlichen treffen, sind hier breiter gestreut und damit häufiger im Auftreten. Die dritte Lärmstufe beginnt bei etwa 85 dB (A); Lärmbeeinträchtigungen können hier unmittelbar zu organischen Schädigungen führen. Hierher gehören die Fälle der Lärmschwerhörigkeit bzw. Lärmtaubheit. Bei Straßenlärmimmissionen sind Schallpegel über 90 dB (A) allerdings äußerst selten anzutreffen[114].

Eine Analyse des medizinischen Schrifttums zur Grenzziehung bei Verkehrslärmimmissionen zeigt ein mehr heterogenes Meinungsbild, das nicht zuletzt auf die Unterschiede bei der Definition des Begriffs „Gesundheit" zurückzuführen ist. Als grundlegend für diesen Bereich kann eine vom Bundesministerium für Raumordnung, Bauwesen und Städtebau 1969 in Auftrag gegebene psycho-physiologische Studie zur Ermittlung der „Belastbarkeit von Menschen durch Geräusche im Hinblick auf die Immissionsrichtwerte" angesehen werden[115]. Anhand von Messungen des elektrischen Hautwiderstandes[116] und der Vasokonstriktionsreaktion[117] wurden physiologische Aktivierungsreaktionen auf Geräuschreize, insbesondere auch Verkehrslärm, ermittelt, die Aussagen zur menschlichen Belastbarkeit erlauben. Die gewonnenen Einzelwerte wurden dahin interpretiert, einen biologisch begründbaren Richtwert bei 50 dB (A) anzusetzen[118], der innerhalb von Aufenthaltsräumen je nach deren Funktion unterschritten bleiben sollte[119]. Anzumerken bleibt, daß sich diese 50 dB (A) bereits oberhalb der Belästigungsschwelle, die ihrerseits in einem Bereich zwischen 40 und 50 dB (A) lokalisiert wurde, bewegen und als pathogener Faktor anzusehen sind[120]. Zur Frage der Schlafbeeinflussung wurde in dieser Studie ausgeführt, daß sich, bezogen auf die zeitlich überwiegenden flacheren Schlafstadien, Weckschwellen bei Dauergeräuschpegeln von maximal 35 dB (A), gemessen im Schlafraum, nachweisen lassen[121], während bei Tiefschlafphasen Weckschwellenwerte von 45 - 50 dB (A) ermittelt wurden, hier allerdings bezogen auf einzelne Schallspitzen[122]. Die korrespondierenden Außengeräuschpegel

---

sich ständig wiederholenden Reize befindet sich der Körper in dauernder Alarmbereitschaft und damit verbundenem Streß, was auf die Dauer vegetative Störungen mit sich zieht.

114 Cramer / Lamarque / Soell / Cramer, S. 14.

115 In Schriftenreihe des BMS; Städtebauliche Forschung 1974.

116 Gemessen mit Ohmmeter, Meßspannung 5 Volt Gleichstrom.

117 Verengung der Hautgefäße, registriert wurden die Fingervolumenpulsamplituden.

118 Studie Belastbarkeit durch Geräusche, S. 32.

119 a.a.O., S. 34.

120 a.a.O., S. 35, unter Berufung auf die Streßforschung.

121 Klosterkötter, KdL 74, 29 (34); Studie Belastbarkeit durch Geräusche, S. 34; so i.E. auch der Arbeitskreis für Lärmwirkungsfragen, v. Eiff u.a., KdL 82, 13 (15), die einen Mittelungspegel (außen) von etwa 45 dB (A) angeben, hier ist die Dämmwirkung von Mauern und Fenstern miteinzubeziehen.

122 Studie Belastbarkeit durch Geräusche, S. 34.

liegen bei geöffneten Fenstern um 10 dB (A), bei geschlossenen, einfach verglasten Fenstern um etwa 20 dB (A) über den Innengeräuschpegeln[123]. Derartige nächtlich auftretende Störungen führen zur Verkürzung der Tiefschlaf- und Gesamtschlafzeit. Über einen kürzeren Zeitraum vom Organismus zunächst voll kompensierbar, haben sie auf Dauer eine Leistungsverminderung im psychischen und psychomotorischen Bereich zur Folge. Sofern die nächtlich auftretenden Schallreize nicht beseitigt werden können, entstehen im weiteren Verlauf morphologisch definierte Erkrankungen, die u. U. irreversible und progressive Ausmaße annehmen[124].

Weitere Erkenntnisse brachte die öffentliche Befragung von Sachverständigen, Verbänden und Behörden zum Entwurf des Verkehrslärmschutzgesetzes durch den Bundestagsausschuß für Verkehr und für das Post- und Fernmeldewesen am 8. und 15. 11. 1978[125]. Insgesamt bestand Einigkeit darüber, daß erheblich belästigender Verkehrslärm ein Gesundheitsrisiko darstellt[126]. Zwar zeigte sich auch hier wieder das Problem einer fehlenden allgemeingültigen Definition von Gesundheit bzw. Gesundheitsschädlichkeit. Neben den Begriffen der Gesundheitsgefährdung und Gesundheitsschädlichkeit wurden Wendungen wie „Belästigungsschwelle, Unbehaglichkeitsschwelle, Gesundheitsrisikobereich und Unzumutbarkeit" gebraucht[127], bemerkenswert ist trotz dieser terminologischen Unsicherheiten ein mehrheitliches Einpendeln bei Grenzwerten zwischen 55 und 62 dB (A). So sprach sich Grandjean für eine Außengrenze bei 65 dB (A) tags und 55 dB (A) nachts aus[128]. Das Bundesgesundheitsamt sah als Schwellenwert 62 dB (A) an, dieser Wert stelle jene erhebliche Belästigung dar, die zumindest als Gesundheitsrisiko bezeichnet werden könne[129]. Spreng schlug einen Nachtwert von 35 dB (A) bis maximal 38 dB (A) gemessen im Innenraum am Ohr des Schläfers vor[130]. Der Vertreter des Umweltbundesamtes sprach sich, ausdrücklich gestützt auf die WHO Gesundheitsdefinition, für einen Tag-

---

123 Klosterkötter, KdL 74, 29 (34); zum Vergleich: Die Immissionsgrenzwerte des VLärmSchG in der vom BT am 6. 3. 1980 beschlossenen Form, BR-Drucks. 126/80, sowie der Richtlinien v. 6. 7. 1983 sind gekennzeichnet durch einen Mittelungspegel bei Gebäuden 0,5 m außen von der Mitte des geöffneten Fensters.

124 Griefahn, KdL 83, 38 (43).

125 Stenogr. Protokolle Nr. 39 und 40 des BT-Ausschusses für Verkehr und für das Post- und Fernmeldewesen, VerkehrsA, Fragen A 4 bis F 3.

126 In diesem Sinne interpretierte das BVerfG auch in seinem Beschluß v. 14. 1. 1981, BVerfGE 56, 54, die Anhörung v. 8. 1. 1978. Das Gericht zog die Untersuchungsergebnisse zur Beurteilung von Fluglärmimmissionen heran, die es i. R. der Frage, ob es Pflicht des Gesetzgebers sei, Regelungen zur Bekämpfung von Fluglärmimmissionen nachzubessern, zu bewerten hatte, BVerfGE 56, 54 (77f.).

127 Vgl. S. 8ff. des Stenogr. Protokolls Nr. 39 v. 8. 11. 1978.

128 Ebenda, S. 46.

129 Ebenda, S. 46, 47.

130 Ebenda, S. 45f., 49, diese Werte werden durch eine Studie des Arbeitskreises für Lärmwirkungsfragen beim Umweltbundesamt von 1982 bestätigt, siehe KdL 82, 13 (15).

wert unter 65 dB (A) aus, da ein hoher Prozentsatz der Bevölkerung 65 dB (A) bereits als starke oder unerträgliche Belastung empfinde[131]. Ergänzend machte das Bundesgesundheitsamt Angaben zu Lärmwirkungen auf den Organismus. Neben den speziellen Lärmkrankheiten wirke Lärm als zusätzlicher Risikofaktor, als Stressor[132]. Im Tierexperiment habe gezeigt werden können, daß Lärm auch bei Dauerschallpegeln bis etwa 70 dB (A) bereits signifikant schädigend wirke, wenn er als Kombinationsbelastung zum Tragen käme, d.h. nicht als alleinige Umweltbelastung einwirke[133]. Gerade bei Verkehrslärm ist eine ausschließliche Einwirkung des Lärms so gut wie ausgeschlossen, der Kraftfahrzeugverkehr bringt neben Lärm auch Abgase und Erschütterungen mit sich, die ebenfalls mehr oder minder stark auf den Organismus einwirken und in ihrer Kombination, legt man die Aussage des Bundesgesundheitsamtes zugrunde, dazu führen, daß einzelne Komponenten, wie beispielsweise der Lärm, bereits bei geringeren Dauerschallpegeln schädigen.

In bezug auf die Immissionsgrenzwerte der Richtlinien vom 6.7.1983 sowie den zugrundeliegenden Werten des VLärmSchG[134] läßt sich feststellen, daß die Tagwerte im Bereich der Lärmvorsorge, also an neu zu errichtenden Straßen, im wesentlichen mit den von medizinischer Seite vorgeschlagenen Grenzwerten deckungsgleich sind. Abweichungen zwischen 5 - 12 dB (A) treten dagegen, je nach Gebietsart, bei den Nachtgrenzwerten auf. Am deutlichsten sind die Differenzen im Bereich der Lärmsanierung an bestehenden Straßen, hier betragen die Unterschiede jeweils etwa 10 dB (A), der nach den Richtlinien hinzunehmende Verkehrslärm ist also doppelt so hoch wie von medizinischer Seite als zulässig erachtet[135].

b) *Fiskalische Gesichtspunkte am Beispiel der Lärmsanierung*

Im Vordergrund der Auseinandersetzung um die Höhe der Grenzwerte standen aber weniger diese medizinischen Erkenntnisse und Forderungen, sondern vielmehr die Frage der Lärmschutzkosten und ihrer Finanzierbarkeit. Methodischer Ansatz der Kostenprognosen bildete die Schätzung eines Bund - Länder - Gemeindenarbeitskreises aus den Jahren 1976/77. Danach waren für den Bereich der Lärmsanierung an bereits bestehenden Bundesfernstraßen Kosten in Höhe von 140 Mio. DM pro Jahr zu erwarten, hochgerechnet auf einen voraussichtlichen Sanierungszeitraum von 15 Jahren etwa 2,1 Mrd. DM. Die Kosten für Lärmsanierung an bestehenden Landes- und

131 Ebenda, S. 50f.
132 Ebenda, S. 9.
133 Ebenda, S. 13f.
134 In der vom BT am 6. März 1980 beschlossenen Form, BR-Drucks. 126/80.
135 Dazu kritisch Vogel, KdL 84, 133 (135).

Kreisstraßen sollten sich dagegen auf 9,5 Mio. DM pro Jahr beschränken, in 15 Jahren insgesamt 142 Mio. DM, während für die Gemeindestraßen etwa 220 Mio. DM jährlich aufzubringen gewesen wären. Auf der Grundlage einheitlicher Grenzwerte von 75 dB (A) am Tag und 65 dB (A) nachts hätte sich die Summe aller Kosten auf 5,6 Mrd. DM, verteilt auf 15 Jahre, belaufen[136]. Die Kostenprognose bei einer generellen Absenkung der Grenzwerte um 5 dB (A) auf 70/60 dB (A) im Bereich der Lärmsanierung, so wie im Gesetzesbeschluß des Bundestages vom 6. 3. 1980[137] vorgesehen, brachte kein eindeutiges Bild. Eine vom Bundesministerium für Verkehr vorgelegte Schätzung belief sich für die Lärmsanierung an allen bestehenden Straßen auf insgesamt 16,1 Mrd. DM, während das Umweltbundesamt nach Abstimmung mit dem Bundesministerium des Innern 9,7 Mrd. DM prognostizierte[138]. Nach offizieller Schätzung der Bundesregierung[139] vom Februar 1980 hätten sich die Kosten pro Jahr für die Lärmsanierung an Bundesstraßen auf 94 Mio. DM, für Landesstraßen auf 38 Mio. DM und für Gemeindestraßen auf 165 Mio. DM, also insgesamt 297 Mio. DM pro Jahr belaufen, hochgerechnet auf 15 Jahre somit 4,5 Mrd. DM.

Während der Bundestag trotz dieser Kosten den Gesetzentwurf am 6. März 1980 annahm, sprach sich der Bundesrat für die Erhöhung der Immissionsgrenzwerte vor allem im Bereich der Lärmsanierung an bestehenden Straßen aus, da sonst der Verkehrslärmschutz nicht finanzierbar sei. Das Scheitern des VLärmSchG war damit vorprogrammiert[140]. Es ist nicht Aufgabe der vorliegenden Arbeit, die Frage der Finanzierbarkeit zu vertiefen. Die unbestritten hohen Kosten relativieren sich jedoch, abgesehen von den erheblichen Schätzungsdifferenzen, angesichts des Gesamtinvestitionsvolumens beispielsweise im Bereich der Bundes- und Gemeindestraßen. Bei den Bundesstraßen betrug die Investitionssumme im Jahre 1977 4,5 Mrd. DM. Bei den Gemeindestraßen beliefen sich die Ausgaben 1979 auf 7,3 Mrd. DM[141]. Grob gerechnet hätten die Kosten für Lärmschutzmaßnahmen hier etwa 7 - 8 % der jährlichen Gesamtinvestition ausgemacht.

---

[136] Vgl. bei Fickert, DVBl. 79, 645 (647); die Zahlen des BMV, allerdings bezogen auf Lärmsanierung und Lärmvorsorge, lauteten auf 288 Mio. DM pro Jahr für den Bund, 28 Mio. DM für die Länder und 520 Mio. DM für die Gemeinden, insgesamt 12,50 Mrd. DM auf 15 Jahre, siehe Stenogr. Protokoll Nr. 39 des VerkehrA v. 8. 11. 1978, Frage B 3, S. 75f.

[137] BR-Drucks. 126/80.

[138] Dazu Fickert, DVBl. 79, 645 (648).

[139] Beschlußempfehlung und Bericht des VerkehrsA zum VLärmSchG v. 28. 2. 1980, BT-Drucks. 8/3730, S. 24, Lärmsanierung und Lärmvorsorge hätten danach bei Bundesstraßen 304 Mio. DM, bei Landesstraßen 38 Mio. DM und bei Gemeindestraßen 605 Mio. DM pro Jahr betragen.

[140] Siehe 5. Kap. II 2 b.

[141] Vgl. bei Muthesius, KdL 81, 71 (73).

c) Die rechtliche Funktion der Immissionsgrenzwerte

Bestimmend für die parlamentarischen Bemühungen um das gescheiterte VLärmSchG[142] war die Beseitigung der auf dem Gebiet des Verkehrslärmschutzes bestehenden Rechtsunsicherheit durch Schaffung klarer Rechtsgrundlagen. Dieses Ziel sollte insbesondere mit Hilfe fester Immissionsgrenzwerte erreicht werden, die die Aufgabe hatten, sowohl den planenden Verwaltungen von Bund, Ländern und Gemeinden, als auch den betroffenen Bürgern auf unkomplizierte Art und Weise zu erkennen zu geben, wann ein Lärmschutz der betroffenen Grundstücksnutzung notwendig bzw. zu fordern ist. Der Gesetzgeber sah jedoch erkennbar davon ab, mit Hilfe der Immissionsgrenzwerte eine enteignungsrechtlich relevante Grenzziehung vorzunehmen. Zwar wurde mit dem VLärmSchG[142] auch, insbesondere mit Blick auf die vorhandenen Straßen, das Ziel verfolgt, gemäß dem rechtsstaatlichen Grundsatz des Eingriffsvorbehalts in Art. 14 III GG eine gesetzliche Regelung für verkehrslärmbedingte enteignend wirkende Beeinträchtigungen der Grundstücksnutzung zu schaffen. Es hatte sich die Erkenntnis durchgesetzt, daß die eigentumsrelevanten Eingriffe durch Verkehrslärmimmissionen in das Grundeigentum im Zuge des stetig steigenden Verkehrsaufkommens kaum mehr als atypische, unvorhersehbare Nebenfolgen straßenrechtlicher Hoheitsakte charakterisiert werden konnten[143]. In der Enteignungsentschädigungsregel des § 13 VLärmSchG[142] wurde dieser Eingriffsvorbehalt verwirklicht. Die Abgrenzung zwischen enteignend wirkenden Verkehrslärmimmissionen und Beeinträchtigungen, die sich im Rahmen der Sozialbindung des Grundeigentums hielten, war dabei nicht an Immissionsgrenzwerte gekoppelt, sondern mit Hilfe der Kriterien der Schwere und Unerträglichkeit vorzunehmen[144].

Die im Anwendungsbereich der Immissionsgrenzwerte liegenden Ansprüche auf Erstattung der Aufwendungen für notwendige Schallschutzmaßnahmen gemäß §§ 4 I, 8 II, 12 III VLärmSchG[142] am Gebäude selbst wurden dagegen schon sprachlich deutlich von dem Enteignungsentschädigungsanspruch abgegrenzt[145] und als Aufwendungserstattungsansprüche bezeichnet. Hier sollte ein einfach-gesetzliches Anspruchssystem im Vorfeld des Eigentumsschutzes nach Art. 14 GG normiert werden, das generell ohne Rücksicht auf die konkreten Umstände des Einzelfalls bei Überschreiten der Immissionsgrenzwerte gegriffen hätte. Der Vorteil dieser Regelung lag auf

---

[142] In der v. BT am 6. 3. 1980 angenommenen Fassung, BR-Drucks. 126/80.

[143] So BT-Drucks. 8/1671, S. 19.

[144] Dazu Schmidt-Aßmann, Lärmschutz, S. 24; ders., in Stenogr. Protokoll des VerkehrsA v. 15. 11. 1978, S. 124.

[145] Obwohl bis zuletzt Unklarheit darüber bestand, ob die Immissionsgrenzwerte nicht doch schon die Grenze des enteignungsrechtlich Zumutbaren darstellten; man glaubte, diese Problematik jedoch durch den § 13 VLärmSchG entschärft zu haben; vgl. UA des RechtsA des BR, Niederschrift über die Sitzung v. 25. 3. 1980, S. 10ff.

der Hand, neben größtmöglicher Verwaltungseffizienz infolge unkomplizierter Handhabung der Aufwendungserstattung eine schnelle und effektive Rechtsverwirklichung auf Seiten der Betroffenen[146]. Für die über dieses einfach-gesetzliche System hinausgehenden Verkehrslärmbeeinträchtigungen der Grundstücksnutzung war die Enteignungsentschädigungsregel des § 13 VLärmSchG[142] gedacht, die, entsprechend der einzelfallbezogenen Struktur der gewählten Abgrenzungskriterien der Schwere und Unerträglichkeit der Beeinträchtigung Einzelfallentscheidungen der Verwaltung erforderlich gemacht hätte.

Die Richtlinien vom 6. 7. 1983 knüpfen zumindest im Bereich der Lärmvorsorge nachdrücklich an das VLärmSchG[142] an. Gerade mit der Qualifizierung der grenzwertüberschreitenden Verkehrslärmimmissionen als „billigerweise unzumutbare Beeinträchtigungen" wurde unterstrichen, daß der Erstattung von Aufwendungen für passive Schallschutzmaßnahmen nur der Charakter eines unter enteignungsrechtlichen Gesichtspunkten nicht gebotenen, mehr an sozialstaatlichen Erfordernissen ausgerichteten finanziellen Ausgleichs zukommt, die Grenzwerte also nur diesen Bereich abstecken[147]. Für die Lärmsanierung, die bei Verkehrslärmbeeinträchtigungen generell für sämtliche Gebietsarten ab 75 dB (A) am Tage und 65 dB (A) nachts greifen soll, ist die Anknüpfung an das VLärmSchG[142] weniger deutlich. Zwar kommt auch hier der Begriff „Erstattung" zum Tragen, es erfolgte aber weder eine generelle Parallelisierung der Immissionsgrenzwerte[148], noch eine Qualifizierung der grenzwertüberschreitenden Lärmimmissionen als „billigerweise unzumutbare Beeinträchtigung"[149]. Diese Zurückhaltung spiegelt die Diskussion um die Immissionsgrenzwerte von 75/65 dB (A) wider. Bereits während der parlamentarischen Anläufe zum VLärmSchG[142] wurde vertreten, daß jene Grenzwerte die Schwelle zum enteignenden Eingriff markieren oder sogar jenseits dieser Linie verortet sind[150]. Zumindest der ersten Ansicht ist mit Blick auf die neuere medizinische Lärmwirkungsforschung[151] zuzustimmen. Die durch diese Grenzwerte festgesetzte

---

146 Mit diesem einfachgesetzlichen Konzept schuf sich der Gesetzgeber auch den Spielraum, im Bereich der Lärmsanierung eine pauschale Eigenbeteiligung der Anlieger in Höhe von 25 % des Erstattungsbetrages, beispielsweise für Modernisierungsvorteile, festzuschreiben. Unter enteignungsrechtlichen Gesichtspunkten wäre dies problematisch gewesen. Zwar soll der Enteignete nicht mehr erhalten, als ihm genommen wurde, eine Anrechnung kann jedoch schwerlich für alle Fälle nach dem gleichen Prozentsatz erfolgen; dazu umfassend Schmidt-Aßmann, Lärmschutz, S. 45 ff.

147 Nicht verwunderlich angesichts des Regelungsspielraums, der Verwaltungsrichtlinien zuerkannt wird.

148 Das gescheiterte VLärmSchG sah in allgemeinen und reinen Wohngebieten, Kleinsiedlungsgebieten, an Krankenhäusern, Schulen und Altersheimen Grenzwerte von 70/60 dB (A) vor.

149 Dazu im Bezug auf die Lärmsanierung 5. Kap. II 2 c.

150 Siehe Fickert, DVBl. 79, 645 (646 ff., 651); Peine, DÖV 79, 812 (815 ff.); ders, in DÖV 80, 206 (206 f.); OLG Hamm, Az. 5 235/77, E. v. 20. 11. 1978, bei Fickert, DVBl. 79, 645 (652).

Beschallungsgrenze liegt über der Gesundheitsschädlichkeitsgrenze, eine funktionsgerechte Nutzung des Grundeigentums zu Wohnzwecken ohne Lärmschutzmaßnahmen ist in der Regel nicht mehr möglich[152].

Der II. Teil der Richtlinien, betreffend die Lärmsanierung, ist daher m. E. als Versuch der Bundesregierung zu werten, Entschädigungsansprüche der Verkehrslärmbetroffenen an Bundesfernstraßen aus enteignendem Eingriff wegen Beeinträchtigung der Wohnnutzung des Grundeigentums zu unterlaufen. Denn der selbständig zu verfolgende Entschädigungsanspruch aus enteignendem Eingriff wird für den Betroffenen dann unattraktiv, wenn ihm ein annähernd vergleichbarer finanzieller Ausgleich angeboten wird. Zwar fehlt es hier angesichts einer pauschalen Eigenbeteiligung in Höhe von 25% und der sehr hohen Zumutbarkeitsschwelle[153] an einer derartigen Vergleichbarkeit; mit den Richtlinien wird das m. E. angestrebte Ziel angesichts der Scheu eines Großteils der Verkehrslärmbetroffenen vor einer gerichtlichen Auseinandersetzung aber wohl dennoch erreicht.

4. Stellungnahme

Im Mittelpunkt der folgenden Überlegungen steht die Frage, welche Bedeutung den „Richtlinien für den Verkehrslärmschutz in der Baulast des Bundes", insbesondere im Hinblick auf die bezifferten Immissionsgrenzwerte, für die Grenzziehung zwischen entschädigungsfreien Verkehrslärmbeeinträchtigungen des Grundeigentums und solchen Einwirkungen zukommt, die die Zumutbarkeits- und damit Entschädigungsschwelle überschreiten.

Zweifellos sind die Richtlinien vom 6. 7. 1983 das zur Zeit aktuellste verkehrslärmspezifische Regelungswerk. Sie fußen auf den parlamentarischen Bemühungen zur Normierung des VLärmSchG und den damit verbundenen umfangreichen wissenschaftlichen Untersuchungen. Nach Ansicht des Bundesverkehrsministers stellen diese Richtlinien anerkannte Regeln der Technik dar, die die §§ 41 - 43, 50 BImSchG, § 17 IV FStrG ausfüllen sollen[154].

---

151 Dazu oben 5. Kap. II 3 a.

152 Weitergehend Peine, DÖV 79, 812 (818), der die Grenze zum enteignenden Eingriff bereits bei 65/55 dB (A) ansetzt. Eine Erhöhung oder Verminderung der Lautstärke um 10 dB (A) wird, unabhängig von der Ausgangsstärke, doppelt oder halb so laut empfunden, vgl. Cramer / Soell / Lamarque / Cramer, S. 13, Anm. 12; 75 dB (A) sind also für den Betroffenen doppelt so laut wie 65 dB (A). Gerade angesichts besonders schutzwürdiger Grundstücksnutzungen, beispielsweise zur Kranken- oder Altenpflege, aber auch zu Wohnzwecken erscheint diese Grenzziehung unverständlich.

153 Zwar nimmt der BGH die Abgrenzung unter Berücksichtigung der konkreten Umstände des Einzelfalls vor, in der E. v. 10. 11. 1977, BGH DVBl. 78, 110 tendierte das Gericht jedoch zu einer Grenze unterhalb 75 dB (A), vgl. 4. Kap. III 3 b.

154 Allgem. Rundschreiben, Straßenbau, Nr. 8, 1983, v. 6. 7. 1983, Seite 1, abgedruckt im VkBl. 83, S. 306.

Die Verwaltungsrechtsprechung[155] behandelt derartige Verwaltungsvorschriften im normkonkretisierenden Bereich, die technische Regeln oder Standards, beispielsweise in Form von Immissionsricht- oder Immissionsgrenzwerten enthalten, sei es durch die Übernahme technischer Regeln privater Normungsorganisationen oder kraft eigenständig unter Einbeziehung sachverständiger Kreise erarbeiteter technischer Sachentscheidungen, die vorhandene Erfahrungen und Erkenntnisse der Wissenschaft widerspiegeln, als antizipierte Sachverständigengutachten, die der Sachentscheidung ohne weiteres förmlich eingeholte Gutachten zugrunde gelegt werden können. Voraussetzung für eine derartige Verwertung ist, daß sich die Verwaltungsvorschriften als Entscheidungen sachverständiger und repräsentativ zusammengesetzter Gremien darstellen[156], für die anstehende gerichtliche Einzelfallentscheidungen passen, und nicht von unzutreffenden sachlichen Voraussetzungen ausgehen bzw. Anlaß zu Zweifeln an der Unparteilichkeit geben. Sind die Voraussetzungen erfüllt, können sie der gerichtlichen Entscheidung zugrunde gelegt werden. Darüber hinausgehende Wirkungen, etwa in Form einer Bindung[157] der Verwaltungsgerichte, werden ausdrücklich ausgeschlossen[158].

Dagegen sprach sich der BGH im Bereich der Verkehrslärmentschädigungsrechtsprechung bisher lediglich dafür aus, derartige technische Regelungswerke, die Richt- oder Grenzwerte beinhalten, als Orientierungshilfen oder Anhaltspunkte für die Beurteilung der nachbarrechtlichen Zumutbarkeit heranzuziehen[159], da sich die Grenze für noch entschädigungslos hinzunehmende Geräuschbelastungen nicht in einem bestimmten Geräuschpegel ausdrücken ließe[159a]. Es darf dabei allerdings nicht übersehen werden, daß zum damaligen Zeitpunkt kein verkehrslärmspezifisches Regelungswerk

---

[155] BVerwGE 55, 250 (258), E. v. 17. 2. 1978, betreff. TA Luft; BVerwG NJW 79, 772 (773), E. v. 12. 4. 1978, betreff. TA Lärm; dazu grundlegend Breuer, AÖR 101, 46 (83); ders., DVBl. 78, 28 (34); siehe auch Marburger, Technische Regeln, S. 417ff.; Nicklisch, NJW 83, 841, (841ff.); vgl. 4. Kap. II 3 c bb; kritisch dazu Rittstieg, NJW 83, 1098 (1098ff.).

[156] Breuer, AÖR 101, 46 (80ff., 83); Marburger, Technische Regeln, S. 424.

[157] So insbes. Ule mit seiner „Vertretbarkeitslehre", der einen „gerichtsfesten" Beurteilungsspielraum der Verwaltung dann annimmt, wenn das Gesetz auf einen zweifelhaften Fall in vertretbarer Weise angewendet wird; so grundlegend Ule, Gedächtnisschrift Jellinek, S. 309ff., ebenso in BImSchG, § 3, Rdnr. 17ff. Kritisch insbes. Rupp, Grundfragen, S. 177ff.; ders., JuS 75, 609 (616, Anm. 77). In der Verwaltungsrechtsprechung hat sich diese Lehre nicht durchgesetzt, lediglich bei höchstpersönlichen Werturteilen, also „unvertretbaren Entscheidungen" wird ein Beurteilungsspielraum akzeptiert, dazu Marburger, Technische Regeln, S. 428ff. m.w.N.

[158] BVerwG NJW 78, 1450 (1451), ebenso die Vorinstanz, OVG Münster, NJW 76, 2360 (2362), E. v. 30. 4. 1976.

[159] BGH NJW 77, 894 (895), E. v. 13. 1. 1977; BGH DVBl. 78, 110 (111), E. v. 10. 11. 1977; ebenso BGH NJW 78, 419 (420), E. v. 16. 12. 1977, betreff. TA Luft; dazu 4. Kap. III e b, d.

[159a] BGH DVBl. 78, 110 (111); zu den verschiedenen prozessualen Möglichkeiten, technische Regeln im Gerichtsverfahren heranzuziehen, siehe Nicklisch, NJW 83, 841 (849).

existierte, das auf den zu entscheidenden Fall gepaßt hätte[160]. Auch die Straßenschallschutzverordnung gem. § 43 I 1 Nr. 1 BImSchG war nur im Entwurfsstadium vorhanden und höchst umstritten.

Ob den Verwaltungsrichtlinien vom 6. 7. 1983 bei der Beurteilung der nachbarrechtlichen Zumutbarkeit und damit der entschädigungsrechtlichen Grenzziehung eine weitergehende Bedeutung zukommt, erscheint allerdings sowohl für Lärmbeeinträchtigungen des Anliegereigentums von neu angelegten oder wesentlich geänderten Straßen als auch für die Beurteilung von Einwirkungen vorhandener Verkehrsanlagen außerordentlich fraglich.

Zunächst ist festzustellen, daß mit den Verwaltungsrichtlinien vom 6. 7. 1983 nicht die Entschädigungsregel des § 42 BImSchG aktiviert werden kann. § 42 I BImSchG gewährt bei Verkehrslärmimmissionen von neuangelegten Straßen einen Enteignungsentschädigungsanspruch[161], wenn die Beeinträchtigungen durch Verkehrslärm nicht schon durch die Beachtung des Planungsleitsatzes des § 41 BImSchG vermieden werden können und bestimmte, nach § 43 I 1 Nr. 1 BImSchG durch Rechtsverordnung festzusetzende Immissionsgrenzwerte überschritten werden. Diese Vorschrift galt bislang als unvollziehbar[162], da die Rechtsverordnung gemäß § 43 I 1 Nr. 1 BImSchG nicht erlassen wurde; der Verordnungsgeber sah sich rechtlich und tatsächlich außerstande, eine derart weitreichende Entscheidung wie die Grenzziehung zwischen dem entschädigungslosen Bereich der Sozialbindung und der entschädigungspflichtigen Enteignung vorzunehmen[163]. Um so mehr muß der Versuch, die §§ 41 - 43, 50 BImSchG und damit auch die Entschädigungsvorschrift des § 42 BImSchG durch Richtlinien ausfüllen zu wollen[164], als untauglich qualifiziert werden. Abgesehen davon, daß § 43 I 1 Nr. 1 BImSchG die Bundesregierung nur dazu ermächtigt hat, eine derartige Grenzwertfestsetzung durch Rechtsverordnung vorzunehmen, bleibt das bereits oben angeschnittene Problem, ob die Exekutive diese weitreichende Entscheidung überhaupt vornehmen kann. Insbesondere sind die Immissionsgrenzwerte des gescheiterten VLärmSchG, die die Richtlinien vom 6. 7. 1983 für den Bereich der Lärmvorsorge bei neuangelegten oder wesentlich geänderten Straßen gleichlautend übernommen haben, auch überhaupt nicht für eine derartige enteignungsrechtliche Grenzziehung konzipiert worden. Mit ihnen sollte nicht die Grenze zwischen Sozialbindung und Enteignung markiert, sondern lediglich ein verfassungsrecht-

---

[160] Dazu 4. Kap. III 3 c, bb, cc, dd.

[161] Siehe 4. Kap. III 2 a, d bb.

[162] So BVerwGE 61, 295 (300), E. v. 23. 1. 1981; Papier, Recht der öffentlichen Sachen, 2. A., S. 140.

[163] Siehe 4. Kap. III 2.

[164] So der BMV im Allgem. Rundschreiben Straßenbau Nr. 8/1983 v. 6. 7. 1983, abgedruckt in VkBl. 83, 306.

lich nicht gebotener einfachgesetzlicher Erstattungsausgleich im Vorfeld der Enteignung abgesteckt werden[165].

Ebensowenig wie die Richtlinien vom 6.7.1983 damit derzeit an der Nichtvollziehbarkeit des § 42 BImSchG etwas zu ändern vermögen, können sie die entschädigungsrechtliche Grenzziehung im Rahmen des Anspruchs aus enteignendem Eingriff beeinflussen, mit der die Verkehrslärmbeeinträchtigungen von neuangelegten oder wesentlich geänderten Straßen zur Zeit entschädigungsrechtlich dann erfaßt werden, wenn die planfeststellungsrechtlichen Ansprüche nicht helfen[166]. Zwar verlagerte sich im Zuge der Enteignungsentschädigungsrechtsprechung des BVerfG[167] der rechtsdogmatische Anknüpfungspunkt des Entschädigungsanspruchs aus enteignendem Eingriff von Art. 14 III GG in den allgemeinen Aufopferungsgrundsatz, damit ging jedoch keine Verschiebung der anspruchsauslösenden Grenze einher. Der Entschädigungsanspruch aus enteignendem Eingriff wird nach wie vor dann ausgelöst, wenn die Eigentumsbeeinträchtigung eine der Enteignung vergleichbare Intensität erreicht[168]. Daher können Immissionsgrenzwerte, die ihre Abgrenzungsfunktion lediglich im Vorfeld enteignungsrechtlich relevanter Eigentumsbeeinträchtigungen entfalten, nicht gleichzeitig die Entschädigungsgrenze beim Haftungsinstitut des enteignenden Eingriffs bestimmen. Aus diesem Grund ist eine Heranziehung der in den Richtlinien vom 6.7.1983 enthaltenen Grenzwerte über den Rahmen einer Orientierungshilfe für die Beurteilung der Zumutbarkeit nicht geeignet. Zwar mag die Richtlinie vom 6.7.1983 als Regel der Technik inhaltlich hinreichend konkret, differenziert und plausibel erscheinen, sie paßt jedoch nicht auf die vom richterrechtlichen Haftungsinstitut des enteignenden Eingriffs erfaßten Fälle.

Hinsichtlich der Bestimmung der Zumutbarkeitsschwelle bei Verkehrslärmimmissionen von bereits vorhandenen Straßen ergibt sich ein noch restriktiver zu fassender Befund. Hier kann m.E. im Rahmen der Prüfung des Anspruchs aus enteignendem Eingriff auch eine Heranziehung der Immissionsgrenzwerte als Anhaltspunkt bzw. Orientierungshilfe für die tatrichterliche Bestimmung des zumutbaren Maßes der Verkehrslärmbeeinträchtigung infolge ihrer Höhe und der Art und Weise ihres Zustandekommens nicht in Frage kommen. Denn diese Lärmsanierungsgrenzwerte für bestehende Bundesfernstraßen sind zu einseitig nach fiskalischen Interessen bestimmt worden. Immissionsgrenzwerte von 75 dB (A) am Tage und 65 dB (A) in der Nacht, selbst für besonders schutzwürdige Gebietsarten bzw.

---

165 Siehe 5. Kap. II 2 c, 3 c.

166 Insbesondere § 17 IV 2, VI 4 FStrG; dazu Schmidt-Aßmann, Schutz gegen Verkehrslärm, S. 323, 324.

167 Dazu oben 5. Kap. I 1 b.

168 Ebenso Hendler, DVBl. 83, 873 (883).

Nutzungsbereiche wie reine und allgemeine Wohngebiete, Krankenhäuser oder Altenheime, sind unvereinbar mit den aus der neueren Verkehrslärmwirkungsforschung gewonnenen Erkenntnissen, die Lärmwerte beispielsweise nachts im Schlafraum zwischen 35 dB (A) bis maximal 38 dB (A) für zulässig erachtet[169]. Unter Berücksichtigung der durchschnittlichen Dämmwirkung von geschlossenen Fenstern, die etwa 20 dB (A) beträgt[170], bedeutet dies einen Nachtaußenwert von etwa 55 dB (A). Der nach der Richtlinie zulässige Nachtwert liegt dagegen bei 65 dB (A). Diese Differenz zwischen noch für zulässig erachteten und tatsächlich in die Richtlinien aufgenommenen Werten von 10 dB (A) entspricht nahezu einer Verdoppelung des hinzunehmenden Lärms. In diesem Zusammenhang ist es irreführend, zu behaupten, auch die Lärmsanierungsgrenzwerte beruhten auf den in dem Gesetzgebungsverfahren für das VLärmSchG gewonnenen Erkenntnissen[171]. Die Sachverständigenanhörungen zu diesem Problemkomplex hatten im Gegenteil aufgezeigt, daß einer Immissionsgrenze von 75/65 dB (A) auf Dauer gesundheitsbeeinträchtigende Wirkung zukommt[172]. Nicht umsonst sah das VLärmSchG zuletzt in der Fassung vom 28. 3. 1980[173] bei besonders schutzwürdigen Gebietsarten bzw. Nutzungsbereichen einen Tag/Nachtwert von 70/60 dB (A) vor. Diese Werte galten als Mittelung zwischen der fiskalischen Komponente und den Interessen der verkehrslärmbetroffenen Eigentümer.

Mit den Lärmsanierungsgrenzwerten vom 6. 7. 1983 wurde eine neue Sachentscheidung getroffen, die sich jedoch kaum als Ausdruck besonderen technisch-medizinischen Sachverstandes charakterisieren läßt, sondern eher durch die Ignorierung wissenschaftlichen Erfahrungs- und Erkenntnismaterials auffällt[174] und als Versuch gelten kann, umfangreiche Beschallungsfreiräume festzuschreiben. Die Richtlinien, denen im Bereich der bestehenden Bundesfernstraßen damit eher die Bedeutung einer fiskalpolitischen Willensentscheidung und Abwägung zuungunsten der Verkehrslärmbetroffenen zuzuweisen ist, verlieren so den Anspruch, als anerkannte Regeln der Technik zu gelten[175] und natürlich den damit verbundenen Konkretisierungs- und Beweiswert. Zudem stellt diese Immissionsgrenzwertfestlegung eine Verletzung des Gleichheitssatzes aus Art. 3 I GG dar[176];

---

[169] Vgl. 5. Kap. II 3 a, Anm. 130; Klosterkötter, KdL 76, 1 (2).

[170] Dazu Meyer, KdL 74, 76 (76); Klosterkötter, KdL 74, 29 (31); Studie Belastbarkeit durch Geräusche, S. 32.

[171] Siehe den Nachweis in Anm. 164.

[172] Siehe 5. Kap. II 3 a; zum Zusammenhang der Bestimmung der Zumutbarkeitsgrenze bei Lärmbeeinträchtigungen der Wohnnutzung und Gesundheitsbeeinträchtigungen siehe 4. Kap. III 2 c.

[173] BR-Drucks. 126/80.

[174] Kritisch auch Vogel, KdL 84, 133 (135); grundlegend Klosterkötter, KdL 74, 29 (31, 35).

[175] Dazu allgemein Nicklisch, NJW 83, 841 (842).

[176] So auch Schmidt-Aßmann, Stenogr. Protokoll Nr. 40 des VerkehrsA v. 15. 11. 1978, Frage I 1, S. 49.

Unterschiede bis zu 15 dB (A) in der Behandlung von neuangelegten und bereits bestehenden Verkehrsanlagen sind trotz der planerisch offenen Situation auf der einen Seite und der gewachsenen, nicht mehr zu korrigierenden Situation auf der anderen Seite sachlich nicht mehr zu rechtfertigen. Insgesamt lassen die Immissionsgrenzwerte der Richtlinien vom 6.7.1983 für den Bereich der bestehenden Bundesfernstraßen die notwendige sachliche Ausgewogenheit und Neutralität vermissen. Sie müssen als Festlegung jenseits der für das Haftungsinstitut des enteignenden Eingriffs maßgeblichen Schwelle angesehen werden[177]. Selbst eine Heranziehung der Werte als Orientierungshilfen im Rahmen der tatrichterlichen Zumutbarkeitsprüfung ist daher nicht angezeigt.

Als Orientierungshilfen oder Ansatzpunkte bieten sich dagegen die Lärmsanierungsgrenzwerte des VLärmSchG in der Fassung vom 6.3.1980[178] oder nach oben zu korrigierende Lärmvorsorgewerte an. Bei der parlamentarischen Festlegung dieser Werte hat sich gezeigt, daß auch die Belange der verkehrslärmbetroffenen Anlieger angemessene Berücksichtigung gefunden haben. Ergänzend kann auf die Ergebnisse der öffentlichen Hearings des Bundestagsausschusses für Verkehr und für das Post- und Fernmeldewesen vom 8. und 15.11.1978 zurückgegriffen werden, die in ihrer Gesamtheit eine bedeutende verkehrslärmspezifische Materialsammlung für Fragen der Verkehrslärmwirkung und Grenzziehung darstellen[179]. Gerade die Berücksichtigung der medizinischen Untersuchungsergebnisse sichert bei Verkehrslärmbeeinträchtigungen der Wohnnutzung eine in unserer am Menschen orientierten Rechtsordnung an sich selbstverständliche ausgewogene Bestimmung der Zumutbarkeitsgrenze.

Diese möglichen Anknüpfungspunkte können den Richter bis zu einer umfassenden gesetzlichen Lösung jedoch nicht davon entbinden, bei der ihm im Rahmen der Zumutbarkeitsprüfung abverlangten Einzelfallentscheidung die charakteristischen Umstände des jeweiligen Einzelfalls weiterhin in die Entscheidung miteinzubeziehen[180]. Unabhängig davon können die bezifferten Werte auch bei der derzeitigen Rechtslage, obwohl ihnen keine über eine bloße Orientierungshilfe hinausreichende Bedeutung beigemessen werden kann, in ihrer Gesamtheit dazu beitragen, die Grenze der zumutbaren Beeinträchtigung im Rahmen der Prüfung des Entschädigungsanspruchs aus enteignendem Eingriff weiter zu verdichten; ein im Interesse von Rechtsanwendern und Verkehrslärmbetroffenen wünschenswerter Vorgang.

---

177 A. A. der BMV im allgemeinen Rundschreiben Straßenbau, Nr. 8/1983, VkBl. 83, 306.

178 BR-Drucks. 126/80.

179 Ähnlich auch das BVerfG in BVerfGE 56, 54 (77f.), Beschluß v. 14.1.1981, betreffend Fluglärmimmissionen.

180 Dazu 4. Kap. III 3 b.

III. Zusammenfassung des fünften Kapitels

Im Zuge der rechtsdogmatischen Klarstellung des BVerfG im Bereich des Enteignungsbegriffs sowie der Enteignungsentschädigung ist auch die Immissionsrechtsprechung des BGH in Bewegung geraten.

Mit dem Naßauskiesungsbeschluß sprach des BVerfG aus, daß Zivilgerichte, fehlt es an einer vom Gesetzgeber geschaffenen Anspruchsgrundlage, keine Enteignungsentschädigung zusprechen können. Besitzt ein Hoheitsakt enteignende Wirkung, ohne daß das zugrunde liegende Gesetz den Anforderungen von Art. 14 III GG genügt, besteht die vom Grundgesetz vorgesehene Folge einer derartigen verfassungswidrigen Enteignung in der Aufhebung des Eingriffsakts.

In seinen neuen Immissionsentscheidungen, die sich zwar nicht mit Entschädigungsansprüchen wegen Beeinträchtigungen des Eigentums durch Verkehrslärmimmissionen auseinandersetzen, aber ebenfalls Immissionskonflikte zwischen Privaten und der öffentlichen Hand betreffen, hat sich der BGH dieser Rechtsprechung des BVerfG angepaßt. Zwar wird am richterrechtlichen Haftungsinstitut des enteignenden Eingriffs festgehalten, das Gericht verzichtet jedoch darauf, diesen Entschädigungsanspruch wie bisher unmittelbar aus Art. 14 GG abzuleiten. Als neue Rechtsgrundlage kommt der allgemeine Aufopferungsgedanke der §§ 74, 75 Einl. ALR zum Tragen. Der BGH hatte zu Recht erkannt, daß der Ausspruch des BVerfG nur die Enteignung im engeren Sinn des Art. 14 III GG betraf, nicht aber rechtmäßige hoheitliche Maßnahmen, die nur bei einzelnen Betroffenen zu unvorhergesehenen, enteignend wirkenden Nachteilen führen.

Die Bestimmung der anspruchsauslösenden Grenze nimmt der BGH wie bisher unter ausdrücklicher Bezugnahme auf die Reuterstraßen-Entscheidung BGHZ 64, 220 mit Hilfe der Kriterien des § 906 BGB einzelfallorientiert vor.

Nach dem Scheitern der parlamentarischen Bemühungen um ein VLärmSchG, in dessen Verlauf erstmals eine grundlegende und umfassende wissenschaftliche Auseinandersetzung mit rechtlichen, medizinischen und volkswirtschaftlich-fiskalischen Komponenten um die Höhe der dem Straßenanlieger noch ohne Lärmschutz zumutbaren Verkehrslärmimmissionen geführt wurde, erließ der Bundesminister für Verkehr 1983 Richtlinien für eine bundeseinheitliche Handhabung des Lärmschutzes an Bundesfernstraßen. Wesentlicher Bestandteil dieser Richtlinien, die einheitliche Maßstäbe für den Verkehrslärmimmissionsbereich schaffen sollen, und die im Bereich der Lärmvorsorge weitgehend auf den im Gesetzgebungsverfahren für das VLärmSchG gewonnenen Erkenntnissen beruhen, sind Immissionsgrenzwerte für die Lärmvorsorge und Lärmsanierung.

Auswirkungen auf die zivilgerichtliche Verkehrslärmentschädigungsrechtsprechung, die über die bisherige Rechtspraxis, Immissionsrichtwerte einschlägiger Verwaltungsvorschriften oder privater technischer Normungswerke als Orientierungshilfen für die Bestimmung der Zumutbarkeit im Rahmen des Entschädigungsanspruchs aus enteignendem Eingriff heranzuziehen, hinausreichten, sind von den Immissionsgrenzwerten der Richtlinien vom 6. 7. 1983 allerdings nicht zu erwarten. Den für die bestehenden Fernstraßen bestimmten Lärmsanierungsgrenzwerten ist selbst diese Eignung abzusprechen, da sie unter einseitig fiskalischen Gesichtspunkten und unter Mißachtung der Erkenntnisse aus den parlamentarischen Bemühungen um das VLärmSchG einseitig zu Lasten der lärmbetroffenen Anlieger festgelegt wurden. Als Orientierungshilfe bieten sich hier die Lärmsanierungsgrenzwerte des gescheiterten VLärmSG an, ergänzend kann auch auf die Ergebnisse der Sachverständigenanhörungen zu diesem Gesetz zurückgegriffen werden.

Zusammenfassung in Thesen

1. Beeinträchtigungen des Anliegereigentums an öffentlichen Straßen durch Verkehrslärmimmissionen beurteilt der BGH seit Mitte der siebziger Jahre mit Hilfe des richterrechtlich entwickelten Rechtsinstituts des enteignenden Eingriffs.
2. Verkehrslärmimmissionsbeeinträchtigungen lösen dann einen Entschädigungsanspruch aus enteignendem Eingriff aus, wenn sie sich als unmittelbarer Eingriff in nachbarliches Eigentum darstellen, ihre Zuführung nicht untersagt werden kann, und sie die Grenze dessen überschreiten, was der Nachbar nach § 906 BGB entschädigungslos hinnehmen muß.
3. Bisher wurde der Entschädigungsanspruch aus enteignendem Eingriff unmittelbar in Art. 14 III GG verortet; als Reaktion auf die neuere Rechtsprechung des BVerfG zum Enteignungsrecht erblickt der BGH derzeit die Grundlage dieses Haftungsinstituts im allgemeinen Aufopferungsgrundsatz.
4. Um entschädigungsfreie von enteignend wirkenden, entschädigungspflichtigen Verkehrslärmimmissionen zu trennen, greift der BGH in Ermangelung spezialgesetzlicher Normierungen auf die Abgrenzungskriterien des § 906 BGB zurück.
5. Interpretation und Abgrenzungsqualität der zentralen Merkmale der Ortsüblichkeit der Benutzung des emittierenden Grundstücks und der Zumutbarkeit der Beeinträchtigung sind unterschiedlich.
6. Im Zuge einer stetigen Ausdehnung des Vergleichsgebiets und einer als planerisch-normativ zu qualifizierenden Beurteilung der Ortsüblichkeit der Nutzung innerhalb des abgesteckten Vergleichsgebiets wurde dem Kriterium der Ortsüblichkeit nicht nur seine ursprünglich immissionsbegrenzende Wirkung genommen, es wurde auch konturlos und für die Abgrenzung ungeeignet. Kraftfahrzeugverkehr auf öffentlichen Straßen stellt im Ergebnis stets eine ortsübliche Nutzung des Straßengrundstücks dar.
7. Das nachbarrechtliche Kriterium der Zumutbarkeit der Immissionsbeeinträchtigung ist zur Zeit das zentrale Abgrenzungsmerkmal. Nicht zuletzt infolge seiner Wertausfüllungsbedürftigkeit wurde es mehrfach tiefgreifenden Wandlungen unterworfen und immer mehr aus dem nachbarrechtlichen Rahmen herausgelöst.

a) Von der ausnahmsweisen Unzumutbarkeit im Interesse einer zügigen Infrastrukturentwicklung reicht der Bogen hin bis zu einer unter Einfluß der Wertentscheidung des BImSchG und seiner verkehrslärmspezifischen Normen stark herabgesetzten Zumutbarkeitsschwelle bei Verkehrslärmbeeinträchtigungen der Wohnnutzung, die durch Immissionsgrenzwerte abgesteckt werden sollte. In neueren Entscheidungen befürwortet der BGH eine einzelfallorientierte Bestimmung der Zumutbarkeitsschwelle, die je nach Gebietsart und Besonderheiten des Einzelfalls unterschiedlich hoch angesetzt ist. Als Ansatzpunkte und Orientierungshilfen können die in einschlägigen Verwaltungsrichtlinien oder privaten technischen Normungswerken enthaltenen Immissionsgrenzwerte zur Zumutbarkeitsbestimmung herangezogen werden. Es erscheint geboten, auch auf die im Gesetzgebungsverfahren für ein VLärmSchG gewonnenen Erkenntnisse zurückzugreifen.

b) Bei Beeinträchtigungen sonstiger Nutzungen oder im Rahmen der Erfassung überschießender Schäden bei dem zu Wohnzwecken genutzten Eigentum, die nicht durch Schallschutzmaßnahmen ausgeglichen werden können, und die sich im Minderwert des betroffenen Grundstücks ausdrücken, gilt eine wesentlich höher angesetzte Zumutbarkeitsschwelle, die die besondere Schwere und Unerträglichkeit der Beeinträchtigung voraussetzt.

8. Die Bemessung der Entschädigung bei Beeinträchtigungen der Wohnnutzung und ihr vergleichbarer Nutzungen erfolgt nach den für das betroffene Grundstück notwendigen Schallschutzeinrichtungen. Bei Beeinträchtigungen sonstiger Nutzungen oder überschießender Schäden erfolgt die Bemessung nach der Minderung des Verkehrswerts. Entschädigungsverpflichteter ist der Träger der Straßenbaulast.

Literaturverzeichnis

Abée, Bernd: Der negatorische Rechtsschutz gegen Immissionen von lebenswichtigen Privatbetrieben und Einrichtungen der öffentlichen Verwaltung, Diss. Kiel 1973.

Aicher, Josef: Grundfragen der Staatshaftung bei rechtmäßigen, hoheitlichen Eigentumsbeeinträchtigungen, Berlin 1978.

Anschütz, Gerhard: Die Verfassung des Deutschen Reiches vom 11. August 1919 (Kommentar), 14. A., Berlin 1933.

Arbeitskreis für Lärmwirkungsfragen beim Umweltbundesamt: Beeinträchtigungen des Schlafs durch Lärm, KdL 1982, 13 ff.

Aust, Manfred: Entschädigung von Verkehrslärmimmissionen, NJW 1972, 1402 ff.

Aust, Manfred / *Jacobs,* Rainer: Die Enteignungsentschädigung, 2. A., Berlin 1984.

— / — Entschädigung nach Enteignungsgrundsätzen, München 1971.

Baltes, Joachim: Immissionsgrenzwerte und Art. 2, Abs. 2 GG, BB 1978, 130 ff.

Battis, Ulrich: Erwerbsschutz durch Aufopferungsentschädigung, Berlin 1969 (zit.: Erwerbsschutz).

— Vorsorgezahlungen nach Enteignungsgrundsätzen, NJW 1976, 936 ff.

— Eigentumsschutz und Entschädigung, NVwZ 1982, 585 ff.

Baur, Fritz: Lehrbuch des Sachenrechts, 11. A., München 1981.

— Die „Naßauskiesung“ – oder wohin treibt der Eigentumsschutz?, NJW 1982, 1734 ff.

Bender, Bernd: Sozialbindung des Eigentums und Enteignung, NJW 1968, 1297 ff.

— Staatshaftungsrecht, 3. A., Karlsruhe 1981 (zit.: Staatshaftungsrecht).

— Zur gegenwärtigen Situation des Staatshaftungsrechts, BauR 1983, 1 ff.

Bender, Bernd / *Dohle,* Rolf: Nachbarschutz im Zivil- und Verwaltungsrecht, München 1972.

Berkemann, Jörg: Aus der Rechtsprechung des Bundesverfassungsgerichts, JR 1982, 229 ff., 487 ff.

Bethge, Dietrich / *Meurers,* Hans: Die technische Anleitung zum Schutz gegen Lärm (TA Lärm) (Kommentar), Köln 1976 (zit.: TA Lärm).

Bielenberg, Walter: Verfassungsrechtliche Eigentumsgarantie und Sozialbindung im Städtebau, dargestellt an der Sanierung (Stadt- und Dorferneuerung) nach dem Städtebauförderungsgesetz, DVBl. 1971, 441 ff.

Blümel, Willi (Hrsg.): Aktuelle Probleme des Straßenrechts, Schriftenreihe „Straßenrecht“, Heft 12, Bonn 1978.

— Aktuelle Probleme des Enteignungsrechts, Speyerer Forschungsberichte Nr. 23, Speyer 1982.

Böhmer, Werner: Probleme der Dogmatik und Systematik der Eigentumsbestimmung des Grundgesetzes, AgrarR 1984, Beilage I, 2 ff.

Bothe, Michael: Enteignung, enteignungsgleicher Eingriff, Aufopferung, JuS 1976, 515 ff.

Breuer, Rüdiger: Die Bodennutzung im Konflikt zwischen Städtebau und Eigentumsgarantie, München 1976.

— Direkte und indirekte Rezeption technischer Regeln durch die Rechtsordnung, AÖR 101 (1976), 46 ff.

— Die Entwicklung des Immissionsschutzrechts, 1974 - 1976, NJW 1977, 1025 ff.

— Die rechtliche Bedeutung der Verwaltungsvorschriften nach § 48 BImSchG im Genehmigungsverfahren, DVBl. 1978, 28 ff.

Brinkmann, Henning: Die Deutsche Sprache, Düsseldorf 1962.

Büchs, Heribert: Grunderwerb und Entschädigung beim Straßenbau, 2. A., Stuttgart 1980.

Bullinger, Martin: Öffentliches Recht und Privatrecht, Stuttgart 1968.

— Haftungsprobleme des Umweltschutzes aus der Sicht des Verwaltungsrechts, VersR 1972, 599 ff.

Cramer, Peter / *Lamarque,* Jean / *Soell,* Hermann / *Du Pontavice,* Emmanuel: Schutz gegen Verkehrslärm, Frankfurt 1978.

Dehner, Walter: Nachbarrecht im Bundesgebiet (ohne Bayern), 6. A., München 1982.

Diederichsen, Uwe: Die Haftung für Umweltschäden, BB 1973, 485 ff.

— Zivilrechtliche Probleme des Umweltschutzes, Festschrift für Reimer Schmidt, Karlsruhe 1976, 1 ff.

Döbereiner, Walter: Der enteignende Eingriff bei Immissionen, NJW 1968, 1916 ff.

Dolde, Klaus-Peter: Die Entwicklung des öffentlichen Baurechts 1981, NJW 1982, 1785 ff.

Engelhardt, Hans: Buchbesprechung, NJW 84, 1868.

— Bundesimmissionsschutzgesetz (Kommentar), 2. A., Köln 1980
(zit.: BImSchG).

Erichsen, Hans-Uwe / *Martens,* Wolfgang: Allgemeines Verwaltungsrecht, 6. A., 1984
(zit.: Erichsen / Martens, Allgem. Verwaltungsr. / Bearbeiter).

Erman, Walter: Handkommentar zum Bürgerlichen Gesetzbuch, 1. und 2. Band, 7. A., Münster 1981
(zit.: Erman / Bearbeiter).

Ernst, Werner / *Zinkahn,* Willy / *Bielenberg,* Walter: Bundesbaugesetz (Kommentar, Loseblattsammlung), München, Stand 1. 4. 1984
(zit.: BBauG / Bearbeiter).

Faber, Heiko: Urteilsanmerkung zu BGHZ 48, 98; NJW 1968, 47 ff.

Feldhaus, Gerhard: Konturen eines modernen Umweltschutzrechts, DÖV 1974, 613 ff.

— Zumutbarkeitsgrenzen als Wege zur Konfliktlösung am Beispiel des Immissionsschutzrechts, DVBl. 1979, 301 ff.

— Bundesimmissionsschutzrecht (Kommentar), Band I und II, 2. A., Mainz / Wiesbaden, Stand April 1984
(zit.: BImSchG).

Fickert, Hans Carl: Zur Zumutbarkeitsgrenze bei Beeinträchtigungen durch Straßenverkehrslärm und ihre rechtliche Behandlung (zugleich ein Beitrag zum Verhältnis des Rechts der Straßenplanung zur Bauleitplanung), BauR 1973, 1 ff.

— Straßenverkehrslärm und anderer Verkehrslärm, KdL 1974, 65 ff.

— Straßenplanung und Straßenbau unter der Rechtsgeltung des Bundesimmissionsschutzgesetzes und unter Einbeziehung des Entwurfs einer Straßenschallschutzverordnung, BauR 1976, 1 ff.

— Quo vadis, Verkehrslärmschutzgesetz?, DVBl. 1979, 645 ff.

Fickert, Hans Carl / *Fieseler,* Herbert: Baunutzungsverordnung (Kommentar), 4. A., Köln / Stuttgart / Berlin 1979
(zit.: BauNVO).

Fieseler, Herbert: Schallschutz im Städtebau - Rechts- und Planungsgrundlagen, KdL 1973, 29.

Forsthoff, Ernst: Lehrbuch des Verwaltungsrechts, 1. Band, Allgemeiner Teil, 10. A., München 1973.

Frantz, Werner: Verfassungseigentum aus der Sicht der Zivilrechtswissenschaft, Diss. Hamburg 1970.

Friauf, Heinrich: „Latente Störung", Rechtswirkung der Bauerlaubnis und vorbeugende Nachbarklage, DVBl. 1971, 713 ff.

Ganschezian-Finck, Gurgen: Beeinträchtigung der Anlieger durch den Straßenverkehr, NJW 1961, 1846 ff.

Gehrmann, Werner: Die Rechtsprechung des Bundesgerichtshofs zu § 906 BGB, GewA 1979, 287 ff.

Gelzer, Konrad / *Busse,* Felix: Der Umfang des Entschädigungsanspruchs aus Enteignung und enteignungsgleichem Eingriff, 2. A., München 1980.

Glaser, Hugo / *Dröschel,* Wilhelm: Das Nachbarrecht in der Praxis, 3. A., Berlin 1971.

Goblirsch, Ruth: Wie laut sind unsere Autos?, Motorwelt 11/1984, S. 19 ff.

Götz, Volkmar: Der enteignungsgleiche Eingriff, AgrarR 84, 1 ff.

Gossrau, Eberhard / *Stephany,* Hans / *Conrad,* W. / *Dürre,* W.: Handbuch des Lärmschutzes und der Luftreinhaltung, Loseblattsammlung, Berlin, Stand Nov. 1984
(zit.: Lärmschutz).

Griefahn, Barbara: Grenzwerte vegetativer Belastbarkeit, KdL 1982, 131 ff.

— Ergebnisse auf dem Gebiet lärmbedingter Schlafstörungen, KdL 1983, 538 ff.

Gusseck, Lutz: Die Zumutbarkeit, ein Beurteilungsmaßstab, Berlin 1972.

Habscheid, Walter J.: Nachbarrecht und Verkehrsfortschritt, MDR 1954, 260 ff.

Hanning, August: Umweltschutz und überbetriebliche technische Normung, Bonn 1976.

Heigl, Ludwig: Aktuelle Probleme und Entwicklungstendenzen im Umweltrecht, BayVBl. 1979, S. 27ff.

Heinecker, R.: Lärm und Kreislauf, DMW 1965, 1107ff.

Heinemann, Peter: Subsidiäre Staatshaftung für Bergschäden, NJW 1967, 1306ff.

Heinze, Christian: Entschädigung an Stelle von Schutzvorkehrungen bei Planvorhaben, BayVBl. 1981, 649ff.

Hemsen, Peter: Der allgemeine bürgerlichrechtliche Aufopferungsanspruch, Diss. Hamburg 1961.

Hendler, Reinhard: Zur bundesverfassungsgerichtlichen Konzeption der grundgesetzlichen Eigentumsgarantie, DVBl. 1983, 873ff.

Henkel, Heinrich: Zumutbarkeit und Unzumutbarkeit als regulatives Rechtsprinzip, Festschrift für Eduard Mezger, S. 249ff., München / Berlin 1954.

Hering, Jutta: Das nachbarschaftliche Verhältnis an öffentlichen Straßen, Diss. Münster 1979.

Hesse, Konrad: Grundzüge des Verfassungsrechts der Bundesrepublik Deutschland, 13. A., Heidelberg 1982.

v. Heyl, Arnulf: Urteilsanmerkung zu BGHZ 64, 220, DÖV 1975, 603ff.

Hubmann, Heinrich: Urteilsanmerkung zu BGHZ 49, 148, JZ 1968, 271ff.

Janssen, Günter: Der Anspruch auf Entschädigung bei Aufopferung und Enteignung, Stuttgart 1961.

Jarass, Hans D.: Gaststättenlärm und Sperrzeit, NJW 1981, 721ff.

— Bundes-Immissionsschutzgesetz (Kommentar), München 1983.

— Schädliche Umwelteinwirkungen, DVBl. 1983, 725ff.

— Der Rechtsschutz Dritter bei der Genehmigung von Anlagen, NJW 1983, 2844ff.

Jauernig, Othmar / *Schlechtriem,* Peter / *Stürner,* Rolf / *Teichmann,* Arndt / *Vollkommer,* Max: Bürgerliches Gesetzbuch (Kommentar), München 1981 (zit.: Jauernig / Bearbeiter).

Jellinek, Walter: Verwaltungsrecht, 3. A., Berlin 1931.

Kastner, Fritz: Entschädigung wegen Straßenverkehrslärms, NJW 1975, 2319ff.

Kentmann, Konrad: Nochmals: Verkehrslärm und Entschädigung, DÖV 1980, 204ff.

Kersten, Josef: Urteilsanmerkung zu BGHZ 64, 220, BayVBl. 1975, 625ff.

Kessler, Heinrich: Der enteignungsgleiche Eingriff des Bundesgerichtshofs, DRiZ 1967, 374ff.

Kimminich, Otto: Die öffentlich-rechtlichen Entschädigungspflichten, JuS 1969, 349ff.

— Entschädigung des Erwerbs eines von Hochspannungsleitungen überzogenen Grundstücks, NJW 1073, 1170ff.

— Bonner Kommentar zum Grundgesetz, Hamburg 1976.

Kirschhofer, A.: 20 Millionen stöhnen unter Lärm, KdL 1970, 91ff.

Klausing, Friedrich: Immissionsrecht und Industrialisierung, JW 1937, 68ff.

Kleindienst, Bernhard: Der privatrechtliche Immissionsschutz nach § 906 BGB, Tübingen 1964.

— Geldausgleich für Beeinträchtigungen durch Verkehrslärm, NJW 1968, 1953ff.

Kloepfer, Michael: Entschädigung für Straßenverkehrslärm, Rückberücksichtigung und Vorberücksichtigung des Bundes-Immissionsschutzgesetzes, BGHZ 64, 220, JuS 1976, 436ff.

Klosterkötter, Werner: Gesundheitliche Aspekte des Verkehrslärms, KdL 1972, 42ff.

— Kriterien zur Aufstellung von Immissionsrichtwerten für Geräusche, KdL 1972, 113ff.

— Kritische Anmerkungen zu einer „Zumutbarkeitsgrenze" für Beeinträchtigungen durch Straßenverkehrslärm, KdL 1974, 29ff.

— Neuere Erkenntnisse über Lärmwirkungen, KdL 1974, 103ff.

— Belastbarkeit von Menschen durch Geräusche im Hinblick auf Immissionsrichtwerte, in: Schriftenreihe des Bundesministers für Raumordnung, Bauwesen, Städtebau, Bonn 1974
(zit.: Studie Belastbarkeit durch Geräusche).

— Zum Thema „Grenzwerte und Richtwerte für Geräuschimmissionen", KdL 1976, 1ff.

Kodal, Kurt: Straßenrecht, 3. A., München 1978.

Konow, Karl-Otto: Eigentumsschutz gegen Eingriffe der öffentlichen Hand, Berlin 1968.

Konzen, Horst: Aufopferung im Zivilrecht, Berlin 1969.

Korbmacher, Günter: Straßenplanung und verwaltungsgerichtliche Planungskontrolle unter der Geltung des Bundes-Immissionsschutzgesetzes und des 2. Fernstraßenänderungsgesetzes, DÖV 1976, 1ff.

— Eigentums- und entschädigungsrechtlich bedeutsame Entscheidungen in der fachplanerischen Abwägung, DÖV 82, 517ff.; ebenso in Aktuelle Probleme des Enteignungsrechts, 1ff., Hrsg. W. Blümel.

Krane, D.: DIN 18 005 – ein Fortschritt für den Schallschutz im Städtebau, KdL 1982, 161ff.

Krefft, Friedrich: Aufopferung und Enteignung, Begriffe und Grundsätzliches in der Rechtsprechung des Bundesgerichtshofs, Karlsruhe 1968.

— Bemessung der Enteignungsentschädigung nach der Rechtsprechung des BGH, WM 1977, Sonderbeilage Nr. 2.

— Buchbesprechung, NJW 1982, 1577ff.

Kröner, Herbert: Die Eigentumsgarantie in der Rechtsprechung des Bundesgerichtshofs, 2. A., Köln / Berlin / Bonn / München 1969.

Krohn, Günther: Enteignung und Enteignungsentschädigung, Köln 1980.

Krumbiegel, Peter: Der Sonderopferbegriff in der Rechtsprechung des Bundesgerichtshofs, Berlin 1975.

Kürer, R.: Neue Möglichkeiten gegen den Straßenverkehrslärm, KdL 82, 163ff.

Larenz, Karl: Methodenlehre der Rechtswissenschaft, 4. A., Berlin / Heidelberg / New York 1979
(zit.: Methodenlehre).

Lehmann, G.: Der Kampf gegen den Lärm, DMW 1955, 529ff.

— Die Einwirkung des Lärms auf den Menschen, Köln 1961.

Lehmann, Heinrich: Anmerkung zum Urteil des RG vom 29. 7. 1936, JW 1936, 3454ff.

Leisner, Walter: Sozialbindung des Eigentums, Berlin 1972 (zit.: Sozialbindung).

— Sozialbindung des Eigentums nach privatem und öffentlichem Recht, NJW 1975, 233ff.

— Entschädigung falls Enteignung, DVBl. 1981, 76ff.

— Eigentumswende?, DVBl. 1983, 61ff.

— Waldsterben, öffentlich-rechtliche Ersatzansprüche, Köln 1983.

Lorentz, Helmut: Das Verhältnis von Bundes-Immissionsschutzgesetz und privatem Nachbarrecht, Diss. Mainz 1980.

v. Mangoldt, Hermann / *Klein,* Friedrich: Das Bonner Grundgesetz (Kommentar) Bd. I, 2. A., Berlin 1966.

Marburger, Peter: Die Regeln der Technik im Recht, München 1979 (zit.: Technische Regeln).

Marschall, Ernst A. / *Schroeter,* Wolfgang / *Kastner,* Fritz: Bundesfernstraßengesetz (Kommentar), 5. A., Köln / Berlin / Bonn / München 1984.

Martens, Wolfgang: Öffentlichrechtliche Probleme des negatorischen Rechtsschutzes gegen Immissionen, Hamburger Festschrift für F. Schack (Hamburg 1966), 85ff.

Mattern, Friedrich: Urteilsanmerkung zu BGHZ 49, 148, LM 1968, Bl. 188.

— Die neuere Rechtsprechung des Bundesgerichtshofs zum Nachbarrecht, WM 1972, 1410ff.

— Die neuere Rechtsprechung des Bundesgerichtshofs zum Nachbarrecht, WM 1979, 34ff.

Maunz, Theodor / *Dürig,* Günter / *Herzog,* Roman: Grundgesetz (Kommentar), Loseblattsammlung, Bd. I, Bd. III, München, Stand September 1983.

Mayer, Otto: Deutsches Verwaltungsrecht, 3. A., Bd. 1, 2, Berlin 1924 (Nachdruck Berlin 1969) (zit.: Mayer I, Mayer II).

Meisner, C. / *Stern,* H. / *Hodes,* F.: Nachbarrecht im Bundesgebiet (ohne Bayern) und in West-Berlin, 3. A., Berlin 1956, 5. A., Berlin 1970.

Menger, Christian Friedrich / *Erichsen,* Hans Uwe: Höchstrichterliche Rechtsprechung zum Verwaltungsrecht, VerwArch. 59 (1968), 175ff., 366ff.

Meyer, Karl-Friedrich: Rechtsprobleme des Immissionsschutzes bei Planung, Bau und Betrieb öffentlicher Straßen, Diss. Mainz 1977.

Meyer, T. J.: Praktische Probleme des Immissionsschutzes gegen Lärm in Wohnungen, KdL 1974, 76ff.

Michaelis, Karl: Beiträge zur Gliederung und Weiterbildung des Schadensrechts, in: Festschrift für Heinrich Siber, Bd. II, S. 185ff., Leipzig 1943.

Mittenzwei, Ingo: Umweltverträglichkeit statt Ortsüblichkeit als Tatbestandsvoraussetzung des privatrechtlichen Immissionsschutzes, MDR 1977, 99ff.

Mühl, Otto: Grundlage und Grenzen des nachbarlichen Gemeinschaftsverhältnisses, insbesondere des Ausgleichsanspruchs, NJW 1960, 1133; 2324 ff.

Münchener Kommentar: Münchener Kommentar zum Bürgerlichen Gesetzbuch, Hrsg. Kurt Rebmann, München 1981
(zit.: Münchener Kommentar / Bearbeiter).

Muthesius, Thomas: Überlegungen für ein neu einzubringendes Verkehrslärmschutzgesetz, KdL 1981, 71 ff.

Nedden, Gerhard: Immissionsschutz beim Straßenbau, DVBl. 1977, 265 ff.

— Gedanken zur Änderung der Landesstraßengesetze im Anschluß an das 2. Fernstraßenänderungsgesetz, in: Aktuelle Probleme des Straßenrechts, Hrsg. W. Blümel, 9 ff., Bonn 1978.

— Schutz gegen Verkehrslärm auf Straßen und Schienenwegen, DVBl. 1978, 389 ff.

Nicklisch, Fritz: Technische Regelwerke – Sachverständigengutachten im Rechtssinne?, NJW 1983, 849 ff.

Opfermann, Wilhelm: Die Enteignungsentschädigung nach dem Grundgesetz, Berlin 1974.

Ossenbühl, Fritz: Verwaltungsvorschriften und Grundgesetz, Bad Homburg v. d. H. / Berlin / Zürich 1968.

— Staatshaftungsrecht, 3. A., München 1983.

— Abschied vom enteignungsgleichen Eingriff?, NJW 1983, 1 ff.

— Neuere Entwicklungen im Staatshaftungsrecht, Berlin 1984.

Pagendarm, Kurt: Bemessung der Enteignungsentschädigung nach der Rechtsprechung des Bundesgerichtshofs, in: WM 1958, 1350.

— Bemessung der Entschädigung nach der Rechtsprechung des Bundesgerichtshofs, WM 1965, Sonderbeilage 5, 1 ff.

— Bemessung der Enteignungsentschädigung nach der Rechtsprechung des BGH, WM 1972, 1 ff.

Palandt, Otto: Bürgerliches Gesetzbuch (Kommentar), 41. A., München 1982
(zit.: Palandt / Bearbeiter).

Papier, Hans-Jürgen: Immissionen durch Betriebe der öffentlichen Hand, NJW 1974, 1797 ff.

— Recht der öffentlichen Sachen, 2. A., Berlin 1984.

Peine, Franz-Josef: Verkehrslärm und Entschädigung, DÖV 1979, 812 ff.

— Schlußwort, DÖV 1980, 206 ff.

Pleyer, Klemens: § 1004 BGB und das „nachbarliche Gemeinschaftsverhältnis“, JZ 1959, 305 ff.

Porzig, Walter: Die Leistung der Abstrakta in der Sprache, Blätter für die deutsche Philosophie, Bd. 4, 1931, 66 ff.

Reinhard, Rudolf: Wo liegen für den Gesetzgeber die Grenzen gemäß Art. 14 des Bonner Grundgesetzes über Inhalt und Schranken des Eigentums zu bestimmen?, in: Reinhard, Rudolf / Scheuner, Ulrich, Verfassungsschutz des Eigentums, Tübingen 1954.

Reinhold, G.: Eine Beurteilungsgröße für die allgemeine Lärmimmission an Bundesfernstraßen, KdL 1974, 7 ff.

Riegel, Reinhard: Abschied von der Sonderopfertheorie, BayVBl. 1973, 403 ff.

Rittstieg, Andreas: Das antizipierte Sachverständigen-Gutachten – eine falsa demonstratio?, NJW 1983, 1098 ff.

Rittstieg, Helmut: Zur Entwicklung des Grundeigentums, JZ 1983, 161 ff.

— Grundgesetz und Eigentum, NJW 1982, 721 ff.

Roth, Günter: Materiellrechtliche und prozessuale Aspekte eines privatrechtlichen Umweltschutzes, NJW 1972, 921 ff.

Rüfner, Wolfgang: Zum gegenwärtigen Stand des deutschen Staatshaftungsrechts, BB 1968, 881 ff.

Rupp, Hans Heinrich: Grundfragen der heutigen Verwaltungsrechtslehre, Tübingen 1965.

— Die verfassungsrechtliche Seite des Umweltschutzes, JZ 1971, 401 ff.

— Die „Verwaltungsvorschriften" im grundgesetzlichen Normensystem, JuS 1975, 609 ff.

— Reform der Staatshaftung trotz Teilnichtigkeit des Staatshaftungsgesetzes, NJW 1982, 1731 ff.

Salzwedel, Jürgen (Hrsg.): Grundzüge des Umweltrechts, Berlin 1982.

Salzwedel, Jürgen / *Preusker*, Werner: Umweltschutzrecht und -verwaltung in der Bundesrepublik Deutschland, Köln 1983.

Schack, Friedrich: Aufopferungsanspruch bei Versagung der Abwehrklage aus § 1004 BGB, JuS 1963, 263 ff.

— Bürgerlichrechtlicher und öffentlichrechtlicher Entschädigungsanspruch bei Immissionen, NJW 1968, 1914 ff.

Schäfer, Alfred: Die Bedeutung der neuen Staatshaftung für die Praxis, DÖV 1982, 10 ff.

Schapp, Jan: Das Verhältnis von privatem und öffentlichem Nachbarrecht, Berlin 1978.

Scheffler, Hans-Hermann: Wachsende Bedeutung der Verwaltungsvorschriften, DÖV 1980, 236 ff.

Schlichter, Otto / *Stich*, R. / *Tittel*, H.-J.: Bundesbaugesetz (Kommentar), 2. A., 1977.

Schmidt-Aßmann, Eberhard: Grundfragen des Städtebaurechts, Göttingen 1972.

— Urteilsanmerkung zu BGH DVBl. 73, 627, DVBl. 1973, 633 ff.

— Verfassungsrechtliche Grundlagen und Systemgedanken einer Regelung des Lärmschutzes an vorhandenen Straßen, in: Schriftenreihe des BMV, Bonn 1979 (zit.: Lärmschutz).

— Zur Bedeutung des § 906 BGB für das straßenrechtliche Immissionsverhältnis, Festschrift für Pikalo, S. 273 ff., Berlin 1979.

— Schutz gegen Verkehrslärm, in: Grundzüge des Umweltrechts, Hrsg. J. Salzwedel, S. 303 ff., Berlin 1982
(zit.: Schutz gegen Verkehrslärm).

Schmidt-Bleibtreu, Bruno / *Klein*, Franz: Kommentar zum Grundgesetz für die Bundesrepublik Deutschland, 6. A., Neuwied / Berlin 1984.

Schmidt, Robert / *Thews*, Gerhard: Physiologie des Menschen, 20. A., Berlin 1980.

Schneider, Egon: Entschädigungsansprüche wegen Straßenverkehrs, MDR 1965, 440ff.

Scholz, Ruppert: Identitätsprobleme der verfassungsrechtlichen Eigentumsgrenze, NVwZ 1982, 337ff.

Schröer, Hans-Hermann: Wiederbelebungsversuche des enteignungsgleichen Eingriffs, NJW 1984, 1864ff.

Schroeter, Hans-Wolfgang: Überlegungen zu einer Schallschutzverordnung nach dem Bundesimmissionsschutzgesetz, DVBl. 1976, 759ff.

— Rechtsprobleme des Schallschutzes an Verkehrswegen, in: Aktuelle Probleme des Straßenrechts, Hrsg. W. Blümel, 87ff., Bonn 1978.

Schulte: Nachbarschutz gegen Immissionen, NJW 1954, 495ff.

Schulte, Hans: Eigentum und öffentliches Interesse, Berlin 1970
(zit.: Eigentum und öffentliches Interesse).

— Zur Dogmatik des Artikels 14 GG, Karlsruhe 1979.

Schwabe, Jürgen: Artikel 14 GG und die hoheitliche Zuerkennung privatrechtlicher Einwirkungsbefugnisse, DVBl. 1973, 103ff.

— Die Enteignung in der neueren Rechtsprechung des Bundesverfassungsgerichts, JZ 1983, 273ff.

Schwerdtfeger, Gunther: Das Bundes-Immissionsschutzgesetz, NJW 1974, 777ff.

— Das System staatlicher Ersatzleistungen nach Inkrafttreten des Staatshaftungsgesetzes, JuS 1982, 1ff.

— Eigentumsbestimmung, Inhaltsbestimmung und Enteignung – BVerfGE 58, 300 („Naßauskiesung"), JuS 1983, 104ff.

Sendler, Horst: Zum Wandel der Auffassung vom Eigentum, DÖV 1974, 73ff.

Silbernagl, Stefan / *Despopoulos*, Agamennon: Taschenatlas der Physiologie, Stuttgart 1979.

Soergel / Siebert: Kommentar zum Bürgerlichen Gesetzbuch, Bd. III, 12. A., Stuttgart / Berlin / Köln / Mainz 1978
(zit.: Soergel / Bearbeiter).

Sommer, Michael: Das Immissionsrecht der öffentlichen Straßen, Bonn-Bad Godesberg 1973.

Speiser, Hilger: Entschädigungsansprüche wegen Verkehrslärms, NJW 1975, 1101ff.

Städtetag, Deutscher: Statistisches Jahrbuch Deutscher Gemeinden, 56. Jahrgang, Braunschweig 1969.

Statistisches Bundesamt: Statistische Jahrbücher der Bundesrepublik Deutschland 1980 und 1984, Wiesbaden 1980, 1984.

Staudinger, Horst: Kommentar zum Bürgerlichen Gesetzbuch mit Einführungsgesetz und Nebengesetzen, III. Bd., Sachenrecht, 1. Teil, 11. A., Berlin 1956
(zit.: Staudinger / Bearbeiter).

Stich, Rudolf: Immissionsschutz im bürgerlichen Recht, in: Grundzüge des Umweltrechts, Hrsg. J. Salzwedel, S. 289 ff., Berlin 1982.

Stich, Rudolf / *Porger,* Karl Wilhelm: Immissionsschutzrecht des Bundes und der Länder (Kommentar), Stuttgart / Berlin / Köln / Mainz 1978 (zit.: BImSchG).

Stödter, Rolf: Öffentlich-rechtliche Entschädigung, Hamburg 1933.

— Über den Enteignungsbegriff, DÖV 1953, 97 ff. und 136 ff.

Ule, Carl Hermann: Zur Anwendung unbestimmter Rechtsbegriffe im Verwaltungsrecht, Gedächtnisschrift für Walter Jellinek, München 1955, 309 ff.

Ule, Carl Hermann / *Fittschen,* D.: Urteilsanmerkung zu BGHZ 41, 264, JZ 1965, 315 ff.

Ule, Carl Hermann / *Laubinger,* Hans Werner: Kommentar zum Bundes-Immissionsschutzgesetz, Loseblattsammlung, Heidelberg / Mainz, Stand Nov. 1984.

Ulrich, J.: Lärmschutz an Bundesstraßen, KdL 1983, 166 ff.

Umweltgutachten: Gutachten des Rates von Sachverständigen für Umweltfragen, Stuttgart und Mainz, 1974 und 1976.

Vogel, Ansgar O.: Immissionswerte als Ziele der Straßenplanung und als Entschädigungsgrenze i. S. § 42 BImSchG, BauR 1976, 20 ff.

— Ruhiges Wohnen – Ziel der Lärmschutzpolitik, KdL 1984, 133 ff.

Wagner, Günther: Ortsüblichkeit bei Immissionen, insbesondere bei Bauarbeiten, NJW 1971, 595 ff.

Walter, Gerhard: Urteilsanmerkung zu BGHZ 70, 102, NJW 1978, 1158 ff.

Weber, Hermann: Rechtsprechungsübersicht zu Artikel 14 GG, JuS 1982, 852 ff.

Weber, Werner: Das Eigentum und seine Garantie in der Krise, Festschrift für Karl Michaelis, Göttingen 1972.

Wehr: Urteilsanmerkung zu BGHZ 54, 384, JuS 1971, 207 ff.

Westermann, Harry: Die Funktion des Nachbarrechts, Festschrift für K. Larenz, München 1973, S. 1003 ff.

— Ansprüche auf Ersatz von Aufwendungen für Schallschutzmaßnahmen nach § 42 Bundesimmissionsschutzgesetz und allgemeinem Recht, Festschrift für Werner Ernst, 501 ff., München 1980.

— BGB-Sachenrecht, 6. A., Heidelberg 1982.

Weyreuther, Felix: Über die Rechtsnatur und die Rechtswirksamkeit von Verwaltungsvorschriften, DVBl. 1976, 853 ff.

— Die Bedeutung des Eigentums als abwägungserheblicher Belang im Sinne des § 17 Abs. 1, Satz 2 FStrG, in: Aktuelle Probleme des Straßenrechts, Hrsg. W. Blümel, S. 72 ff., Bonn 1978.

Wiethaup, Hans: Lärmbekämpfung in der Bundesrepublik Deutschland, 2. A., Köln / Berlin / Bonn / München 1967.

Wolff, Hans Julius: Der Unterschied zwischen öffentlichem und privatem Recht, AÖR 76 (1950), 205 ff.

Wolff, Hans Julius / *Bachof,* Otto: Verwaltungsrecht, Bd. I, 9. A., München 1974, Bd. III, 4. A., München 1978.

FSC
www.fsc.org
MIX
Papier | Fördert gute Waldnutzung
FSC® C083411

Kolibri 360 GmbH
Ferdinand-Jühlke-Straße 7
99095 Erfurt, Deutschland
produktsicherheit@kolibri360.de

Druck:
CPI Druckdienstleistungen GmbH
im Auftrag der
Kolibri 360 GmbH
Ferdinand-Jühlke-Str. 7
99095 Erfurt

redet, irgendeine strafbare „offene Handlung“ („overt act“) zu begehen[10]. Hätten sie in diesem Sinne einen gewaltsamen Umsturz geplant, wäre das schon nach den bestehenden Hochverratsbestimmungen strafbar gewesen[11]. Beweise für Handlungen im Sinne einer hochverräterischen Konspiration lagen nicht vor[12]. Von diesem Unterschied zwischen einer „conspiracy to do something“ und einer „conspiracy to advocate and teach principles of action“[13] war also auszugehen.

Die Revision stützte sich vor allem darauf, daß die Bestimmungen des Smith Act wegen eines Verstoßes gegen die Garantien des First Amendment verfassungswidrig und deshalb nichtig seien. Befürworten und Lehren einer politischen Doktrin sei, solange keine verräterische Konspiration zum Umsturz vorliege, in einer Demokratie geschützt. Da weder tatsächliche verräterische Handlungen noch ein Versuch solcher Handlungen oder konspirative Vorbereitung gegeben seien, handele es sich um Propaganda, um reine Meinungsäußerung.

b) Die Entscheidung des Gerichtes

Die Mehrheit der Richter des Supreme Court hielt mit 6 zu 2 Stimmen[14] die Abschnitte 2 und 3 des Smith Act für verfassungsmäßig und auch tatbestandsmäßig erfüllt. Chief Justice Vinson begründete die Entscheidung für das Gericht und stützte sie auf eine abgewandelte Form der bekannten *„clear and present danger“*-Doktrin.

Die „clear and present danger“-Doktrin war als Schrankenlehre zum First Amendment ursprünglich von J. *Holmes* und J. *Brandeis* nach dem I. Weltkrieg entwickelt worden[15]. Sie besagte, daß die Meinungsfreiheit zwar grundsätzlich größtmöglichen Schutz verdiene, aber eingeschränkt werden könne, wenn erhebliche Gefahren für andere Rechtsgüter unzweideutig und unmittelbar bevorständen. J. Holmes schreibt im Namen des Gerichtes in *Schenk v. United States:*

"The question in every case is whether the words used are used in such circumstances and are of such nature as to create a clear and present danger

---

10 J. Jackson, 341 U.S. 561, conc.op.; J. Black, 341 U.S. 579, diss.op.; J. Douglas, 341 U.S. 582, diss.op.

11 Vgl 18 U.S.C. § 2384 (supp. 1949); Seditious Conspiracy: "If two or more persons in any state or territory ... conspire to overthrow, put down, or to destroy by force the Government of the United States."

12 *Boudin*, 38 Va.L.Rev. 180, 325 (1925); *Nathanson*, 63 Harv.L.Rev. 1172 (1950).

13 *Boudin*, 38 Va.L.Rev. 180 (1952).

14 Im ganzen wurden 5 einzelne opinions geschrieben, da J. Frankfurter und J. Jackson separate opinions, J. Black und J. Douglas dissenting opinions abgaben; J. Clark nahm nicht teil.

15 Der Geschichte der „clear and present danger“-Doktrin ist ein umfangreiches Schrifttum gewidmet. Für eine Übersicht des vorhandenen Materials s. *Emerson-Haber* I, S. 333.

that they will bring about the substantial evils that Congress has a right to prevent[16]."

J. Brandeis stellt in *Whitney v. California* den Kern der Doktrin heraus und gibt ihr eine funktionelle Begründung:

"No danger flowing from speech can be deemed clear and present, unless the incidence of the evil apprehended is so imminent that it may befall before there is opportunity for full discussion. If there be time to expose through discussion the false words and fallacies to avert the evil by processes of education, the remedy to be applied is more speech, not enforced silence. Only an emergency can justify repression[17]."

Clear and present danger ist danach eine Notstandsdoktrin[18], der Zeitfaktor das wesentlichste Merkmal. Die funktionelle Begründung liegt darin, daß im Normalfall offene Diskussion jedes von Meinungsäußerungen drohende Übel abwenden kann, da falsche und schädliche Meinung überführt und widerlegt und die Gemeinschaft vor dem Übel gewarnt werden kann. Nur wenn keine Zeit für diese Diskussion und damit Widerlegung vorhanden[19], der Meinungsbildungsprozeß selbst also außer Funktion ist, sind einschränkende Schutzmaßnahmen erlaubt.

In der Vorinstanz war Judge *Hand* der genauen Prüfung der Unmittelbarkeit der Gefahr der kommunistischen Machtübernahme ausgewichen. Statt dessen griff er die strenge Anwendung der clear and present danger Doktrin selbst in einer ausführlichen Entscheidungsbegründung an. Die starre Anwendung der Doktrin grenze an Selbstmord für die Demokratie[20]. Ein Staat brauche nicht bis zum unmittelbaren Angriffszeichen für den Putsch zu warten und zu riskieren, daß alle Gegenmaßnahmen dann zu spät kämen. Wo es sich um so schwerwiegende Übel wie den Sturz der rechtmäßigen Regierung durch Gewalt handele und dieses Ziel darüber hinaus von einer hochorganisierten revolutionären Gruppe verfolgt werde, könne das Erfordernis der Unmittelbarkeit der Gefahr nicht wörtlich genommen werden. Vielmehr müsse geprüft werden, in welcher Relation das Übel, das anderen Rechtsgütern durch eine Meinungsäußerung drohe, zur Wahrscheinlichkeit seines Eintritts stehe:

"In each case (courts) must ask whether the gravity of the 'evil', discounted by its improbability justifies such invasion of free speech as is necessary to avoid the danger[21]."

Das bedeutete, daß das Gericht jeweils eine Funktion[22] mit den Abhängigen „Gewicht des Übels" und „Wahrscheinlichkeit seines Eintritts"

---

[16] 249 U.S. 47 (52) (1919); vgl. J. Holmes (und J. Brandeis) in *Abrams v. United States*, 250 U.S. 616 (628) (1919) diss.op.; *Gitlow v. New York*, 268 U.S. 652 (672 f.) (1925) diss.op.

[17] 274 U.S. 357 (377) (1927) conc.op.

[18] Vgl. *Chafee*, Hearings S. 31; *Emerson*, 11 Law.Guild.Rev. 10—11 (1951).

[19] J. Holmes, *Abrams v. United States*, 250 U.S. 616 (630) (1919).

[20] 183 F. 2d 212.

[21] 183 F. 2d 212.

[22] *Lusk*, 45 Ky.L.J. 600 (1951), spricht hier von „sliding scale".

zu bilden hatte. Je größer das Übel war, desto geringere Anforderungen konnten an die Wahrscheinlichkeit seines Eintritts gestellt werden. Ein besonders gewichtiges Übel, also der gewaltsame Umsturz, rechtfertigte Einschränkungen, wenn der Eintritt des Übels „nicht ganz unwahrscheinlich"[23] war[24].

Chief Justice Vinson übernahm in *Dennis* die neue, oder jedenfalls in eine clear and „probable" danger abgewandelte Doktrin wörtlich[25]. Es sei erwiesen, daß die kommunistische Lehre den gewaltsamen Umsturz zum Inhalt habe. Daß die Beklagten eine streng und gut organisierte Gruppe zur Verbreitung und Propagierung dieser Lehren gebildet hätten („conspiracy"), konstituiere die Gefahr für die Sicherheit der Vereinigten Staaten: das Übel sei ohne Zweifel erheblich und ernste Gefahren für die Sicherheit nicht ganz unwahrscheinlich. In diesem Zusammenhang sei irrelevant, daß bislang keine Versuche zu verräterischen Handlungen von den Angeklagten unternommen worden seien. Auch ihre unmittelbaren Erfolgsaussichten brauche das Gericht nicht im einzelnen zu überprüfen[26].

Es ist klar, daß sich das Gericht damit erheblich vom ursprünglichen Konzept des Gefährlichkeitstests entfernt hat. Eine Anwendung der ursprünglichen Doktrin hätte den Beweis verlangt, daß die Propaganda der CPUSA unmittelbare Erfolgsaussichten habe. Davon konnte nicht gesprochen werden[27]. Wie in *Dennis* angewendet, wird der neue Test zum Mittel, alle Präventivmaßnahmen eines Staates zum Schutz der Staatssicherheit zu rechtfertigen. Die Abwehrlinie ist viel weiter vorgeschoben als beim ursprünglichen Test[28]. Zwar ist Maßstab die

---

[23] 183 F. 2d 213.

[24] Es ist im Bild dieser Funktion natürlich möglich, Fälle zu bilden, in denen wieder alle Erfordernisse des ursprünglichen Tests gegeben sein müssen. Eine verhältnismäßig unbedeutende Verletzung eines Rechtsguts müßte dann gewiß unmittelbar bevorstehen, um Einschränkungen zu rechtfertigen. Auch das andere Extrem ist denkbar, nämlich daß ein Übel so groß ist, daß die Wahrscheinlichkeit des Eintritts auf Null herabsinken kann. Damit würde sich der neue Test ad absurdum führen; er ist von Judge Hand wohl nicht so gemeint gewesen.

[25] 341 U.S. 510; *Antieau*, 5 Vand.L.Rev. 143 (1952), nennt den abgewandelten Test ironisch einen „perhaps and probable test".

[26] 341 U.S. 510—511.

[27] s. *Antieau*, 5. Vand.L.Rev. 143 (1952); *Gorfinkel*, 39 Cal.L.Rev. 495 (1951).

[28] Wie weit die Grenze im Argument manchmal vorgeschoben wird, zeigt ein Wortgefecht zwischen dem Solicitor General (höchster Ankläger) der Vereinigten Staaten und Richtern des Supreme Court in der *Dennis*-Verhandlung, abgedr. in 19. U.S.L. Week 3166 (1951):

Mr. Perlmann (Solicitor General):

"If it is necessary to consider the clear and present danger test, — it has been fully met here."

Mr. Justice Douglas:

"Sufficient danger of what? That the Communists would take over the Government?"

Gefährlichkeit der Lehren einer Gruppe und ihre organisatorische Eigenart, die Schlagkraft vermuten läßt; doch ohne das Unmittelbarkeitserfordernis ist ein solcher Gefährlichkeitstest ohne klare Linie. Der Unterschied zwischen dem Test von Judge Hand und der clear and present danger Doktrin von J. Holmes und J. Brandeis liegt vor allem darin, daß dem neuen Test die funktionelle Begründung fehlt und die Gefahrprüfung auf eine neue Ebene verlegt wird.

J. Brandeis konnte die clear and present danger Doktrin aus der Funktion der Meinungsfreiheit heraus systematisch rechtfertigen. Bedingung für ein System der Meinungsfreiheit ist Zeit, und zwar Zeit, falsche gefährliche Meinung zu widerlegen, zu neutralisieren. Das demokratische System läßt Freiheit der Meinung zu, da es von der Prämisse ausgeht, auf die Dauer könne sich eine feindliche und insbesondere eine freiheitsfeindliche Meinung nie durchsetzen. Das System setzt aber einen geordneten Prozeß voraus, in dem Diskussion diese Neutralisierungs- und Abwehrfunktion erfüllen kann. Deshalb dürfen Hilfsabwehrmaßnahmen erst und nur getroffen werden, wenn Diskussion ihre eigene Abwehrfunktion wegen Zeitmangels (oder sonstiger Störung des Prozesses) nicht mehr erfüllen kann. Solange aber Zeit ist, darf Diskussion in einer Demokratie nicht durch andere Abwehr- oder Präventivmaßnahmen ersetzt werden. Ob das klug ist, ist irrelevant. Es ist die Prämisse jedes demokratischen Systems[29]. Der Test von Judge Hand, die Dennis-Doktrin, kann nichts von der so skizzierten Begründung in Anspruch nehmen. Sie hat dem ursprünglichen Test das Zeitelement und damit die Rechtfertigung im Sinne von J. Brandeis genommen. Nach der Dennis-Doktrin reicht, wenn das Übel genügend groß ist, auch wenn genügend Zeit für die Diskussion vorhanden wäre, die Abwehr „Diskussion" nicht aus. Ein besonderes Übel verlangt nach dieser Doktrin eine besondere Abwehrmaßnahme, nämlich präventive Unterdrückung der Meinungsäußerung.

Mr. Perlman:
"Yes Sir."
Mr. Justice Black:
"When would the danger arise?"
Mr. Perlman:
"As soon as circumstances permitted."
Mr. Justice Black:
"Suppose it was a hundred years?"
Mr. Perlman:
"It would make no difference."
Mr. Justice Black:
"Five hundred years?"
Mr. Perlman answered it would be the same.

[29] Auch die Majoritätsentscheidung gibt grundsätzlich zu, daß "...the basis of the First Amendment is the hypothesis that speech can rebut speech, propaganda will answer propaganda, free debate will result in the wisest government policies." (341 U.S. 503).

Mit der de facto-Beseitigung des Erfordernisses der Unmittelbarkeit des Gefahreintritts ist nicht nur die Abwehrlinie des Staates gegenüber gefährlichen Meinungen vorgeschoben, es hat sich auch eine Verschiebung der bei der Prüfung zu berücksichtigenden Gesichtspunkte vollzogen.

Die Entscheidung, ob eine klar ersichtliche, unmittelbare Gefahr für ein Rechtsgut vorlag, war im wesentlichen eine Tatsachenfrage, die allerdings oft eine äußerst schwierige Tatsachenbewertung einschloß. Wenn in diesem Sinne eine Gefahr drohte, waren Einschränkungen gerechtfertigt. Diese Rechtfertigung ergab sich aus der Natur der clear and present danger (Notstands-) Doktrin in der ausgeführten funktionell-systematischen Begründung von J. Brandeis.

Zwar ist auch im Rahmen der Dennis-Doktrin die Entscheidung über Gewichtigkeit des Übels und Wahrscheinlichkeit seines Eintritts eine Tatsachenfrage. Durch die Aufstellung einer Funktion „Gewichtigkeit" — „Wahrscheinlichkeit des Eintritts" und die Notwendigkeit aus der Beurteilung dieser Funktion heraus jeweils im Einzelfall Einschränkungen der Meinungsfreiheit zu *rechtfertigen*, wird jedoch dem Richter in viel größerem Maße eine Wertentscheidung zugemutet:

"... the conspiracy creates a danger of the outmost gravity and of enough probability to justify its suppression[30]."

Das heißt, es muß geprüft werden, ob das Übel *groß genug* und im Verhälstnis dazu *unmittelbar genug* ist. Der Richter muß damit aber gleichzeitig die Frage beantworten, ob es überhaupt notwendig ist, vor dem akuten Notstandsfall (clear and present danger) Meinungsfreiheit einzuschränken, die Abwehrlinie des Staates also weit vorzuschieben, ob und wie lange der Staat warten muß, bis er gegen gefährliche Ideologien mit Mitteln der Meinungsunterdrückung einschreitet, ob im konkreten Fall die Schutzmechanismen der Demokratie ausreichen; Fragen, deren Beantwortung konkrete Wertentscheidungen einschließt und damit den subjektiven Wertvorstellungen des Entscheidenden unterworfen ist. Letzten Endes muß hier der Richter in jedem Einzelfall über das Sicherheitsbedürfnis des Staates, die Effektivität eines demokratischen Systems und über die Rangordnung von Sicherheit und Freiheit urteilen.

c) Das Sondervotum von Justice Frankfurter

In einem dem Tenor der Entscheidung zustimmenden Sondervotum löst sich J. *Frankfurter* vollkommen von der clear and present danger Doktrin[31]. Das kann eigentlich nicht verwundern. Die Art und Weise, in der die Dennis-Doktrin die Prüfung von einer Tatsachen- zu einer

[30] 183 F. 2d 213.

[31] *Dennis v. United States*, 341 U.S. 517 ff.

Wertungsfrage führte, muß J. Frankfurter veranlaßt haben, den so eingeleiteten Gedankengang zu einem konsequenten Schluß zu bringen.

J. Frankfurter führt aus, das Problem sei es, den Konflikt zwischen der Meinungsfreiheit und anderen Rechtsgütern zu lösen. Auf der einen Seite stehe das Interesse an der Meinungsfreiheit und auf der anderen, wie etwa im vorliegenden Fall, ein öffentliches Interesse, das Interesse der Gemeinschaft am Wohlergehen der Nation.

Dieser Interessenkonflikt

"... cannot be resolved by a dogmatic preference for one or the other, nor by a sonorous formula which is in fact only a euphemistic disguise for an unresolved conflict[32]."

Eine starre Formel, wie clear and present danger, stelle nicht in Rechnung, daß für eine vernünftige Entscheidung eines solchen Konfliktes unzählige andere Faktoren neben der Größe der Gefahr und der Unmittelbarkeit ihres Eintritts relevant seien. Der clear and present danger test werde der Komplexität der Konflikte zwischen Freiheit und z. B. Staatssicherheit nicht gerecht[33].

"The demands of free speech in a democratic society as well as the interest in national security are better served by candid and informed weighing of the competing interests... than by announcing dogmas too inflexible for the non-Euclidian problems to be solved[34]."

Mit einer Analyse eines großen Teils der Entscheidungen des Supreme Court vor *Dennis* versucht J. Frankfurter nachzuweisen, daß das Gericht im wesentlichen auch immer Interessen, vor allem das Privatinteresse an der Meinungsfreiheit und das Gemeinschaftsinteresse, abgewogen habe, wenn es Konflikte zwischen der Meinungsfreiheit und anderen Rechtsgütern zu entscheiden hatte[35]. Jedenfalls könne man die Entscheidungen auf keinen anderen Nenner bringen.

Bei der somit in jedem Fall erforderlichen Interessenabwägung müßten allerdings auf der einen Seite höher- und minderwertige „öffentliche" Interessen an einer Einschränkung des Freiheitsrechts, auf der anderen verschiedene Arten von Meinungsäußerungen unterschieden werden. Nicht jede Art von Meinungsäußerung nehme dieselbe Position auf der Werteskala ein.

"There is no substantial public interest in permitting certain kinds of utterances: the lewd and obscene, the profane, the libelous, and the insulting or 'fighting' words — those which by their very utterance inflict injury or tend to incite an immediate breach of peace[36]."

---

[32] 341 U.S. 519.

[33] Vgl. *Freund*, On Understanding ... S. 27—28; *Corwin*, 27 Notre Dame Law. 358 (1952), betont, die Umwandlung der clear and present danger Doktrin in *Dennis* bedeute einen begrüßenswerten Schritt vom „absurd automatism" zur „rule of reason".

[34] 341 U.S. 525.

[35] 341 U.S. 529—539.

[36] 341 U.S. 544; vgl. *Chaplinsky v. New Hampshire*, 315 U.S. 568 (572) (1942).

Ähnliches gelte für *Dennis*. Hier liege eine Konspiration vor, deren Inhalt

"... is advocacy of violence as a rule or principle of action, by language ... calculated to incite persons to such action ...
On any scale of values which we have hitherto recognized, speech of this sort ranks low[37]."

Die Verurteilung der Angeklagten hielt J. Frankfurter nach Abwägung zwischen diesen relativ wertlosen Interessen von Einzelpersonen und den Interessen der Nation an der Selbsterhaltung für gerechtfertigt.

Mit dieser Methode der Interessen- oder Güterabwägung, „balancing test", wie er später bezeichnet werden wird, hat J. Frankfurter den Richter vollends in die Ebene der Wertung versetzt[38]. Er muß zwischen Staatssicherheit und Freiheit entscheiden. Daß damit dem Richter eine politische Wertentscheidung zugemutet wird, erkennt J. Frankfurter natürlich, und er zieht die Konsequenz aus dieser Situation:

"Free speech cases are not an exception to the principle that we are not legislators, that direct policy-making is not our province. How best to reconcile competing interests is the business of legislatures, and the balance they strike is a judgement not to be displaced by ours, but to be respected unless outside the pale of fair judgement[39]."

Damit ist dem Richter die Güterabwägung praktisch wieder aus der Hand genommen. Er hat die Entscheidung des Gesetzgebers, in dessen Kompetenz die Ordnung von Interessen liegt, zu achten und kann nur einschreiten, wenn dieser völlig unvernünftig handelt.

J. Frankfurters Forderung nach Abwägung von Interessen im Einzelfall spricht eigentlich nur aus, was der Dennis-Doktrin schon anhaftete. Die Meinungsfreiheit wird relativiert, die Größe der möglicherweise von ihr drohenden Gefahr rechtfertigt Einschränkungen. Das Grundrecht ist von dem Wert abhängig, der der Sicherheit des Staates und dem System der Ideenfreiheit zugestanden wird.

Die *Dennis*-Entscheidung ist gewiß eins der umstrittensten Urteile des Supreme Court in diesem Jahrhundert. Sie bezeichnet den Beginn einer tiefen Verbitterung zwischen den Richtern des Supreme Court über das Versagen des Gerichts in einer Zeit der Gefährdung des freiheitlichen Systems der Vereinigten Staaten.

Justice *Black* schließt seine dissenting opinion in *Dennis* mit den Worten:

"Public opinion being what it now is, few will protest the conviction of these Communist petitioners. There is hope, however, that in calmer times,

---

[37] 341 U.S. 544—545.

[38] Der Supreme Court hatte allerdings schon in seiner *Douds*-Entscheidung einen Güterabwägungstest angewandt. Darüber s.u. bei Fn. 159 ff.

[39] 341 U.S. 539—540.

when present pressures, passions and fears subside, this or some later court will restore the First Amendment liberties to the high preferred place where they belong in a free society[40]."

2. *Yates v. United States*

Sechs Jahre später hatte sich der Supreme Court wieder mit den Bestimmungen des Smith Act zu beschäftigen. Zwölf kommunistische Funktionäre waren beschuldigt, durch die Organisation einer kommunistischen Partei in Kalifornien, Artikel im Daily Worker, Gründung von Parteischulen und aktive Werbung für die Partei die Abschnitte 1 und 2 des Smith Act verletzt zu haben[41].

Die sehr ungenauen Instruktionen des Richters erster Instanz an die Geschworenen nahm der Supreme Court zum Anlaß, seine Entscheidung in *Dennis* zu verdeutlichen. Das Untergericht hatte es für eine Verurteilung als ausreichend erachtet, daß die Notwendigkeit und Pflicht zum gewaltsamen Umsturz befürwortet und gelehrt wurden, ganz gleich, ob das in „aufwiegelnder Sprache" geschehen sei oder nicht[42].

Der Supreme Court meinte, das vermittele den Eindruck, als dürfe der Begriff „advocacy" von dem Element der „Aufreizung zu gewaltsamen Handlungen"[43] getrennt werden. Damit werde unterstellt, daß der Smith Act

"... advocacy and teaching of forcible overthrow as an abstract doctrine ... divorced from any effort to instigate action to that end...[44]."

verbiete. Der Unterschied aber zwischen „advocacy of abstract doctrine" und „advocacy of promoting unlawful action" sei seit langem vom Gericht anerkannt[45].

In *Gitlow v. New York* habe der Supreme Court ausgeführt:

"The statute does not penalize the utterance or publication of abstract 'doctrine' or academic discussion having no quality of incitement to any concrete action. It is not the abstract doctrine of overthrowing organized government by unlawful means which is denounced by this statute, but the advocacy of action for the accomplishment of that purpose... This (Manifesto)... is (in) the language of direct incitement... That utterances inciting to the overthrow of organized government by unlawful means, present a sufficient danger of substantive evil to bring their punishment within the range of legislative discretion, is clear[46]."

---

[40] 341 U.S. 581.

[41] *Yates v. United States*, 354 U.S. 298 (1957).

[42] 354 U.S. 314—315, 318; "... whether in language of incitement or not."

[43] 354 U.S. 315; "... capacity to stir listeners to forcible action ..."

[44] 354 U.S. 315.

[45] Vgl. J. Frankfurter, *Dennis v. United States*, 341 U.S. 494 (545—546) (1951) conc.op.

[46] *Gitlow v. New York*, 268 U.S. 652 (664—669) (1925); J. Holmes und J. Brandeis schrieben eine dissenting opinion, in der sie an einer strengeren Auslegung ihres clear and present danger test festhielten. Es habe keine

In *Dennis,* so fährt das Gericht fort, sei dieser Unterschied genau beachtet und betont worden[47]. Warum das Untergericht irregeleitet wurde, erklärt sich der Supreme Court aus der Verkennung der Sondersituation in *Dennis.* Dort war erklärt worden, daß das Befürworten von Gewalt, auch wenn diese nur zu einem zukünftigen Zeitpunkt erfolgen solle, für die Erfüllung des Tatbestandes des Smith Act ausreiche[48]. Da traditionellerweise „Aufreizung" (incitement) aber gedacht sei als Aufreizung zu sofortigem Handeln, könne man möglicherweise schließen, daß in *Dennis* „incitement" wegen der Verlegung der Gewalt in die Zukunft einen neuen Sinn bekommen habe. Die Sondersituation in *Dennis* bestand nach *Yates* darin, daß zwar die Lehren nicht auf sofortiges Handeln zielten, oder eine Gefahr des sofortigen Umsturzes schufen, daß aber

"advocacy was aimed at building up a seditious group and maintaining it in readiness for action at a propitious time[49]."

Der Tenor in *Dennis* sei somit gewesen

"... that indoctrination of a group in preparation for future violent action, by advocacy found to be directed to 'action for the accomplishment of forcible overthrow', to violence 'as a rule or principle of action' and employing 'language of incitement' is not constitutionally protected when the group is of sufficient size and cohesiveness, is sufficiently oriented toward action, and other circumstances are such as to reasonably justify apprehension that action will occur[50]."

Damit sei aber nicht gesagt, daß die dogmatische Rechtfertigung von gewaltsamem Umsturz allein als solche strafbar sei. Sie sei zu weit entfernt von konkreter Handlung und deutlich unterscheidbar von der gefährlichen Konspiration in *Dennis.* Die Klärung des Verhältnisses von „advocacy" und „likelihood of unlawful action" sei gewiß sehr schwierig und in vielen Fällen kaum möglich. Grundsätzlich aber liege der Unterschied in dem Befürworten „etwas zu tun" („advocacy to do something"), im Gegensatz zum Befürworten „etwas zu glauben" („... to believe in something")[51]. Das erstere sei

"advocacy which is directed to stirring people to action"

das zweite

"advocacy of abstract doctrine, with evil intent."

Fünf der in *Yates* Angeklagten wurden freigesprochen, da nach der Meinung des Gerichtes nicht genügend Beweise für eine Verurteilung nach der ersten Kategorie vorlagen. Das Verfahren für die

---

unmittelbare Gefahr eines Umsturzversuches vorgelegen. Die Unterscheidung „advocacy of theory" und „incitement" lehnten sie ab: "Every idea is an incitement" (S. 673, diss.op.).

[47] *Dennis v. United States,* 341 U.S. 502, 512.

[48] *Yates v. United States,* 354 U.S. 320.

[49] 354 U.S. 321.

[50] 354 U.S. 321; vgl. *Dennis v. United States,* 341 U.S. 511—512.

[51] 354 U.S. 326—327.

restlichen neun wurde zurückverwiesen, da das Gericht hier solche Beweise für denkbar hielt[52].

Yates ist als Nachfolger der *Dennis*-Entscheidung außerordentlich bedeutsam. Abgesehen von dem theoretischen Gehalt hatte die Entscheidung einen erheblichen praktischen Einfluß auf alle schwebenden und viele kommende Verfahren, die sich mit kommunistischer Propaganda zu beschäftigen hatten. Es wurden praktisch keine neuen Verfahren gegen Kommunisten eröffnet, und viele schwebende Anklagen wurden aufgehoben[53].

Auf der anderen Seite ist sehr fraglich, ob die theoretische Auseinandersetzung des Gerichts mit den verfassungsrechtlichen Fragen befriedigen kann.

Was „Befürworten von Gewalt als Prinzip des Handelns" betrifft, versucht *Yates* den Begriff durch eine Klärung des Verhältnisses „Meinungsäußerung" und „Wahrscheinlichkeit von Gesetzesbruch" zu verdeutlichen. Hier wendet der Supreme Court die bekannte Methode der „verfassungskonformen Auslegung" von Gesetzen an[54]. Statt den Smith Act mit seiner vagen „advocacy"-Bestimmung nochmals einer grundsätzlichen verfassungsrechtlichen Prüfung zu unterziehen, versucht es, den Text verfassungskonform auszulegen.

Die für die Interpretation von „advocacy" gezogene Linie bleibt jedoch unklar. Das Gericht betont immer wieder, daß „advocacy of ideas", „advocacy of overthrow as an abstract doctrine" von der Verfassung gestattet sei. Logischerweise hätte das Gericht aber jetzt, um die Grenze für „abstraktes Befürworten" und damit den Rahmen des Amendment festzulegen, das Begriffspaar „abstrakt-konkret" aufstellen müssen. Sicherlich hat es in diese Richtung gedacht, auch wenn es nirgends ausdrücklich „incitement to concrete action" verlangt. Das Gericht lehnt es ab, „unbestimmte Hinweise auf ‚revolutionäres' oder

---

[52] 354 U.S. 331 333; diese neun Angeklagten wurden dann allerdings in neuen Verfahren freigesprochen, da die Anklage nicht genügend Beweismaterial im Sinne der *Yates*-Entscheidung beibringen konnte, s. N.Y. Times v. 3. Dezember 1957.

[53] *Pritchett*, 38 B.U.L.Rev. 76, 79 (1958); s. zu allen Verfahren *Emerson-Haber* I, S. 390—393; vgl. auch J. Douglas in *Scales v. United States*, 367 U.S. 203 (274 Fn. 8) (1961) diss.op.

[54] Vgl. *Scales v. United States*, 367 U.S. 203 (211) (1961): "... this Court will often strain to construe legislation so as to save it against constitutional attack ..." J. Brandeis gab der Theorie eine klassische Formulierung: "When the validity of an act of Congress is drawn in question and even if a serious doubt of constitutionality is raised, it is a cardinal principle that this Court will first ascertain whether a construction of the statute is fairly possible by which the question may be avoided", *Ashwander v. TVA*, 297 U.S. 288 (346—348) (1936) conc.op. Die Frage wird mit umfangreichen Nachweisen in *Note*, 52 Colum.L.Rev. 633 (1953) besprochen; s.a. *Bernhard*, 50 Mich.L.Rev. 261 (1951); *Kirchheimer*, JÖR 11, 99 ff.

‚militantes' Vorgehen"[55] ausreichen zu lassen. Doch ist es fraglich, ob der Entscheidung das Qualifikationsmerkmal „konkret" entnommen werden darf. Es lag eigentlich so nahe, das Begriffspaar „abstrakt-konkret" aufzustellen, daß man aus der durchgehenden Auslassung einer solchen Unterscheidung zumindestens argumentieren kann, der Supreme Court habe sich nicht auf Aufwiegelung und Aufreizung zu konkreten Gewalttaten beschränken wollen.

Wenn aber das Gericht nicht das Befürworten einer konkreten gesetzwidrigen Handlung meinte, bleibt sein Beziehungspunkt für „advocacy to do something" ungewiß. Unglücklicherweise versucht die Entscheidung, den Begriff immer wieder mit neuen ähnlichen Ausdrücken zu erklären. Begriffen wie „incitement to action", „call for action" und „advocacy of violence as a rule or principle of action" kann man allenfalls als gemeinsamen Nenner entnehmen, daß mehr verlangt ist, als die Diskussion einer revolutionären Doktrin in einem politikwissenschaftlichen Seminar. Auf der anderen Seite gebraucht das Gericht in seiner Zurückverweisung des Verfahrens für neun Angeklagte Erklärungen, denen entnommen werden kann, daß es erhebliche Anforderungen an „advocacy of action" stellt. Der Sinn des Unterrichts in den Parteischulen sei es gewesen, Parteimitglieder zu einer Bereitschaft, im Fall einer Krise oder eines Krieges Sabotage zu verüben und Straßenkämpfe zu inszenieren, zu erziehen. Ein Zeuge hatte ausgesagt, er habe praktische Anleitungen erhalten, wie man in Kriegszeiten Menschenmassen aufrühre. Selbst wenn man danach annehmen könnte, daß solche praktische Schulung in Revolutionsmethoden unter „advocacy of action" im Sinne von *Yates* fällt, hat das Gericht mit seiner begrifflichen Unterscheidung kaum zur Klärung beigetragen. Mit dieser vagen Unterscheidung kann man Sabotageschulen und paramilitärische Revolutionsvorbereitungen erfassen, für den Bereich ideologischer Propaganda und „Vorbereitung zur Revolutionsbereitschaft" jedoch hilft sie nicht weiter. Letzten Endes will sich das Gericht auf eine klare Trennungslinie wohl auch gar nicht festlegen. Es wägt ab, welches Element — Propaganda, Revolutionsvorbereitung — überwiegt.

Für diese Abwägung ist die Gefährlichkeit bestimmter politischer Aktivitäten Hauptkriterium. Im konkreten Fall kommt es für eine Unterscheidung zwischen „abstrakter Befürwortung" und „Gewalt als Prinzip des Handelns" also wieder darauf hinaus zu prüfen, ob und wie gefährlich eine bestimmte Art des Befürwortens von Gesetzesbruch ist.

---

[55] "vague references to 'revolutionary' or 'militant' action of unspecified character ..." 354 U.S. 327.

Die Begründung der grundsätzlichen Einschränkbarkeit der Meinungsfreiheit beruht in *Yates v. United States* ganz auf der *Dennis*-Entscheidung. Das Gericht sah keinen Anlaß, die Berechtigung der Dennis-Doktrin zu überprüfen. Mit keinem Wort erwähnt es den Gefährlichkeitstest, und zwar weder in seiner ursprünglichen, noch in der durch Judge Hand abgewandelten Form. Daß gefährliche Meinungen verboten werden können, wird nicht mehr in Frage gestellt. Für das Gericht steht die Meinungsfreiheit unter einem weitreichenden Vorbehalt, den es von Fall zu Fall durch Prüfung von Gefahren und Bewertung der Sicherheitsbedürfnisse des Staates auszufüllen gilt.

Yates v. United States bleibt unbefriedigend. Die Entscheidung stellt für staatsgefährdende Meinungsäußerungen Kriterien auf, deren Anwendung auf den Einzelfall schwierig, wenn nicht unmöglich bleibt, da ihnen objektive Beziehungspunkte und Prinzipien der Unterscheidung fehlen. Da sich die Entscheidung grundsätzlich auf *Dennis v. United States* stützt, bleibt sie angreifbar.

3. Die „membership clause" des Smith Act: Scales v. United States

Zwei weitere Entscheidungen befassen sich, immer noch im Rahmen von staatsgefährdenden Meinungsäußerungen, mit der sogenannten „membership clause" des Smith Act.

Danach ist es wie in den behandelten „conspiracy"-Bestimmungen strafbar, Mitglied einer nach Section 2 tatbestandlich verräterischen Partei oder Gruppe zu sein, wenn das Mitglied das Ziel der Vereinigung kennt. Neben voller Mitgliedschaft nennt die Bestimmung als gleichwertig auch die Anhängerschaft, „... affiliates with such a group"[56].

In *Scales v. United States*[57] hatte der Supreme Court die Verfassungsmäßigkeit dieser Bestimmung zu prüfen. Scales war von 1946 bis 1954 Mitglied der Kommunistischen Partei der USA gewesen. Die Anklage unterstellte, daß die CPUSA im gleichen Zeitraum eine unter Section 2 des Smith Act fallende Gruppe gewesen sei, also „advocacy of violence as a rule or principle of action" betrieben habe, wie es in *Yates* formuliert worden war. Scales habe das rechtswidrige Ziel der Partei, nämlich den gewaltsamen Umsturz herbeizuführen, wenn es die Umstände erlaubten, gekannt.

Der Supreme Court hatte die „membership clause" nach drei Seiten hin aufrechtzuerhalten.

---

[56] 18 U.S.C. § 2385 (1958).
[57] 367 U.S. 203 (1961).

Einmal bestimmte ein späteres Staatsschutzgesetz, der Internal Security Act von 1950 (McCarran Act)[58], der wesentliche neue Einschränkungen für die CPUSA brachte, in Section 4 (f.) ausdrücklich[59], daß die Mitgliedschaft in kommunistischen Organisationen als solche keine Verletzung irgendeiner Strafbestimmung darstelle. Der Smith Act stellte jede Mitgliedschaft, so lange das Mitglied um die Ziele der Organisation wußte, unter Strafe. Als lex posterior konnte die Bestimmung des McCarran Act den Smith Act verdrängen, wie die Revision auch ausführte.

Zum zweiten wurde vorgebracht, verletze die Bestimmung des Smith Act wesentliche, in der „due process"-Klausel des Fifth Amendment niedergelegte rechtsstaatliche Grundsätze. Hier werde nicht, wie es ein Prinzip des rechtsstaatlichen Strafrechts verlange[60], Schuld nach individuellem Verschulden gemessen, sondern nach der Strafbarkeit einer Organisation, der die Einzelperson angehöre. Das aber sei ein Tatbestand von „guilt by association" und verstoße gegen Verfassungsgrundsätze.

Letztlich aber sei eine solche Bestimmung auch mit dem First Amendment nicht vereinbar. Mitgliedschaft in einer politischen Partei zu bestrafen, bedeute eine erhebliche Einschränkung der Meinungs- und Vereinigungsfreiheit. Die Strafandrohung schaffe eine Atmosphäre der Furcht und bringe die Ausübung der politischen Freiheiten zum Erliegen[61]. Der Supreme Court begegnete diesen Angriffen durch eine einschränkende Auslegung der „membership clause" des Smith Act.

Mitgliedschaft im Sinne dieser Bestimmung sei „aktive", nicht nur „nominelle, passive oder theoretische" Mitgliedschaft[62]. So interpretiert war die Kollision mit dem McCarran Act beseitigt. Der Smith Act bestrafte danach nicht die Mitgliedschaft als solche, sondern nur die aktive Mitgliedschaft. Eine solche Interpretation aber warf neue Probleme auf. Wenn der Smith Act nur „aktive" Mitgliedschaft umfaßte, war die Bestimmung ungenau und vage und kein klares Maß für die Handlungen der dem Gesetz unterworfenen Einzelpersonen[63]. Das Gericht verwarf dieses Argument. Die Unterscheidung zwischen aktiver und passiver Mitgliedschaft sei gebräuchlich und im Zusammenhang mit dem Smith Act einsichtig. Außerdem habe keiner ein

---

58 64 Stat. 987, 50 U.S.C. § 781 ff. (1958).
59 50 U.S.C. § 783 (f) (1958).
60 367 U.S. 224—225.
61 367 U.S. 220—221.
62 367 U.S. 208, 222—224.
63 J. Black greift die Auslegung sogar als gegen das „ex post facto" Verbot für Gesetze verstoßend an, s. 367 U.S. 260, diss.op. Siehe zur Frage der Unbestimmtheit von Gesetzen und vor allem die Meinungsfreiheit einschränkenden Gesetzen unten Teil 3 bei Fn. 102 ff.

Recht, Gesetze so auszulegen, daß er hoffen könne, ein Gericht werde eine Bestimmung für verfassungswidrig erklären (!).

Dem Vorwurf, hier werde „guilt by association" festgestellt, begegnete der Supreme Court mit Argumenten aus dem allgemeinen Strafrecht. Der Grundsatz der persönlichen Schuld sei in der Tat von der rechtsstaatlichen Ordnung (due process) gefordert, doch kenne das Strafrecht die Tatbestände der Verabredung („conspiracy") und der Mittäterschaft („complicity"), bei denen der Einzelperson unter Umständen ohne unmittelbare Beteiligung an der offenen Tathandlung das Verhalten Dritter angelastet werde. Es müsse also gefragt werden, ob der Tatbestand der Mitgliedschaft ein Verhältnis sei, das dem der Verabredung oder Mittäterschaft vergleichbar sei und infolgedessen die Zurechnung der strafrechtlichen Handlung gestatte. Das Gericht antwortet:

"In this instance it is an organization which engages in criminal activity, and we can perceive no reason why one who actively and knowingly works in the ranks of that organization, intending to contribute to the success of those specifically illegal activities, should be any more immune from prosecution than he whom the organization has assigned the task of carrying out the substantive criminal act[64]."

Natürlich sei in diesem Zusammenhang die klare Unterscheidung von „aktiver" und „passiver" Mitgliedschaft erheblich. Nominelle Mitgliedschaft stelle kein genügend intensives Teilnahmeverhältnis zu den unmittelbaren Tätern her. Aktive Mitgliedschaft aber sei „genügend Teilnahme" an den gesetzwidrigen Handlungen der Organisation.

Mit der Frage des First Amendment hatte das Gericht denn kaum noch Schwierigkeiten. Auf *Dennis* und *Yates* gestützt, erklärt es, daß, da „advocacy of action" verboten werden könne, auch eine Vereinigung, die dieses Ziel verfolge, keinen größeren Schutz genieße. Was Mitgliedschaft betreffe:

"We can discern no reason why membership, when it constitutes a purposeful form of complicity in a group engaging in this same forbidden advocacy, should receive any greater degree of protection from the guarantees of that Amendment[65]."

Mit der Begrenzung der Strafbarkeit auf aktive Mitgliedschaft werde auch nicht tiefer in die Garantie eingegriffen als unbedingt notwendig. Gewiß verfolgten politische Parteien oft legale und gleichzeitig illegale Ziele. Diese Gruppen unterschieden sich aber von der „conspiracy", bei der jede wissentliche Anhängerschaft strafbar sei.

"If there were a similar blanket prohibition of association with a group having both legal and illegal aims, there would indeed be a real danger that legitimate political expression of association would be impaired, but

[64] 367 U.S. 226—227.
[65] 367 U.S. 229.

the membership clause, as here construed, does not cut deeper into freedom of association than is necessary to deal with the substantive evils that Congress has a right to prevent[66]."

Es müsse klar bewiesen werden, daß ein Angeklagter den Vorsatz gehabt habe, die rechtswidrigen Ziele der Gruppe mit Gewaltanwendung zu verfolgen. Wer als Mitglied sich auf die Verfolgung rechtmäßiger Ziele beschränke, „mag dumm, verführt oder auch nur optimistisch sein, das macht ihn aber nicht zum Verbrecher"[67]. Für Scales hielt der Supreme Court aktive Mitgliedschaft für erwiesen.

Scales v. United States muß in Verbindung mit *Dennis* und *Yates* gelesen werden. „Advocacy of principle of action" begründet die Strafbarkeit einer Gruppe und damit die Strafbarkeit ihrer aktiven Anhänger. Keiner der Beteiligten hatte die Dennis-Doktrin bemüht oder ihre Berechtigung in Frage gestellt. Das Gericht erklärt in einer Fußnote kurz, daß es folglich zu dieser Frage nicht wiederum Stellung zu nehmen habe[68].

Der Supreme Court geht also von einer rechtswidrigen „conspiracy" aus[69] und hat nur noch zu entscheiden, wie unmittelbar, wie effektiv das Verhältnis von Anhängern zu dieser Konspiration sein müsse. An dieser Stelle arbeitet der Supreme Court mit einer Analogie zu Verbrechensverabredung und Mittäterschaft aus dem allgemeinen Strafrecht. Er kann sagen, daß eine unmittelbare Beteiligung an den unterstellten rechtswidrigen Handlungen („advocacy of illegal action") nicht notwendig sei, solange der Beitrag eines Mitglieds einer Organisation im Sinne eines Gesamtplans wesentlich sei. Deshalb verlangt das Gericht Wissen um die Ziele der Gesamtorganisation und einen aktiven Beitrag des Mitglieds an sinnvoller Stelle. In diesem Sinne ist, wer einen erheblichen Teil seiner Kraft und Zeit für die Organisation aufwendet, effektiv an der Konspiration beteiligt, auch wenn er nicht unmittelbar planend oder führend tätig ist.

Dies scheint bis zu einem gewissen Grade konsequent. Es ist einzusehen, daß nicht nur derjenige strafbar ist, dem die Organisation „Frontaufgaben" zugeteilt hat, sondern auch derjenige, der nach dem Prinzip der Arbeitsteilung z. B. die Finanzen der Organisation verwaltet. Immer jedoch setzt eine solche Parallele voraus, daß tatsächlich eine Konspiration im technischen Sinne, also mit konkretem Verbrechensplan, besteht, die sich zur Vorbereitung und Ausführung von rechtswidrigen Taten einer Organisation eingeweihter Mitglieder bedient. Und hier zeigt sich die Begrenzung von *Scales v. United States*. Denn nur, wenn wir mit *Dennis v. United States* unterstellen, daß

[66] 367 U.S. 229.
[67] 367 U.S. 229—230.
[68] 367 U.S. 230 Fn. 21.
[69] 367 U.S. 226 Fn. 18.

mit der „Konspiration zur Verbreitung und Befürwortung“ kommunistischer Lehren eine verbrecherische Verabredung im Sinne des traditionellen Strafrechts vorliegt, die kommunistische Partei also konkrete Verbrechen plant, ist das aktive Mitglied einer solchen Organisation genauso strafbar wie unmittelbar ausführende Parteifunktionäre. Nur dann ist ein Mitglied Beteiligter an einer verbrecherischen Verschwörung.

Letzten Endes wird auch in *Scales v. United States* ganz auf die Gefährlichkeit bestimmter politischer Aktivitäten abgestellt. Da die Bedrohung von organisierter kommunistischer Umsturzpropaganda ausgeht und von einer ideologisch umsturzbereiten Organisation, hält man die Bestrafung der aktiven Mitglieder einer solchen politischen Organisation zur Abwendung der Gefahren für gerechtfertigt: das Gericht erklärt, die „Mitgliedschaftsklausel des Smith Act beschneide die Meinungsfreiheit nicht mehr als notwendig“[70]. Im Grunde also wägt der Supreme Court die Erfordernisse des Staatsschutzes und damit öffentliches Interesse gegen die Meinungsfreiheit ab[71]. Wenn eine Staatsschutzmaßnahme die Meinungsfreiheit nicht mehr als notwendig beschränkt[72], ist sie gerechtfertigt.

Allerdings betont die Entscheidung die Notwendigkeit strenger Beweisanforderungen auf dem Gebiet der Meinungsfreiheit. Es sei außerordentlich wichtig, das Beweismaterial für die Feststellung verräterischer Aktivitäten genau zu überprüfen,

> "not only to make sure that substantive constitutional standards have not been thwarted, but also to provide guidance for the future to the lower courts in an area which borders so closely upon constitutionally protected rights[73]."

Streng angewendet, gewähren Beweisanforderungen einen erheblichen Schutz, denn sie errichten gerade im politischen Strafprozeß Hürden gegen konturlose, unsubstantiierte Anklagen wegen „Staatsgefährdung“ u. ä.

Schon in *Yates v. United States* war gesagt worden, daß gewisses Beweismaterial für sich allein genommen nicht schlüssig sei, sondern nur zusätzliche Indizien für die Feststellung der Tatbestände der „advocacy of action“ liefere. Dazu gehörten die Lehren von Marx und Lenin; entsprechende „Klassiker“; offizielle Resolutionen und Veröffentlichungen der Partei oder vergangener Parteikonvente; die Verbreitung allgemeiner Parteiliteratur; die Geschichte, Struktur, Organi-

---

70 367 U.S. 229.

71 Justice Black widmet seine dissenting opinion ganz der Interessenabwägungsmethode, wie sie in *Scales v. United States* wieder Anwendung gefunden habe, 367 U.S. 259; s. auch *Hudon* S. 156 ff.

72 "... does not cut deeper into freedom ... than is necessary" 367 U.S. 229.

73 367 U.S. 230.

sation und Eigenheiten der Partei (z. B. Heimlichkeit aller Aktivitäten) etc.

Als genügend war in *Yates* angesehen worden, wenn bewiesen werden konnte, daß die Partei systematisch und ununterbrochen konkrete praktische Revolutionsmethoden lehrte und Mitglieder auf illegale Tätigkeiten vorbereitete: z. B. wie man einen Generalstreik in eine Revolution überleitet; daß man dazu in den Vereinigten Staaten die durch Rassenpolitik unruhige Negerbevölkerung aufwiegeln und einsetzen kann; wie man die Negerbevölkerung für eine solche Krise vorzubereiten hat; wie man in Kriegszeiten einen Aufruhr inszeniert; wie man Straßenkämpfe entfacht und sich in ihnen verhalten muß.

In *Scales* fand das Gericht genügend Beweise der zweiten Kategorie. U. a. war in den Parteischulen gezeigt worden, wie man, nur mit einem Bleistift bewaffnet, in einer politischen Demonstration töten könne. Die Mitglieder erhielten Selbstverteidigungsausbildung für den Fall von Zusammenstößen mit der Polizei. Daß keinerlei Propagierung zu sofortigem Handeln vorlag, schadete nach *Dennis* nicht.

In dem am selben Tag entschiedenen Fall *Noto v. United States*[74] wirkten sich diese Beweisanforderungen aus. Wiederum ging es um eine Verurteilung nach der „membership clause" des Smith Act. Doch erklärte der Supreme Court, in diesem Falle sei das Beweismaterial nicht ausreichend. Die Aktivität der Kommunistischen Partei im Nordosten der Vereinigten Staaten sei im wesentlichen über theoretische marxistisch-leninistische Lehren nicht hinausgegangen. Eine spezielle Anleitung zu revolutionären Methoden habe nicht vorgelegen. Allenfalls habe die Partei „future advocacy of action" vorbereitet, was nicht genüge. Der Supreme Court hob das Urteil auf.

4. Gesamthaltung

Für staatsgefährdende Meinungsäußerungen und Vereinigungen zur Propagierung von gefährlichen Meinungen und revolutionären Methoden gilt nach der Rechtsprechung des Supreme Court also folgendes:

Grundsätzlich sind Einschränkungen politischer Freiheiten durch Staatsschutzmaßnahmen gerechtfertigt, wenn sie zur Abwendung drohender Gefahren notwendig sind. Diese Gefahren brauchen nicht unmittelbar bevorzustehen, es genügt, wenn ihr Eintritt nicht ganz unwahrscheinlich und im Verhältnis dazu das zu befürchtende Übel besonders schwerwiegend ist. Im Grunde muß dargelegt sein, daß die Abwendung einer Gefahr zu einem bestimmten Zeitpunkt von überwiegenden Interessen der Gesamtgemeinschaft gefordert wird.

[74] 367 U.S. 290 (1961).

Wenn eine straff organisierte Gruppe Gewalt als Prinzip allen politischen Handelns befürwortet und propagiert oder auch nur zur Verbreitung einer revolutionären Lehre konspiriert, kann sie wegen potentieller Gefahren für die Sicherheit des Staates — die es im Einzelfall zu beweisen gilt — bestraft werden. Allerdings ist das „abstrakte" Befürworten einer Revolutionsdoktrin von einer solchen Gefährlichkeitsprüfung ausgenommen worden, wenn auch der Begriff „abstrakt" in diesem Zusammenhang kaum als geklärt angesehen werden kann. Wo die von einer verfassungsfeindlichen Organisation ausgehenden Gefahren als genügend groß angesehen werden müssen, kann neben Führungsfunktionären jedes aktive Mitglied bestraft werden.

II. Personen mit staatsgefährdenden Meinungen

Obgleich, wie wir gesehen haben, verfassungsfeindliche Aktivitäten bestimmter Art unter Strafe stehen, hat sich der amerikanische Gesetzgeber nicht entschlossen, die CPUSA oder gleichgerichtete Gruppen als solche zu verbieten. Solange keine stichhaltigen Beweise revolutionärer Vorbereitungen oder aufhetzender Propaganda im Sinne von *Yates v. United States* beigebracht werden können, sind diese Organisationen legal. Wo es zur Taktik solcher Gruppen gehört, diesen Legalitätsstatus und damit ihre ungehinderte Operationsfähigkeit nicht zu gefährden, kann eine verfassungsfeindliche Organisation theoretisch unkontrolliert arbeiten.

Wenn perfekter Staatsschutz die Politik einer Staatsgewalt ist, erscheint dieser Zustand untragbar. Mitglieder einer nicht formell verbotenen Gruppe mit grundsätzlich verfassungsfeindlicher Gesinnung oder auch nur Bürger, die ohne Zugehörigkeit zu einer solchen Organisation staatsgefährdenden Meinungen anhängen, bedeuten im Sinne des Staatsschutzes eine latente Gefahr. Abgesehen von der Gefahr der Spionage und Sabotage, können sie jeden Bereich des öffentlichen und beruflichen Lebens „infiltrieren" und „Zellen" bilden, die sich für Operationen im Umsturzfall bereithalten. Je einflußreicher oder sensitiver solche Positionen sind, desto größer erscheinen die Möglichkeiten der Schadenszufügung. Die Position eines Gewerkschaftsfunktionärs z. B. kann in diesem Sinne dazu mißbraucht werden, zu politischen Streiks aufzurufen.

Diese Gedankengänge führen ganz konsequent zur Ausdehnung des präventiven Staatsschutzes. Wenn es rechtens ist, Meinungsäußerungen wegen der Gefährlichkeit ihres Inhalts zu verbieten, weil das öffentliche Interesse es verlangt, muß es auch möglich sein, Maßnahmen gegen Einzelpersonen zu verhängen, deren politische Meinung etwa wegen ihrer Zugehörigkeit zu einer Vereinigung bekannt ist, die ihre u. U. verfassungsfeindliche Meinung aber nicht äußern[75, 76]. Eine solche Person ist gefährlich, weil ihre Gesinnung es wahrscheinlich macht, daß sie in bestimmten Situationen Rechtsbruch begehen wird. Ein kommunistischer Gewerkschaftsfunktionär wird mit großer Wahrscheinlichkeit in einer Wirtschaftskrise versuchen, einen Generalstreik zu organisieren.

Daß es sich bei diesen Gedankengängen um reine Spekulation auf Grund der politischen Philosophie eines Bürgers handelt, muß dem Verfassungs- und Staatsschützer unerheblich erscheinen, wenn er bedenkt, wie spät er ohne die Möglichkeit, schon bei der politischen Gesinnung eines Bürgers anzuknüpfen, den zu erwartenden Rechtsbruch verhindern könnte.

In den Vereinigten Staaten der Nachkriegszeit hat sich der Staatsschutz vor allem mit präventiven Maßnahmen gegen den Bürger gerichtet, der staatsgefährdenden Meinungen anhing. Diese Maßnahmen haben ein Verbot der CPUSA oder gleichgerichteter Gruppen unnötig gemacht, — oder anders ausgedrückt, ein de facto Verbot durchgesetzt.

1. *Meldepflichten*

Minderheiten, deren politische Philosophie gegen die bestehende staatliche Ordnung gerichtet ist, erscheinen am gefährlichsten, wenn sie den Staatsorganen nicht bekannt sind und der Schutz vor zu erwartenden Umsturzversuchen dadurch äußerst erschwert wird. Als erste Maßnahme präventiven Staatsschutzes bietet sich deshalb eine strenge Staatsaufsicht über verfassungsfeindliche und potentiell gefährliche Organisationen und Einzelbürger an.

a) McCarran Act; Communist Control Act

Der Internal Security Act von 1950[77], allgemein als „McCarran Act" bezeichnet, zielt in seinem ersten Teil[78] auf absolute Kontrolle der Kommunistischen Partei und ihrer Nebenorganisationen durch die Anordnung verschiedener Melde- und Offenbarungspflichten. Im ersten Teil des Gesetzes[79] begründet der Gesetzgeber die Notwendigkeit der Aufsicht über staatsgefährdende kommunistische Organisationen und rechtfertigt die damit verbundenen etwaigen Einschränkungen politi-

---

[75] Wir haben gesehen, wie sehr auch *Dennis v. United States* schon auf die Gefährlichkeit der Gruppe abstellt, die sich für Umsturz bereithält.

[76] In diesem Zusammenhang geht es nicht um die Meinungsäußerung, die etwa schon in der Tatsache der Zugehörigkeit zu einer Vereinigung liegt.

[77] 64 Stat. 987, 50 U.S.C. §§ 781—794, 811—826 (1958).

[78] Ein weiterer Teil enthält weitreichende Notstandsbestimmungen.

[79] 50 U.S.C. § 781.

scher Freiheiten. Ausführlich wird hier der Charakter solcher Organisationen geschildert, die als Teil der von einer „fremden totalitären Macht" dirigierten kommunistischen Weltverschwörung durch Betrug, Täuschung und Unterwanderung, durch Sabotage, Spionage und Terror eine kommunistische totalitäre Diktatur in den Vereinigten Staaten zu errichten suchten[80]. Diese kommunistischen Organisationen seien total von der fremden Diktatur dominierte „Communist Action Organizations", die sich zum großen Teil neutraler Deck- und Tarnorganisationen, „Communist Fronts", bedienten.

Den Kern des Gesetzes bilden die Vorschriften über die Melde- und Auskunftspflichten dieser kommunistischen Aktions- und Deckorganisationen beim Justizministerium (Section 7)[81]. Die Anmeldung muß die Namen aller Funktionäre und, bei der Aktions-Organisation, als einer von einer fremden Regierung dominierten Gruppe, die Namen aller Mitglieder enthalten. Weiter werden die Offenlegung der Organisationsfinanzen und die Angabe der Finanzquellen (Section 7 [d] [3]) und sämtlicher Mittel, die der Herstellung von Druckerzeugnissen dienen, verlangt (Section 7 [d] [6]). Jede durch die Post versandte Schrift muß deutlich erkennbar auf der Verpackung die Angabe enthalten: „Verbreitet durch X, eine Kommunistische Organisation". Der gleiche Identifizierungszwang gilt für Rundfunk- und Fernsehsendungen (Section 10)[82, 83].

Der Communist Control Act von 1954[84] vervollständigt diese Kontrolle noch. Nach dem Gesetz von 1950 sollte in sorgfältiger Prüfung durch eine Kollegialbehörde, „Subversive Activities Control Board",

---

80 s. Auszüge der Rechtfertigung oben bei Fn. 1.

81 50 U.S.C. § 786.

82 50 U.S.C. § 789.

83 Präsident *Truman* sandte eine Veto-Erklärung an das Repräsentantenhaus, in der er den Kongreß aufforderte, das schon angenommene Gesetz nochmals zu überprüfen, s. 96 Cong.Rec. 15629—32 (1950). Er machte darin geltend, daß sich die einzelnen Ministerien und vor allem das FBI gegen das neue Gesetz ausgesprochen hätten, weil es eine ernsthafte Gefahr für deren Verteidigungs- und Staatsschutzoperationen darstelle. Es sei geeignet, den Kommunisten mehr zu helfen, als sie zurückzudrängen. Weiter bedeuteten solche Maßnahmen einen schweren Schlag gegen das Ansehen der Vereinigten Staaten in der Welt. Schließlich aber verletze der McCarran Act amerikanische Traditionen der Rechtsstaatlichkeit und der Meinungsfreiheit und bringe das freiheitliche System in die Nähe von Gedankenkontrolle. Die Veto-Erklärung wurde in beiden Häusern mit überwältigender Mehrheit überstimmt (96 Cong.Rec. 726; 96 Cong.Rec. 1532—3). Siehe dazu die sehr zynische erste Reaktion des Congressman Rankin (96 Cong.Rec. 15632 [1950]): "I am sure the President did not write it, and I doubt, if he ever read it. It sounds like Communist propaganda." Siehe auch die Erklärung von Professor *Chafee*, die er dem Congress einreichte und in der er schwerwiegende Bedenken gegen das neue Gesetz geltend machte (96 Cong.Rec. 15222—231 [1950]).

84 58 Stat. 775, 50 U.S.C. §§ 841—844 (1958).

jeweils genau festgestellt werden, welche Organisationen unter die Meldepflicht fielen. Das neue Gesetz stellt selbst fest, daß die CPUSA und sämtliche Deck- und Nachfolgeorganisationen von einer fremden Regierung dominierte kommunistische „Aktionsorganisationen" seien — und damit praktisch unter die Bestimmungen des McCarran Act fielen. Weiter bestimmt der Communist Control Act, daß sämtliche Rechte, Privilegien und Immunitäten, die bis jetzt diesen Organisationen nach Bundesgesetzen noch zustanden, verwirkt seien.

In einem Schlußsatz erklärt das Gesetz

"... the Communist Party should be outlawed[85]."

Keine Organisation meldete sich freiwillig an. Nachdem 1950 der Justizminister den Subversive Activities Control Board beauftragt hatte, die Anmeldung der CPUSA zu veranlassen, vergingen fast zehn Jahre, bis der Supreme Court einen vorläufigen Schlußstrich unter die sich aus den verschiedenen Verfahren ergebenden Prozesse zog[86].

b) Communist Party v. Subversive Activities Control Board

Das CP-Urteil von 1961[87] bestätigte die Verfassungsmäßigkeit der Meldebestimmungen des McCarran Act und der Meldepflicht der Kommunistischen Partei der Vereinigten Staaten.

Die in der amtlichen Sammlung 200 Seiten umfassende 5 : 4 - Entscheidung beschäftigt sich mit einer Fülle von Verfassungsfragen und verschiedenen nichtverfassungsrechtlichen Revisionsgründen. Vorab war schon festgestellt worden, daß das Gericht die Meldepflicht nur isoliert zu prüfen brauche; die sich für ein registriertes Mitglied und die Partei aus dem McCarran Act ergebenden Sanktionen wurden als für diesen Prozeß nicht justiziabel erklärt[88], da sie noch nicht eingetreten seien.

Nunmehr konnte das Gericht von dem rein regulierenden Charakter der Bestimmungen im Gegensatz zu einschränkenden Maßnahmen sprechen. Die Anmeldepflicht sei nur eine allgemeine Regelung zur Kontrolle und besseren Beaufsichtigung einer von einer fremden Macht dominierten Gruppe und zur Verhinderung illegaler Handlungen, ohne gegen die Diskussions- und Vereinigungsfreiheit selbst gerichtet zu sein.

Allerdings gibt das Gericht zu, daß

"... governmental regulation which requires registration as a condition

---

85 50 U.S.C. § 841 (1958).

86 Vgl. *Emerson-Haber* I, S. 415 ff.

87 *Communist Party v. Subversive Activities Control Board,* 367 U.S. 1 (1961).

88 Vgl. J. Brandeis, *Ashwander v. TVA,* 297 U.S. 288 (341) (1936), conc.op.

upon the exercise of speech may in some circumstances affront the constitutional guarantee of free expression...[89]."
und
"... compulsory disclosure of the names of an organization's members may in certain instances infringe constitutionally protected rights of association...[90]."

Schon bei anderer Gelegenheit hatte der Supreme Court zu prüfen gehabt, wann eine Meldepflicht für Einzelpersonen und Vereinigungen Meinungsfreiheitsrechte einschränkt.

In *Thomas v. Collins*[91] war erklärt worden, eine Meldepflicht für Einzelpersonen, die lediglich ihre Meinung äußern wollten, sei unzulässig. Doch das Gericht argumentierte in der CP-Entscheidung, daß hier nicht lediglich eine Ausübung der Meinungsfreiheit vorliege, sondern politische Aktivitäten einer Gruppe, die von einer fremden Regierung dominiert und gesteuert werde, und daß deshalb eine andere Beurteilung gerechtfertigt sei.

In *NAACP v. Alabama*[92] hatte der Supreme Court verhindert, daß eine Vereinigung der Bürgerrechtsbewegung[93] im Süden der Vereinigten Staaten durch Einführung von Meldepflichten eliminiert wurde. Ein Gesetz in Alabama zwang alle Vereinigungen, Mitgliedschaftslisten einzureichen. Durch die Preisgabe der Namen der Mitglieder einer Vereinigung, die die Gleichberechtigung der Neger erstrebte und die damit auf die militante weiße Reaktion und offizielle Rassentrennungspolitik verschiedener Südstaaten stieß, waren die politischen Rechte der Mitglieder auf das höchste gefährdet. Kenntnis der Namen der Mitglieder der Bürgerrechtsbewegung konnte nicht nur zu absoluter Unmöglichkeit politischer Aktivität führen, sondern brachte u. U. die akute Gefahr wirtschaftlicher Sanktionen und den Verlust von Anstellungen, Leibes- und Lebensgefahr für NAACP-Mitglieder und ähnliche Tatbestände offener Feindseligkeiten der Öffentlichkeit[94] mit sich. Der Supreme Court hatte auch für die Frage der Beschränkung von Rechten des First Amendment durch Registrierungspflichten einen „balancing test" angewendet[95].

Unter Hinweis auf *American Communications Assn. v. Douds*[96], wo der Supreme Court das erste Mal einem ausdrücklichen Interessentest gefolgt war, griff das Gericht diese Doktrin in *Communist Party*

---

[89] 367 U.S. 89.
[90] 367 U.S. 90.
[91] 323 U.S. 516 (540) (1945).
[92] 357 U.S. 449 (1957).
[93] "National Association for the Advancement of the Colored People" = NAACP.
[94] 357 U.S. 462.
[95] s.a. *Bates v. Little Rock*, 361 U.S. 516 (1960); *Shelton v. Tucker*, 364 U.S. 479 (1960).
[96] 339 U.S. 382 (1950) s.u. bei Fn. 161 ff.

auf. Das Interesse der Öffentlichkeit an der Registrierung bestimmter politischer Gruppen müsse gegen das Interesse des einzelnen an unbeschränkter Ausübung seiner Freiheitsrechte abgewogen werden[97].

J. Frankfurter unterscheidet den vorliegenden Fall von vorhergehenden Registrierungsfällen durch

"... the magnitude of public interests which the registration and disclosure provisions are designed to protect[98]."

Die Bedeutung der öffentlichen Interessen, die die Meldebestimmung schützen sollten, stand für das Gericht außer Frage. Die innere und äußere Sicherheit der Vereinigten Staaten sei nach den sich über eineinhalb Jahrzehnte hinstreckenden Untersuchungen des Kongresses durch die von Moskau dirigierte CPUSA auf das höchste gefährdet[99].

Auf der anderen Seite sei das Interesse der Parteimitglieder an geheimer politischer Aktivität kaum als legitim anzuerkennen:

"Where the mask of anonymity... serves the double purpose of protecting them from popular prejudice and of enabling them to cover over a foreign directed conspiracy, infiltrate into other groups, and enlist the support of persons who would not, if the truth were revealed, lend their support..., it would be a distortion of the First Amendment to hold that it prohibits Congress from removing the mask[100]."

Der eigentliche Sinn der Bestimmungen sei es

"to bring foreign dominated organizations into the open where the public can evaluate their activities informedly against the revealed background of their character, nature, and connections[101]."

Zusammenfassend: das öffentliche Interesse an Melde- und Offenbarungspflichten wiegt schwerer als das Interesse von Einzelpersonen an freier Ausübung politischer Freiheiten; Einschränkungen dieser Rechte sind gerechtfertigt.

Der *Communist Party*-Entscheidung steht damit aber ein Haupteinwand entgegen. Das Gericht sieht die Melde- und Offenbarungspflichten isoliert, ohne auf die Konsequenzen einer Anmeldung einzugehen. In *NAACP v. Alabama* stellte es die möglichen Sanktionen der Öffentlichkeit und des Staates, die einer Offenlegung folgen

---

97 *CP v. Subversive Activities Control Board,* 367 U.S. 91.

98 367 U.S. 93.

99 Die regulierenden Bestimmungen des McCarran Act seien vor allem auch anderen Gesetzen vergleichbar und ähnlich, welche sich mit der Kontrolle von Lobby (Federal Regulation of Lobbying Act, 60 Stat. 839 [1946], i.d.F. 22 U.S.C. §§ 261—70 [1958]; Repräsentanten ausländischer Firmen oder Staaten [Foreign Agents Registration Act, 56 Stat 248 [1942], 22 U.S.C. §§ 611—621 [1958], und der Finanzen politischer Vereinigungen zum Zwecke der Unterstützung von Kandidaten [Federal Corrupt Practices Act, 43 Stat. 1070 [1925], 2 U.S.C. §§ 241—256) beschäftigen.

100 367 U.S. 102—103.

101 367 U.S. 103.

konnten, in Rechnung. Hier behandelt es die Meldepflichten, als seien sie lediglich eine allgemeine Regulierung des Diskussionsprozesses.

Einer funktionellen Interpretation der Meldepflichten in diesem Sinne könnte man sich gewiß nicht verschließen. Sinn von Registrierungen nach dem Foreign Agents Registration Act z. B., der Meldepflichten für Repräsentanten ausländischer Mächte vorschreibt[102], ist es in den Worten von J. Black, die Öffentlichkeit zu informieren:

"Resting on the fundamental constitutional principle that our people, adequately informed, may be trusted to distinguish between the true and the false, the bill is intended to label information of foreign origin so that hearers and readers may not be deceived by the belief that the information comes from a disinterested source. Such legislation implements rather than detracts from the prized freedom guaranteed by the First Amendment[103]."

Die Identifizierung einer Publikation als kommunistisch oder die Registrierung einer Partei unter dem Namen Kommunistische Partei läge gewiß im Bereich solcher Offenlegung zugunsten der Funktionen des Meinungsbildungsprozesses. Und sowohl J. Black als auch J. Douglas erklären in ihren dissenting opinions derartige Offenlegungspflichten für zulässig[104]. Hier jedoch handelt es sich nur unter anderem darum, kommunistische Propaganda als solche zu identifizieren (Section 10 des McCarran Act). Hauptziel ist Erfassung und Beaufsichtigung von Einzelpersonen und Personengruppen, und diese Maßnahmen haben schwerwiegende Folgen.

Ein registriertes Mitglied der kommunistischen Partei ist nicht nur den Sanktionen des McCarran Act[105] selbst ausgesetzt, sondern sieht sich im Sinne aller sonstigen Staatsschutzgesetze des Bundes und der Einzelstaaten und der mannigfaltigen Staatsschutzprogramme identifiziert. Registrierte Mitglieder laufen Gefahr, nach dem Smith Act strafrechtlich verfolgt zu werden[106]. Ihnen stehen Anstellungen, die Loyalitätsbestimmungen unterliegen, nicht mehr offen[107]. Sie sind der Bloßstellung in Legislativuntersuchungen und zwangsläufigen

---

[102] 52 Stat. 631, 22 U.S.C. §§ 611—621 (1958).

[103] *Viereck v. United States*, 318 U.S. 236 (251) (1943) diss.op.; s.a. 367 U.S. 138 (J. Black diss.op.).

[104] J. Black, 367 U.S. 158; J. Douglas, 367 U.S. 169 ff.

[105] Entzug von Steuererleichterungen: 50 U.S.C. § 794 (a) (2); Verweigerung von Staatsanstellungen und Anstellungen in Privatunternehmen, die öffentliche Aufträge ausführen: 50 U.S.C. § 784; Verweigerung eines Reisepasses (schon der Antrag selbst ist strafbar): 50 U.S.C. § 785; s. allerdings jetzt *Aptheker v. Secretary of State*, 378 U.S. 500 (1964).

[106] *Dennis v. United States*, 341 U.S. 494 (1951); *Yates v. United States*, 354 U.S. 298 (1957); *Scales v. United States*, 367 U.S. 203 (1961); *Noto v. United States*, 367 U.S. 290 (1961).

[107] *American Communications Assn. v. Douds*, 339 U.S. 382 (1950); *Barsky v. Board of Regents*, 347 U.S. 442 (1952); *Lerner v. Casey*, 357 U.S. 468 (1958); *Beilan v. Board of Education*, 357 U.S. 399 (1958); *Nelson v. County of Los Angeles*, 362 U.S. 1 (1960); *Konigsberg v. State Bar*, 366 U.S. 36 (1961); *In re Anastoplo*, 366 U.S. 82 (1961); s.u. bei Fn. 155 ff.

Repressalien als erfaßte Anhänger einer unpopulären Minderheit ausgesetzt[108].

So bringen die Meldepflichten Sanktionen mit sich, die zur Unterdrückung der Partei und jeder politischen Aktivität ihrer Mitglieder führen können und u. U. Anhängern der Partei ein normales Leben in der Gesellschaft unmöglich machen. Alle diese Beschränkungen können von der Prüfung der Meldepflichten nicht getrennt werden. Infolgedessen ist der systematische Gehalt der Entscheidung auch nur relativ bedeutsam. Das Gericht rechtfertigt Meldepflichten und damit Staatsaufsicht durch überwiegende Interessen innerhalb eines „balancing test". Es ist einsichtig, daß hier mehr vorlag, als eine fördernde neutrale Regelung des öffentlichen Diskussionsprozesses. Selbst eine aus Sicherheitsgründen u. U. vertretbare Überwachungsmaßnahme des Staates durch Meldepflichten müßte die weitgehenden, der Maßnahme folgenden Beschränkungen in Rechnung stellen.

Nur J. Black erklärt die Meldepflicht für mit den Garantien des First Amendment unvereinbar, und zwar gerade weil de facto nicht nur zur besseren Information der Öffentlichkeit Anonymität verweigert werde, sondern weil hier Einzelpersonen und Gruppen wegen ihrer politischen Gesinnung erfaßt und unter Aufsicht gestellt würden und das im Rahmen des bestehenden Staatsschutzes zur völligen Unterdrückung führe. Hier werde eine politische Richtung von der politischen Szene und dem öffentlichen Leben verbannt und nicht öffentliche Diskussion „reguliert"[109].

---

108 *Watkins v. United States*, 354 U.S. 178 (1957); *Sweezy v. New Hampshire*, 354 U.S. 234 (1957); *Barenblatt v. United States*, 360 U.S. 109 (1959); *Uphaus v. Wyman*, 360 U.S. 72 (1959); 364 U.S. 388 (1960); *Wilkinson v. United States*, 365 U.S. 399 (1961); *Braden v. United States*, 365 U.S. 431 (1961); s.u. bei Fn. 110 ff.

109 J. Douglas stützt angesichts der genannten Sanktionen seine dissenting opinion auf das Fifth Amendment, das das Recht, selbstinkriminierende Aussagen zu verweigern, garantiert. Es dürften keiner Einzelperson Offenbarungspflichten auferlegt werden, die u. a. eine strafrechtliche Verfolgung nach sich ziehen könnten, 367 U.S. 175 ff.; ebenso J. Black, 367 U.S. 143. Interessanterweise hat sich der Supreme Court in einer neuesten Entscheidung in *Albertson v. Subversive Activities Control Board*, 382 U.S. 70 (1965), dieser Meinung angeschlossen, was die Registrierungspflichten des einzelnen Parteimitglieds betrifft. In der einstimmigen (!) Entscheidung wird die entsprechende Bestimmung des McCaran Act für verfassungswidrig, weil gegen das Fifth Amendment verstoßend, erklärt. Zwar bleibt die Registrierungspflicht für die Partei (etwa durch den Vorstand) hiervon unberührt, die Durchführung des Registrierungsprogramms aber mag durch diese Entscheidung praktisch unmöglich gemacht worden sein. Die Durchführung war schon durch eine *Albertson v. SACB* vorausgehende Entscheidung des Circuit Court of Appeals in Washington, *Communist Party v. United States*, 331 F. 2d 807 (D.C.Cir. 1963), — deren Überprüfung der Supreme Court verweigerte, 377 U.S. 968 (1964) —, erschwert worden. Die Entscheidung verlagerte die Beweislast für die Anmeldebestimmung (64 Stat. 993 [1950] i.d.F. 50 U.S.C. § 768 [1958]) auf die Anmeldebehörde. Schließlich erklärte der Supreme Court in *Aptheker v. Secretary of State*, 378 U.S. 500, die

2. *Bloßstellung in Legislativuntersuchungen*

Es wurde verschiedentlich erwähnt, daß der Gesetzgeber umfassende „Beweise" der verräterischen Konspiration und Subversion der Kommunistischen Partei und ihrer Deckorganisationen gesammelt hatte. Ein Teil dieses Materials war von Untersuchungsausschüssen des Kongresses der Vereinigten Staaten zusammengetragen worden[110].

a) Kongreßausschüsse

Die Untersuchungsausschüsse des Kongresses[111] (deren Ursprung in England liegt) haben eine lange Geschichte in den Vereinigten Staaten[112]. In neuerer Zeit waren sie z. B. in der New Deal-Periode Mittel, Börsenpraktiken, Gewerkschaftsmißstände, Konzentration wirtschaftlicher Macht und ähnliches zu untersuchen und an das Licht der Öffentlichkeit zu bringen. Mit dem sogenannten „Dies-Committee" von 1938 begannen dann Untersuchungen auf dem Gebiet der Staatssicherheit[113]. Im Bereich der politischen Meinungsbildung arbeiteten nach dem II. Weltkrieg das aus dem *„Dies-Committee"* hervorgehende *„House Committee on Un-American Activities"* (HUAC), das 1945 als dauernder Ausschuß des House of Representatives geschaffen wurde und dessen Aufgabe es war, „Ausmaß, Ziele und Charakter ‚unamerikanischer' Propaganda in den USA zu untersuchen"[114], weiter das „Subcommittee on Internal Security" des „Senate Judiciary Committee" unter dem Vorsitz der Senatoren MacCarran, Jenner und Eastland, und für eine gewisse, über die Grenzen der Vereinigten Staaten berüchtigte Zeit das „Subcommittee on Investigations" des „Senate Committee on Government Operations" unter Senator *Joseph McCarthy*[115].

Zweck dieser parlamentarischen Untersuchungen war es, den Gesetzgeber mit Material für geplante Gesetzgebungsvorhaben zu versorgen

---

Bestimmung des McCarran Act, die es für ein registriertes Mitglied der CPUSA strafbar machte, einen Paß auch nur zu beantragen, wegen Unbestimmtheit (vagueness) für verfassungswidrig. Vgl. zu den neueren Entscheidungen *Bayer*, 16 W.Res.L.Rev. 206 (1964).

110 *Carr* S. 449 ff.

111 Einen umfassenden Schrifttumsnachweis bieten *Emerson-Haber* I, S. 692 bis 695; *Caughey* S. 193 ff.; *Brooks*, Bibl. S. 33 ff. Die verfassungsrechtlichen Fragen werden von *Barth*, Government by Investigation, umfassend dargestellt (s. bes. Kap. VII u. VIII).

112 *Emerson-Haber* I, S. 690 f., *Taylor* S. 17 ff.; *Carr* S. 3 ff.

113 *Emerson-Haber* I, S. 693.

114 91 Cong.Rec. 10, 10—15 (1945); *Carr* S. 22.

115 Schrifttumsnachweise über die McCarthy-Ära in *Emerson-Haber* I, S. 337; *Caughey* S. 196; s. über McCarthy Aktivitäten bes. *Caughey* S. 61 ff.; *Taylor* S. 17—21, 97—102, 102—157; *Sen.* McCarthy's Macht wurde durch den Vorsitz in diesem Ausschuß nur vervollständigt. Schon vorher war er mit seinen Anschuldigungen notorisch und war zum gefürchteten „Kommunistenjäger" geworden.

oder Gesetze selbst anzuregen. Um eine wirksame Arbeit der Ausschüsse zu gewährleisten, waren sie mit dem Recht, Zeugen vorzuladen, unter Eid zu vernehmen und zur Aussage zu zwingen, ausgestattet.

Was die Untersuchungen auf dem Gebiet „verräterischer Propaganda und Subversion" betrifft, haben die Ausschüsse in der Folgezeit Personen zu ihrer politischen Vergangenheit, ihren gegenwärtigen politischen Verbindungen und ihrer politischen Meinung befragt. Nichtbeantwortung dieser Fragen konnte wegen „contempt of Congress" mit Gefängnis bestraft werden. Alle Sitzungen waren öffentlich.

Mag auch der offizielle Zweck der Untersuchungen die Information des Gesetzgebers gewesen sein, so legten doch die Ausschüsse den Sinn ihrer Arbeit anders aus[116]. Sie wollten einzelne Kommunisten öffentlich bloßstellen und damit die öffentliche Meinung gegen diese politische Minderheit einnehmen. Die Berichte der Ausschüsse geben immer wieder offen zu:

"The purpose of this committee is the task of protecting our constitutional democracy by turning the light of pitiless publicity on (these) organizations[117]."

"This committee is the only agency of government that has the power of exposure... There are many phases of un-American activities that cannot be reached by legislation or administrative action. We believe that the committee has shown that fearless exposure... is the answer[118]."

So ins Licht einer negativen Publizität gezogene Personen hatten ihren Platz in der Gesellschaft verloren. Die öffentliche Meinung war nicht allein gegen ihre Lehren mobilisiert, sondern gegen sie selbst. Vor einem Ausschuß geladen und bloßgestellt zu werden, war gleichbedeutend mit wirtschaftlichem und sozialem Tod.

Zynischerweise wurde dem so vor einen Ausschuß Geladenen auch eins der wichtigsten Grundrechte der Verfassung der Vereinigten Staaten, das Recht, Aussagen zu verweigern, die ihn hätten belasten können, de facto entzogen. Wohl stand ihm dieses durch das Fifth Amendment garantierte Recht formell zur Seite. Er konnte jede Aussage unter der Berufung verweigern, daß „the answer would tend to incriminate

---

116 Dem Mißbrauch waren in dieser Richtung kaum Grenzen gesetzt; so erklärt J. Parnell Thomas, damals Mitglied des Dies-Committee: "Anyone who opposes the work of this Committee is un-American." (Zit. nach *Cushman,* Civil Liberties, S. 182).

117 H.R. Rep. No. 1476, 76th Cong. 3rd Sess. 24 (1940).

118 H.R. Rep. No. 1, 77th Cong. 1st Sess. 24 (1941); für weitere Beispiele siehe Appendix zu J. Black's diss.op. in *Barenblatt v. United States,* 360 U.S. 109 (163 ff.) (1960); *Watkins v. United States,* 354 U.S. 178 (199 Fn. 32) (1957); s. auch *Barth,* Loyalty of Free Men S. 55.

him". Von diesem Augenblick an aber war er ein „Fifth Amendment Communist", denn er hatte etwas zu verbergen[119, 120].

Um dem aus dem Wege zu gehen, beriefen sich viele in ihrer Aussageverweigerung auf die Garantie der Meinungsfreiheit des First Amendment. Das First Amendment schütze als wesentliches Element der Meinungsfreiheit das Recht, über seine Meinungen und politischen Verbindungen zu schweigen. Kein Bürger könne gezwungen werden, seine politischen Überzeugungen preiszugeben. Im Falle von Überzeugungen der Anhänger einer unpopulären Mindermeinung führe eine Bloßstellung darüber hinaus wegen der Reaktion der intoleranten Mehrheit gegen die Einzelperson praktisch zu einer Bestrafung der Person wegen politischer Überzeugungen. Eine derartige Verfolgung von unorthodoxer Meinung gefährde das vom First Amendment garantierte freiheitliche System.

b) Barenblatt v. United States

Nachdem die Frage nach der Vereinbarkeit von parlamentarischen Untersuchungen auf dem Gebiet politischer Meinungen mit dem First Amendment schon in *United States v. Rumely*[121] angeklungen war, aber wegen berechtigter anderer Revisionsgründe nicht entschieden zu werden brauchte, stellte sie sich in *Barenblatt v. United States*[122] unausweichlich[123].

---

[119] Zu dieser Pervertierung des Fifth Amendment siehe bes. *Caughey* S. 76, 123 ff., 129; *Taylor* S. 208 ff., 220 ff.

[120] Vgl. aus den zahlreichen Beispielen: Senate Rep. No. 881, 83rd Cong. 2nd Sess., 5 (1954): dieser Bericht des Ausschusses des Senats enthält eine Liste von Personen, die sich auf das Fifth Amendment berufen hatten: dadurch seien „Fifth Amendment Communists" bloßgestellt worden; s. auch Hearings before the Permanent Subcommittee on Investigations, Senate 83rd Cong., 1st Sess. pursuant to S.Res. 40, Part 1, 84 ff.: Senator McCarthy legt die auf dem Fifth Amendment ruhende Aussageverweigerung des Zeugen aus: "Well, now, you have told us that you will not tell us whether you are a member of the Communist Party today or not, on the ground that if you told us the answer might incriminate you. That is normally taken by this committee and the country as a whole to mean that you are a member of the Party, because if you were not you would simply say, "No", and it would not incriminate you ..."; diese Aufweichung des Fifth Amendment war nicht auf Untersuchungsausschüsse selbst beschränkt. Auch in weiten Teilen des Anwaltstandes scheint der ursprüngliche Sinn des Privilegs mißachtet worden sein. In einem nationalen Querschnitt antworteten bei *Stouffer*, a.a.O., 50 % der befragten Anwälte, daß eine Anrufung des Privilegs ein klares Indiz für die Schuld des Befragten sei, sie also fast sicher wären, daß, wer in einem Untersuchungsausschuß eine Frage nach kommunistischen Verbindungen verweigere, ein Kommunist sei, (s. *Stouffer*, S. 234).

[121] 345 U.S. 41 (1953) — es ging um die Preisgabe von Käuferlisten einer u. a. politische Bücher vertreibenden Organisation.

[122] 360 U.S. 109 (1959).

[123] Der zeitlich vorher liegende Fall *Uphaus v. Wyman* wird weiter unten besprochen.

Barenblatt, ein ehemaliger Hochschullehrer an der Universität von Michigan, war vor einen Unterausschuß des HUAC geladen worden und hatte sich geweigert, auf die Frage zu antworten, ob er früher Mitglied der CPUSA gewesen sei, ob er einem bestimmten Club an der Universität (Studentenvereinigung der CPUSA) angehört habe und ob diese Mitgliedschaft noch bestehe. Er berief sich auf die Freiheitsklausel des First Amendment. Diese Weigerung war nicht anerkannt worden, und Barenblatt war zu einer Freiheitsstrafe von sechs Monaten und einer Geldstrafe wegen „contempt of Congress" verurteilt worden.

Der Supreme Court bestätigte, daß das First Amendment unter Umständen ein Recht gebe, die Preisgabe politischer Verbindungen und Mitgliedschaften zu verweigern[124]. Doch stehe dieses Recht der Einzelperson nicht wie das Aussageverweigerungsrecht des Fifth Amendment ohne Ausnahme zur Seite[125]. Wo Rechte aus dem First Amendment geltend gemacht würden, erfordere die Entscheidung nach der ständigen Rechtsprechung des Gerichts eine Abwägung der auf dem Spiel stehenden öffentlichen und privaten Interessen. Das gelte auch hier.

Schon in *Watkins v. United States*[126] hatte das Gericht den *„balancing test"* für verbindlich erklärt und gesagt, daß das Interesse des Gesetzgebers an Information gegen das Recht des Individuums, seine politischen Verbindungen zu verschweigen, abgewogen werden müsse. Allerdings sei damit nicht gesagt,

> "... that every congressional investigation is justified by a public need that overbalances any private rights affected[127]."

Für *Barenblatt* hatte das Gericht also zu entscheiden, ob das Interesse des Gesetzgebers an den Untersuchungen und damit verbunden an der Aussage so schwerwiegend und zwingend war, die unbestrittene Einschränkung der Freiheiten des First Amendment zu rechtfertigen.

Doch war für den Supreme Court die Antwort kaum zweifelhaft. Es sei unbestritten, daß der Gesetzgeber eine Kompetenz habe, kommunistische Aktivitäten zu regeln. Diese Kompetenz sei in *Dennis* und folgenden Entscheidungen immer wieder bestätigt worden. Damit habe er aber auch eine Kompetenz, sich zur weiteren gesetzgeberischen Tätigkeit auf diesen Gebieten Information zu verschaffen. Das Interesse an dieser Informationsbeschaffung sei unbestritten, denn

---

124 s. *Watkins v. United States*, 354 U.S. 178 (197) (1957); s.a. *NAACP v. Alabama*, 357 U.S. 449 (462) (1957).
125 360 U.S. 126.
126 354 U.S. 178 (1957).
127 354 U.S. 198.

"in the last analysis this power rests in the right of selfpreservation, the ultimate value of society[128]."

Daß dieses Interesse der Öffentlichkeit das Interesse der Einzelperson, seine politischen Verbindungen zu verschweigen, überwiegt, war selbstverständlich[129, 130].

Dem Einwand, daß es hier gar nicht um Beschaffung von Information für den Gesetzgeber gehe, sondern, wie aus den Selbstzeugnissen des Ausschusses hervorgehe, um „Bloßstellung um der Bloßstellung willen", „exposure for the sake of exposure", was, wie der Supreme Court in *Watkins v. United States* erklärt habe, verfassungswidrig sei[131], begegnete das Gericht, indem es erklärte:

"So long as Congress acts in pursuance of its constitutional power, the judiciary lacks authority to intervene on the basis of motives, which spurred the exercise of that power[132]."

c) Uphaus v. Wyman

In Entscheidungen, in denen es um die Untersuchungsgewalt der Gesetzgeber der Einzelstaaten ging, wandte der Supreme Court den gleichen Interessenabwägungstest an, um zu bestimmen, wann durch Aussagezwang Meinungsfreiheit eingeschränkt werden könne[133].

In *Sweezy v. New Hamphire*[134] konnte die Frage noch offengelassen werden, denn die Revision war aus anderen Gründen berechtigt.

In *Uphaus v. Wyman*[135] hatte Dr. Uphaus, ein Theologieprofessor, sich geweigert, die Namen der Teilnehmer an einem Jugendlager der „Word Fellowship", die der kommunistischen Unterwanderung verdächtig war, zu nennen. Er selbst hatte während dieses Lagers einen Vortrag gehalten. Er hatte sich auf das mit dem Fourteenth Amendment auch für die Einzelstaaten geltende First Amendment berufen[136].

Der Supreme Court fragte mit dem „balancing test"

---

128 360 U.S. 128; vgl. *Dennis v. United States*, 341 U.S. 494 (509) (1951).

129 360 U.S. 134.

130 In zwei weiteren Fällen wurde ebenso entschieden: *Wilkinson v. United States*, 365 U.S. 399 (1961); *Braden v. United States*, 365 U.S. 431 (1961).

131 *Watkins v. United States*, 354 U.S. 178 (200) (1957).

132 360 U.S. 132.

133 Die Kompetenz der Einzelstaaten auf dem Gebiet der kommunistischen Subversion war unbestritten.

134 354 U.S. 234 (1957).

135 360 U.S. 72 (1959).

136 Im Rahmen dieser Arbeit wird nicht auf die Probleme eingegangen, die die föderalistische Struktur der amerikanischen Verfassung aufgibt. Dem Wortlaut nach finden die Grundrechte des First Amendment nur auf die Organe des Zentralstaates, d. h. vor allem den Bundeskongreß, Anwendung. Mit dem im Jahre 1868 nach dem Bürgerkrieg vor allem zugunsten der Grundrechte der Neger der Südstaaten ratifizierten Fourteenth Amendment wurden auch den Einzelstaaten Beschränkungen auferlegt. "... nor shall any state deprive any person of life, liberty, or property, without due

"Whether the public interests overbalance these conflicting private ones[137]."

Da die Untersuchungen in direktem Zusammenhang mit dem Interesse des Staates an der Verhinderung kommunistischer Subversion standen, also im Interesse der Allgemeinheit an der Sicherheit des Staates, unterlag Dr. Uphaus mit seinem „Privatinteresse", politische Freunde nicht bloßzustellen[138].

d) Gibson v. Florida

Der „balancing test" wurde auch in einer der letzten grundsätzlichen Entscheidungen des Supreme Court zur Frage der Verfassungsmäßig-

process of law." Da die Bill of Rights den Grundrechtskatalog der Bürger der Vereinigten Staaten darstellt, wurde in der Folgezeit vertreten, daß die einzelnen Grundrechte der Bundesverfassung durch das Fourthteenth Amendment auch auf die Staaten Anwendung finden. Für das First Amendment besteht in diesem Sinne für eine Inkorporierung eine fast geschlossene Rechtsprechung des Supreme Court: *Bates v. Little Rock*, 361 U.S. 516 (523) (1960); *NAACP v. Alabama*, 357 U.S. 449 (460—462) (1958); *Staub v. City of Baxley*, 355 U.S. 313 (1958); *Poulos v. New Hampshire*, 345 U.S. 395 (396—397) (1953); *Everson v. Board of Education*, 330 U.S. 1 (8) (1947); *Thomas v. Collins*, 323 U.S. 516 (1945); *West Virginia Bd. of Education v. Barnette*, 319 U.S. 624 (639) (1943); *Douglas v. Jeanette*, 319 U.S. 157 (162) (1943); *Murdock v. Pennsylvania*, 319 U.S. 105 (109) (1943); *Chaplinsky v. New Hampshire*, 315 U.S. 568 (571) (1942); *Bridges v. California*, 314 U.S. 252 (263) (1941); *Cantwell v. Connecticut*, 310 U.S. 296 (303) (1940); *Schneider v. State*, 308 U.S. 147 (160) (1939); *Lovell v. Griffin*, 303 U.S. 444 (450) (1938); *De Jonge v. Oregon*, 299 U.S. 353 (364) (1937); *Gitlow v. New York*, 268 U.S. 652 (666) (1925); s.a. J. Black, *Speiser v. Randall*, 357 U.S. 513 (530) (1958) conc.op.; J. Douglas, *Gibson v. Florida*, 372 U.S. 539 (560 n. 1—2) (1963) conc. op.; — auf der anderen Seite besteht Streit, ob das First Amendment direkt durch das Fourteenth Amendment auf die Staaten Anwendung finde oder im Sinne der traditionell weniger strikten Due Process Klausel elastischer gehandhabt werden müsse. Eine weniger strikte Anwendung des First Amendment würde den Staaten größere Bewegungsfreiheit im Erlaß von Beschränkungen der Meinungsfreiheit geben, als es nach dem Wortlaut des First Amendment für den Bundeskongreß möglich ist. Die letztere Auffassung wird im Supreme Court vor allem von J. Harlan vertreten, s. seine separate opinions in *Roth v. United States*, 354 U.S. 476 (501, 506) (1957); *Smith v. California*, 361 U.S. 147 (169) (1959)) — s. zum ganzen Problem am besten *Brennan*, "The Bill of Rights and the States", a.a.O.; und *Frankfurter*, Memorandum on „Incorporation" of the Bill of Rights into the Due Process Clause of the Fourteenth Amendment, 78 Harv.L.Rev. 746 (1965). Im folgenden wird dieses Problem nicht mehr berücksichtigt, da es sich um eine nur mit dem spezifischen Aufbau des amerikanischen Verfassungssystems zusammenhängende Eigenheit handelt. Das First Amendment wird also als Beschränkung der Staatsgewalt im allgemeinen angesehen. Die Entscheidungen zur Meinungsfreiheit werden hier daher ohne Rücksicht darauf vorgetragen, ob es sich um Eingriffe der States oder des Bundes handelt.

137 360 U.S. 78.

138 Eineinhalb Jahre später, nachdem sich Dr. Uphaus schon ein Jahr in Haft befand, lehnte der Supreme Court es ab, den Fall nochmals zu prüfen (364 U.S. 388) (1960); J. Black schreibt eine scharfe diss.op. zur Verteidigung von Dr. Uphaus (364 U.S. 389, mit J. Douglas und C. J. Warren).

keit von Offenbarungspflichten im Bereich politischer Meinungen in *Gibson v. Florida Legislative Investigation Committee*[139], diesmal allerdings zugunsten der Freiheiten des First Amendment, angewandt.

In diesem Fall, der in seinem Sachverhalt und seiner Begründung sehr dem schon erwähnten Fall *NAACP v. Alabama*[140] ähnelt, hatte ein Untersuchungsausschuß von Florida, dessen Aufgabe es war, kommunistische Infiltration in verschiedene politische Vereinigungen zu untersuchen, die National Association for the Advancement of the Colored People (NAACP) aufgefordert, Mitgliedslisten der Vereinigung vorzulegen.

Wie in Alabama mußte auch hier befürchtet werden, daß die Preisgabe der Namen von NAACP-Mitgliedern die Arbeit der Bürgerrechtsvereinigung in Florida lahmlegen konnte und daß die Bloßstellung für die Mitglieder (in der Hauptsache Neger) mit unerträglichen Repressalien der weißen Bevölkerung verbunden war.

Der Supreme Court zitiert den *Alabama*-Fall und erklärt

"... disclosure of affiliation with groups engaged in advocacy may constitute (an) ... effective restraint of freedom of association...
This Court has recognized the vital relationship between freedom to associate and privacy in one's associations...
Inviolability of privacy in group association may in many circumstances be indispensable to preservation of freedom of association, particularly where a group espouses dissident beliefs[141]."

Aufgabe der Gerichte sei es, diese Interessen den Interessen des Staates an der Aussage gegenüberzustellen. In *Gibson* konnte das Gericht kein zwingendes Staatsinteresse finden. Anders als in *Barenblatt, Wilkinson* und *Braden*[142] handele es sich hier nicht um die Offenbarung der „eigenen Mitgliedschaft in der Kommunistischen Partei", sondern um die Mitgliedschaft in einer legalen Vereinigung. Mitgliedschaft in der Kommunistischen Partei, die nach den Entscheidungen des Gerichts nicht mehr als normale Partei angesprochen werden könne, sei automatisch angemessener Gegenstand legislativer Untersuchungen. Doch sei eine Untersuchung einer legalen Vereinigung unter Offenlegung der Mitgliedschaftslisten nur dann gerechtfertigt, wenn der Staat ein überwiegendes Interesse durch Beweise belege, die auf kommunistische Infiltration schließen lassen. Das habe der Staat nicht getan.

e) Gesamthaltung

Der Supreme Court hat also auch für ein weiteres Gebiet des Staatsschutzes den „balancing test" grundsätzlich für verbindlich er-

---

139 372 U.S. 539 (1963).
140 357 U.S. 449 (1957); vgl. oben bei Fn. 92 ff.
141 372 U.S. 544; 357 U.S. 462 (vgl. Fn. 140).
142 Vgl. oben Fn. 130.

klärt. Wenn eine im Verlaufe einer parlamentarischen Untersuchung erfolgende Bloßstellung einer Einzelperson von überwiegendem Interesse der Öffentlichkeit gedeckt ist, könne man nicht von einer Verletzung der Freiheiten des First Amendment sprechen.

Zwar kann man, wenn man *NAACP v. Alabama*[143], Parallelfälle[144], in denen es um die Bloßstellung durch Offenlegung von Mitgliedslisten ging, und *Gibson v. Florida* betrachtet, darauf schließen, daß der Supreme Court grundsätzlich unter dem First Amendment ein „right to be silent", ein „right of privacy in one's associations" als garantiert annimmt, auch wenn er diese Rechte durch das öffentliche Interesse für einschränkbar erklärt[145].

Doch seine Gesamthaltung zur Frage der politischen Freiheiten der Kommunisten wird weiterhin stark durch die *Dennis-*, *Yates-* und *Scales*-Entscheidungen bestimmt. Das wird deutlich in *Gibson v. Florida,* wo das Gericht im Rahmen der Legislativuntersuchungen bei der Abwägung der streitenden Interessen die der politischen Bloßstellung von Einzelpersonen folgenden Sanktionen wirtschaftlicher und sozialer Art und die das politische Recht unmittelbar beschränkenden Folgen in Rechnung stellt. Im Falle der Bloßstellung und Identifizierung von Kommunisten werden diese nachteiligen Folgen kaum erwähnt und jedenfalls immer als nicht gewichtig bezeichnet. Damit aber behandelt der Supreme Court die Frage der politischen Bloßstellung recht unzureichend. Die dissenting opinions von J. Brennan in *Uphaus v. Wyman*[146] und J. Black in *Barenblatt v. United States*[147] und die Lektüre der Selbstzeugnisse der Ausschüsse belegen, daß in der Praxis diese Untersuchungen der Bloßstellung von Kommunisten dienten.

Falls man unterstellen muß, daß die Untersuchungsausschüsse so arbeiteten, und wenn man weiter bedenkt, daß hier nicht nur politische Tätigkeiten von Organisationen zur besseren Information der Öffentlichkeit aufgedeckt, sondern die politischen Meinungen und Verbindungen von Einzelpersonen und diese Personen selbst bloßgestellt wurden, dann befriedigt das Argument des Supreme Court wenig,

---

143 357 U.S. 449 (1957).

144 s.o. Fn. 95.

145 Bezeichnenderweise handelt es sich in diesen Fällen, in denen das Gericht eine Güterabwägung zugunsten des First Amendment ausfallen läßt, gleichzeitig um den Schutz der für die Gleichberechtigung der Negerbevölkerung kämpfenden Bürgerrechtsvereinigungen. Seit der bekannten Entscheidung *Brown v. Board of Education* (347 U.S. 483 [1954]), in der der Supreme Court die Rassentrennung in Schulen für verfassungswidrig erklärte, entscheidet er zugunsten der der Erzwingung der Gleichberechtigung dienenden politischen Rechte.

146 360 U.S. 72 (82 ff.) (1959).

147 360 U.S. 109 (134 ff.) (1959).

wenn er erklärt[148], die Motive des Gesetzgebers seien irrelevant, solange er innerhalb einer Kompetenz zur Gesetzgebung und damit Materialbeschaffung handele. Es geht hier nicht nur um die Motive des Gesetzgebers, sondern um die Art und Weise der tatsächlichen Wahrnehmung dieser Kompetenz. Daß der Gesetzgeber eine Informationskompetenz hat, kann nicht automatisch heißen, daß eine derartige Kompetenz zur de facto Bestrafung von Einzelpersonen durch Bloßstellung und negative Publizität berechtigt[149].

Auf der anderen Seite hat der Supreme Court, obgleich er die Einschränkung politischer Freiheiten durch einen Aussage- und Offenlegungszwang grundsätzlich für zulässig erklärte, an die Legislativuntersuchungen — wahrscheinlich in Erkenntnis der Mißbrauchsmöglichkeiten — in neuerer Zeit sehr hohe rechtsstaatliche Anforderungen gestellt und damit versucht, ihren Einfluß zurückzudrängen. Insbesondere verlangte er eine klare, durch einen spezifischen Gesetzgebungszweck beschränkte Untersuchungskompetenz, Bestimmtheit des Untersuchungsthemas sowie deutliche Relevanz der Einzelfragen an den Zeugen zu diesem Thema und stellte schließlich hohe Anforderungen an die Fairneß des gesamten Verfahrens. In diesem Sinne hob er die Urteile wegen „contempt" in *Sweezy v. New Hampshire*[150], *Deutsch v. United States*[151] und *Russel v. United States*[152] auf[153].

3. Entfernung von gefährlichen Personen aus einflußreichen Positionen und Staatsstellungen

Registrierung und Bloßstellung von Personen mit verfassungsfeindlicher Gesinnung erleichtern zwar dem Staat die Aufsicht über diese Personen und schaffen ein feindliches Klima gegen die Minderheit, sind aber in ihrer Wirksamkeit beschränkt. Solange Personen mit staatsfeindlicher Gesinnung nicht aus Einflußpositionen und staatlichen Anstellungen entfernt sind, bilden sie theoretische Gefahren-

---

148 *Barenblatt v. United States*, 360 U.S. 109 (132) (1959).

149 Vgl. Judge Edgerton in *Barsky v. United States*, 167 F.2d 241 (256) (D.C.Cir. 1947): "What Congress may not restrain, Congress may not restrain by exposure and publicity ... The First Amendment forbids Congress purposely to burden forms of expression that it may not punish." Vgl. hierzu auch *Barth*, Loyalty ... Kap. III.

150 354 U.S. 234 (1957): (mangelnde Kompetenz, da kein Legislativinteresse belegt werden konnte).

151 367 U.S. 456 (1961): (Fragen an den Zeugen gehörten nicht zum Untersuchungsthema).

152 369 U.S. 749 (1962): Verfahrensmängel; der Fall war bedeutend, da es hier um Untersuchungen der Presse ging; s. die auf dem First Amendment ruhende conc.op. von J. Douglas (773).

153 s.a. *Flaxer v. United States*, 358 U.S. 147 (1958); *Grumman v. United States*, 370 U.S. 288 (1962); *Silber v. United States*, 370 U.S. 717 (1962); *Yelling v. United States*, 374 U.S. 109 (1963).

herde für den Staat. Größte Sicherheit, so könnte man sagen, wird erreicht, wenn alle Personen, von denen in Zukunft wegen ihrer Gesinnung verräterische Handlungen erwartet werden können, aus diesen Positionen entfernt werden.

In einer der bezeichnendsten Entwicklungen nach dem II. Weltkrieg hat in den USA der Staat im Interesse der Staatssicherheit politische Loyalität als Qualifikation für öffentliche Ämter, öffentliche Anstellungen, Berufszulassungen und die verschiedensten Privilegien eingeführt. Gängigste Methode waren das Erfordernis eines „non-Communist affidavit" oder im Rahmen der „loyalty programs" des Bundes und der Staaten besondere Verfahren, in denen die Loyalität von Amtsinhabern oder -kandidaten nachgeprüft wurde.

Das Ausmaß und die Vielseitigkeit der verschiedensten Programme sind kaum überschaubar; das Schrifttum ist sehr umfangreich[154]. Loyalitätserfordernisse wurden für die Mehrheit der Personen im öffentlichen Dienst und der Angestellten in der Industrie, die öffentliche Aufträge erledigte[155], aufgestellt. Berufszulassungen unterlagen Loyalitätstests und Gewerkschaften wurden „gesäubert"[156, 157]. Darüber hinaus war Loyalität Bedingung für die Wählbarkeit zu einem öffentlichen Amt, für die Gewährung eines Reisepasses, Steuererleichterungen und Berechtigungen der verschiedenen Wohlfahrtsprogramme (Wohlfahrt, sozialer Wohnungsbau etc.)[158].

---

[154] Den klarsten Überblick (mit umfassenden Schrifttumsnachweisen und einer Sammlung relevanten Materials) gibt *Emerson-Haber* I, S. 447—690; s. bes. Hinweis auf allgemeine Arbeiten: *Emerson-Haber* I, S. 449; die beiden besten Monographien sind *O'Brian*, "National Security and Individual Freedom" und *Brown*, "Loyalty and Security"; — einen weiteren interessanten Überblick über die mit den einzelnen Loyalitätsprogrammen zusammenhängenden verfassungsrechtlichen Fragen, geben die Protokolle der Sitzungen eines Unterausschusses des Senate Judiciary Committee, der sich mit der Frage beschäftigte, wie weit First Amendment-Freiheiten durch diese Staatsschutzprogramme verletzt wurden; diesen Protokollen kann der Leser auch Schilderungen der praktischen Durchführung der Programme entnehmen. (Wertvolle Beiträge von *Meiklejohn* und *Chafee)*; s. Hearings before the Subcommittee on Constitutional Rights of the Committee on the Judiciary, U.S. Senate 84th Cong. 2d Sess. S.Res. 94 (1955).

[155] Industrial Security Program, Atomic Energy Comm. Program, s. *Emerson-Haber* I, S. 576—580; hier nutzte der Bund seine Vertragsfreiheit dazu, Loyalitätserfordernisse für beauftragte Unternehmen aufzustellen.

[156] Die Loyalitätserfordernisse griffen auch auf Prvatunternehmen über; größere Aktiengesellschaften verlangten ohne staatlichen Zwang Loyalitätseide und stellten eigene Untersuchungen an.

[157] *Brown* hat errechnet, daß 1958 etwa dreizehneinhalb Millionen Personen Bundes- oder Einzelstaatsloyalitätsanforderungen unterworfen waren. Das bedeutete, jeder fünfte Amerikaner mußte als Bedingung für einen Arbeitsplatz „loyal" sein oder in der einen oder anderen Form nachweisen können, daß er in keiner Weise mit der Kommunistischen Lehre oder Partei oder auch nur Parteimitgliedern verbunden war (s. *Brown* S. 181).

[158] s. *Emerson-Haber* I, S. 503—552.

a) Gewerkschaften

aa) Taft Hartley Act

Der National Labor Relations Act von 1935[159] macht in seiner durch den Labor Management Relations Act von 1947[160] (Taft Hartley Act) geänderten Form in § 9 (h) verschiedene durch das Gesetz gewährte Rechtsstellungen und Privilegien für Gewerkschaften davon abhängig, daß

"... there is on file... an affidavit... by each officer of such labor organization ... that he is not a member of the Communist Party or affiliated with such party, and that he does not believe in, and is not a member or supports any organization that believes in or teaches the overthrow of the United States Government by force or by any illegal or unconstitutional methods."

bb) American Communications Association v. Douds

Die erste grundsätzliche Stellungnahme des Supreme Court zu einem Loyalitätseid kam 1950 in *American Communications Assn. v. Douds*[161]. Es ging um die Vereinbarkeit von § 9 (h) des Taft Hartley Act mit dem First Amendment. Durch die Aussagen in dieser Entscheidung, insbesondere die Rechtfertigung eines „balancing test", hat *Douds* viele nachfolgende Entscheidungen von Loyalitätsfragen beeinflußt.

Die Funktionäre der klagenden Gewerkschaft hatten sich geweigert, den „non-Communist affidavit" zu unterzeichnen. Der Supreme Court erklärte beide Teile der eidesstattlichen Versicherung, „is not a member" — „does not believe in", allerdings mit wechselnden Mehrheiten[162] für mit dem First Amendment vereinbar und verfassungsmäßig.

Das Gericht beginnt damit, den Sinn der Säuberungsbestimmungen darzulegen. Das Gesetz wolle das Funktionieren der amerikanischen Wirtschaft durch Verhinderung politischer Streiks sicherstellen. Es sei erwiesen, daß es zur Taktik der Kommunistischen Partei gehöre, subversive Zellen in Gewerkschaften zu organisieren, um in Krisenzeiten die amerikanische Wirtschaft durch Streiks zu lähmen. Deshalb sei eine Entfernung aller wegen ihrer politischen Gesinnung und Verbindung potentiell gefährlichen Personen aus Gewerkschaften notwendig und angemessen. Der Bund habe eine Kompetenz, in dieser Weise „interstate commerce" zu regeln.

---

[159] 49 Stat. 449, 29 U.S.C. §§ 151 ff.
[160] 61 Stat. 136, 29 U.S.C. (Supp. III) § 141, 159 (h).
[161] 339 U.S. 382 (1950).
[162] 5 : 1 für die Verfassungsmäßigkeit des ersten Teils, 3 : 3 für den zweiten Teil. (Drei der Richter waren abwesend.)

Ein Verstoß gegen das First Amendment liege nicht vor, wenn auch die politischen Freiheiten einiger Gewerkschaftsfunktionäre nicht vollständig unberührt blieben.

Erstens brauche keine besondere notstandsähnliche Gefahr im Sinne des „clear and present danger test" vorzuliegen.

"When the effect of a statute or ordinance upon the exercise of First Amendment freedoms is relatively small and the public interest to be protected is substantial, it is obvious that a rigid test requiring a showing of imminent danger to the security of the Nation is an absurdity[163]."

Außerdem sei dieser Test hier schon deshalb nicht anwendbar, weil es sich nicht um eine Beschränkung der Meinungsäußerungsfreiheit handele (worum es für J. Holmes und J. Brandeis immer gegangen sei), denn es würden nicht Meinungsäußerungen, sondern das wahrscheinliche zukünftige Verhalten von Personen verhindert.

"Speech may be fought by speech... But force may and must be met with force. Section 9 (h) is designed to protect the public not against what Communists and others identified therein advocate or believe, but against what Congress has concluded they have done and are likely to do again[164]."

Wenn im Verlaufe einer solchen Regelung von Verhalten („conduct") in Wahrnehmung einer berechtigten Kompetenz politische Grundrechte beschränkt würden, dann sei das allenfalls ungewollte Nebenfolge, also eine „indirekte" Beschränkung. In einem so gelagerten Fall sei es die Pflicht der Gerichte zu entscheiden, welchem der streitenden Interessen unter den besonderen Umständen des Einzelfalls größerer Schutz zu gewähren sei.

"When particular conduct is regulated in the interest of the public, and the regulation results in an indirect, conditional, partial abridgement of speech, the duty of the courts is to determine which of these two conflicting interests demands the greater protection[165]."

In der Vergangenheit seien zwar unter dem Vorwand, die öffentliche Sicherheit und Ordnung zu schützen, die politischen Grundrechte immer wieder verletzt und Regulierungen dazu eingesetzt worden, unpopuläre Ideen und Meinungen zu unterdrücken. Wo aber das Interesse der Öffentlichkeit an der Verhinderung von das gesamte Wirtschaftsgefüge lähmenden politischen Streiks so unbestritten und schwerwiegend sei, könne eine gesetzliche Maßnahme nicht allein deswegen desavouiert werden, weil sie in gewisser Hinsicht politische Rechte einschränke.

So gesehen, konnte die vom Gericht geforderte Güterabwägung in *Douds* nur zugunsten der Säuberung der Gewerkschaften ausfallen.

Der zweite Teil des Loyalitätseides verlangte eine Versicherung, daß der Funktionär „does not believe in the violent overthrow of

[163] 339 U.S. 397.
[164] 339 U.S. 396.
[165] 339 U.S. 399.

the Government". Zwei der Richter, die den ersten Teil des Eides für verfassungsmäßig hielten, sahen darin eine unzumutbare und verbotene Einschränkung der auf jeden Fall vom First Amendment garantierten Weltanschauungsfreiheit[166]. Doch die drei Richter der Mehrheit sahen keinen Unterschied zur Offenlegung von Mitgliedschaft in der Kommunistischen Partei:

"Of course we agree that one may not be imprisoned or executed because he holds particular beliefs. But the sole effect of the statute upon one who believes in overthrow of the government by force and violence... is that he may be forced to relinquish his position as union leader[167]."

Daß es Ausnahmen von dem Schutz vollkommener Weltanschauungsfreiheit geben müsse, sei einsichtig. Könne nicht von einem Mitglied des Sicherheitsdienstes, der den Präsidenten schützt, eine eidesstattliche Versicherung verlangt werden, er sei nicht für die Ermordung des Präsidenten? Mache es nicht einen Unterschied, ob Loyalität von einem General verlangt werde, der fünfhunderttausend Soldaten befehlige, oder von einem Dorf-Polizisten?

"To argue that because the latter may not be asked his beliefs the former must necessarily be exempt is to make a fetish of beliefs[168]."

Auch wenn es um reine Anschauungen gehe, müsse im Einzelfall sorgfältig abgewogen werden, ob das Interesse der Öffentlichkeit eine Entfernung von Personen mit gefährlichen Anschauungen rechtfertige.

J. Black erklärt in seiner dissenting opinion beide Teile der eidesstattlichen Versicherung als de facto Bestrafung von Personen für ihre politischen Anschauungen für verfassungswidrig[169].

Mit *American Communications Assn. v. Douds* hat der Supreme Court verbindlich erklärt, daß Personen, deren gegenwärtige und vergangene politische Gesinnung bzw. Verbindung ihre Teilnahme an zukünftigen staatsgefährdenden Handlungen wahrscheinlich machen, aus einflußreichen Positionen entfernt werden können, wenn ein genügendes öffentliches Interesse dafür besteht[170]. Doch auch wenn das

---

166 J. Frankfurter und J. Jackson.

167 339 U.S. 408.

168 339 U.S. 410.

169 In *Osman v. Douds*, 339 U.S. 846 (1950), lag dem Gericht ein gleicher Sachverhalt vor. Diesmal nahm J. Douglas teil und vertrat ganz die Position von J. Black.

170 Vgl. auch *Killian v. United States*, 368 U.S. 231 (1961); § 9 (h) des Taft-Hartley-Act von 1947 wurde im Jahre 1959 durch § 201 (d) des Labor-Management Reporting and Disclosure Act (73 Stat. 519, 525) aufgehoben und durch strengere Bestimmungen ersetzt. Wo § 9 (h) nur Offenlegung kommunistischer Verbindungen und Gesinnung und damit Entlassungen erzwungen hatte, machte Section 504 des neuen Gesetzes es für ein Mitglied der Kommunistischen Partei *strafbar*, Gewerkschaftsfunktionen innezuhaben (73 Stat. 519, 536; 29 U.S.C. § 504 [1958 ed. Supp. IV]). Auch hier will der Gesetzgeber politische Streiks verhindern, allerdings auf direkterem und effektiverem Wege (s. H.R.Rep. No. 741 86th Cong. 1st. Sess. p. 33 [1959]).

Gericht diese Haltung mit dem Satz „force must be met with force"[171] zu rechtfertigen versucht, so geht es im Kern um Spekulationen auf Grund der politischen Gesinnung eines Bürgers. Die Gewalt, die der Gesetzgeber hier bekämpfen will, ist objektiv noch nicht vorhanden; wir begegnen dem alten Anspruch, der Staat dürfe qua Kompetenz, Rechtsverletzungen zu verhindern, schon bei der Gesinnung als Ursachenherd anknüpfen.

Der *Douds*-Fall aus dem Jahre 1950 ist für die folgende Entwicklung der Rechtsprechung des Supreme Court auf dem Gebiet der Freiheiten des First Amendment, wie schon betont, von außerordentlicher Wichtigkeit. In dieser Entscheidung wurde das erste Mal die Methode der Interessenabwägung zur Rechtfertigung von Einschränkungen der Meinungsfreiheit herangezogen und damit die Entwicklung zu einer weitgehenden Relativierung dieses Freiheitsrechts hin eingeleitet. Die Entscheidung erging noch vor *Dennis v. United States* und ebnete praktisch den Weg für die dargestellte endgültige Ablösung des „clear and present danger test"[172].

Gleichzeitig versucht der Supreme Court allerdings auch, die Anwendungsbereiche der neuen Doktrin zu begrenzen. Interessenabwägung sei dann geboten, wenn eine Maßnahme die Meinungsfreiheit nur „indirekt" berühre, wenn also der Gesetzgeber in Ausübung einer allgemeinen Regelungskompetenz die Meinungsfreiheit zwangsläufig auch einschränken müsse. Der Supreme Court steht auf dem Standpunkt, daß bei „indirekten" Einschränkungen der Gesetzgeber einen weiten Spielraum habe. In diesen Fällen rechtfertigen überwiegende Interessen Eingriffe, ohne daß eine unmittelbare Gefahr für die Staatssicherheit vorzuliegen brauchte. Diese Argumentation konnte schon im Zusammenhang mit der Rechtsprechung zu Anmeldepflichten und Kongreßuntersuchungen verfolgt werden.

b) Anwälte

Das Bestreben, Personen mit staatsfeindlicher Gesinnung aus Berufen zu entfernen, war am stärksten für den Anwaltstand zu fühlen. Juristen gehören in großer Zahl der Elite einer Gesellschaft an; sie haben erheblichen Einfluß auf die Legislative und Judikative, und damit auf die Schaffung und Verwaltung des Rechts.

Der Supreme Court erklärte Section 504 für verfassungswidrig, *United States v. Brown*, 381 U.S. 437 (1965). Jedoch stützt Chief Justice Warren im Namen des Gerichts die 5 : 4 Entscheidung nicht auf eine Verletzung des First Amendment, sondern erklärt, eine solche Strafbestimmung für eine bestimmte Personengruppe sei eine „bill of attainder", also ein verfassungswidriges Strafurteil der Legislative, die nur generell abstrakte Normen erlassen darf.

[171] 339 U.S. 396 (1950).

[172] Vgl. auch *Corwin* S. 199.

Jeder praktizierende Anwalt in den Vereinigten Staaten muß „member of the bar" des Gerichts sein, vor dem er einen Fall vertreten will, d. h. er muß zugelassen sein. Die Zulassungsbedingungen variieren sehr von Staat zu Staat. Gewöhnlich läßt das jeweils oberste Gericht eines Einzelstaates auf Vorschlag einer Kommission, „Committee of Bar Examiners", den Kandidaten zu. Diese Prüfungsausschüsse untersuchen die fachliche, sittliche und staatsbürgerliche Qualifikation des Anwalts.

aa) Politische Qualifikationen

In jedem Staat muß der Kandidat einen Eid leisten, er werde die Verfassung unterstützen und schützen. Einige Staaten verlangen darüber hinaus besondere politische Qualifikationen[173, 174].

Ein Gesetz von Kalifornien schreibt vor, daß

"advocating the overthrow of the Government of the United States or of this State by force and violence, or other unconstitutional means, constitutes a cause for disbarment or suspension[175, 176]."

Für die Zulassung eines Kandidaten waren weiter „non-Communist affidavits" in der bekannten Form üblich:

"Do you believe in, are you member of, do you support any organization that believes in or teaches the overthrow of the United States by force...[177]."

Oft fragten die Prüfer nicht so direkt, sondern ergründeten im Rahmen einer charakterlichen Prüfung die politische Gesinnung des Kandidaten[178].

Nichtzulassungen wegen Mitgliedschaft zu subversiven Organisationen waren allerdings nicht häufig. In einem Fall, *Schware v. Board of Bar Examiners of New Mexico*[179], entschied der Supreme Court, daß weit zurückliegende Mitgliedschaft in der Kommunistischen Partei (in diesem Fall im Jahre 1930) nicht die Zurückweisung eines Kandidaten wegen sittlicher und charakterlicher Bedenken rechtfertige. Grundsätzlich aber nahm das Gericht zur Frage der Vereinbarkeit politischer Qualifikationen für Anwälte mit dem First Amendment hier nicht Stellung.

---

173 Im einzelnen s. *Brown-Fasset*, 20 U.Chi.L.Rev. 480 ff. (1953).

174 Die American Bar Association (Hauptberufsvereinigung der amerikanischen Anwälte) hat in Entschließungen immer wieder gefordert und Gesetzgeber der Einzelstaaten gedrängt, schärfste Loyalitätsanforderungen an Anwälte zu stellen und insbesondere Kommunisten von der Zulassung auszuschließen; s. 36 A.B.A.J. 972 (1950); 37 A.B.A.J. 125 (1950); 37 A.B.A.J. 312—313 (1951); 39 A.B.A.J. 344—345 (1953).

175 Cal. Bus. and. Prof. Code § 6106.1.

176 s.a. Md.Ann. Code, Gen. Laws Art. 85 A §§ 10—19; *Brown-Fasset*, 20 U.Chi.L.Rev. 483 ff. (1953); *Emerson-Haber* I, S. 400.

177 Alabama: s. *Brown-Fasset*, 20 U.Chi.L.Rev. 491 (1953).

178 *Brown* S. 109—111; *Brown-Fasset*, 20 U.Chi.L.Rev. 487 ff. (1953).

179 353 U.S. 232 (1957).

Erst sehr viel später, im Jahre 1961, konnte es dem Problem nicht mehr ausweichen. Es ging um die Frage, ob ein Kandidat Fragen nach seiner politischen Gesinnung und Verbindung beantworten muß.

bb) Konigsberg v. State Bar of California

In *Konigsberg v. State Bar of California*[180] hatte sich der Kandidat für den Anwaltsstand geweigert, Fragen bezüglich seiner Mitgliedschaft zur Kommunistischen Partei zu beantworten. Die Prüfungskommission hatte deshalb abgelehnt, seine Zulassung vorzuschlagen, und zwar weil es Konigsberg durch seine Weigerung unmöglich gemacht habe, seine Qualifikation umfassend zu untersuchen[181].

Konigsberg hatte sich nicht auf das Fifth Amendment, sondern auf das First Amendment berufen. Der Staat habe weder ein Recht, eine Berufszulassung von den politischen Verbindungen und der politischen Gesinnung des Kandidaten abhängig zu machen, noch habe er ein Recht, den Bürger überhaupt nach seiner politischen Gesinnung zu befragen und ihn zu zwingen, diese offenzulegen.

Der Supreme Court stützt die Entscheidung dieser Frage ganz auf den nunmehr gebräuchlichen „balancing test". Allgemeine Bestimmungen, die nur „indirekt" die politische Freiheit beschränkten, seien gerechtfertigt, wenn ein überwiegendes öffentliches Interesse vorliege. Der Staat regle hier, wen er als Anwalt für qualifiziert halte. Man könne sich in der Tat schwer eine verfassungsrechtliche Interpretation des Schutzes politischer Freiheiten vorstellen, die dem Staat bei der Überprüfung des Charakters, der Glaubwürdigkeit und der Ziele eines Kandidaten für die Zulassung als Anwalt kategorisch verbiete, vergangene politische Äußerungen oder Verbindungen in Rechnung zu stellen. Es sei schwer einzusehen,

> "that a belief, firm enough to be carried over into advocacy, in the use of illegal means to change the form of State or Federal Government is an unimportant consideration in determining the fitness of applicants for membership in a profession in whose hands so largely lies the safekeeping of this country's legal and political institutions[182]."

Für Legislativuntersuchungen, Gewerkschaftspositionen und besonders für öffentliche Anstellungen[183] sei es ständige Rechtsprechung des Gerichts, daß eine Offenlegung von Mitgliedschaft in der Kommunistischen Partei im öffentlichen Interesse gerechtfertigt sei:

> "we regard the State's interest in having lawyers who are devoted to the law in its broadest sense, including not only its substantive provisions, but

[180] 366 U.S. 36 (1961).

[181] Der Fall war das zweite Mal vor dem Supreme Court. In *Konigsberg v. State Bar of California*, 353 U.S. 252 (1951), hatte das Gericht die Nichtzulassung aus anderen Gründen aufgehoben, ohne auf das First Amendment einzugehen.

[182] 366 U.S. 52.

[183] s.u. nächster Abschnitt.

also its procedures for orderly change, as clearly sufficient to outweigh the minimal effect upon free association occasioned by compulsory disclosure[184]."

Der Supreme Court entschied gegen Konigsberg. Er sprach damit verbindlich aus, daß ein Kandidat sich nicht unter Berufung auf das First Amendment weigern kann, Fragen bezüglich seiner politischen Verbindungen zu beantworten. Gleichzeitig aber hatte das Gericht damit bestätigt, daß Mitgliedschaft in der Kommunistischen Partei eine Zulassung hindert[185].

In diesem Sinn entschied das Gericht am selben Tag, auf *Konigsberg* gestützt, auch *In re Anastaplo*[186].

c) Öffentlicher Dienst

aa) Die Loyalitätsprogramme

Bundes- und Einzelstaatsloyalitätsprogramme[187] bestehen praktisch für alle Bereiche des öffentlichen Dienstes. Sie fordern einmal für bestimmte „sensitive" Gebiete politische Zuverlässigkeit von Personen — keine KP-Mitgliedschaft, kommunistische Gesinnung oder Bekanntschaft mit Kommunisten —, aus unmittelbaren Sicherheitserwägungen (erhöhte Spionage- und Sabotagegefahr). Zum anderen verlangen sie — auch wo kein unmittelbares Sicherheitsbedürfnis vorliegt — allgemein „loyalty" (keinerlei KP-Verbindung) als Qualifikation. Besonders Anforderungen dieser Art sind weit verbreitet und haben Anlaß zu verfassungsrechtlichen Bedenken gegeben. Beide Seiten, Loyalitätsvorschriften für sogenannte sensitive Bereiche und allgemeine Loyalitätsanforderungen, werden kaum gesondert behandelt[188].

Als direkte Reaktion auf den Beginn des Kalten Krieges mit der Sowjetunion nach dem II. Weltkrieg erließ Präsident Truman 1947 die Executive Order 9835[189], die Grundlage für alle Loyalitätsprogramme wurde. Diese Order verlangte

> "a loyalty investigation of every person entering the civilian employment of any department or agency of the executive branch of the Federal Government."

---

[184] 366 U.S. 52.

[185] 366 U.S. 51—52; s. Calif.Bus. and Prof. Code § 6064.1.

[186] 366 U.S. 82 (1961); Konigsberg und Anastaplo sind Opfer ihres Idealismus geworden. J. Black belegt in seiner diss.op. in *In re Anastaplo* (366 U.S. 97 ff.), daß Anastaplo die Antworten nur verweigert hatte, weil er fest der Überzeugung war, daß das First Amendment politische Qualifikationen jeder Art verbiete, und er durch sein Aushalten dieser Übung widerstehen wollte. Er war „politisch vollkommen unbelastet" und hätte zugelassen werden können.

[187] s. vor allem *Brown*, a.a.O.; *Emerson-Haber* I, S. 552—621; 655—686; bes. Bibl. S. 554; s. *Barth*, Loyalty of Free Men, Kap. V—VIII, IX; *Rackow*, 12 W.Res.L.Rev. 701 (1961) gibt einen übersichtlichen Kurzbericht (Bundesprogramme).

[188] *Brown* S. 8, 23, 92.

[189] 12 Fed.Reg. 1935.

Ein Mangel an Loyalität konnte unter anderem daraus geschlossen werden, daß die Person Revolution oder Anwendung von Gewalt zur Änderung der verfassungsmäßigen Ordnung der Vereinigten Staaten befürwortete.

Public Law 733[190] räumte den Leitern von verschiedenen militärischen oder verwandten Bereichen das schon während des Krieges gewährte absolute Ermessen ein, Personen aus Gründen der nationalen Sicherheit zu entlassen.

Nach sechs Jahren wurde die E. O. 9835 von Präsident Eisenhower durch die Executive Order 10 450 von 1953[191] ersetzt. Diese mehr nach Sicherheitsgesichtspunkten ausgerichtete Maßnahme bestimmte, alle Positionen, in denen

"the occupant could bring about, by virtue of the nature of the position, a material effect on the National Security",

als „sensitive positions" einzuordnen[192]. Diese Stellen sollten Personen, die unter anderem gewaltsamen Umsturz befürworteten, nicht offen stehen[193].

In den Einzelstaaten waren Loyalitätsanforderungen ebenfalls weit verbreitet. Vierundzwanzig Staaten verlangten einen Loyalitätseid von allen Beamten oder Angestellten im öffentlichen Dienst[194].

Zur Frage politischer Qualifikationen von Beamten und öffentlichen Angestellten hat der Supreme Court oft, wenn auch, was das First Amendment betrifft, nicht sehr ergiebig Stellung genommen.

Jede Diskussion des Problems ging davon aus, daß nach einer traditionellen amerikanischen Theorie[195] kein Bürger ein Recht auf Anstellung durch den Staat hat, sondern der Staat lediglich eine Anstellung als „Privileg" gewährt. Dieser Grundsatz erhielt durch einen Satz von J. Holmes oft zitierte Autorität:

"... the petitioner may have a constitutional right to talk politics, but he has no constitutional right to be a policeman[196]."

Der Supreme Court hat auch in neuerer Zeit den Gedanken vom Privileg, das der Staat gewähre, nicht aufgegeben und hat sich oft ausdrücklich geweigert, zu der Frage überhaupt Stellung zu nehmen[197]. Wohl könne der Staat, auch wenn er nur Privilegien verleihe, nicht

[190] 64 Stat. 476 (1950).

[191] 18 Fed.Reg. 2489; s. dazu *Cole v. Young*, 351 U.S. 536 (1956).

[192] Sie ist damit schärfer als E.O. 9835, da auch Personen, die nicht vorsätzlich staatsfeindlich eingestellt sind, aber „security risks" darstellen, entlassen werden konnten..

[193] Zur Durchsetzung des Programms s. *Brown* S. 24—60.

[194] *Brown* S. 92; s. im ganzen *Gellhorn*, The States and Subversion.

[195] *Dotson*, 15 Pub.Adm.Rev. 77 (1955), gibt einen Überblick über die Entwicklung dieser Theorie.

[196] *McAuliffe v. New Bedford*, 155 Mass. 216 (220) (1892).

[197] *Wiemann v. Updegraff*, 344 U.S. 183 (192) (1952); *Cramp v. Board of Public Instruction of Orange County*, 368 U.S. 288 (1961).

zur Bedingung machen, daß auf Verfassungsrechte verzichtet werde[198], oder etwa eine Bestimmung erlassen, daß kein Mitglied der Republikanischen Partei, kein Jude und kein Neger als Bundesbeamter eingestellt werden dürfe[199]; doch das hindere ihn nicht, angemessene notwendige Qualifikationen vorzuschreiben[200]. Wie weit das Gericht in dieser Beziehung gegangen ist, zeigt seine Behandlung der Loyalitätsfrage.

bb) Bailey v. Richardson; Garner v. Bd. of Publ. Works

Ohne Begründung[201] bestätigte der Supreme Court 1951[202] die Entscheidung *Bailey v. Richardson*[203] des Court of Appeals in Washington. Miss Bailey war im Rahmen der Exekutivorder Präsident Trumans entlassen worden. Der Court of Appeals bestätigte die Entlassung und das unbeschränkte Recht des Präsidenten, Qualifikationen für den öffentlichen Dienst aufzustellen. Die Freiheiten des First Amendment ständen dem nicht entgegen.

"... the plain and hard fact is that so far as the Constitution is concerned there is no prohibition against the dismissal of government employees because of their political beliefs, activities or affiliations. That document standing alone, does not prevent Republican Presidents from dismissing Democrats or Democratic Presidents from dismissing Republicans[204]."

"The First Amendment guarantees free speech and assembly, but it does not guarantee Government employ[205]."

In *Garner v. Board of Public Works*[206] bestätigte der Supreme Court im selben Jahr einen „non-Communist affidavit" für eine „nicht sensitive" Position im öffentlichen Dienst. Das Gericht erklärte, daß der öffentliche Dienstherr alle Fragen untersuchen könne, die für die Prüfung der Befähigung des Angestellten für diese besondere Position relevant seien.

"Past conduct may well relate to present fitness; past loyalty may have reasonable relationship to present and future trust[207]."

Mit diesen Entscheidungen hatte der Supreme Court aber kaum zu der Frage des First Amendment Stellung genommen. Er prüfte lediglich, ob der Dienstherr im Rahmen seiner Kompetenz, Qualifikationen für öffentliche Stellen aufzustellen, geblieben sei. Zu dieser

---

198 *Frost v. Railroad Comm. of California*, 271 U.S. 583 (594) (1926); *Torcaso v. Watkins*, 367 U.S. 488 (495—496) (1961).

199 *United Public Workers v. Mitchell*, 330 U.S. 75 (100) (1947).

200 s. zum ganzen kritisch *Dotson*, 15 Pub.Adm.Rev. 77 ff., bes. 83 ff. (1955); kritisch auch *Richardson*, 4 St.Louis L.J. 122 ff. (1956).

201 Weil die Richter 4 : 4 stimmten.

202 341 U.S. 918 (1951).

203 182 F. 2d 46 (D.C.Cir. 1950).

204 182 F. 2d 59.

205 182 F. 2d 59.

206 341 U.S. 716 (1951).

207 341 U.S. 720.

Kompetenz gehört nach dem Supreme Court die Berücksichtigung politischer Qualifikationen.

cc) Adler v. Board of Education

Adler v. Board of Education[208] liegt im wesentlichen auf dieser Linie, enthält aber dennoch eine deutlichere Stellungnahme zum Problem des First Amendment. Seit 1940 hatte das Cicil Service Law des Staates New York[209] Lehrer vom Schuldienst in öffentlichen Schulen ausgeschlossen, wenn sie Mitglieder in Organisationen waren, die den gewaltsamen Umsturz befürworteten und lehrten. Eine Novelle aus dem Jahre 1949, das Feinberg Law[210], bestimmte im einzelnen, wie die Schulbehörde (Board of Regents) Lehrer, die Mitglieder oder Anhänger von subversiven Organisationen waren, aus dem Dienst zu entfernen habe. Die oberste Schulbehörde hatte eine Liste subversiver Vereinigungen zusammenzustellen; Mitgliedschaft in einer dieser Organisationen war prima facie-Beweis für mangelnde Qualifikation.

Das Gericht beginnt mit der bekannten Prämisse, daß keiner ein Recht habe, unter eigenen Bedingungen vom Staat angestellt zu werden[211]. Dann bezieht es sich auf den *Garner*-Fall und wiederholt, daß grundsätzlich politische Aktivitäten bei der Prüfung der Befähigungen eines öffentlichen Angestellten berücksichtigt werden können.

Das gelte in verstärktem Maße für die politische Gesinnung und Verbindung eines Lehrers.

"A teacher works in a sensitive area in a schoolroom. There he shapes the attitude of young minds toward the society in which they live ... ; (the state) ... must preserve the integrity of the schools ...[212]."

Schulbehörden hätten deshalb die Pflicht, nur solche Lehrer anzustellen, die diese Integrität der Schule gewährleisteten. Ein Lehrer müsse sich gefallen lassen, daß er nach seinen politischen Verbindungen eingeschätzt werde:

"One's associates, past and present, as well as one's conduct, may properly be considered in determining fitness and loyalty.
From time immemorial, one's reputation has been determined in part by the company one keeps[213]."

Dieser Gemeinplatz hatte aber nicht die Frage beantwortet, ob nicht das First Amendment verbiete, die Befähigung nach politischen Gesichtspunkten zu bestimmen. Es war vorgebracht worden, daß Personen, deren politische Anschauungen und Verbindungen ihnen

---

[208] 342 U.S. 485 (1952).
[209] N.Y. Laws 1939 c. 547 — N.Y. Laws 1940 c. 564.
[210] N.Y. Laws 1949 c. 360.
[211] 342 U.S. 492.
[212] 342 U.S. 493.
[213] 342 U.S. 493.

jeden Weg zu öffentlichen Ämtern versperrten, in ihrer politischen Freiheit auf das empfindlichste beschränkt würden, daß sie für ihre Anschauungen bestraft würden und daß jeder Anreiz, unabhängige Meinungen zu haben, durch eine solche Bedrohung wirtschaftlicher Art erstickt werde. Doch das Gericht entgegnete:

"If ... a person is found to be unfit and is disqualified ... he is not thereby denied the right of free speech and assembly. His freedom of choice between membership in the organization and employment in the school system might be limited, but not his freedom of speech or assembly, except in the remote sense that limitation is inherent in every choice[214]."

Mit der Argumentation von der Freiheit der Wahl für den Bürger ging der Supreme Court in der Sprache weiter als im *Douds*-Fall. Dort sagte er, die Einschränkungen der Meinungsfreiheit seien durch überwiegende öffentliche Interessen gerechtfertigt. Hier bestätigt er die Schaffung eines Bürgers zweiter Klasse[215], der für seine politische Gesinnung und Parteizugehörigkeit de facto wirtschaftlich bestraft wird, und stellt fest, es liege gar keine Einschränkung vor. Für den qualifizierten Lehrer, der zwischen politischer Abstinenz und Anstellung auf der einen Seite und wirtschaftlicher und beruflicher Ausweglosigkeit und Parteizugehörigkeit auf der anderen „wählen darf", mußte das sehr zynisch klingen.

Vielleicht sollte jedoch der Wortlaut der *Adler*-Entscheidung nicht überbewertet werden. Ihr lag zweifellos der Gedanke zugrunde, daß auch hier die Interessen des Staates an einer integren Erziehung der Jugend und damit der Erhaltung einer der verfassungsmäßigen Ordnung loyal gegenüberstehenden neuen Generation so überwiegend seien, daß „Privatinteressen" einzelner zurückzustehen hätten.

Der Supreme Court ist der in *Garner* und *Adler* niedergelegten Linie gefolgt. In *Wieman v. Updegraff*[216] schränkt er lediglich Mitgliedschaft in der KP auf „wissentliche" Mitgliedschaft ein; der Angestellte muß um die illegalen Ziele der Partei wissen. Er läßt dabei den „balancing test" anklingen. Doch in *Beilan v. Board of Public Education*[217] und *Lerner v. Casey*[218] bestätigt er unter Berufung auf seine vorhergehende Rechtsprechung die Entlassung von öffentlichen Angestellten, weil deren Weigerung, über Mitgliedschaft in der KP Auskunft zu geben, Zweifel an ihrer Verläßlichkeit und Vertrauenswürdigkeit rechtfertige. In *Nostrand v. Little*[219] weigert er sich, einen Loyalitätseid für Hochschulprofessoren zu überprüfen.

---

214 342 U.S. 493.
215 J. Douglas, *Adler v. Board of Educ.*, 342 U.S. 508, diss.op.
216 344 U.S. 183 (1952).
217 357 U.S. 399 (1958).
218 357 U.S. 468 (1958).
219 368 U.S. 436 (1962).

dd) Shelton v. Tucker

In *Shelton v. Tucker*[220] nahm der Supreme Court noch einmal grundsätzlich zu der Frage der Überprüfung politischer Verbindungen eines öffentlichen Angestellten im Rahmen von Loyalitätsbestimmungen Stellung.

Ein Gesetz von Arkansas verlangte, daß jeder Lehrer jedes Jahr eine Liste *aller* Vereinigungen, in denen er Mitglied sei, einreiche. Zwar bejaht das Gericht das Recht des Staates, zwecks Prüfung der Qualifikation eines Lehrers dessen politische Verbindungen in Rechnung zu stellen[221]. Doch es erklärt, daß die Bloßstellung aller politischen Vereinigungen eines Lehrers die Meinungsfreiheit unzumutbar einschränke. Selbst wenn der Dienstherr diese Listen nicht veröffentliche, sei die Tatsache, daß sie sich in seinen Händen befänden, genug, um durch Furcht vor Offenlegung Druck auf den Lehrer auszuüben, der eine unpopulären Minderheit angehöre.

"Such unwarranted inhibition upon the free spirit of teachers... has an unmistakable tendency to chill that free play of the spirit which all teachers ought especially to cultivate and practice;...[222]".

Zweifellos ist Grund für diese Haltung des Supreme Court das Erfordernis, *alle* Vereinigungen zu nennen. Andernfalls wäre diese Entscheidung kaum mit seiner ständigen Rechtsprechung in Einklang zu bringen. Die Entscheidung ist aber auch ein Zeichen für die in dieser Zeit wachsende Skepsis des Gerichts unmäßigen Forderungen des Staatsschutzes gegenüber. In neueren Entscheidungen versucht es, Loyalitätsbestimmungen mit rechtsstaatlichen Argumenten zurückzudrängen. So erklärte das Gericht in *Cramp v. Orange County*[223] und *Baggett v. Bullitt*[224] zwei geforderte Loyalitätsversicherungen für zu vage, was im Bereich politischer Freiheiten zusätzliche unzumutbare Beschränkungen mit sich bringe[225].

Die Haltung des Supreme Court zu Loyalitätsanforderungen in diesem Bereich ist, was Stellungnahmen zum First Amendment betrifft, nicht sehr ergiebig, im übrigen aber ist sie unmißverständlich[226]. Der Staat hat ein Recht, Qualifikationen für öffentliche Stellen

---

220 364 U.S. 479 (1960).
221 364 U.S. 485—486.
222 364 U.S. 487.
223 368 U.S. 278 (1961).
224 377 U.S. 360 (1964).
225 Vgl. unten Teil 3 bei Fn. 98 ff.
226 Ohne auf die First-Amendment-Frage einzugehen, entschied das Gericht auch: *Cole v. Young,* 351 U.S. 536 (1956) (Definition der „sensitive position"); *Washington v. McGrath,* 341 U.S. 923 (1951) (bestätigt 182 F. 2d 375 [D.C.Cir. 1950]); *Joint Anti-Fascist Refugee Committee v. McGrath,* 341 U.S. 123 (1951) (die Liste des Justizministers, in der „subversive Organisationen" ohne jedes Verfahren aufgenommen wurden); *Peters v. Hobby,* 349 U.S. 331 (1955) („clearance" für einen Medizinprofessor im Gesundheits-

zu bestimmen. Politische Gesinnung und Verbindungen sind relevante Faktoren für eine Qualifikation und können in Rechnung gestellt werden. Im Grunde berechtigt das öffentliche Interesse den Staat, Loyalität von Personen im öffentlichen Dienst zu verlangen[227].

"We do not question the power of a state to safeguard the public service from disloyalty[228]."

d) Gesamthaltung

Insgesamt hat der Supreme Court in der Frage der Entfernung von Personen mit staatsfeindlicher Gesinnung aus Einflußpositionen, wichtigen Berufsgruppen und dem öffentlichen Dienst, dem Staat ein fast unbeschränktes Präventivrecht eingeräumt. Zur Verhinderung von politischen Streiks, der Unterhöhlung der Rechtsordnung, von Sabotage, Spionage, Propaganda und „Vergiftung" der Jugend, kann er entsprechende Schranken gegen potentielle Staatsfeinde aufrichten.

Der Supreme Court sah jeweils eine „primäre" allgemeine Regelungskompetenz des Staates als gegeben an. Dazu gehörte die Kompetenz, die Wirtschaft zu schützen, die Integrität des Anwaltstandes zu sichern und Qualifikationen für den öffentlichen Dienst vorzuschreiben. Wo in diesem Sinne eine Kompetenz gegeben war, bezeichnete das Gericht Einschränkungen als „indirekt". Die Garantien des First Amendment sind nicht verletzt, wenn ein überwiegendes öffentliches Interesse derartige indirekte Einschränkungen fordert. Das ist durch eine Interessenabwägung im Einzelfall, „balancing test", festzustellen.

Der Staat kann nach dieser Rechtsprechung des Supreme Court Personen mit staatsfeindlichen Meinungen und bestimmten politischen Verbindungen zum Schutz der staatlichen Ordnung kontrollieren (Meldepflichten), ihre Aktivitäten untersuchen, auch wenn er dazu Einzelpersonen bloßgestellt (Kongreßuntersuchungsausschüsse), und er kann solche Personen von Funktionen in der Gesellschaft ausschließen[229].

---

wesen); *Service v. Dulles,* 354 U.S. 363 (1957); *United States v. Lovett,* 328 U.S. 303 (1946); *Vitarelli v. Seaton,* 359 U. S. 535 (1959); *Cafeteria Workers v. McElroy,* 367 U.S. 886 (1961) („security clearance" verneint für eine Köchin); *Green v. McElroy,* 360 U.S. 474 (1959) („security clearance").

227 *Emerson,* 72 Yale L.J. 943 (1963).

228 *Cramp v. Orange County,* 368 U.S. 278 (288) (1961); s.a. *Slochower v. Bd. of Education,* 350 U.S. 551 (1956).

229 In *Speiser v. Randall,* 357 U.S. 513 (1958), erklärte das Gericht allerdings, Steuererleichterungen könnten nicht von Loyalitätsversicherungen abhängig gemacht werden. Leider argumentiert das Gericht nur zu Beginn klar mit dem First Amendment und erklärt, daß eine Verneinung von Steuererleichterungen auf Grund politischer Gesinnungen eine Beschränkung des First Amendment sei: "To deny an exemption to claimants who engage in certain forms of speech is in effect to penalize them for such speech" (357 U.S. 518).

B. „Clear and probable danger"- und „balancing"-Doktrin

Der Supreme Court hat dem Staat weitreichende Kompetenzen für einen präventiven Staatsschutz zugestanden. Er hat die Abwehrlinie gegen verfassungsfeindliche Meinungen weit vorgeschoben, indem er das Grundrecht der Meinungsfreiheit[230] unter einen grundsätzlichen Vorbehalt des öffentlichen Interesses stellte.

---

[230] Die vorliegende Untersuchung differenziert bewußt nicht zwischen Meinungs- und Vereinigungsfreiheit. Im amerikanischen Verfassungsrecht ist die Vereinigungsfreiheit bisher als selbstverständlich unter der „free speech"-Garantie des First Amendment geschützt angesehen worden (Vereinigung zur Propagierung von Meinungen). In letzter Zeit hat der Supreme Court allerdings in einigen Entscheidungen den Begriff „freedom of association" des öfteren statt „freedom of speech" oder neben „free speech" verwendet (vgl. *NAACP v. Alabama,* 357 U.S. 449 (462) (1958); *Bates v. Little Rock,* 361 U.S. 516 (527) (1960); *Shelton v. Tucker,* 364 U.S. 479 (485—486) (1960); *Louisiana v. NAACP,* 366 U.S. 293 (296) (1961); *Scales v. United States,* 367 U.S. 203 (228—30) (1961); *Communist Party v. SACB,* 367 U.S. 1 (90) (1961); *NAACP v. Button,* 371 U.S. 415 (430, 437) (1963)). Daraus haben verschiedene Vertreter der Lehre (Nachweise bei *Emerson,* 74 Yale L.J. 1 [2] [1964]), gefolgert, daß der Supreme Court nunmehr eine von der Meinungsfreiheitsgarantie unabhängige und gesonderte Behandlung der Probleme der Vereinigungsfreiheit vertrete. Aus den bisherigen Entscheidungen, in denen das Recht der Vereinigungsfreiheit im übrigen weiterhin als Ausfluß des First Amendment behandelt wird, läßt sich ein solcher Schluß nicht mit Sicherheit ziehen. J. Black zum Beispiel erwähnt „freedom of association" überhaupt nicht. Andere Mitglieder des Gerichts schließen die Vereinigungsfreiheit weiterhin ausdrücklich in die „free speech"-Garantie des First Amendment ein: J. Douglas in *Louisiana v. NAACP,* 366 U.S. 293 (296) (1961): "... freedom of association is included in the bundle of First Amendment rights ..."; ders. in *Gibson v. Florida,* 372 U.S. 539 (568—69) (1963) conc.op.: "... (the) right of association has become a part of the bundle of rights protected by the First Amendment": J. Stewart in *Shelton v. Tucker,* 364 U.S. 479 (485—86) (1960): "... (the) right of free association, a right closely allied to freedom of speech, and a right which, like free speech, lies at the foundation of a free society ..." Jedenfalls kann wohl kaum davon die Rede sein, daß damit ein *neues* Grundrecht in den Vereinigten Staaten geschaffen sei. Es ist auch nicht ersichtlich, daß der Supreme Court das Recht der politischen Vereinigungsfreiheit anders als das der allgemeinen Meinungsfreiheit behandelte. In allen erwähnten Entscheidungen prüft das Gericht Eingriffe des Staates unter dem Gesichtspunkt des „ad hoc balancing test" und erwähnt keine besonderen weiteren Kriterien. Wahrscheinlich handelt es sich bei dieser nunmehr aufgetauchten Streitfrage für das amerikanische Verfassungsrecht in der Hauptsache um ein Problem der begrifflichen Abgrenzung. Wer den Begriff „freedom of speech" weit faßt, muß in der Garantie dieses allgemeinen politischen Rechts die Vereinigungsfreiheit mit garantiert sehen. Wer den Begriff enger faßt, mag sich gezwungen sehen, neben der allgemeinen Meinungsfreiheit jeweils das Recht, sich zur Propagierung von politischen Meinungen auch zusammenzuschließen, zu nennen. Vergleiche zum ganzen *Emerson* (74 Yale L.J. 1 [1964]), der überzeugend nachweist, daß eine Abtrennung von „freedom of association" nicht unbedingt sinnvoll ist, da einmal für dieses Recht auch die verfassungstheoretischen Grundvoraussetzungen des First Amendment gelten, zum anderen eine Abtrennung keine Erleichterung der Probleme bringt. Soweit es deshalb um die hier behandelten Fragen des Staatsschutzes geht, erscheint eine Trennung in Meinungs- und Vereinigungsfreiheit für das amerikanische Verfassungsrecht vorerst nicht gerechtfertigt.

Der Supreme Court unterscheidet rein formell zwei Gruppen von einschränkenden Maßnahmen. Auf der einen Seite gibt es für ihn die „direkten“ Einschränkungen der Meinungsäußerungsfreiheit, wie sie etwa der Smith Act mit sich bringt, auf der anderen Seite „indirekte“ Einschränkungen der allgemeinen Meinungsfreiheit vor allem durch „ungezielte, notwendige“ Maßnahmen gegen bestimmte Personengruppen bei der Wahrnehmung allgemein bestehender Eingriffskompetenzen.

Die Meinungsäußerungsfreiheit kann „direkt“ eingeschränkt werden, wenn von Meinungsäußerungen ein erhebliches Übel für das Staatsganze droht. Die Bedrohung braucht nicht im Sinne einer klaren gegenwärtigen Gefahr vorzuliegen, sondern die Schwere des Übels allein rechtfertigt, falls dessen Eintreten nicht ganz unwahrscheinlich ist, ein Verbot, Meinungen bestimmten Inhalts zu äußern und sich zwecks Propagierung solcher Meinungen zu vereinigen. „Indirekte“ Einschränkungen der Meinungsfreiheit, also z. B. die Auferlegung von Nachteilen durch Meldepflichten, Bloßstellung und Nichtzulassung zu Berufen im Rahmen einer allgemeinen Regelungskompetenz des Staates, sind gerechtfertigt, wenn überwiegende Interessen des Staates und damit des Gemeinwohls die bedingungslose Wahrnehmung von allgemeinen Kompetenzen verlangen.

Für die erste Gruppe wendet das Gericht einen „clear and *probable* danger test“, für die zweite den „balancing test“ an. Nur äußerlich besteht ein Unterschied zwischen der in *Dennis* vollkommen verwässerten Gefährlichkeitsdoktrin und der Interessenabwägungslehre. Das als wesentlich herausgestellte Zeitelement ist bei dem in *Dennis* propagierten Test praktisch fortgefallen. Im Mittelpunkt steht die Frage, ob die Gefahr, die von Meinungsäußerungen und vor allem von organisierter Verbreitung von verfassungsfeindlichen Meinungen droht, groß genug ist, Verbote zu rechtfertigen. Es mußte im Grunde also dargelegt werden, daß auch vor akuten Gefahr- und Notstandssituationen präventiver Staatsschutz notwendig sei. Und nur wenn Interessen der Staatssicherheit überwogen, konnte eine Beschränkung gerechtfertigt sein. Dieser Gedankengang der Rechtfertigung von Einschränkungen der Meinungsfreiheit unterscheidet sich nicht von der freien Interessenabwägung, wie sie der etwas spätere „balancing test“ verlangt. Auch hier geht es um die verschiedenen Interessen — vor allem Sicherheitsinteressen — des Staates, die scheinbar zur Beschränkung der Meinungsfreiheit zwingen. In beiden Fällen steht die Meinungsfreiheit wie selbstverständlich unter einem generellen Vorbehalt des Gemeininteresses, ohne daß ein Gefahrbegriff im Sinne der ursprünglichen Notstandsdoktrin „clear and present danger“ diesen Vorbehalt qualifizierte. Eine freie Spekulation über drohende

Gefahren ersetzt die objektive Prüfung, ob eine Gefahr so nahe bevorsteht, daß auch ein freiheitliches System hilfsweise Schutzmaßnahmen ergreifen muß. Nicht zu Unrecht übersetzt Justice Frankfurter in *Dennis* die Entscheidung des Gerichts in eine freie Interessenabwägungsentscheidung.

Der Supreme Court hat also auf dem Gebiet des Staatsschutzes in das absolute Verbot des First Amendment einen einschneidenden Vorbehalt hineingelesen. Die Meinungsfreiheit kann im Interesse der Staatssicherheit und anderer öffentlicher Interessen eingeschränkt werden. Wie weit diese Einschränkungen gehen dürfen, ergibt sich nur von Fall zu Fall, denn der Vorbehalt des Gemeinwohls ist notwendig den jeweiligen Bedürfnissen des Staates unterworfen.

Wenn man sich vergegenwärtigt, daß der Supreme Court Schranken der Meinungsfreiheit ohne eine Präjudizierung durch den Verfassungsgeber bestimmen konnte, muß man nach dieser Erörterung seiner Rechtsprechung zu dem Ergebnis kommen, daß das höchste Verfassungsgericht in den Vereinigten Staaten die Meinungsfreiheit in einer freiheitlichen Demokratie als grundsätzlich durch Gemeininteressen einschränkbar ansieht.

Vielleicht sollte noch einmal deutlich betont werden, daß mit *Dennis* die eigentliche Präjudizierung des Supreme Court erfolgte. Es wurde im Verlaufe der Besprechung immer wieder darauf hingewiesen, wie sehr alle Entscheidungen von *Dennis* beeinflußt worden sind. Indem der Supreme Court dort erklärte, daß Meinungsäußerungen eines bestimmten Inhalts verboten sind, hatte er für die Prüfung aller weiteren politischen Diskriminierungen eine Grundlage geschaffen. Nach dieser Entscheidung war die Weiterentwicklung zu der Auffassung, daß Personen, die bestimmten Meinungen anhingen und sie äußerten, nicht den gleichen Schutz wie andere verdienten und daß eine Partei, die derartige Meinungen propagiere, keine Partei im traditionellen Sinne mehr sei, in gewissem Sinne zwangsläufig. Es ist zumindest sehr zweifelhaft, ob der Supreme Court ohne den Ausgangspunkt in *Dennis* Registrierung, Bloßstellung und Entfernung aller Kommunisten bestätigt hätte.

„Clear and present danger" bedeutete, „free speech" kann nur eingeschränkt werden, wenn keine Zeit zum Antworten gegeben ist. Der Supreme Court aber erklärte in *Dennis:* „free speech" kann natürlich eingeschränkt werden, wenn der Staat meint — und das Gericht zustimmt — es sei gefährlich, daß überhaupt gesprochen wird.

Hier stehen sich zwei Philosophien gegenüber. Die eine sagt, Meinungsäußerung, sei sie auch noch so verhaßt, könne nie gefährlich genug sein, um sie zu unterdrücken, solange Zeit vorhanden ist, sie zu widerlegen. Die in *Dennis* durchdringende Haltung will dieses

Risiko nicht eingehen und bietet Sicherheit im Tausch gegen Teile der Freiheit.

Die dargestellten Entscheidungen können kaum den ganzen Umfang und die Komplexität des Staatsschutzrechts und der Staatsschutzpolitik der Vereinigten Staaten nach dem Zweiten Weltkrieg wiedergeben. Das Gewicht der Darstellung lag auf der theoretischen Grundhaltung des Supreme Court gegenüber der Garantie der Meinungsfreiheit im First Amendment. Es wurde an verschiedener Stelle darauf hingewiesen, daß das Gericht im Einzelfall sehr wohl einen wirksamen Grundrechtsschutz gewährte, wenn auch mit Argumenten der allgemeinen Rechtsstaatlichkeit oder aus anderen außerhalb des Bereichs des First Amendment liegenden Verfassungsgrundsätzen. Im übrigen gilt, was zu der theoretischen Grundhaltung des Supreme Court ausgeführt wurde, wahrscheinlich nur bis etwa in das Jahr 1961/62. Nach dem personellen Wechsel seit dieser Zeit — Ausscheiden des konservativen J. Frankfurter, Berufung des liberalen J. Goldberg, später des ebenso liberalen J. Fortas — ergingen Entscheidungen im Sinne der Dennis-Doktrin oder des „balancing test" nicht mehr. Es erscheint sogar einigermaßen sicher, daß das Gericht auf die verhängnisvolle Entscheidung in *Dennis v. United States* nicht mehr zurückkommen wird, mag es sich auch nicht entschließen können, von dieser Entscheidung ausdrücklich abzurücken.

Der Supreme Court hat nunmehr grundsätzliche Entscheidungen gegen einzelne Staatsschutzmaßnahmen getroffen[231]. In anderen hat er deutlich Argumente z. B. gegen den Test der Interessenabwägung zum Ausdruck gebracht[232]. Er verstärkte die Anforderungen an die Rechtsstaatlichkeit und erschwerte damit die Durchführung vieler Staatsschutzprogramme erheblich[233].

---

[231] *Albertson v. SACB*, 382 U.S. 70 (1965) (s.o. Fn. 109); *United States v. Brown*, 381 U.S. 437 (1965) (s.o. Fn. 170); *Aptheker v. Secretary of State*, 378 U.S. 500 (1964) (s.o. Fn. 109) und *Lamont v. Postmaster Gen.*, 381 U.S. 301 (1965); in der letzteren Entscheidung hat der Supreme Court eine Bestimmung (Section 305) des Postal Service and Federal Employees Salary Act von 1962 (76 Stat. 840 [1962], 39 U.S.C. § 4008 [a] [1964]), die es ermöglichte, verfassungsfeindliche Schriften (kommunistische Propaganda) von der postalischen Beförderung auszuschließen — es ging um Exemplare des Peking Review —, weil gegen das First Amendment verstoßend, für verfassungswidrig erklärt.

[232] Vgl. *Baggett v. Bullitt*, 377 U.S. 360 (1964); *Dombrowski v. Pfister*, 380 U.S. 479 (1965); s. im einzelnen unten Teil 3 bei Fn. 98 ff.; s. jetzt auch *Elfbrandt v. Russell*, 384 U.S. 11 (1966).

[233] Beginnend mit den Beweisanforderungen in *Yates v. United States*, *Scales v. United States* und *Noto v. United States*, vgl. oben bei Fn. 73 f.; weiter *Sweezy v. New Hampshire*, 354 U.S. 234 (1957); *Deutsch v. United States*, 367 U.S. 456 (1961); *Russell v. United States*, 369 U.S. 749 (1962); s.a. *Flaxer v. United States*, 358 U.S. 147 (1958); *Grumman v. United States*, 370 U.S. 288 (1962); *Silber v. United States*, 370 U.S. 717 (1962); *Yellin v. United States*, 374 U.S. 109 (1963).

Die Wende in seiner Haltung gegenüber dem First Amendment wurde vielleicht am deutlichsten in der Entscheidung *New York Times Co. v. Sullivan*[234], in der es allerdings um andere Fragen aus dem Bereich des First Amendment ging. In dieser Entscheidung bestätigte er sehr weitgehend das Recht der scharfen Kritik an Beamten und die Immunität vor Schadensersatzprozessen, selbst wenn diese Kritik z. T. mit einer objektiv falschen Tatsachenwiedergabe verbunden sei. Die Entscheidung enthält ein entschiedenes Bekenntnis zu einem freiheitlichen demokratischen System, in dem der Bürger und mit ihm die Presse unabdingbare politische Funktionen wahrnehmen und deshalb weitgehende Immunität genießen müssen.

In gewisser Weise scheint sich nunmehr die Hoffnung von J. Black in *Dennis v. United States* zu bestätigen:

"There is hope, however, that in calmer times, when present pressures, passions and fears, subside, this or some later court will restore the First Amendment liberties to the high preferred place where they belong in a free society[235]."

---

[234] 376 U.S. 254 (1964); die Entscheidung wurde bestätigt in *Rosenblatt v. Baer*, 383 U.S. 75 (1966); ähnliche Grundsätze gelten jetzt auch für den strafrechtlichen Ehrenschutz von Beamten: *Garrison v. Louisiana*, 379 U.S. 64 (1964).

[235] 341 U.S. 494 (581) (1951) diss.op.

Teil 2

Die Grundlagen des First Amendment

Die Zeit nach dem Zweiten Weltkrieg mit ihrem extremen Staatsschutz ist wohl mit Recht als „Krise der politischen Freiheiten" bezeichnet worden[1]. Schon zwei andere derartige Krisen hatte es in den Vereinigten Staaten gegeben.

Kurz nach der Verabschiedung der Bill of Rights, der ersten zehn Amendments, im Jahre 1791 erließ der Kongreß während der Präsidentschaft von John Adams 1798 die Alien and Sedition Laws, welche praktisch jede Kritik an der Bundesregierung und dem Bundeskongreß verboten[2]. Gerechtfertigt wurden diese Gesetze mit dem „Kalten Krieg" gegen Frankreich; man hatte „Beweise" über Spionage- und Verschwörerorganisationen, die von eingewanderten französischen Revolutionären geleitet wurden; für den jungen Staat schien es notwendig, in einem solchen Notstand die innere Ordnung um jeden Preis zu erhalten[3]. Die Berichte über die Exzesse der französischen Revolution während des Jacobinerregimes steigerten die Panik, bis in der allgemeinen Hysterie die leiseste Kritik wie Volksaufrührung klingen mußte.

Um so heftiger und leidenschaftlicher aber war die Reaktion liberaler Kräfte gegen diese Staatsschutzgesetze. An erster Stelle stehen die auf *Thomas Jefferson* zurückgehende Kentucky Resolution[4] und die Virginia Resolution[5]. Der „Report on the Virginia Resolution"[6] mit dem *James Madison* den Protest gegen die Sedition Laws vor dem Kongreß begründete, gilt als klassisches Beispiel freiheitlicher Interpretation des First Amendment. Eine Flut von Abhandlungen über die Unabding-

---

1 *Loewenstein* S. 561.

2 Verboten waren alle "... false, scandalous, and malicious writings against the government, either House of Congress, or the President, if published with intent to defame any of them, or to excite against them the hatred of the people ..." 1 Stat. 596 (1798).

3 Einen faszinierenden Eindruck von dieser ersten großen Verfassungskrise gibt *Smith* in seiner Monographie „Freedom's Fetters" a.a.O.

4 Elliot's Debates IV S. 540.

5 Elliot's Debates IV S. 546.

6 Elliot's Debates IV S. 546—580.

barkeit der politischen Freiheiten wurde verfaßt[7]. In dieser Zeit entstand zum ersten Mal eine spezifisch amerikanische Theorie der Meinungsfreiheit[8], deren Ideen im Gedankengut der modernen amerikanischen Verfassungslehre nachwirken. Die liberale Reaktion erreichte ihren Höhepunkt mit der Wahl Jeffersons zum Präsidenten im Jahre 1800 und der vernichtenden Niederlage der Federalists[9]. Die Inaugurationsrede *Jeffersons* vom 4. März 1801 postulierte die Erhaltung der politischen Freiheit:

"If there be any among us who would wish to dissolve this Union or to change its republican form, let them stand undisturbed as monuments of the safety with which error of opinion may be tolerated where reason is left free to combat it[10]."

Die zweite Krise für politische Freiheiten begann mit dem Erlaß der Staatsschutzgesetze für Kriegszeiten, des Espionage Act von 1917[11] und des Sedition Act von 1918[12]. Diese Krise zog sich bis weit in die Zwanziger Jahre[13] hin. Wieder war politische Kritik, wenn sie auch nur im geringsten als für das sich im Kriegszustand befindliche Land gefährlich ausgelegt werden konnte (Feindbegünstigung, Wehrkraftzersetzung), praktisch vollständig verboten. Verschiedene Einzelstaaten führten diese Entwicklung mit dem Erlaß eigener Staatsschutzgesetze oder der Erneuerung älterer bis in die Friedenszeit fort.

Eine Reaktion auf diese weitgehende Entwertung der Freiheitsgarantien kam aus dem Supreme Court selbst. *Justice Holmes* und *Justice Brandeis* propagierten den „clear and present danger test", um eine klare, objektive Grenze der Einschränkungsmöglichkeiten der Meinungsfreiheit zu schaffen. Mag die neue Doktrin später auch nicht im Sinne eines strengen Notstandskonzepts von der Mehrheit der Richter des Supreme Court behandelt worden sein, sie bedeutete einen

[7] s. *Hay* (1799), a.a.O.; *Thomson*, a.a.O.; etwas später vor allem *Wortman*, a.a.O.; *Tucker*, a.a.O., und *Hay* (1803), a.a.O.

[8] Vgl. *Levy* S. 249.

[9] Die Geltung der Sedition Laws war auf zwei Jahre begrenzt gewesen. Sie wurden nicht erneuert.

[10] *Jefferson*, Selected Writings S. 322.

[11] Act of June 15, 1917 c. 30 Tit. I — jetzt 50 U.S.C. § 33 (1926).

[12] 40 Stat. 553 (1918), dieses Gesetz verschärfte vor allem auf dem Gebiet der Meinungsfreiheit das Gesetz von 1917 noch erheblich: "Whoever, when the U.S. is in war, shall wilfully utter, print, write or publish any disloyal, profane, scurilous or abusive language about the form of government ..., or the Constitution, ... or the flag, ... or the uniform of the army or navy ... or any language to bring the government ... (etc) ... into contempt, scorn, contumely or disrepute ... shall be punished."

[13] Das Standardwerk für den gesamten Zeitabschnitt zwischen dem Erlaß dieser Staatsschutzgesetze und dem Beginn des II. Weltkriegs ist nach wie vor *Chafee*, Free Speech ...; die verfassungsrechtlichen Fragen werden hier ausführlich behandelt.

erheblichen Schritt vorwärts und half, die uferlose „bad tendency doctrine“[14] überwinden.

Die Verfassungskrise nach dem II. Weltkrieg hat wahrscheinlich die schärfste liberale Reaktion in der amerikanischen Geschichte ausgelöst. Die Entscheidungen des Supreme Court sind in dieser Zeit durch die leidenschaftlichen Sondervoten von *Justice Black* und *Justice Douglas* gekennzeichnet. Die meisten der im ersten Teil berichteten Entscheidungen sind nur mit knapper Mehrheit ergangen, und die dissenting opinions der militanten liberalen Minderheit im Gericht sind die wohl faszinierendsten Stellungnahmen zum Problem der Meinungsfreiheit in der Geschichte des Supreme Court. Die kritische Literatur, welche gegen die Beschränkung politischer Freiheiten durch die vielfältigen Staatsschutzmaßnahmen des amerikanischen Gesetzgebers und der Regierung auf der einen Seite und die Relativierung der Garantie dieser Freiheiten durch den Supreme Court auf der anderen auftritt, ist kaum übersehbar. Für die Lehre muß der Philosoph *Meiklejohn* an hervorragender Stelle genannt werden. Er hat die Idee der Meinungsfreiheit in einem selfgovernment am konsequentesten durchdacht und damit einen sehr wesentlichen Beitrag zur Klärung der Grundlagen des First Amendment geleistet.

Immer also, wenn in den Vereingten Staaten die Staatsgewalt Sicherheit auf Kosten der politischen Freiheiten durchzusetzen versuchte, mußten die Grundlagen des First Amendment neu überdacht werden. Immer gab es eine Gruppe, die sich einer freiheitlichen Tradition bewußt war und für die Unveräußerlichkeit der politischen Freiheiten eintrat, — und dabei Meinungsfreiheit als unabdingbares Element eines jeden freiheitlichen Systems verfochten hat.

Die uns aus diesem Material entgegentretenden theoretischen Grundlagen zum Verständnis des First Amendment sollen im folgenden dargestellt werden.

A. Freiheitliche Gesellschaft

I. Geistesfreiheit

Wenn vom Sinn der Garantie der Meinungsfreiheit gesprochen wird, fehlt selten die Hervorhebung der Meinungsfreiheit als Menschenrecht, als Recht zur Entfaltung einer individuellen Persönlichkeit[15].

---

[14] Die bekannteste Entscheidung ist wohl *Gitlow v. New York*, 268 U.S. 652 (1925); s.a. *Whitney v. California*, 274 U.S. 357 (1927).

[15] *Emerson*, 72 Yale L.J. 879 (1963); *Pritchett*, The American Constitution S. 384.

"Man as a moral and intelligent Being, is inseparably possessed of certain absolute and perfect rights. One of the most important and essential of those rights is the liberty of exercising his faculties ...

The exercise of our mental faculties is as necessary to our existence and happiness as the employment of our corporeal powers. When we cease to reflect and speak, it may emphatically be affirmed that we cease to live[16]."

Diese Worte des Vertreters des Gedankengutes von Thomas Jefferson[17], Tunis *Wortman*[18], werden in vielen modernen Begründungen von der Unabdingbarkeit der Meinungsfreiheit wiederholt. Meinungsfreiheit ist ein „good in itself"[19], „selfexpression" ist „the distinctive vocation of mankind"[20], denn sie ist „the surest way of recognizing man as a person, ... his nature as a conscious rational being is the matrix of man's value and dignity"[21].

Jeder Mensch muß das Recht haben, seine geistigen Fähigkeiten zu gebrauchen. Wenn seine Persönlichkeit individuelle Persönlichkeit und nicht genormt sein soll, muß er seine eigenen Ideen, Meinungen und Überzeugungen bilden dürfen[22]. Er muß diese Ideen anderen gegenüber äußern können; Kommunikation ist unabdingbar im geistigen Prozeß. Ohne Kommunikation ist Denken ohne Nahrung, ohne Prüfung, ohne Bestätigung. Und der Mensch muß schweigen dürfen, wo er seine Gedanken sein eigen nennen will, wo seine geistige Entfaltung ungestört sein soll[23].

Ein Eingriff, der die geistige Entfaltung des Menschen durch Unterdrückung von Ideen und Gedanken, durch Knebelung der Kommunikation oder durch Zwang zur Bloßstellung von Anschauungen stört, ist ein Angriff auf die Würde des Menschen, eine Verneinung seiner geistigen Individualität. Wo vorgeschrieben wird, was gedacht, gesprochen und verheimlicht werden darf, können sich keine Individuen entwickeln, sondern der Mensch wird geistig genormt, seine Gedanken in eine Bahn gepreßt, bis er eigenes Denken aufgibt. Dies zu verhindern,

---

16 Tunis *Wortman* S. 139—140.

17 Für *Jefferson* war Meinungsfreiheit ein natürliches jedem Menschen zustehendes Recht: Brief von Jefferson an Monroe, 1797, in: Writings, Band 7, S. 172; s. a. *Franklin*, 14 Law.Guild Rev. 2—3 (1954).

18 *Levy* S. 269 ff.; zum Kreis derer, die Jeffersons politische Philosophie der Meinungsfreiheit ausführten, gehören vor allem auch George *Hay*, John *Thomson* und St. George *Tucker* (alle a.a.O.); daneben *Madisons* Virginia Report (a.a.O.).

19 *Laski* S. 83; *Emerson*, 11 Law.Guild Rev. 1 (1951): "end in itself."

20 *Freund*, The Supreme Court S. 77.

21 *Stumpf* S. 29.

22 s. *Douglas*, Anatomy of Liberty S. 1: "A measure of liberty is the degree to which society affords the individual an opportunity to develop as an integrated human being, healthy in body and soul, with a mind unfettered, with ideas, conscience, and belief inviolate from governmental interference, with a chance for individual preferment and opportunity."

23 *Emerson*, 20 Law.Guild Rev. 48 (1960).

ist Gebot der Garantie der Meinungsfreiheit als Recht der individuellen Geistesfreiheit.

II. Dynamische Gesellschaft

Die Theorie der Meinungsfreiheit in den Vereinigten Staaten betont jedoch besonders die sozialen Funktionen der Meinungsfreiheit. Es ist bemerkenswert, welches Gewicht der Gemeinschaftsfunktion dieses Rechts in der frühen amerikanischen Verfassungslehre beigemessen wird. Man hat Mühe, in den Schriften des „Vaters der Verfassung" James Madison und Thomas Jeffersons Beiträge zum Sinn der Meinungsfreiheit für die geistige Entfaltung des einzelnen zu finden. Auch in dem sehr bedeutenden Werk von Tunis Wortman mit seiner Fülle von Gedanken zur Aufgabe der Ideen- und Diskussionsfreiheit nimmt die individuelle Seite nur relativ geringen Raum ein. Für alle, die in dieser Zeit über das Schicksal des jungen Staates nachdachten, war die Sicherung der Meinungsfreiheit als Mittel zur Erhaltung der gewonnenen Grundfreiheiten vordringlich. Die Meinungsfreiheit sollte der Schaffung und Bewahrung einer verantwortlichen Staatsführung zum Schutz der persönlichen Freiheiten dienen, sollte eine aufgeklärte öffentliche Meinung ermöglichen, den Weg für die Entdeckung neuer Kenntnisse und neuen Wissens öffnen und ganz allgemein das öffentliche Wohl fördern. Diese Funktionen waren faßbar und lebenswichtig. Es ging um das große Experiment Demokratie, um eine junge Nation, deren Staatsvolk sich selbst regierte, deren Staatsvolk deshalb zu dieser Aufgabe fähig sein mußte und deren Zukunft für den Fortschritt offen sein sollte.

In der modernen Verfassungslehre, wie auch im Supreme Court, wird Meinungsfreiheit als Grundvoraussetzung für die Erhaltung einer freiheitlichen dynamischen Gesellschaft und für ein System des self-government anerkannt.

1. Die traditionelle These: Erkenntnis der Wahrheit

Nach der traditionellen Theorie ist Meinungsfreiheit und offene ungehinderte Diskussion Methode zur Erkenntnis der Wahrheit: vor allem moralische, politische und weltanschauliche Irrtümer können nur durch kritische Diskussion und einen rationalen Dialog beseitigt werden.

Für Thomas *Jefferson* ist Freiheit der Meinung, ungehinderte Diskussion und Toleranz jeder Meinung gegenüber sozial gerechtfertigt und geboten, weil in offener Diskussion sich Irrtum von Wahrheit scheide[24]. Jefferson wiederholt nur, was in England John *Milton* schon

---

[24] Notes on Virginia, S. 293—295 (1782) in: Writings, Bd. 3, S. 263—64; A Bill for Establishing Religious Freedom, in: Writings, Bd. 2, S. 237—39; Brief von Jefferson an George Washington (1792), Brief von Jefferson an Pictet (1803), in: Democracy S. 143, 145.

1644 in seiner Schrift „Aeropagitica" pustuliert hatte[25, 26]. Tunis *Wortman* hat in seinem systematischen Werk über die Meinungs- und Pressefreiheit aus dem Jahre 1800 diesen Gedanken für die beginnende amerikanische Theorie der Meinungsfreiheit formuliert:

"... numberless are the truths which have established an undisputed and universal empire. In proportion as investigation continues free and unrestricted, the mass of error will be subject to continual deminuition... The uninterrupted progression of Truth demands that the intellectual intercourse between men should remain entirely unshackled... Introduce the incessant habit of independent reflection, and the establishment of Public Opinion upon a rational and salutary basis will follow as the necessary consequence,... diversity of sentiment... is far from being unfavorable to the eventual reception of Truth. It produces Collision, engenders Argument, and affords exercise and energy to the intellectual errors, removes our prejudices, and strengthens our perceptions...[27]."

Der Engländer John Stuart *Mill*, dessen Gedanken in der Lehre zum First Amendment immer wieder auftauchen[28], liefert in seinem 1859 erschienenen Essay „On Liberty" die brillante Exposition der These[29]. Mill stellt für sein Argument drei Hypothesen auf und folgert jedesmal, daß keine noch so absurde und offensichtlich falsche Meinung von der freien Diskussion ausgeschlossen werden dürfe.

Denn erstens könne die Meinung, die unterdrückt werden solle, wahr sein. Wer sie als falsch unterdrücke, erhebe den Anspruch der Unfehlbarkeit und verschließe sich unter Umständen lebenswichtigen Erkenntnissen[30]. Gesetzt, zweitens, die Meinung enthalte Wahres und Falsches — und so liege es in den meisten Fällen — dann sei es wertvoll, in Diskussion Gelegenheit zu haben, falsche eigene Anschauungen möglicherweise durch die in der Gegenmeinung vorhandenen Teile wahrer Erkenntnis auszutauschen. Nur die ungehinderte freie Diskussion und Zulassung jeder Meinung gebe diese Chance[31]. Drittens aber könne die zu unterdrückende Meinung zugegebenermaßen völlig falsch sein[32]. Aber auch daraus folge nicht, daß sie unterdrückt werden dürfe: Denn

---

25 "And though all the winds of doctrine were let loose to play upon the earth, so Truth be in the field, we do injuriously by licensing and prohibiting to misdoubt her strength. Let her and Falsehood grapple; who ever knew Truth put to the worse in an open and free encounter?" Aeropagitica (Ed. a.a.O.), S. 50.

26 s.a. Walter *Lippmanns* Hinweis auf den Sokratischen Dialog als dialektische Methode, moralische und politische Wahrheiten zu erkennen, Public Philosophy S. 124—125.

27 a.a.O., S. 122—123; s.a. 48, 55, 128—130, 133, 137; *Hay* (1799) S. 48; *Thomson* S. 80; für die englischen Liberalen des 18. Jh. *Hall* S. 3, 4, 9, 10, 12; Bollan S. 1—5.

28 Vgl. zuletzt *Emerson*, 72 Yale L.J. 881, 882 (1963).

29 a.a.O., Kapitel 2, S. 17 ff.; s. dazu *Chafee*, Free Speech S. 559 ff.

30 *Mill* S. 17—34.

31 *Mill* S. 45—52.

32 *Mill* S. 34 ff.

erklärt Mill, so ungern ein Mensch mit einer starken Überzeugung auch zugebe, daß seine Überzeugung möglicherweise falsch sei

"... he ought to be moved by the consideration that however true it may be, if it is not fully, frequently, and fearlessly discussed, it will be held as a dead dogma, not a living truth"[33].

Mancher denke, es sei genug, etwas zu glauben, was er für richtig halte, auch wenn er die Gründe für seine Anschauungen nicht kenne und seine Meinung nie haltbar gegen die oberflächlichsten Gegenargumente habe verteidigen können. Während er glaube, daß nichts Gutes erreicht werde, wenn er seine Glaubenssätze in Frage stellen lasse, seien seine Anschauungen, weil nie der Verteidigung ausgesetzt, in Gefahr, vor dem leichtesten Gegenargument zu kapitulieren. Seine Anschauung sei nicht „Überzeugung" im eigentlichen Sinne, sondern

"the true opinion abides in the mind... as a prejudice, a belief independent of, and proof against, argument... — that is not the way in which truth ought to be held by a rational being. This is not knowing the truth"[34].

Jeder Bürger müsse fähig sein, seine Anschauungen zu verteidigen. Und nur, wenn er die Gegenmeinungen aus dem Munde von überzeugten Dissentern höre, erfahre er sie in ihrer plausibelsten und überzeugendsten Form und sei selbst wirklich gefordert. Wie immer gut und schlüssig seine eigenen Gründe und Beweise seien, solange er die Gegenargumente nicht habe widerlegen können, habe er keine Berechtigung, sein eigenes Urteil vorzuziehen.

Die größte Gefahr sei, so schließt Mill diese Betrachtung, daß, wenn die dauernde Herausforderung fehle, schließlich Überzeugungen zu bloßen Phrasen, einem toten Dogma erstarrten. Nur solange Weltanschauungen in Frage gestellt würden, hätten sie eine Chance, bewußte und lebendige Überzeugungen zu sein.

"But when it has come to be an hereditary creed, and to be received passively, not actively — when the mind is no longer compelled to exercise its vital powers,... there is a progressive tendency to forget all of the belief except the formularity[35, 36]."

Auch Mill propagiert also zum einen die These, daß ungehinderte Diskussion die Wahrheit zu Tage fördern werde. Zum anderen aber erweitert er die These noch durch ein praktisches Argument, das sehr zeitnah erscheint. Dem Irrtum ausgesetzt, von einer feindlichen Weltanschauung intellektuell gefordert, muß der Bürger ein eigenes Weltbild prüfen, verteidigen, und gelangt so zu einer lebendigen Überzeugung.

---

[33] *Mill* S. 34

[34] *Mill* S. 35.

[35] *Mill* S. 40.

[36] Vgl. zum letzten: *Douglas*, Anatomy S. 11.

Die These, daß freie Diskussion ein notwendiges Mittel für die Erkenntnis der Wahrheit sei[37], ist in den Vereinigten Staaten auch heute noch lebendig und hat viele Befürworter gefunden. Justice *Holmes* und Justice *Brandeis* gaben ihr für die neuere Verfassungstheorie Autorität. Auch sie halten es für die beste Prüfung der Wahrheit, wenn diese sich im Wettbewerb auf dem „Marktplatz der Ideen" durchsetzen kann[38]. Die Freiheit der Meinung sei für die Erkenntnis politischer Wahrheiten unabdingbar[39]: Abhilfe für Irrtum sei nicht erzwungenes Schweigen, sondern Diskussion[40]. Die, wie man sie nunmehr nannte, Theorie vom „market-place of ideas", der Gedanke von der sozialen Funktion der ungehinderten Diskussion im Prozeß der Wahrheitsfindung, findet sich in vielen Äußerungen von Richtern[41] und Vertretern der Lehre[42]. Thomas *Emerson* formuliert die Hauptgedanken dieses Aspektes der Theorie der Meinungsfreiheit für die moderne amerikanische Verfassungstheorie noch einmal und postuliert Freiheit von Meinungsunterdrückung:

"... the theory starts with the premise that the soundest and most rational judgement is arrived at by considering all facts and arguments which can be put forth in behalf of or against any proposition. Human judgement is a frail thing. It may err in being subject to emotion, prejudice or personal interest. It suffers from lack of information, insight, or inadequate thinking. It... must always remain incomplete and subject to further extension, refinement, rejection or modification. Hence an individual who seeks knowledge and truth must hear all sides of the question, especially as presented by those who feel strongly and argue militantly for a different view. He must consider all alternatives, test his judgement by exposing it to opposition, make full use of different minds to sift the true from the false. Conversely, suppression of information, discussion or the clash of opinion prevents one from reaching the most rational judgement, blocks the generation of new ideas, and tends to perpetuate error. This is the method of the Socratic dialogue, employed on a universal scale.

The process is a continuous one. As further knowledge becomes available, as conditions change, as new insights are revealed, the judgement is open to reappraisal, improvement or abandonment.

---

[37] s.a. die Rechtfertigung der These bei *Bagehot* S. 343, 354, 358.

[38] J. Holmes, *Abrams v. United States,* 250 U.S. 616 (630) (1919) diss.op.

[39] J. Brandeis, *Whitney v. California,* 274 U.S. 357 (375) (1927) diss.op.

[40] 274 U.S. 377.

[41] J. Frankfurter, *Dennis v. United States,* 341 U.S. 494 (550) (1951) conc.op.; *Milk Wagon Drivers Union v. Meadowmoor Dairies Inc.*, 312 U.S. 287 (293) (1941); *Beauharnais v. Ill.*, 343 U.S. 250 (256—7) (1952); J. Black, *Adler v. Board of Education,* 342 U.S. 485 (496—7) (1952) diss.op.; Judge Learned Hand, *International Brotherhood of Electrical Workers v. National Labor* Rel.Bd., 181 F. 2d 34 (40) (2nd Cir. 1950); J. Douglas, *Adler v. Bd. of Education,* 342 U.S. 485 (508) (1952) diss.op.

[42] *Chafee,* Free Speech S. 33—35, 137—138, 348—350; Blessings of Liberty, S. 102 ff.; *Laski* S. 86, 88; *Meiklejohn,* Political Freedom S. 49, 54, 57, 71—75; *Emerson,* 72 Yale L.J. 881—882 (1963); s.a. *Lippmann,* Public Philosophy S. 124—126; Public Opinion S. 409 ff.; *Hook* S. 58; *Fellman* S. 52—53; *Douglas,* Anatomy S. 11.

The theory demands that discussion must be kept open no matter how certainly true an accepted opinion may seem to be. Many of the most widely acknowledged truths have turned out to be erroneous. Many of the most significant advances in human knowledge — from Copernicus to Einstein — have resulted from challenging hitherto unquestioned assumptions. No opinion can be immune from challenge"[43].

2. Geistige Toleranz

Dieser Aspekt der sozialen Funktion der Meinungsfreiheit, der von einem aufklärerischen Optimismus geprägt zu sein scheint, wird aber auch sehr viel skeptischer beurteilt. Am schärfsten formuliert hier wohl Frank H. *Knight*, wenn er erklärt:

"The settlement of issues by free general discussion is at best a costly process in time and mental effort and patience even when the group is very small. It is much simpler to have one in charge.

In fact, 'discussion' needs little formal supression. There is little evidence that any large mass of people ever wanted to discuss or to attend a discussion of serious issues, involving real intellectual effort.

Discussion seems to manifest in an especial degree the tendency of games to deteriorate... In the field of morals or politics it is questionable whether the net result has been progress toward consensus or multiplication of controversy[44]."

Eine solche Feststellung könnte man sogar ergänzen. Selbst wenn eine größere Gruppe in der modernen Gesellschaft an einer intellektuellen Diskussion teilnehmen will, stehen fast unüberwindliche Hindernisse entgegen[45]. Massenkommunikationsmittel versorgen die Öffentlichkeit mit einer Flut von Informationen, die kein einzelner mehr überblicken kann; jeder Bereich des öffentlichen Lebens ist so ungeheuer komplex geworden, daß nur noch der Spezialist wirkliche Beiträge zur Lösung von Problemen leisten kann; wo die Struktur moderner Massenkommunikation an sich schon Konformität begünstigt, werden u. U. letzte unabhängige und kontroverse Beiträge im Zuge der Kommerzialisierung eliminiert: immer mehr unabhängige (kleine) Zeitungen erliegen der finanziellen Belastung und werden in bestehende große Konzerne einverleibt.

Doch sind technische Schwierigkeiten für eine Diskussion auf breiter Ebene kein Argument gegen die These, daß Diskussion zwischen Partnern, die geistig offen und zu intellektuellen Anstrengungen bereit sind, immer noch potentiell die beste Chance bietet, zu rationalen Urteilen zu gelangen. Auch wenn vielleicht gegenwärtig ein frucht-

---

[43] 72 Yale L.J. 881—882 (1963).

[44] *Knight* S. 302, 304, 323; s.a. *Chafee*, Blessings S. 107, 109; ders. Free Speech S. 559—561 zu John Stuart Mill.

[45] *Chafee*, Blessings S. 107—109; *Douglas*, Freedom of the Mind S. 6—10.

barer Dialog um die uns bedrängenden Fragen nicht stattfindet und der Nettogewinn von Diskussion in Vergangenheit und Gegenwart gering eingeschätzt werden müßte, kann daraus nie gefolgert werden, daß darauf verzichtet werden kann, rationale Diskussion so wenig wie möglich zu behindern und ihr größten Schutz einzuräumen.

Im übrigen müßte denjenigen, die den Wert ungehinderter rationaler Diskussion skeptisch betrachten, entgegnet werden, daß die Verfechter der Meinungsfreiheit in viel berechtigterem Sinne Skeptiker sind. Es geht beim Postulat ungehinderter Diskussion viel mehr um geistiges Offensein für Alternativen als um einen vielleicht unberechtigten Optimismus, durch Diskussion tatsächlich der Wahrheit näherzukommen. Es geht um geistige Toleranz aus der Erkenntnis der potentiellen Mangelhaftigkeit unserer Urteile. Judge Learned Hand, einer der bedeutenden amerikanischen Richter, hat einmal den Geist der Freiheit, wie er unsere Welt bestimmen sollte, als „the spirit which is not too sure to be right“[46] bezeichnet. Jede Weltanschauung, die einen Unfehlbarkeitsanspruch erhebt, wird Ideologie im negativsten Sinne, die ohne Rücksicht auf neue Erkenntnisse der die Welt bestimmenden naturwissenschaftlichen, wirtschaftlichen, sozialen, psychologischen Gesetzlichkeiten das Werteschema und die Entscheidungen dieser weltanschaulichen Richtung für allein richtig und deren Wege zur Erreichung und Bewahrung ihrer Ziele für allein vernünftig hält. Weltanschauung ist keine Wissenschaft, die die Vielfalt des Geschehenden in Gesetze gefaßt hat, deren Richtigkeit außer Frage steht. Die Welt ist in dauerndem Wandel begriffen. Kein Jahrhundert hat den Menschen mehr gelehrt als das unsere, daß sein Weltbild nur Bruchstücke der Realität, wenn nicht Falsches enthält. Industrielle, soziale und wissenschaftliche Revolution ändern die Fundamente unseres Zusammenlebens kontinuierlich. Wenn wir uns dieser Ungewißheit unserer Ideen und Erkenntnisse bewußt bleiben, können wir nur Entscheidungen fällen, die einer Revision offenstehen[47]. Wir müssen ständig die Frage stellen, ob unser politisches, wirtschaftliches und soziales System der beste Weg ist, die Würde des Menschen, seine Gleichheit und individuelle Freiheit zu sichern[48].

"Unless the horizons are unlimited we risk being governed by a set of prejudices of a bygone day. If we are restricted in art, religion, economics, political theory, or any other great field of knowledge, we may become victims of conformity in an age where salvation can be won only by nonconformity[49]."

---

46 Zitiert nach *Gellhorn*, American Rights S. 43.

47 *Fellman* S. 53.

48 *Stumpf* S. 51.

49 *Douglas*, The Right of the People S. 35; vgl. auch *Emerson*, 72 Yale L.J. 881—2.

3. Herausforderung des status quo

In diesem Zusammenhang wird schließlich ein weiterer Aspekt einer ungehinderten Diskussion betont.

Eine noch so tief wurzelnde Weltanschauung als rechtfertigende Grundlage des status quo kann nicht verhindern, daß die tatsächlichen Bedingungen einer Gesellschaft und ihres Systems — und dazu gehören vor allem wirtschaftliche, soziale und psychologische Bedingungen — sich ändern. Eine Unterdrückung von Meinungen, vor allem kritischen Meinungen, die für eine Änderung des status quo eintreten, nimmt der Gesellschaft die Möglichkeit, sich den veränderten tatsächlichen Umständen anzupassen[50]. Die natürliche Tendenz jeder Gesellschaft zur Starrheit, die ihren Grund vor allem in dem Interesse der Mehrheit (oder einer unangreifbaren Minderheit) am status quo hat und die sich in konformem Denken und Intoleranz gegenüber unorthodoxer Meinung ausdrückt, wird bis zu einem Punkt verstärkt, an dem geschmeidige Anpassung unmöglich wird.

"When ideas can compete, a nation escapes the unyielding rigidities that sooner or later lead to violent change because they cannot be broken down exept by explosion. The stifling of criticism and protest precludes evolutionary gradualism[51]."

Eine Gesellschaft, die den veränderten Umständen gerecht werden will, muß Wege der Anpassung finden. Offene Diskussion verhindert, daß die Aufmerksamkeit der Öffentlichkeit von kritischen Fragen und Veränderungen der tatsächlichen Bedingungen des status quo abgelenkt wird. Kritik von „Unruhestiftern" kann die Aufmerksamkeit auf Probleme lenken, die lange unbemerkt waren und die dadurch gefährlich gewachsen sein mögen. Mag die Kritik auch noch so negativ sein, sie zwingt, Entscheidungen zu überprüfen, und kann verhindern, daß Probleme unlösbar werden, weil sie zu lange unbekannt waren.

Meinungsfreiheit gibt Minderheiten, die wegen der Mehrheitssituation nicht aktiv an der Staatsführung teilnehmen können, das Mittel in die Hand, den status quo anzugreifen[52]. Damit ist die Dynamik der äußeren Bedingungen dauernd gegenwärtig und die Gesellschaft auf notwendige Änderungen besser vorbereitet.

"The writer and the thinker are the ones who frequently show that a current attitude is little more than witchcraft. They may do in art, in business, in literature, in human relations, in political theory what Darwin did with Biology, Freud and Jung with the subconscious, Einstein and

---

[50] *Emerson*, 72 Yale L.J. 884; *Gellhorn* S. 42—43.

[51] *Gellhorn*, American Rights S. 43; s.a. *Emerson*, 72 Yale L.J. 885; J. Douglas, *Dennis v. United States*, 341 U.S. 494 (584) (1951) diss.op.; C. J. Hughes, *De Jonge v. Oregon*, 299 U.S. 353 (365) (1937); J. Brandeis, *Whitney v. California*, 274 U.S. 357 (375) (1927) conc.op.; *Fraenkel*, Our Civil Liberties S. 8.

[52] *Douglas*, The Right of the People S. 24.

Rutherford with physics. This folklore or mythology by which we all live needs challengers, doubters, and dissenters lest we become prisoners of it. We need those who provoke us so that we may be warned of the fate that our prejudices or ignorance or wishful thinking may hold in store for us[53]."

"Full and free discussion keeps a society from becoming stagnant and unprepared for the stresses and strains that work to tear all civilizations apart[54]."

Das Interesse am status quo mag so stark sein, daß sich die Mehrheit nur schwer entschließen kann, grundsätzliche Neuordnungen vorzunehmen; doch kann eine graduelle Anpassung weniger leicht aufgehalten werden, wenn die Änderung der äußeren Bedingungen ständig in freier unbehinderter Diskussion hervorgehoben wird. Offene Diskussion schafft, wie Thomas Emerson formuliert, „the balance between stability and change"[55]. Sie gewährleistet, daß eine Gesellschaft dynamisch bleibt und verhindert gleichzeitig, daß sich notwendiger Wandel durch gewaltsamen Umsturz Bahn schaffen muß.

III. Das Haupthindernis: Intoleranz

Ernest Barker fügt seiner Betrachtung eines „government by discussion" Bemerkungen über das ethische Klima bei, das herrschen müsse, wenn ein solches System funktionieren solle. Er nennt diese Bedingungen die „geistigen Bedingungen einer Demokratie"[56] oder gar „Axiome"[57]. Erste Bedingung sei „the agreement to differ", was Toleranz für den Andersdenkenden, Achtung des Andersdenkenden und die Bereitschaft, ihn zu hören und seine Argumente zu prüfen, einschließe.

Viele amerikanische Verfassungstheoretiker, denen die soziologischen und psychologischen Probleme eines verfassungsrechtlichen Fragenkreises of besonders bewußt sind, sehen hier stärkste Hindernisse für das Funktionieren eines Systems der Meinungsfreiheit. Sie fragen danach, wie es mit dem Klima der Toleranz in der modernen Gesellschaft stehe. Werden auch der unorthodoxen Meinung die Rechte der Geistesfreiheit zugestanden? Sollen sich die „Feinde der Freiheit" auf die Garantien einer freiheitlichen Verfassung berufen können? Im Ergebnis stimmen sie überein, daß sich in jeder Gesellschaft eine natürliche Intoleranz des Menschen gegenüber anderen Überzeugungen findet, vor allem wo diese gegen etablierte politische, soziale, wirtschaftliche und moralische Ordnungen gerichtet sind[58]. Dieses Urteil über die Neigung des Menschen, andere Meinungen, Kritik und Opposition zu

---

53 *Douglas,* Freedom of the Mind S. 32.

54 J. Douglas, *Dennis v. United States,* 341 U.S. 494 (584) (1951), diss.op.

55 *Emerson,* 72 Yale L.J. 884 (1963).

56 Reflections S. 63.

57 Reflections S. 71.

58 *Chafee,* Hearings, a.a.O., S. 23; *Douglas,* Freedom of the Mind S. 1—5; *ders.,* The Right of the People S. 22 ff.; *Emerson,* 72 Yale L.J. 887 (1963); *ders.,* 11 Law.Guild.Rev. 2 (1951); *Fellman* S. 92; *Stumpf* S. 34 ff.

unterdrücken, ließe sich mit der scharfen Formulierung des englischen Soziologen und Nationalökonomen Walter Bagehot zusammenfassen:

"Persecutation (of opinion) ... exists by the law of nature: it is so congenial to human nature that it has arisen everywhere in past times as history shows[59]."

Hier sei eine Meinungsumfrage angeführt, die die Mißachtung der politischen Freiheitsrechte von Gruppen mit unorthodoxen Meinungen und generelle Intoleranz und Konformität zeigt. Diese im Jahr 1955 vorgenommene Befragung amerikanischer Bürger über ihre Haltung gegenüber verschiedenen unorthodoxen politischen und religiösen Meinungen und insbesondere die Gewährung politischer Freiheitsrechte für Kommunisten ergab alarmierende Ergebnisse[60].

Auf die Frage, ob einer Person, die eine die Verstaatlichung der Eisenbahnen befürwortende Rede halten wolle, erlaubt werden solle, zu sprechen, antworteten in einem nationalen Querschnitt 31 % der Befragten mit Nein[61]. Wenn ein Kommunist die gleiche Rede halten wollte, waren sogar 69 % der Befragten für eine Verweigerung der Redefreiheit[62]. 60 % der Befragten waren dagegen, daß ein Atheist frei gegen Religion und Kirchen sprechen dürfe[63]. Bei der Frage, ob Bücher von Vertretern radikaler Meinungen aus öffentlichen Bibliotheken entfernt werden sollten, befürworteten 35 % der Befragten eine solche Maßnahme für Bücher mit sozialistischem Gedankengut[64], — für Bücher von Kommunisten: 66 %[65], — für Bücher von Atheisten: 60 %[66]. Was die „Säuberung" und den „Schutz" des Erziehungswesens betrifft sind diese Zahlen sogar — und natürlich — noch höher; 54 % der Befragten waren dagegen, daß Anhänger einer sozialistischen Lehre an Colleges oder Universitäten lehrten[67]. Für eine Entlassung aller Kommunisten aus High-Schools waren 91 %[68], und aus Universitäten 68 %[69]. Die Entfernung aller Atheisten aus Universitäten befürworteten 84 %[70]. Von Rechts wegen sollten Kommunisten nicht einmal als einfache Ladenangestellte (68 %) oder als Unterhalter im Radio (63 %) angestellt werden[71].

---

59 Metaphysical Basis of Toleration S. 340.

60 *Stouffer* a.a.O.; Stouffers Werk enthält eine Übersicht über verschiedene andere Befragungen auf dem Gebiet der politischen Psychologie und eine umfangreiche Bibliographie.

61 *Stouffer* S. 29.

62 *Stouffer* S. 41.

63 *Stouffer* S. 32.

64 *Stouffer* S. 30.

65 *Stouffer* S. 40.

66 *Stouffer* S. 32.

67 *Stouffer* S. 30.

68 *Stouffer* S. 40.

69 *Stouffer* S. 43.

70 *Stouffer* S. 32.

71 *Stouffer* S. 43.

Wie weit diese Versagung jeglicher Grundrechte für Kommunisten geht, zeigen einige Nebenfragen: 51 % waren dafür, alle Kommunisten in Gefängnisse zu verbringen[72], und 58 % fanden es gerechtfertigt, wenn auch Unschuldige mit erfaßt würden, falls das zur radikalen Eliminierung aller Kommunisten unvermeidbar sei[73].

Eins der bedenklichsten Ergebnisse: 64 % hießen selbst eine allgemeine Telefonüberwachung durch Beamte des FBI gut, falls das der Erfassung aller Kommunisten diene[74]; und 73 % aller Befragten meinten, es sei eine gute Idee, daß alle Bürger Nachbarn oder Bekannte beim FBI anzeigten, wenn sie sie als Kommunisten verdächtigten[75, 76].

Damit hat eine Minderheit, die bezüglich der Ordnung einer Gesellschaft andere oder feindliche Ansichten vertritt, einen schweren Stand. Selbst wenn sie politische Freiheiten genießt, stößt sie auf die geschlossene, intolerante Mehrheit der Bürger.

Vielerlei Ursachen für diese mangelnde Tolerierung andersdenkender Bürger werden genannt. Die einzelnen Faktoren, die wohl niemals allein ausschlaggebend sind und sich oft häufen, können nur gestreift werden.

Jeder Angriff auf etablierte Denk- und Ordnungsschemata wird als Bedrohung der persönlichen Sicherheit empfunden. Die Antwort darauf ist Angst, Unsicherheit, Haß und das Bedürfnis, die Quelle der

---

[72] *Stouffer* S. 44.
[73] *Stouffer* S. 46.
[74] *Stouffer* S. 44.
[75] *Stouffer* S. 45.
[76] Der Psychologe Heinz E. *Wolff* (a.a.O.) hat eine ähnliche, 1963 veröffentlichte Untersuchung in der Bundesrepublik angestellt. Abgesehen davon, daß sich eine große Unwissenheit und Uninformiertheit der Befragten über Kommunismus und kommunistische Propaganda ergab, zeigen einige Antworten die Grundhaltung demokratischer Bürger gegenüber Kritik und unorthodoxer Meinung: „Nicht der Kommunismus an sich ist für uns gefährlich, sondern jene Elemente in unserem eigenen Lager, die das eigene Nest beschmutzen, die sich nicht scheuen, selbst an Persönlichkeiten Kritik zu üben, die außerhalb jeder Kritik stehen" (Beamter); „Die Masse hat doch keine eigene Meinung. Die Leute können doch selber nicht selbständig denken ... Deshalb muß man den Leuten auch alles das fernhalten, was durch Kritik ihr Vertrauen in die politische und geistige Führung untergraben könnte" (Angestellter); „Es steht dem Massenmenschen nicht zu, die Obrigkeit zu kritisieren. Solch anmaßende Kritik gebiert Unheil" (Beamter); „Es ist unsere Aufgabe, die Jugend und die breite Masse zu immunisieren, sie also über den Kommunismus aufzuklären. Das bedeutet, daß wir sie sorgsam abschirmen (!) müssen, so daß sie nicht mit Kommunisten und mit kommunistischen Parolen in Berührung kommen. Die Berührung mit dem Kommunismus gefährdet die Säulen der demokratischen Freiheiten ebenso wie die der Erziehung und des Staates" (Kulturpolitiker); „Die Bundesregierung sollte ein Gesetz erlassen, daß jeder, der kommunistische Nachrichten hört, bestraft wird" (Bergmann, 22 J. SPD-Mitglied) — vgl. *Wolff* S. 80, 81, 78, 79.

Störung, der psychologischen Unruhe, zu beseitigen[77]. Mit den gleichen Gefühlen wird auf Störungen der politischen Harmonie und Ruhe im Gemeinwesen reagiert. Minderheiten sind Unruheherde in jeder Gemeinschaft; sie erscheinen dem Bürger als Vergifter der politischen Atmosphäre. Minderheiten neigen dazu, ihre Meinungen extrem und unannehmbar zu formulieren; sie können, da sie ihre Ansichten nicht in die Praxis umzusetzen brauchen, weltfremd sein, und ihre Theorien mögen deshalb undurchführbar erscheinen. Um sich Gehöhr zu verschaffen, gebrauchen sie oft überspitzte Formulierungen und erscheinen in ihrer Kritik hemmungslos. Sie sind leicht „Feuerköpfe", da sie tiefe Überzeugungen haben und dauernd Angriffen der orthodoxen Mehrheit ausgesetzt sind. Sie erscheinen als Gefahr für die politische Ruhe, die, wie viele meinen, Bedingung für ein geregeltes Leben ist.

"Human Beings do not instinctively desire to live in a community where freedom of speech prevails. Instead they long for a unified society. Even sophisticated men feel a strong exhilaration when they march in a procession that keeps perfect step with everybody singing in unison. Distaste is a common initial reaction to anybody who is very different from the general run. It is natural for us to feel hostility toward anybody who expresses unfamiliar opinions or views which we intensely dislike[78]."

Eine Zulassung von Opposition mag auch geeignet erscheinen, Überzeugungen zu gefährden, auf Grund derer ein jeder handelt. Jede Opposition stört, denn sie stellt die Berechtigung des eigenen Handelns in Frage und damit den Erfolg des Handelns selbst. Viele werden es deshalb für unklug halten, ihre Position von sich aus durch Toleranz, als dem Eingeständnis der eigenen Unsicherheit, anzuzweifeln. Justice Holmes formuliert deshalb:

"Persecution for the expression of opinion seems to me perfectly logical. If you have no doubt of your premises or your power and want a certain result with all your heart you naturally ... sweep away all opposition. To allow opposition by speech seems to indicate that you think the speech impotent ... or that you doubt either your power or your premises[79]."

Schließlich aber ist wichtiger Grund für die Unterdrückung unorthodoxer Meinungen das Interesse am status quo, und zwar am status quo, wie er uns in der etablierten politischen und wirtschaftlichen Ordnung entgegentritt[80]. Viele Bürger haben „vested interests" an der bestehenden Ordnung. Da der Bestand dieser Interessen garantiert bleiben soll, darf es keine Änderungen der bestehenden Ordnung geben. Wenn von Opposition z. B. irgendwelche die Wirtschaft treffende Strukturänderungen zu erwarten sind, ist es verständlich, daß

---

[77] Vgl. *Emerson*, 72 Yale L.J. 887 (1963) unter Verweisung bes. auf *Adorno* u. a., The Authoritarian Personality (1950).

[78] *Chafee*, Hearings a.a.O., S. 23; s.a. *Knight* S. 355.

[79] *Abrams v. United States*, 250 U.S. 616 (630) (1919) diss.op.

[80] *Douglas*, The Right of the People S. 22 ff.; *Emerson*, 11. Law.Guild.Rev. 2 (1951).

„Wirtschaftskreise" verhindern wollen, Vertreter derartiger Programme überhaupt zu Wort kommen zu lassen[81].

Es kann hier nicht versucht werden, die Frage zu verfolgen, ob nicht Meinungsunterdrückung selbst eine günstige Atmosphäre für Intoleranz in einer Gemeinschaft schafft; immerhin kann man, wenn eine Staatsführung die Verfolgung und Unterdrückung bestimmter unorthodoxer Meinungen zur offiziellen Politik erklärt, nicht erwarten, daß die Bürger toleranter sind als der Staat; sie mögen durch diese Haltung des Staates und die dadurch verbreitete Furcht und Hysterie zu ihrer eigenen intoleranten Haltung und zu Konformität geführt werden.

Das sich ergebende Bild[82] sollte die Haltung zu staatlichen Meinungsunterdrückungen bestimmen. Wenn es um politische freie Diskussion und das „agreement to differ" auch ohne staatliche Einschränkungen schon schlecht genug bestellt ist und in einer Gesellschaft die Tendenz zur Konformität so stark ist, sollte es außer Frage stehen, daß der Staat ein wichtiges Heilmittel gegen Konformität und Sterilisierung der öffentlichen Diskussion, nämlich unorthodoxe Meinungen, nicht ausschließen und beseitigen darf.

B. Selfgovernment

Meinungsfreiheit ist Voraussetzung eines jeden demokratischen Systems. In der Rechtsprechung und in der Verfassungslehre der Vereinigten Staaten findet dieses Postulat immer wieder Erwähnung[83]. Allerdings bleibt es, von Ausnahmen abgesehen, meist bei allgemeinen Feststellungen, und die Funktionen der Meinungsfreiheit werden kaum ausführlich verdeutlicht. In gewisser Weise erhält man den Eindruck, daß eine Scheu besteht, Selbstverständliches zu betonen.

---

81 *Stumpf* S. 34 ff.

82 Zusammenfassend *Emerson*, 72 Yale L.J. 887—889 (1963).

83 Aus der Rspr. vor allem J. Brandeis, *Gilbert v. Minnesota*, 254 U.S. 325 (337—338) (1920) diss.op.; J. Frankfurter, *Bridges v. California*, 314 U.S. 252 (293) (1941) diss.op.; J. Jackson, *West Virginia Board of Education*, 319 U.S. 624 (641) (1943); *Terminiello v. Chicago*, 337 U.S. 1 (32) (1949) diss.op.; J. Black, *Milk Wagon Drivers Union v. Meadowmoor Dairies*, 312 U.S. 287 (302) (1941) diss.op.; *Braden v. United States*, 365 U.S. 431 (444) (1961) diss.op.; J. Douglas, *Dennis v. United States*, 341 U.S. 494 (584—5) (1951) diss.op.; aus dem Schrifttum *Douglas*, The Right of the People 21 ff.; *Emerson*, 72 Yale L.J. 882—4 (1963); *ders.*, 11 Law.Guild.Rev. 1 (1951); *Freund*, Supreme Court S. 81—87; *Fellman*, Limits of Freedom S. 48, 51, 87 ff.; *Stumpf* S. 27—28; *Gellhorn*, American Rights S. 42; *Chafee*, Free Speech S. 414 ff.; *ders.*, Blessings of Liberty S. 137; *Kalven*, 1960 Sup.Ct.Rev. 15—16; *Frantz*, 51 Calif.L.Rev. 735 (1963); *McKay*, 34 N.Y.U.L.Rev. 1188 (1959); *Lusk*, 45 Ky.L.J. 603 (1957).

Es ist das unbestrittene Verdienst[84] Alexander *Meiklejohns*, die Aufmerksamkeit der Diskussion im Verfassungsrecht auf dieses Element der Theorie der Meinungsfreiheit gelenkt zu haben. Beginnend mit seiner im Jahre 1948 erschienenen Schrift „Free Speech and its Relation to Selfgovernment"[85] hat er in vielen Beiträgen die Bedeutung der Meinungsfreiheit für ein selfgovernment herausgestellt[86]. Dabei zeigt er nicht nur die Funktionen von Meinungsfreiheit in einem demokratischen System auf, er analysiert auch die Struktur der Meinungsfreiheit im Verfassungssystem der Vereinigten Staaten.

Mag die moderne Verfassungslehre, wenn wir von Meiklejohn absehen, wenig dazu beigetragen haben, Meinungsfreiheit in ihrer Bedeutung für ein selfgovernment zu klären, so begegnen wir in der sich während der ersten Dekade nach der Verfassung der Bill of Rights entwickelten Theorie zum First Amendment auf der anderen Seite einem geschlossenen Konzept in diesem Sinne. Die Funktionen von offener Kritik und Diskussion werden klar herausgestellt und verfassungssystematisch überzeugend eingeordnet.

I. Funktionen der Meinungsfreiheit

"Whe hold these truths to be selfevident — that all men are created equal; that they are endowed by their creator with certain unalienable rights; that among these are life, liberty, and the persuit of happiness. That, to secure these rights, governments are instituted among men deriving their just powers *from the consent of the governed*[87]."

In der Declaration of Independence von 1776 postulieren die englischen Kolonien Nordamerikas selfgovernment. Die Ordnung in einer freien Gemeinschaft muß vom Konsens aller Bürger getragen sein — freie Bürger regieren sich selbst.

Wie jedoch kann „selfgovernment", „government by consent" verwirklicht werden? Alexander *Meiklejohn* antwortet mit der Schilderung des „town meeting" der amerikanischen Neuenglandstaaten, die unter Kolonialcharters lange vor der Unabhängigkeit Selbstverwal-

---

[84] *Chafee*, Book Review 62 Harv.L.Rev. 891 (1949); *Emerson*, 72 Yale L.J. 883 (1963); *Freund*, Supreme Court S. 81.

[85] a.a.O.; Zitate werden im folgenden der um weitere Schriften ergänzten Ausgabe „Political Freedom; The Constitutional Powers of the People", a.a.O., entnommen.

[86] Im folgenden wird häufig der Begriff „selfgovernment" statt „Demokratie" verwendet werden, da er — im Zusammenhang mit der hier dargelegten Diskussion m. E. das Element der aktiven und kontinuierlichen Beteiligung des Bürgers im demokratischen Entscheidungsprozeß besser auszudrücken vermag.

[87] Declaration of Independence, July 4, 1776, in *Chafee*, Documents Bd. I S. 194 (Betonung hinzugefügt).

tung geübt haben. Ein solches town meeting ist Modell für „selfgovernment" in der klarsten und einfachsten Form[88].

1. Modell — „town meeting"

In dieser Versammlung treffen sich die Bürger eines Gemeinwesens, um Probleme von gemeinsamem Interesse zu besprechen und zu entscheiden. Jeder Bürger hat das Recht, eigene Vorschläge zu machen und seine Ideen beizutragen, jedoch auch die Pflicht, den Argumenten anderer und der gesamten Diskussion zu folgen.

Erstes Ziel der Diskussion ist es, Vorschläge zu erarbeiten und zu formulieren, auf die sich eine Mehrheit einigen kann. Voneinander abweichende Meinungen müssen einander näherkommen und Kompromisse erreicht werden. Im Interesse des ganzen Gemeinwesens ist es erstrebenswert, wenn möglichst viele Bürger für bestimmte Aktionen einer Meinung sind, sich also auf einen Vorschlag einigen. Manchmal natürlich mag ein Kompromiß nicht erstrebenswert sein, wenn ein bestimmter Vorschlag, mag er auch nur von einer knappen Mehrheit getragen sein, qualitativ besser ist. Doch immer verlangt es das gemeine Wohl, daß Vorschläge erarbeitet werden, die einer Vielzahl von Argumenten ausgesetzt und im Prozeß der Diskussion durch Vernunft geprüft worden sind.

Zweitens aber soll die Diskussion in dieser Versammlung den Bürger politisch aufklären. Diese sind zusammengekommen, um nach einer Diskussion anliegender Fragen durch Abstimmung zu entscheiden, welcher Weg gegangen werden soll. Selbstverständlich werden aus praktischen Gründen nur wenige sprechen und die Diskussion tragen; besonders interessierte Bürger werden sogar mit fertigen Vorschlägen in die Versammlung kommen. Doch wichtiger, als daß alle Bürger sprechen, ist für die Methode des selfgovernment, daß alle Bürger *zuhören*. Die Endabstimmung soll „vernünftig" sein, deshalb ist erforderlich, daß der abstimmende Bürger aufgeklärt ist und die Probleme erkennt und versteht, über die er abstimmt. Der Bürger soll sich selbst regieren. Wenn eine Mehrheit der Abstimmenden an dem politischen Prozeß „blind" teilnimmt, ist der Beitrag dieses Teils zum selfgovernment wertlos. Eine Minderheit wird ihren Willen durchsetzen, ohne daß alle Mitbürger dieser Meinung bewußt, „selfgoverning", folgen. Die wichtigste Aufgabe der Diskussion über die Vorschläge ist es deshalb, den Bürger zu informieren und politisch aufzuklären.

In diesem Modell ermöglicht politische Diskussion erst einen demokratischen Entscheidungsprozeß. Es werden Vorschläge erarbeitet, zu

[88] Political Freedom S. 24—27.

denen jeder einen Beitrag leistet oder jedenfalls leisten kann, und der Bürger wird informiert, gibt seine Stimme politisch aufgeklärt ab. Der Bürger nimmt damit *aktiv* am selfgovernment teil, er steht unmittelbar im Entscheidungsprozeß.

Für den Rahmen der Meinungsfreiheit in diesem Prozeß ergibt sich eine klare Unterscheidung. Es ist unumgänglich, daß die Art und Weise der Meinungsfreiheit Ordnungsregeln unterliegt. Der Präsident der Versammlung kann eine Tagesordnung bestimmen oder jedenfalls eine Tagesordnung zur Abstimmung bringen, die dann bindend ist. Er kann Redezeiten festsetzen. Wenn der Redner sich nicht an die Tagesordnungspunkte hält, wenn er seine Redezeit benutzt, andere Bürger anzugreifen, oder seine Redefreiheit in ähnlicher Weise mißbraucht, kann ihm verboten werden weiterzusprechen. Es gibt vielfältige Einschränkungen der Meinungsfreiheit aus Ordnungsgesichtspunkten; — oder man sollte besser sagen, Beschränkungen der Redefreiheit, denn alle diese Beschränkungen beziehen sich auf die Art und Weise, Ort und Zeit des Redens und dienen der Förderung einer fruchtbaren Diskussion. Der Inhalt der Meinungsäußerung wird allenfalls formell durch die Themenstellung der Tagesordnung reguliert.

Keine Meinung jedoch kann allein deshalb verboten werden, weil sie auf einer bestimmten Seite steht, weil ein anderer sie für unklug oder gefährlich, falsch oder „un-American“ hält.

"And the reason for this equality of status in the field of ideas lies deep in the very foundations of the selfgoverning process. When men govern themselves, it is they — and no one else — who must pass judgement upon unwisdom and unfairness and danger. And that means that unwise ideas must have a hearing as well as wise ones, unfair as well as fair, dangerous as well as safe, un-American as well as American. Just so far as, at any point, the citizens who are to decide an issue are denied acquaintance with information or opinion or doubt or disbelief or critism which is relevant to that issue, just so far the result must be ill-considered, ill-balanced planning for the general good. *It is that mutilation of the thinking process of the community against which the First Amendment to the Constitution is directed*[89]."

Die Meinungsfreiheit ist also im Modell der direkten Demokratie das entscheidendste Element. Ohne Diskussion können die Bürger nicht an der Formulierung von Vorschlägen teilnehmen, und Entscheidungen sind trotz formeller Abstimmung nicht vom „consent of the governed“ getragen, da es ohne Information und Aufklärung keinen echten Konsens geben kann. Ohne Meinungs*freiheit* hat nicht jeder Bürger die Möglichkeit gehabt, eigene Vorschläge und Kritik vorzutragen, haben nicht alle Bürger zu ihrer Aufklärung alles hören können und ist der Konsens der Bürger nur formeller Konsens auf

---

[89] *Meiklejohn*, Political Freedom S. 27 (Betonung von Meiklejohn).

Grund eines verstümmelten geistigen Prozesses. Er ist nicht Konsens von freien, sich selbst regierenden Bürgern.

2. *Repräsentativsystem*

Meiklejohn will mit seiner Darstellung am Modell der direkten Demokratie die Funktionen der Meinungsfreiheit verdeutlichen. Den Verfassern der Bill of Rights stellte sich jedoch das Problem der Repräsentativdemokratie. Die Bürger sollten nicht mehr unmittelbar entscheiden, sondern Vertreter ihres Willens bestimmen, die im Namen aller Bürger unmittelbare Entscheidungen treffen sollten. Die Vertreter der frühen amerikanischen Staatstheorie sahen sich damit dem Problem gegenüber, daß sie auf der einen Seite Repräsentation als einzigen sinnvollen Weg für eine Demokratie mit größerem Staatsvolk erkannten, auf der anderen Seite aber die Macht eines Parlaments fürchteten, vor allem, da sie die Erfahrungen mit dem „souveränen" englischen Parlament vor Augen hatten. Es galt die Souveränität und politische Freiheit des Volkes zu erhalten, — es galt ein echtes *self-government* zu verwirklichen.

In den Quellen zur Theorie der Meinungsfreiheit für die Zeit nach der Annahme der Bill of Rights im Jahre 1791 bis zur Wahl Thomas Jeffersons zum dritten Präsidenten der Vereinigten Staaten wird Meinungsfreiheit von vielen Autoren eindringlich als unabdingbares Element eines demokratischen Systems gefordert.

Die Alien and Sedition Acts von 1798 waren die erste Belastungsprobe der im First Amendment garantierten politischen Freiheiten. Die Vereinigten Staaten waren am Rande eines Krieges mit Frankreich, und die Folgeerscheinungen der Französischen Revolution schufen in Teilen der Bevölkerung Furcht und Feindseligkeit gegen liberale Kräfte. Die Diskussion um diese Staatsschutzgesetze erreichte mit den das Gesetz verurteilenden Kentucky und Virginia Resolutionen von Jefferson und Madison einen Höhepunkt und erhielt mit der Verfolgung aller „aufrührerischen" Kritik an der Regierung des Präsidenten Adams und der von den Federalists beherrschten Gesetzgebung neue Nahrung. Diese Ereignisse gaben den Anstoß für das Entstehen einer geschlossenen liberalen Theorie des First Amendment[90]. Es bestand eine dringende Notwendigkeit, die Grundlagen der Meinungsfreiheit für das System der Verfassung zu klären.

Die Vertreter der liberalen Theorie der Meinungsfreiheit[91], deren systematische Grundlagen von Tunis *Wortman* in seiner „Treatise

[90] *Levy* S. 249.

[91] Die Quellen für diesen Teil der frühen amerikanischen Theorie sind im wesentlichen: *Wortman*, besonders: S. 19—30, 115—124, 125—127, 175—177, 199—202, 207 ff.; *Tucker* S. 15—20; *Hay* (1801) S. 27; *Madison*, Virginia Report; *Thomson* S. 18—23; *Jefferson*, Kentucky Resolution.

concerning Political Enquiry and the Liberty of the Press" am klarsten dargelegt wurden, fordern unbeschränkte Meinungs- und Diskussionsfreiheit, damit ein Volk sich auch in einem Repräsentativsystem wirksam selbst regieren kann.

Die Präambel der Verfassung der Vereinigten Staaten formuliert das Grundelement des neu geschaffenen Systems:

"We the people of the United States ... do ordain and establish this Constitution ..."

Dieser Satz ist Ausgangspunkt für die Theorie der Meinungsfreiheit.

Das Volk ist souverän[92], es ist die einzige souveräne Gewalt im Staatswesen. Angesichts der Tatsache, daß ein Volk als Ganzes die Angelegenheiten der Gemeinschaft — innere Ordnung, Verteidigung nach außen, Förderung des öffentlichen Wohles, Schutz der Einzelrechte —, nicht selbst ausführen kann, hat es in einem Gesellschaftsvertrag[93] die Schaffung eines Staatsapparates beschlossen; es hat Gewalten an verschiedene Organe delegiert und sich diesen Gewalten unterworfen[94].

Doch das Volk hat nicht seine Souveränität delegiert. Nach wie vor sind die mit delegierter Gewalt ausgestatteten Organe dem Willen, dem „general will" des Volkes verantwortlich. Die vom Volk geschaffene Staatsgewalt ist lediglich „Instrument", „Beauftragter, „Diener", „Kreatur" des Volkes[95].

Wie kann das Volk diese Verantwortlichkeit der Staatsorgane gegenüber seinem souveränen Willen wirksam durchsetzen? Wie kann es bestimmen, ob die delegierten Gewalten im Sinne der Delegation wahrgenommen werden, wie kann es eine verantwortliche Wahrnehmung sicherstellen?

---

92 *Wortman* S. 29, 117—119; *Tucker* S. 15—20; *Thomson* S. 18—22.

93 Für Thomas *Jefferson* war der Gesellschaftsvertrag historische Realität, wie sie ihm in den puritanischen Gemeinverträgen Neuenglands, wie dem Mayflower Compact von 1620 zur Gründung eines „body politick" (*Chafee,* Documents Bd. I, S. 106/107), den Fundamental Orders von Connecticut von 1638 (*Chafee,* Documents Bd. I, S. 116/117) u. a., entgegentritt. Der Gesellschaftsvertrag wurde Grundlage seiner staatstheoretischen Anschauungen. Er war Gründungsvertrag der freien Nation der Vereinigten Staaten (s. zum ganzen *Henne,* S. 40 ff., mit Quellenangaben).

94 Vgl. den *Mayflower Compact* von 1620 (*Chafee,* Documents Band I, S. 106/107): "We whose names are underwritten ... covenant and combine our selves together into a civill body politick, for our better ordering & preservation & furtherance of the ends aforesaid; and by vertue hereof to enacte, constitute, and frame such just & equall lawes, ordinances, acts, constitutions, & offices, from time to time, as shall be thought most meete & convenient for the generall good of the Colonie, unto which we promise all due submission and obedience."

95 *Wortman* S. 28/29; *Tucker* S. 15, 17; *Thomson* S. 19, 21, 48; vgl. auch *Hall* S. 10.

Dem Volk muß zur Erhaltung seiner Souveränität ein unbeschränktes Untersuchungsrecht zustehen[96]. Da ihm die Staatsgewalt verantwortlich ist, hat es das Recht und die Pflicht, alle öffentlichen Angelegenheiten zu diskutieren und das Verhalten der Staatsgewalt zu untersuchen, zu kritisieren oder gutzuheißen. Durch unbeschränkte Kritik hält das Volk den Gewalten ständig ihre Verantwortlichkeit gegenüber dem souveränen Willen vor Augen und zwingt sie, dieser Verantwortung nachzukommen. Ohne ein Untersuchungsrecht, ohne öffentliche Kritik durch informierte öffentliche Meinung hört die Staatsgewalt auf, verantwortlich zu sein. Das souveräne Volk hat ein Zensurrecht über alles Handeln der Staatsorgane:

"... Government is the instrument of Society, intended to promote the general purposes of its ordination ... Society must always possess the perfect right of determining how far such instrument has answered the designs of its institution.

From those considerations it is clearly to be inferred that Society should incessantly maintain a species of censorial jurisdiction over its political institutions[97]."

Durch ein unbeschränktes Recht der Untersuchung und Kritik kann das Volk eine wirksame Kontrolle über delegierte Gewalten ausüben und so sicherstellen, daß die Staatsgewalt verantwortlich bleibt. Dieses Element wird am stärksten im Wahlrecht, dem direkten, institutionellen Mittel zur Erhaltung der Souveränität des Volkes relevant. Die Repräsentanten des Volkes sind regelmäßigen Wahlen unterworfen, in denen sie sich verantworten müssen. Doch würden diese Wahlen ohne das unbeschränkte Recht der Wähler, das Verhalten der Regierenden im Amt zu untersuchen, ineffektiv sein:

"... it is plain that such a remedy (election) would be feeble and inactive unless associated with its correspondent rights of inquiry into the conduct of public officers[98]."

"The value and efficacy of this right (of electing the members of the government) depends upon the knowledge of the comparative merits and demerits of the candidates for public trust, and on the equal freedom consequently, of examining and discussing these merits and demerits of these candidates respectively[99]."

Wenn diese Freiheit der Untersuchung und damit Freiheit der unbeschränkten Information nicht besteht, sind Wähler in ihrer Wahl nicht wirklich frei. Nur wenn das Verhalten der Vertreter des Volkes ständig vor der öffentlichen Meinung untersucht und beleuchtet wird, und öffentliche Diskussion der Wählerschaft zeigt, ob und inwieweit

---

[96] Ein Recht, das — wie die Souveränität — nicht delegiert werden *kann*, *Thomson* S. 76.

[97] *Wortman* S. 125; s. a. *Tucker* S. 17 ("... unimpeachable right to censure ..."); *Madison*, Virginia Report S. 574 ("... control ... by censorship of public opinion ..."); *Hay* (1801) S. 27.

[98] *Wortman* S. 201—202.

[99] *Madison*, Virginia Report S. 575.

sie ihre Pflichten erfüllt haben, kann ein informiertes Urteil gefällt werden.

Gleichzeitig aber wirkt die kritische Bloßstellung allen Staatshandelns auch direkt auf das Verhalten aller Organe des Staates. Vollkommene Information zwingt die Staatsorgane, ihrer Verantwortung nachzukommen, da sie andernfalls befürchten müssen, in kommenden Wahlen zu unterliegen.

Informations- und Kontrollfunktion der Meinungs- und Diskussionsfreiheit gehen hier Hand in Hand. Die kontinuierliche Zensur des Volkes über seine politischen Organe ist Teil des Systems der „checks and balances"[100], wie sie in das amerikanische politische System als Sicherungsmittel gegen Machtmißbrauch eingebaut sind. Das Gleichgewicht zwischen der souveränen Gewalt des Volkes und seinem Staat muß durch öffentliche Diskussion, durch Freiheit der Kritik aufrechterhalten werden. Freie öffentliche Meinung soll ein „powerful, vigilant, independent corrective"[101] gegen Mißbrauch der delegierten Gewalten sein. Kontinuierliche öffentliche Diskussion stellt sicher, daß der Wille des Volkes relevant bleibt, wenn auch die Mittel nur psychologischer Druck und öffentliche Bloßstellung von pflichtwidrigem und mißbräuchlichem Verhalten und Kritik der Staatsorgane sind.

Es ist klar, daß für die Vertreter dieser These die Meinungsfreiheit unantastbar ist. Öffentliche Diskussion muß unabhängig von jeder Kontrolle, muß frei sein.

Diese Thesen der traditionellen Theorie des First Amendment haben auch für die neuere amerikanische Verfassungslehre uneingeschränkt Geltung, wie sich aus den vielen, allerdings meist kürzeren Hinweisen auf die Funktionen der Meinungsfreiheit in einem demokratischen System ergibt[102]. Meinungsfreiheit spielt im Entscheidungsprozeß eines selfgovernment eine unabdingbare Rolle, da nur mit ungehinderter Diskussion gewährleistet werden kann, daß Macht im Staat vom Konsens der Regierten getragen wird. Die die unmittelbare Teilnahme

---

[100] *Wortman*, S. 175 ff.

[101] *Wortman* S. 175.

[102] "Freedom of expression ... is the only guarantee that people will be kept adequately informed to discharge the awesome responsibilities of sovereignty." *Douglas*, The Right of the People S. 23; "... without an informed public opinion ... the citizenry soon loses its capacity to govern the governors." *Gellhorn*, American Rights S. 42; "We set up government by consent of the governed, and the Bill of Rights denies those in power any legal opportunity to coerce that consent. Authority here is to be controlled by public opinion, not public opinion by authority." J. Jackson, *West Virginia Bd. of Education v. Barnette*, 319 U.S. 624 (641) (1943); "The hallmark of democratic government is that criticism and opposition to the party in office are perfectly legitimate. In fact the system cannot function properly without opposition and critism." *Fellman* S. 88; — vgl. ebenso *Stumpf* S. 27—28; *Lusk*, 45 Ky.L.J. 603 (1957); *McKay*, 34. N.Y.U.L.Rev. 1182 (1959); s. a. oben Fn. 83.

der Bürger am Entscheidungsprozeß der direkten Demokratie ersetzende mittelbare Teilnahme im Repräsentativsystem durch Wahlen muß durch ständige Kontrolle in der Form der politischen Kritik und Opposition zwischen den Wahlen und zur Vorbereitung neuer Wahlen ergänzt werden.

Emerson, der sich besonders dem Problem der „participation in decision-making" widmet, betont neben der kritischen Diskussion die Bedeutung eines allgemeinen „öffentlichen Dialogs" zwischen Wählerschaft und Volksvertretung, einschließlich Regierung und Verwaltung, als Form der politischen Teilnahme der Bürger am demokratischen Entscheidungsprozeß[103].

In einem Repräsentativsystem mit relativ langen Wahlperioden müssen das Parlament und die Regierung den Willen des Volkes ständig vor Augen haben. Wenn sie nicht den Kontakt zum Volk verlieren wollen, müssen sie sich auch während einer Legislaturperiode kontinuierlich über Meinung, Bedürfnisse und Wünsche der Bürger informieren. Veränderte Umstände mögen eine Änderung des Willens der Bürger mit sich bringen. Unvorhergesehene Entwicklungen mögen nicht von Parteiprogrammen gedeckt sein und sollen im Einvernehmen mit der öffentlichen Meinung entschieden werden. Ein dauernder Dialog zwischen der Öffentlichkeit und allen staatlichen Institutionen muß erhalten bleiben. Im Petitionsrecht, der wohl ältesten Form von politischer Meinungsäußerung im angelsächsischen Raum[104] finden wir eine Anerkennung der Bedeutung von Kommunikation mit Staatsorganen. Öffentliche Diskussion ermöglicht es dem Parlament und der Regierung, politische Entscheidungen im Licht gegenwärtiger öffentlicher Meinung zu fällen. Je lebhafter dieser Dialog ist, desto näher ist eine Regierung dem Volk. Und das Volk nimmt wiederum durch öffentliche Meinung am politischen Entscheidungsprozeß aktiv teil. Die Staatsführung ist besser legimitiert, da sie in ihren Entscheidungen die gegenwärtige öffentliche Meinung reflektiert.

II. Grundrecht und politische Gewalt des Volkes

Damit ist die Frage nach den Funktionen der öffentlichen Diskussion in einer Demokratie sicherlich erst angeschnitten. Es kann jedoch nicht Aufgabe der vorliegenden Untersuchung sein, die verwirrend komplexen Probleme der Kommunikation in der modernen Massen- und Parteiendemokratie darzustellen.

---

103 72 Yale L.J. 882 ff. (1963).

104 *Emerson,* 72 Yale L.J. 883 (1963).

Für die theoretischen Grundlagen des First Amendment sollte herausgestellt werden, daß die Meinungsfreiheit einmal als individuelles Recht der Geistesfreiheit angesprochen wird, ihr zum anderen aber unabdingbare Funktionen in einer dynamischen und freiheitlich demokratischen Gesellschaft zugeschrieben werden.

Daraus ergibt sich, daß ein vitales *Interesse* daran besteht, individuelle Geistesfreiheit zu verwirklichen und zu erhalten und die für eine freiheitlich demokratische Gesellschaft „strategischen" Funktionen der Meinungsfreiheit zu gewährleisten und zu fördern. Für den Schutz der Meinungsfreiheit birgt eine Betonung des Interesses an einem System der Meinungsfreiheit jedoch auch Gefahren. Nur zu leicht wird die Meinungsfreiheit als Grund*recht* vernachlässigt, und, wie die Haltung des Supreme Court hinreichend verdeutlicht, de facto nur als Wert oder Interesse behandelt, was wiederum ermöglicht, das First Amendment immer dann zu relativieren, wenn divergierende Interessen auftauchen.

So wird in der Diskussion nicht immer deutlich, daß man sich mit der Betonung der Meinungsfreiheit z. B. als „social good" verfassungsrechtlich erst auf einer Vorstufe der Untersuchung befindet. Das vitale Interesse an der Gewährleistung dieser Freiheit hat sich in der amerikanischen Verfassungsschöpfung rechtlich konkretisiert:

> "We, the people of the United States, *in order* ... to secure the blessings of liberty to ourselves and our posterity, do *ordain* and *establish* this Constitution for the United States of America[105]."

In diesem Sinne sind Interessen und Funktionen nur Motiv für die Verfassungsgebung. Die Verfassung selbst spricht nicht mehr von Interessen und Funktionen, sondern von Rechten und Gewalten.

Es gilt daher auszuführen, wie sich Geistes- und Meinungsfreiheit in die Gesamtstruktur der Verfassung einordnet, welche verfassungs*rechtliche* Stellung sie einnimmt. Ein einfacher Hinweis darauf, daß im First Amendment Grundrechte gewährleistet seien, erscheint angesichts der Haltung des Supreme Court zur Doktrin der Interessenabwägung nicht ausreichend. Ein solcher Hinweis wäre auch nicht vollständig, da das Recht der Meinungsfreiheit als politisches Aktivrecht dem Bereich einer Verfassungsgewalt des Gesamtvolkes zugeordnet werden muß. Der folgende Versuch, für die amerikanische Verfassungstheorie zu belegen, daß die im First Amendment garantierte Meinungsfreiheit sowohl individuelles Grundrecht als auch Ausdruck einer Verfassungsgewalt ist, soll klarstellen, wie wenig gerechtfertigt es ist, die Meinungsfreiheit im Konfliktsfall mit öffentlichen Interessen lediglich als Wert oder Interesse anzusprechen. Wiederum ist es Alexander *Meiklejohn*, der am konsequentesten vorgeht und aus der Gesamt-

[105] Präambel der Verfassung der USA (Betonung hinzugefügt).

struktur der einen Plan des selfgovernment niedergelegten Verfassung die entscheidende Folgerung zieht.

Meiklejohns Thesen laufen ganz parallel zu denen der frühen amerikanischen Theorie der Meinungsfreiheit, die von der Souveränität des Volkes, dem Vorbehalt der politischen Kontrollgewalt und kontinuierlichen Beteiligung aller Bürger am selfgovernment ausging[106].

In einer freien Gesellschaft, beginnt auch Meiklejohn, ist das Volk souverän, ist es höchste und einzige Quelle aller Staatsautorität[107]. Die verfassungsmäßige Gewalt, die Bürger zu regieren, steht allein diesen selbst zu, „acting as members of a corporate body politic“[108]. Notwendigerweise hat das Volk im Wege einer Verfassung untergeordnete Organe, Legislative-Exekutive-Judikative, geschaffen und bestimmte begrenzte Gewalten an diese delegiert. Damit haben sich die „regierenden“ Bürger freiwillig einer ordnenden Gewalt unterworfen; sie werden auch „regierte“ Bürger. Im selfgovernment jedoch bedeutet dieses Versprechen des Gehorsams[109] gegenüber den ordnenden Gewalten nicht die Aufgabe der politischen Freiheit. Das Volk hat sich politische Freiheit als Gewalt zur Durchsetzung seiner Autorität über untergeordnete Staatsorgane vorbehalten:

"Politically, we govern those who, legally govern us[110]."

Das Volk hat sich die Gewalt des freien politischen Urteils reserviert[111], um selfgovernment zu verwirklichen, denn die vollkommene Freiheit dieses Urteils ist Kern der Idee vom selfgovernment.

Am deutlichsten zeigt sich für Meiklejohn der Vorbehalt der politischen Gewalt des Volkes im Wahlrecht[112]. Hier wurde die Gewalt der Auswahl und Kontrolle von Volksvertretern vorbehalten. Das Volk als Wählerschaft regiert sich selbst „politisch“ und beteiligt sich aktiv am selfgovernment.

"By establishing themselves as an active and responsible 'electorate' they have become a Fourth Branch of the government, co-ordinate with the other three branches ... (T)hey have 'reserved' a freedom for their electoral activities with which the other branches are forbidden to interfere[113]."

---

106 Für *Meiklejohns* Thesen s. vor allem „Political Freedom“; „The Priority of the Market Place of Ideas“ und „The First Amendment is an Absolute“ 1961 Sup.Ct.Rev. 245.

107 Political Freedom S. 96, 99, 107; Priority ... S. 5.

108 1961 Sup.Ct.Rev. 253.

109 Vgl. den *Mayflower Compact:* "... unto which we promise all due submission and obedience." s.o. Fn. 94.

110 Priority ... S. 6.

111 Der Vorbehaltsgedanke erscheint ausdrücklich im Tenth Amendment: "The powers not delegated to the United States by the Constitution ... are reserved to the States respectively, or *to the people*" (Betonung hinzugefügt).

112 Article I, Section 2 (1) der Verfassung der Vereinigten Staaten: "The House of Representatives shall be composed of members chosen every second year by the people of the several States ..."

113 Political Freedom S. 96.

Das Volk hat sich nach dem verfassungsgebenden Akt also nicht „zurückgezogen“, sondern nimmt in Ausübung der vorbehaltenen politischen Gewalt neben den anderen verfassungsmäßigen Gewalten aktiv am government teil[114]. Es ist vierte, oder besser erste Gewalt im Staat[115].

Damit aber ist auch die Meinungsfreiheit unabdingbare Voraussetzung der politischen Gewalt des Volkes im selfgovernment; ohne dieses Recht ist das Wahlrecht gelähmt und das politische Urteil des Volkes nicht wirklich frei und effektiv. Deshalb die These Meiklejohns:

"The revolutionary intent of the First Amendment is, then, to deny to all subordinate agencies authority to abridge the freedom of the electoral power of the people[116]."

Die Meinungsfreiheit ist, wie das Wahlrecht, eine Institution der politischen Gewalt des Volkes.

Meiklejohn betont damit die Doppelnatur der politischen Rechte und vor allem der Meinungsfreiheit. Der Bürger hat „Rechte“ gegenüber der Staatsgewalt, und gleichzeitig haben freie Bürger in ihrer Gesamtheit „Gewalt“ als ein „selfgoverning people“. Die Meinungsfreiheit ist nicht nur individuelles Abwehrrecht „regierter“ Bürger, sondern Garantie der politischen Gewalt des „regierenden“ Volkes[117]. Die *„Bill of Rights“* muß richtigerweise als *„Bill of Powers and Rights“* gelesen werden[118].

"The First ... Amendment ... protect(s) the governing 'powers' of the people from abridgement by the agencies which are established as their servants[119, 120]."

Nach dieser These ordnet sich die Meinungsfreiheit als Ausdruck der politischen Gewalt des Volkes in die Struktur der amerikanischen Verfassung ein. Ohne den Status der Meinungsfreiheit als individuelles Abwehrrecht zum Schutz der Geistesfreiheit zu berühren, wird betont,

---

114 Auch die frühe amerikanische Theorie geht davon aus, daß das Volk kontinuierlich politische Gewalt aktiv im Staatswesen ausübt, wenn sie erklärt: "Society should incessantly maintain a species of censorial jurisdiction over its political institutions" (s. *Wortman* S. 125).

115 Political Freedom S. 116.

116 *Meiklejohn*, 1961 Sup.Ct.Rev. 254.

117 *Meiklejohn*, The Priority S. 6—7.

118 *Meiklejohn*, 1961 Sup.Ct.Rev. 254.

119 *Meiklejohn*, 1961 Sup.Ct.Rev. 254.

120 Vgl. dazu *Stephen*, II. 299—300 (Darstellung der Position der liberalen Schule zu Straftaten gegen die Staatsgewalt in England — insbesondere „sedition“, Aufwiegelung etc.): "If on the other hand, the ruler is regarded as the agent and servant, and the subject as the wise and good master, who is obliged to delegate his power to the so-called ruler, ... [e]very member of the public who censures the ruler for the time being exercises in his own person the right which belongs to the whole of which he forms a part. He is finding fault with his servant ... To those who hold this view fully, and carry it out to all its consequences, there can be no such offence as sedition."

daß das Volk sich in Meinungsfreiheit die vorbehaltene Verfassungsgewalt des freien politischen Urteils garantiert.

Meiklejohns Thesen folgen zwingend aus dem Konzept eines selfgovernment. Sein Kernsatz ist: „politically, we govern those, who, legally govern us." Der Satz enthält die Hauptelemente der Idee des selfgovernment, er sagt, *daß* das Volk herrscht, und *wie* das Volk herrscht.

Daß das Volk herrscht, ist Postulat der Demokratie. Dabei kann es sich nur um gegenwärtige kontinuierliche Herrschaftsgewalt handeln. Daß das Volk durch politisches Urteil herrscht, ist der einzig sinnvolle Weg, den ein selfgovernment gehen kann. Das Wahlrecht ist der typischste Ausdruck dieses politischen Urteils der Bürger. Wählen ist politische Meinungsäußerung des Volkes, eine sehr wirksame Äußerung mit unmittelbaren, sichtbaren Folgen. Das Wahlrecht ist Institution der politischen Gewalt des Volkes.

Doch der Akt des Wählens ist nur eine sichtbare Entscheidungshandlung in einem Prozeß des politisch Urteilens, in dem die Beteiligung der Bürger weder mit dem Wahlakt beginnt oder endet, noch sich in ihm erschöpft. Die eigentliche Wahlhandlung wird durch die Formulierung von Programmen, die Diskussion dieser Programme und die politische Aufklärung der Wähler vorbereitet. Ihr geht auch Kritik der Volksvertreter und der von diesen kontrollierten Organe der Regierung und Verwaltung während der gesamten Legislaturperiode voraus. Nur aus dem Zusammenspiel aller Elemente dieses Prozesses wird der Akt des Wählens zum echten Entscheidungsmoment im Rahmen eines selfgovernment. Darüber hinaus wird direkte Kontrolle der Organe des Staates durch Kritik und Opposition auch außerhalb der Wahlen ausgeübt, und der Dialog zwischen Volk und Organen durch öffentliche Diskussion ermöglicht.

Da all dies zentrale Elemente des politischen Urteilens eines Volkes sind, gehört der gesamte Meinungsprozeß einer Gemeinschaft in den Bereich der politischen Herrschaft eines Volkes. Die politische Gewalt des Volkes wird durch Meinungsäußerungen ausgeübt durch Information des Bürgers, durch Wählen von Volksvertretern, durch Kritik und öffentlichen Dialog. Wenn aber der gesamte Meinungsbildungs- und Meinungsäußerungsprozeß Teil der politischen Verfassungsgewalt eines Volkes ist, dann schützt, wie Meiklejohn es ausdrückt[121], das First Amendment die „governing ‚powers' of the people": das Recht der Meinungsfreiheit (ebenso natürlich der Pressefreiheit) ist eine Institution der politischen Gewalt des Gesamtvolkes im selfgovernment. Mit der Garantie der Meinungsfreiheit stellt das Volk für alle untergeordneten Gewalten im Staat bindend fest, daß es sich politische

[121] 1961 Sup.Ct.Rev. 254.

Gewalt vorbehalten hat und durch politisches Urteil verwirklichen will.

Wenn sich im Recht der Meinungsfreiheit das Volk die Verfassungskompetenz zu aktiver Beteiligung, zu „politischer Herrschaft“ durch freies politisches Urteil garantiert hat, müssen wir für die Struktur der Meinungsfreiheit zwei Elemente unterscheiden, die gleichzeitig nebeneinander in ein und derselben Verfassungsgarantie existieren. Das Grundrecht Meinungsfreiheit garantiert gleichzeitig die individuelle Geistesfreiheit des Bürgers und die Wahrnehmung einer Verfassungsgewalt des ganzen Volkes. In der Meinungsfreiheit ist — wie an anderer Stelle im Wahlrecht — die politische Gewalt des Volkes institutionalisiert, und jede Ausübung des Einzelrechts ist immer auch Ausübung der Verfassungsgewalt der Gesamtheit der Bürger. Jeder einzelne Bürger nimmt Funktionen der aktiven politischen Beteiligung als Glied der Gesamtheit wahr, wenn er das Recht der freien Meinungsäußerung ausübt. Die Meinungsfreiheit ist Negativrecht zur Sicherung eines individuellen geistigen Schutzbereichs und Aktivrecht zur Sicherung, Verwirklichung und Wahrnehmung der politischen Verfassungsgewalt des Volkes durch jeden einzelnen Bürger.

Außer von Meiklejohn wird in der amerikanischen Verfassungslehre, soweit ersichtlich, diese Doppelfunktion des First Amendment kaum erwähnt. Allerdings liegt das wohl daran, daß die Begrifflichkeit einer solchen Einordnung dem amerikanischen Verfassungsrecht fremd ist. Wenn wir uns aber vergegenwärtigen, daß die Funktionen der Meinungsfreiheit als Funktionen aller Bürger gesehen werden, die den Diskussionsprozeß tragen, kann man annehmen, daß der Gedanke von einer Aktiv*legitimation* des Volkes im Sinne des Verfassungsrechts zur Wahrnehmung solcher Funktionen letztlich nur unerwähnt bleibt.

Am nahesten kommt wohl *Fried* dieser Position, wenn sie ihm auch nur als Argument für eine methodische Abwandlung der Güterabwägungsdoktrin („balancing test“) dient[122]. Wenn man die sozialen Funktionen der Meinungsfreiheit anerkenne, so führt Fried aus, müsse daraus gefolgert werden, daß das Volk, und damit jeder einzelne Bürger, eine Rolle, und zwar eine bestimmte Gemeinschaftsrolle spiele. Das Volk habe eine Kompetenz für den Bereich der Meinungsfreiheit, und nicht um das „Interesse“ oder gar „Privatinteresse“ an Meinungsfreiheit gehe es im Konfliktsfalle mit einer Staatskompetenz, sondern um diese Kompetenz des Volkes. In der Garantie eines Rechts der freien Meinung, dem First Amendment, habe das Volk jedem einzelnen ein gewisses Maß dieser Funktion und Kompetenz des Gesamtvolkes zugestanden.

---

[122] *Fried*, 76 Harv.L.Rev. 755 (1963).

"... the individuals of the society, in being accorded liberties of speech, association and conscience, are in fact accorded a certain role to play; the liberties are the measures of the competence which society has entrusted in them, and only in them[123]."

Daß die Meinungsfreiheit auch Recht des Individuums um seiner selbst willen sei, ändere daran nichts[124]. Immer wenn eine Einzelperson ihr Recht auf Meinungsfreiheit geltend mache, gehe es somit nicht nur um ein individuelles Bedürfnis, ein Interesse, sondern um einen Konflikt von Kompetenz des einzelnen — als eines aktiven Bürgers, der eine Funktion wahrnehme — und Kompetenz von Verfassungsorganen.

Emerson spricht von „particapion in decision-making"[125] und meint damit wohl auch Ausübung des Meinungsfreiheitsrechts als eines aktiven Rechts der Beteiligung aller Bürger im selfgovernment.

Wenn somit die Meinungsfreiheit Institution der politischen Gewalt des Volkes ist, folgt daraus: Das Volk kann sich politisch nur wirklich selbst regieren, wenn sein politisches Urteil unabhängig und frei ist. Wenn andere Gewalten die Freiheit des politisch Urteilens und Entscheidens einschränken oder unterbinden, wird „selfgovernment" zu einer Phrase. Wenn das Volk eine Kontrollkompetenz über seine Staatsorgane hat, können diese nicht über das politische Urteil des Volkes entscheiden. Genauer formuliert heißt das: der Inhalt des politischen Urteils des Volkes ist vollkommen der Kompetenz der Staatsgewalt entzogen, der Inhalt einer Meinung und einer Meinungsäußerung, die Tatsache, daß eine Person eine Meinung eines bestimmten Inhalts hat oder ausspricht, ist absolut kein Kriterium für staatliche Maßnahmen. In Ausübung von Zwangsgewalt, welcher Art auch immer, muß der Staat „blind" gegenüber politischen Meinungen der Bürger sein. *Dem Staat steht kein politisches Urteil über das politische Urteil der Bürger zu.*

"When men govern themselves ... it is they — and no one else — who must pass judgement upon unwisdom and unfairness and danger[126]."

Meiklejohn selbst führt seinen Gedanken vom Bürger, der politische Gewalt ausübt, konsequent zu Ende[127]. In seiner „regierenden" Funktion habe der Bürger den gleichen Immunitätsanspruch wie sein Vertreter im Parlament. Der Volksvertreter nehme delegierte Funktionen wahr und genieße durch Article I § 6 (1) der Verfassung vollkommenen Schutz für seine politischen Aufgaben — „and for any speech or debate in either House, they shall not be questioned in any other place". Und so folgert Meiklejohn:

---

[123] 76 Harv.L.Rev. 768.
[124] 76 Harv.L.Rev. 768 Fn. 23.
[125] 72 Yale L.J. 882 ff. (1963).
[126] *Meiklejohn*, Political Freedom S. 27.
[127] 1961 Sup.Ct.Rev. 256.

"Just as our agents must be free in their use of their delegated powers, so the people must be free in the exercise of their reserved powers[128]."

Das First Amendment gibt dem Bürger, der politische Gewalt als vorbehaltene Kompetenz des Volkes wahrnimmt, eben diese Immunität für das politische Urteilen und Entscheiden[129].

Dieser Gedanke von der Ausdehnung der parlamentarischen Redefreiheit und Immunität auf das ganze politisch aktive Volk ist schon in der frühen Theorie des First Amendment zu finden. In seiner im Jahre 1801 erschienenen Schrift „An Enquiry, Concerning the Liberty ... of the Press" fordert *John Thomson* diese Analogie. Er macht geltend, daß genau wie die Volksvertreter in ihrem politischen Aktionsbereich eine Immunität genießen müßten, wenn sie ihre Aufgaben ungehindert wahrnehmen sollten, auch — und erst recht — dem Volk derselbe Schutz zustehe[130].

Die Betonung der verfassungsrechtlichen Stellung der Meinungsfreiheit als einer politischen *Gewalt* und eines individuellen *Grundrechts* ist für die spätere Auseinandersetzung mit der Doktrin der Interessenabwägung von entscheidender Bedeutung[131].

Abgesehen davon erscheint es für das Funktionieren jeden demokratischen Systems — und für das Verständnis der Relation Staat/Gesellschaft — doch sehr erheblich, ob man politische Rechte und damit auch die Meinungsfreiheit nur als negative Abwehrrechte gegen den Staat oder auch als mit positiver Kompetenz ausgestattete politische Aktivfunktionen identifiziert. Mit der Gewährung eines Abwehrrechts wird prima facie nur gesagt, daß es eine von der Eingriffsgewalt des Staates ausgeklammerte Individualsphäre gibt, wobei unausgesprochen bleibt, wie sich die Wahrnehmung der so garantierten Rechte in das Gesamtbild der politischen Prozesse einer Gesellschaft einfügt. Ordnet man politische Rechte dieser Negativsphäre zu, so betont man, daß diese Rechte Privatangelegenheit eines jeden Bürgers seien. Politischen Rechten wird ihr entscheidender Sinn als Aktivkompetenzen in einem freiheitlichen selfgovernment, in dem jeder Bürger unersetzbares aktives Glied des geistigen und politischen Prozesses ist, genommen. Selfgovernment ist auf den „politischen" Bürger angewiesen, der seine Kompetenzen wahrnimmt, indem er sich informiert, sich bildet und im größtmöglichen Maße am politischen Prozeß aktiv beteiligt. In diesem Sinne hat der Bürger einen *status politicus*, — und dieser Status ist eine Aufforderung, „politisch" zu sein. Selfgovernment kann nicht mit apolitischen Bürgern funktionieren, für die politische Rechte Privilegien sind, die sie nach Belieben wahr-

[128] 1961 Sup.Ct.Rev. 256.
[129] Vgl. für diese Parallele auch *Anastaplo,* Notes S. 175, 388—9.
[130] John *Thomson* S. 19—20, s.a. S. 76—77.
[131] s.u. Teil 3.

nehmen oder auch ungenutzt lassen. Vom Bürger in einem selfgovernment wird Verantwortlichkeit für den politischen Prozeß gefordert, deren Abwesenheit bedroht das ganze System:

"... for the oldest and most serious danger to the democratic state is the growth of complacency and indifference toward the processes of government and the difficulty of combating this danger[132]."

Ein erster Schritt ist, die politischen Rechte als Teil der politischen Aktivkompetenz des Volkes einzuordnen und damit zu betonen, daß es sich dabei um vitale Aktivfunktionen aller Bürger handelt; daß jeder Bürger aktives Glied einer „selfgoverning" Gesellschaft ist; daß politische Rechte keine Aufforderung zu politischer Indifferenz sind und daß die Verleihung eines status politicus nicht eine immune Privatsphäre schafft, sondern den Bürger mit verpflichtenden, wichtigen politischen Funktionen betraut.

C. Beschränktes selfgovernment

Wie wir gesehen haben, geht es beim Staatsschutz in den Vereinigten Staaten im wesentlichen um die politischen Aktivitäten einer permanenten und vor allem unpopulären Minderheit, deren politischen Rechte durch Gesetze und Exekutivmaßnahmen empfindlich beschränkt worden sind. Diesen Staatsschutzmaßnahmen lagen nicht nur formell legislative Mehrheitsentscheidungen zugrunde, sie waren wahrscheinlich, wie die schon erwähnte Untersuchung Stouffers[133] zeigt, vom Willen einer breiten Mehrheit der amerikanischen Bürger getragen. Die Mehrheit des amerikanischen Volkes war jedenfalls für eine kurze Zeitspanne damit einverstanden, daß freiheitliche Grundsätze bedingungslos der Erhaltung der physischen Sicherheit geopfert wurden.

An sich ließe sich eine maximale Durchsetzung des Mehrheitswillens als besonders demokratisch bezeichnen. Wie später im Zusammenhang mit der Institution der Verfassungsgerichtsbarkeit auszuführen sein wird, ist eine Argumentation in dieser Richtung der verfassungsrechtlichen Diskussion der Vereinigten Staaten auch nicht fremd. Doch die Freiheitlichkeit eines demokratischen Systems läßt sich ohne wirksame Limitierung des Mehrheitswillens nicht gewährleisten. Wo Rechte einer unpopulären Minderheit durch den in der Entscheidungsgewalt von Staatsorganen mit Zwangskompetenzen ausgestatteten Willen der Mehrheit beschränkt werden, ergibt sich deshalb notwendig die Frage nach den verfassungsrechtlichen Grundsätzen, die

132 *O'Brian* S. 10.
133 s.o. bei Fn. 60 ff.

geeignet sind, das Mehrheitsprinzip in einer Demokratie zu modifizieren.

Diese Forderung nach Gewaltenbeschränkung ist in der amerikanischen Verfassungsschöpfung mit dem Prinzip des „limited government" als Ergänzung des Systems eines „selfgovernment" erfüllt. Das Prinzip wird darüber hinaus von Verfassungsgerichten wirksam durchgesetzt. Für den Schutz der Meinungsfreiheit ist die Kombination der Grundsätze eines limited government und der Verfassungsgerichtsbarkeit von zentraler Wichtigkeit und für die gegenwärtige verfassungsrechtliche Diskussion um die theoretischen Grundlagen des First Amendment von aktueller Bedeutung.

I. Mehrheitsentscheidung und „limited government"

Politische Minderheiten sind in besonderer Weise auf das Recht der Meinungsfreiheit angewiesen. Die Mehrheit kann sich gegen Übergriffe der Staatsgewalt zur Wehr setzen, indem sie bei der nächsten Wahl neue Vertreter ins Parlament entsendet oder auch einer anderen Partei den Vorzug gibt. Das Wahlrecht der kleinen permanenten Minderheit dagegen, die keine Hoffnung auf Repräsentation hat, ist de facto stillgelegt. Ihr einziges Mittel ist die Meinungsfreiheit; mit diesem Recht kann sie ihre Wünsche geltend machen, kann Übergriffe der Staatsgewalt aufdecken und an die öffentliche Meinung um Schutz appellieren. Solange sie gehört werden kann, ist eine politische Minderheit der Willkür einer Mehrheit des Volkes nicht vollkommen ausgesetzt. Gerade in den Vereinigten Staaten hat sich erwiesen, daß eine Minderheit, die Negerbevölkerung in den Südstaaten, der zum großen Teil das Wahlrecht auch formell abgesprochen war, über die Meinungsfreiheit nicht nur mit Erfolg an das Gewissen der amerikanischen Gesamtbevölkerung appellieren konnte, sondern darüber hinaus durch Aufzeigen der Ungerechtigkeiten vor der Weltöffentlichkeit eine Nation dazu zwang, Maßnahmen zum Schutze dieser Minderheit zu ergreifen.

Auf der anderen Seite aber ist die Meinungsfreiheit als Schutzrecht politischer Minderheiten — und vor allem unpopulärer oder gar gegen die verfassungsmäßige Grundordnung gerichteter Minderheiten — auch in besonderem Maße gefährdet; hier entzieht nicht die Staatsgewalt gegen den Willen des Gesamtvolkes diesem die Freiheit des politischen Urteils, wogegen die ganze Macht der öffentlichen Meinung mobilisiert werden und die Mehrheit bei den nächsten Wahlen protestieren könnte, sondern hier kann der Wille der Mehrheit, manifestiert in Staatsgewalt mit Zwangskompetenzen und unterstützt von der öffentlichen Meinung, unpopulären Minderheiten die Meinungsfreiheit „ungestraft" entziehen. Wo Krisenzeiten die „Gefahren", die von feindlichen Minderheiten drohen, in den Augen der Mehrheit der Bürger multiplizieren, ist eine solche Minderheit ohne Schutz.

So bedarf die Meinungsfreiheit als typisches Schutzrecht[134] der kleinen unpopulären Minderheit eines besonders strikten Schutzes durch die Verfassung. An dieser Stelle wird der zentrale Grundsatz[135] des „limited government" bedeutsam.

> "The government created by the Constitution is one of limited and enumerated powers ... and the Constitution is the measure and test of the powers granted[136]."

James Madison, für den der Gedanke der Gewaltenbeschränkung in dem neuen amerikanischen Verfassungsstaat unabdingbar war, formuliert eindrücklich:

> "In the United States ... (the) People not the Government possess the absolute sovereignty. The legislature no less than the Executive is under limitations of power ... Hence, in the United States the great and essential rights of the people are secured against legislative as well as against executive ambitions. They are secured ... by constitutions paramount to laws[137]."

Diese Kompetenzbeschränkung ist das Wesen eines jeden Verfassungsstaates, ohne sie ist eine Verfassung wenig sinnvoll. Welche Bedeutung der „limitations of powers" in der amerikanischen Verfassungstheorie beigemessen wurde, zeigt z. B. die Auseinandersetzung um die Einbeziehung der Bill of Rights in die amerikanische Verfassung: Der ursprüngliche Verfassungstext enthielt keine Grundrechtsgarantien. Viele Einzelstaaten jedoch erhoben immer wieder die Forderung nach Aufnahme einer Bill of Rights zum Schutz von Bürgerrechten gegen Eingriffe des Bundesstaates. Im *Federalist* No. 84 argumentiert *Alexander Hamilton* gegen eine solche Kodifizierung z. B. der Meinungs- und Pressefreiheit. Warum, so fragt er, soll man die Meinungsfreiheit gegen Eingriffe der Staatsgewalt garantieren, wenn gar keine Gewalt des Staates besteht, die Meinungsfreiheit einzuschränken. Die Staatsgewalt hat beschränkte, in der Verfassung aufgezählte Kompetenzen. Eine Einschränkungsgewalt für die Meinungs- und Pressefreiheit ist nicht delegiert. Hamilton geht sogar noch weiter und sagt, daß es gefährlich sei, in der Verfassung etwa zu verbieten, die Meinungsfreiheit einzuschränken, wozu es gar keine Kompetenz in der Verfassung gebe. Denn eine solche Bestimmung könnte als

---

[134] Vgl. auch *Anastaplo*, Notes S. 371 ff.; *Barth*, Loyalty S. 232.

[135] s. zum Grundsatz der Gewaltenbeschränkung in den Vereinigten Staaten: *Cooley* S. 29; *Antieau* S. 295 ff.; *Pritchett* S. 11, 47; *McIlwain* S. 3; *Black*, Bill of Rights S. 48—50; J. Black, *Communist Party v. Subversive Act. Control Bd.*, 367 U.S. 1 (162—163) (1961) diss.op.; *Reich*, 76 Harv.L.Rev. 701 (1963); *Meiklejohn*, 20 U. Chi.L.Rev. 470 (1953); ders., The Priority of the Marketplace of Ideas S. 6—7; vgl. auch *Tunc* I, S. 70 ff. (Nr. 38).

[136] *Cooley* S. 29.

[137] Report on the Virginia Resolutions S. 569.

Vorwand benutzt werden, zu vertreten, daß der Staat ursprünglich eine Verbotskompetenz hatte und in gewisser Beziehung immer noch hat[138].

Materiell sind Verfassungsschranken nicht nur gegen Mißbrauch oder Usurpation von Kompetenzen durch Staatsgewalten gerichtet, die sich vom Willen des Volkes freimachen und gegen den Volkswillen wenden. *Madison* hat immer wieder betont, daß verfassungsrechtliche Schranken besonders wichtig seien.

"... against the community itself; or, in other words against the majority in favor of the minority[139]."

Die größte Gefahr für Freiheiten gehe von dem Element in der Gemeinschaft aus, das die meisten Machtprärogativen besitze, nämlich

"... the body of the people, operating by the majority against the minority[140]."

Der Grundsatz der „limitation of powers" meint danach vor allem die Beschränkung des Willens der Mehrheit[141]. Nach diesem Prinzip der „limited majority rule"[142] kann der Wille der Mehrheit, ja der fast einstimmige Wille des gesamten Volkes nur im Rahmen der begrenzten Gewalten der gesetzgebenden und ausführenden Organe des Staates, nur in der in der Verfassung zugelassenen Art und Weise wirksam werden. Die deutlichste Beschränkung des Willens der Mehrheit besteht in Grundrechten des einzelnen, die gleichzeitig Institutionen der politischen Gewalt des ganzen Volkes sein können. Nur eine strikte Befolgung des Grundsatzes des limited government kann Grundrechten den effektiven Schutz gewähren, dessen sie besonders bedürfen, wenn sie, wie die Meinungsfreiheit, durch Übergriffe der Mehrheit gefährdet sind.

Der Grundsatz der „limitation of powers" ist damit die wesentlichste Ergänzung des Konzepts von selfgovernment. Das verfassungsgebende Volk hat erkannt, daß sein Wille, notwendig repräsentiert durch den Willen der Mehrheit der Bürger, in vielen Situationen mißgeleitet oder verführt sein mag, auf Krisenzeiten mit Panik und Hysterie reagieren kann, durch hochgespielte Gefahren in Angst versetzt, frei-

---

138 "Why for instance should it be said that the liberty of the press shall not be restrained, when no power is given by which restrictions may be imposed? ... it is evident that it would furnish, to men disposed to usurp, a plausible pretence for claiming that power. They might urge with a semblance of reason, that the Constitution ought not to be charged with the absurdity of providing against the abuse of an authority which was not given, and that the provision against restraining the liberty of the press afforded a clear implication, that a power to perscribe proper regulations concerning it was intended to be vested in the national government." *Federalist* No. 84; vgl. James *Madison*, I Annals of Cong. 455—6 (1789).

139 1 Annals of Cong. 454 (1789).

140 1 Annals of Cong. 455 (1789).

141 Vgl. auch *Becker*, Political Freedom S. 12—19.

142 Vgl. etwa *Jackson* S. 79.

heitliche Grundsätze zugunsten vermeintlich notwendiger physischer Sicherheit aufgeben wird oder ganz einfach die latente Intoleranz einer Mehrheit gegenüber den Minderheiten der Gemeinschaft zum Tragen kommen läßt. Deshalb hat das Volk seinem eigenen Willen freiwillig Beschränkungen auferlegt; es will sich nicht nur selbst regieren, sondern sich in „Selbstdisziplin" selbst regieren. Das Volk hat, wie *Anastaplo* es ausdrückt, ein „Versprechen der kollektiven Selbstdisziplin" *(„the promise of collective selfrestraint")*[143] gegeben. Sein Wille, der de facto als Wille der Mehrheit zum Tragen kommt, soll nur im Rahmen der für die Organe des Staates vorgesehenen und durch Grundrechte begrenzten Kompetenzen wirksam werden können.

"One's right to life, liberty, and property, to free speech, a free press, freedom to worship and assembly, and other fundamental rights may not be submitted to vote; they depend on the outcome of no elections[144]."

II. Das Prüfungsrecht der Verfassungsgerichte

Als *James Madison,* der große Verfechter einer Beschränkung der Staatsgewalten durch Grundrechte, für die Einbeziehung einer Bill of Rights in die Verfassung der Vereinigten Staaten vor dem Kongreß plädierte, führte er auch aus, wie seiner Ansicht nach die Schranken in einem limited government durchzusetzen seien.

"If they (the Amendments) are incorporated into the Constitution, independent tribunals of justice will consider themselves in a peculiar manner the guardians of those rights; they will be an inpenetrable bulwark against every assumption of power in the Legislative or Executive; they will be naturally led to resist every encroachment upon rights expressly stipulated for in the Constitution by the declaration of rights[145]."

Diese Schutzfunktion unabhängiger Verfassungsgerichte ist für die Meinungsfreiheit als dem Recht der unpopulären Minderheit von großer Bedeutung. Doch seit Beginn der ausdrücklichen Anerkennung des Prüfungsrechts, des „judicial review", vor allem der Kompetenz des Supreme Court der Vereinigten Staaten, verfassungswidrige Akte der Legislative für nichtig zu erklären, ist diese Funktion und die Art und Weise ihrer Wahrnehmung Gegenstand einer heftigen Kontroverse, und die Konsequenzen der einen oder anderen Meinung sind in vielen konkreten Entscheidungen des Supreme Court zu spüren.

In diesem Streit gibt es nach wie vor zwei Lager, die in der Frage, inwieweit und in welcher Art die Gerichte diese Prüfungskompetenz

---

143 *Anastaplo,* Notes S. 124; vgl. *Ch. Black,* The People S. 107.

144 J. Jackson, *West Virginia States Board of Education v. Barnette,* 319 U.S. 624 (638) (1943).

145 1 Annals of Cong. 457 (1789).

ausüben dürfen, gegenteiliger Meinung sind. Obgleich es sich hierbei nicht eigentlich um festumrissene Lehren zur Institution der Verfassungsgerichtsbarkeit handelt, werden die beiden Richtungen gebräuchlicherweise in die „judicial passivists" und die „judicial activists" geteilt[146]. Die ersteren verlangen, daß die Prüfungskompetenz mit größter Zurückhaltung und unter grundsätzlicher Anerkennung der Entscheidung der Legislative auszuüben sei. Die „judicial activists" dagegen befürworten eine strikte Durchsetzung der Verfassung, der die Legislative unterworfen sei.

Die Kontroverse ist für die vorliegende Arbeit bedeutsam. Einmal ergänzt ein unabhängiges Prüfungsrecht der Verfassungsgerichte den Grundsatz der limitation of powers im selfgovernment. Das „Versprechen der kollektiven Selbstdisziplin", das vor allem für die unpopuläre Minderheit relevant wird, muß von einem neutralen Organ durchgesetzt werden. Zum anderen aber hat die Theorie der Abwägung divergierender Interessen, „balancing test", in der Praxis tatsächlich zu einer Zurückdrängung des Urteils der Verfassungsgerichte in Fragen der Meinungsfreiheit geführt; der Grund liegt vor allem in der Ansicht, daß, wie Justice Frankfurter es in *Dennis* ausdrückt[147], der Ausgleich von Interessen primär Sache des Gesetzgebers und nicht der Gerichte sei.

Allerdings ist das Schrifttum zum Problem der Verfassungsgerichtsbarkeit besonders umfangreich, und ein großer Teil der Elemente der Diskussion hat wenig unmittelbare Bedeutung für die Behandlung von Fragen der Meinungsfreiheit. Hier kann deshalb nur eine kurze Darstellung des Problems unter besonderer Betonung der für die Auslegung des First Amendment wichtigen Elemente und Grundsätze gegeben werden[148].

1. Entstehung des „judicial review"

Die Verfassung der Vereinigten Staaten enthält keine ausdrückliche Bestimmung über das Recht der Gerichte, Akte anderer Gewalten an der Verfassung zu messen. Jedoch schon sehr früh, im Jahre 1803, hat der Supreme Court unter der Führung des „großen Chief Justice"[149] *John Marshall* diese Kompetenz ausdrücklich als von der Verfassung geplant bestätigt, — „usurpiert", wie viele meinten.

---

[146] *Ch. Black*, Perspectives S. 4.

[147] J. Frankfurter, *Dennis v. United States*, 341 U.S. 494 (539) (1951) conc.op.

[148] Ein genereller Schrifttumsnachweis findet sich in: *Emerson-Haber* I. S. 269 und 334; *Emerson*, 72 Yale L.J. 905 (1963); *Dowling*, 5th ed. S. 83—4.

[149] *Bickel* S. 1.

In *Marbury v. Madison*[150] erklärte der Supreme Court eine Bestimmung des Judiciary Act von 1789 für verfassungswidrig und nichtig. In seiner Verteidigung des nirgends in der Verfassung erwähnten Prüfungsrechts nennt Chief Justice Marshall als Hauptgrund die Tatsache, daß die Verfassung ein „limited government" konstruiert habe. Daraus folge notwendig, daß die Verfassung ranghöheres Recht, „supreme law", sei, Akte der Legislative also den Beschränkungen der Verfassung unterlägen und Gesetze, die gegen die Verfassung verstießen, nichtig seien. Andernfalls sei jeder Versuch eines Volkes, Gewalten durch eine geschriebene Verfassung zu beschränken, sinnlos. Die Tatsache, daß Gesetze nichtig sein könnten, schließe ein Recht der Gerichte ein, diese Nichtigkeit festzustellen. Die Gerichte seien berufen, alle Fälle „arising under the constitution" (Art. III, Section 2) zu entscheiden. Man könne schlecht vertreten, daß das nicht auch Anwendung der Verfassung selbst einschließe.

Marshall findet zur Unterstützung seiner Meinung in der Verfassung selbst einen ausdrücklichen Hinweis auf ihren Charakter als „supreme law", dem alles andere Recht untergeordnet sei. Die von ihm angezogene „supremacy clause" des Article VI sagt:

"This Constitution ... shall be the supreme law of the land ..."

Und so folgert C. J. Marshall zusammenfassend:

"... the particular phraseology of the Constitution of the United States confirms and strengthens the principle supposed to be essential to all written constitutions, that a law repugnant to the constitution is void[151]."

Die Tatsache einer geschriebenen Verfassung, der Grundsatz der „limitation of powers" und nicht zuletzt die „supremacy clause" des Article VI sind seit *Marbury v. Madison* die Hauptargumente für die Berechtigung von „judicial review", insbesondere der Kompetenz des Supreme Court, Akte der Legislative an der Verfassung zu messen und für nichtig zu erklären[152].

Grundsätzlich wird dieses Prüfungsrecht heute auch nicht mehr bestritten. Wenn es auch nicht immer im Zusammenhang mit der „supremacy clause"[153] oder dem Prinzip der „limited government"[154]

---

[150] 1 Cranch 137 (1803).

[151] 1 Cranch 137 (1803).

[152] *Jackson* z. B. (Supreme Court S. 22) sieht diese Gewalt als eine logische Schlußfolgerung der Höherrangigkeit der Verfassung an. Da Gerichte entscheiden müssen, welches Recht in einem Einzelfall anwendbar ist, müssen sie zwingend auch entscheiden können, daß eine Norm eine andere (niederrangige) verdrängt. Bezeichnenderweise geht er in diesem Zusammenhang gar nicht auf den Streit über die supremacy clause ein, sondern setzt die Höherrangigkeit der Verfassung als selbstverständlich voraus.

[153] Die von Marshall vertretene Deutung der supremacy clause des Article VI ist Gegenstand besonders heftigen Streits aller Kommentatoren zur Prüfungskompetenz der Gerichte. Da die Bestimmung den höheren Rang der Verfassung nur im Zusammenhang mit der Gebundenheit der Gerichte der Einzelstaaten an die Bundesverfassung und Bundesgesetze aus-

unmittelbar aus dem Charakter der Verfassung als „supreme law" abgeleitet wird[155], so wird doch anerkannt, daß es durch die Anerkennung im amerikanischen Verfassungsrecht und Verfassungsleben durch mehr als eineinhalb Jahrhunderte[156] geltende Institution geworden ist[157].

2. *„judicial restraint"*

Wenn somit auch die Kompetenz des Supreme Court, verfassungswidrige Gesetze der Legislative für nichtig zu erklären, allgemein anerkannt ist, sind doch die Lager, soweit es um die tatsächliche Wahrnehmung der Kompetenz geht, nach wie vor heftig geteilt.

a) „Klarer Fehler" und die Vermutung der Verfassungsmäßigkeit von Gesetzten

Im Jahre 1893 veröffentlichte James B. *Thayer* einen Aufsatz mit dem Titel „The Origin and Scope of the American Doctrine of Constitutional Law"[158]. Die in diesem Artikel vertretenen Ansichten haben einen erheblichen Einfluß auf die Verfassungslehre gehabt.

Thayer geht davon aus, daß das Prüfungsrecht grundsätzlich bestehe. Doch die richterliche Funktion sei eine andere als die der politischen Organe des Staates. Die Auslegung der Verfassung sei vor allem ein politischer Prozeß von Wertentscheidungen. Zu solchen Entscheidungen seien an erster Stelle die politischen Organe des Staates

---

spricht, ist vertreten worden, „supreme law of the land" beziehe sich nur auf die Verfassungen und Gesetze der Staaten und spreche lediglich deren Unterordnung unter die Bundesverfassung und Bundesrecht aus, und nicht eine Unterordnung von Bundesrecht unter die Bundesverfassung (s. vor allem *Haines*, The Role of the Supreme Court ... S. 16—26 [24] [mit Quellen]; *Bickel* S. 9—14; *Hand*, Bill of Rights S. 5). Andere halten eine solche Auslegung für mit der Struktur der Verfassung kaum vertretbar und sagen vor allem, daß es widersinnig sei, den Gerichten der Einzelstaaten eine Kompetenz, die Bundesverfassung anzuwenden, zu geben, und nicht den Bundesgerichten (*Ch. Black*, The People ... S. 6—12; *Rostow* S. 117; a.a. *Hart and Wechsler* S. 14—18).

154 *Ch. Black*, The People ... S. 38—39; *Rostow* S. 120—121; *Rodell*, 47 Geo.L.J. 486 (1959).

155 s. besonders die Meinung von *Hand* in Fn. 164.

156 Vom Supreme Court selbst wurde die Prüfungskompetenz nach *Marbury v. Madison* bis in die neueste Zeit nie mehr grundsätzlich in Frage gestellt.

157 Die Tatsache, daß alle Organe des Staates während der Verfassungsgeschichte der USA diese Kompetenz der Gerichtsbarkeit anerkannt haben, ist z. B. für *Ch. Black*, The People ... S. 23, die stärkste Rechtfertigung dafür, daß judicial review ein authentischer Teil des amerikanischen Verfassungssystem ist; s. auch *Rostow* S. 118; weniger überzeugt von dem Argument scheint *Bickel* S. 21—22.

158 7 Harv.L.Rev. 129 (1893).

berufen, und es sei den Gerichten nicht gestattet, in Wahrnehmung ihrer verfassungsrechtlichen Prüfungskompetenz in das politische Ermessen z. B. der Legislative einzugreifen. Darüber hinaus enthalte jede Entscheidung einer der anderen Gewalten implicite die Entscheidung, daß sich die Gewalt innerhalb ihrer Verfassungskompetenz bewege. Diese Entscheidung habe das Gericht zu respektieren. Für Thayer folgt daraus: die Gerichte

"... can only disregard the Act when those who have the right to make laws have not merely made a mistake, but have made a very clear one, — so clear that it is not open to question[159]."

Diese „clear mistake"-Regel bedeutet also, daß ein Gesetz nur dann verfassungswidrig ist, wenn kein vernünftig denkender Mensch an dessen Verfassungswidrigkeit zweifeln kann. Kann jedoch dieses Urteil in Frage gestellt werden, bleibt es bei der — dann jedenfalls nicht vollständig unvernünftigen — Entscheidung der Legislative.

J. *Frankfurter*, der wohl bedeutendste Vertreter des „judicial restraint" dieser Prägung im Supreme Court der neueren Zeit, gibt der Regel Ausdruck in seiner concurring opinion in *Dennis*. Die Güterabwägungsentscheidung der Legislative

"is ... to be respected unless outside the pale of fair judgement[160]."

Mit anderen Worten verlangen die „passivists"[161], daß eine außerordentliche starke Vermutung für die Verfassungsmäßigkeit von Gesetzen anerkannt werde und das Gericht Achtung und Rücksicht („deference"[162]) gegenüber der Legislative üben müsse. Wie weit sich dabei ein Verfassungsgericht der Entscheidung der Legislative zu unterwerfen hat, ist allerdings nicht bestimmt. Denkbar ist, daß judicial restraint, wie Ch. Black sagt[163], soweit geht, daß der Supreme Court keine andere Aufgabe mehr hat, als die Entscheidungen der Legislative gutzuheißen, ohne die Verfassung auch nur anzuschauen.

---

159 7 Harv.L.Rev. 143—144 (1893).

160 *Dennis v. United States*, 341 U.S. 494 (539—540) (1951).

161 Die von *Thayer* herrührende Lehre findet sich in der einen oder anderen Form (andere Ausdrucksformen sind die Lehre von der „political question", Benutzung von verfahrensrechtlichen Mitteln zur Vermeidung der Nachprüfung einer Frage, verfassungskonforme Auslegung von Gesetzen usw. — dazu *Bickel* Kap. IV S. 111 ff.; s.a. *Kirchheimer*, JÖR 11, 99 ff.) etwa bei Learned *Hand*, Bill of Rights; *Jackson*, The Supreme Court.; *Mendelson*, J. J. Black and Frankfurter ...; *Bickel*, The Least Dangerous Branch (alle a.a.O.). Die Gegenseite wird am umfassendsten vertreten von *Charles Black*, The People and the Court; *Rostow*, The Sovereign Prerogative; s. aber auch als Vertreter der positiven Haltung: *Douglas*, The Right of the People; *Rodell*, 47 Geo.L.J. 483 (1959); *Emerson*, 72 Yale L.J. 905 ff. (1963); *Konvitz*, Fundamental Lib. S. 117—118. *Emerson* gibt in 72 Yale L.J. 905 Fn. 24 einen vollständigen Überblick.

162 "Deference to the legislative branch", *Emerson*, 72 Yale L.J. 913 (1963).

163 Perspectives ... S. 4.

b) Der „undemokratische Charakter“ des judicial review

Die Gründe, die für die passive Haltung angegeben werden, beruhen vor allem auf grundsätzlichen Zweifeln an der Berechtigung des verfassungsrechtlichen Prüfungsrechts überhaupt und auf besonderen Ansichten zum eigentlichen Zweck dieser Kompetenz[164]. Einige der Argumente können hier nur erwähnt und nicht besprochen werden.

Erstes Argument von Thayer war[165], wie wir gesehen haben, daß die Anwendung der Verfassung nicht Interpretation klarer, eindeutiger Rechtsvorschriften sei, sondern im wesentlichen ein Prozeß, in dem auch Richter im Rahmen von weiten, unbestimmten Verfassungslinien nur politische Entscheidungen träfen. Diese Entscheidung sei dann eine von vielen möglichen[166], und es bestehe kein Anlaß und keine Berechtigung für die Gerichte, ihr eigenes Urteil dem Urteil der für politische Entscheidungen viel besser ausgerüsteten Legislative[167] vorzuziehen. Sie könnten intervenieren, wenn für das Urteil der Legislative keine rationale Basis mehr vorhanden sei.

Weiter wird vorgebracht, es untergrabe das Verantwortungsbewußtsein staatlicher Institutionen und des Volkes, wenn man sich auf die Prüfung der Verfassungsmäßigkeit von Staatsakten durch die Gerichte verlasse[168]. Auf der anderen Seite gefährde ein Gericht sich selbst[169], wenn es sich zu starr gegen den Willen der Legislative stelle, denn es fordere damit geradezu Reaktionen der Mehrheit des Volkes heraus, die sich durch die Legislative diese Gesetze gegeben habe. In diesem

---

164 Das gilt vor allem für Judge *Hand.* Er erkennt die Prüfungsgewalt der Judikative grundsätzlich an, meint jedoch, daß sie nicht der Struktur der Verfassung entnommen werden könne, sondern nur einer praktischen Notwendigkeit entsprungen sei, eine Autorität zu schaffen, die die Kompetenzen der Gewalten des Bundes untereinander und zwischen Bund und Einzelstaaten abgrenze. Diese Funktion bezüglich der Kompetenzen der Gewalten untereinander sei notwendig gewesen, da andernfalls der Plan der Verfassung kaum hätte eingehalten werden können (Bill of Rights S. 14—15). Wenn sich jedoch das Gericht zwischen Legislative und Volk stelle und in diesem Bereich Kompetenzen der Legislative nachprüfe, werde es zur „third legislative chamber“ wofür es keinerlei Berechtigung gebe (Bill of Rights S. 55). Für Judge Hand muß folgen, daß auf einem Gebiet, in dem die Prüfungsgewalt auf nicht mehr als einem „coup de main“ (S. 55) beruhe (gemeint ist *Marbury v. Madison)* und in dem die Legislative in der Regel reine Wertentscheidungen fälle (S. 37—38), die Gerichte nicht ihre eigenen Entscheidungen an die Stelle der Entscheidungen der Legislative stellen könnten (S. 39, 65—66). s. zur These Judge Hands, die bezüglich der eigenartigen Richtung der Aufgabe der Gerichte sonst kaum vertreten wird, besonders *Bickel* S. 46 ff.

165 7 Harv.L.Rev. 129 ff. (1893).

166 s.a. *Hand,* Bill of Rights S. 66—67.

167 s. dazu *Ch. Black,* Perspectives S. 4.

168 *Hand,* Spirit of Liberty S. 125; s. dazu *Bickel* S. 21 ff.; *Rostow* S. 156 ff.

169 s. J. Frankfurter, *Dennis v. United States,* 341 U.S. 494 (525) (1951) conc.op.

Zusammenhang wird immer wieder auf den Versuch Präsident Roosevelts, den Supreme Court zu lähmen[170], hingewiesen[171].

Judge *Hand* betont daneben, daß eine aktive Gerichtsbarkeit letzten Endes doch wirkungslos bleibe, wenn im Willen des Volkes kein Gerechtigkeitssinn, kein Geist der Mäßigung und keine Achtung vor Grundrechten bestehe. Wenn aber auf der anderen Seite ein freiheitlicher Geist im Volk existiere, dann sei der Schutz durch Gerichte unnötig[172].

Der Hauptgrund[173] aber für die Lehre der „judicial passivists"[174] von der Pflicht der Gerichte zur Zurückhaltung ist der hemmende Effekt, den eine wirksame verfassungsgerichtliche Prüfungskompetenz auf den Willen der Mehrheit habe. In der vom Volk gewählten Legislative werde der Wille der Mehrheit des Volkes wirksam. Wie aber können dann, so wird gefragt, zum Beispiel die neun nicht gewählten und keiner Kontrolle durch den Volkswillen unterliegenden Richter des Supreme Court[175], oder sogar nur eine Mehrheit von fünf der Richter Akte der gewählten Volksvertretung für nichtig erklären? Im Grunde

---

170 *Rodell*, Nine Men S. 213 ff. Das Gericht hatte verschiedene Projekte des New Deal für verfassungswidrig erklärt, da es eine starre „laissez faire"-Mehrheit gab. Daraufhin unternahm Präsident Roosevelt seinen berühmten „court-packing"-Versuch. Die Zahl der Richter sollte, was zulässig ist, erhöht werden, damit die Möglichkeit bestand, durch Bestellung neuer Richter die Anti-New-Deal-Mehrheit im Gericht zu neutralisieren. Das Gericht kam demd urch eine Änderung seiner Haltung zuvor.

171 *Kirchheimer*, JÖR 11, 99 ff., hält dieses Motiv der Selbsterhaltung des Gerichts für ein Kriterium, das die gesamte Verfassungsinterpretationspraxis des Supreme Court bestimme.

172 "... that a society so riven that the spirit of moderation is gone, no court *can* save: that a society where that spirit flourishes, no court *need* save ..." *Hand*, Spirit of Liberty S. 125; vgl. auch *Thayer*, 7 Harv.L.Rev. 126: "... under no system can the power of the courts go far to save a people from ruin; our chief protection lies elsewhere"; ähnlich auch J. Frankfurter in *Dennis v. United States*, 341 U.S. 494 (555—556) conc.op.; vgl. auch *Jackson* S. 80.

173 *Ch. Black*, Perspectives S. 4.

174 *Rodell* vertritt die Ansicht, daß man die Haltung der Richter des Supreme Court nicht unbedingt mit starken Prinizpien für oder gegen judicial deference begründet sehen sollte (50 Geo.L.J. 700 [1962]). In einer Analyse der opinions von J. Black and J. Frankfurter kommt er zum Ergebnis, daß diese Richter letzten Endes die Entscheidungen des Gesetzgebers respektierten oder übergingen, je nachdem, zu welchem Ergebnis sie gelangen wollten (S. 702, 704), und nicht weil das aus einem Prinzip folgte. J. Black sei unnachgiebig auf dem Gebiet der politischen Freiheitsrechte aber durchaus bereit, weitgehende soziale und wirtschaftliche Regulierungen des Staates anzuerkennen. J. Frankfurter habe, trotz der oft verkündeten Pflicht der Gerichte zur Zurückhaltung, Wirtschaftsschutzmaßnahmen des Gesetzgebers empfindlich beschnitten, — wenn auch oft nur über eine, nicht weniger „respektlose" verfassungskonforme Auslegung von Gesetzen (S. 702—707).

175 s. J. Frankfurter, *Dennis v. United States*, 341 U.S. 494 (525) (1951) conc.op.

sei deshalb das Prüfungsrecht des Supreme Court *undemokratisch* und wenn überhaupt, nur unter größter Zurückhaltung auszuüben[176].

c) „political process" und „limitation of powers"

Die von der passiven Lehre vorgebrachten Argumente liegen nur z. T. auf der Ebene des eigentlichen Verfassungsrechts. Das tiefe Mißtrauen gegen die Gewalt des Supreme Court, dessen Mitglieder Rodell als „at once the most powerful and the most *irresponsible* of all the men in the world who govern men"[177] bezeichnet hat, besteht seit *Marbury v. Madison*. Dieses Mißtrauen erhielt neuen Auftrieb durch die negative Haltung des Gerichts gegenüber dem New Deal Programm Präsident Roosevelts und ist heute an Reaktionen gegen die Haltung des Supreme Court zur Frage des „one man one vote"[178], zur Frage des Gebetes in Schulen[179] und im Süden der Vereinigten Staaten zu Fragen der Gleichberechtigung der Negerbevölkerung fast ständig zu spüren[180, 181]. Es hat seinen Grund wahrscheinlich in einer Wiederbelebung des frühliberalen Vertrauens in das „laissez-faire", demzufolge der „political process"

---

[176] *Richardson*, 65 Harv.L.Rev. 54 (1951); *Mendelson*, J. J. Black and Frankfurter ... S. 126; *Bickel* S. 16—17; *Hand*, Bill of Rights S. 3—4 (alle mehr oder weniger qualifiziert); über *Thayers* Meinung s. *Ch. Black*, The People ... S. 208 ff.

[177] *Rodell*, Nine Men S. 4 („irresponsible" i. S. von nicht rechenschaftspflichtig).

[178] Dabei handelt es sich um die Frage der Neuordnung von Wahlbezirken für Bundes- und Einzelstaatswahlen zur Gewährleistung gleicher Repräsentation der Stimmen. Es gab in einzelnen Teilen der Vereinigten Staaten Wahlbezirke, die die gleiche Repräsentation wie andere erhielten, obgleich sie bis zu 100 mal größer waren. s. vor allem *Baker v. Carr*, 369 U.S. 186 (1962). Davor hatte das Gericht die Frage zur „political question" und damit für nicht justiziabel erklärt.

[179] s. *Engel v. Vitale*, 370 U.S. 421 (1962).

[180] s. N.Y.Times v. 22. 8. 64, S. 1 Sp. 7; N.Y.Times v. 12. 9. 64, S. 1 Sp. 4: Präsidentschaftskandidat Senator Goldwater erklärt, der Supreme Court halte sich am wenigsten gewissenhaft an die Grundsätze von limited government; N.Y.Times v. 18. 9. 64, S. 16 Sp. 6: Goldwater erklärte, der Supreme Court versuche seine Ziele auf „illegalem" Wege zu erreichen; N.Y.Times v. 15. 9. 64, S. 36 Sp. 4; s. zu der jüngsten Kritik am Sup.Ct. *Rodell* in N.Y.Times v. 27. 9. 64, Section VI S. 23 ff.; selbst Justice *Goldberg* vom Supreme Court nahm zu diesen Kampagnen Stellung, N.Y.Times v. 8. 11. 64 Section VI S. 30 ff.

[181] Typischerweise kann der Kongreß über seine Haushaltshoheit das „mächtigste Organ im Staat" empfindlich kritisieren. 1964 hat er, als den Bundesbeamten großzügige Gehaltserhöhungen zugesprochen wurden, die Vorschläge für eine Erhöhung der Bezüge der Richter des Supreme Court drastisch gekürzt, N.Y.Times v. 4. 8. 64 S. 17 Sp. 1 (s. auch Editorial vom selben Tag: die Kürzung sei eine kleinliche Äußerung des Widerwillens gegen das Gericht). Als die Frage einige Monate später wieder vor das Repräsentantenhaus kam, gaben einige Abgeordnete ihrem Unwillen über die Entscheidungen und Politik des Supreme Court deutlich, — und zwar bis zu Geschmacklosigkeiten — Ausdruck, N.Y.Times v. 18. 3. 65, S. 1 Sp. 6; die Erhöhung wurde wiederum mit 203 gegen 177 Stimmen abgelehnt, s. S. 18 Sp. 6.

als Ganzer genügend eigene Schutz- und Ausgleichsmechanismen besitze[182], — etwa das System der Teilung der Gewalten bei gleichzeitiger Interdependenz durch „checks and balances"[183] —, und nicht auf kontrollierende Eingriffe angewiesen sei.

Für das Gebiet der Grundrechte, welche Positionen einzelner oder von Minderheiten schützen sollen, scheint dieses Vertrauen[184] in den „political process", aus dem man die Judikative praktisch ausklammert, wenig gerechtfertigt[185]. Ch. Black fragt sehr richtig, ob man im Ernst die Verwirklichung der Gleichberechtigung der Neger in den Südstaaten dem „politischen Prozeß" überlassen könne[186]. Tatsache jedenfalls ist, daß im politischen Prozeß des Südens der Vereinigten Staaten die Gleichberechtigungsgarantie des nach dem Civil War angenommenen Fourteenth Amendment mit Rassentrennung beantwortet wurde, und es der weißen Bevölkerung gelang, „white supremacy" aufrechtzuerhalten[187]. Der Supreme Court hat mit seiner Schulentscheidung 1954[188] einen Anfang gemacht, indem er einen Verfassungsbefehl durchsetzte, der im „political process" fast einhundert Jahre lang einfach übergangen worden war. Es ist schwer einzusehen, warum ein solches Eingreifen des höchsten Gerichts Verantwortungslosigkeit der Gemeinschaft gegenüber garantierten Rechten fördern sollte. Natürlich ist nicht sicher, wie stark der Einfluß des Supreme Court auf die ungeheure Beschleunigung der Emanzipation der Negerbevölkerung der Vereinigten Staaten in den letzten fünfzehn Jahren tatsächlich war. Doch wenn

---

182 *Mendelson*, 50 Calif.L.Rev. 827—828 (1962), s. dazu *Ch. Black*, The People ... S. 103.

183 *Mendelson*, J. J. Black and Frankfurter S. 125 f.

184 *Mendelson*, der die These von den dem politischen Prozeß inhärenten Schutzmechanismen, die ein Eingreifen der Gerichte unnötig machen, auch für Meinungsfreiheit am konsequentesten vertritt, s. 50 Calif.L.Rev. 827—828 (1962), (s.a. die Erwiderung von *Frantz*, 51 Calif.L.Rev. 737 ff. (1963), beruft sich sehr stark auf die Staatsphilosophie von James Madison; das Demokratiemodell Madisons mit seinen Thesen von der Verhinderung der Tyrannei einer Mehrheit oder einer Minderheit durch ein System von „external checks" („separation of powers", „intragovernmental checks") und von der Heterogenität der Mehrheit wegen diverser Interessen, die eine geschlossene und damit gefährliche Mehrheit verhindere, hat durch *Dahl* eine neue Analyse erfahren (s. Preface to Democratic Theory, a.a.O., Ch. 1 S. 4 ff.).

185 *Ch. Black*, The People ... S. 103 ff.; *Rodell*, 47 Geo.L.J. 486 (1959); *Emerson*, 72 Yale L.J. 899 ff. (1963); Emerson leitet mit vielen Beispielen aus der Entwicklung vom selbstfunktionierenden „laissez faire"-Staat zur modernen Massendemokratie die entscheidenden Argumente für die Aufgabe des Rechts und der Rechtsprechung besonders auf dem Gebiet der Meinungsfreiheit her; s.a. *Roche* S. 145.

186 *Ch. Black*, The People ... S. 104.

187 s. sehr anschaulich *Woodward*, The Strange Career of Jim Crow, a.a.O. („Jim Crow" ist die populäre Bezeichnung für alle Antigleichberechtigungs- und Rassentrennungsgesetzgebung und Maßnahmen im Süden der USA).

188 *Brown v. Board of Education*, 347 U.S. 483 (1954).

man die konsequente Haltung seiner Rechtsprechung betrachtet, kann man wenigstens vermuten, daß sie sehr dazu beigetragen hat, das Gewissen der Nation anzustoßen.

Verfassungsrechtlich betrachtet, bestehen erhebliche Bedenken gegen eine passive Haltung in der Form einer kaum widerlegbaren Vermutung der Verfassungsmäßigkeit von Gesetzen und eine übertriebene Unterwerfung unter das Urteil der Legislative, da sie mit dem Grundsatz der limitation of powers kaum vereinbar ist.

Es widerspricht, wie Ch. Black es ausdrückt, der Logik der durch einen Grundsatz der Beschränkung der Gewalten bestimmten Verfassungsstruktur, wenn die Verfassung nicht als zwingendes ranghöchstes Recht gilt[189]. Die Beschränkung der Gewalten im Staat auf enumerativ delegierte Kompetenzen hat nur Sinn, wenn sie durch zwingendes Recht angeordnet und durchgesetzt wird, wenn die Einhaltung von Kompetenzen an den Verfassungsnormen gemessen werden kann. Ebenso kann man sagen, daß es der Logik dieses im Verfassungssystem niedergelegten Prinzips widerspricht, wenn ein mit beschränkter Verfassungsgewalt ausgestattetes Verfassungsorgan de facto selbst bestimmen kann, ob es die Beschränkungen seiner Kompetenz eingehalten hat. Wenn man dem Urteil der Legislative über die Verfassungsmäßigkeit des eigenen Handelns eine, wie es der judicial restraint fordert, primäre Bedeutung zumißt, indem man die Vermutung der Verfassungsmäßigkeit von Gesetzen de facto unwiderlegbar macht, besteht die große Gefahr der Abwertung von Verfassungsschranken zu mehr oder weniger unverbindlichen politischen Anweisungen[190]. Gesetzen wird dann ein Vorrang vor der Verfassung eingeräumt.

Gerade jedoch wenn man sich den Sinn des Prinzips von „limited government" vergegenwärtigt, erscheint eine Unterwerfung[191] der Verfassungsgerichte unter das Urteil der Legislative hinsichtlich der Verfassungsmäßigkeit von Gesetzen wenig gerechtfertigt.

Die Lehre vom judicial restraint betont, daß judicial review im Grunde undemokratisch sei. Diese Haltung geht von einem zu engen Konzept aus. Demokratie soll den Willen des Volkes in konkrete Entscheidungen umsetzen. Dabei soll der Wille der Mehrheit den Willen des Volkes legitim repräsentieren. Nach der Theorie des Verfassungsstaates hat das Volk aber auch entschieden, daß sein Wille nur in einem ganz bestimmten Rahmen gelten soll. Es hat die Wirksamkeit seines Willens, welcher durch den Mehrheitswillen repräsentiert sein muß,

---

189 *Ch. Black*, The People ... S. 8—10.

190 Judge *Hand* hat diese Folgerung auch gezogen und sagt ausdrücklich, z. B. politische Grundrechte seien nicht mehr als „admonitions of moderation", vgl. Spirit of Liberty S. 11.

191 Vgl. zum ganzen *Rostow* S. 118—121; *Ch. Black*, The People ... S. 38—39, 54, 115; *Rodell*, 47 Geo. L.J. 486 (1959).

beschränkt, indem es für die Ausführung seines Willens Gewalten konstituierte, denen nur bestimmte Kompetenzen zustehen. Selfgovernment unter Bedingungen der „Selbstdisziplin“ ist Durchsetzung des politischen Willens der Mehrheit im Rahmen beschränkter Gewalten.

Es widerspräche diesem, dem Grundsatz des limited government unterliegenden „Antimehrheits“-Prinzip[192], wenn es de facto gerade der zu beschränkende Wille der Mehrheit wäre, der entscheiden kann, ob die Beschränkungen beachtet wurden. Die Mehrheit ist nicht besser oder auch nur ebenso wie unabhängige Gerichte geeignet, gegen den Mehrheitswillen gerichtete Beschränkungsnormen auszulegen. Die Legislative ist von Natur aus „parteilicher“ als die Rechtsprechung. Wenn selfgovernment nicht nur Durchsetzung des politischen Willens der Mehrheit bedeuten soll, kann der Legislative nicht allein das Recht der endgültigen Auslegung der Beschränkungen der Kompetenzen zugesprochen werden. Das gilt auch, wenn Verfassungsnormen relativ unbestimmt gefaßt sind, denn hier ist ein unparteiliches Urteil erst recht angebracht. Wenn es aber um Beschränkungen der staatlichen Gewalten durch Grundrechte und um die politischen Kompetenzen von Minderheiten geht, dann ist eine Auslegung der Gewaltenschranken durch „nicht gewählte“ Richter, — die also auch nicht dem Mehrheitswillen unterliegen und daher „unparteilich“ sein können —, nicht undemokratisch, sondern wegen der Unabhängigkeit vom politischen Willen der Mehrheit im besten Sinne „demokratisch“, wenn man Demokratie als „limited selfgovernment“ auffaßt. *Unabhängige Verfassungsgerichte* sind, wie *Ch. Black* sagt, *„institutionalisierte Selbstdisziplin* des Volkes“[193]. Das ganze Volk hat, um den Mißbrauch der Macht durch eine Mehrheit zu verhindern, beschränkte Gewalten geschaffen. Es kann nicht gleichzeitig die Mehrheit zum Wächter dieses Plans der Selbstdisziplin bestellt haben[194].

Judicial restraint ist, wenn damit eine kaum widerlegbare Vermutung der Verfassungsmäßigkeit von Gesetzen und die Einräumung einer vorrangigen Prüfungsgewalt der Legislative vertreten wird, mit dem Konzept der limitation of powers im selfgovernment unvereinbar.

3. „judicial restraint“ und das First Amendment

Vor allem diese letzten Erwägungen haben für die Frage der Durchsetzung des First Amendment Gewicht. Die Meinungsfreiheit ist als

---

[192] *Jackson*, Supreme Court S. 79, spricht ausdrücklich von „limited majority rule“ im Sinne der Kombination von Mehrheitsherrschaft und limited government.

[193] The People ... S. 107: “institutionalized self-restraint.”

[194] s. für dieses Argument im ganzen *Ch. Black*, The People ... S. 96, 104—106; Perspectives S. 3—5; *Rostow* S. 118—123, 149—156; *Rodell*, 47 Geo. L.J. 486—487 (1959); *Emerson*, 72 Yale L.J. 905—906 (1963).

Schutzrecht unpopulärer Minderheiten durch den Mehrheitswillen besonders gefährdet. Jede Mehrheit muß daran interessiert sein, daß einzige Mittel der Minderheit, politische Kontrolle zu üben, so weit wie möglich einzuschränken. Kritische Meinungen erscheinen immer gefährlich für den Bestand der Mehrheit, und, da sich eine Mehrheit sehr leicht mit dem Staat identifiziert und das Wohl des Staatsganzen mit der Durchsetzung ihres Willens gleichsetzt, auch gefährlich für den Staat. Einschränkungen dieser „gefährlichen" — of natürlich tatsächlich der Grundordnung des Staates feindlichen — und unpopulären Meinungen sind von Natur aus populär.

Selbst Judge *Hand*, der in mancher Hinsicht die Position des judicial restraint so scharf formuliert hat, muß zugeben, daß die Argumente für eine passive Haltung der Verfassungsgerichte am schwächsten sind, wenn es um den Schutz der Meinungsfreiheit geht[195]. Hier bedürfe es einer „agency made irresponsive to the pressure of public hysteria, public panic, public greed ..."[196], die diesen Schutz gegen den Willen der Mehrheit durchsetze.

Überließe man den Schutz der für den geistigen Prozeß der Gemeinschaft so vitalen Mindermeinung dem Mechanismus der Gesetzlichkeiten des „politischen Prozesses"[197], so bliebe die Position der Minderheit weitgehend ohne Schutz[198], denn am stärksten wird dieser politische Prozeß vom Willen der Mehrheit bestimmt. Es bedarf einer unabhängigen starken Verfassungsgerichtsbarkeit, die gewisse Bereiche, die dem Verfassungsgeber von essentieller Bedeutung erschienen, außerhalb des „political process" garantiert[199].

Damit ist natürlich nicht gesagt, daß nicht auch der Supreme Court Teil des politischen Prozesses ist, und letzten Endes die Meinungsfrei-

---

195 Bill of Rights S. 69.

196 *Hand*, Bill of Rights S. 68.

197 "This formula contains almost too much irony to be taken wholly seriously." *Ch. Black*, The People ... S. 103.

198 Vgl. J. Stone, diss.op. in *Minersville School District v. Gobitis*, 310 U.S. 586 (605—606) (1940): ein Grundsatz, der dazu zwänge, das legislative Urteil intakt zu lassen, "as long as the remedial channels of the democratic process remain open and unobstructed", bedeutete eine Auslieferung von politisch hilflosen Minderheiten an den Willen der Mehrheit. "We have previously pointed to the importance of a judicial inquiry into the legislative judgement in situations where prejudice against discrete and insular minorities may tend to curtail the operation of those political processes ordinarily to be relied on to protect minorities ..."

199 Abgesehen davon ist der „political process" selbst zu sehr auf die Erfüllung gewisser Bedingungen, zu denen sicherlich unbeschränkte Meinungsfreiheit gehört, angewiesen, als daß man den Schutz eines solchen Rechts dem Prozeß selbst überlassen könnte und den Prozeß damit der Gefahr der Selbstverstümmelung aussetzte. Wenn ein Vertrauen in den political process eines demokratischen Systems überhaupt gerechtfertigt sein soll, muß Meinungsfreiheit als unabdingbare Voraussetzung des Funktionierens des Systems außerhalb des Prozesses selbst garantiert sein.

heit doch nicht „außerhalb des politischen Prozesses garantiert ist". „Political process" war im Vorhergehenden enger zu fassen, da für die Vertreter der passiven Haltung die nicht gewählten Richter in gewissem Sinn Fremdkörper im politischen Prozeß sind und tatsächlich ausgeklammert werden. Auch die unabhängigen Gerichte sind jedoch durchaus dem Mechanismus der checks and balances unterworfen. Der Supreme Court kann erheblichem Druck durch die öffentliche Meinung ausgesetzt sein, ein Präsident kann versuchen, das Gericht nach dem Vorbild Präsident Roosevelts zu lähmen, der Kongreß kann das Gericht über den Haushalt empfindlich unter Druck setzen, und schließlich gibt es eine Richteranklage[200]. Wo jedoch ein Gericht, wie der Supreme Court der Vereinigten Staaten, ein hohes Maß an Autorität hat[201], ist die richterliche Entscheidung für den Schutz einer unpopulären Meinung wirksamstes Mittel der Durchsetzung des First Amendment[202].

Im Smith Act und den folgenden Staatschutzgesetzen hat eine Mehrheit des amerikanischen Volkes in einem Stadium der Hysterie und der Panik das First Amendment weitgehend eingeschränkt und eine politische Minderheit eliminiert. Der Supreme Court konnte nach den Worten von Justice Frankfurter sein eigenes Urteil nicht an die Stelle des Urteils des Gesetzgebers setzen, das — nach eingehender Prüfung z. B. in *Dennis v. United States* — nicht „outside the pale of fair judgement[203] lag. Wo jedoch das Urteil des Gesetzgebers über die Verfassungsmäßigkeit seines Handelns, wie in Fragen der Beschränkung von unpopulären und „gefährlichen" Meinungen, so leicht parteilich ist, sind Gerichte berufen, sich schützend vor Verfassungsgarantien zu stellen.

Die Gerichte müssen die Befehle der Verfassung mit ihren einzigartigen Garantien für die Freiheiten der unpopulären und verachteten Teile des Volkes[204] gegen, wie Rodell es in der ihm eigenen plastischen

---

[200] s. zur „Abhängigkeit" des Gerichts *Jackson*, Supreme Court S. 10—11.

[201] "Public opinion ... seems always to sustain the power of the Court ... The people have seemed to feel that the Supreme Court, whatever its defects, is still the most detached, dispassionate, and trustworthy custodian that our system affords for the translation of abstract into concrete constitional commands" *(Jackson*, Supreme Court S. 23).

[202] s.a. *Anastaplo*, Notes S. 377, 386; *Madison* selbst scheint dieses Vertrauen in die unabhängigen Gerichte geteilt zu haben, I Annals of Cong. 457 (1789): vgl. oben bei Fn. 145.

[203] *Dennis v. United States*, 341 U.S. 494 (539—540) (1951) conc.op.

[204] s. hierzu das interessante Argument von *Shapiro* (47 Cornell L.Q. 175 [183 ff.]) auf dem Boden der Political Science. Shapiro sagt, daß in der politischen Realität der Supreme Court wie jede andere staatliche Institution eine ganz bestimmte Gruppenunterstützung genieße und eine eigene Klientel habe, die sonst keine andere Möglichkeit der Repräsentation finde (S. 196). Politische Minderheiten (er nennt Bürgerrechtsvereinigungen, Jehovas Zeugen etc.) bildeten typischerweise diese Klientel des Supreme Court. "If the Court is to make its maximum contribution to the governing

Art ausdrückt, „a lynch minded ... majority“[205] durchsetzen. Sie sind im System der Selbstdisziplin des Volkes, im „limited selfgovernment“, zum Schutz der unpopulären Meinung besser geeignet als der Gesetzgeber. Das Urteil des Gesetzgebers verdient nicht, wie es die Lehre des „judicial restraint“ verlangt, einen Vorrang[206], der die politische Freiheit so empfindlich gefährden kann. Vor allem auf dem Gebiet der Meinungsfreiheit widerspricht „judicial restraint“ im Sinne einer kaum widerlegbaren Vermutung der Verfassungsmäßigkeit von Gesetzen den Grundgedanken der Verfassung der Vereinigten Staaten.

---

process, it should probably devote its major energies to those groups which have no other access to government" (S. 197).

[205] 47 Geo.L.J. 487 (1959).

[206] Judicial restraint äußert sich, wie schon erwähnt, nicht nur in der hier besprochenen Form einer übertriebenen Vermutung der Verfassungsmäßigkeit von Gesetzen. Das Gericht kann z. B. durch vielfältige Mittel einer Entscheidung verfassungsrechtlicher Fragen überhaupt aus dem Wege gehen. Es kann vermeiden, sich der Frage der Verfassungsmäßigkeit eines Gesetzes zu stellen, indem es das Gesetz verfassungskonform auslegt, obgleich auch darin eine Versagung des Respektes gegenüber dem Gesetzgeber liegen kann (*Rodell*, 50 Geo.L.J. 705 [1962]), oder indem es die Entscheidung des Untergerichts einfach ohne Begründung, „per curiam“, aufhebt. Es kann mit der Lehre von der „political question“ eine Frage für nicht justiziabel erklären (*Colegrove v. Green*, 328 U.S. 549 [556] [1946]; vgl. jetzt aber *Baker v. Carr*, 369 U.S. 186 [1962]; „reapportionment“-Frage) oder auch ablehnen, den Fall überhaupt zu prüfen (Verneinung des sog. „certiorari“). Daneben gibt es eine Reihe von weiteren verfahrensrechtlichen Argumenten (z. B. mangelnde Erschöpfung des staatlichen Instanzenzuges, keine „wirkliche“ Kontroverse vorhanden, mangelnde Entscheidungsreife, mangelnde Repräsentation etc.), mit denen der Supreme Court Fälle abschieben kann, (s. zum ganzen *Bickel* S. 111 ff.; *Kirchheimer*, JÖR NF 11, 99 ff.). Derartige Hilfsmittel, die es dem Supreme Court erlauben, — u. U. selbsterhaltende — Zurückhaltung zu üben, sind gewiß gerechtfertigt und erhöhen vielleicht sogar die Wirkung seiner Entscheidungen. Ein Verfassungsgericht muß auch den (politisch) richtigen Zeitpunkt seines Eingreifens wählen können. Doch das hat nichts zu tun mit einer kaum widerlegbaren Vermutung der Verfassungsmäßigkeit von Gesetzen und mit einer Unterwerfung des Verfassungsgerichts unter das Urteil einer anderen Gewalt.

Teil 3

Die Abwägung von Interessen

Im ersten Teil wurde verfolgt, wie der Supreme Court grundsätzlich zur Einschränkung der Meinungsfreiheit steht und welche Methode der Bestimmung von Schranken er als gerechtfertigt ansieht. Die im zweiten Teil enthaltene Darstellung der Grundlagen des First Amendment ist Voraussetzung für eine nähere Besprechung der Haltung des Supreme Court und die Darlegung einer Alternative, wie sie die Lehre vorschlägt.

Im folgenden soll versucht werden, den Ansatz der Rechtsprechung im einzelnen zu diskutieren. Dabei wird zunächst die Problematik der Technik der Schrankenbestimmung durch Interessenabwägung besprochen. Es erscheint wichtig herauszustellen, daß Interessenabwägung auch als Methode der Schrankenbestimmung sehr problematisch ist, und zwar ganz abgesehen davon, wie man die grundsätzliche Frage, ob die Meinungsfreiheit unter einem Gemeinschaftsvorbehalt stehen kann, beantworten muß.

Für das Probleme der Schrankenbestimmung steht der „ad hoc balancing test" im Vordergrund. Hierzu hat der Supreme Court in vielen Entscheidungen deutlich Stellung genommen. „Clear and propable danger" dagegen wurde nur in *Dennis* angewendet und ist in der Folgezeit im Supreme Court — wahrscheinlich bewußt — nicht mehr erwähnt worden. Das Gericht stützt sich lediglich auf die Ergebnisse der *Dennis*-Entscheidung, ohne auf die Methode einzugehen. Darüber hinaus sind „clear and probable danger"- und „ad hoc balancing"-Doktrin, wie bereits ausgeführt[1] praktisch identisch. In beiden Fällen rechtfertigt der Supreme Court eine Einschränkung aus der durch das Vorliegen einer „Gefahr" bestimmten Interessenlage.

A. Der „ad hoc balancing test"

Die Methode der Abwägung von Interessen zur Bestimmung der Schranken des First Amendment steht im Mittelpunkt der Rechtsprechung des Supreme Court zu Staatsschutzfragen. Allerdings hat das

---

[1] s.o. Teil 1 nach Fn. 230.

Gericht seit 1961[2] diesen Test nicht mehr angewandt. In gewisser Hinsicht kann man sogar sagen, daß es in einigen neueren Entscheidungen, in denen es staatliche Maßnahmen wegen Unbestimmtheit aufgehoben hat, Argumente gegen den balancing test anhäuft[3]. Im übrigen vermeidet das Gericht seit dem *Deutsch*-Fall[4] die grundsätzliche Stellungnahme zur First Amendment-Problematik[5], indem es sich auf strenge Beweisanforderungen[6], hohe Anforderungen an die Rechtsstaatlichkeit und allgemeine Fairneß des Verfahrens[7] beschränkt oder einfach „per curiam" ohne Begründung entscheidet[8].

Mag somit auch der balancing test im Gericht heute nicht mehr ausdrücklich angewendet werden, erscheint es jedoch wichtig, diese Methode, auf der letzten Endes das gesamte geltende Verfassungsrecht zu Staatsschutzfragen beruht, im einzelnen zu besprechen. Die Doktrin hat in der Lehre auch heute Anhänger, die sie immer wieder ausdrücklich vertreten[9]. Der balancing test war im übrigen Gegenstand umfangreicher Diskussion und hat die Theorie des First Amendment außerordentlich befruchtet[10].

---

[2] Vgl. oben Teil 1 bei Fn. 231 ff.

[3] s.u. bei Fn. 98 ff.; vgl. *Baggett v. Bullitt*, 377 U.S. 360 (1964); *Dombrowski v. Pfister*, 380 U.S. 479 (1965); *Elfbrandt v. Russell*, 384 U.S. 11 (1966).

[4] *Deutsch v. United States*, 367 U.S. 456 (1961).

[5] Vgl. *Hudon* S. 162, 174.

[6] *Noto v. United States*, 367 U.S. 290 (1961).

[7] *Deutsch v. United States*, 367 U.S. 456 (1961); s.a. *Sweezy v. New Hampshire*, 354 U.S. 234 (1957); *Russell v. United States*, 369 U.S. 749 (1962); *Flaxer v. United States*, 358 U.S. 147 (1958); *Grumman v. United States*, 370 U.S. 288 (1962); *Silber v. United States*, 370 U.S. 717 (1962); *Yellin v. United States*, 374 U.S. 109 (1963).

[8] Vgl. z. B. *Nostrand v. Little*, 368 U.S. 436 (1962).

[9] s. die neuesten Stellungnahmen: *Alfange*, 2 L. in Trans.Q. 35 (1965); *Mendelson*, 17 Vand.L.Rev. 479 (1964).

[10] Die wichtigsten Stellungnahmen für einen balancing test s. C. J. Vinson in *American Communications Ass'n v. Douds*, 339 U.S. 382 (394 ff.) (1950); J. Frankfurter, *Dennis v. United States*, 341 U.S. 494 (524 ff.) (1951) conc.op.; J. Harlan, *NAACP v. Alabama*, 357 U.S. 449 (1958); *Barenblatt v. United States*, 360 U.S. 109 (111) (1959); *Konigsberg v. State Bar*, 366 U.S. 36 (37) (1961); J. Clark, *Talley v. California*, 362 U.S. 60 (67) (1960) diss.op.; — *Mendelson*, J. J. Black and Frankfurter, S. 57 ff.; *ders.*, 50 Calif.L.Rev. 826 (1962); *ders.*, 17 Vand.L.Rev. 482 (1964); *Karst*, 1960 Sup.Ct.Rev. 75; *Kent*, B.U.L.Rev. 443 (1961); *Leflar*, 15 Vand.L.Rev. 1073 (1962); *Kauper*, 58 Mich. L.Rev. 619 (1960); *Nutting*, 30 Geo.Wash.L.Rev. 167, 173 (1961/62); *Griswold*, 8 Utah L.Rev. 167 (1963); *Pfeffer* S. 28; *Hook* S. 55 ff.; mit erheblichen Einschränkungen *McKay*, 34 N.Y.U.L.Rev. 1182 (1959); *Alfange* 2 L. in Trans.Q. 35 (1965); — dabei muß beachtet werden, daß diese Stellungnahmen immer mehr oder weniger qualifiziert für eine Interessenabwägung sind, und eine bedingungslose Übernahme der Doktrin, wie sie im Supreme Court angewendet wurde, selten ist.

Für einen Kommentar gegen den balancing test s. die *dissenting opinions* von J. Black (denen J. Douglas in der Mehrzahl der Fälle zustimmte), — im einzelnen: *Barenblatt v. United States*, 360 U.S. 109 (141) (1959); *Konigsberg v. State Bar*, 366 U.S. 36 (61) (1961); *Communist Party v. Subversive Activities Control Bd.*, 367 U.S. 1 (164) (1961); *Braden v. United States*,

Die Diskussion um den Interessenabwägungstest als Technik der Schrankenbestimmung kann am besten unter zwei Aspekten geschildert werden. Einmal geht es um die Art und Weise, wie dieser Test im Supreme Court angewandt worden ist, zum anderen aber wirft der balancing test ganz grundsätzliche Fragen auf, die zu schwerwiegenden Bedenken gegen eine solche Methode der Schrankenbestimmung führen.

I. Die Interessenabwägung im Supreme Court

1. „Zweistufenmethode"

Wenn der Supreme Court die Schranken der Meinungsfreiheit im Einzelfall feststellen will, nimmt er zwei verschiedene Prüfungen vor, was *Reich* anschaulich eine „Zweistufenmethode" genannt hat[11]. Als erstes stellt das Gericht die Frage, ob eine Maßnahme die Meinungsfreiheit überhaupt einschränkt. Dabei geht es von einem niemals genau definierten, sehr weiten Begriff der Meinungsfreiheit aus. Es erkennt nicht nur die unmittelbare Verhinderung von Meinungsäußerungen als Beschränkung an, sondern auch mögliche indirekte Auswirkungen auf die Meinungsbildung oder auf die ungehinderte Ausübung des Freiheitsrechts, wie sie z. B. in einer Atmosphäre der Furcht sich aus Verzicht der Rechtsträger auf ihr Recht oder in einer Atmosphäre der Intoleranz aus Reaktionen einer feinlichen Mehrheit gegen unpopuläre Minderheiten ergeben können. In neueren Entscheidungen spricht das Gericht sogar sehr weit von dem „chilling effect", den unbestimmte Gesetze auf ein System der Meinungsfreiheit haben können[12], wodurch der Bürger von der freien Ausübung dieses Rechts abgehalten werde.

Doch mit dieser ersten nicht qualifizierten Prüfung hat das Gericht regelmäßig nur einen Schritt getan. Nunmehr stellt es fest, daß Meinungsfreiheit nicht absolut geschützt sei[13], wie es der Wortlaut des First Amendment vielleicht vermuten lasse, und deshalb weiter gefragt werden müsse, ob nicht die zugegebenen Einschränkungen gerecht-

365 U.S. 431 (445) (1961); *In re Anastaplo*, 366 U.S. 82 (110) (1961); *Wilkinson v. United States*, 365 U.S. 399 (420) (1961); *Scales v. United States*, 367 U.S. 203 (261) (1961); *Black*, Bill of Rights S. 59 ff.; in: *Cahn*, 37 N.Y.U.L.Rev. 549 (1962); — *Frantz*, 72 Yale L.J. 1424 (1962); *ders.*, 51 Calif.L.Rev. 729 (1963); *Brandwen*, 40 N.C.L.Rev. 273 (1962); *Meiklejohn*, Political Freedom S. 59 ff.; *ders.*, 49 Calif.L.Rev. 4 (1963); *ders.*, 1961 Sup.Ct.Rev. 245; *ders.*, 20 U.Chi.L. Rev. 465 (1953); *Fried*, 76 Harv.L.Rev. 755 (1963); *Emerson*, 72 Yale L.J. 912 (1963); *Reich*, 76 Harv.L.Rev. 716 (1963); s.a. *Warren* S. 109; *Ch. Black*, Perspectives S. 96; *ders.*, Harper's Magazine S. 63; *Hudon* S. 174; *Brant* S. 34 bis 36.

[11] 76 Harv.L.Rev. 716 (1963).

[12] s.u. bei Fn. 102.

[13] J. Harlan, *Konigsberg v. State Bar*, 366 U.S. 36 (49 f.) (1961).

fertigt seien. Diese Frage beantwortet das Gericht dann nach einer Abwägung der im Einzelfall mit dem Interesse des einzelnen an der Ausübung von Meinungsfreiheit in Konflikt geratenen öffentlichen Interessen.

In *NAACP v. Alabama*[14] z. B. ging es um eine Anordnung des Staates Alabama, die eine Bürgerrechtsvereinigung zwang, eine Liste ihrer Mitglieder einzureichen. Es war offensichtlich, daß eine solche Offenbarung der Namen der Mitglieder zu erheblichen Repressalien durch den Rassentrennung als offene Politik propagierenden Staat Alabama und die weiße Bevölkerung dieses Staates führen konnte. Das Gericht entschied dann auch:

"We think that the production order ... must be regarded as entailing the likelihood of substantial restraint upon the exercise by petitioner's members of their right to freedom of association[15]."

Zu fragen sei aber, ob eine solche Einschränkung nicht gerechtfertigt sei:

"We turn to the final question, whether Alabama has demonstrated an interest in obtaining the disclosure it seeks ... which is sufficient to justify the deterrent effect which we have concluded these disclosures may well have ...[16]"

Das Gericht bestimmt also, — und das scheint das wesentlichste Merkmal der Methode zu sein —, die Geltung des Rechts der Meinungsfreiheit von Fall zu Fall erst durch eine Konfrontierung von Interessen. Das Interesse an der Ausübung des Rechts in Relation zu anderen (öffentlichen) Interessen wird Voraussetzung der Geltung des Rechts. Erst wenn keine zwingenden öffentlichen Interessen entgegenstehen, behauptet sich die Meinungsfreiheit als Recht. Gleichzeitig hängt auch der Inhalt und Umfang des Rechts der Meinungsfreiheit ganz von der jeweiligen Interessenlage ab: wo eine Seite der Meinungsfreiheit noch durch ein anerkanntes Interesse des einzelnen gedeckt sein mag, kann für ein anderes Element dieses Interesse schon durch andere Interessen verdrängt sein — und kann sich dann dieses Element mangels rechtfertigender Interessen nicht als verfassungsrechtlich garantiert behaupten.

Wie immer man eine solche Methode bezeichnen mag, man kann wohl zu Recht sagen, daß der Supreme Court jedenfalls in seiner Prüfung grundsätzlich die Meinungsfreiheit als bloßes Interesse und nicht als Recht behandelt; wenn man einmal das Interesse an der Ausübung eines Rechts zur Voraussetzung seiner Geltung und der Bestimmung seines Rahmens gemacht hat, ist dieses Interesse vor allem anderen relevant. Ein Gericht verneint mit diesem Ansatz de facto, daß ein —

[14] 357 U.S. 449 (1958).
[15] 357 U.S. 462.
[16] 357 U.S. 463.

wie immer umfangreiches — Recht überhaupt ohne Rücksicht auf die jeweilige Interessenlage garantiert ist; wenn Interessen in Relation zueinander erst eine Verfassungsgarantie rechtfertigen müssen, wird zwangsläufig das Recht selbst vollkommen relativiert.

Es sei am Rande bemerkt, daß der Supreme Court auf dem Gebiet der Grundrechte nur mit der Meinungsfreiheit in dieser Weise verfährt. Natürlich ist das Interesse des einzelnen an einem Grundrecht für die Lösung eines Konfliktfalls durchaus relevant. Doch der Supreme Court spricht auf allen andern Gebieten grundsätzlich primär von Rechten und prüft nicht Interessen als Voraussetzung der Geltung von Rechten[17].

Gegenstand der folgenden Besprechung soll diese Methode der Feststellung des Rahmens des First Amendment sein, nach der die Meinungsfreiheit sich als Interesse durchsetzen muß, um als Recht anerkannt zu werden, oder anders gesagt: das Recht der Meinungsfreiheit durch überwiegende Interessen relativiert werden kann.

2. *Indirekte Schranken*

Der Supreme Court hat das Anwendungsgebiet des Interessenabwägungstests allerdings ausdrücklich begrenzt und hat gleichzeitig aus dieser Begrenzung versucht, eine Rechtfertigung der Doktrin herzuleiten.

Interessenabwägung ist für das Gericht immer dann geboten, wenn Gesetze oder sonstige Maßnahmen primär die Regelung einer anderen Materie als Meinungsfreiheit bezwecken und auch tatsächlich eine solche allgemeine Regelung zum Inhalt haben, — und nur im Verlaufe einer solchen Regelung notwendigerweise, aber ungewollt die Meinungsfreiheit beschränken. Nur also, wenn „allgemeine regelnde Gesetze" eine „indirekte" Beschränkung der Meinungsfreiheit mit sich bringen, darf zur Bestimmung der Schranken des Rechts das Interesse des Staates (der Allgemeinheit) an der einschränkenden Regelung gegen das Individualinteresse an der ungehinderten Ausübung des Rechts abgewogen werden.

Im *Douds*-Fall[18] zum Beispiel, ging es nach der Meinung des Gerichts um die Regelung von „interstate commerce" zur Verhinderung politischer Streiks[19]. *Zweck* der Maßnahmen, — Entfernung aller Kommunisten aus Gewerkschaften, — war danach also der Schutz vor politischen Streiks und die Aufrechterhaltung des wirtschaftlichen Funktionierens des Systems. *Mittel* zur Erreichung dieses Zwecks waren Maßnahmen, die sich nach den Aussagen des Gerichts nicht etwa mit Mei-

---

[17] Vgl. *Reich,* 76 Harv.L.Rev. 715—716 (1963).
[18] *American Communications Ass'n v. Douds,* 339 U.S. 382 (1950).
[19] 339 U.S. 396 f.

nungsäußerungsfreiheit befaßten, sondern das wahrscheinliche zukünftge Verhalten („conduct") von Kommunisten zum Gegenstand hatten[20]. *Nebeneffekt* solcher Maßnahmen war eine, wie das Gericht feststellte, allerdings unbedeutende und auf eine Handvoll Gewerkschaftsfunktionäre begrenzte Beschränkung der Meinungsfreiheit. Diese Beschränkungen waren für C. J. Vinson klar „indirekte" Einschränkungen von Meinungsfreiheit; deshalb konnte eine Interessenabwägung vorgenommen werden[21].

Nicht immer gliederte das Gericht die Situation in dieser Weise so ausdrücklich auf. Doch es beruft sich durchgehend auf die Qualifikation „indirekte Einschränkung"[22].

Einschränkungen der Meinungsfreiheit von Anwärtern für den Anwaltsstand durch Offenbarungspflichten sind danach nur Nebenfolge einer allgemeinen Regelung der Integrität der Rechtspflege, und solche

"general regulatory statutes, not intended to control the content of speech but incidentally limiting its unfettered exercise"[23]

sind vom First Amendment nicht verboten, wenn überwiegende Interessen die einschränkende Nebenfolge rechtfertigen[24].

Legislativuntersuchungen dienten nach den Feststellungen des Gerichts der Information des Gesetzgebers und die mit den Offenbarungspflichten verbundenen Nachteile waren „incidental"[25]. Und selbst bei der Aufrechterhaltung der „membership-clause" des Smith Act in *Scales v. United States*[26] und in der Bestätigung der Registrierungspflicht der CPUSA[27] scheint der Supreme Court den Gedanken der „Nebenfolge" aufrechtzuerhalten.

Der Supreme Court macht also einen Unterschied zwischen Einschränkungen der Meinungsfreiheit durch gezielte Kontrolle und Einschränkungen, die nur notwendig im Verlauf der Regelung eines anderen Bereichs durch allgemeine Gesetze auftreten. Nach der oben zitierten Stelle in *Konigsberg* ist wichtigstes Element solcher „allgemeinen" Gesetze, daß ihr Zweck nicht ist, den Inhalt von Meinung oder Meinungsäußerung zu kontrollieren. Der Supreme Court ist der Ansicht,

---

20 339 U.S. 396 ff., 399.

21 339 U.S. 399.

22 s. *Emerson*, 72 Yale L. J. 940 (1963).

23 *Konigsberg v. State Bar*, 366 U.S. 36 (50) (1961).

24 s.a. *In re Anastaplo*, 366 U.S. 82 (89) (1961).

25 *Uphaus v. Wyman*, 360 U.S. 72 (1960); *Barenblatt v. United States*, 360 U.S. 109 (1960); *Wilkinson v. United States*, 365 U.S. 399 (1961); *Braden v. United States*, 365 U.S. 431 (1961); vgl. J. Black, *Scales v. United States*, 367 U.S. 203 (261 n. 7) (1961) diss.op.

26 367 U.S. 203 (228—229) (1961).

27 *Communist Party v. Subversive Activities Control Bd.*, 367 U.S. 1 (90—91) (1961) "... that individual liberties may be affected ...; ... impediments which particular governmental regulation causes ..."; vgl. auch *NAACP v. Alabama*, 357 U.S. 449 (1957).

daß die von ihm nach dem balancing test entschiedenen Fälle in diese Kategorien fallen; dabei rechtfertigt offensichtlich für ihn die Qualifikation „indirekte Einschränkung“ gleichzeitig die Anwendung des Tests.

Für die Unterscheidung zwischen direkt kontrollierenden und allgemeinen die Meinungsfreiheit nur indirekt berührenden Gesetzen für die Anwendbarkeit einer Interessenabwägung führt das Gericht besonders im *Douds*-Fall[28] und im *Konigsberg*-Fall[29] eine Reihe früherer Entscheidungen an, in denen der Supreme Court über Einschränkungen der Meinungsfreiheit durch Abwägung von Interessen im Einzelfall entschieden hatte. In diesen Fällen haben nach Meinung des Gerichts ebenfalls „indirekte“ Einschränkungen vorgelegen, und aus der direkten Verweisung ergibt sich, daß es diese Situationen mit den Fallgruppen der späteren Jahre für vergleichbar hält.

Doch diese Entscheidungen, nämlich *Schneider v. State*[30], *Cox v. New Hampshire*[31], *Kovacs v. Cooper*[32], *Breard v. Alexandria*[33] befaßten sich ohne Ausnahme allein mit der Art und Weise der Ausübung der Rechte des First Amendment[34].

In *Schneider v. State*, zum Beispiel, ging es um städtische Anordnungen, die die Verteilung von Handzetteln auf öffentlichen Straßen untersagten. Die Handzettel wurden in der Regel von den Empfängern fortgeworfen und verunreinigten damit die Straßen. Das berechtigte Interesse der Gemeinschaft an sauberen Straßen wurde gegen das Interesse des einzelnen an unbeschränkter Ausübung des Rechts der Meinungsfreiheit abgewogen[35]. In *Kovacs v. Cooper*, wiederum, ging es um den Gebrauch von Lautsprechern als Instrument der Meinungsäußerung[36]. In *Cox v. New Hampshire* wurde eine städtische Anmeldepflicht für Versammlungen auf öffentlichen Straßen überprüft. Und in *Breard v. Alexandria* hatte eine Stadt von-Haus-zu-Haus-Werbung für Druckschriften wegen der damit verbundenen Störung der Bewohner durch Türklingeln verboten[37].

In all diesen Fällen hat der Supreme Court mehr oder weniger ausdrücklich unter Berufung auf *Schneider v. State* die Interessen der

---

[28] 339 U.S. 382 (398—400) (1950).

[29] 366 U.S. 36 (51) (1961); s.a. J. Frankfurter, *Dennis v. United States*, 341 U.S. 494 (529—545) (1951) conc.op.

[30] 308 U.S. 147 (1939).

[31] 312 U.S. 569 (1941).

[32] 336 U.S. 77 (1949).

[33] 341 U.S. 622 (1951).

[34] s.a. *Cantwell v. Connecticut*, 310 U.S. 296 (304—308) (1940).

[35] 308 U.S. 161.

[36] s.a. *Saia v. New York*, 334 U.S. 558 (1948).

[37] s.a. *Martin v. City of Struthers*, 319 U.S. 141 (1943): Religiöse Werbung durch Jehovas Zeugen.

Öffentlichkeit an Sauberkeit, Ruhe und ungehindertem Straßenverkehr auf der einen Seite, gegen das Interesse des einzelnen an den verschiedenen Formen der Meinungsfreiheit abgewogen. In diesen Fällen lag deutlich eine Qualifizierung im Sinne der *Konigsberg*-Formel vor. Die Maßnahmen wurden weder ergriffen, weil der Inhalt der Meinungsäußerung andere Rechtsgüter gefährdete, noch wurde der Inhalt der Meinungsäußerung Gegenstand der Regelungen, die auf den Schutz der anderen Rechtsgüter zielten. Vielmehr bedrohte eine ganz bestimmte Erscheinungsform von Meinungsäußerung an gewissem Ort, zu gewisser Zeit andere Rechtsgüter, und die Schutzmaßnahme hatte Art und Weise, Ort und Zeit von Meinungsäußerung zum Gegenstand. Die Maßnahmen waren weder durch den Inhalt der Meinungsäußerung motiviert, noch inhibierten sie das Wirken dieses geistigen Inhalts wegen des Inhalts. Diese Maßnahmen waren *nicht diskriminierend*, sie waren neutrale Regulierung des rein physischen Elements von Meinungsäußerung.

Wenn der Supreme Court es mit der Verweisung auf diese Fallgruppen ernst meint, dann sind „general regulatory statutes not intended to control the content of speech“, also „allgemeine Gesetze“, nur solche Maßnahmen, die weder durch den Inhalt (die Gefährlichkeit) von Meinung oder Meinungsäußerung motiviert sind, noch im Ergebnis den Inhalt von Meinung und Meinungsäußerung zum Gegenstand einer Regelung machen und die Wirkung des geistigen Inhalts von Meinung inhibieren. Gewiß bedeutet zum Beispiel das Verbot, sich in der Hauptverkehrszeit in der Innenstadt zu versammeln, daß um diese Zeit, an diesem Ort der Inhalt einer Meinung nicht verbreitet werden kann, und insofern scheint die Meinungsfreiheit eingeschränkt. Doch handelt es sich dabei, wie gesagt, um eine Gesamtbehinderung von Meinungsäußerung durch eine *neutrale* Regulierung. Dabei ist selbstverständlich, und das haben *Schneider v. State* und die folgenden Fälle gezeigt, daß auch in einem solchen Fall die öffentliche Gewalt nicht freie Hand hat, sondern überzeugend darlegen muß, daß die Interessen der Gemeinschaft einzelnen Ausdrucksformen der Meinungsfreiheit zwingend entgegenstehen und diese überwiegen.

An dieser Stelle interessiert uns aber mehr, ob der Anspruch des Supreme Court gerechtfertigt ist, die später nach dem balancing test entschiedenen Fallgruppen seien mit *Schneider v. State* und den nachfolgenden Entscheidungen vergleichbar, es liege dieselbe Art allgemeiner Gesetze vor. Die Maßnahmen müßten also, was den Inhalt von Meinung, Meinungsäußerung und Vereinigung zur Propagierung von Meinungen betrifft, neutral, nicht diskriminierend sein. Wenn wir jedoch die Staatsschutzsituationen und -maßnahmen betrachten, so werden deutliche Unterschiede sichtbar.

Nehmen wir die politische Säuberung bestimmter Bereiche durch Loyalitätsprogramme. Solche Maßnahmen regeln die Wirtschaft, die Rechtspflege und ordnungsmäßige Verwaltung. Doch erstens wollen diese Maßnahmen diese Bereiche schützen, weil von Trägern bestimmter Meinung Gefahren drohen, und sie wollen zweitens den Schutz erreichen, indem sie die Träger bestimmter Meinungen, und damit die Meinungsen selbst, aus diesem Bereich eliminieren. Diese Maßnahmen sind durch den ganz bestimmten Inhalt der Meinung (z. B. kommunistisches Gedankengut) motiviert, und Gegenstand ihrer Regelung ist Meinungsunterdrückung. Diese Maßnahmen sind typischerweise politische Diskriminierung. Weil bei Kommunisten die Wahrscheinlichkeit besteht, daß sie politische Streiks inszenieren, dürfen Kommunisten keine wichtigen Gewerkschaftsposten innehaben. Weil Anwälte, falls sie kommunistischen Lehren anhängen, die Rechtspflege gefährden können, müssen sie Fragen nach ihrer besonderen politischen Verbindung beantworten. Nichtdiskriminierend wäre eine solche Maßnahme nur dann, wenn z. B. gesagt würde, Beamten dürften sich überhaupt nicht politisch betätigen, weil die Verwaltung unparteilich sein solle oder aktive politische Betätigung in sonstiger Weise der Erfüllung der Beamtenfunktion abträglich sei[38]. Eine solche Maßnahme wäre weder durch den Inhalt einer bestimmten Meinung motiviert noch unterschiede sie bei der Einschränkung zwischen politischen Meinungen der einen oder der anderen Art.

Ebenso knüpfen Legislativuntersuchungen mit einer Offenbarungspflicht bestimmter politischer Gesinnung und Verbindung diskriminierend an den Inhalt von Meinungen an und diskriminieren tatsächlich durch politische Bloßstellung einer Minderheit. Es wird nicht gefragt: „Sind Sie politisch aktiv?“, sondern: „Sind Sie Kommunist?“

Die Registrierung einer Partei und ihrer Mitglieder der besseren Überwachung einer bestimmten Weltanschauung wegen ist, wenn dadurch die Partei praktisch aktionsunfähig gemacht wird, politische Diskriminierung in Motiv und Effekt.

Wichtig dabei ist, daß eine Maßnahme, die nach außen hin durchaus neutral und allgemein erscheint, dennoch in ihrem praktischen Effekt diskriminieren kann. Eine typische Situaton entsteht, wenn in einem der Südstaaten eine Regelung allen Vereinigungen die Einreichung der Mitgliedslisten vorschreibt. Diese Maßnahme ist prima facie allgemein und knüpft nicht an den Inhalt der Meinungen, die von den Vereinigungen vertreten werden, an, — mag es auch für viele außer Zweifel

---

[38] s. *United Public Workers v. Mitchell,* 330 U.S. 75 (100) (1947), wobei mit der Feststellung, eine solche Maßnahme sei nicht diskriminierend, natürlich nicht entschieden ist, daß der Staat allen Beamten jede politische Betätigung verbieten kann. Insofern gibt das Kriterium nur die Mindestschutzgrenze an.

stehen, daß eine solche Vorschrift einzig darauf zielt, Bürgerrechtsvereinigungen zu eliminieren, und allein durch deren für die weiße Bevölkerung störende Arbeit motiviert ist. Eine solche Vorschrift ist Diskriminierung, wenn de facto eine einzige Vereinigung von bestimmter Prägung getroffen wird. Es kommt also wesentlich auf die tatsächliche Situation und die Auswirkungen einer Maßnahme an, wenn entschieden werden soll, ob eine Diskriminierung vorliegt. Die vorgegebenen Motive und sogar die formale Allgemeinheit einer Vorschrift sind dann zweitrangig.

Alle hier zur Diskussion stehenden Schutzmaßnahmen des amerikanischen Gesetzgebers und der Regierung knüpften an die Gefährlichkeit bestimmter Meinungen, Meinungsäußerungen und damit bestimmter Meinungsträger an und hatten diese Meinungen bestimmten Inhalts zum Gegenstand.

Der Communist Control Act von 1954 sagt unmißverständlich: „... the Communist Party should be outlawed[39].“ Alle Maßnahmen richteten sich gegen Kommunisten und deren Anhänger. Die Meldepflichten, die politische Bloßstellung und die Säuberung von Berufen waren typische politische Diskriminierungen. Es ist kaum vertretbar zu sagen, der Staat habe hier neutrale Regulierungen erlassen. Es ging um den Inhalt der kommunistischen Weltanschauung. Selbstverständlich sollten Wirtschaft, Rechtspflege und Verwaltung geschützt werden. Doch das ändert nichts daran, daß der Staat zur Erreichung solcher Ziele den Inhalt von Meinung und Meinungsäußerung regelte, indem er Meinungen und Meinungsäußerungen einer bestimmten Art aussonderte und die Träger solcher Meinungen in vielfacher Weise de facto dafür bestrafte, daß sie einer bestimmten Meinung anhingen. Die Ansicht des Supreme Court, hier habe es sich um allgemeine Gesetze im Sinne von *Schneider v. State* gehandelt, ist also kaum gerechtfertigt[40]. Damit wird gleichzeitig die Berufung auf diese Präzedenzfälle für die Anwendung des balancing test hinfällig.

Da sich der Supreme Court an das einzig wesentliche Kriterium, die Neutralität einer Vorschrift bezüglich des Inhalts von Meinungen, in der Praxis nicht gehalten hat[41], ist die für das Gericht offensichtlich bedeutsame Unterscheidung zwischen „direkten“ und „indirekten“ Einschränkungen, jedenfalls was die hier behandelten Entscheidungen betrifft, kaum begründet. Nur wenn wirklich neutrale Maßnahmen

[39] Sec. 2, 68 Stat 775 (1954); 50 U.S.C. §§ 841—4.

[40] Vgl. J. Black, *Konigsberg v. State Bar*, 366 U.S. 36 (68—69) (1961) diss.op.; *Scales v. United States*, 367 U.S. 203 (261) (1961) diss.op.; *Barenblatt v. United States*, 360 U.S. 109 (142) (1959) diss.op.; *Frantz*, 71 Yale L.J. 1425 (1962); *ders.*, 51 Calif.L.Rev. 731 Fn. 9 (1963); sfl a. *Douglas*, The Right of the People ... S. 57—59.

[41] *Frantz*, Yale L.J. 1430 (1962).

vorliegen, könnte man weiterfragen, ob nicht die Interessenlage im Einzelfall für meinungsbeschränkende allgemeine Gesetze berücksichtigt werden muß. Im folgenden bleibt die Unterscheidung in „direkte" und „indirekte" Einschränkungen deshalb unberücksichtigt[42]. Wir müssen davon ausgehen, daß das Gericht Beschränkungen der Meinungsfreiheit auf Grund einer Interessenabwägung für gerechtfertigt hält und Schranken dieses Rechts mittels des ad hoc balancing test bestimmt. Seine Differenzierung der Beschränkungssituationen hat lediglich formalen Charakter.

3. Die Bestimmung der Interessen

Wenn wir einmal unterstellen, daß die Methode der Interessenabwägung für die Bestimmung des Umfangs der Meinungsfreiheit gerechtfertigt sei, ist es einsichtig, daß es entscheidend darauf ankommt, welche Interessen man wählt und wie man diese bewertet.

Der Supreme Court hat nur in einigen Fällen das Interesse an den Freiheiten des First Amendment höher bewertet als das jeweils in Konflikt stehende Interesse des Staates oder der Gemeinschaft[43]. In allen anderen Fällen erklärte das Gericht das öffentliche Interesse für überwiegend.

Eine kurze Gegenüberstellung der in den einzelnen Fällen abgewogenen Interessen kann diese Einseitigkeit erklären. Im *Barenblatt*-Fall[44], z. B., weigerte sich der ehemalige Dozent vor einem Untersuchungsausschuß des Repräsentantenhauses, welcher angebliche kommunistische Infiltration im Bereich des Erziehungswesens untersuchte, auf die Frage: „Sind Sie oder waren Sie jemals ein Mitglied der Kommunistischen Partei?" zu antworten. Dieses „private" Interesse[45] an der Weigerung, politische Verbindungen zu offenbaren, das das Gericht nach dem First Amendment als grundsätzlich berechtigt anerkennt, dem es aber in der Entscheidung nur wenige Zeilen widmet, wird dem Interesse des Kongresses an Legislativuntersuchungen kommunistischer Subversion gegenübergestellt. Letzteres, so führt das Gericht aus, basiere letztlich auf dem „Recht auf Selbsterhaltung, dem höchsten Gut

[42] Bezeichnenderweise hat auch J. Frankfurter in seiner grundlegenden Stellungnahme zum balancing test keine solche Unterscheidung gemacht, *Dennis v. United States*, 341 U.S. 494 (517) (1950) conc.op.

[43] *NAACP v. Alabama*, 357 U.S. 449 (1958); 360 U.S. 240 (1959); *Bates v. Little Rock*, 361 U.S. 516 (1960); *Louisiana v. NAACP*, 366 U.S. 293 (1961); *NAACP v. Button*, 371 U.S. 415 (1963); *Gibson v. Florida*, 372 U.S. 539 (1963); bezeichnenderweise handelte es sich in all diesen Fällen um Grundrechte der Meinungsfreiheit der Neger (oder deren Vereinigungen) in den Südstaaten, die vom Supreme Court seit der berühmten Schulrechtsentscheidung 1954 (s.o. Teil 1 Fn. 145) besonderen Schutz erfahren.

[44] *Barenblatt v. United States*, 360 U.S. 109 (1959).

[45] 360 U.S. 126, 127, 134.

jeder Gesellschaft"[46]. Es ist offensichtlich, daß, wenn die Interessen in dieser Weise gegenübergestellt werden, kein verantwortungsvoller Richter in einer Interessenabwägung sich dem Schluß entziehen kann, daß das Notwehrrecht und das Selbsterhaltungsinteresse einer Nation das Privatinteresse einer Einzelperson überwiegt.

In *Konigsberg v. State Bar*[47] war die Aufnahme in den Anwaltsstand verweigert worden, da der Antragsteller Fragen bezüglich einer Verbindung zur Kommunistischen Partei nicht beantwortete. Das Gericht spricht von den „minimalen" Auswirkungen auf die Freiheiten des First Amendment und hält das Interesse des Staates, „Anwälte zu haben, die dem Recht im weitesten Sinne ergeben sind" und vor allem auch den „Wandel in Ordnung bejahen"[48], für klar überwiegend.

In *Communist Party v. Subversive Activities Control Bd.*[49] ist das Gericht von der „überwältigenden Größe des öffentlichen Interesses, das die Melde- und Offenbarungspflichten zu schützen bestimmt sind"[50], beeindruckt und entscheidet am Ende gegen die „persönlichen" Freiheiten[51], die zugegebenermaßen eingeschränkt waren.

In jedem dieser Fälle hat das Gericht schon mit der Wahl der Interessen die Entscheidung gefällt. Eine Kombination von öffentlichem Interesse an der Bewahrung nationaler Sicherheit und Privatinteresse an Grundrechten schließt eine wirkliche Abwägung geradezu aus; wenigstens wird es für einen Richter sehr schwer sein, das „Privatinteresse" überwiegen zu lassen[52].

Gewiß kann, wie die Entscheidungen zugunsten des First Amendment zeigen[53], selbst eine Gegenüberstellung von Privat- und öffentlichem Interesse noch eine vernünftige Abwägung erlauben, solange das öffentliche Interesse nicht mit Gewichten wie „nationale Selbsterhaltung" beschwert wird. Im allgemeinen jedoch bleiben die individuellen Freiheiten bei einer Gegenüberstellung „öffentlich" — „privat" notwendig benachteiligt[54].

---

[46] 360 U.S. 127—128; vgl. *Dennis v. United States*, 341 U.S. 494 (509) (1951).

[47] 366 U.S. 36 (1961).

[48] *Konigsberg v. State Bar*, 366 U.S. 36 (52) (1961): das Interesse des Staates „in having lawyers who are devoted to the law in its broadest sense, including not only its substantive provisions, but also its procedures for orderly change".

[49] 367 U.S. 1 (1961).

[50] 367 U.S. 93: "... the magnitude of the public interests which the registration and disclosure provisions are designed to protect."

[51] 367 U.S. 96.

[52] s. *Warren*, 37 N.Y.U.L.Rev. 200 (1962); J. Black, *Barenblatt v. United States*, 360 U.S. 109 (144—145) (1959) diss.op.; *Kent*, 41 B.U.L.Rev. 451 (1961); *Frantz*, 71 Yale L. J. 1438 (1962).

[53] s. o. Fn. 43

[54] *McKay*, 34 N.Y.U.L.Rev. 1203 (1959).

So kann man auch den Beiträgen sehr vieler Anhänger des balancing test entnehmen, daß sie dieser Methode grundsätzlich nur dann zustimmen, wenn die Wahl der abzuwägenden Interessen modifiziert wird[55].

Ohne Zweifel muß jede Interessenabwägung mit der Frage beginnen, welchen Wert die ungehinderte Ausübung der Meinungsfreiheit für den einzelnen hat. Der Bürger hat als Individuum ein Recht auf Geistesfreiheit. Dieses Recht ist unabdingbar für die Würde des einzelnen, für sein Recht auf Individualität. Er soll eine eigene Persönlichkeit entfalten und seine Fähigkeiten entwickeln können. Das Recht auf Geistesfreiheit schließt das Recht zu schweigen ein; diskriminierende Bloßstellung ist geeignet, das Streben nach unorthodoxer Individualität zu ersticken.

Schon an dieser Stelle fragt sich, ob man Meinungsfreiheit, hier individuelle Geistesfreiheit, allein als „privates" Interesse des einzelnen in eine Interessenabwägung einordnen sollte, oder ob nicht die Bedeutung des Grundrechtsschutzes weiter gesehen werden muß. Einmal kann die Gemeinschaft, die sich zum selfgovernment bekennt, nicht daran interessiert sein, nur Bürger mit konformer Meinung, „Einheitsbürger", zu haben. Der geistige Prozeß der freien Gesellschaft ist gelähmt, wenn geistige Individualität und Unabhängigkeit fehlen. Darüber hinaus ist die Aufrechterhaltung von persönlichen Freiheiten ein Wert in sich für eine Gemeinschaft, die sich durch ein System unentziehbarer Grundrechte des einzelnen als freie Gesellschaft vor der unfreien auszeichnet. Es ist von höchstem Interesse für eine Nation, die sich diesen Anspruch einer freien Gesellschaft erhalten will, die Grundfreiheiten des einzelnen vollkommen zu schützen. Sie bewahrt damit ihre Auszeichnung und ihr Ansehen als freie Gesellschaft. So fragt dann auch Chief Justice *Warren*, ob nicht auf die Seite der Interessen an Meinungsfreiheit im Interessenkonflikt „the importance of our survial as a free nation"[56] gesetzt werden müsse. Es gehe nicht nur um das physische Überleben (im Kampf mit der kommunistischen Welt), sondern auch um das geistige Überleben.

"Is it possible to lose the Constitution and yet preserve the Nation[57]?"

Auch die „private" Geistesfreiheit liegt somit im „öffentlichen Interesse"[58].

---

[55] *Kauper*, 58 Mich.L.Rev. 627 (1960); *Leflar*, 15 Vand.L.Rev. 1081 ff. (1962); *McKay*, 34 N.Y.U.L.Rev. 1193 (1959); *Pfeffer* S. 28; *Hook* S. 55 ff.; vgl. auch *Karst*, 1960 Sup.Ct.Rev. 94.

[56] Bill of Rights S. 109.

[57] Bill of Rights S. 109.

[58] Vgl. *United States v. Raines*, 362 U.S. 17 (27) (1960): "(T)here is the highest public interest in the due observance of all the constitutional guarantees, including those that bear the most directly on private rights ...".

Doch weiter kommt der Meinungsfreiheit in allen Erscheinungsformen, wie ausgeführt, eine hohe Bedeutung für die gesamte Gemeinschaft zu, sie ist ein „social good“[59]. Meinungsfreiheit erfüllt in einer Gesellschaft, die frei und dynamisch bleiben will, strategische Funktionen und ist charakteristisches Merkmal eines selfgovernment[60]. Die Garantie der Meinungsfreiheit und eine ungehinderte Ausübung der Freiheit durch jeden Bürger liegen ohne Zweifel im öffentlichen Interesse. Zwei berühmte Sätze von Richtern des Supreme Court geben dies eindringlich wieder:

> "Full and free exercise of this right (free speech) by the citizen is ordinarily also his duty; for its exercise is more important to the nation than it is to himself[61]."

> "Freedom of Speech is ... the indispensable condition of nearly every other form of freedom ...[62]."

Daß in einer Interessenabwägung die Meinungsfreiheit als öffentliches Interesse eingeordnet werden muß[63], kann kaum bestritten werden. Daß dadurch die Abwägung der Interessen im Einzelfall sehr viel schwieriger und komplexer wird, zeigen die verschiedenen Versuche, eine „umfassende“ Abwägung für Einzelfälle vorzunehmen[64].

Ein Grund für die Mißachtung des öffentlichen Interesses am Schutz der Meinungsfreiheit durch den Supreme Court mag vielleicht in einer nach dem eben gesagten kaum zu rechtfertigenden Selbstbeschränkung zu finden sein, die sich das Gericht für Interessenabwägungsfälle auferlegte. In *Barenblatt* sagt das Gericht, die Interessen seien „konkret und nicht in Abstraktionen“[65] zu bestimmen. Mit einer solchen Einschränkung mag es dem Richter dann verschlossen sein, die Gesamtbedeutung der Einzelfreiheiten für das Individuum und die Gemeinschaft in Rechnung zu stellen[66]. Auf der anderen Seite identifiziert das Gericht die einzelnen geltendgemachten Interessen des Staates nur

---

[59] *Emerson*, 72 Yale L.J. 881 (1963).

[60] Die Funktionen der Meinungsfreiheit wurden im zweiten Teil dieser Arbeit behandelt.

[61] J. Brandeis, *Gilbert v. Minnesota*, 251 U.S. 325 (337—338) (1920) diss.op.

[62] J. Cardozo, *Palko v. Connecticut*, 302 U.S. 319 (327) (1937).

[63] J. Black, *Barenblatt v. United States*, 360 U.S. 109 (144) (1959) diss.op.; *Frantz*, 71 Yale L. J. 1438 (1962); *ders.*, 51 Calif.L.Rev. 747 (1963); *Cahn*, 65 Yale L.J. 480 (1956); *Meiklejohn*, 1961 Sup.Ct.Rev. 257, 262; *Reich*, 76 Harv.L.Rev. 739, 740, 733 (1963); *Hudon* S. 174; *McKay*, 34 N.Y.U.L.Rev. 1202 (1959); vgl. *Green*, 35 N.Y.U.L.Rev. 903, 904 (1960).

[64] s. besonders das Gutachten von *Emerson* im Fall gegen Edward Yellin v. 10. März 1960, abgedruckt in 20 Law. Guild Rev. 41 (1960); s. a. *Frantz*, 51 Calif.L.Rev. 747 f. (1963); vgl. u. bei Fn. 117 ff.

[65] *Barenblatt v. United States*, 360 U.S. 109 (112) (1959).

[66] Gegen diese Forderung der engen konkreten Prüfung wendet sich vor allem *Fried*, 76 Harv.L.Rev. 775 (1963); er hält, wie oben dargelegt (s. o. Teil 2 bei Fn. 122 ff.), das First Amendment für einen Ausdruck einer Gesamtkompetenz des Volkes, für die das Gewicht des Einzelinteresses der Person relativ unbedeutend ist.

allzuleicht mit gewichtigen öffentlichen Interessen, nimmt also auf dieser Seite doch Abstrahierungen vor. Im konkreten Fall ging es oft nur um Randinformationen, die der Kongreß z. B. durch Aussagen von Kommunisten erhalten wollte. Doch das Interesse an dieser Information wurde mit dem Selbsterhaltungsinteresse der Nation gleichgesetzt; wenn der Supreme Court „konkrete" Bestimmung eines Interesses auf der einen Seite zuließ, hätte er auf der anderen auch fragen müssen, welchen Einfluß eine diskriminierende Maßnahme, Bloßstellung von Einzelpersonen, auf das Gesamtsystem einer freiheitlichen Nation hatte.

An dieser Stelle sollte nur betont werden, daß der Supreme Court in der Anwendung der Güterabwägungsdoktrin die Interessen nicht richtig identifiziert hat.

"... while (the Court) has viewed 'government interest' in the most contemporary terms, emphasizing international threats, the 'first amendment interest' has not been similarly weighed in terms of modern needs ... The Court has weighed eighteenth-century needs for rights against twentieth-century demands for power[67]."

Wir wissen nicht, ob das Gericht mit einer anderen Einordnung der Gewichte zu anderen Ergebnissen gekommen wäre. Bei der extremen Betonung einer Philosophie der militanten Demokratie, wie sie in vielen Aussagen[68] zum Ausdruck kam, muß das sehr zweifelhaft erscheinen.

Auf der anderen Seite haben Anhänger der *„preferred position doctrine"*[69] im balancing test z. T. die Möglichkeit gesehen, der Mei-

[67] *Reich*, 76 Harv.L.Rev. 733 (1963).

[68] s. z. B. *Dennis v. United States*, 341 U.S. 494 (509) (1951).

[69] Sehr vereinfacht formuliert, vertritt diese Theorie, daß den Freiheiten des First Amendment wegen ihrer Bedeutung für das gesamte amerikanische Verfassungssystem eine bevorzugte Stellung („preferred position") zukomme. Bei Beschränkungen solcher Rechte könne damit einmal die übliche Vermutung der Verfassungsmäßigkeit von Gesetzen nicht gelten, zum anderen müsse überhaupt auf dem Gebiet des First Amendment ein sehr hoher Standard von Rechtsstaatlichkeit gewahrt werden, und die Gerichte hätten beim leisesten Zweifel sich für den Schutz der Garantie des First Amendment auszusprechen. Die preferred position doctrine ist wohl von J. Stone ausgegangen, der in einer Fußnote in *Jones v. Opelika*, 316 U.S. 584 (600) (1942) diss.op., die Worte das erste Mal gebrauchte. Die Doktrin erscheint in Mehrheitsentscheidungen des Supreme Court in *Murdock v. Pennsylvania*, 319 U.S. 105 (1943) und *West Virginia Bd. of Education v. Barnette*, 319 U.S. 624 (1943); s. vor allem die eindringliche Darstellung von J. Rutledge in *Thomas v. Collins*, 323 U.S. 516 (1945); erwähnt wird die Theorie in *Saia v. New York*, 334 U.S. 558 (562) (1948); *Marsh v. Alabama*, 326 U.S. 501 (509) (1946); Justice Frankfurter gibt in *Kovacs v. Cooper*, 336 U.S. 77 (90—94) (1949) conc.op., einen wertvollen Überblick über die Rechtsprechung in diesem Sinne; s.a. die Sammlung von Erklärungen der verschiedenen Richter des Supreme Court bei *McKay*, 34 N.Y.U.L.Rev. 1182 (1223—1227) (1959); — aus dem Schrifttum s. *McKay*, 34 N.Y.U.L.Rev. 1182 (1959); *Karst*, 1960 Sup.Ct.Rev. 94; *Kauper*, 58 Mich.L.Rev. 627 (1960); *Shapiro*, 47 Corn.L.Q. 175 (1962); — Horst *Ehmke* bespricht die Doktrin in „Wirtschaft und Verfassung: Die Verfassungsrechtsprechung des Supreme Court zur Wirtschaftsverfassung" (Karlsruhe 1961), und behandelt dabei vor allem das Problem der konstitutiven Präferenz eines Grundrechts im Verhältnis zu anderen (s. S. 437—450).

nungsfreiheit zu der ihr zustehenden Anerkennung zu verhelfen[70]. Theoretisch ist das durchaus versprechend. Wenn Meinungsfreiheit genügend Gewicht beigemessen wird, überwiegt sie in vielen Fällen, in denen der Supreme Court heute das öffentliche Interesse am Schutz der verfassungsmäßigen Ordnung durchdringen läßt. Doch wird die weitere Besprechung zeigen, daß allein diese Möglichkeit der Methode der Interessenabwägung nicht wirklich rechtfertigen kann. Schon die Tatsache, daß man in jedem Fall mit einer entsprechenden Gewichtsverlagerung, die ganz von der Haltung des Abwägenden zum Grundrecht Meinungsfreiheit abhängt, auch zu einem entgegengesetzten Ergebnis kommen kann, läßt es fraglich erscheinen, ob diese Methode verfassungsrechtlich angemessen ist.

Daß das Gericht in der praktischen Anwendung der Doktrin Fehler gemacht hat, kann aber kein zwingendes Argument gegen ihre verfassungsrechtliche Zulässigkeit sein. Wie erwähnt, kam der Supreme Court in einzelnen Fällen auch zu einem die Meinungsfreiheit schützenden Ergebnis. Wir wenden uns deshalb der grundsätzlichen Frage zu, ob die Methode der Interessenabwägung als Schrankendoktrin vertretbar ist.

II. Interessenabwägung als Technik der Bestimmung von Schranken der Meinungsfreiheit

Hauptsächlich zwei Argumente sind es, die in der Diskussion um die grundsätzliche Angemessenheit der Methode der Interessenabwägung immer wieder vorgebracht werden. Einmal schaffe die Doktrin eine Situation absoluter Unklarheit über den Rahmen der Meinungsfreiheit. Zum anderen aber werde der Supreme Court überfordert und gerate in unvertretbare Abhängigkeit vom Urteil des Gesetzgebers.

1. Ad hoc balancing als Schrankentest

Die Rechtsprechung des Supreme Court zur Meinungsfreiheit ist nach dem Zweiten Weltkrieg besonders umfangreich. Das Gericht hat zu den verschiedensten Problemen des Staatsschutzes Stellung genommen und zu den einzelnen Fragen praktisch eine ständige Rechtsprechung entwickelt, die für alle Untergerichte bindend ist. Doch ist diese Vielzahl von Einzelentscheidungen schwer auf einen Nenner zu bringen. Zumindest ist die Frage nach dem Rahmen des First Amendment in der Sicht des Supreme Court nicht leicht zu beantworten.

---

70 *Karst*, 1960 Sup.Ct.Rev. 94; *Kauper*, 58 Mich.L.Rev. 627 (1960); *McKay*, 34 N.Y.U.L.Rev. 1200 ff., 1202 (1959).

a) Der Rahmen und Kern des Rechts

Ein Grund dafür ist, daß sich die Rechtsprechung des Supreme Court zu Staatsschutz- und anderen Fragen nur in eine Richtung abstrahieren läßt. Die Meinungsfreiheit ist nur dann geschützt, wenn nicht überwiegende Interessen dagegen sprechen. Dieser Satz gibt wenig Auskunft über den Inhalt, den Rahmen der Meinungsfreiheit. Man kann ihm allenfalls entnehmen, daß die Meinungsfreiheit, da nicht absolut, eingeschränkt werden kann und die Grenzen des Rechts je nach Bewertung der Interessen an Schutz oder Beschränkung von Fall zu Fall bestimmt werden. Mit dem ad hoc balancing test sagt der Supreme Court, daß man sich auf keinen festen Rahmen festlegen könne, da ein solcher Rahmen immer wieder entweder zu eng oder zu weit gezogen wäre[71], und man so jeweils zu Ausnahmen in der einen oder anderen Richtung gezwungen würde[72].

Das Ergebnis aber ist, daß es überhaupt keinen Rahmen, keinen Kern des Rechts der Meinungsfreiheit gibt[73]. Die Grenzen sind fließend und das Recht ist vollkommen relativiert. Da die Meinungsfreiheit sich praktisch erst als Grundrecht behaupten kann, wenn keine überwiegenden Interessen an einer Einschränkung geltend gemacht werden können, kann auch die Frage, was im First Amendment geschützt ist, nicht mehr mit Sicherheit beantwortet werden. Die Meinungsfreiheit wird zum Privileg, das jederzeit entzogen werden kann. Damit aber fehlt ihr die Qualität eines in der Verfassung mit festem Kern garantierten Grundrechts.

Grundrechte, die, was ihren Rahmen betrifft, weder anerkannt noch gesichert sind, bevor der Supreme Court auf Grund einer Interessenprüfung über ihre Geltung entschieden hat, haben für die Bürger wenig Bedeutung, und damit wenig Vitalität[74].

"... some degree of certainty is essential if constitutional rights are to be a meaningful and enforceable part of the life of the nation[75]."

Wie sehr diese Methode, nach der von Fall zu Fall entschieden werden muß, ob höherwertige Interessen einen Schutz verbieten, dem Sinn einer verfassungsrechtlichen Schutzgarantie widerspricht, zeigt ein Vergleich mit einem anderen Grundrecht.

Das Fifth Amendment ordnet an, daß kein Beschuldigter gegen sich selbst auszusagen braucht, wenn die Antwort ihn belasten könnte. Wenn man die Schranken dieses Rechts im Sinne des ad hoc balancing test interpretierte, müßte man lesen: dieses Recht steht dem Beschuldigten

---

71 *Frantz*, 71 Yale L.J. 1435 (1962).

72 J. Franktfurter, *Dennis v. United States*, 341 U.S. 494 (524) (1951) conc.op.: "and such exceptions would eventually corrode the rules."

73 *Ch. Black*, Harper's Magazine 68; *Frantz*, 71 Yale L.J. 1442 (1962).

74 *Reich*, 76 Harv.L.Rev. 749 (1963).

75 ders., 750.

immer nur dann zu, wenn nicht höherwertige Interessen dagegensprechen. Man könnte dann sehr wohl argumentieren, daß das Interesse der Gemeinschaft an der Aufdeckung von Verbrechen und der Ergreifung von Tätern oft das Interesse des Beschuldigten überwiege. Das kann unmöglich Sinn dieser Verfassungsschranke sein. Man würde dem Recht jeden Inhalt als Grundrecht und damit den Charakter als verfassungsrechtliches Schutzrecht nehmen.

Der Supreme Court hat eine Interessenabwägung in dieser Form auch nur für die Meinungsfreiheit angewandt. Er hat allein beim First Amendment diesen fließenden Rahmen eingeführt[76, 77], der die Garantie der Meinungsfreiheit in der Verfassung zu einer leeren Aussage werden läßt. Die Verfassung müßte, wie Frantz spottend vorschlägt, gelesen werden: „Abridge if you must, but try to keep it reasonable[78].“ Tatsächlich bedarf es dann einer Verfassungsgarantie überhaupt nicht mehr, denn es genügte ein Verweis auf allgemeine Grundsätze der Rechtsstaatlichkeit, „due process“[79]. Danach kann der Staat keine mißbräuchlichen, unverhältnismäßigen, vollkommen sinnlosen Maßnahmen, die den Bürger belasten, ergreifen. Eine Maßnahme, die nicht im Interesse der Öffentlichkeit steht, bei der nicht das Für und Wider abgewogen wurde, kann sehr leicht rechtswidrig sein. Dann aber ist das First Amendment überflüssig[80], denn es führt keinen neuen Maßstab ein.

Was für den Inhalt der Verfassungsgarantie gilt, trifft aber auch auf die Methode der Schrankenbestimmung selbst zu. Interessenabwägung im Einzelfall, „*ad hoc* balancing“, wie Emerson es wohl als erster bezeichnete[81], hat keinerlei feste Linien. Selbst wenn man für die Bestimmung der Interessen gewisse Grundsätze aufstellte, — also z. B. das Interesse an Meinungsfreiheit auch als Sozialinteresse in Rechnung stellte —, bliebe die Methode ohne Struktur und feste Grenzen[82]. Es ist durchaus möglich, daß ein ins Extrem gesteigertes Einschränkungsbedürfnis des Staates das Recht der Meinungsfreiheit im Einzelfall auf Null reduziert. Vor allem in Krisenzeiten, in denen jeder Staat zur Überbetonung von Sicherheitsgesichtspunkten neigt, öffnet der Test

[76] s. J. Black, *Braden v. United States,* 365 U.S. 431 (445) (1961) diss.op.: “... makes the Bill of Rights a poor flexible imitation.”

[77] Vgl. u. bei Fn. 94 ff.

[78] *Frantz,* 71 Yale L.J. 1449 (1962).

[79] *Frantz,* 71 Yale L.J. 1444 (1962).

[80] „obsolete“ wie *Nutting* in diesem Zusammenhang sagt, 30 Geo.Wash. L.Rev. 167 (1961/62), der allerdings aus anderen Gründen zu einem solchen Ergebnis kommt.

[81] 72 Yale L.J. 912 f. (1963).

[82] J. Black, *Scales v. United States,* 367 U.S. 203 (262) (1961) diss.op.; *Wilkinson v. United States,* 365 U.S. 399 (420, 423) (1961) diss.op.; *Communist Party v. S. Act. Control Bd.*, 367 U.S. 1 (165) (1961) diss.op.; *Emerson,* 72 Yale L.J. 913 (1963); *Frantz,* 51 Calif.L. Rev. 732 (1963); *Hudon* S. 174; *Reich,* 76 Harv.L.Rev. 737 (1963).

die Möglichkeit zur extremen Einschränkung der Meinungsfreiheit[83]. Die Interessenabwägungsdoktrin kennt keine Grenze als ihre eigene Selbstbeschränkung oder die des Gerichts[84].

b) „Unbestimmtes" First Amendment

Der balancing test ist in seinen Auswirkungen mit unbestimmten Gesetzen verglichen worden[85]. Dadurch, daß dem First Amendment kein Inhalt gegeben werde und der Rahmen so fließend sei, sei im Grunde niemals klar, was erlaubt und was verboten ist.

In der Tat drängt sich die Parallele auf. Der Supreme Court hat in einer Reihe von Entscheidungen, die sich jetzt als gefestigtes Recht bezeichnen lassen, unbestimmte Gesetze als mit rechtsstaatlichen Grundsätzen (due process of law)[86] unvereinbar und, wenn es um Meinungsfreiheit ging, gegen das First Amendment verstoßend erklärt[87]. Einige der letzten Entscheidungen kann man sogar als direkte Antwort auf den Interessenabwägungstest ansehen, wenn das auch nie ausdrücklich so formuliert wurde.

Keinem Menschen, so sagt der Supreme Court im Zusammenhang mit Strafgesetzen, dürfe zugemutet werden, über die Bedeutung einer Bestimmung im unklaren zu sein[88]. Ein Gesetz, das eine Handlung in Begriffen entweder vorschreibe oder verbiete, die so unbestimmt gefaßt seien, daß intelligente Personen ihre Bedeutung kaum erraten könnten, verstoße klar gegen rechtsstaatliche Grundsätze[89]. Grund dafür ist einmal die Forderung der Gerechtigkeit, dem Individuum eine faire Warnung[90] vor Strafbarkeit zu geben und ihm die Chance einzuräumen,

---

[83] *Black*, Bill of Rights S. 59—60: "... in times of emergency and stress it gives government the power to do what it thinks necessary to protect itself, regardless of the right of individuals."

[84] *Hudon* S. 174.

[85] *Frantz*, 72 Yale L.J. 1443 (1962).

[86] s. aber im einzelnen *Collings*, 40 Cornell L.Q. 195 ff. (1955), der teilweise auch andere Gründe anführt.

[87] *Stromberg v. California*, 283 U.S. 359 (369) (1931); *Herndon v. Lowry*, 301 U.S. 242 (258—259), (261—264) (1937); *Winters v. New York*, 333 U.S. 507 (509) (1948); vor allem die neueren Entscheidungen zum First Amendment; *Cramp v. Orange County*, 368 U.S. 278 (283) (1961); *Baggett v. Bullitt*, 377 U.S. 360 (367—372) (1964); *Dombrowski v. Pfister*, 380 U.S. 479 (486—87) (1965); s. a. *Burstyn v. Wilson*, 343 U.S. 495 (509) (1952); *Smith v. California*, 361 U.S. 147 (151) (1959); *Thornhill v. Alabama*, 310 U.S. 88 (97—98) (1940); — vgl. *Conally v. General Construction Co.*, 269 U.S. 385 (391) (1926); *Lanzetta v. New Jersey*, 306 U.S. 451 (453) (1939); *Cline v. Frink Dairy Co.*, 274 U.S. 445 (465) (1927); *Camplin Refining Co. v. Corporation Comm'n of Oklahoma*, 286 U.S. 210 (1932); *United States v. Cardiff*, 344 U.S. 147 (1952); vgl. J. Rutledge, *United States v. Congress of Industrial Organisations*, 335 U.S. 106 (141—142, 150—155) (1948) conc.op.; J. Frankfurter, *Gelling v. Texas*, 343 U.S. 960 (1952) conc.op.

[88] *Lanzetta v. New Jersey*, 306 U.S. 451 (453) (1939).

[89] *Connally v. General Construction Co.*, 269 U.S. 385 (391) (1926).

[90] *Note*, 62 Harv.L.Rev. 78 (1948).

sein Verhalten so einzurichten, daß er einer Strafbarkeit aus dem Wege gehen kann. Gleichzeitig müssen Gesetze auch klar und bestimmt sein, damit die Organe der Gesetzesanwendung nicht unfair gegen den einzelnen vorgehen können[91]. Andernfalls räume man de facto Ermessen ein.

Der letztere Aspekt wird für die Methode der Interessenabwägung besonders bedeutsam. Entscheidungen zum First Amendment werden nicht nur vom Supreme Court getroffen, vielmehr haben Verwaltung und Rechtsprechung auf allen Ebenen mit dem Recht der Meinungsfreiheit zu tun. Wenn der Supreme Court von Fall zu Fall eine ad hoc Interessenabwägung vornimmt, so gibt er diesen Organen der Rechtsanwendung keinerlei Richtlinien in die Hand. Im Rahmen des balancing test gibt der Supreme Court nur sehr vage Anweisungen zur Anwendung der Verfassungsnorm des First Amendment: die Meinungsfreiheit ist geschützt, solange nicht überwiegende Interessen entgegenstehen. Der Polizist auf der Straße und der Richter eines Untergerichts müssen nunmehr Interessen abwägen. Wir werden sehen, wie wenig selbst der Supreme Court für eine solche Abwägung geeignet ist; auf unterer Ebene ist sie offensichtlich unzumutbar. Selbst der einfachste Fall einer etwas turbulenten Straßendemonstration umfaßt alle Elemente des Konflikts Meinungsfreiheit und öffentliche Sicherheit. Irgendwelche festen Richtlinien stehen nicht zur Verfügung, für die Polizeiorgane ist der Rahmen der Meinungsfreiheit ebenso unklar wie für den Bürger[92]. Gerade auf den niederen Ebenen der Verwaltung und Rechtsprechung sind Einschränkungen der Meinungsfreiheit in vielfacher Form denkbar, ohne daß jeweils adaequate Verteidigung verfügbar wäre. Entscheidungen müssen schnell (Verhinderung von Unruhen auf der Straße etc.) gefällt werden; Vereinfachungen und Nützlichkeitserwägungen sind typische Nebenerscheinungen.

Ein weiteres Beispiel aus einem anderen Grundrechtsbereich macht diese Gedanken noch klarer. Für das Grundrecht jedes Beschuldigten auf sofortigen anwaltlichen Beistand[93] wäre eine Interessenabwägung dieser Art kaum vertretbar. Gerade in den ersten Stunden nach der Festnahme benötigt der Beschuldigte einen Anwalt am meisten. Auf der anderen Seite ist bekannt, daß kurz nach der Festnahme der Beschuldigte durch Kriminalbeamte am ehesten zu einem Geständnis veranlaßt werden kann, auch ohne daß die Polizei Zwang anwendete. Die Anwesenheit eines Anwalts wird dagegen sehr oft jedes Geständnis verhindern. Im Interesse der Strafverfolgung und für den Schutz viel-

---

[91] *Cramp v. Orange County*, 368 U.S. 278 (283) (1961).
[92] *Emerson*, 72 Yale L.J. 913 (1963).
[93] Vgl. *Massiah v. United States*, 377 U.S. 201 (1964); *Escobedo v. Illinois*, 378 U.S. 478 (1964).

leicht nach wie vor bedrohter Rechtsgüter ist ein Geständnis sehr wertvoll. Kann aber deshalb der Kriminalbeamte jeweils ad hoc die in Frage stehenden Interessen abwägen dürfen, etwa weil das Recht nur ein Grundrecht im Rahmen des öffentlichen Interesses ist?

Der Supreme Court hat für Prozeßgrundrechte eine sehr strikte Anwendung vertreten[94]. Nur das First Amendment hat er mit dem balancing test auf eine angreifbare Stellung verwiesen, hat, wie Frantz formuliert[95], „der Meinungsfreiheit ironischerweise eine bevorzugte Stellung" (preferred position) eingeräumt[96].

Ganz abgesehen einmal davon, ob der Supreme Court durch eine ad hoc Interessenabwägung zu gerechten, angemessenen Ergebnissen kommen kann, gefährdet er die Meinungsfreiheit unzumutbar, wenn er den Rahmen dieses Grundrechts nicht in klaren Linien zeichnet. Er muß dem Grundrecht Inhalt und erkennbare Grenzen geben, er muß verständliche, praktisch anwendbare Grundsätze zur Lösung von Konfliktsfällen aufstellen und damit eine rechtssichere Anwendung solcher Schrankenregeln ermöglichen[97]. Eine durch den Grundsatz der Interessenabwägung zur Bestimmung der Schranken definierte Verfassungsnorm führt wie unbestimmte Gesetze zu einer Rechtsunsicherheit auf allen Stufen der Rechtsanwendung und ist für eine Grundrechtsgarantie aus diesem Grunde unzumutbar.

Das aber im Zusammenhang mit der Meinungsfreiheit vor allem angeführte Argument gegen die Zulässigkeit unbestimmter Gesetze, ist das Element der Abschreckung, das vagen Bestimmungen innewohnt. Da nicht klar ist, was im einzelnen verboten ist, wird der Bürger abgeschreckt, an sich erlaubte Handlungen vorzunehmen, — Handlungen, die das Gesetz nicht verbieten wollte und nach der Verfassung auch nicht verbieten durfte[98].

"The uncertain meanings of the oath[99] require the oathtaker ... to steer far wider of the unlawful zone than if the boundaries of the forbidden areas were clearly marked[100]."

---

[94] *Frantz,* 51 Calif.L.Rev. 739—740 (1963).

[95] 71 Yale L.J. 1444 (1962).

[96] *Mendelson,* 50 Calif.L.Rev. 828 n. 30 (1962), hält diese verschiedene Behandlung von Prozeßgrundrechten und der Meinungsfreiheit für gerechtfertigt, da die ersteren sich nur gegen die Exekutive und Richter richten, die Meinungsfreiheit in absoluter Form aber das Recht der Legislative, als Vertretung des Volkes vernünftige Schutzmaßnahmen gegen nationale Gefahren zu erlassen, richte. Diesem Argument wurde schon oben bei der Besprechung der einzelnen Argumente für die These vom „judicial restraint" entgegengetreten.

[97] *Emerson,* 72 Yale L.J. 913 (1963).

[98] *Cramp v. Orange County,* 368 U.S. 278 (283) (1961).

[99] Es handelte sich um einen der üblichen Loyalitätseide.

[100] *Baggett v. Bullitt,* 377 U.S. 360 (372) (1964); s.a. *Speiser v. Randall,* 357 U.S. 513 (526) (1958).

Der Angestellte, der einen unbestimmten Eid leisten mußte, kann das Risiko für Anstellung und Berufsausübung überhaupt nur vermeiden, indem er sein Verhalten auf zweifelsfrei nicht verbotene Handlungen beschränkt[101]. Für die Meinungsfreiheit bedeutet das, daß er sich ggf. hüten müßte, irgendwelche unorthodoxen Meinungen zu haben, sich kritisch zu äußern oder Vereinigungen beizutreten, die in irgendeiner Art von der konformen Linie abweichen.

Es ist für den Supreme Court in diesem Zusammenhang klar, daß solche Gesetze einen „chilling effect“[102] auf die Meinungsfreiheit haben und mit dem First Amendment nicht vereinbar sind. Es müßten auf dem „sensitiven“[103] Gebiet der Meinungsfreiheit sogar höhere Anforderungen an die Bestimmtheit von Gesetzen gestellt werden[104], da in einer Atmosphäre der Ungewißheit über die Schranken des Erlaubten der Prozeß des Austauschs von Ideen, die öffentliche Diskussion gelähmt werde, und wenn auch nur durch Beschränkungen auf konforme Meinungen, die der Bürger, um ganz sicher zu gehen, sich selbst auferlegte[105].

So darf die Meinungsfreiheit nicht durch unbestimmte Gesetze eingeschränkt werden, da abgesehen von der Verletzung allgemein geltender rechtsstaatlicher Grundsätze, unbestimmte Gesetze den geistigen Prozeß einer Gemeinschaft lähmen. Der Bürger beteiligt sich nicht mehr mit eigenen unorthodoxen Meinungen an diesem Prozeß und nimmt auch im an sich erlaubten Rahmen die Meinungsfreiheit nicht mehr war.

Diese letzten Einwendungen gegen unbestimmte Gesetze treffen in vollem Maße auch auf den balancing test zu. Der Bürger hat keine Möglichkeit, selbst, zumindest bis zu einem gewissen Grade, festzustellen, welche Art von Meinungsäußerung erlaubt ist und welchen Vereinigungen er ohne Furcht vor Sanktionen beitreten kann. Ergan-

---

101 s. J. Rutledge, *United States v. C.I.O.*, 335 U.S. 106 (153) (1948) conc.op.; auch *Collingo*, 10 Corn.L.Q. 219 (1955).

102 *Dombrowski v. Pfister*, 380 U.S. 479 (487) (1965).

103 *Baggett v. Bullitt*, 377 U.S. 360 (372) (1964); *Dombrowski v. Pfister*, 380 U.S. 479 (487) (1965); vgl. jetzt auch *Elfbrandt v. Russell*, 384 U.S. 11 (1966).

104 *Smith v. California*, 361 U.S. 147 (151) (1959).

105 In *Smith v. California* geht das Gericht sogar noch weiter und schränkt auch die Methode der sog. verfassungskonformen Auslegung von Gesetzen aus den gleichen Gründen ein (361 U.S. 151); ein gutes Beispiel hierfür ist die verfassungskonforme Auslegung des Smith Act in *Yates v. United States*, 354 U.S. 298 (1957): der Smith Act sagt, „advocacy of overthrow“ ist verboten, — der Supreme Court legte diesen Begriff in *Yates* einengend aus und erklärte „advocacy of abstract doctrine“ für erlaubt. Man könnte sehr gut vertreten, daß die weite Fassung des Smith Act, weil sie auch — im Sinne von *Yates* — erlaubte Äußerungen umfaßt, den gleichen abschreckenden Effekt auf Meinungsfreiheit gehabt habe, was auch durch verfassungskonforme Auslegung nicht geheilt werden kann.

gene Entscheidungen helfen ihm wenig, da sie Interessenabwägung im Einzelfall sind und ihnen kaum Schrankenprinzipien entnommen werden können. Zukünftige Entscheidungen sind nicht voraussehbar[106]. Er weiß nicht, welche Bedürfnisse für den Staat inzwischen entstanden sind, welche Bedürfnisse in Zukunft entstehen können und wie die Meinungsfreiheit dann wiegt.

Der Supreme Court hat Begriffe wie „sacrilegious“[107] und „prejudicial to the interests of the ... City“ (als Grundlage eines Filmverbots)[108] für zu unbestimmt erklärt. Der Bürger befindet sich jedoch in keiner besseren Lage, wenn Meinungsfreiheit für ihn nicht mehr heißt als: Freiheit, solange nicht überwiegende Interessen entgegenstehen. Der balancing-Formel fehlt es genauso an „Begriffen, die objektiv erfaßbar sind“[109]. Das First Amendment wird zu einer unbestimmten Verfassungsnorm.

Wenn aber dem First Amendment kein erkennbarer Inhalt gegeben wird und der Rahmen garantierter Meinungsfreiheit so fließend ist und erst von Fall zu Fall durch eine Abwägung von Interessen bestimmt werden kann, wird auf dem sensitiven Gebiet der Meinungsfreiheit, für den geistigen Prozeß einer Gemeinschaft der gleiche lähmende Effekt wirksam, wie er bei unbestimmten Gesetzen vom Supreme Court immer wieder für unzumutbar erklärt wurde. Der Bürger kann nur spekulieren, wie sich die Interessenlage im Einzelfall darstellen wird. Er kann nie sicher sein, ob eine Organisation nicht morgen als zu gefährlich eingestuft wird. Wo er riskiert, sich einer Weltanschauung anzuschließen, die ihn eines Tages als Anwalt, Lehrer oder Beamter disqualifiziert, wird er sehr zögern, von der „sicheren“ Linie abzuweichen. Er riskiert an sich schon sehr viel, wenn er sich gegen die konforme Meinung einer Mehrheit der Gemeinschaft stellt. Er muß unter Umständen all die sozialen, wirtschaftlichen und psychologischen Nachteile hinnehmen, die die Mehrheit für ihn in dieser Situation bereithält. Wenn er darüber hinaus aber befürchten muß, daß er sich nicht einmal im Rahmen der garantierten Meinungsfreiheit bewegt, wird das Risiko unzumutbar, und er mag auf einen eigenen Weg verzichten.

Besonders kritisch wird die Situation in einem Land, das eine McCarthy-„Hexenjagd“ erleben mußte. Dem Bürger steht vor Augen, wie leicht man Anstellung und Ansehen verlieren konnte, wenn man eine unorthodoxe Meinung vertrat. Die Garantie der Meinungsfreiheit in der Verfassung bedeutete keinen Schutz gegen die Sanktionen der

---

106 *Frantz*, 51 Calif.L.Rev. 749 (1963); J. Black, *Kingsley Int'l Pictures Corp. v. Regents*, 360 U.S. 684 (690—691) (1959) conc.op.

107 *Burstyn v. Wilson*, 343 U.S. 495 (504) (1952).

108 *Gelling v. Texas*, 343 U.S. 960 (1952), J. Frankfurter, J. Douglas conc.op.

109 *Baggett v. Bullitt*, 377 U.S. 360 (367) (1964): “terms susceptible of objective measurement.”

Gemeinschaft und des Staates. Wie viel weniger Schutz aber bietet in den Augen des Bürgers eine unter dem balancing test „leere" Verfassungsnorm, in der Meinungsfreiheit nur im Rahmen des öffentlichen Interesses geschützt ist. Was liegt näher, als auf sozialistische, kommunistisch, unamerikanische — ja nur status quo feindliche — Meinungen ganz zu verzichten und sich im konformen Strom sicherzufühlen?

Der balancing test kann bewirken, daß die Meinungsfreiheit weniger ausgeübt wird, als selbst berechtigte Interessen es verlangten. Mit dieser Formel wird der Bürger nicht ermuntert, am geistigen und politischen Prozeß der Gemeinschaft teilzunehmen, sondern er wird geradezu davon abgeschreckt. Mit der Bedeutung der Meinungsfreiheit, und vor allem von furchtloser unorthodoxer Meinung für eine freiheitliche „selfgoverning" Gesellschaft ist diese lähmende und abschreckende Unsicherheit nicht vereinbar. Interessenabwägung birgt nicht nur die Gefahr, daß die Meinungsfreiheit zu weit eingeschränkt wird, sie läßt auch das, was vielleicht unbestritten erlaubt ist, im Dunkel. Ohne Inhalt, ohne erkennbaren Rahmen, ohne Kern, der absolut garantiert ist, kann die Meinungsfreiheit nicht als Recht für den Bürger bestehen.

2. *Interessenabwägung und Gerichte*

a) Die Subjektivität der Abwägung

Wir hatten gesehen, daß der Supreme Court mit der Formel der Interessenabwägung die Geltung des Rechts der Meinungsfreiheit vom Interesse an dessen Ausübung abhängen läßt und in einer Bewertung dieses Interesse in Relation zu anderen Interessen das Hauptkriterium der Bestimmung der Schranken des First Amendment im Einzelfall sieht. Die Meinungsfreiheit kann sich damit nur als garantiertes Grundrecht behaupten, solange sie sich in einem Interessenwettbewerb durchsetzt; die Meinungsfreiheit wird damit aber der Bewertung der Richter, die einen Konfliktsfall zu entscheiden haben, unterworfen, und ist von den persönlichen, subjektiven Wertvorstellungen abhängig, welche wiederum von persönlichen Präferenzen, der politischen Philosophie eines Richters und nicht meßbaren Vorurteilen bestimmt sein mögen. Je nachdem, ob man die Prämissen einer Demokratie anerkennt oder ein freiheitliches System in Zeiten rücksichtslosen ideologischen Kampfes für zu gefährlich hält, nähert man sich mit völlig verschiedener Geisteshaltung der Entscheidung von Situationen vor allem auf dem Gebiet des Staatsschutzes.

J. Blacks kategorische Ablehnung des ad hoc balancing test ist z. T. darin begründet, daß er bei dieser Doktrin die Gefahren des Wirksamwerdens subjektiver Einflüsse sehr hoch einschätzt. Er empfindet tiefes Mißtrauen gegenüber Richtern, die nach flexiblen verfassungsrechtlichen Grundsätzen[110] Wertentscheidungen[111] fällen müssen.

"... the application of such a test is necessarily tied to the emphasis particular judges give to competing societal values. Judges, like everyone else, vary tremendously in their choice of values. This is perfectly natural and indeed unavoidable. But is neither natural nor unavoidable in this country for the fundamental rights of the people to be dependent upon the different emphasis different judges put upon different values at different times[112]."

Sicherlich ist es sehr schwer meßbar, wie weit Richter sich in ihren Entscheidungen durch subjektive Wertvorstellungen beeinflussen lassen, wie weit ihre Vorurteile, ihre eigene Philosophie in ihrem Votum wirksam werden. Man kann wohl weiter sagen, daß, wie sorgfältig und genau man die Meinungsfreiheit auch definiert, Richter immer ihre eigenen Wertvorstellungen in die Entscheidung interpretieren werden[113]. Doch kann kaum verneint werden, daß der balancing test, indem er das Hauptgewicht der Entscheidung über Schranken der Meinungsfreiheit auf die Bewertung von in Konflikt geratenen Interessen legt, die Gefahren subjektiver Bewertung vergrößert. Wo es, wie immer betont wurde, um das Recht der unpopulären Minderheit geht, ist diese Möglichkeit der Subjektivierung der Entscheidung besonders kritisch. Der Richter mag vom Druck der Mehrheit unabhängig sein; von seinen eigenen Vorurteilen ist er nicht unabhängig. Solange er daher das Recht der unpopulären Minderheit nicht an objektiven Kriterien prüfen muß, wird er der Gefahr, ein subjektives Urteil über deren Gefährlichkeit zu fällen, eher erliegen.

Aus dieser Situation leiten nun allerdings die Vertreter einer Interessenabwägungsmethode ein positives Argument her. Eine offene Interessenabwägung verhindere gerade, daß die Vorurteile des Richters wirksam werden, denn dieser sei gezwungen, in aller Klarheit und Offenheit eine vernünftige Würdigung aller relevanten Fakten und Interessen vorzulegen; er könne sich nicht mehr hinter rechtlichen Argumenten verstecken[114]. Danach macht die Methode der Interessenabwägung die Entscheidung durchsichtiger und erschwert es dem Gericht, eine vorgefaßte Entscheidung nur noch in rechtliche Begriffe zu kleiden und fertig vorzulegen. Der Richter muß volle Verantwortung für seine nunmehr erkennbare Abwägung der Fakten und Interessen übernehmen[115].

---

110 *Reich,* 76 Harv.L.Rev. 719 (1963).
111 J. Black, *Braden v. United States,* 365 U.S. 431 (445—6) (1961) diss.op.
112 *Konigsberg v. State Bar,* 366 U.S. 36 (75) (1961) diss.op.
113 *Karst,* 1960 Sup.Ct.Rev. 85.
114 *Mendelson,* 17 Vand.L.Rev. 482 (1964); *Karst,* 1960 Sub.Ct.Rev. 80.
115 *Mendelson,* 50 Calif.L.Rev. 825 (1962).

Doch es ist sehr zweifelhaft, ob eine „offene“ Interessenabwägung die Entscheidung tatsächlich klarer und durchsichtiger macht[116]. Zwar kann man der Rechtsprechung des Supreme Court nach dem Zweiten Weltkrieg sicherlich klar entnehmen, daß die Mehrheit der Richter von einem Konzept der militanten und nicht der liberalen Demokratie ausgegangen sind. Doch die Interessenlage wurde immer in sehr allemeinen Sätzen dargestellt, und, wie wir gesehen haben, das Interesse an der Meinungsfreiheit oft kaum beachtet. Selbst aber, wenn man hier zugeben müßte, daß eine offene Interessenabwägung klare Entscheidungen schafft, ginge diese Antwort am Kern der Einwendung gegen die Interessenabwägungsmethode vorbei. Denn eine Betonung von Interessen an Stelle von Grundrechten und eine Abwägung und Bewertung von Interessen an Stelle einer Definition von Rechtsgarantien vergrößert die Gefahr der Subjektivierung von Entscheidungen auf dem Gebiet des Verfassungsrechts. Diese Gefahr bleibt bestehen, auch wenn der Richter „offen“ abwägen muß. Er mag sich allenfalls dem Vorwurf aussetzen, er habe sich von persönlichen Wertvorstellungen leiten lassen. Wo es, um dieses Argument noch einmal zu betonen, um unpopuläre Minderheiten geht, ist diese Kritik seiner Entscheidung nicht sonderlich wahrscheinlich, solange er — wie immer offen — Grundrechte dieser Minderheit niedrig einschätzt. Für die Schranken der Meinungsfreiheit sind objektivere Kriterien erforderlich, um so mehr, als die Frage so eng mit den verfassungsrechtlichen Grundentscheidungen verbunden ist. Die Meinungsfreiheit sollte nicht von den Wertvorstellungen des einzelnen Richters abhängig sein.

b) Das Tatsachenproblem

Basis für eine Interessenabwägung ist eine Wertentscheidung, die trotz notwendiger Abstraktion eine ganz konkrete Erfassung und Würdigung von Tatsachen verlangt. Diese Fakten sind in den uns hier vorliegenden Staatsschutzfällen komplex gelagert. Allein ihre Erfassung, ganz abgesehen von ihrer Würdigung, ist außerordentlich schwierig.

Frantz zeigt z. B. in einer Untersuchung des *Barenblatt*-Falles[117], welche Tatsachen für ein abgewogenes Urteil hätten erfaßt und gewürdigt werden müssen[118]. Man hätte alles, was über die kommunistische Bewegung bekannt ist, zusammentragen müssen. Dazu gehört die Geschichte der Bewegung, ihre Programme, ihre gegenwärtige Aktivität in den Vereinigten Staaten und in der gesamten Welt. Man hätte eine umfassende Analyse der innenpolitischen und internationalen Situation

---

[116] s. vor allem *Frantz*, 51 Calif.L.Rev. 747 (1963), mit einer eingehenden Kritik der *Barenblatt*-Entscheidung.
[117] *Barenblatt v. United States*, 360 U.S. 109 (1959).
[118] *Frantz*, 71 Yale L.J. 1443 f., 1444 Fn. 87 (1962).

anfertigen müssen, mit einer Prognose der zukünftigen Entwicklung. Man hätte genau untersuchen müssen, ob die Legislativuntersuchungen wirklich effektiv waren, ob sie also dem Gesetzgeber objektive Informationen über die kommunistische Bewegung in den USA lieferten. Konnte der Gesetzgeber sich gleichwertig auf anderem Wege informieren? Eine sorgfältige Abschätzung der Auswirkungen der Legislativuntersuchungen auf Vereinigungsfreiheit, auf das nationale politische Klima, auf die Psyche der Nation, ihr „Image" im Ausland hätte folgen müssen. War ein solches Staatsschutzprogramm notwendig? Halfen diese Untersuchungen überhaupt, Staatssicherheit zu erhöhen?

Die Liste der relevanten Faktoren könnte gewiß fortgeführt werden[119]. Mußte das Gericht nicht z. B. sogar eine Untersuchung über die wachsende Konformität im politischen Denken aufstellen, oder Stouffers Analyse der diskriminierungsfreudigen amerikanischen Bevölkerung prüfen[120].

Von den Kritikern der Interessenabwägungsdoktrin wird entschieden bestritten, daß die Gerichte zur Erfassung und Würdigung der für eine sinnvolle Abwägung relevanten Faktoren befähigt seien[121]. Das Gericht ist in seiner Tatsachenwürdigung auf das in den Akten vorhandene Material beschränkt[122]. Gewöhnlich ist die betroffene Einzelperson gar nicht in der Lage, Tatsachen beizubringen, um das mit ihrem Individualinteresse verbundene öffentliche Interesse an vollem Schutz der Meinungsfreiheit zu belegen. Ist der Staat Gegenpartei, erscheint es wahrscheinlich, daß er genügend Tatsachen für seine Position beibringt. In einem Prozeß[123] versuchte der Beklagte, einen Sachverständigen (ordentlicher Professor für Verfassungsrecht und angesehener Spezialist auf dem Gebiet der politischen Freiheitsrechte) zur Expertenaussage für die Interessenabwägung hinzuzuziehen[124]. Das Gericht erster Instanz lehnte das Begehren ab, da es sich dabei nicht um tatsächliches Beweismaterial handele, sondern „opinion evidence", und ein solches rechtliches Gutachten nicht zulässig sei. Die Interessenabwägung sei eine reine Rechtsfrage und damit allein von dem Gericht zu entscheiden. Der Gutachter konnte lediglich eine unverbindliche Erklärung ab-

---

[119] s. *Emerson*, „Expertenaussage" in 20 Law.Guild Rev. 41 (1960), s. a. J. Jackson, *Dennis v. United States*, 341 U.S. 494 (570) (1951) conc.op.

[120] s. *Stouffer*, a.a.O.

[121] *Frantz*, 71 Yale L.J. 1443 (1962); *Reich*, 76 Harv.L.Rev. 737 (1963); *Emerson*, 72 Yale L.J. 913 (1963).

[122] *Reich*, 76 Harv.L.Rev. 740 (1963); *Jackson* S. 13.

[123] *United States v. Yellin*, 287 F. 2d 292 (295, 298) (7th Cir. 1961), vor dem Supreme Court: 374 U.S. 740 (1963), ohne Bezug auf First Amendment-Fragen.

[124] Es handelte sich um Professor *Emerson* von der Yale Law School, s. dessen Aussage in 20 Law. Guild. Rev. 41 (1960).

geben[125]. So betrachtet, gab es für das Gericht kein Tatsachenproblem. Die Aufzählung der für *Barenblatt* relevanten Faktoren spricht jedoch für eine andere Beurteilung. Eine gründliche Tatsacheninformation bleibt für eine umfassende Wertabwägung unabdingbar. Das Staatsschutzinteresse ist nur gegeben, wenn objektiv ein Staatsschutzbedürfnis vorliegt, wenn die in Frage stehende Maßnahme objektiv notwendig war. Und die Auswirkungen einer bestimmten Maßnahme auf die Meinungsfreiheit sind nicht einfach nur eine rechtliche, sondern auch eine Tatsachenfrage.

Der Supreme Court braucht sich allerdings nicht unbedingt der Entscheidung zu stellen. Er kann sich, wenn ihm das Tatsachenmaterial unzureichend erscheint, weigern, den Fall zu überprüfen, oder die Berufung ablehnen. Selbst wenn er die Parteien zur Sache gehört hat und dann meint, die Tatsachen reichten zu einer Entscheidung nicht aus, kann er den Fall noch abweisen[126]. Er hat auch, wenn er den Fall weiterbehandeln will, die Möglichkeit, diesen an die Untergerichte zur Ergänzung der Tatsachen[127] zurückzuverweisen. Der Supreme Court hat das aber in der Vergangenheit nur sehr selten und zögernd getan[128] und sich dafür mehr auf sein eigenes Urteil auf Grund vorliegender Tatsachen verlassen.

Es bleibt im ganzen sehr zweifelhaft, ob die Gerichte jemals wirklich umfassende Tatsachen zu einer komplexen Staatsschutzfrage vorliegen haben. Es ist ebenso zweifelhaft, ob es mit den Funktionen der Gerichtsbarkeit überhaupt vereinbar ist, sie, falls ausreichendes, dann aber sicherlich auch umfangreiches Material beschafft werden könnte, mit dessen Sichtung und Würdigung zu belasten[129]. Eine solche Sichtung ist technisch und zeitlich wahrscheinlich gar nicht möglich. Die neuen Richter des Supreme Court haben z. B. in der Sitzungsperiode 1961 1911 Entscheidungen vorgelegt, davon 118 mit ausführlicher Urteilsbegründung. Dazu kamen 42 concurring und 111 dissenting opinions. Über 146 Fälle wurde mündlich verhandelt[130]. Eine genaue Erforschung aller Faktoren auch nur eines Staatsschutzfalles wie *Barenblatt* erscheint für die Rechtssprechungsorgane nicht möglich und unangemessen. Wenn das Gericht aber, ohne die Tatsachensituation wirklich umfassend und ausreichend zu prüfen, eine Interessenabwägung vornimmt und als reine Rechtsfrage einstuft, bleibt die Entscheidung Spekulation.

---

[125] *Emerson*, 20 Law.Guild Rev. 41 (1960).
[126] s. *Stern & Gressmann* S. 190—192.
[127] *Karst*, 1960 Sup.Ct.Rev. 95 ; *Stern & Gressmann* S. 191.
[128] *Karst*, 1960 Sup.Ct.Rev. 95.
[129] *Emerson*, 72 Yale L.J. 913 (1963).
[130] s. Übersicht 75 Harv.L.Rev. 83—88 (1961).

c) Das Gewicht des Urteils der Legislative

Die Frage der Tatsachenbewältigung führt zu einem weiteren Problem. Kann das Gericht, wenn es die im Rahmen einer Interessenabwägung erforderliche Tatsachenwürdigung vornehmen muß, noch ein unabhängiges Urteil abgeben?

Die Entscheidungen des Supreme Court gingen immer davon aus, daß der Gesetzgeber schon eine eigene Interessenabwägung vorgenommen hatte, daß er z. B. in einer Staatsschutzfrage zu dem Ergebnis gekommen war, daß die Sicherheit des Landes ein Loyalitätsprogramm erfordere und daß dieses auch auf Kosten der Meinungsfreiheit gerechtfertigt sei.

Der Gesetzgeber nimmt eine solche Entscheidung auf Grund der Erfassung, Sichtung und Würdigung der ihm zur Verfügung stehenden Information und auf Grund von politischen Zweckmäßigkeitserwägungen vor. Nach Abwägung aller Faktoren, — die man in ihrer Gesamtheit, wie vorgeschlagen wird, als „legislative facts“[131] bezeichnen könnte —, ergeht die politische Entscheidung in Form eines Gesetzes. Diese Entscheidung auf Grund von typischerweise in den Bereich des Gesetzgebers fallenden Faktoren, die sehr wohl ein Ergebnis reiner politischer Interessenabwägung sein mag, liegt dem Gericht zur Prüfung vor.

Nach der Interessenabwägungsdoktrin soll das Gericht diese Abwägung noch einmal vornehmen, wenn es fragt, ob das öffentliche Interesse das Interesse an Meinungsfreiheit überwiegt.

Das Gericht ist gegenüber dem Gesetzgeber im offensichtlichen Nachteil. Der Gesetzgeber hat unbeschränkte Informationsmöglichkeiten. Ihm steht ein eigener Apparat (Ausschüsse, Untersuchungsausschüsse) zur Verfügung, er kann sich der Verwaltung als Informationsquelle bedienen. Er kann das sachliche und politische Urteil der Regierung einholen. Der Gesetzgeber kann Experten in unbeschränkter Zahl hinzuziehen; z. T. haben Abgeordnete sogar zu geheimer Information Zugang, die sich wegen des Öffentlichkeitsprinzips nicht für Gerichtsverfahren eignet. Der Gesetzgeber ist für die Erfassung, Sichtung und Würdigung von „legislative facts“ um ein Vielfaches besser ausgerüstet als die Gerichte; er wird zum Experten für eine Interessenabwägung, wie sie etwa einer Entscheidung für eine bestimmte Staatsschutzmaßnahme zugrunde liegt.

Wenn dem Gericht ein solches Expertenurteil des Gesetzgebers vorliegt und es dieses überprüfen soll, ist die natürliche Konsequenz, daß die Interessenabwägung des Gesetzgebers erhebliches Gewicht erhält. Das Gericht müßte den Gesetzgeber auf dem Boden von dessen eigener

---

[131] *Karst*, 1960 Sup.Ct.Rev. 75.

Argumentation widerlegen. Es muß nach dem balancing test Gefahren der Meinungsfreiheit und die Notwendigkeit einer Staatsschutzmaßnahme erwägen, es muß die Meinungsfreiheit gegen das öffentliche Interesse in einer ganz konkreten Situation abwägen. Es müßte also, wenn es das Urteil des Gesetzgebers unabhängig prüfen sollte, vor allem entweder das Gesetzgebungsmaterial, auf Grund dessen der Gesetzgeber entschieden hat, selbst in Frage stellen, dessen Relevanz anzweifeln oder dessen Glaubwürdigkeit widerlegen können. Dazu ist es angesichts seiner eigenen Informationssituation und der offensichtlich überlegenen Übersicht des Gesetzgebers in der Regel nicht in der Lage. Ohne die Möglichkeit aber, solche Information des Gesetzgebers wirklich nachzuprüfen, kann sich ein Gericht kaum kompetent fühlen, eine neue Interessenabwägung vorzunehmen. So könnte das Gericht zum Beispiel kaum sagen, der Gesetzgeber brauche sich nicht unter diskriminierender Bloßstellung von Einzelpersonen durch Untersuchungsausschüsse zu informieren, wenn das Expertenurteil des Kongresses dagegenspricht. Der einzige verfassungsrechtliche Ausweg wäre zu erklären, daß für die Garantie der Meinungsfreiheit das Informationsinteresse des Gesetzgebers absolut irrelevant ist, doch diesen Weg geht der Supreme Court nicht.

Der Richter muß die bessere Befähigung des Gesetzgebers anerkennen und muß zugeben, daß er schlecht ausgerüstet ist[132], die Legislativentscheidung durch seine eigene Entscheidung zu ersetzen. Damit aber wird in einer Vielzahl der Fälle eine Nachprüfung illusorisch. Wenn das Gericht der Interessenabwägung des Gesetzgebers entscheidendes Gewicht zugestehen muß und auch zugesteht, kann es seine Funktion als unabhängige, effektive Prüfungsinstanz für Akte des Gesetzgebers nicht erfüllen. Indem das Gericht sich mit dem balancing test demselben Prüfungsmaßstab „öffentliches Interesse" wie der Gesetzgeber unterwirft, — einem Maßstab, für den das Gesetzgebungsmaterial, die „legislative facts" und Erwägungen von Notwendigkeit, Zweckmäßigkeit und Angemessenheit bestimmend sind —, gefährdet es seine Unabhängigkeit erheblich[133].

Gewiß kann das Gericht hinsichtlich der Anwendung eines Gesetzes eigener Ansicht sein. Es kann die vorgelegten Beweismittel frei prüfen und zu dem Ergebnis kommen, daß der verfolgende Staat seine Anklage nicht hinreichend bewiesen habe. Die strengen Beweisanforderungen, die der Supreme Court in *Yates v. United States*[134] aufstellte,

---

[132] So J. Jackson ausdrücklich in *Dennis v. United States,* 341 U.S. 494 (570) (1951) conc.op.

[133] *Ch. Black,* Harper's Mag. S. 66—67; *Black,* Bill of Rights S. 60; *Emerson,* 72 Yale L.J. 913 (1963); *Frantz,* 71 Yale L.J. 1444 (1962).

[134] 357 U.S. 298 (1957).

führten, wie wir gesehen haben[135], in *Noto v. United States*[136] zur Entscheidung, daß auf Grund der vorliegenden Tatsachen die CPUSA zu diesem Zeitpunkt nicht mehr offene Gewalt befürwortete; die Anklage hatte das Gegenteil vorgetragen[137]. In anderen Fällen hat der Supreme Court auch das Urteil des Gesetzgebers revidiert und eine durchaus eigene Interessenabwägung vorgenommen[138].

Doch im überwiegenden Teil der Entscheidungen hat der Supreme Court das überlegene Sachurteil des Gesetzgebers oder der Verwaltung praktisch anerkannt und hat es, solange er auf Grund derselben Tatsachen und auf derselben Ebene entschied, auch anerkennen müssen. Man kann wohl kaum verneinen, daß einem Gericht, je mehr sein Urteil sich qualitativ dem des Gesetzgebers nähert, die Legitimation als Prüfungsinstanz um so mehr genommen wird.

Wir sind dem Argument der mangelnden Legitimation der Gerichte bezüglich der Revision von Entscheidungen des Gesetzgebers schon begegnet, als wir die Lehre vom „judicial restraint" besprachen[139]. Die Vertreter dieser Lehre sind der Meinung, daß die Gerichte nicht nur wegen der überlegenen Sachkunde des Gesetzgebers, sondern auch aus verfassungstheoretischen Gründen die legislativen Entscheidungen zu respektieren hätten.

J. *Frankfurter* gibt dem für den balancing test in seiner *Dennis*-opinion Ausdruck, wenn er erklärt:

"Free speech cases are not an exception to the principle that we are not legislators, that direct policy-making is not our province. How best to reconcile competing interests is the business of legislatures, and the balance they strike is a judgement not to be displaced by ours, but to be respected unless outside the pale of fair judgement[140]."

"Congress has determined that the danger created by advocacy of overthrow justifies the ensuing restriction on freedom of speech. The determination was made after due deliberation, and the seriousness of the congressional purpose is attested by the volume of legislation passed to effectuate the same ends.

Can we say that the judgement Congress exercised was denied it by the Constitution? Can we establish a constitutional doctrine which forbids the elected representatives of the people to make this choice? Can we hold that the First Amendment deprives Congress of what it deemed necessary for the Government's protection?[141]."

---

135 s.o. Teil 1 nach Fn. 73.
136 367 U.S. 290 (1961).
137 367 U.S. 298.
138 *NAACP v. Alabama*, 357 U.S. 449 (1957); *Bates v. Little Rock*, 361 U.S. 516 (1960); *Gibson v. Florida*, 372 U.S. 539 (1963); *NAACP v. Button*, 371 U.S. 415 (1963).
139 s.o. Teil 2 bei Fn. 164 ff.
140 *Dennis v. United States*, 341 U.S. 494 (539—540) (1951) conc.op.
141 341 U.S. 550—51.

Das Gericht ist keine „dritte gesetzgeberische Kammer“[142] und es ist nicht nur nicht befähigt, die Entscheidungen des Gesetzgebers umzustoßen, es ist dazu auch nicht berechtigt. Die, wie wir gesagt haben, ganz natürliche Überlegenheit des Gesetzgebers wird hier in eine Verfassungschranke gegen die Nachprüfbarkeit der Akte des Gesetzgebers übersetzt.

Mendelsohn begrüßt den balancing test dann auch, gerade weil diese Methode die Überlegenheit des Gesetzgebers wirksam werden läßt und seine Entscheidungen gebührendes Gewicht erhalten. Er tut das mit einer Begründung, die uns von der Besprechung des judical restraint geläufig ist:

“... the open balancing technique is calculated to leave ‘the sovereign prerogative of choice’ to the people — with the least interference that is compatible with our tradition of judicial review[143].”

Die Interessenabwägungsmethode, so kann man daraus wohl entnehmen, wird also wie judical restraint als besonders „demokratisch“ angesehen, weil es in den meisten Fällen bei der Interessenabwägung des Gesetzgebers, der Vertretung des Volkswillens, bleibt.

Wir haben versucht, diese These für den judicial restraint zu widerlegen[144]. Die Judikative hat eine legitime Prüfungskompetenz zur Durchsetzung der Gewaltenbeschränkung der Legislative und Exekutive. Wo es um Grundrechte und vor allem um politische Freiheitsrechte als Ausdruck einer politischen Gewalt des Gesamtvolkes geht, ist diese Prüfungskompetenz typischerweise zum Schutz von Minderheiten gegen den Willen der Mehrheit gerichtet. Dieser Schutz wird illusorisch, wenn man den Gerichten nur eine beschränkte Nachprüfung gestattet, indem man dem Urteil der Legislative, und damit dem Willen der Mehrheit, einen Vorrang einräumt. Judicial restraint ist, wenn damit eine weitgehende Anerkennung der Entscheidungen des Gesetzgebers verlangt wird, mit dem Grundsatz von „limited government“, mit den Funktionen der Verfassungsgerichtsbarkeit, mit dem Gedanken der Meinungsfreiheit unvereinbar.

Doch die Lehre vom judicial restraint begründet ein Ergebnis nur verfassungstheoretisch, was im Rahmen des balancing test wegen überlegener Befähigung des Gesetzgebers faktisch erreicht wird. Das Gericht muß die Interessenabwägungsentscheidung der Legislative anerkennen, weil es sich objektiv nicht in der Lage sieht, den Gesetzgeber mit dessen eigenen Argumenten zu widerlegen. Im Ergebnis erhält die Entscheidung des Gesetzgebers denselben Vorrang wie im

[142] *Hand*, Bill of Rights S. 55; oder gar eine „Superlegislative“, J. Brandeis u. J. Holmes, *Burns Baking Co. v. Bryan*, 264 U.S. 504 (534) (1924) diss.op.; s.a. J. Frankfurter, *Dennis v. United States*, 341 U.S. 494 (526) (1951) conc.op.

[143] 50 Calif.L.Rev. 826 (1962).

[144] s.o. Teil 2 bei Fn. 189 ff.

Rahmen der Lehre vom judicial restraint. Und wie nach dieser Lehre dem Gericht mit verfassungstheoretischen Gründen seine Legitimation bestritten wird, ist es, wenn es sich auf das Gebiet der Interessenabwägung begibt, wegen mangelnder Sachkunde zur Widerlegung des Gesetzgebers nur beschränkt legitimiert.

Wir haben judicial restraint jedenfalls für das Gebiet der politischen Grundrechte abgelehnt, weil diese Lehre dem Urteil des Gesetzgebers einen Verfassungsvorrang einräumt. Es erscheint deshalb gerechtfertigt, die Methode der Interessenabwägung abzulehnen, weil sie dem Urteil des Gesetzgebers de facto den gleichen Vorrang einräumt und einräumen muß.

Ein Gericht kann die Meinungsfreiheit nicht wirksam gegen den Mehrheitswillen schützen, wenn es die Entscheidungen der Legislative praktisch nicht überprüfen kann. Die Durchsetzung des Verfassungsbefehls durch unabhängige Gerichte ist aber nach dem Grundsatz der Gewaltenbeschränkung geboten und legitime Funktion der Gerichte. Nur so kann der politische Wille der Mehrheit effektiv beschränkt und die Meinungsfreiheit als Individualrecht und politisches Aktivrecht einer Minderheit geschützt werden. Nach dem balancing test liegt die Bestimmung, ob die Legislative, was die Meinungsfreiheit betrifft, im Rahmen ihrer durch die Verfassung beschränkten Gewalt gehandelt hat — und damit der Schutz von Meinungsfreiheit — weitgehend in den Händen des Gesetzgebers. Die Mehrheit bestimmt die Rechte der Minderheit in einer de facto nicht nachprüfbaren Interessenabwägung. Die Vertretung des amerikanischen Volkes entschied in dem McCarran Act von 1950 mit überwiegender Mehrheit[145], die kommunistische Partei vollkommen zu zerstören. Der Supreme Court sah sich im KP-Urteil von 1961[146] nicht in der Lage, die Interessenabwägung des Gesetzgebers zu widerlegen.

Wo im Ergebnis die Interessenabwägungsdoktrin den Entscheidungen der Legislative einen solchen Vorrang einräumt und den für die Meinungsfreiheit besonders wichtigen gerichtlichen Schutz gegen Übergriffe der Mehrheit eliminiert, ist sie aus den gleichen Gründen wie die Lehre vom judicial restraint mit der Struktur eines limited government unvereinbar. Die balancing doctrine führt, wie J. Black erklärt, zurück zur englischen legislativen Suprematie, „legislative supremacy"[147], die der Idee des amerikanischen Verfassungsstaates wider-

[145] Im Senat des Kongresses stimmten 51 gegen 7, im Repräsentantenhaus 313 gegen 20 für das Gesetz (96 Cong.Rec. 15185—260, 15265—298 [1950]); gegen das Veto Präsident Trumans (96 Cong.Rec. 15629—32) stimmten 57 gegen 10 im Senat (96 Cong.Rec. 15520—726) und 286 gegen 48 im Repräsentantenhaus (96 Cong.Rec. 15632—3).

[146] *Communist Party v. Subversive Activities Control Bd.*, 367 U.S. 1 (1961).

[147] *Black*, Bill of Rights S. 60.

spricht. Wenn das Gericht gezwungen wird, seine Entscheidung nach den gleichen Kriterien wie der Gesetzgeber zu fällen, wenn es prüfen soll, ob öffentliche Interessen einen Schutz der Meinungsfreiheit zulassen, ist dem Gericht seine Stimme genommen; der „Experte" in Sachen öffentliches Interesse und Interessenabwägung, der den Willen der Mehrheit ausführende Gesetzgeber, bestimmt unüberprüfbar im Namen des Volkes, ob einem einzelnen Bürger oder einer Minderheit weiterhin politische Rechte zustehen. Die Gewalt des Gesetzgebers ist nur soweit beschränkt, wie er sie selbst beschränkt.

Der balancing test führt zu einer unzumutbaren Unterordnung der Verfassungsgerichte und gefährdet wie judicial restraint in der hier behandelten extremen Form die Meinungsfreiheit, vor allem als Recht der verhaßten, unpopulären Minderheit, auf das Empfindlichste.

B. Meinungsfreiheit unter Vorbehalt des öffentlichen Interesses

Das Grundproblem der Interessenabwägungsdoktrin aber ist, daß sie das Fehlen eines öffentlichen Interesses an Beschränkungen zur Voraussetzung der Geltung des Rechts der Meinungsfreiheit macht und damit die Meinungsfreiheit wie selbstverständlich unter den Vorbehalt des öffentlichen Interesses stellt. In dieser Beziehung ist auch die "clear and probable danger"-Doktrin der *Dennis*-Entscheidung nicht anders zu deuten, denn auch hier kann das Interesse an der Erhaltung der inneren Sicherheit der Nation die Meinungsfreiheit beschränken. Bisher blieb die grundsätzliche Frage nach einem solchen Vorbehalt im First Amendment offen, weil vor allem herausgestellt werden sollte, daß Interessenabwägung schon als Technik der Schrankenbestimmung unvertretbar ist.

I. Identität der Interessen

Zunächst wird von den Gegnern des balancing test vorgebracht, daß zwischen der Meinungsfreiheit auf der einen Seite und der inneren Sicherheit der Nation auf der andern kein grundsätzlicher Interessenkonflikt bestehe, das Interesse an Meinungsfreiheit und an innerer Sicherheit also nicht konkurrieren könnten. Meinungsfreiheit und Sicherheit seien in einem freiheitlichen demokratischen System letztlich identisch[148].

Justice Black verficht diesen Gedanken immer wieder:

148 *Frantz*, 71 Yale L.J. 1439 (1962); *Meiklejohn*, Political Freedom S. 59.

"... the internal security of a nation does not and cannot be made to depend upon the use of force by Government to make all the beliefs and opinions of the people fit into a common mold on any single subject[149]."

"Yes, I believe in selfpreservation ... but I think (the nation) can be preserved only by leaving people with the outmost freedom to think and to hope and to talk and to dream ..[150]."

"The First Amendment provides the only kind of security system that can preserve a free government — one that leaves the way wide open for people to favor, discuss, advocate, or incite causes and doctrines however obnoxious and antagonistic such views may be to the rest of us[151]."

Dieser Gedanke, daß ein freiheitliches System nur durch Freiheit selbst und vor allem geistige politische Freiheit erhalten werden kann, klingt in vielen Entscheidungen des Supreme Court und bei vielen Vertretern einer liberalen Theorie der Meinungsfreiheit an[152].

Es sind zwei Gesichtspunkte, die man grundsätzlich gegen eine Abwägung von Sicherheit und Freiheit vorbringen kann. Einmal *darf* ein freiheitliches System, wie Justice Black sagt, nicht durch Unterdrückung von Freiheit geschützt werden. Wenn politische Freiheiten und Geistesfreiheit wesentliches Element der verfassungsmäßigen Ordnung einer freiheitlichen Demokratie sind, darf Freiheit nicht aufgegeben werden, um Sicherheit zu erhalten; damit würde gleichzeitig das freiheitliche System selbst aufgegeben werden. Wir müssen mit Chief Justice Warren fragen, ob man seine freiheitliche Verfassung aufgeben und dennoch die Nation retten kann[153]. Es kann nicht im öffentlichen Interesse liegen, physische Sicherheit durch den Verlust der geistigen Freiheit einer Gemeinschaft zu erkaufen und so die Grundvoraussetzungen dieser Gemeinschaft letzten Endes doch zu zerstören.

Weiter aber liegt der These von der Identität von Freiheit und Sicherheit der Gedanke zugrunde, daß ein freiheitliches System sich nicht durch Aufgabe der Freiheit zu schützen *braucht*, weil es sich in einem freien Ideenwettbewerb immer behaupten wird und im Gegen-

---

149 *Communist Party v. Sub.Act.Control Bd.*, 367 U.S. 1 (167) (1961) diss.op.

150 37 N.Y.U.L.Rev. 555 (1962).

151 *Yates v. United States*, 354 U.S. 298 (344) (1957) diss.op.; vgl. auch J. Black in *Dennis v. United States*, 341 U.S. 494 (580) (1951) diss.op.; *American Communications Ass'n v. Douds*, 399 U.S. 382 (452—3) (1950) diss.op.; *Barenbaltt v. United States*, 365 U.S. 431 (443) (1961) diss.op.; *Uphaus v. Wieman*, 364 U.S. 338 (400—1) (1961) diss.op.; *Fleming v. Nestor*, 363 U.S. 603 (628) (1960) diss.op.

152 *De Jonge v. Oregon*, 299 U.S. 353 (365) (1937); *West Virginia State Bd. of Education v. Barnette*, 319 U.S. 624 (636—7) (1943); J. Brandeis, *Gilbert v. Minnesota*, 254 U.S. 325 (338) (1920); diss.op.; *Whitney v. California*, 274 U.S. 357 (375) (1927) diss.op.; J. Douglas, *Scales v. United States*, 367 U.S. 203 (270—1) (1961) diss.op.; *Meiklejohn*, 20 U.Chi.L.Rev. 465, 479 (1953); ders., 49 Calif.L.Rev. 4 ff. (1960); *Commager* S. 79 ff.; *Chafee*, Blessings of Liberty S. 156.

153 *Warren*, Bill of Rights S. 109.

teil sich durch Aufgabe der Freiheit erst recht gefährdet. Letzten Endes wird hier natürlich nach der Sicherheit einer freiheitlichen Demokratie überhaupt gefragt. Osmond Fraenkel hat wie Justice Black eine klare Antwort darauf:

"From time immemorial mankind has been offered the bait of security as compensation for loss of freedom and has been hooked on the line of slavery. What men must learn is that freedom and security are one and inseparable[154]."

Hier geht es um Gefahren, die einem demokratischen System durch freiheitsfeindliche Ideologien drohen, also wohlgemerkt um das rein geistige Wirken von Meinungen und nicht um verräterische Handlungen, was oft übersehen wird. Selbstverständlich muß sich ein freiheitliches System gegen Spionage, Sabotage, staatsgefährdende Konspirationen und alle Vorbereitungs- und Versuchshandlungen zum offenen Hochverrat schützen. Die Frage ist nur, ob sich eine freiheitliche Gesellschaft auch gegen Ideen und feindliche Propaganda schützen muß, indem sie die Meinungsfreiheit beschneidet. Ist es zu gefährlich, wenn alle Bürger alles hören, alles denken und alle Gedanken äußern dürfen? Wir sollten darauf nur antworten, daß freiheitliche Demokratie ein Experiment ist, von dem wir glauben, daß es ein Risiko wert ist. Wir gehen dabei von der gewiß unbeweisbaren Prämisse aus, daß, weil Bürger alles denken, sprechen und hören dürfen, sie freiheitsfeindlichen Ideen immer widerstehen werden, daß von Ideen allein also keine Gefahren drohen oder daß es jedenfalls genügend ist, wenn wir Gefahren durch Verhinderung und Verfolgung akuten Rechtsbruchs direkt abwenden, ohne freiheitliche Grundsätze aufzugeben. Wir meinen sogar, daß, wenn dem Bürger die Gelegenheit zur umfassenden Information und Aufklärung durch Beschneidung der Meinungsfreiheit genommen wird, er um so anfälliger für feindliche Ideen wird. Ein freiheitliches System ist auf mündige Bürger angewiesen, die von den Vorzügen ihrer Ordnung überzeugt sind, weil sie alle Alternativen kennen und verworfen haben und jeder Propaganda widerstehen und in offener Diskussion deren Thesen verwerfen können. Wo der Bürger sich wegen der Beschneidung der Meinungsfreiheit nie mit einer feindlichen Ideologie auseinanderzusetzen brauchte, ist eine Demokratie tatsächlich gefährdet. Sie hat durch Aufgabe eines der wichtigsten Elemente ihrer Struktur sich gleichzeitig eines ihrer wichtigsten Schutzmechanismen begeben.

II. Die ursprüngliche Abwägung der Interessen

Ist aber die Beantwortung der Frage nach der Sicherheit der Demokratie im Rahmen des First Amendment überhaupt relevant? Darf

---

[154] *Fraenkel*, Our Civil Liberties S. 8.

überhaupt gefragt werden, ob Meinungsfreiheit zu gefährlich ist, und entschieden werden, daß Einschränkungen im allgemeinen Interesse möglich sind, wenn Meinungen, Meinungsäußerungen und Vereinigungen gefährlich erscheinen?

Die Gegner der Interessenabwägungsdoktrin haben darauf eine kategorische Antwort[155]. Sie machen geltend, daß diese Fragen dem Verfassungsgeber vorlagen, und dieser sie im First Amendment abschließend beantwortet habe. Dem Verfassungsgeber seien das Für und Wider eines freiheitlichen Systems gegenwärtig gewesen, er habe jedoch befunden, daß, wie immer gefährlich Meinungsfreiheit und Geistesfreiheit sein mögen, die Vorteile die Nachteile überwiegen. Er habe sich ohne Vorbehalt für Meinungsfreiheit entschieden und das Ergebnis der „ursprünglichen Interessenabwägung“[156] in einen Verfassungsbefehl gekleidet, an den jede Staatsgewalt gebunden sei.

"The Bill of Rights represents a particular balance of competing interests in society which judges may not reevaluate. No matter how important to society the exercise of a particular power or the achievement of a particular goal may seem, the framers' original balance of areas of power and areas of liberty cannot be disturbed unless the constitution itself is amended[157]."

So kann es kaum zulässig sein, die Entscheidung für selfgovernment einer Neuabwägung zu unterziehen. Demokratie mag zwar wegen der Möglichkeit eines abrupten Wechsels in der Staatsführung gefährlich sein. Es kann ein erhebliches „öffentliches Interesse“ entstehen, z. B. während einer Krisenzeit Wahlen auf unbestimmte Zeit auszusetzen, um dic Kontinuität der Staatsführung zu gewährleisten oder auch das Parlament aufzulösen, um der Exekutive die Möglichkeit zu schnellem Handeln zu geben. Eine solche Interessenabwägung auf Kosten der demokratischen Institutionen darf aber nicht durch den Gesetzgeber oder die Exekutive vorgenommen werden, solange nicht entsprechende ausdrückliche Notstandsbestimmungen integraler Teil der Verfassungsstruktur sind. Die Frage nach der Zweckmäßigkeit des demokratischen Systems ist Sache des Verfassungsgebers. Man muß mit diesem Experiment leben oder es durch einen Akt der konstitutiven Gewalt aufgeben oder modifizieren.

---

155 J. *Black*, Bill of Rights S. 60—61; 37 N.Y.U.L.Rev. 555 (1962); *Carlson v. Landon*, 342 U.S. 524 (555—556) (1952) diss.op.; *Speiser v. Randall*, 357 U.S. 513 (531) (1958) conc.op.; *Konigsberg v. State Bar*, 366 U.S. 36 (61) (1961) diss.op.; *Emerson*, 72 Yale L.J. 914 (1963); 74 Yale L.J. 21 (1964); *Meiklejohn*, 49 Calif.L.Rev. 4 (1961); 20 U.Chi.L.Rev. 461 (1953) s.a. *Reich*, 76 Harv.L.Rev. 742 (1963); *Beutel* S. 59; *Anastaplo*, Notes S. 51.

156 J. Black, *Konigsberg v. State Bar*, 366 U.S. 36 (61) (1961) diss.op.; *Emerson* 72 Yale L.J. 914 (1963).

157 J. Black, *Konigsberg v. State Bar*, 366 U.S. 36 (61) (1961) diss.op.; zur Frage der Notwendigkeit einer Verfassungsänderung vgl. *Meiklejohn*, 49 Calif.L.Rev. 9 (1961).

Der Verfassunggeber hat sich unter Umständen geirrt und die Risiken eines freiheitlichen Systems, eines Systems der vollen Meinungsfreiheit, unterschätzt[158]. Doch ob diese ursprüngliche Interessenabwägung vernünftig und zweckmäßig war, kann nicht von demjenigen, der die Verfassung anwenden soll, entschieden werden.

Die grundsätzliche Abwägung der Verfassung steht keiner ständigen Neuabwägung offen. Wer geltend macht, das öffentliche Interesse verlange eine Revision der ursprünglichen Entscheidung, maßt sich verfassungsgebende Gewalt an. Er schafft jeweils eine neue ad hoc Verfassung[159], indem er die alte stillschweigend durchbricht[160].

Wenn aber grundsätzlich nicht mehr gefragt werden darf, ob Meinungsfreiheit zu gefährlich ist, dann kann dieses Recht auch nicht unter einem generellen Vorbehalt des öffentlichen Interesses stehen. Eine freie Interessenabwägung ist nicht mehr zulässig, nachdem eine grundsätzliche Interessenabwägung in der Verfassung vorgenommen worden ist. Man mag nicht wie J. Black[161] der vollen Überzeugung sein, daß die Entscheidung für vollkommene Geistes- und Ideenfreiheit richtig war, doch muß diese Entscheidung des Verfassunggebers respektiert werden.

III. Interessen, Gewalten, Grundrechte

Mit der These der ursprünglichen Interessenabwägung des amerikanischen Verfassungsgebers im First Amendment begründet ein Teil der amerikanischen Verfassungslehre im Sinne des traditionellen „constitutionalism“ seine Forderung nach einer strikteren Befolgung von ausdrücklichen Verfassungsgeboten. Diese Haltung kehrt am konsequentesten in der sogenannten „absoluten Theorie“ des First Amendment von J. *Black* wieder, über die in Teil 4 zu handeln sein wird.

Die Anerkennung einer ursprünglichen Interessenabwägung bedeutet verfassungsrechtlich, daß bei Anwendung der Verfassung jedenfalls primär Interessen nicht mehr relevant werden dürfen. Die Interessenabwägung des verfassungsgebenden Volkes ist in einen in der Verfassung niedergelegten Plan der politischen Ordnung übersetzt worden, in einen Plan von Gewalten und Grundrechten.

---

158 *Meiklejohn,* 49 Calif.L.Rev. 9 (1961).

159 *Reich,* 76 Harv.L.Rev. 742 (1963).

160 *Meiklejohn,* 49 Calif.L.Rev. 12 (1961).

161 "I happen to believe this was a wise choice and that our free way of life enlists such respect and love that our nation cannot be imperiled by mere talk", *Carlson v. Landon,* 342 U.S. 524 (556) (1952) diss.op.

Auf der einen Seite sind Gewalten an die Organe des Staatswesens zur Wahrnehmung ihrer Funktionen delegiert worden. Die Staatsorgane verfolgen das öffentliche Interesse — ausschließlich — im Rahmen dieser delegierten Kompetenzen.

Auf der anderen Seite hat sich das Volk die politische Gewalt, wie wir sie definiert haben, vorbehalten und wurden einzelne Bereiche der Bürger durch Grundrechtsgarantien für immun erklärt. Nunmehr ist im Rahmen der einmal aufgestellten Verfassungsordnung irrelevant, ob ein *Interesse* an diesem Gewaltvorbehalt oder dem Schutz einzelner Bereiche des Bürgers besteht; Gegenstand des Verfassungsrechts sind die in politischen Aktivrechten konkretisierte politische *Gewalt* des Volkes und individuelle *Grundrechte*. So geht es beim Wahlrecht nicht mehr um das Interesse des einzelnen oder des Volkes zu wählen, sondern um die Ausübung einer vorbehaltenen Gewalt (durch Ausübung eines politischen Aktivrechts). Das gleiche gilt uneingeschränkt für beide Seiten des Rechts der Meinungsfreiheit. Das Interesse des einzelnen an vollkommener Geistesfreiheit wurde durch die Garantie eines individuellen Abwehr- und Schutzrechts, das Interesse des Volkes an der effektiven Ausübung seiner politischen Gewalt durch die Garantie des politischen Aktivrechts der Meinungsfreiheit in der Verfassung anerkannt. Das Interesse an Meinungsfreiheit ist in beiden Fällen nur Motivation für die Konstituierung des Grundrechts der Meinungsfreiheit. Das Interesse ist durch die Verfassung in Rechtspositionen übersetzt worden und kann nicht mehr in Frage gestellt werden.

Auf der Ebene des Verfassungsrechts stehen sich somit nicht Interessen gegenüber, sondern die politische Verfassungsgewalt des Volkes, das politische Aktivrecht Meinungsfreiheit jedes einzelnen Bürgers zur Wahrnehmung dieser Gewalt und das individuelle Abwehrrecht Geistesfreiheit auf der einen Seite und die Verfassungsgewalten der Staatsorgane auf der anderen Seite. In einem Verfassungsstaat werden die Interessen des Volkes und die Interessen der Bürger in der Verfassung durch den Vorbehalt oder die Verleihung von Gewalten und Rechten berücksichtigt und gesichert. Das öffentliche Gesamtinteresse kann durch Organe des Staates somit nur im Rahmen der in einer solchen Verfassungsordnung vorgesehenen Kompetenzen und ausdrücklich begrenzt durch die Gewalt des Volkes und die Rechte der Bürger wahrgenommen werden. Das Interesse eines Bürgers kann, solange es nicht durch eine in der Verfassungsordnung niedergelegte Rechtsposition legitimiert ist, bestehende Kompetenzen der Organe des Staates nicht beschränken. Genausowenig aber kann ein öffentliches Interesse allein, ohne durch ausdrückliche Eingriffskompetenzen (Grundrechtsvorbehalt) gedeckt zu sein, verfassungsmäßige Rechtspositionen des Bürgers beschränken.

Als Konsequenz ergibt sich, daß die uns in der Rechtsprechung des Supreme Court entgegentretenden Interessenkonflikte, was das Verfassungsrecht angeht, Konflikte zwischen Verfassungskompetenzen des Volkes und Verfassungskompetenzen des Staates und Konflikte zwischen Verfassungsrechten einzelner Bürger und Kompetenzen der Staatsorgane sind[162]. Wenn die Frage auftaucht, ob Meinungsäußerungen eines bestimmten Inhalts gefährlich sind und deshalb unterdrückt werden können, geht es allein darum, ob die Meinungsäußerungen innerhalb der politischen Gewalt des Volkes liegen und damit auch vom Aktivrecht Meinungsfreiheit gedeckt sind, und nicht darum, ob ein Interesse an einer solchen „gefährlichen" Meinungsäußerung besteht. Und auf der Seite der Staatsgewalt geht es darum, ob eine Verfassungskompetenz zur Beschränkung vorliegt, und nicht, ob ein öffentliches Interesse an der Beschränkung besteht.

Gewiß gibt eine Verfassungsordnung nicht mechanische Antworten auf alle Fragen nach der genauen Abgrenzung solcher Kompetenzen und Rechte. Oft sind die Bereiche ungenau und unbestimmt formuliert, oft scheinen sich die Kompetenzen zu überdecken. Doch die Antwort auf diese Probleme kann nicht sein, daß nunmehr Kompetenzen und Rechte im Sinne des balancing test durch Interessen abgegrenzt und eingeschränkt werden. Die gesamte Verfassungsordnung von Gewalten und Rechten wäre überflüssig, wenn der Grundplan nach Interesse und Nützlichkeit umorganisiert werden könnte. Im Verfassungsstaat ist die Einschränkung eines Rechts oder einer Verfassungsgewalt nie durch ein überwiegendes Interesse gerechtfertigt. Die Meinungsfreiheit ist nicht durch überwiegende öffentliche Interessen beschränkbar, sondern findet ihre Grenzen an anderen Rechten und bestehenden Verfassungsgewalten.

In keinem Fall kann die Meinungsfreiheit grundsätzlich unter einem Vorbehalt des öfftlichen Interesses oder einem Gemeinschaftsvorbehalt stehen. Die Interessenabwägungsdoktrin ist im theoretischen Ansatz nicht vertretbar. Eine Schrankenlehre, die wie selbstverständlich davon ausgeht, daß eine verfassungsrechtliche Rechtsposition relativ ist und daß überwiegende Interessen Schranken zu dieser Position aufstellen könnnen, verstößt gegen die Idee der Konstituierung einer Verfassungsordnung.

Es geht, wie in der gesamten Besprechung des balancing test, nicht eigentlich darum, ob der Supreme Court die Schranken der Meinungs-

---

[162] *Fried* hat dies, wie oben (Teil 2 bei Fn. 122 ff.) ausgeführt wurde, sehr deutlich gemacht (76 Harv.L.Rev. 755 [1963]); Interesse losgelöst von Rechtspositonen kann auch für ihn nicht primär ausschlaggebend sein. Im übrigen sind Interessen nur in institutionalisierter Form relevant.

freiheit im Ergebnis falsch bestimmt hat. Vielmehr geht es darum, daß er solche Einschränkungen auf dem Boden des Verfassungsrechts nicht mit überwiegenden öffentlichen Interessen rechtfertigen und begründen konnte. Der ad hoc balancing test verneint die Geltung einer Verfassungsordnung und übergeht sie; der Verfassungsgeber hat diese Ordnung nicht unter den Vorbehalt des öffentlichen Interesses gestellt. Wer in dieser Entscheidung des Verfassungsgebers einen Irrtum sieht, müßte eine Verfassungsänderung vertreten.

Teil 4

Congress shall make no law ...

Im folgenden soll eine Alternative zu der Schrankenlehre des Supreme Court zur Diskussion gestellt werden. Dabei geht es einmal um die sogenannte „absolute Theorie“, die vor allem von Justice Black entwickelt wurde und die die uneingeschränkte Geltung des First Amendment postuliert und begründet. Auf der Grundlage dieser Theorie hat die Verfassungslehre eine Formel, den "overt act test", entwickelt, die geeignet ist, den kompromißlosen Wortlaut des First Amendment zu verdeutlichen und der Meinungsfreiheit eine klare, mit dem Sinn dieser Verfassungsgarantie in Einklang stehende Begrenzung zu geben.

Dadurch, daß es sich bei diesen Alternativen um verhältnismäßig neue — jedenfalls in der Auseinandersetzung mit der Haltung des Supreme Court neue — Gedankengänge handelt, deren Konsequenzen vielfach nur angedeutet werden, muß die vorliegende Darstellung sich zwangsläufig auf Grundsätzliches beschränken. Eine Erforschung der Auswirkungen eines solchen Ausgangspunktes auf die verschiedenen, im Zusammenhang mit der Garantie der Meinungsfreiheit auftauchenden Einzelprobleme kann hier nicht versucht werden.

A. Die „absolute Theorie“

I. Justice Black

Justice Black wird im allgemeinen als Begründer und Hauptvertreter der absoluten Theorie des First Amendment angesehen[1] — und in dieser Eigenschaft sehr heftig angegriffen[2].

---

[1] Die wichtigsten Stellungnahmen von Justice *Black* für diese Theorie finden sich in: Bill of Rights and the Federal Government; 37 N.Y.U.L.Rev. 549 (1962); in seinen *diss.op.* in *Konigsberg v. State Bd.*, 366 U.S. 36 (56 ff.) (1961); *Barenblatt v. United States*, 360 U.S. 109 (134 ff.) (1961); *Communist Party v. Subversive Activities Control Bd.*, 367 U.S. 1 (137 ff.) (1961); *Braden v. United States*, 365 U.S. 431 (438 ff.) (1961); — und in *Beauharnais v. Illinois*, 343 U.S. 250 (275) (1952) diss.op.; *Speiser v. Randall*, 357 U.S. 513 (531) (1958);

Vorab sei bemerkt, daß die sog. „absolute Theorie" keine geschlossene, vollentwickelte und ausgearbeitete Theorie der Schranken des First Amendment ist. Der Name wird dieser Theorie von ihren Gegnern gegeben und bezieht sich in der Hauptsache auf vereinzelte Aussagen vor allem Justice Blacks, in denen von der „absoluten" Geltung des First Amendment die Rede ist. Gleichzeitig ist von Bedeutung, daß sich die erwähnten Aussagen vor allem in dissenting opinions finden. Justice Blacks dissenting opinions sind seit dem *Douds*- und dem *Dennis*-Fall immer heftiger geworden. Man kann fast von einer Verbitterung sprechen, welche in seinen gegen die Aufweichung besonders des Rechts der Meinungsfreiheit gerichteten opinions zu z. T. extremen Formulierungen führte. Man muß auch verstehen, daß sich der „dissenter" in einer anderen Lage befindet als der Richter, welcher für die Mehrheit schreibt. Der erstere ist nicht im gleichen Maße an den konkreten Fall gebunden. Er ist von dem Zwang, zu einem praktischen Ergebnis zu kommen, weitgehend befreit und ist leicht versucht, allgemeine Gedanken zu den angeschnittenen Problemen zu äußern. Dem dissenter ist es nicht gelungen, eine Mehrheit auf seine Meinung zu vereinigen; er wird deshalb vielleicht von einem schon konzedierten Kompromiß auf die kompromißlose Darstellung seiner Gedanken zurückfallen. Schließlich ist die dissenting opinion das Mittel der Kritik an der Mehrheitsentscheidung. Diese Kritik ist zwangsläufig oft pointierter als notwendig und gleichzeitig oft nur negativ[3]. All das

---

conc.op.; *Carlson v. Landon,* 342 U.S. 524 (555—556) (1952) diss.op.; — s. a. J. Black in *Wiemann v. Updegraff,* 344 U.S. 183 (193) (1952) conc.op.; *Adler v. Bd. of Education,* 342 U.S. 485 (497) (1952) diss.op.; *Scales v. United States,* 367 U.S. 203 (260) diss.op.; — vielen dieser opinions haben J. Douglas und C. J. Warren zugestimmt; eigene Stellungnahmen v. J. *Douglas* finden sich in *Times Film Corporation v. City of Chicago,* 365 U.S. 43 (78 ff.) (1961) diss.op.; *Beauharnais v. Illinois,* 343 U.S. 250 (285) (1952) diss.op.; *Speiser v. Randall,* 357 U.S. 513 (536—537) (1958) conc.op.; — der Lehre stimmen grundsätzlich, wenn auch mit mehr oder wenigen erheblichen Einschränkungen zu: *Emerson,* 72 Yale L.J. 914 f. (1963); *Meiklejohn,* 1961 Sup.Ct.Rev. 245; *ders.,* in Political Freedom; *Frantz,* 71 Yale L.J. 750 ff., 1435 ff. (1962); eine symphatisierende Besprechung findet sich in *Ch. Black,* Harper's Magazine 63 ff.; *Reich,* 76 Harv.L.Rev. 673 (1963); *Hudon* S. 176—177; s. a. *Becker* S. 72.

[2] s. vor allem J. Harlan, *Konigsberg v. State Bar,* 366 U.S. 36 (49 ff.) (1961); *Bickel,* The Least Dangerous Branch S. 84 ff.; *ders.,* New Republic v. 14. 3. 60, S. 13; *Mendelson,* 50 Calif.L.Rev. 821 (1962); *ders.* J. J. Black and Frankfurter; *Karst,* 1960 Sup.Ct.Rev. 75; *Griswold,* 8 Utah L.Rev. 167 (1963); *Nutting,* 30 Geo,Wash.L.Rev. 167 (1961/62); *McKay,* 34 N.Y.U.L.Rev. 1182 (1194—1196) (1959); *Hook,* Paradoxes of Freedom; *Alfange,* 2 L. in Trans.Q. 35 (1965); s.a. *Kurland,* 30 U.Chi.L.Rev. 191, 193 ff. (1962).

[3] Benjamin *Cardozo* hat die Situation des dissenters in sehr lebhaften Worten beschrieben: "Comparatively speaking at least, the dissenter is irresponsible. The spokesman of the court is cautious, timid, fearful of the vivid word, the heightening phrase. He dreams of an unworthy brood of scions, the spawn of careless dicta, disowned by the ratio decidendi, to which all legitimate offspring must be able to trace their lineage. The result is to cramp and paralyze. One fears to say anything when the peril of

führte dazu, daß die sog. absolute Theorie kaum als praktische Schrankentheorie entwickelt und in dissenting opinions oft extrem formuliert wurde.

J. Black erklärt, daß das First Amendment „meint, was es sagt“[4]: der Kongreß darf kein Gesetz erlassen, welches Meinungs- und Pressefreiheit einschränkt.

"I think the First Amendment ... forbids absolutely ... without any 'ifs' or 'buts' or 'whereases'...[5]."

"I believe that the First Amendment grants an absolute right to believe in any governmental system (to) discuss all governmental affairs, and (to) argue for desired changes in the existing order. This freedom is too dangerous for bad tyrannical governments to permit. But those who wrote and adopted our First Amendment weighed those dangers against the dangers of censorship and deliberately chose the First Amendment's unequivocal command that freedom of assembly, petition, speech and press shall not be abridged. I happen to believe this was a wise choice and that our free way of life enlists such respect and love that our Nation cannot be imperiled by mere talk[6]."

"The boundaries of freedom are not flexible, they are not made of mush, they say thou shalt not[7]."

Drei verschiedene Elemente erscheinen in diesen Aussagen. Einmal wird die Geltung der Verfassungsbestimmung des First Amendment betont, und zwar die Geltung des in ein absolutes Verbot gefaßten Wortlauts. Das zweite Zitat drückt positiv aus, welchen Inhalt und welchen Sinn diese Verfassungsgarantie hat. Dabei fällt die Betonung des politischen Charakters des Rechts der Meinungsfreiheit auf. Justice Black spricht von der absoluten Freiheit, die herrschende Ordnung zu kritisieren und Änderungen zu propagieren. Das dritte und vielleicht grundsätzlichste Zitat sagt von Grundrechten in einem Verfassungsstaat, diese Rechte seien durch einen strikten Befehl in der geschriebenen Verfassung garantiert.

Dennoch scheint an dieser Stelle nicht klar, wie der Begriff „absolut“ im Zusammenhang mit Meinungsfreiheit zu behandeln ist. Ist Meinungsfreiheit absolut oder gilt nur das First Amendment absolut? Wenn man den Wortlaut des First Amendment betrachtet, könnte

---

misunderstanding puts a warning finger to the lips. Not so, however, the dissenter ... For the moment, he is the gladiator making a last stand against the lions. The poor man must be forgiven a freedom of expression, tinged at rare moments with a touch of bitterness, which magnanimity as well as caution would reject for one triumphant." 14 Yale Rev. 715 (1925); s.a. *Jackson*, The Supreme Court S. 17—19; s. zu J. Blacks opinions in dieser Hinsicht *Emerson*, 72 Yale L.J. 915 (1963); und *Reich*, 76 Harv.L.Rev. 673 (1963).

[4] *Barenblatt v. United States*, 360 U.S. 109 (143—144) (1959) diss.op.; 37 N.Y.U.L.Rev. 552 (1962).

[5] *Beauharnais v. Illinois*, 343 U.S. 250 (274—5) (1952) diss.op.

[6] *Carlson v. Landon*, 342 U.S. 542 (555—6) (1952) diss.op.

[7] 37 N.Y.U.L.Rev. 562 (1962).

beides zutreffen. Aus den Kommentaren zu J. Blacks Ausführungen wird klar, welche Verwirrung und Mißverständnisse hier herrschen.

So wird vorgebracht, daß diese absolute Theorie das maß- und grenzenlose Recht des einzelnen propagiere, seine Meinung unter allen Umständen, zu jeder Zeit, an jedem Ort und mit jedem Inhalt zu äußern[8]. Die Theorie vertrete eine „mechanische" Anwendung des First Amendment, weigere sich, „alle relevanten Faktoren zu prüfen"[9] und müsse ganz „zwangsläufig zu falschen Ergebnissen kommen"[10]. "On this basis reason is abandoned. Absolute is in the dark.[11]" Wie, so wird immer wieder gefragt[12], lasse sich die Rechtsmaterie der Beleidigung, Verleumdung, arglistigen Täuschung, des Meineids, der irreführenden Werbung, der Anstiftung zum Verbrechen, der planenden Mittäterschaft, der Verbrechensverabredung und vieles andere mit dem Konzept von der absoluten Meinungs- und Redefreiheit vereinbaren? Darf, nach dem berühmten Schulfall von J. Holmes[13], eine Person in einem überfüllten Theater fälschlich „Feuer" rufen und damit eine gefährliche Panik auslösen?[14]

Ohne Frage ist die absolute Theorie hier mißverstanden. Soweit ersichtlich hat weder J. Black noch irgendein anderer Anhänger der Theorie vertreten, daß das First Amendment eine solche unbegrenzte Redefreiheit, *Sprechfreiheit*, garantiere[15]. Die Gegner der Theorie stoßen sich an einem Begriff, der in ganz anderer Hinsicht Kern der Lehre ist[16].

Die absolute Theorie muß im Zusammenhang mit der Doktrin der Interessenabwägung gesehen werden. J. Black hat die absolute Theorie in dissenting opinions zu Interessenabwägungsentscheidungen des Supreme Court vertreten; sie richtet sich gegen den balancing test. J. Black verlangt nicht „absolute" Rede- und Sprechfreiheit, wenn er die empfindlichen Einschränkungen von Meinungsfreiheit angreift. Er

[8] s. J. Harlan, *Konigsberg v. State Bar,* 366 U.S. 36 (49—50) (1961): die absolute Theorie gewähre eine "unlimited licence to talk".

[9] ... welche die Interessenabwägungsmethode angeblich einbezieht.

[10] *Griswold,* 8 Utah L. Rev. 180—1 (1963).

[11] *Ders.,* 182.

[12] J. Harlan, *Konigsberg v. State Bar,* 366 U.S. 36 (49 n. 10) (1961).

[13] *Schenk v. United States,* 249 U.S. 47 (52) (1919).

[14] s. dazu *Black,* 37 N.Y.U.L.Rev. 558 (1962).

[15] Vgl. *Emerson,* 72 Yale L.J. 914 (1963); *Meiklejohn,* 1961 Su.Ct.Rev. 250.

[16] Am nächsten kommt einer angemessenen Deutung *Ch. Black* in seiner wohlwollenden Kritik (Harper's Magazine, Febr. 1961, S. 65). Er vertritt, daß J. Black sich vor allem gegen die uferlose Relativierung der Grundrechte durch Interessenabwägung richte und sich von der Formulierung wichtiger Grundrechte als absolut zwingende Verfassungsnormen einen psychologischen Effekt für deren Schutz verspreche. Auf eine verfassungsrechtliche Berechtigung einer solchen Haltung gegenüber Verfassungsnormen geht *Ch. Black* allerdings nicht ein.

richtet sich nicht primär gegen den zu engen Rahmen der Meinungsfreiheit nach diesen Entscheidungen, sondern gegen die Grundhaltung des balancing test gegenüber der Verfassungsbestimmung des First Amendment. Der balancing test übergeht diese Verfassungsnorm, nimmt ihr zumindestens jeden Inhalt, indem er den Rahmen des Rechts der Meinungsfreiheit durch öffentliches Interesse relativiert, und verneint de facto die Geltung des Grundrechts unabhängig von einer Bestätigung durch mangelndes Interesse an seiner Einschränkung

J. Black kann dieser Mißachtung einer Verfassungsnorm nicht folgen. Eine solche Haltung widerspricht für ihn dem Konzept vom Verfassungsstaat, in dem eine geschriebene Verfassung und der Grundsatz des limited government gelten[17]: Wenn ein Volk es unternommen hat, sich eine geschriebene Verfassung zu geben, und wenn es in dieser Verfassung Grundrechte des einzelnen niederlegt, sind diese Rechte keinerlei Nützlichkeitserwägungen oder öffentlichen Interessen unterworfen. Im Verfassungsstaat ist die Verfassung ius strictum.

An dieser Stelle erhält der Begriff „absolut" für J. Black seinen Sinn. In der Verfassung ist die Grundstruktur des politischen Systems niedergelegt. Ihre wesentlichsten Merkmale sind "selfgovernment", "limitation of powers" und unentziehbare Grundrechte des einzelnen. Das Volk hat in der Verfassung diese Struktur angenommen und damit gleichzeitig anderen Systemen vorgezogen[18]. Es hat das Für und Wider eines demokratischen Systems abgewogen und seine Geltung dem Ermessen jeder Staatsgewalt entzogen. Ebenso hat es sich für Ideenfreiheit entschieden und das Ergebnis dieser ursprünglichen Abwägung[19] in der Verfassung, im First Amendment, niedergelegt[20]. Nach der Theorie des Verfassungsstaates gelten diese ursprüngliche Abwägung und die ihr folgenden Prinzipien der verfaßten politischen Struktur der Gemeinschaft „absolut"[21]. Dem Staat und den Gerichten ist es absolut verboten zu fragen, ob Demokratie zu gefährlich ist. Ebenso verbietet das First Amendment „absolut", zum Ergebnis zu kommen, daß Ideenfreiheit zu gefährlich ist. Das sind Fragen, die ein Verfassungsgeber stellen darf und der amerikanische Verfassungsgeber gestellt hat[22]. Weder Gesetzgeber noch Verfassungsrichter dür-

---

[17] s. vor allem *Black*, Bill of Rights S. 48—50; *ders.*, 37 N.Y.U.L.Rev. 561 (1962); *Barenblatt v. United States*, 360 U.S. 109 (143) (1961) diss.op.; *Communist Party v. Subversive Activities Control Bd.*, 367 U.S. 1 (163) (1961) diss.op.; *Konigsberg v. State Bar*, 366 U.S. 36 (67) (1961) diss. op.

[18] *Reich*, 76 Harv.L.Rev. 742 (1963).

[19] *Emerson*, 72 Yale L.J. 914—918 (1963); s.o. Teil 3 bei Fn. 155 ff.

[20] J. *Black*, Bill of Rights S. 60—61; *Carlson v. Landon*, 342 U.S. 524 (555—6) (1952) diss.op.; *Konigsberg v. State Bar*, 366 U.S. 36 (61) (1961) diss.op.

[21] So auch *Reich*, 76 Harv.L.Rev. 742 (1963).

[22] *Reich*, 76 Harv.L.Rev. 743 (1963).

fen diese Grundstruktur des Systems mißachten, Interessen neu abwägen und damit jeweils eine „neue ad hoc Verfassung“ schaffen[23].

Es geht also bei der absoluten Theorie in erster Linie[24] um die Achtung einer Verfassungsnorm, wie es bei der Methode der Abwägung von Interessen in erster Linie um deren Mißachtung ging. Eine Verfassungsnorm, — das First Amendment —, *gilt* absolut, weil sie Teil der Struktur ist, die ein Volk sich in seiner Verfassung gegeben hat. Eine Verfassungsnorm, die den Staatsorganen Kompetenzen vorenthält, setzt nach dem Konzept von limited government absolute Schranken.

II. Absolute Geltung des First Amendment und Inhaltsbestimmung

Wenn das First Amendment in diesem Sinne absolut ist, d. h., wenn von seiner strikten Geltung grundsätzlich keine Ausnahmen möglich sind, erhält der Wortlaut der Verfassungsbestimmung erhebliches Gewicht. J. Black betont immer wieder die Klarheit des Wortlauts und propagiert dessen kompromißlose Geltung, wie etwa, wenn er James *Madison* als Autorität zitiert[25]:

"The right of freedom of speech is secured; the liberty of the press is expressly declared to be *beyond the reach of this government!*[26]."

"... it would seem scarcely possible to doubt that *no* power whatever over the press was supposed to be delegated by the Constitution, as it originally stood, and that the amendment was intended as a *positive and absolute reservation of it*[27]."

Doch ein solcher Hinweis auf die absolute Geltung des Wortlauts des First Amendment zwingt nicht dazu, ein grenzenloses Recht der Rede- oder Meinungsfreiheit als garantiert anzunehmen. Von ihren Gegnern wird meist verkannt, daß die absolute Theorie mit einem solchen Hinweis nicht alle Probleme der Meinungsfreiheit gelöst wissen will. Sie ist sich im Gegenteil bewußt, daß Begriffe, wie "freedom of speech" und "abridge" der Erklärung bedürfen, — auch wenn sie nicht der Auffassung ist, daß die Bedeutung des Wortlauts des First Amendment vollkommen „obskur oder jeder Sinngebung verschlossen“ sei, wie es sonst verschiedentlich vertreten wird[28, 29].

---

[23] *Reich*, 76 Harv.L.Rev. 742 (1963).

[24] So wohl auch *Emerson*, 72 Yale L.J. 914 (1963); *Meiklejohn*, 1961 Sup. Ct.Rev. 245; *Reich*, 76 Harv.L.Rev. 673 (1963).

[25] Bill of Rights S. 54—55.

[26] *Madison*, 1 Annals of Cong. 766 (1789).

[27] *Madison*, 6 Writings 391 (Hunt ed. 1906).

[28] *Nutting*, 30 Geo.Wash.L.Rev. 171 (1961/62); *Mendelson*, 50 Calif.L.Rev. 732 ff. (1962); s. dagegen *Frantz*, 51 Calif.L.Rev. 732 ff. (1963).

[29] Vgl. auch *Hand*, Spirit of Liberty S. 177—8: das First Amendment sei „too uncommunicative — too lacking in guidelines — to be treated as law“.

Man würde wohl J. Black Einfalt unterstellen, wollte man sagen, daß für ihn "free speech" allein aus dem Text des First Amendment verstanden werden könnte. Der Wortlaut der Verfassungsbestimmung gibt kaum etwas für eine Interpretation her. Sicher ist, daß die Meinungsfreiheit nicht eingeschränkt werden darf, — oder negativ ausdrückt, daß der Wortlaut nicht gelesen werden kann: „Der Kongreß kann angemessene und vernünftige und notwendige Einschränkungen der Meinungsfreiheit vornehmen[30].“ Doch im Begriff Meinungsfreiheit und Meinungsbeschränkung sind, wie Alexander Meiklejohn es einmal ausdrückte, „Jahrhunderte sozialer Leidenschaften und intellektueller Kontroversen in vielen Ländern lebendig“[31]. Alles was über die Geschichte des First Amendment die Funktionen der Meinungsfreiheit in einer freien Gesellschaft, in einem selfgovernment, und die Bedingungen der Aufrechterhaltung des geistigen Prozesses einer Gemeinschaft ausgeführt wurde, ist für das Verständnis von "free speech" relevant. Die fast zweihundert Jahre alte Verfassung der Vereinigten Staaten gibt nicht alle Antworten für die moderne Massendemokratie, in der die meisten Bedingungen für ein System der Meinungsfreiheit, wie Erziehung, Kommunikation, Beteiligung am politischen Prozeß und vieles mehr, radikal neu sind[32].

Die absolute Theorie beschränkt sich daher auf ein verfassungsrechtliches Postulat und läßt, richtig verstanden, den Weg offen für die Suche nach dem Rahmen der Meinungsfreiheit. Auch J. Black denkt in dieser Richtung und beschränkt seine Forderung nach der absoluten *Geltung* des First Amendment in diesem Sinne:

> "... the history and language of the Constitution and the Bill of Rights... make it plain that one of the primary purposes ... was to withdraw from the Government all power to act in certain areas — *whatever the scope of those areas may be*[33]."

Hier weist J. Black den Weg zur praktischen Anwendung seiner absoluten Theorie: zur Interpretation des Begriffes Meinungsfreiheit[34]. Da die Begriffe "free speech" und "abridge" ohne weitere Bezugspunkte nicht eindeutig sind, keinen klaren Rahmen des Rechts erkennen lassen, müssen diese Begriffe der Verfassungsbestimmung definiert werden[35]. Daß man einen Begriff, der in einer Verfassungs-

---

30 *Black*, 37 N.Y.U.L.Rev. 561 (1962); *Frantz*, 72 Yale L.J. 1449 (1962).

31 20 U.Chi.L.Rev. 463 (1953).

32 *Reich*, 76 Harv.L.Rev. 673 (1963), hat überzeugend dargetan, daß auch für J. Black eine Verfassung dynamisch ist („living constitution“) und daß nur die Grundstruktur eine absolut bindende Entscheidung des verfassunggebenden Volkes ist. Vgl. auch *Meiklejohn*, 1961 Sup.Ct.Rev. 251.

33 *Black*, Bill of Rights S. 55 (Betonung hinzugefügt).

34 Vgl. *Meiklejohn*, 1961 Sup.Ct.Rev. 246—8.

35 Für eine solche praktische Fortführung der absoluten Theorie vor allem *Emerson*, 72 Yale L.J. 914 ff. (1963); *Frantz*, 71 Yale L.J. 1435 ff., 1449 n. 105 (1962); *ders.*, 51 Calif.L.Rev. 729 (1963); *Hudon* S. 176—177; *Meiklejohn*, 1961

bestimmung enthalten ist, vor der Anwendung dieser Verfassungsnorm definieren muß, scheint eigentlich selbstverständlich zu sein. Nur so wird die Subsumtion einer faktischen Situation unter diese Bestimmung möglich. Wir haben jedoch gesehen, daß der Supreme Court diesen Weg gerade nicht geht. Für die Frage, ob die Meinungsfreiheit eingeschränkt ist, benutzt er einen sehr weiten und niemals klar bestimmten Begriff von "free speech"; er braucht letzten Endes auch keinen klaren Rahmen, da „Beschränkung" der Meinungsfreiheit in einem Einzelfall für ihn nicht identisch mit „Verletzung" des Meinungsfreiheitsrechts ist. Die Grenzen der *Garantie* der Meinungsfreiheit im First Amendment der Bill of Rights ergeben sich erst aus der Gegenüberstellung mit anderen „Interessen".

Wenn man jedoch von der strikten Geltung des Wortlauts des First Amendment ausgeht, kann man nicht mehr mit einem konturlosen, unbestimmten und grenzenlos weiten Begriff der Meinungsfreiheit arbeiten. Das absolute Verbot des First Amendment würde unannehmbar, wenn jede Ausdrucksform menschlicher Kommunikation ohne Rücksicht auf das der Idee der Meinungsfreiheit unterliegende Wertsystem, die spezifischen Funktionen der Meinungsfreiheit und die Struktur des Verfassungssystems als ganzem in den Begriff "free speech" gepreßt werden könnte.

Nur ein bestimmtes und klares Konzept von „Meinungsfreiheit" kann dem First Amendment Sinn geben und diese Verfassungsnorm davor bewahren, als unannehmbar und offensichtlich unvernünftig übergangen zu werden, wenn über die Schranken der Meinungsfreiheit gesprochen wird. Und nur so kann die Meinungsfreiheit zum Grund*recht* werden, zu einem Recht mit positivem Inhalt und erkennbarem Rahmen. Aus dem Wortlaut der Verfassungsbestimmung wird klar, daß es ein solches absolut geschütztes Recht gibt. Es ist Aufgabe des Verfassungsrechts zu begründen, welcher Teil oder welche Elemente des geistigen Kommunikationsprozesses einer Gemeinschaft von diesem bedingungslosen Schutz betroffen sind.

Für eine Schrankentheorie in diesem Sinne ergeben sich aus der dargestellten Diskussion um die verfassungstheoretischen Grundlagen des First Amendment und um die Doktrin der Interessenabwägung folgende Richtlinien:

Einmal geht es darum, für die Meinungsfreiheit einen Rahmen zu finden, der der Bedeutung dieses Rechts für den geistigen Prozeß unserer Gesellschaft und für die Erhaltung der politischen Souveränität eines Volkes Rechnung trägt. Der geistige Prozeß einer Gesellschaft

---

Sup.Ct.Rev. 245; wohl auch *Reich*, 76 Harv.L.Rev. 741—3 (1963); — freundlich *Ch. Black*, Harper's Magazine 63 ff.; dagegen *Mendelson*, 50 Calif.Rev.L. Rev. 825 f. (1962).

wird von dem Augenblick an unfrei, — gelähmt, außengeleitet, konform, unfruchtbar —, in dem der Inhalt von Meinung und Meinungsäußerung in irgendeiner Weise reguliert und damit das geistige Wirken von Ideen und Meinungen behindert und deren Originalität verfälscht wird. Genauso wird in die politische Freiheit eines Volkes eingegriffen, wird ihm politische Selbstbestimmung versagt, wenn seine Organe den Inhalt von Meinungen und Meinungsäußerungen bestimmen können und damit das geistige Wirken von Meinungen Gegenstand staatlicher Reglementierung wird. Der geistige Prozeß einer freien Gesellschaft und die politische Meinung eines "selfgoverning" Volkes sind nicht Gegenstand irgendeiner Eingriffskompetenz des Staates. Dem Staat, d. h. den Staatsorganen, steht kein Urteil über das politische Urteil eines freien Volkes zu, jedenfalls kein Urteil, das sie als Kriterium staatlicher Maßnahmen gegen Einzelbürger verwenden dürften. D. h., der Staat darf nicht nur den Inhalt von Meinungen nicht zum Gegenstand einer Maßnahme machen, er darf auch keine Maßnahmen ergreifen, die durch das potentielle geistige Wirken von Meinungen eines bestimmten Inhalts („gefährliche Meinungen") motiviert sind, und — wenn auch nur „indirekt" — das geistige Wirken einer solchen Meinung beschränken. Er darf Einzelbürger, die Meinungen eines bestimmten Inhalts haben oder äußern, nicht in irgendeiner Weise an Hand solcher Meinungen identifizieren und aussondern und diese Personen in irgendeiner Form benachteiligen, sei es auch nur, daß der Staat durch die Identifizierung Benachteiligungen von seiten Dritter provoziert. Kern der Garantie der Meinungsfreiheit in einer freien Gesellschaft und Demokratie ist ein absolutes Verbot der Reglementierung des Inhalts von Meinungen.

Gleichzeitig aber wird aus der Diskussion der Interessenabwägungslehre klar, wie sehr der Schutz eines freien Systems der Meinungsfreiheit von einer angemessenen Methode der Bestimmung der Grenzen dieses Rechts abhängig ist. Die Gesetzlichkeiten der Meinungsunterdrückung zwingen zu einer klaren Bestimmung des Rahmens dieses Rechts. Es ist notwendig, für Konflikts- und Grenzfälle vernünftige Lösungsanweisungen zu bieten. Da die Gefahr des Mißbrauchs staatlicher Gewalt auf diesem Gebiet besonders groß ist, ist es unerläßlich, daß alle Organe an bestimmte, eindeutige Grundsätze weitgehend gebunden sind. Darüber hinaus ist jede Unbestimmtheit auf dem Gebiet der Meinungsfreiheit untragbar, die den Bürger von der Wahrnehmung seiner Rechte abschreckt. Die zentrale Bedeutung der Meinungsfreiheit verbietet, dem Bürger Handeln auf eigene Gefahr zuzumuten.

Da die Meinungsfreiheit als Minderheitenschutzrecht in erhöhtem Maße auf den Schutz durch Gerichte angewiesen ist, muß eine Methode der Inhaltsbestimmung auch Gewähr für eine unabhängige Entscheidung der Gerichte bieten können. Eine Schrankentheorie muß versuchen, Prinzipien zur Bestimmung des Rahmens der Meinungsfreiheit auf dem Boden des Verfassungsrechts zu finden, um durch vollkommene Aufgabe des „öffentliches Interesse"-Vorbehalts zukünftige Entscheidungen von reinen politischen Zweckmäßigkeitsurteilen wegzuführen. Gerichte müssen in der Lage sein, Fragen der Meinungsfreiheit unabhängig von politischen Kontroversen zu lösen[36].

B. Meinungsfreiheit

I. "... abridging the freedom of speech"

1. Die Abgrenzung in „gefährliche" und „ungefährliche" Meinungen

Alle bisherigen Versuche, Grenzen der Meinungsfreiheit zu bestimmen, haben sich letzten Endes darauf beschränkt, „ungefährliche" und „gefährliche" Meinungsäußerungen zu trennen. Argument für eine Einschränkung war immer, daß Meinungsäußerungen Rechtsgutsverletzungen verursachen könnten und damit potentiell gefährlich seien. Insofern unterscheiden sich "bad tendency test", "clear and present danger test" und "ad hoc balancing" kaum. Die drei Lehren gehen davon aus, daß eine potentielle gefährliche Meinungsäußerung verhindert werden muß; mit dem "bad tendency test" konnte die gefährliche Meinungsäußerung in einem frühen Stadium verhindert werden; nach der "clear and present danger doctrine" mußte die Gefahr offensichtlich und unmittelbar bevorstehen, und nach der Interessenabwägungslehre konnte genügendes öffentliches Interesse jede gefährliche Idee verhindern, ohne daß es ein klares Konzept für die Bestimmung dieser Gefährlichkeitssituation gegeben hätte.

Der Unterscheidungsversuch in gefährliche und ungefährliche Meinungsäußerungen begegnet einmal praktischen Schwierigkeiten. Menschliche Kommunikation ist außerordentlich vielgestaltig und komplex, ihr geistiges Wirken entzieht sich weitgehend einer rationalen Erfassung; Prognosen auf diesem Gebiet haben leicht eine spekulative Grundlage. Die psychologischen Bedingungen und die Vielfalt der Faktoren und Einflüsse, die die Spanne zwischen Äußerung einer Meinung und Wirkung — im Sinne von Rechtsverletzung — beherrschen, machen es an sich schon schwierig, eine bestimmte Meinungsäußerung als Ur-

[36] Vgl. J. Jackson, *West Virginia State Board of Education v. Barnette*, 319 U.S. 624 (638) (1943): "The very purpose of the Bill of Rights was to withdraw certain subjects from the vicissitudes of political controversy."

sache einer bestimmten Rechtsverletzung festzustellen, lassen es aber praktisch unmöglich erscheinen, eine bestimmte gegenwärtige Meinungsäußerung mit Sicherheit als adaequate Ursache einer potentiellen, in der Zukunft liegenden Rechtsverletzung anzusprechen. Mögen sich auch mehr oder weniger zuverlässige Erfahrungssätze für gewisse Bereiche aufstellen lassen, im Kern bleibt das Urteil, eine bestimmte Meinungsäußerung werde in einem zukünftigen Zeitpunkt eine Rechtsverletzung verursachen, Vermutung. Wenn man gar für die Wirkungen einer revolutionären Ideologie eine solche Prognose aufzustellen versucht, wenn man voraussagen will, ob bestimmte Ideen einer etablierten, wirtschaftlich stabilen und militärisch übermächtigen Demokratie gefährlich werden können, begibt man sich zwangsläufig in den Bereich reiner Spekulation.

Die Ungewißheit über das Verhältnis von Ursache und Wirkung auf diesem Gebiet zwingt die Anhänger einer Unterscheidung von gefährlichen und ungefährlichen Meinungsäußerungen dazu, potentiell gefährliche Meinungen an einem sehr frühen Punkt zu verhindern; am sichersten ist es, jede potentiell gefährliche Meinung im öffentlichen Interesse überhaupt zu verbieten.

Ein ernsthafter weiterer Nachteil ist, daß die Unterscheidung in gefährliche und ungefährliche Meinungen weitgehend subjektiven Maßstäben unterworfen scheint. Objektive Kriterien für eine Einordnung einer bestimmten Meinungsäußerung als Ursache einer in der Zukunft liegenden Rechtsverletzung fehlen meist. Im Falle der revolutionären Ideologie ist die Situation viel zu komplex, als daß man bei Prognosen von rationaler Rechtfertigung sprechen könnte. Die an die Stelle eines objektiven Urteils tretende Spekulation über die Gefährlichkeit gewisser Ideen und Meinungsäußerungen ist vor allem dort, wo es sich um unpopuläre Meinungen handelt, in sehr hohem Maße subjektiven Einflüssen ausgesetzt. Was in anderem Zusammenhang zum Problem Intoleranz[37] skizziert wurde, gilt hier in verstärktem Maße. Die unorthodoxe, gegen den status quo gerichtete, ja nur die „unruhestiftende" kritische Meinung wird in spontaner Abwehrreaktion der jeweils „Betroffenen" mit den verschiedensten Gefahren assoziiert. Da objektive Kriterien für die Widerlegung solcher irrationalen Spekulationen fehlen, wird erlaubte Meinungsfreiheit auf dem Boden dieser Unterscheidung von „gefährlich" und „ungefährlich" immer mehr zurückgedrängt. In Zeiten nationaler Hysterie wird jeder Schutz zusammenbrechen; wo selbst gesicherte rechtsstaatliche Grundsätze solchen Zerreißproben oft nicht standhalten, kann die Meinungsfreiheit, wenn sie unter einem von Natur aus ungenauen, kaum begrenzbaren Gefährlichkeitsvorbehalt steht, sich nicht behaupten.

[37] s.o. Teil 2 bei Fn. 56 ff.

Entscheidend jedoch ist, daß ein solches Konzept der Idee der Meinungsfreiheit — in der amerikanischen Verfassung der grundsätzlichen Entscheidung für die Meinungsfreiheit — widerspricht. Wenn Meinungsfreiheit allein hieße, daß „ungefährliche" Meinungen erlaubt sind, bedürfte es einer Garantie nicht. Diese Garantie ist erkämpft worden, weil in nahezu jedem Abschnitt der Geschichte[38] die Verfechter neuer Ideen wegen der vermeintlichen Gefährlichkeit ihrer Gedanken für die jeweils herrschende Ordnung verfolgt wurden. Es ging niemals um die unkritischen, status quo- und systemfreundlichen Meinungsäußerungen. Das Experiment freiheitliche Demokratie jedoch, in der das Volk sich politisch selbst beherrscht, verlangt nach der kritischen und unorthodoxen Meinung. Keine Staatsgewalt kann deshalb dem politisch souveränen Volk vorschreiben, was es sagen oder was es hören darf. Der Bürger allein entscheidet, ob eine Meinung gefährlich ist; hält er sie für gefährlich, muß *er* gegen sie kämpfen. Mit dem Urteil, eine Meinungsäußerung sei zu gefährlich, erklärt der Staat das souveräne Volk für unmündig, für nicht fähig, sich politisch selbst zu regieren.

Wo der Staat keinerlei Gewalt über den Inhalt von Meinungen und den gesamten geistigen Prozeß einer Gemeinschaft hat, darf er keine Meinungsäußerung als zu gefährlich einordnen. Das Konzept von der „gefährlichen" und „ungefährlichen" Meinungsäußerung ist deshalb unannehmbar und als Definitionsansatz für das First Amendment unbrauchbar[39].

2. *Der "overt act test"*

Auch für die Alternative zum traditionellen Gefährlichkeitskonzept, wie sie nunmehr unter der Bezeichnung "overt act test" von einem Teil der Verfassungslehre vorgeschlagen wird, ist die Tatsache, daß Meinungsäußerungen Rechtsverletzungen verursachen können und die Prognose über die gefährlichen Wirkungen von Meinungsäußerungen in der Regel auch Motiv der Einschränkung der Meinungsfreiheit ist, Ausgangspunkt der Bestimmung eines Rahmens des First Amendment. Ihre Hauptforderung jedoch ist, daß wegen des unmißverständlichen Gebots des First Amendment und der Schwierigkeit, das Verhältnis von Meinungsäußerung und Rechtsverletzung sachgerecht zu bestimmen, der Staat nur direkt gegen die Rechtsverletzung vorgehen könne und nicht Beschränkungen der Meinungsfreiheit als Mittel der Kontrolle benutzen dürfe.

---

[38] *Douglas,* 6 Graduate Journal 287 (1964).
[39] Vgl. *Emerson,* 72 Yale L.J. 931—932 (1963).

a) „action" und „expression"

Jede Bestimmung der Schranken der Meinungsfreiheit, so führt *Emerson* aus, der diese Alternative als erster in einer systematischen Analyse der Probleme vorgetragen hat[40], müsse mit der grundsätzlichen Trennung von „expression" und „action" beginnen[41]. Nicht „expression", die reine Meinungsäußerung, sondern nur der "overt act", die offene Handlung oder auch Rechtsverletzung könne zum Gegenstand der Regelung oder gar der Pönalisierung gemacht werden. Diese strikte Trennung verlange das First Amendment, das "the freedom of speech" kategorisch unter Schutz stelle; eine solche Unterscheidung sei aber auch geboten, wenn man den Aussagen der Theorie der Meinungsfreiheit folge. Meinungsäußerungen an sich seien, wenn die Theorie der Meinungsfreiheit überhaupt etwas bedeute, kein soziales Übel, sondern unabdingbarer Bestandteil einer freiheitlichen demokratischen Ordnung. Schädlich sei allein die akute Störung der äußeren Ordnung. Da die Meinungsäußerung selbst in der Regel noch kein Rechtsgut unmittelbar verletze, könne der Staat sie als solche auch nicht durch Gesetze zum „Rechtsbruch" machen. Eine Ausweitung der Kompetenzen des Staates auf präventive Maßnahmen gegen Meinungsäußerungen zur Verhinderung von möglichen Rechtsverletzungen widerspreche der grundsätzlichen Entscheidung in der Verfassung.

Es sei somit das Problem, die vom First Amendment absolut geschützte reine Meinungsäußerung von den Tatbeständen akuter Rechtsverletzung klar zu trennen und den Zeitpunkt des erlaubten Einschreitens des Staates objektiv zu bezeichnen. In vielen Fällen sei eine solche Unterscheidung sehr einfach, doch oft verschwimme die Grenzlinie. Meinungsäußerung könne in äußerst engem Zusammenhang mit anderem, ein Rechtsgut verletzendem Verhalten auftreten, ein wesentliches Glied solchen Verhaltens sein oder im Einzelfall sogar selbst unmittelbar ein Rechtsgut verletzen. In solchen Situationen sei es dann notwendig zu prüfen, ob ein Verhalten ("conduct") hauptsächlich den Charakter von Meinungsäußerung oder von Rechtsgutverletzung habe. Erst wenn eine Meinungsäußerung unmittelbar mit akutem rechtswidrigem Handeln gekoppelt sei oder selbst unmittelbar andere Rechte verletze, sei sie "action" zuzuordnen. Spekulationen jedoch über die Verursachung von Rechtsgutverletzungen durch Meinungsäußerungen seien grundsätzlich nicht gestattet. Daß Meinungsäußerung dazu neige, in diesem Sinne als Ursache aufzutreten, mache sie nicht selbst zur

---

[40] Grundlegend ist der Aufsatz in 72 Yale L.J. 877 (1963); die Thesen wurden in 73 Yale L.J. 1 (1964) und in *Emerson & Haber*, 28 Law & Contem.Prob. 525 (1963) an speziellen Problemen auf dem Gebiet der Meinungsfreiheit weiter erläutert.

[41] 72 Yale L.J. 917, 931.

Rechtsverletzung. Gegenstand von staatlichen Maßnahmen könne allein die tatsächliche, akute Rechtsgutverletzung selbst sein[42].

Emerson hat diesen Grundsatz der Trennung von reiner Meinungsäußerung und akuter Rechtsverletzung an sich nur im Rahmen einer geschlossenen Theorie vorgetragen. Der Gedanke ist in der liberalen Tradition tief verwurzelt[43] und hat im modernen Verfassungsrecht immer wieder Erwähnung und Befürwortung gefunden. Dabei sind Justice *Douglas* und auch Justice *Black* an erster Stelle zu nennen[44, 45].

Justice Douglas[46] z. B. geht von der Bestimmung der amerikanischen Verfassung zum Hochverrat aus, die äußerst hohe Anforderungen stellt[47]. Danach kann Hochverrat nur durch „offene Handlungen" ("overt acts") verübt werden. Diese Bestimmung sollte verhindern, daß gegen den Staat gerichtete Meinungsäußerungen als Aufwiegelung zum Aufruhr ("sedition") behandelt werden konnten, wie es in der Geschichte Englands und der amerikanischen Kolonien immer wieder geschehen war.

Meinungsäußerungen an sich können, sagt J. Douglas, nach dem unmißverständlichen Gebot des First Amendment nicht als Rechtsbruch eingeordnet werden. Erst wenn Meinungen tatsächlich in rechtswidrige Handlungen („overt acts") „übersetzt"[48] würden, erst wo Meinungsäußerung sich „in den Bereich von Rechtsgutverletzung"[49] begebe, mit dieser „eng verbunden"[50] sei und eine „untrennbare Einheit"[51] mit

---

42 *Emerson,* 72 Yale L.J. 931 (1963).

43 s.u. bei Fn. 96 ff.

44 J. *Douglas,* The Right of the People S. 51—55; 63 Colum.L.Rev. 1379 (1963); Freedom of the Mind S. 11, 20—21; Anatomy of Liberty S. 9; 6 Graduate Journal 288 (1964); in: *Scales v. United States,* 367 U.S. 203 (263, 270, 266—7) (1961) diss. op.; *Beilan v. Board of Public Education,* 357 U.S. 399 (413—416) (1958) diss.op.; *Speiser v. Randall,* 357 U.S. 513 (536—538) (1958) conc.op.; *Roth v. United States,* 354 U.S. 476 (514) (1957) diss.op.; *Adler v. Board of Education,* 342 U.S. 485 (511) (1952) diss.op.; *Dennis v. United States,* 341 U.S. 494 (581 ff., 590) (1951) diss.op.; — J. *Black,* Bill of Rights S. 56 ff.; 37 N.Y.U.L.Rev. 558 (1962); *Konigsberg v. State Bar,* 366 U.S. 36 (64) (1961) diss.op.; *Yates v. United States,* 354 U.S. 298 (340) (1957) sep.op.; *Wieman v. Updegraff,* 344 U.S. 183 (193) (1952) conc.op.; *Dennis v. United States,* 341 U.S. 494 (579) (1951) diss.op.; s.a. J. Black in *American Communications Ass'n v. Douds,* 339 U.S. 382 (452) (1950) diss.op.; *Communist Party v. Subversive Activities Control Board,* 367 U.S. 1 (168) (1961) diss.op.

45 *Rogge* S. 10—11, 29—34; *Anastaplo,* Notes Kap. IV Sec. VII—XI; *Meiklejohn,* Political Freedom S. 122, 39—44; *Frantz,* 51 Calif.L.Rev. 735 n. 28 (1963); *Brandwen,* 40 N.C.L.Rev. 294 (1962); anklingend *Chafee,* Free Speech S. 46, 47; ders., Blessings of Liberty S. 137; *Laski* S. 166—169.

46 Freedom of the Mind S. 12; 6 Graduate Journal 288 (1964).

47 Artikel III, Section 3.

48 *Douglas,* Freedom of the Mind S. 11.

49 63 Colum.L.Rev. 1379 (1963).

50 The Right of the People S. 54: "where speech is so closely *brigaded* with action that it is in essence a part of the overt act ..."; 63 Colum.L.Rev. 1379 (1963); Freedom of the Mind S. 20—21; *Speiser v. Randall,* 357 U.S 513 (537) (1958) conc.op.; s.a. J. Black in *Konigsberg v. State Bar,* 366 U.S. 36

rechtswidrigem Verhalten bilde, könne der Staat einschreiten[52]. Natürlich könne der Staat nicht zulassen, daß ein Bürger Waffen gegen die Staatsgewalt erhebe oder irgendwelche Vorbereitungen zu gewaltsamem Aufruhr treffe[53]. So könne der Staat selbstverständlich ein Unterrichten in Sabotagemethoden, den Methoden politischen Mords, des Bombenattentats oder des Straßenkampfes verbieten[54]. Doch wo es sich nur um den Glauben an die Notwendigkeit des gewaltsamen Umsturzes, um die Diskussion einer solchen Weltanschauung, ja auch um das Befürworten solcher Maßnahmen handele, liege kein Rechtsbruch vor. Die Spekulation über die gefährlichen Wirkungen von Weltanschauungen und der Propagierung von Meinungen sei verboten. Reine Meinungen und Meinungsäußerungen seien von der Garantie des First Amendment gedeckt.

b) Grenzsituationen

Natürlich kann eine solche Unterscheidung nur als Ausgangspunkt gedacht sein; wie die Suche nach beschreibenden Begriffen für Grenzsituationen vor allem bei Douglas zeigt, gibt es für viele Situationen keine Formel, die die exakte Grenze zwischen „expression" und „action" bezeichnet. Begriffe wie „gekoppelt mit Verletzung", „in akuten Rechtsbruch übersetzt", „untrennbare Einheit", „eng verbunden" und „Fusion mit rechtswidrigem Handeln" müssen an Fallgruppen veranschaulicht werden, um brauchbar zu sein.

---

(64) (1961) diss.op.: "... where speech is an integral part of unlawful conduct that is going on at that time, the speech can be used to illustrate, emphasize and establish the unlawful conduct"; dieser Gedankengang der Klassifizierung von Meinungsäußerung als verbotener Teil einer rechtswidrigen Handlung wurde vor allem im Zusammenhang mit Problemen des Arbeitskampfes entwickelt (s. zu diesen Fragen *Emerson*, 72 Yale L.J. 939 [1963]). Wenn z. B. Arbeitnehmerdemonstrationen mit Streikplakaten, Streikposten, etc. („picketing") Teil eines Gesamtplanes sind, einen Arbeitgeber einzuschüchtern und damit zu zwingen, in Rechte anderer Arbeitnehmer (z. B. nicht der demonstrierenden Gewerkschaft angehörenden) einzugreifen, bilden diese Meinungsäußerungen eine Einheit mit den rechtswidrigen Arbeitskampfmaßnahmen und teilen deren Schicksal. s. *Giboney v. Empire Storage Co.*, 336 U.S. 490 (498) (1949); aber J. Douglas (mit C. J. Warren und J. Black) diss.op. in *Teamsters Union v. Vogt Inc.* 354 U.S. 284 (296) (1957); s.a. *Douglas*, The Right of the People S. 55; zu „picketing" s. *Emerson & Haber*, II, S. 805—815; *Fraenkel* S. 136—139.

51 J. Douglas, *Roth v. United States*, 354 U.S. 476 (514) (1957) diss.op.

52 s. *Brandwen*, 40 N.C.L.Rev. 294 (1962): "(speech) may on occasion take on an additional ingredient or factor — namely action charged with illegality ... When speech generates such massive energy as to effect a fusion with illegal action, than it is no longer only free speech. It has become a complex of speech and illegal action."

53 J. *Douglas*, Anatomy of Liberty S. 9; *Beilan v. Board of Education*, 357 U.S. 399 (415—416) (1958) diss.op.; *Scales v. United States*, 367 U.S. 203 (263) (1961) diss.op.; s.a. J. Black, *Wieman v. Updegraff*, 344 U.S. 183 (193) (1952) conc.op.

54 *Dennis v. United States*, 341 U.S. 494 (581) (1951) diss.op.

Verschiedene Gruppen seien hier skizziert. Übergeordneter Grundsatz bleibt dabei Emersons Postulat:

"Society must deal with illegal action directly and may not use restriction of expression as a means of control[55]."

Relativ klar kann Meinungsäußerung in solchen Fällen als Rechtsgutverletzung eingeordnet werden, in denen durch die Äußerung einer Meinung ein anderes Rechtsgut unmittelbar verletzt wird. Eine Beleidigung verletzt die Ehre eines anderen unmittelbar; der Tatbestand ist dem der physischen Verletzung vergleichbar[56]. Hier löst Meinungsäußerung nicht durch geistiges Wirken Rechtsverletzungen aus, sondern verursacht selbst unmittelbaren Schaden an einem anderen Rechtsgut, die Meinungsäußerung selbst ist Rechtsverletzung. Ähnlich liegen die Situationen der Verletzung der Privatsphäre (z. B. durch unerwünschte Publizität), Verletzung des Rechts eines Angeklagten auf ein faires Gerichtsverfahren (Eingriffe in schwebende Verfahren durch Meinungsäußerungen) und gewisse Situationen der Verletzung des Sittlichkeitsempfindens von einzelnen (Schockeffekt durch unverlangte unsittliche Darstellungen oder Schriften)[57]. Immer fügt in solchen Fällen die Meinungsäußerung selbst einen unmittelbaren Schaden zu und muß als akute Rechtsverletzung bezeichnet werden; der Staat kann Meinungsäußerung in diesem Fall als Rechtsbruch behandeln.

Schwieriger sind solche Situationen zu klassifizieren, in denen Meinungsäußerungen Verletzungen auslösen, nicht aber selbst durch die Äußerung verletzen.

Emerson nennt als erste Fallgruppe Situationen, in denen Worte praktisch den Funken in einem Pulverfaß bedeuten[58], Meinungsäußerungen also Umstände außerordentlicher Spannung antreffen, unter denen eine unmittelbare Auslösung der Explosion äußerst wahrscheinlich ist. Meinungsäußerung nimmt in solchen Fällen, in einer explosiven Gesamtsituation, einen neuen Charakter an: ihr geistiges Wirken erschöpft sich nicht mehr darin, Ausgangspunkt normaler Denkreaktionen zu sein, sondern die Wirkung von Worten wird durch die angesammelte Spannung in einer Weise verstärkt, daß die Reaktionen nur noch durch die Meinungsäußerung ausgelöste Reflexe sind. In diesen Fällen verschmilzt die Meinungsäußerung als auslösendes Moment mit den von ihr hervorgerufenen Reaktionen derart, daß wenn das Resultat Rechtsverletzung ist, sie selbst der Rechtsgutverletzung sehr nahe kommt. Hierher gehört Justice Holmes' berühmter Schulfall von der Person, die im überfüllten Theater fälschlich „Feuer“ ruft und damit eine Panik

[55] 72 Yale L.J. 938.
[56] *Emerson*, 72 Yale L.J. 922 (1963).
[57] *Emerson*, 72 Yale L.J. 927, 925, 938 (1963).
[58] 72 Yale L.J. 932 (1963).

auslöst[59]. Äußere Umstände multiplizieren hier die Wirkung von Worten, die dadurch unmittelbar Verletzungen nach sich ziehen[60]. Wenn tagelange Rassenunruhen in Armutsvierteln einer Großstadt eine unkontrollierbare, explosive Atmosphäre geschaffen haben, kann eine an sich friedliche Demonstration für Rassengleichheit — und natürlich erst recht eine Demonstration mit entgegengesetzten Aussagen — zur Katastrophe führen. Hier kann die Ordnungsgewalt Meinungsäußerungen verbieten, denn sie verhindert damit direkt akuten Rechtsbruch: eine solche Demonstration kann Reflexe über die normalen Wirkungen politischer Kommunikation hinaus auslösen; Meinungsäußerung verliert ihre Qualität als bloße „expression", weil Bedingungen außerhalb der Äußerung selbst eine Situation geschaffen haben, in der die Äußerung einen vorbereiteten Handlungsablauf unmittelbar entzündet.

Auf der anderen Seite gibt es Situationen, in denen Meinungsäußerung zwar auch rechtswidrige Reaktionen auslöst, diese Reaktionen aber allein auf das geistige Wirken von Meinungen zurückzuführen sind. Beispiel hierfür sind die feindliche Zuhörerschaft in einer Versammlung, die den Redner bedroht, oder der während einer Versammlung entstehende Tumult, der dadurch ausgelöst wird, daß Zuhörer erregt werden und die öffentliche Ordnung verletzen. Der Unterschied zur explosiven Situation liegt darin, daß Meinungsäußerung hier nicht auf Gesamtumstände trifft, die die Wirkung des Inhalts der Äußerung multipliziert, wodurch diese gleichsam an bereitem Rechtsbruch teilnimmt, sondern daß Meinungsäußerung allein durch den Inhalt der Aussage zu Rechtsverletzungen führt. Solange aber der rechtswidrige Erfolg allein dem geistigen Wirken von Meinungsäußerungen zugeschrieben werden muß, bleibt es beim Grundpostulat des overt act test, daß der Staat Rechtsverletzungen nicht durch Verhinderung von Meinungsäußerungen verhüten oder verfolgen darf. Die rechtswidrige Reaktion allein ist schädlich, nicht die Meinungsäußerung, wie immer sie auch eine Zuhörerschaft erregen mag. In *Terminiello v. Chicago*[61] entstanden Tumulte, als eine Menge durch Meinungsäußerungen in einer Versammlung erregt wurde. Justice *Douglas* erklärt für den Rahmen erlaubter Meinungsäußerung:

"... a function of free speech under our system of government is to invite dispute. It may indeed best serve its purpose when it induces a condition of unrest, creates dissatisfaction with conditions as they are, or even stirs people to anger. Speech is often provocative and challenging[62]."

---

[59] *Schenk v. United States,* 249 U.S. 47 (52) (1919).
[60] s. dazu *Douglas,* Freedom of the Mind S. 20—21; *Emerson,* 72 Yale L.J. 932 (1963).
[61] 337 U.S. 1 (1949).
[62] 337 U.S. 4.

Wenn eine Zuhörerschaft feindlich oder mit Verletzung der öffentlichen Ordnung reagiert, ist es Aufgabe der staatlichen Gewalt, solche Reaktionen direkt und nicht etwa auf dem Umweg über ein Verbot der Meinungsäußerung zu verhindern.

Wieder anders scheint das Verhältnis zwischen Meinungsäußerung und Rechtsverletzung zu beurteilen zu sein, wenn es sich um gezielte Provokationen handelt, durch die unmittelbar zu Rechtsbruch, Vergeltung angereizt wird. „Fighting words"[63], wie das amerikanische Verfassungsrecht provozierende, aufreizende Äußerungen bezeichnet, können zu unmittelbarer Reaktion herausfordern, die über die normalen Wirkungen von Meinungsäußerungen hinausgehen.

Hier kann „Äußerung" und „Rechtsbruch" so eng gekoppelt sein[64], daß beide eine Einheit bilden[65]. Es wäre nicht berechtigt und auch unrealistisch, hier den Staat auf die Verfolgung des Rechtsbruchs selbst zu verweisen. Wo „fighting words" an sich schon eine andere Person in deren Ehre verletzen[66], bedarf es allerdings gar keiner Abgrenzung, denn eine solche Äußerung ist als unmittelbare Verletzung des Rechts eines anderen nicht geschützt.

Schließlich kann Meinungsäußerung in der verschiedensten Weise integraler Teil eines rechtswidrigen Handlungsablaufs sein, etwa indem sie diesen initiiert oder unterstützt. Im allgemeinen Strafrecht finden sich die Tatbestände der Anstiftung, Verabredung, Beihilfe und Mittäterschaft. Meinungsäußerung, oder besser Kommunikation, kann in solchen Fällen Element einer Kette von geistigen und physischen Beiträgen sein, die zum rechtswidrigen Gesamterfolg führen sollen und führen. Ohne Zweifel nimmt die individuelle Äußerung, die in diesem Sinne auf spezifische Straftat abzielt, indem sie diese anregt, unterstützt oder durch Kommunikation erst ermöglicht, den Charakter von straf-

---

[63] s. z. B. *Chaplinsky v. New Hampshire,* 315 U.S. 568 (1942); s. zur Doktrin der „fighting words" *Konvitz,* Fundamental Liberties S. 153—156; auch *Douglas,* The Right of the People S. 55 ff.; *Meiklejohn,* Political Freedom S. 39.

[64] Vgl. *Emerson,* 72 Yale L.J. 932 (1963).

[65] Ein ähnlicher Fall liegt nach *Emerson* vor, wenn einem anderen mit Verletzung gedroht wird (72 Yale L.J. 932 [1963]).

[66] In *Chaplinsky v. New Hampshire* ging es darum, daß ein Polizist „Faschist" und „racketeer" beschimpft worden war, was diesen zu Verletzungen des Beleidigenden provozieren konnte. Emerson ordnet diesen Fall offensichtlich deshalb nicht der unmittelbar verletzenden Beleidigung zu, da im amerikanischen Recht streng zwischen der theoretischen Begründung von strafrechtlicher und zivilrechtlicher Beleidigung geschieden wird. Danach ist der Grund für die strafrechtliche Verfolgung einer Beleidigung, daß ohne Eingreifen des Staates einer Beleidigung aus persönlicher Rache Verletzungen folgen könnten, die der Staat verhindern muß. s. dazu *Emerson,* 72 Yale L.J. 923—924 (1963).

barem Verhalten[67] an. Das Strafrecht hat gleichzeitig Kriterien entwickelt, die verhindern, daß jede äußerlich mit strafbaren Handlungen in Zusammenhang stehende Kommunikation oder jede auf entfernten, nicht konkreten Rechtsbruch gerichtete Äußerung traditionellen Tatbeständen zugerechnet werden kann; zum Teil bilden solche Kriterien feste Bestandteile einer rechtsstaatlichen Ordnung. Es muß außer Frage stehen, daß auch für den Gesamtbereich von Meinungsäußerungen Rechtsverletzung erst durch Beschränkung von Meinungsäußerung verhindert werden kann, wenn Äußerungen integraler Bestandteil eines auf eine konkrete Straftat abzielenden Handlungsablaufs sind, um so mehr als „reine" Meinungsäußerung durch das Gebot der absoluten Immunität gedeckt sind und nicht selbst strafbar sein können.

Die hier skizzierten Grenzsituationen, in denen Meinungsäußerungen mit Rechtsverletzungen identisch sind oder doch in untrennbarem Zusammenhang mit diesen stehen, sind sicher nicht erschöpfend und bedürfen darüber hinaus sorgfältiger Klärung an einzelnen Problemen, die in den verschiedenen Bereichen auftreten können. Grenzsituationen sind aber lösbar, wenn die tragenden Gesichtspunkte der „overt act"-Doktrin beachtet werden. In allen Situationen, in denen Meinungsäußerungen allein durch die geistige Wirkung des Inhalts der Äußerungen Rechtsverletzungen auslösen oder auszulösen geeignet sind, liegt keine unmittelbare Verknüpfung mit Rechtsverletzungen vor. Meinungsäußerung bewegt sich in diesen Fällen innerhalb ihrer durch das Gebot des First Amendment geschützten Funktionen und kann nicht pönalisiert werden. Eine Einheit mit einer Rechtsverletzung bildet Meinungsäußerung erst, wenn zusätzliche Faktoren beide untrennbar verbinden, sei es, daß eine Äußerung in ihrer Wirkung durch äußere Umstände vervielfacht wird, sofortige Reflexe auslöst, die nicht als gewöhnliche Wirkungen eingeordnet werden können, oder sei es, daß sie Beitrag im Rahmen von strafrechtlich tatbestandsmäßigem Handeln ist. Identisch ist Meinungsäußerung mit Rechtsverletzung, wenn sie unmittelbar verletzt.

Für den Grundsatz, daß der Staat Rechtsverletzungen immer nur direkt verhindern und verfolgen dürfe, muß allerdings eine Ausnahme genannt werden. Es mag Situationen geben, in denen die Ordnungsgewalt objektiv nicht in der Lage sein wird, auf Meinungsäußerung folgende Rechtsverletzung durch Vorgehen gegen die rechtsverletzenden Reaktionen selbst zu verhindern. Die rechtsverletzende Reaktion kann der Äußerung so unmittelbar folgen oder die Ordnungsgewalt so unvorbereitet treffen, daß sie nur durch Unterbindung und Unterbrechung der Äußerung abgewendet werden kann. Die Ordnungsgewalt

[67] *Emerson*, 72 Yale L.J. 932 f. (1963); vgl. *Rogge* S. 81; s.a. *Chafee*, Free Speech S. 46—49.

kann sich auch in gewissen Situationen nicht in der Lage sehen, einer von Meinungsäußerung drohenden Auslösung von Rechtsverletzungen Herr zu werden, etwa weil die notwendigen Polizeikräfte fehlen. In solchen Fällen des Notstands muß Rechtsbruch auch ausnahmsweise durch Verhinderung, Beschränkung oder Unterbrechung von Meinungsäußerungen abgewendet werden können. Dabei handelt es sich um den Fall des Nichtstörers, dessen Interesse im Falle des Notstandes anderen Interessen weichen muß. Solche Ausnahmefälle sind notwendig und gefährden, wenn strikte Kriterien für die Inanspruchnahme von Notstandskompetenzen aufgestellt werden, die Meinungsfreiheit nicht unmäßig[68].

c) Staatsschutz und Meinungsäußerung

Für das amerikanische Staatsschutzrecht bringt die grundsätzliche Trennung von reiner Meinungsäußerung und akuter Rechtsverletzung, wie sie die Vertreter des „overt act test" fordern, eine radikale Wendung.

Der Smith Act aus dem Jahre 1940 hatte bestimmt:

"It shall be unlawful for any person ...

(1) to knowingly or wilfully *advocate, abet, advise,* or *teach* the duty, necessity, desirability, or propriety of overthrowing or destroying any government in the United States by force or violence ...

(2) with the intent to cause the overthrow or destruction of any government in the United States, to *print, publish, edit, issue, circulate, sell, distribute* ... any *written* or *printed matter* advocating ...

(3) to organize ... any society, group or assembly of persons who teach, advocate, or encourage the overthrow ... of any government in the United States ...[69].

Diese Bestimmung erhebt reine Meinungsäußerung zum Rechtsbruch. In *Dennis v. United States*[70] hatten sich die Angeklagten zusammengeschlossen, um eine revolutionäre Doktrin zu verbreiten. Es war unbestritten, daß keinerlei Vorbereitungen zum Umsturz getroffen worden waren. Die Angeklagten hatten sich nicht einmal verabredet, einen Umsturz zu planen oder andere zu hochverräterischen Handlungen anzustiften. Allein die Gefährlichkeit einer revolutionären Propaganda und der Konspiration zur Verbreitung der kommunistischen Lehre genügten, den Angeklagten den Schutz des First Amendment zu entziehen.

Nach den Grundsätzen des „overt act test" verstößt die Pönalisierung von politischen Meinungsäußerungen im Smith Act gegen die Garantie des First Amendment; die kommunistischen Funktionäre hätten in *Dennis* freigesprochen werden müssen. Hier versuchte der Staat im weit

---

[68] Vgl. *Emerson,* 72 Yale L.J. 935/6 (1963) zur Frage des „martial law".
[69] 54 Stat. 670 (1940), Section 2/3.
[70] 341 U.S. 494 (1951).

vorgeschobenen „Vorfeld“ der hochverräterischen Betätigung, sich die verfassungsschützende Kontrolle dadurch zu erleichtern, daß er gegen reine Meinungsäußerung und die Vereinigung zur Verbreitung einer politischen Lehre vorging. „Overt acts“, oder zumindest Meinungsäußerungen, die in einem unmittelbaren Zusammenhang zu geplanter Rechtsverletzung standen, waren nicht vorhanden. Selbst der Ausnahmefall einer notstandsähnlichen Situation, die auch der „overt act test“, wenn auch zögernd, anerkennt, war nicht gegeben; andernfalls hätte kein Bedürfnis bestanden, die „clear and present danger“-Doktrin aufzugeben. Die Frage nach einer akuten Bedrohung der verfassungsmäßigen Ordnung durch geplante oder schon vorbereitete Rechtsverletzung wurde durch die Spekulation über die möglichen Auswirkungen einer revolutionären Ideologie ersetzt.

In *Yates v. United States*[71] hat der Supreme Court die Frage nach „action“ fast gestellt. Er versuchte eine Abgrenzung von „advocacy to believe in something“ und „advocacy to do something“ und stellte „advocacy of abstract doctrine“ unter den vorbehaltlosen Schutz des First Amendment. Hätte das Gericht einen Schritt weiter getan und entschieden, daß nur das Befürworten einer „konkreten“ gesetzwidrigen Handlung unter Beachtung traditioneller rechtsstaatlicher Strafrechtsgrundsätze zum Rechtsbruch gemacht werden könne, wäre es den Forderungen der Vertreter des „overt act test“ sehr nahe gekommen.

Die Gedankengänge vor allem von Emerson[72] und J. Douglas[73] lassen keinen Zweifel, daß eine Vielfalt politischer Betätigung von Verfassungsfeinden auch unter strenger Beachtung der Trennung zwischen reiner Meinungsäußerung und akuter Rechtsverletzung in den Bereich der „overt acts“ fällt. Hierzu gehören alle konkreten Vorbereitungshandlungen zum Hochverrat, Sabotagelehrgänge, Schulung für Straßenkämpfe und im Waffengebrauch, Uniformierung und überhaupt alle Arten des paramilitärischen Trainings, selbstverständlich jede konkrete Planung des Einsatzes von Gewalt und die Verbreitung solcher Pläne. Wo immer in diesem Bereich Kommunikation als integrierender Bestandteil eines auf konkrete Rechtsverletzung abzielenden Handlungsablaufs auftritt, besteht auch kein verfassungsrechtlicher Schutz. Propaganda jedoch, „Zersetzung“, „Wühlarbeit“, „Verunglimpfung“ sind nicht „overt acts“ und stehen auch nicht in objektiv faßbarem, untrennbarem Zusammenhang mit dem — vielleicht beabsichtigten — gewaltsamen Umsturz. Nach der Theorie des „overt acts“ ist auch der Verfassungsfeind in diesem „Vorfeld“ absolut geschützt.

[71] 354 U.S. 298 (1957).
[72] z. B. 72 Yale L.J. 931.
[73] s.o. Fn. 50.

3. *Das Diskriminierungsverbot*

Der overt act test in der dargestellten Formulierung gibt prima facie allerdings nur Anweisungen für einen Teil der Probleme, denn er stellt Meinungs*äußerung* und Rechtsverletzung gegenüber. Wie wir gesehen haben, geht es jedoch in einem großen Teil der Fälle um Benachteiligung von Trägern nicht geäußerter gefährlicher Meinungen, um den „gefährlichen" Bürger selbst.

a) Schutz der Meinung

Wenn man die negative Formulierung des overt act test heranzieht, werden jedoch auch diese Fälle erfaßt. Danach muß der Staat sich auf die Verfolgung akuter Rechtsverletzungen beschränken, er darf nicht auf Grund der Spekulation über die Gefährlichkeit von Meinungen bestimmten Inhalts, denen ein Bürger anhängen mag, gegen diesen präventive Maßnahmen ergreifen. Der Staat muß warten, bis eine solche Person im strafrechtlichen Sinn einen Rechtsbruch vorbereitet oder versucht, dazu anstiftet oder Beihilfe leistet, oder sich zur Begehung einer Rechtsverletzung verabredet, also in das Stadium der akuten Rechtsgutverletzung eintritt. Diese an sich schon aus der Rechtsstaatlichkeit folgenden Grundsätze sind im Bereich der Meinungsfreiheit direkte Konsequenz des absoluten Verbots an die Staatsgewalt, Meinungen eines Bürgers zum Gegenstand einer Maßnahme zu machen.

Der overt act test beschränkt sich damit nur rein äußerlich auf eine Abgrenzung von Äußerung und akuter Rechtsverletzung. Wenn grundsätzlich jede Meinung geäußert werden kann, ohne daß es dabei auf ihren Inhalt ankommt, so muß erst recht gelten, daß jeder Bürger jede Meinung haben kann. Es wäre widersinnig, allein denjenigen zu schützen, der seine Meinung äußert — und der damit ausdrücklich erklärt, daß er dieser Meinung ist — und gegen denjenigen, der nur zu verstehen gibt, daß er eine bestimmte Meinung hat (z. B. durch Zugehörigkeit zu einer Partei), mit präventiven Maßnahmen vorzugehen und ihn u. U. sogar de facto zu bestrafen. Wenn man von der Grundaussage des overt act test ausgeht, muß der Staat *Meinung* und *Meinungs*äußerungen bei der Verhütung von Rechtsbruch vollkommen außer acht und unberührt lassen, bevor nicht Meinungs*träger* und Meinungs*äußerungen* unmittelbar in akute Rechtsverletzung verwickelt sind.

Allerdings bedarf es in diesem Bereich über die Formel des overt act test hinaus eines Kriteriums, das den genauen Punkt bezeichnet, an dem die Meinungsfreiheit durch Maßnahmen gegen die Träger einer bestimmten Meinung eingeschränkt ist. Für Meinungsäußerungen gilt, daß eine Verletzung des First Amendment immer dann vorliegt, wenn staatliche Maßnahmen Äußerungen verhindern, bevor sie untrennbare Einheit mit akuter Rechtsverletzung geworden oder selbst verletzend sind.

Emerson schlägt für den Bereich der Sanktionen gegen Meinungsträger zwar keine einheitliche Formel vor[74], seiner Behandlung von Einzelproblemen können jedoch bestimmte Regeln entnommen werden. Danach werden staatliche Maßnahmen zu Eingriffen in die Meinungsfreiheit, „abridgements" i. S. des First Amendment, wenn sie die Tatsache, daß jemand Meinungen bestimmten Inhalts hat, nicht vollkommen außer acht lassen, also nicht meinungsneutral sind. Maßnahmen dürfen weder an den Inhalt von Meinungen anknüpfen[75] (Motivation), noch dürfen sie Personen wegen bestimmter Meinungen in irgendeiner Weise benachteiligen[76] und damit de facto für eine Meinung bestrafen, sei es auch nur, daß sie durch öffentliche Bloßstellung Sanktionen der Gemeinschaft gegen einzelne herausfordern. Im Zusammenhang sagt Emerson, daß jede *Diskriminierung* auf Grund von Meinungen Einschränkung der Meinungsfreiheit sei.

Politische Diskriminierung, d. h. jeder Tatbestand, in dem an Meinungen wegen ihres Inhalts benachteiligende Sanktionen geknüpft werden oder automatisch folgen, ist Beschränkung des „Volumens von Meinungsfreiheit"[77], weil indirekt vorgeschrieben wird, was Bürger, ohne Sanktionen fürchten zu müssen, meinen dürfen[78]. Sie ist vom First Amendment verboten, da der Staat grundsätzlich neutral[79] gegenüber Meinungen zu sein hat.

Allerdings ist das Element „diskriminierend" nur ein *Mindest*erfordernis für Emerson. Darüber hinaus stellt er weitere Erfordernisse und Grenzen für nichtdiskriminierende Einschränkungen auf. Maßnahmen, die die Meinungsfreiheit behindern, sind auch dann Einschränkungen im Sinne des First Amendment, wenn sie nicht klar notwendig sind, die Ziele der Maßnahme also auch durch ein geringeres Mittel erreicht werden können, wenn sie unverhältnismäßig sind, nicht eng begrenzt sind oder die Meinungsfreiheit unzumutbar behindern[80]. So müßte also z. B. eine Entscheidung wie *United Public Workers v. Mitchell*[81], in der der Supreme Court bestätigte, daß Beamten politische

[74] 72 Yale L.J. 940—941 (1963).
[75] 72 Yale L.J. 941, 946, 948 (1963).
[76] 72 Yale L.J. 941, 942, 944 (1963).
[77] 72 Yale L.J. 941 (1963).
[78] *Emerson* 72 Yale L.J. 942 (1963).
[79] Das Kriterium Diskriminierung wird in *Comment*, 65 Yale L.J. 1159 (1956) für ein Teilgebiet des Problems Meinungsfreiheit (Kongreßuntersuchungsausschüsse) eingehend geprüft und als Maßstab für Verletzungen des First Amendment verwendet.
[80] *Emerson*, 72 Yale L.J. 948 (1963).
[81] 330 U.S. 75 (1947).

Betätigung in Parteien untersagt werden kann, im Rahmen dieser zusätzlichen Elemente neu überdacht werden. Grundsätzlich steht das First Amendment der genannten Entscheidung nicht entgegen, da das Verbot der politischen Betätigung neutral war; es bliebe jedoch zu untersuchen, ob die Maßnahme notwendig und verhältnismäßig war und Meinungsfreiheit nicht unzumutbar behindert.

b) Neutrale Regelung von „Äußerung"

Das Verbot der politischen Diskriminierung im weitesten Sinne ergänzt den overt act test auch noch in einer anderen Richtung, bzw. verdeutlicht sein eigentliches Anliegen, nämlich den vorbehaltlosen Schutz der Meinung vor staatlicher Reglementierung und Unterdrükkung um des ungehinderten geistigen Wirkens der Meinung willen.

In gewisser Hinsicht ist das Element „Äußerung" in der grundsätzlichen Unterscheidung von „expression" und „action" geeignet irrezuführen. Meinungsäußerung enthält neben dem geistigen ein rein physisches Element. Meinungsäußerung ist Sprechen, Schreiben, Drucken, Radiokommunikation, Versammlung zur Äußerung von Meinungen usw. Dieses physische Verhalten unterscheidet sich grundsätzlich kaum von jedem anderen Verhalten in einer Gemeinschaft und kann nicht die gleiche absolute Immunität beanspruchen wie der geistige Inhalt von Meinungsäußerungen[82]. Wie immer wesentlich die Äußerung einer Meinung sein mag, das kategorische Verbot des First Amendment kann nicht bedeuten, daß der Staat nicht eine Kundgebung in der Innenstadt während der Zeit des Arbeitsschlusses aus Verkehrsgründen verbieten könnte. Emerson spricht hier von Situationen der „physical imcompatability"[83], und er meint damit, daß Meinungsäußerung als physisches menschliches Verhalten vom Staat im Interesse der ein reibungsloses Zusammenleben ermöglichenden öffentlichen Ordnung geregelt werden kann.

An dieser Stelle stimmt Emerson mit der ständigen und im Kern unbestrittenen Rechtsprechung des Supreme Court zu Beschränkungen der Art und Weise der Ausübung der Meinungsfreiheit überein, wie sie im Zusammenhang mit der Besprechung des balancing test schon dargelegt werden konnte[84]. Es handelte sich, worauf hingewiesen wurde, durchgehend um neutrale Maßnahmen, die den Inhalt von Meinungsäußerungen vollkommen unbeachtet ließen.

Derartige Maßnahmen dürfen, wenn sie das strikte Gebot der Meinungsneutralität achten, in begrenztem Umfang und unter Beachtung der Grundsätze des geringsten Mittels, der Verhältnismäßigkeit und der

---

[82] Vgl. *Meiklejohn*, Political Freedom S. 114; ders., 1961 Sup.Ct.Rev. 252.
[83] *Emerson*, 72 Yale L.J. 940 (1963).
[84] s.o. Teil 3 bei Fn. 30 ff.

Fairneß die Art und Weise, also das physische Element von Meinungsäußerung regeln. In diesem Sinne nimmt zwar Meinungsäußerung wegen ihrer essentialen Bedeutung für ein demokratisches System und z. T. beeinflußt durch die preferred position doctrine[85] immer noch einen vorrangigen Platz ein, jedoch kann sie nicht absolute Immunität beanspruchen, wie sie nach dem Gebot des First Amendment für die Meinung selbst und ihr geistiges Wirken gefordert ist.

Damit wird deutlich, wie wesentlich das Kriterium „Nichtdiskriminierung" für die Grundaussage des overt act test ist. Wenn nämlich das Element „Meinung" einer Meinungsäußerung weder Motiv noch Gegenstand einer staatlichen Maßnahme ist, handelt es sich fast immer um die Regelung des rein physischen Verhaltens „Äußerung einer Meinung". Da eine solche Maßnahme Meinung, also den Inhalt von Meinungsäußerung, vollkommen unbeachtet läßt, neutral ist, kann eine derartige Regelung des physischen Elements von Meinungsäußerung auch keine Verletzung des First Amendment sein. Der overt act test wäre mißverstanden, würde man in diesem Sinne nicht den Akzent von dem Element „Äußerung" auf „Meinung" verschieben: Meinungs*äußerung* kann auch außerhalb der strengen Abgrenzung von „expression" und „action" durch *neutrale* staatliche Maßnahmen geregelt werden; das First Amendment gewährt nicht dem physischen Element „Äußerung", sondern nur dem geistigen Inhalt von Meinungsäußerung absoluten und vorbehaltslosen Schutz und Immunität[86].

So dürfte z. B. im Falle der Genehmigung einer Versammlung die Ordnungsgewalt weder fragen, welchen Inhalt die Äußerung in der Versammlung haben soll, noch diese Versammlung verbieten, weil in ihr Meinungen mit bestimmtem — gefährlichem, staatsfeindlichem, aufreizendem — Inhalt geäußert werden sollen, die in der Prognose der Ordnungsbeamten Rechtsverletzungen (Tumulte etc.) auszulösen geeignet sind. Die Ordnungsgewalt kann aber vorbringen, daß *jede* Meinungs*äußerung* in der Form einer öffentlichen Versammlung zu einer bestimmten Zeit an bestimmtem Ort eine Gefährdung der öffentlichen Ordnung (Verkehr, Ruhe) darstellen würde[87]. Eine solche neutrale Regelung beschäftigt sich mit der „physical imcompatability" verschiedener Formen von menschlichem Verhalten und ist, selbst wenn Meinungsäußerung an einem Ort zu bestimmter Zeit verhindert wird, jedenfalls was das Mindestgebot des First Amendment betrifft,

---

[85] s. dazu oben Teil 3 Fn. 69.

[86] Natürlich ist die Pönalisierung einer „gefährlichen" Meinung nie neutrale Regelung, denn sie knüpft gerade an den Inhalt der Äußerung an.

[87] s. dazu vor allem *Niemotko v. Maryland*, 340 U.S. 268 (1951): hier nennt das Gericht das Kriterium Diskriminierung ausdrücklich; vgl. auch *Poulos v. New Hampshire*, 345 U.S. 395 (1953); *Cox v. New Hampshire*, 312 U.S. 569 (1941); *Fowler v. Rhode Island*, 345 U.S. 67 (1953); vgl. *Fellman* S. 71—77.

nicht Einschränkung der Meinungsfreiheit. Die Regelung kann allerdings zur Einschränkung werden, wenn die von Emerson genannten weiteren allgemeinen Erfordernisse, wie Verhältnismäßigkeit und objektive Notwendigkeit, nicht eingehalten werden. Dem genehmigenden Beamten darf, wie in *Niemotko v. Maryland*[88] ausgeführt wird, kein Ermessen eingeräumt werden, sondern es müssen neben dem absoluten Verbot der Diskriminierung „narrowly drawn, reasonable and definite standards"[89] festgelegt werden, damit die Meinungsfreiheit auf sicherem Boden steht und nicht „the whims and personal opinions of a local governing body"[90] ausgesetzt ist.

c) Staatsschutz
— Registrierung, Bloßstellung, politische Qualifikationen —

Es ist wiederum klar, daß diese Grundsätze eines vorbehaltslosen Schutzes der politischen Meinung für den weiten Bereich des amerikanischen Staatsschutzrechts, der an anderer Stelle als der Bereich der typischen politischen Diskriminierungen bezeichnet wurde, eine vollständige Abkehr von hergebrachten Maßstäben bedeuten.

Das gesamte Programm der Meldepflichten für Bürger mit gefährlicher Gesinnung zur besseren Beaufsichtigung durch den Staat, der Bloßstellung in öffentlichen Untersuchungen mit der Folge zwangsläufiger diskriminierender Sanktionen durch die Gemeinschaft und der Entfernung derartiger gefährlicher Bürger aus einflußreichen Positionen, — dieses Programm, das der Verwirklichung des Satzes „... the Communist Party should be outlawed"[91] diente, richtete sich direkt und unmittelbar gegen politische Meinungen, hatte die Unterdrückung einer politischen Richtung durch Ächtung ihrer Anhänger zum Gegenstand. Wiederum ersetzte der Staat auf Grund der Spekulation über die Gefährlichkeit einer Gruppe von Bürgern mit bestimmter politischer Gesinnung das unmittelbare Vorgehen gegen akute Rechtsverletzungen durch präventive Maßnahmen gegen Meinungsträger als Mittel der Kontrolle. Wie das Vorgehen gegen reine Meinungsäußerungen sind diese Maßnahmen, weil sie an die politische Meinung eines Bürgers anknüpfen und Sanktionen auslösen, also politisch diskriminieren, durch die vorbehaltslose Garantie der Meinungsfreiheit im First Amendment verboten.

Im Grunde ist diese Entscheidung schon mit der strikten Trennung von Meinungsäußerung und akuter Rechtsverletzung gefallen. Diese

---

[88] 340 U.S. 268 (1951).
[89] 340 U.S. 271.
[90] 340 U.S. 272.
[91] McCarran Act (1950): 50 U.S.C. § 841 (1958).

Trennung entzieht dem direkten Vorgehen gegen eine politische Ideologie den Boden, sie beseitigt die theoretischen Voraussetzungen, auf deren Grundlage die verhängnisvolle Entscheidung in *Dennis v. United States* ergehen konnte. Ohne diese Entscheidung in *Dennis*, in der die Pönalisierung bestimmter Meinungsäußerungen oder überhaupt einer ganzen politischen Lehre bestätigt wurde, wäre das Staatsschutzprogramm gegen den „gefährlichen" Bürger kaum denkbar gewesen. Wenn der Staat sich nicht darauf hätte berufen können, daß er gewisse Gefahren auch unter Beschränkung der Freiheitsrechte abwenden dürfe, wäre der Schutz des First Amendment für die Bürger, die einer unerwünschten politischen Lehre anhingen, zumindesten weniger leicht zu durchbrechen gewesen.

In der vorliegenden Arbeit kann nicht versucht werden, die Probleme der Anwendung des Gebots der strengen Meinungsneutralität und des Verbots der politischen Diskriminierung in Einzelheiten zu verfolgen. *Emerson* zeigt aber in seiner Analyse der Einzelfragen, daß eine befriedigende Lösung unter Beachtung dieser von der „new theory of free speech" geforderten Grundsätze möglich ist[92].

Gewiß mag es oft nicht einfach sein, die Elemente der Diskriminierung zu bestimmen. Neben Situationen, in denen eine Unterscheidung von Bürgern nach politischer Gesinnung wie bei politischen Qualifikationen für die Zulassung zu bestimmten Berufen etc. de facto als Bestrafung wirkt, knüpft in anderen Bereichen, wie z. B. bei der öffentlichen Bloßstellung in Kongreßuntersuchungen, nicht der Staat selbst Sanktionen an seine Maßnahme, sondern provoziert Sanktionen wirtschaftlicher oder sozialer Art durch die Gemeinschaft. Die Frage der de facto Diskriminierung wird auch in Situationen akut, in denen formell neutrale Maßnahmen eine unpopuläre Minderheit besonders benachteiligen; so bedeutete die allgemeine Meldepflicht und Registrierung aller Vereinigungen im Staat Alabama eine unerträgliche Benachteiligung für die Bürgerrechtsvereinigungen, die als einzige Sanktionen fürchten mußten. Von dem Grundsatz, daß die politische Gesinnung eines Bürgers kein Kriterium für staatliche Maßnahmen sein darf, gibt es sicherlich auch begrenzte Ausnahmen, deren genauer Rahmen erforscht werden müßte. Emerson[93] nennt z. B. den militärischen Bereich, den Geheimnisschutz und Bereiche der Verwaltung, in denen höchste Beamte traditionell nach ihrer politischen Gesinnung ausgewählt werden, weil es der Inhalt ihrer Anstellung sei, eine bestimmte politische Richtung zu vertreten.

---

92 72 Yale L.J. 940 ff. (1963); s.a. 74 Yale L.J. 1 (1964).
93 72 Yale L.J. 943 (1963).

II. Inhalt und Anwendung des First Amendment

Der overt act test, ergänzt durch ein Diskriminierungsverbot, ergibt ein klares Bild des im First Amendment geschützten Rechts der Meinungsfreiheit.

Die Grundlage des overt act test ist, daß der Staat sich auf die Verfolgung von akuter Rechtsverletzung beschränken muß. Er muß Meinungsäußerungen unberührt lassen, er darf Rechtsverletzung nicht durch Beschränkungen von Meinungsäußerungen verhindern. Daraus ergibt sich die grundsätzliche Abgrenzung von Meinungsäußerung und akuter Rechtsverletzung. Nur wo Meinungsäußerungen unmittelbar verletzen oder in untrennbarer Einheit mit akuter Rechtsverletzung auftreten, sind sie dem der Eingriffsgewalt des Staates unterworfenen Rechtsbruch zuzuordnen. Im übrigen ist Meinungsäußerung frei. Gleichzeitig bestimmt der overt act test für den Bereich der nicht geäußerten Meinung, daß der Staat, da er sich auf die Verfolgung von akuter Rechtsverletzung beschränken muß, die Tatsache, daß eine Person einer bestimmten Meinung anhängt, vollkommen unbeachtet lassen muß. Er kann nicht mit verhütenden Maßnahmen gegen Meinungsträger vorgehen, die er auf Grund der Beurteilung ihrer Meinungen für gefährlich hält. In diesem Bereich ergibt sich das Gebot der strikten Meinungsneutralität des Staates. Die ursprüngliche Abgrenzung des overt act test wird durch das Diskriminierungsverbot ergänzt. Meinungsäußerungen können geregelt werden, wenn dies durch neutrale Maßnahmen geschieht. Das physische Element einer Äußerung ist nicht Hauptobjekt des Schutzes des First Amendment.

Zusammengefaßt schützt das Verbot das First Amendment den Inhalt von Meinungsäußerung, das geistige Wirken von Meinungen vorbehaltslos und absolut. Für den Bürger besteht eine vollkommene Immunität für Meinungen und Meinungsäußerungen innerhalb des aufgezeigten Rahmens.

Wenn man sich die in der vorliegenden Arbeit dargelegten Grundlagen des First Amendment, die Einwände gegen die Theorie der Interessenabwägung und die Aussagen der absoluten Theorie vergegenwärtigt, ist dieses Konzept der vollkommen geschützten Meinungsfreiheit, das der overt act test umgrenzt, überzeugend.

Das Verbot des First Amendment ist beachtet und seine uneingeschränkte Geltung bestätigt. Wo das Postulat dieser Verfassungsnorm wegen des scheinbar unqualifizierten Wortlauts unannehmbar erscheint, setzt der overt act test die natürlichen Grenzen. Die Abgrenzung des overt act test stellt genügend in Rechnung, daß der Staat eine Kompetenz zur Verhinderung tatsächlicher Verletzungen der öffentlichen Ordnung hat. Das First Amendment schützt nicht Anstiftung zu Verbrechen, es schützt nicht Verletzungen der Ehre einer Einzelperson, sondern es schützt den geistigen Gehalt und das Wirken von Meinungen nur solange, als Meinungsäußerungen nicht Rechte anderer unmittelbar stören, indem sie eine untrennbare Einheit mit akuter Rechtsverletzung bilden.

Mit der Kompetenz zur direkten Verfolgung akuter Verletzung ist dem Schutzbedürfnis einer Gemeinschaft Genüge getan. Es kann in einem modernen Staat, dessen Hilfsmittel (Verwaltung, Polizeikräfte, Militär, Erfahrungen in der Verfolgung von Straftaten und vieles andere) so unerschöpflich sind, nicht notwendig sein, zur Verhinderung tatsächlicher Verletzungen der verfassungsmäßigen Ordnung Meinungen zu unterdrücken, von denen vielleicht nur ein Bruchteil einmal tatsächlich zu Rechtsverletzungen führt. Der Staat erfaßt mit Präventivmaßnahmen auf dem Gebiet von Meinungen und Meinungsäußerungen eine Unzahl von Bürgern und belegt sie mit den empfindlichsten Sanktionen, um dann letztlich doch vor dem Problem der Verhinderung tatsächlicher Rechtsgutsverletzung zu stehen; wer wirklich auf Grund von Ideen handelt oder Ideen, die auf Rechtsbruch zielen, verbreiten will, bleibt von solchen Präventivmaßnahmen in der Regel unberührt: er arbeitet anonym und im Untergrund und scheut keinen Loyalitätsmeineid. Präsident Truman warnte in seiner Vetobotschaft gegen den eine Staatsaufsicht einführenden McCarran Act[94] vor den negativen Folgen. Allgemeine Präventivmaßnahmen gegen Meinungen erleichtern die Verbrechensverfolgung nicht, sondern sind im Gegenteil geeignet, sie zu erschweren. In keinem Fall stehen die empfindlichen Eingriffe in die Meinungsfreiheit in einem vertretbaren Verhältnis zum Erfolg.

Die Garantie der Meinungsfreiheit im Rahmen des overt act test entspricht den Grundentscheidungen eines freiheitlichen demokratischen Systems. Sie schützt die geistige Entfaltung und Individualität des einzelnen vollkommen. Eine solche Garantie verhindert, daß der geistige Prozeß einer freien Gesellschaft verkümmert oder durch Konformität gelähmt wird. Wenn die Organe des Staates hinsichtlich des Inhalts der Meinungen der Bürger absolut keine Kompetenz haben, wenn Meinungen vollkommen ungehindert wirken können, ist der geistige Prozeß einer Gemeinschaft frei.

Damit bleibt die wichtigste Voraussetzung von wirklichem self-government garantiert. Noch immer mag zwar der Bürger seine unbeschränkbare politische Gewalt aus Ignoranz, Indifferenz oder Apathie nicht wirklich ausüben oder er mag sich in der modernen Massendemokratie unüberwindlichen Hindernissen für eine sinnvolle Beteiligung am politischen Prozeß gegenübersehen. Doch die Garantie absoluter Immunität für Meinungen wird deshalb dort um so vitaler, wo

---

[94] 96 Cong.Rec. 15629 (1950); vgl. o. Teil 1 Fn. 84.

es selbständiges Mitdenken, Mitentscheiden und politisches Engagement noch gibt.

Wo der Staat auch nur *eine* Meinung unterdrückt, ist die politische Freiheit des ganzen Volkes beschnitten, denn es geht nicht um die *eine* Meinung, sondern um die politische Gewalt aller Bürger, die von diesem einzelnen als „Vertreter" wahrgenommen wird. Mit jedem Eingriff in das politische Urteil des ganzen Volkes durch Manipulation des Inhalts von Meinungen und Verhinderung ihres geistigen Wirkens ist selfgovernment aufgegeben. „Self"government ist ein absolutes Postulat: es wird nur verwirklicht, wenn das politische Urteil aller Bürger souverän ist, wenn der Staat den geistigen Prozeß der Gemeinschaft nicht lenken und damit nicht das politische Urteil aller Bürger beeinflussen kann. Es gibt keinen Vorbehalt für die politische Freiheit und Souveränität eines Volkes.

Nur durch vollkommene Freiheit zeichnet sich ein politisches System als wahrhaft „freiheitlich" aus. Damit wird in der Überzeugung, daß auch die die Grundlagen der Ordnung in Frage stellenden feindlichen Ideen einem freiheitlichen System nicht gefährlich werden können, auf die verängstigte und unwürdige Spekulation über die schädlichen Wirkungen von Meinungen verzichtet. Immer wird der Bürger, der alles meinen, äußern und hören kann, seiner Freiheit den Vorzug geben. Fast überall in der Welt kann der Bürger anregen, daß mehr Nahrungsmittel auf den Markt kommen, oder kritisieren, daß es in der Landwirtschaft Fehlplanungen gab. Meinungsfreiheit aber beginnt erst dort, wo *jede* Meinung, auch die verfassungsfeindliche, die freiheitsfeindliche, immun ist:

"... freedom to differ is not limited to things that do not matter much. That would be a mere shadow of freedom. The test of its substance is the right to differ as to things that touch the heart of the existing order[95]."

Nur mit der vollkommenen Freiheit der Meinung, des ungehinderten geistigen Wirkens von Meinungen kann man der Idee der Geistes- und Meinungsfreiheit gerecht werden.

Mit der scharfen Trennung von Meinungen und Meinungsäußerungen auf der einen Seite und akuter Rechtsverletzung auf der anderen, ergänzt durch ein striktes Gebot der Neutralität des Staates, wird aber auch eine brauchbare Formel für die Anwendung des First Amendment vorgelegt.

Das First Amendment erhält einen erkennbaren Inhalt und klare Grenzen. Das Recht wird zur sicheren Schutzgarantie, mit der der Bürger nicht mehr auf Spekulationen über den Rahmen von Meinungsfreiheit angewiesen ist. Die Grenzen der Meinungsfreiheit ergeben sich

[95] J. Jackson, *West Virginia State Board of Education v. Barnette*, 319 U.S. 624 (642) (1943).

nicht nur im Einzelfall durch eine Beurteilung der Gefährlichkeit des Inhalts von Meinungsäußerungen oder aus einer Gegenüberstellung mit anderen Interessen, sondern es gibt einen konkreten Rahmen des Erlaubten, der nicht von Fall zu Fall zur Diskussion steht. Der Bürger handelt nicht mehr „auf eigene Gefahr", wenn er im Rahmen der reinen Meinungsäußerung bleibt.

In Grenzsituationen kann die Unterscheidung in reine Meinungsäußerung und andere, Rechte verletzende oder mit solcher Rechtsverletzung unmittelbar verknüpfte Meinungsäußerung an Hand objektiver Maßstäbe vorgenommen werden. Es kann auf Grund von Tatsachen festgestellt werden, ob Meinungsäußerung in unmittelbarem Zusammenhang mit akuter Rechtsverletzung oder gar selbst verletzend aufgetreten ist. Ebenso ist objektiv feststellbar, ob eine staatliche Maßnahme politisch diskriminiert, sei es schon rein formell oder erst hinsichtlich der tatsächlichen Auswirkungen einer äußerlich neutralen Maßnahme. Eine subjektiven Faktoren unterworfene Spekulation über die Gefährlichkeit von Meinungen oder gar eine Wertung des Interesses an der Ausübung des Rechts der Meinungsfreiheit in Relation zu anderen Interessen fällt fort. Wo es um unpopuläre Meinungen geht, wird die Gefahr einer unsachlichen Beurteilung vermindert, da die Gerichte an objektiven Kriterien prüfen müssen, ob eine Verknüpfung mit tatsächlicher Rechtsverletzung vorliegt. Verfassungsgerichte können ihre Unabhängigkeit wahren, da sie nicht politische Gefährlichkeitsurteile des Gesetzgebers überprüfen müssen. Die unpopuläre Minderheit, die in besonderem Maße durch Entscheidungen der Mehrheit gefährdet ist, wird durch objektive Schranken geschützt. Es kommt nicht darauf an, ob eine Mehrheit entscheidet, daß gewisse Meinungen und Meinungsäußerungen gefährlich sind, sondern allein darauf, ob sich der Gesetzgeber an den Rahmen seiner Kompetenz zur Verfolgung akuter Rechtsverletzung gehalten hat, ob er reine Meinungsäußerung oder akute Rechtsverletzung pönalisiert hat, ob er das Gebot der Neutralität beachtet hat. Erst durch die Schaffung dieser klaren Grenzen kann das First Amendment zur wirklichen Schutzgarantie werden. Nur wenn einer solchen Norm ein erkennbarer Inhalt gegeben wird, wenn ein Kern unzweideutig und vor allem ohne elastische Vorbehalte garantiert ist, kann das First Amendment effektiven Grundrechtsschutz geben, hat der Bürger ein wirkliches Grundrecht der Meinungsfreiheit.

C. Von Roger Williams bis Thomas Jefferson

Der Grundgedanke des overt act test ist in der Geschichte der Meinungsfreiheit vor allem im angelsächsischen Raum schon sehr früh und immer wieder vertreten worden. Zum Abschluß der vorliegenden Untersuchung soll auf einige der vielleicht weniger bekannten und zugänglichen Quellen hingewiesen werden. Damit kann weder versucht werden, einen auch nur annähernd vollständigen geschichtlichen Überblick zu liefern, noch zu „beweisen", daß die von der overt act doctrine geforderte Trennung von „action" und „expression" einzig richtige Auslegungsregel für das First Amendment der amerikanischen Verfassung ist. Doch die im folgenden z. T. im Wortlaut wiedergegebenen Stellen zeigen, wie tief der Gedanke in der freiheitlichen Tradition wurzelt, — und sie geben einen faszinierenden Einblick in den Geist der Denker, denen wir das Recht der Meinungsfreiheit verdanken[96].

Wo immer Meinungsäußerungen unterdrückt wurden, geschah dies, weil man sie als geeignet ansah (tendency), Störungen der öffentlichen Ordnung oder Aufruhr gegen den Staat hervorzurufen. Schon 1635 fordert *Roger Williams* in seinem Traktat über Gewissensfreiheit: "The Bloudy Tenent of Persecution, for cause of Conscience", daß religiöse Meinungen von Unterdrückung frei sein müßten, es sei denn, sie verursachten direkt und unmittelbar kriminelle Tat:

"Secondly, a false Religion and Worship will not hurt the Civill State, in case the Worshippers breake no civill Lawes ... the civill Lawes not being broken, civill Peace is not broken[97]."

Für politische Äußerungen postuliert sein Zeitgenosse *William Walwyn*, einer der radikalsten Denker der englischen *Leveller* Gruppe des 17. Jahrhunderts, in einer 1645 anonym erschienenen Streitschrift die Aufgabe der „tendency"-Doktrin. In dieser Schrift über „freedome of minde and discourse" trennt er kriminelle Taten und reine Meinungsäußerungen[98].

Nachdem um die gleiche Zeit eine strikte Trennung von Meinung und Rechtsgutverletzung von *Benedikt Spinoza* in seinem 1669 erschienenen „Tractatus Theologico-Politicus" gefordert worden war[99] und auch *Montesquieu* im „Geist der Gesetze" dem Gedanken eines Schutzes der Meinungsfreiheit in diesem Sinne folgt[100], drückte ein

---

[96] Als sekundäre Quellen dienten vor allem: *Schroeder*, Constitutional Free Speech; ders., Free Speech Bibliography; *Levy*, Legacy of Supression; *Rogge*, The First and the Fifth.

[97] Roger *Williams*, III: 198; s.a. S. 78/79, 96, 163.

[98] *(Walwyn)* in Haller, III (200) = Seite (8) des ursprünglichen Traktats.

[99] *Spinoza* überschreibt sein letztes Kapitel: „Ostenditur in libera re publica unicuique et sentire quae velit, et quae sentiat dicere licere", und führt dann später aus (S. 242 a.a.O.): „Quapropter hic concludimus nihil rei publicae tutius quam ut ... ius numerarum potestatum, tam circa sacra quam profana, ad actiones tantum referatur; ceterum unicuique et sentire quae velit, et quae sentiat dicere concedatur."

[100] Nur der Versuch einer Rechtsverletzung sei strafbar, nicht der Gedanke an sie: Les loix ne se chargent de punir que les actions exterieures (Buch XII, Kapitel XI); und Äußerungen selbst können nicht Gegenstand

anonymer politischer Denker, bekannt unter dem Namen *„Father of Candor“*, 1764 die Thesen des overt act test für das englische Common Law scharf und weitgehend aus: Hochverrat könne nie mit Worten allein verübt werden, sondern nur durch gewaltsame Handlungen; das gleiche habe für „breach of peace“ zu gelten:

"... I had no idea myself that it was possible for any lawyer, however subtile and metaphysical, to proceed so far as to decide mere authorship, and publication by the press, to be an *actual* breach of peace, as This last seemed to express, *ex vi termini*, some positive bodily injury, or some immediate dread of the least; and that, whatever a challenge, in writing, to any particular might be, a general libel upon public measures, could never be construed to be so[101]."

"What only tends to, cannot be itself, a breach of peace[102]."

Philip Furneaux, ein Londoner Geistlicher, baut 1770 in seinen „Letters to the Honourable Mr. Justice Blackstone“[103] seine ganze Theorie der Geistesfreiheit und einen scharfen Angriff gegen die Common Law Doktrin der „seditious libels“ auf die Unterscheidung in „mere expression“ und „overt act“ auf. Seine in der Hauptsache von Glaubensfreiheit handelnden Ausführungen[104] sprechen für sich: Gesetze sollten nichts mit Meinungen oder Gefühlen zu tun haben

"but only with those overt acts, arising from them, which are contrary to the peace and good order of society.

For, if the Magistrate be possessed of a power to restrain and punish any principles relating to religion because of their tendency ... religious liberty is entirely at an end; or, which is the same thing, is under controul, and at

---

einer Strafbestimmung sein: Les paroles ne forment point un corps de délit; elles ne restent que dans l'idée (Buch XII, Kapitel XII). Allerdings denkt *Montesquieu* diesen Ansatz weiter und kommt zu den natürlichen Grenzen eines solchen Ausgangspunktes. Er weist darauf hin, daß Worte, die unmittelbar verletzende Handlungen auslösen, die Natur der verletzenden Handlung selbst annehmen: Les paroles, qui sont jointes à une action, prennent la nature de cette action (Buch XII, Kapitel XII). Wer auf einen Marktplatz gehe, um die Bürger zu einer Revolte aufzustacheln, sei des Hochverrats schuldig, weil seine Worte mit den Handlungen verbunden seien, an ihnen teilnähmen: Ce ne sont point les paroles que l'on punit; mais une action commise, dans laquelle on emploie les paroles. Elles ne deviennent des crimes, que lorsqu'elles préparent, qu'elles accompagnent, ou qu'elles suivent une action criminelle (Buch XII, Kapitel XII). J. Douglas beruft sich ausdrücklich auf diese Worte *Montesquieus*, *Scales v. United States*, 367 U.S. 203 (266—67) (1961) diss.op.

101 *(Father of Candor)*, An Enquiry ... S. 16.

102 *(Father of Candor)*, A Letter Concerning Libels ... Postscript S. 161 (London 1771, dies ist eine ergänzte Ausgabe des 1764 erschienenen „An Enquiry ...“).

103 Die ursprünglichen Londoner Ausgaben von 1770 und 1771 (2. Auflage) waren mir nicht zugänglich. Die Verweisungen gelten für die erste amerikanische Ausgabe von 1773: "An Interesting Appendix ...", die als „Neudruck“ der Londoner Ausgabe bezeichnet ist. Die Ausgabe „The Palladium of Conscience“ (1773) ist mit der anderen amerikanischen Ausgabe identisch.

104 s. aber *Levy* S. 167, der darauf hinweist, daß Furneaux auch politische Freiheiten im Auge hatte.

the mercy of the magistrate ... But if the line be drawn between mere religious principle and the tendency of it, on the one hand; and those overt acts which effect the publick peace and order, on the other; and if the latter alone be assigned to the jurisdiction of the magistrate, as being guardian of the peace of society ... the boundaries between civil power and liberty, in religious matters, are clearly marked and determined; and the latter will not be wider or narrower, or just nothing at all, according to the magistrate's opinion of the good or bad tendency of principles.

(The magistrate) ... may punish overt acts, but not tendency, which is not actually hurtful; therefore this penal law should be directed against overt acts only ... In the same manner (the magistrate) should act in regard to men's professing, or rejecting, religious principles or systems. Punishing a man for the tendency of his principles is punishing him *before* he is guilty, for fear he *should be* guilty[105]."

Ein anderer liberaler Denker dieser Zeit, der Geistliche *Andrew Kippis*, wiederholt 1773 diese Thesen und schreibt:

"... if a man hurts his neighbour in person or property if he disturbs his fellow creatures in the exercise of their rights and privileges, he ought to be restrained and punished. This is the precise point at which it becomes the duty of the state to interfere; and if the state should interfere sooner, and extend its jurisdiction to opinion, under the pretext of their evil tendency, it will be impossible to know where to stop. *Speculations* and *fancies* about the tendencies of opinions may be carried on to the entire destruction of Liberty ...[106]."

Jeremy Bentham erklärt in „A Fragment on Government" im Jahre 1776:

"... malcontents may communicate their sentiments, concert their plans, and practice every mode of opposition *short of actual revolt*, before the executive power can be legally justified in disturbing them[107]."

Die klare Abgrenzung von „opinion" und „expression" auf der einen Seite und „overt act" auf der anderen Seite, verbunden mit dem Postulat der Immunität für die ersteren taucht nun in den Schriften Liberaler in England und den Vereinigten Staaten immer häufiger auf. Um den berühmten Verteidiger Thomas Erskine, der Thomas Paine gegen die Anklage wegen „seditious libel" in dessen Werk „Rights of Man" vertrat, scharten sich freiheitlich gesinnte Denker.

James Adair, ein englischer Parlamentsabgeordneter, gibt 1785 zu bedenken, daß die verletzenden Folgen von Meinungsäußerungen unter dem „bad tendency"-Test nie positiv vorhergesagt werden könnten, man deshalb auf reine Vermutungen angewiesen sei[108]. Für kriminelle Taten komme es aber einzig auf Realitäten an, und nicht auf Vermutungen und Wahrscheinlichkeiten[109].

---

[105] *Furneaux* (Ausg. 1773) S. 33—34.
[106] *Kippis* S. 99; s.a. S. 98 (Betonung hinzugefügt).
[107] *Bentham* S. 114 (Betonung hinzugefügt).
[108] *Adair* S. 27.
[109] *Adair S. 28.*

Genauso stellt *Matthew Dawes*, ein Londoner Anwalt, kategorisch fest:

"... sedition cannot be committed by *words*, but by some *violent act*[110]."

Strafbare Handlungen also setzten tatsächliche Rechtsverletzungen voraus[111].

Robert Hall verfaßte 1793 eine besonders heftige Kritik an der Verurteilung von Thomas Paine. Auch seine Argumente bauen auf der Dichotomie „verbotene tatsächliche Verletzung" und „Meinungsäußerung" auf[112].

Thomas Erskine hatte im Prozeß zur Verteidigung von Thomas Paine plädiert:

"His (Paine's) opinions indeed were adverse to our system; but I maintain that OPINION is free, and that CONDUCT alone is amenable to the Law[113]."

Robert Hall fügt dem hinzu:

"The Law has amply provided against overt acts of sedition and disorder, and to suppress mere opinions by any other method than reasoning and argument is the height of tyranny.

Freedom of thought being intimately connected with the happiness and dignity of man in every stage of his being, is of so much more importance than the preservation of any constitution, that to infringe the former under the pretence of supporting the latter is to sacrifice the means to the end[114]."

Dieser Überblick über die Tradition des overt act test soll mit Worten von *Thomas Jefferson*, dessen Gedanken so tief in der Verfassungstheorie der Vereinigten Staaten leben, beschlossen werden. Als er im Jahre 1779 vor der General Assembly von Virginia den von ihm verfaßten „Act for Establishing Religious Freedom" einbrachte, trug er zur Begründung u. a. vor:

"... it is time enough for the rightful purposes of civil government, for its officers to interfere when principles break out into overt acts against peace and good order; ...[115]."

---

110 *Dawes* S. 13.

111 *Dawes* S. 19—20 (u. passim); vgl. auch Francis *Maseres* S. 23 (u. passim).

112 *Hall* S. 3, 4.

113 *Erskine*, II S. 104 (Betonung in der verwendeten Ausgabe).

114 *Hall* S. 19—20.

115 *Jefferson*, The Life and Selected Writings S. 313; diese Stelle wird in neuerer Zeit wiederholt zitiert: s. *Chafee*, Blessings of Liberty S. 137; *Douglas*, The Right of the People S. 51; *ders.*, Freedom of the Mind S. 11; J. Douglas, *Dennis v. United States*, 341 U.S. 494 (590) (1951) diss.op.; J. Black, *Yates v. United States*, 354 U.S. 298 (340) (1957) sep.op.

Literaturverzeichnis

Adair, James: Discusssions of the Law of Libels, London 1785.

Alfange, Dean Jr.: The Balancing of Interests in Free Speech Cases: in Defense of an Abused Doctrine, 2 L. in Trans. Q. 35 (1965).

Anastaplo, George: Notes on the First Amendment to the Constitution of the United States, PhD Dissertation, University of Chicago 1964 (multilith.).

— Freedom of Speech and the First Amendment, 42 U. Det. L. J. 55 (1964).

Antieau, Chester: Commentaries on the Constitution of the United States, Buffalo, N.Y. 1960.

— Dennis v. United States — Precedent, Principle or Perversion, 5 Vand. L. Rev. 141 (1952).

Bagehot, Walter: The Metaphysical Basis of Toleration (1874), in: The Works of Walter Bagehot, Forrest Morgan (ed.), 5 Vol., Hartford 1891, Vol. III, S. 339 ff.

Barker, Ernerst: Reflections on Government, London 1942.

Barrett, Edward L.: The Tenney Commitee: Legislative Investigation of Subversive Activities in California, Ithaca 1951.

Barth, Alan: The Loyalty of Free Men, New York 1951.

— Government by Investigation, New York 1955.

Bayer, Eugene S.: Recent Developments in Communist Control Act Procecutions, 16 W.Res.L.Rev. 206 (1964).

Becker, Carl L.: Freedom and Responsibility in the American Way of Life, Vintage Ed. New York 1955.

Bentham, Jeremy: A Fragment on Government, 2nd enlarged Ed., London 1823.

Bernhard: Avoidance of Constitutional Issues in the United States Supreme Court: Liberties of the First Amendment, 50 Mich.L.Rev. 261 (1951).

Beutel, Frederick: Freedom of Policital Association, in: Free Man versus His Government, Arthur L. Harding (ed.), Dallas 1958.

Bickel, Alexander M.: The Least Dangerous Branch: (The Supreme Court at the Bar of Politics), New York 1962.

— Mr. Justice Black, The Unobvious Meaning of Plain Words, The New Republic, March 14, 1960 p. 13.

Black, Hugo L.: The Bill of Rights and the Federal Government, in: Edmond Cahn (ed.), The Great Rights, a.a.O., S. 43 ff.

— in: Edmond Cahn (ed.), Justice Black and First Amendments Absolutes: A Public Interview, 37 N.Y.U.L.Rev. 549 (1962).

Black, Charles, Jr.: The People and the Court (Judicial Review in a Democracy), New York 1960.

— Perspectives in Constitutional Law, Englewood Cliffs, N. J. 1963.

— Mr. Justice Black, The Supreme Court and the Bill of Rights, Harper's Magazine Feb. 1961 p. 63.

(*Bollan*, William), anon.: The Freedom of Speech and Writing upon Public Affairs, Considered, With an Historical View, London 1766.

Boudin, Louis B.: "Seditious Doctrines" and the "Clear and Present Danger" Rule, 38 Va.L.Rev. 143; 315 (1952).

Brandwen, Maxwell: The Battle of the First Amendment: A Study in Judicial Interpretation, 40 N.C.L.Rev. 273 (1962).

Brennan, William J., Jr.: The Bill of Rights and the States, in: Cahn (ed.), The Great Rights, a.a.O., S. 65 ff.

Brooks, Alexander D.: Civil Rights and Liberties in the United States, An Annotated Bibliography, New York 1962.

Brown, Ralph S., Jr.: Loyalty and Security (Employment Tests in the United States), New Haven 1958.

Brown & Fasset, J. D.: Loyalty Tests for Admission to the Bar, 20 U.Chi.L. Rev. 480 (1953).

Cahn, Edmond: Mr. Justice Black and the First Amendment "Absolutes": A Public Interview, 37 N.Y.U.L.Rev. 549 (1962).

— (ed.): The Great Rights, New York 1963.

Cardozo, Benjamin: Law and Literature, 14 Yale Review 699 (1925).

Carr, Robert K.: The House Committee on Un-American Activities 1945—1950, Ithaca 1952.

Caughey, John W.: In Clear and Present Danger: The Crucial State of Our Freedoms, Chicago 1958.

Chafee, Zech., Jr.: Free Speech in the United States, Cambridge 1948.

— The Blessings of Liberty, Philadelphia, New York 1956.

— Documents of Fundamental Human Rights, 2 Vol., New York 1963 (Atheneum Ed.).

— in: Hearings before the Subcommittee on Constitutional Rights of the Committee on the Judiciary, U.S. Senate, 84th Cong. 2nd.Sess. S.Res. 94 (1955) p. 23.

— Book Review: Alexander Meiklejohn, Free Speech and its Relation to Selfgovernment (1948), 62 Harv.L.Rev. 891 (1949).

Collings, Rex A., Jr.: Unconstitutional Uncertainty, 40 Cornell L.Q. 195 (1955).

Commager, Henry S.: Freedom, Loyalty, Dissent, New York 1954.

Comment: Legislative Inquiry into Political Activity: First Amendment Immunity From Committee Interrogation, 65 Yale L.J. 1159 (1956).

Cooley, Thomas M.: General Principles of Constitutional Law in the United States of America, 3rd Ed., Boston 1898.

Corwin, Edward S.: The Constitution and What it Means Today, 11th Ed., Princeton 1954.

— Bowing out "clear and present danger", 27 Notre Dame Law. 325 (1952).

Cushman, Robert E.: Civil Liberties in the United States, Ithaca 1956.

Dahl, Robert A.: A Preface to Democratic Theory, Chicago, London 1956.

Dawes, M(atthew): The Deformity of the Doctrine of Libels, and Information Ex Officio, London 1785.

Dotson, Arch.: The Emerging Doctrine of Privilege in Public Employment, 15 Pub.Adm.Rev. 77 (1955).

Douglas William O.: The Right of the People, Garden City, N.Y. 1958.

— Freedom of the Mind, Garden City, N.Y. 1964.

— The Anatomy of Liberty: The Rights of Man Without Force, New York 1963.

— The Right of Association, 63 Colum.L.Rev. 1361 (1963).

— The Society of the Dialogue, 0 Graduate Journal 283 (1964).

— The Bill of Rights is Not Enough, in: Edmond Cahn (ed.), The Great Rights, a.a.O., S. 115 ff.

Dowling, Noel, T.: Constitutional Law (Cases), 6th Ed., Brooklyn, N.Y. 1959.

Emerson, Thomas I. & *Haber*, D.: Political and Civil Rights in the United States, 2 Vol., 2nd. Ed., Buffalo, N.Y. 1958.

Emerson, Thomas I.: An Essay on Freedom of Political Expression Today, 11 Law. Guild Rev. 1 (1951).

— The First Amendment: What Factors should be considered in striking the balance under Barenblatt, 20 Law. Guild Rev. 41 (1960).

— Toward a General Theory of the First Amendment, 72 Yale L. J. 877 (1963).

— Freedom of Association and Freedom of Expression, 74 Yale L. J. 1 (1964).

— & *Haber*, D.: Academic Freedom of the Faculty Member as a Citizen, 20 Law & Contemp.Prob. 525 (1963).

Elliot, Jonathan (ed.): The Debates in the Several State Conventions on the Adoption of the Federal Constitution, 4 Vol., Washington 1836.

Erskine, Thomas: The Speeches of The Hon. Thomas Erskine, coll. by James Ridgeway, 3 Vol., London 1810.

(Father of Candor), anon.: An Enquiry into the Doctrine, Lately Propagated, concerning Libels, Warrents and the Seizure of Papers; ... in a Letter to Mr. Almon from the Father of Candor, London 1764.

— A Letter Concerning Libels, Warrents, the Seizure of Papers and Sureties for the Peace or Behavior ... With a Postscript and Appendix, 7th ed., London 1771.

Fellman, David: The Limits of Freedom, New Brunswick, N. J. 1959.

Fraenkel, Osmond K.: Our Civil Liberties, New York 1944.

— The Supreme Court and Civil Liberties, New York 1963.

Franklin, Mitchell: Infamy and Constitutional Civil Liberties, 14 Law. Guild Rev. 1 (1954).

Frantz, L. B.: The First Amendment in the Balance, 71 Yale L. J. 1424 (1962).

— Is the First Amendment Law? A Reply to Prof. Mendelson, 51 Calif.L. Rev. 729 (1963).

Freund, Paul: On Understanding the Supreme Court, Boston 1949.

— The Supreme Court of the United States, Cleveland, N.Y. 1961.

Fried, Charles: Two Concepts of Interests: some Reflections on the Supreme Court's Balancing Test, 76 Harv.L.Rev. 755 (1963).

Furneaux, Philip: Letters to the Honourable Mr. Justice Blackstone, Concerning His Exposition of the Act of Toleration ... in His Celebrated Commentaries on the Laws of England, London 1770.

— An Interesting Appendix to Sir William Blackstone's Commentaries on the Laws of England, Philadelphia 1772—(73).

— The Palladium of Conscience, Philadelphia 1773.

Gellhorn, Walter: The States and Subversion, Ithaca 1952.

— Individual Freedom and Governmental Restraints, Baton Rouge 1956.

— American Rights: the Constitution in Action, New York 1960.

Gorfinkel, John A.: Dennis v. United States and the Clear and Present Danger Rule, 39 Calif.L.Rev. 475 (1951).

Green, Leon: The Right to Communicate, 35 N.Y.U.L.Rev. 903 (1960).

Griswold, Erwin N.: Absolute is in the Dark — a discussion of the approach of the Supreme Court to constitutionel questions, 8 Utah L. Rev. 167 (1963).

Haines, Charles G.: The Role of the Supreme Court in American Government and Politics 1789—1835, Berkeley, Los Angeles 1941.

Hall, Robert: An Apology for the Freedom of the Press and for General Liberty, 2nd. Ed., London 1793.

Hand, Learned: The Spirit of Liberty (Papers and Adresses of Learned Hand coll. and with an introduction and notes by Irving Dilliard), New York 1952.

— The Bill of Rights, New York 1958.

Hart & Wechsler: The Federal Courts and the Federal System, Brooklyn 1953.

(*Hay*, George), anon.-Hortensius: An Essay on the Liberty of the Press (Respectfully Inscribed to the Republican Printers Throughout the United States), Philadelphia 1799.

Hay, George: An Essay on the Liberty of the Press, Shewing, That the Requisition of Security for Good Behaviour from Libellers, is Perfectly Compatable with the Constitution and Laws of Virginia, Richmond 1803.

Henkin, Louis: Some Reflections on Current Constitutional Controversy, 109 U.Pa.L.Rev. 637 (1961).

Henne, Anna L.: Die staatstheoretischen Auffassungen Thomas Jeffersons, Diss. Zürich 1934.

Hook, Sidney: The Paradoxes of Freedom, Berkeley, Los Angeles 1962.

Hudon, Edward: Freedom of Speech and Press in America, Washington, D.C. 1963.

Jackson, Robert H.: The Supreme Court in the American System of Government, Cambridge 1955.

Jefferson, Thomas: The Writings of Thomas Jefferson, Paul Ford ed., 10 Vol., New York, London 1892—1899.

— The Life and Selected Writings of Thomas Jefferson, Adrienne Koch ed., New York 1944 (Modern Libr.Ed.).

— Democracy, selected and arranged by Saul Padover ed., New York, London 1939.

— Kentucky Resolutions of 1798 and 1799 (The original draft prepared by Thomas Jefferson), in: Elliot's Debates IV 540 (a.a.O.).

Kalven, Harry, Jr.: Metaphysics of the Law of Obscenity, 1960 Sup.Ct.Rev. 1.

Karst, Kenneth L.: Legislative Facts in Constitutional Litigation, 1960 Sup. Ct.Rev. 75.

Kauper, Paul G.: Civil Liberties and the Constitution, Ann Arbor 1962.

— Book Review: Alexander Meiklejohn, Political Freedom (1960), 58 Mich.L. Rev. 619 (1960).

Kent, Robert B.: Compulsory Disclosure and First Amendment — the Scope of Judicial Review, 41 B.U.L.Rev. 443 (1961).

Kippis, Andrew: A Vindication of the Protestant Dissenting Ministers (With Regard to their Late Application to Parliament), 2nd. ed., London 1773.

Kirchheimer, Otto: Prinzipien der Verfassungsinterpretation in den Vereinigten Staaten, JÖR NF 11, 93 (1962).

Knight, Frank H.: Economic Theory and Nationalism, in: The Ethics of Competition and other Essays, S. 277 ff., New York 1935.

Konvitz, Milton R.: Fundamental Liberties of a Free People: Religion, Speech, Press, Assembly, Ithaca 1957.

— First Amendment Freedoms, Selected Cases, Ithaca 1963.

Krislov, Samuel: Mr. Justice Black Reopens the Free Speech Debate, 11 U.C.L.A.L.Rev. 189 (1964).

Kurland, Philip B.: Book Review: Sidney Hook, The Paradoxes of Freedom, 30 U.Chi.L.Rev. 191 (1962).

Laski, Harold J.: Liberty in the Modern State, New York, London 1930.

Lassale, Jean-Pierre: La Cour Suprême et la Problème Communiste aux Etats Unis, Paris 1960.

Leflar, Robert A.: The Free-ness of Free Speech, 15 Vand.L.Rev. 1073 (1962).

Levy, Leonhard W.: Legacy of Suppression: Freedom of Speech, Cambridge 1960.

Lippmann, Walter: Public Opinion (1922), New York 1960 (MacMillan Paperback Ed.).

— The Public Philosophy, Boston 1955.

Lipset, Seymour M. u. a.: Union Democracy, Garden City N.Y. 1962 (Anchor Books).

Loewenstein, Karl: Verfassungsrecht und Verfassungspraxis der Vereinigten Staaten, Berlin 1959.

Lusk, Louis B.: The Present State of the "Clear and Present Danger Test" — A Brief History and some Observations, 45 Ky.L.J. 576 (1957).

Madison, James: The Writings of James Madison, Gaillard Hunt ed., 9 Vol., 1900—1910.

— Report on the Virginia Resolutions 1800, in: Elliot's Debates IV 546 (a.a.O.).

(*Maseres*, Francis), anon.: An Enquiry into the Extent of the Power of Juries, on Trials of Indictments or Information for Publishing Seditious, or other Criminal Writings, or Libels (Extracted from a Miscellaneous Collection of Papers that were Published in 1776, Intituled, Additional Papers Concerning the Province of Quebec), London 1785.

McIlwain, Charles H.: The Fundamental Law behind the Constitution of the United States, in: Read (ed.), The Constitution Reconsidered, New York 1938.

McKay, Robert B.: The Preference for Freedom, 34 N.Y.U.L.Rev. 1182 (1959).

McLaughlin, Andrew C.: A Constitutional History of the United States, New York 1935.

Meiklejohn, Alexander: Free Speech and Its Relation To Selfgovernment, New York 1948.

— Political Freedom (The Constitutional Powers of the People), New York 1960.

— The Priority of the Market Place of Ideas [Conference on Freedom and the Law, May 7, 1953] Conference Series, No. 13, 1953, University of Chicago Law School.

— The First Amendment and Evils that Congress Has a Right to Prevent, 26 Ind.L.J. 477 (1951).

— What does the First Amendment mean? 20 U.Chi.L.Rev. 461 (1953).

— The Balancing of Self-preservation Against Political Freedom, 49 Calif. L.Rev. 4 (1960).

— The Barenblatt Opinion, 27 U.Chi.L.Rev. 329 (1960).

— The First Amendment is an Absolute, 1961 Sup.Ct.Rev. 245.

Mendelson, Wallace: J. J. Black and Frankfurter: Conflict in the Court, Chicago 1961.

— The clear and present danger test — a reply to Mr. Meiklejohn, 5 Vand. L.Rev. 792 (1952).

— Book Review: Charles Black, Mr. Justice Black and the Bill of Rights, 28 U.Chi.L.Rev. 583 (1961).

— On the Meaning of the First Amendment: Absolutes in the Balance, 50 Calif.L.Rev. 821 (1962).

— The First Amendment and the Judicial Process: A Reply to Mr. Frantz, 17 Vand.L.Rev. 479 (1964).

Montesquieu, de: Oevres Complètes, Hrsg. M. André Massou, 3 Bände, Paris 1950.

Mill, John Stuart: On Liberty (1859), New York 1947 (Crofts Classics Ed.).

Milton, John: Areopagitica and of Education (1644), New York 1951 (Crofts Classics Ed.).

Nathanson, Nath. L.: The Communist Trial and the Clear-and-Present-Danger-Test, 63 Harv.L.Rev. 1167 (1950).

Note: Due Process Requirements of Definiteness in Statutes, 62 Harv.L.Rev. 77 (1948).

— Supreme Court Interpretation of Statutes to Avoid Constitutional Decisions, 53 Colum.L.Rev. 633 (1953).

Nutting, Charles B.: Is the First Amendment Obsolete? 30 Geo.Wash.L.Rev. 167 (1961/62).

O'Brian, John L.: National Security and Individual Freedom, Cambridge 1955.

Patterson, C. Perry: The Evolution of Constitutionalism, 32 Minn.L.Rev. 427 (1948).

Pfeffer, Leo: The Liberties of an American: The Supreme Court Speaks, 2nd. ed., Beacon Press 1963.

Pritchett, C. Herman: The American Constitution, New York, Toronto, London 1959.

— The American Constitutional System, New York, London 1963.

— The Political Offender and the Warren-Court, 38 B.U.L.Rev. 53 (1958).

Rackow, Felix: The Federal Loyalty Program: Politics and Civil Liberties, 12 W.Res.L.Rev. 701 (1961).

Reich: Mr. Justice Black and the Living Constitution, 76 Harv.L.Rev. 673 (1963).

Richardson, Elliot L.: Freedom of Expression and the Function of Courts, 65 Harv.L.Rev. 1 (1951).

Richardson, Ivor L. M.: Some Constitutional Issues Relating to Government Employment, 4 St.Louis L.Rev. 1 (und 101) (1956).

Roche, John P.: Courts and Rights: The American Judiciary in Action, New York 1961.

Rodell, Fred: Nine Men (A Political History of the Supreme Court from 1790 to 1955), New York 1964 (Vintage Ed., lst ed. 1955).

— Judicial Activists, Judicial Self-deniers, Judicial Review and the First Amendment, 47 Geo.L.J. 483 (1959).

— For Every Justice, Judicial Deference is a Something Thing, 50 Geo.L.J. 700 (1962).

Rogge, John O.: The First and the Fifth, Edinburgh, New York, Toronto 1960.

Rostow: The Sovereign Prerogative, New Haven, London 1962.

Schroeder, Theodore: Constitutional Free Speech Defined and Defended in and Unfinished Argument in a Case of Blasphemy, New York 1919.

— Free Speech Bibliography, New York 1922.

Shapiro, Martin: Judicial Modesty, Political Reality, and Preferred Position, 47 Cornell L.Q. 175 (1962).

Smith, James M.: Freedom's Fetters, The Alien and Sedition Laws and American Civil Liberties, Ithaca, N.Y. 1956.

Spinoza, Benedict de: Tractatus Theologico-Politicus (1677), in: The Political Works, ed. and trans. by A. G. Wernham (zweisprach. Ausg.), Oxford 1958.

Stephen, Sir James F.: A History of the Criminal Law of England, 3 Vol., London 1883.

Stern & Gressman: Supreme Court Practice, 3rd ed., Washington 1962.
Stouffer, Samuel A.: Communism, Conformity and Civil Liberties (A Cross-section of the Nation Speaks its Mind), Garden City, N.Y. 1955.
Stumpf, Samuel E.: Freedom to Learn, in: Free Man versus His Government, Arth.L.Harding ed., Dallas 1958.
Taylor, Telford: Grand Inquest, The Story of Congressional Investigations, New York 1961.
Thomson, John: An Enquiry, Concerning the Liberty, and Licentiousness of the Press, and the Uncontroulable Nature of the Human Mind, New York 1801.
Thayer, James B.: The Origin and Scope of the Doctrine of Constitutional Law, 7 Harv.L.Rev. 129 (1893).
Tucker, St. George: Of the Right of Conscience; And of Freedom of Speech and of the Press, in: Tucker, Blackstone's Commentaries: with Notes of Reference, to the Constitution and Laws, of the Federal Government of the United States; and of the Commonwealth of Virginia, 5 Vol., Philadelphia 1803; Appendix zu Vol. I, Part 2, Note G, S. 1—30.
Tunc, André et Suzanne: Le Système Constitutionel des Etats Unis d'Amérique, 2 Vol., Paris 1954.
(*Walwyn,* William, anon.: A Helpe to the Right Understanding of a Discourse Concerning Independency (1645), in: William Haller ed., Tracts on Liberty in the Puritan Revolution 1638—1647, Faks. Ausg. in 3 Vol., New York 1934; Vol. III S. 189 ff.
Warren, Earl: The Bill of Rights and the Military, in: Cahn (ed.), The Great Rights, a.a.O., S. 87 ff.
Williams, Roger: The Bloudy Tenent, of Persecution, for Cause of Conscience,... (1644), in: Samuel L. Caldwell, The Complete Writings of Roger Williams, Faks. Ausg. in 7 Vol., New York 1963.
Wolff, Heinz E.: Vorstellungen über den Kommunismus, in: Politische Psychologie als Aufgabe unserer Zeit, bearb. v. Walter Jacobsen, Heft 1 der Reihe „Politische Psychologie", Frankfurt/Main 1963.
Woodward, C. Vann.: The Strange Career of Jim Crow, New York 1957 (Galaxy Books).
Wortman, Tunis: A Treatise concerning Political Enquiry and the Liberty of the Press, New York 1800.

Kolibri 360 GmbH
Ferdinand-Jühlke-Straße 7
99095 Erfurt, Deutschland
produktsicherheit@kolibri360.de

Druck:
CPI Druckdienstleistungen GmbH
im Auftrag der
Kolibri 360 GmbH
Ferdinand-Jühlke-Str. 7
99095 Erfurt